五指山年鉴

2022

五指山市史志中心　编

方志出版社
Publishing House of Local Records

图书在版编目（CIP）数据

五指山年鉴 . 2022 / 五指山市史志中心编 .—北京：方志出版社，2022.12
ISBN 978-7-5144-5498-7

Ⅰ . ①五… Ⅱ . ①五… Ⅲ . ①五指山市 -2022- 年鉴
Ⅳ . ① Z526.63

中国版本图书馆 CIP 数据核字（2022）第 252614 号

责任编辑：刘方圆
责任校对：刘玉霞
责任印制：梅中英
出 版 者：方志出版社
地　　址：北京市朝阳区潘家园东里 9 号（国家方志馆 4 层）
邮　　编：100021
网　　址：http://www.zgfzcb.cn
发　　行：方志出版社图书营销中心（010-67110500）
印　　刷：云南美嘉美印刷包装有限公司
开　　本：889 毫米 ×1194 毫米　1/16
印　　张：21.5
字　　数：818 千字
版　　次：2022 年 12 月第 1 版
印　　次：2022 年 12 月第 1 次印刷
定　　价：298.00 元

《五指山年鉴（2022）》特约撰稿人名单

胡晓妍（市融媒体中心）
廖松涛（市委办）
张思雨、李娴夏饰（市委组织部）
童瑶、刘凡静、周文靖、王铭鑫（市委宣传部）
李攸辰（市委统战部）
刘　娟（市委编办）
张　婧（市委直属机关工委）
李　强（市委党校）
王俊黎、王　力（市人大办）
何琳琳、钟宇鸿（市政府办）
谢兴焕（市人社局）
黄慧灵（市机关事务服务中心）
杨欣颖（市政务服务中心）
陈泽翠（市政协办）
张桂军（市纪委监委）
黄　鹊（民革五指山市基层委员会）
张秋未（民盟五指山市委员会）
吉训莹（民建五指山市委员会）
卓强云（民进五指山市委员会）
陈福梁（农工党五指山市支部）
黄永芬（致公党五指山市支部）
张　文（九三学社五指山市支社）
朱　扬［市工商联（市总商会）］
李忠全（市总工会）
马智捷（团市委）
邵海燕（市妇联）
陈淑华（市科协）
卢艳卿（市文联）
王仙仙（市残联）
王会思（市武装部）
连崇明（市消防大队）
龙冠波（市退役军人事务局）
吴永欢（市委政法委）
吉力劼（市公安局）
陈君二（市检察院）
王　烁（市法院）
林道敏（市司法局）
杨光宇（市农业农村局）
杨左廷（市农技与农机中心）
邓木兰（市水务局）
李会鑫、冼宏靖（市科工信局）
陈姿铮、陈　暖（市旅文局）
唐伯秀（市交通运输局）
王泰鹏（五指山公路分局）
王禄定（市邮政分公司）
刘　清（市电信局）
徐　文（移动五指山分公司）
张　惠（联通五指山分公司）
李太莉（市粮食和物资储备服务中心）
黄永昕（市供销合作社）
符　钰（市烟草专卖局）
彭秋荣、何建成（市人民银行）

房　贤（五指山银监组）
李志清（市工商银行）
郑楚楚（市建设银行）
王建杰（市农业银行）
史瑜琪（市邮储银行）
周建隆（市信用联社）
袁晓华（财险五指山支公司）
纪明寰（中国人寿保险五指山支公司）
张庆烨（市发改委）
陈小妹（市财政局）
陈　冰（市财政国库支付中心）
邢景伟（市税务局）
郑佳琪（市审计局）
王　茜（市国资中心）
李二曼（市市场监督管理局）
王常、单小芬（市价格认证中心）
胡珊榕（市综合行政执法局）
符蕴童（市住建局）
邢涵潇（市市政服务中心）
吴开雄（五指山水务公司）
黄雅仙（市住房保障服务中心）
王宇钊（市文化馆）
卓　珏（市史志中心）
王　能（市档案馆）
邢增烜（省民族研究所）
冯祥盛（省民族博物馆）
陈云飞、王梦瑜（市教育局）
庄泰川（海南热带海洋学院附属中学）
何　欣（省农垦实验中学）
曾丽萍（省民族技工学校）
郭教业（省农林科技学校）
单宝兰（省第二卫生学校）
钟怡怡（市卫健委）
郭　燕（市双创办）
童忠德（省第二人民医院）
张　涵（省平山医院）
刘晓菲（市医疗保障局）
莫明壮（市社会保险服务中心）
翁花玉（市民政局）
王美丽（市民族事务局）
曾　婷（市气象局）
陈丁晓（市就业服务中心）
胡　月（市应急管理局）
胡　培（市乡村振兴局）
刘　静（市生态环境局）
冯景瑜（市自然资源和规划局）
黄佳秋（市林业局）
吴　茵（通什镇）
王小依、邓　婕（毛阳镇）
黎小星（番阳镇）
肖　肖（南圣镇）
黄德海（水满乡）
卢牡丹（畅好乡）
刘亚朝（毛道乡）
黄彩梅（畅好居）
曾献忠（市统计局）

编辑说明

一、《五指山年鉴》是中共五指山市委、五指山市人民政府主办，五指山市史志中心承编的地方综合性年鉴，于2009年开始编纂，首卷书名为《五指山市年鉴》，2020年改版为《五指山年鉴》。年鉴逐年记载五指山市政治、经济、文化和社会各项事业发展情况，收录年度性主要文献及重要资料，为党政机关、社会各界，以及中外投资者了解、认识、研究、开发建设五指山提供全面、系统、准确、翔实的信息，并为编纂《五指山市志》积累资料。

二、《五指山年鉴（2022）》（以下简称本年鉴）的编纂，以马克思列宁主义、毛泽东思想、邓小平理论、“三个代表”重要思想、科学发展观、习近平新时代中国特色社会主义思想为指导，坚持辩证唯物主义和历史唯物主义的立场、观点和方法。设特载、特辑、大事记、总述、政治、经济、文化、社会、生态文明、乡镇·畅好居、人物、政策·规章·文献、附录13个部类。主要记载2021年五指山市国民经济和社会发展宏观态势，各部门、各行业、各乡镇、畅好居的基本情况、重要事件、主要发展变化，评述年度内重大发展、成就、问题等，收录当年重要文献、法规和政策性文件，提供当年翔实的统计性资料和实用性资料。

三、本年鉴采用分类编辑法，设部类、类目、分目、子目、条目，以字体、字号等版式设计区别不同层次。条目一级标题用黑体字加“【 】”号表示。

四、本年鉴稿件主要由各有关单位、各乡镇、畅好居的特约编撰人提供，并经撰稿单位领导审核。由于来源、统计方法或使用角度不同，在使用中如遇同一项目或名称的数字不一致，以市统计局提供的“统计资料”数字为准。农田土地面积采用“亩”为计量单位。

五、本年鉴记述起讫时间原则上为2021年1月1日至2021年12月31日。为保持内容资料完整性，部分资料适当上溯或下延。本年鉴中的价值指标，系以2021年当年价计算。

六、本年鉴为免累赘，凡直书月、日而未写明年份，即为2021年；产量、产值等增长或减少，未注明与某一年比较，即为本年鉴记载当年（2021年）与上年（2020年）比较。

2021 数字五指山

2021 年，五指山市辖通什、南圣、番阳、毛阳 4 个镇和水满、畅好、毛道 3 个乡，以及市管畅好居。全市有 59 个村民委员会、331 个村民小组，4 个居民委员会、30 个居民小组，畅好居 5 个社区。

全市年末户籍人口：103899 人
土地总面积：1144.28 平方千米
森林覆盖率：86.44%
环境空气质量优良天数比例：100%
可吸入颗粒物浓度均值：20 微克 / 立方米
年平均气温：23.9℃
年总降雨量：1589.1 毫米
年总日照时数：2027.1 小时
主要河流水库水质优良率：100%
城镇和农村集中式饮用水水源水质优良率：100%
城乡生活垃圾无害化处理率：100%
全市地区生产总值（可比价）：367633 万元
第一产业增加值：77333 万元
第二产业增加值：61789 万元
第三产业增加值：228511 万元
三次产业结构比：21.0 ∶ 16.8 ∶ 62.2
工业总产值：29922.5 万元（规模以上）
农林牧渔业总产值：133077 万元
地方一般公共预算收入：22430 万元
地方一般公共预算支出：254225 万元
城乡全体常住居民人均可支配收入：26134 元
农村常住居民人均可支配收入：15350 元
城镇常住居民人均可支配收入：34793 元
城镇新增就业人数：1785 人
年末城镇登记失业率：0.99%
农村劳动力转移就业：3768 人
各级各类市属学校：62 所
义务教育阶段入学率：100%
九年义务教育巩固率：95.3%
医疗卫生机构：118 家
医疗卫生机构床位数：1433 张
全年旅游接待总人数：169.31 万人次
接待过夜游客：86.37 万人次
旅游总收入：11.91 亿元
全年商品房销售面积：1.47 万平方米
商品房销售额：17074 万元
年末全市辖区金融机构各项存款余额：85.25 亿元
各项贷款余额：58.83 亿元
城镇居民养老保险参保人数：39296 人
城镇居民医疗保险参保人数：75980 人
城镇低保对象：696 人
农村低保对象：2212 人

党史学习教育

2021 年 5 月 6 日，“诵读红色家书 传承红色基因”五指山市党史学习教育山城读书会在五指山市图书馆举行
（五指山市文明办 供图）

2021 年 5 月 30 日，五指山市举行庆祝中国共产党成立 100 周年“海南第一面五星红旗升起的地方”党史学习教育研学之旅启动仪式
（五指山市旅文局 供图）

2021 年 6 月 20 日，海南省卫生健康委员会开展“学党史　感党恩　跟党走”主题党日活动

（五指山市卫健委　供图）

2021 年 6 月 23 日，毛阳镇举办“光荣在党 50 年”纪念章颁发仪式，图为获授纪念章的老党员合影

（毛阳镇　供图）

2021 年 6 月 27 日，五指山市史志中心党员干部参加“百年梦想 山城唱响”庆祝中国共产党成立 100 周年大合唱，图为参加合唱人员合影　　（五指山市史志中心　供图）

2021 年 9 月 2 日，海南省委农办为五指山市“听党话　感党恩　跟党走”宣讲员颁发宣讲聘书　　（五指山市农业农村局　供图）

城市建设

五指山市南圣河（2021年）　　（朱文燕　摄）

山海高速五指山互通（2021年）　　（五指山市委宣传部　供图）

五指山市雨后彩虹（2021年）　　（孟志军　摄）

五指山市南圣镇新春水库（2021年）　　（荀洪伟　摄）

乡村振兴

南圣镇新春村新貌（2021年）　　（五指山市旅文局　供图）

茶叶采摘（2021年）　（水满乡政府　供图）

苦瓜喜获丰收（2021年）　（王定龙　摄）

毛道乡毛道村空共上村百香果园种植基地（2021年）　　（陈国民　摄）

稻田家园（2021年）　　（张洋　摄）

山城好物扶贫消费市场（2021年） （董文雯　摄）

2021年9月3日，五指山市史志中心派驻水满乡牙排村“第一书记”、乡村振兴工作队队长黄文华带领党员群众抢收粮食
（五指山市史志中心　供图）

疫情防控

2021年9月25日，五指山市政府副市长喻倩（中）到社区暗访疫情防控常态化工作

（五指山市卫健委　供图）

五指山市南圣镇山海高速卡口检查（2021年）　　（五指山市卫健委　供图）

2021年12月，五指山市开展新冠病毒核酸检测实战演练　　　　（五指山市卫健委　供图）

2021年，五指山市教育局到五指山市幼儿园开展疫情防控检查工作　　　（五指山市教育局　供图）

2021年4月，红山中心学校学生返校前进行体温检测　　（五指山市教育局　供图）

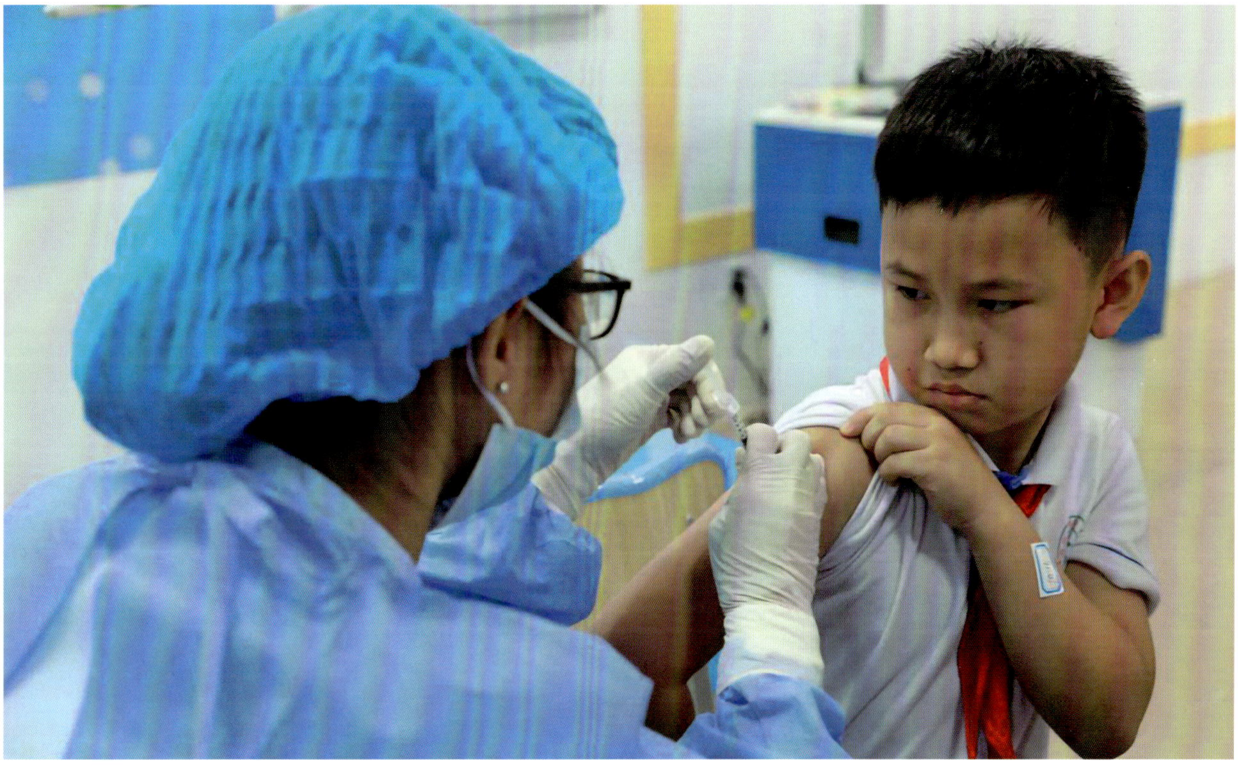

学生接种疫苗（2021年）　　（五指山市卫健委　供图）

精神文明

2021 年 6 月 2 日，五指山市开展 2021 年“漫话琼剧”海南戏曲经典原创动画进校园活动

（五指山市文明办　供图）

2021年12月11日，毛阳镇开展家风家训进乡村宣讲活动　　（五指山市文明办　供图）

2021 年 11 月 22 日，“五指山之声・雨林音乐会”在水满乡五指山热带雨林风景区举行
（五指山市融媒体中心　供图）

2021 年 11 月 28 日，2021 年“五指山之韵 · 雨林服装秀”文化活动在水满乡五指山热带雨林风景区举行
（五指山市融媒体中心　供图）

风土人情

2021 年 4 月 14 日（农历三月初三），祭祀袍隆扣大典在五指山市水满乡黎峒文化园举行

（孟志军　摄）

黎族婚庆（2021年）　　　　（李树林　摄）

黎族长桌宴（2021年）　　　　（李树林　摄）

2021年6月30日，“2021第二届中英茶文化艺术节”黎族竹箫表演　（五指山市旅文局　供图）

自然风光

牙胡梯田（2021年）　　（五指山市旅文局　供图）

五指山迎客松（2021年）　（盘德雄　摄）

五指山红叶（2021年）　（张晓辉　摄）

五指山（2021年）（孟志军 摄）

2021年6月，五指山市毛道乡中心幼儿园凤凰树开花（五指山市旅文局 供图）

特色美食

五指山树仔菜

五指山鹿舌菜

五指山雷公根汤

五指山革命菜

五指山四棱豆

五指山竹笋

（李树林　摄）

五指山山兰酒

五指山三色饭

五指山石鲮鱼

五指山小黄牛肉

五指山五脚猪肉

五指山酸汤鱼

（李树林　摄）

五指山灵芝汤

五指山山鸡肉

（李树林　摄）

目录

特载

特辑

大事记

总 述

政　治

经　济

文　化

社 会

生态文明

乡镇·畅好居

人 物

政策·规章·文献

附 录

索 引

特　载

解放思想实事求是　加快推进五指山“六园”建设 奋力“比学赶超”奔向高质量跨越式发展新征程

——2021年12月29日在中国共产党五指山市第五次代表大会上

中共五指山市委书记　朱宏凌

中国共产党五指山市第五次代表大会是在“两个一百年”历史交汇的关键节点、全省蹄疾步稳推进自由贸易港建设的关键时刻、全市奔向高质量跨越式发展新征程的关键时期召开的一次十分重要的大会。大会的主题是：以习近平新时代中国特色社会主义思想为指导，弘扬伟大建党精神，深入学习贯彻习近平总书记关于海南工作的系列重要讲话和重要指示批示精神，坚定捍卫“两个确立”，坚决做到“两个维护”，抢抓中国特色自由贸易港建设重大历史机遇，将制度集成创新摆在突出位置，大力发展旅游业、现代服务业、高新技术产业和热带特色高效农业“3+1”主导产业，坚持解放思想、实事求是，以“六园”建设为工作主抓手，奋力“比学赶超”，推动五指山奔向高质量跨越式发展新征程。

一、过去五年的工作

市第四次党代会以来，市委坚决贯彻落实中央决策部署及省委工作安排，统筹推进稳增长、促改革、调结构、惠民生、防风险、保稳定各项工作，“十三五”圆满收官，“十四五”开局良好，全市经济社会发展和党的建设各项事业取得长足发展。

五年来，我们万众一心、攻坚克难，全面小康如期实现。始终把脱贫攻坚作为最大政治责任和第一民生工程来抓，脱贫攻坚各项目标任务高质量完成。组织1624名党员干部用心用情结对帮扶所有建档立卡脱贫户，全市44个贫困村全部脱贫出列，2.29万贫困人口稳定脱贫，贫困发生率从28.2%降至零，顺利完成脱贫“摘帽”目标，黎族、苗族同胞千百年来的绝对贫困问题得到历史性解决，与全国、全省一道迈入全面小康社会。在脱贫攻坚工作中，全市干部上下同心、尽锐出战、精准务实、开拓创新、攻坚克难、不负人民，同贫困群众想在一起、过在一起、干在一起，以热血赴使命、以行动践诺言，交出了一份无愧于党、无愧于人民、无愧于时代的优异答卷！

5年来，我们护好绿水、守住青山，生态优势更加彰显。始终把保护生态环境作为“国之大者”，污染

2021年12月29日，中国共产党五指山市第五次代表大会在福德莱大酒店召开（五指山市委办　供图）

防治攻坚战考核成绩名列前茅，生态环境六大专项整治各项指标如期完成，中央环保督察反馈问题整改成效明显。雨林服装秀等活动登上全国热搜，成功宣介热带雨林国家公园。“碧水绕城”行动稳步推进，城区“玉带”逐步显现。全市空气质量指数连续6年排名全省第一，主要河流湖库水质优良率达100%，森林覆盖率稳居全省前列。先后荣获“全国百佳深呼吸小城”“中国天然氧吧”等称号，以实际行动切实扛起了建设国家生态文明试验区的五指山担当。

5年来，我们锚定目标、聚焦产业，经济结构持续优化。预计全市地区生产总值年均增长4.5%。热带特色高效农业加快发展，一批养殖基地和常年瓜菜种植基地建成投用，“五指山五脚猪”获得国家农产品地理标志认证，五指山红茶、五指山山鸡等4种农产品相继亮相央视。全域旅游建设成效明显，成功打造13个椰级乡村旅游点，水满乡获批省级旅游小镇，红峡谷成功创建国家AAAA级旅游景区，省民族博物馆成功创建国家AAA级旅游景区。预计2021年全市实现旅游收入11.4亿元，年均增长36.8%。特色康养产业发展思路更加明确，发展信心和底气越来越足。在2019年、2020年全省高质量发展考核中获得“优秀”等次，全市高质量发展迈出坚实步伐。

5年来，我们解放思想、敢闯敢试，改革创新持续深化。坚持把制度集成创新摆在突出位置，生态赎买改革试点等一批制度创新事项成功落地实施。在全省率先实施基层教育和医疗专业技术人才激励机制试点改革，国有企业改革、党政机构改革、行政审批制度改革等重点改革任务圆满完成。成功入选全国首批创新型县（市）建设名单，国家级科技型中小企业数量实现零的突破。全市深化改革呈现良好局面，发展活力持续迸发。

5年来，我们不忘初心、践行宗旨，民生福祉不断提升。每年统筹75%以上的财政支出用于保障民生。慎终如始抓好常态化疫情防控，成为全省为数不多的“无疫区”市（县）之一。医疗服务体系不断完善，群众就医“小病不出村、常见病不出乡、大病不出市”的目标基本实现。教育教学质量明显提升，全市公办园和普惠性民办园在园幼儿占比率、义务教育阶段入学率、高中教育阶段毛入学率均高于全省“十三五”目标任务。城乡基础设施明显改善，琼乐高速、山海高速顺利通车，农村水、电、路、光、网实现全覆盖。行政村生活污水处理设施覆盖率、农村无害化卫生厕所改造普及率和生活垃圾无害化处理率实现“三率100%”的目标。“国家卫生城市”“省级文明城市”成功创建。扫黑除恶专项斗争和禁毒三年大会战成效显著，群众安全感、满意度连续五年排名全省前列。连续两次获得“全国民族团结进步模范集体”称号，连续七次获得“省级双拥模范城”称号，民族团结、军民和睦、社会和谐的良好局面持续巩固。

5年来，我们高举旗帜、从严治党，党的建设全面加强。“不忘初心、牢记使命”主题教育和党史学习教育深入开展，广大干部群众热爱党、信仰党、跟党走的信念更加坚定。整顿软弱涣散党组织73个，创评四星级以上村级党组织36个，党建工作质量持续提升。镇村两级换届工作圆满完成。一大批在脱贫攻坚一线表现优秀的干部得到提拔重用。作风整顿建设年、“查堵点、破难题、促发展”活动取得实效，政治巡察持续深化，反腐败斗争压倒性胜利不断巩固拓展，全市政治生态持续向好。

各位代表，同志们，这些成绩的取得，得益于党中央的关心关怀，得益于省委的坚强领导，得益于历届市委班子接续奋斗打下的坚实基础，得益于全市各级党组织、广大党员干部、各族人民群众的拼搏奉献、攻坚克难。在此，我代表中共五指山市委，向全市广大干部群众、各民主党派、工商联、无党派人士、各人民团体和各族各界人士，向驻五指山人民解放军、武警官兵和消防救援队伍指战员，向所有关心支持五指山建设事业的同志们、朋友们，表示衷心的感谢并致以崇高的敬意！

在看到成绩的同时，我们也要清醒地认识到存在的困难和问题，主要是：五指山仍属于欠发达地区，综合经济实力偏弱，产业培育和龙头企业引进力度不足，产业发展结构还有待优化；乡村振兴基础比较薄弱，特色优势产业链条还需进一步延伸拓宽；生态环境比较脆弱，持续巩固提升生态环境质量压力较大，营商环境整体水平亟待提升，招商引资质量不高，项目谋划能力不强；一些干部思想不够解放、安于现状、“主人翁”意识弱，工作作风和能力水平存在短板；一些领域存在风险隐患，全面从严治党形势依然严峻复杂。对此，我们要高度重视，坚持问题导向，以项目化、清单化的工作方式，采取有效措施加以解决。

成绩来之不易，经验弥足珍贵。回顾过去五年的奋斗历程，我们所取得的一切成绩，充分证明了：只有坚持党的领导，紧密地团结在以习近平同志为核心的党中央周围，坚持以习近平新时代中国特色社会主义思想为指导，提高政治站位，胸怀“国之大者”，才能沿着正确道路阔步前行。只有坚持改革创新，勇于解放思想、开拓进取，以思想破冰引领改革突围，才能在高质量跨越式发展中打开新局面、创造新业绩。只有坚持人民至上，牢记习近平总书记“七一”伟大号召，把人民放在心中最高位置，把增进民生福祉作为不懈追求，才能团结带领广大人民群众汇聚起建设“六园”的磅礴力量。只有坚持优良作风，弘扬脚踏实地、苦干实干精神，全力营造风清气正的良好政治生态，才能为五指山高质量跨越式发展提供坚强保证。只有坚持底线思维，着力防范和化解各类重大风险隐患，才能确保五指山在新征程上更加行稳致远。这些宝贵经验和重要启示，我们在今后的工作中必须倍加珍惜、长期坚持，努力在新的赶考路上赢得更大的胜利和荣光。

二、今后五年的奋斗目标

回顾历史，中央一直十分关注海南以及五指山的建设和发展。1988年1月，习仲勋同志来到五指山，在参观民族博物馆后题词“加强民族大团结，开发建设新海南”，并要求广大干部群众“解放思想，实事求是，从实际出发，艰苦创业，加快改革开放的步伐，使海南的经济建设获得新的历史性的发展”。这份题词和要求既是习仲勋同志对海南、对五指山的嘱托和期望，也是我们在新的赶考路上的行动指南和奋进动力。当前，我国开启了全面建设社会主义现代化国家新征程，海南自由贸易港建设蓬勃展开，全市上下渴望发展赶超的呼声愈发强烈，认识更加统一。展望未来，今后五年，将是五指山砥砺奋进、大有可为的关键五年，我们要牢记使命、抢抓机遇、埋头苦干、奋起直追，在新征程上“换道超车”，再创山城辉煌！

未来5年，五指山市工作的指导思想是：以习近平新时代中国特色社会主义思想为指导，弘扬伟大建党精神，深入学习贯彻习近平总书记关于海南工作的系列重要讲话和重要指示批示精神，坚定捍卫“两个确立”，坚决做到“两个维护”，立足新发展阶段，完整、准确、全面贯彻新发展理念，服务和融入新发展格局，坚持稳中求进工作总基调，坚持以推动高质量发展为主题，坚持解放思想、实事求是，始终把保护生态环境作为“国之大者”，将制度集成创新摆在突出位置，大力发展旅游业、现代服务业、高新技术产业和热带特色高效农业“3+1”主导产业，以“六园”建设为工作主抓手，奋力“比学赶超”，奔向高质量跨越式发展新征程。

在这一指导思想的引领下，今后五年，我们的主要奋斗目标是：

——“六园”建设实现新突破。以旅游业、现代服务业、高新技术产业和热带特色高效农业为主导的“3+1”产业体系基本形成，一批重大项目落地实施，产业园区发挥效益，城市面貌显著改善，城市综合竞争力全面提升，“六园”建设取得重要进展。

——生态环境得到新改善。生态文明制度体系更加健全，“两山”转化路径更加多样，生态环保基础设施建设更加完善，生态环境优势更加凸显。国家森林城市、国家“两山”实践创新基地成功创建，森林蓄积量持续提升，成为降碳工作“优等生”，生态环境质量持续位居全省全国前列。

——城乡融合步入新阶段。脱贫攻坚成果不断巩固拓展，乡村振兴走在全省前列，农民人均可支配收入增速高于全省平均水平，城乡居民收入明显提高，新型城镇化质量全面提升，教育、医疗、住房、养老、托育等基本公共服务水平大幅提升，多层次社会保障体系更加健全，共同富裕基础更加坚实。

——深化改革取得新进展。自加压力，主动改革，依靠改革激活力、增动力。制度集成创新和科技创新赋能不断增强，以规则机制创新提升发展动能。全市营商环境整体水平持续提高，政府服务效能大幅提升。

——社会文明再上新台阶。社会主义核心价值观深入人心，群众思想道德素质明显提高，文旅文创成为新支柱产业。全过程人民民主更加充分，社会主义民主法治更加健全，法治五指山建设深入推进。

——党的建设迈出新步伐。党的领导更加坚强有力，党的组织体系更加严密。广大党员先锋模范作用充分发挥，高素质专业化干部队伍建设持续加强。全面从严治党向纵深发展，反腐败斗争压倒性胜利全面巩固拓展。

三、今后五年的主要任务

蓝图已经绘就，奋斗正当其时。未来五年，我们要坚定信心、真抓实干，发挥生态优势，突出“六园”特色，统筹推进各项工作，以昂扬的斗志和饱满的热情，不断迈出高质量跨越式发展铿锵步伐。

（一）牢记“国之大者”，确保五指山生态环境只能更好、不能变差

五指山是海南的生态核心区，是自由贸易港发展的生态屏障，保护生态环境是五指山当仁不让的“国之大者”，没有持续向好的生态环境就没有五指山的高质量发展。

一是加强生态环境治理。加快创建国家生态文明建设示范区，把五指山打造成生态文明建设绿色高质量发展的“样板之城”。紧盯中央环保督察问题整改不放，举一反三，以生态环境“十地”为管控重点，加强大气、水、农业面源污染和水土流失治理，深入打好污染防治攻坚战。以开展“碧水绕城”“青山满目”行动为抓手，策划和包装一批生态修复项目。严格执行耕地保护制度，坚决遏制耕地“非农化”，防止耕地“非粮化”，进一步规范槟榔等农作物种植，推进水源涵养经济林替代和人工林赎买退出试点工作。强化“三线一单”成果应用，加快构建生态环境分区管控体系。实行最严格的生态环境保护制度，坚决打击破坏生态环境行为，让任何生态违法行为都付出刻骨铭心的代价！

二是推进生产生活方式绿色转型。突出抓好热带雨林国家公园、清洁能源岛和清洁能源汽车、“禁塑”、装配式建筑等4个标志性项目建设。广泛开展绿色生活创建行动，大力推行简约适度、绿色低碳、文明健康的生活方式。有力有序推进垃圾分类和“气代柴薪”工作，不断促进资源节约集约利用。

三是加快生态体制机制创新。立足国家生态文明试验区定位和热带雨林国家公园核心区区位，对标最高级别绿色金融体系标准，完善绿色认证评级与规则，促进绿色金融产品创新，发展碳金融市场，打造绿色金融服务品牌。探索推进排污权、水权确权交易，争创低碳城市和碳中和先行示范区。切实践行“绿水青山就是金山银山”理念，加快创建水满乡国家“两山”实践创新基地和乡全域有机认证。深入推进生态文明体制改革，建立完善以保护优先、绿色发展为导向的评价考核体系。

（二）以“六园”建设为工作主抓手，奋力推进五指山高质量跨越式发展

坚持把“六园”建设作为推进五指山高质量跨越式发展的第一任务，抢抓海南自由贸易港政策机遇，结合五指山实际，全力将特色优势转化为发展优势，加快构建现代化经济体系。

一是加快建设琼崖革命初心悟园。大力传承和弘扬红色革命精神，优化升级五指山革命根据地纪念园环境，补齐基础设施和公共服务短板，争创国家AAAA、AAAAA级红色旅游景区。深挖红色资源，讲好红色故事，推出一批口碑好、影响大、流传广的优秀红色文化作品。策划包装“毛贵村—五指山革命根据地”等红色旅游线路，设计一批红色文创产品，促进红色文化与生态、民族文化深度融合、一体开发。科学谋划和打造集红色研学、观光游玩、乡村民宿于一体的红色旅游景区景点，实现红色旅游带动区域经济发展。

二是加快建设黎苗文化精神家园。坚决铸牢中华民族共同体意识，大力弘扬少数民族优秀文化，扎实推进“六个一批”工作，推动黎族苗族文化创造性转化和发展。加强民族原生态村寨保护，着力打造初保村等一批特色少数民族村寨。深入挖掘黎族苗族特色文化资源，研究出版充分展示黎族苗族文化成果的文献图书。加快推进五指山和黎族文化申报“世界自然与文化双遗产”工作。规划建设海南民族团结博物馆、岛屿民族博物馆、农耕文化博物馆、茶产业博物馆、雨林博物馆、青蒿素博物馆等博物馆集群和岛屿民族研究机构。注重民族文化产品宣传与包装，加快培育和发展以黎药苗药为基础的南药康养项目。坚持把中华民族文化共同体意识融入群众生活，努力营造融合式、沉浸式、有参与感的文化氛围，形成五指山特有的民族文化生态。完善民族团结进步创建工作机制，争创全国民族团结进步示范区。

三是加快建设底蕴厚重州府故园。建立健全城市风貌管控体制机制，加强建筑风格、城市色彩、街道界面等方面的风貌管控。注重凸显州府历史文化元素，增强风貌整体性、空间协调性、文脉延续性，留住州府城市记忆，保护好河岸线、山际线和天际线。高质量改造和扩建畅好、南圣、毛阳三个高速

路口，充分展现五指山“精气神”。积极拓展城市空间，加快推进通什—南圣一体化建设，形成组团式、分功能、差异化、协调性的新型城市发展格局。高质量建设“一河两岸”项目，推动农垦大院、琼大主楼等历史建筑物保护性开发利用，加快城镇开发边界内的旧城改造和城中村改造，规划建设停车场、公园绿地、休闲绿道等公共服务设施，进一步完善城市功能、提升城市品位。

四是加快建设热带雨林国家公园。积极配合和融入热带雨林国家公园建设，加强自然保护、生态保护和生态修复，保持国家公园的天然性、原真性、完整性和自然美。全力保障国家公园搬迁群众后续权益，确保搬迁群众搬得出、稳得住、有就业、能致富。探索在一般控制区内开展特许经营活动，研究谋划特色微小型主题公园、科普研学、雨林人家、生态体验、雨林婚庆等雨林特色旅游产品，打造“五指山十二时辰”雨林风景线上直播平台。积极做好“雨林+”文章，举办音乐会、时装周、艺术节、体育竞技、研学教育等活动，进一步提升国家公园影响力和知名度。大力推进环热带雨林国家公园旅游公路（五指山试验段）建设，打造成国家公园的一张“亮丽名片”。

五是加快建设农旅融合富美田园。按照以农促旅、以旅兴农的思路，坚持科技兴农、质量兴农、绿色兴农、品牌强农战略，加快推进土地集约化、生产规模化，大力推动农业“三产”融合发展。培育壮大优势特色产业，做精做优做强五指山市“十大优势特色农产品”，突出抓好茶叶、烟叶、野菜叶“三片叶”，全力打造“坐飞机的农产品”。按照茶叶发展“十八个大”思路，把五指山红茶打造成国内知名红茶品牌。重点围绕“4个1+N”谋划生成产业项目，精细策划包装，打造“爆款”农产品，大力发展农村电子商务。加快建设农产品冷链仓储物流、农田水利、农业滴灌等现代化农业设施。试点推进“接二连三”农旅融合住房新模式，重点建设一批休闲观光点、共享农庄、乡村民宿等乡村旅游精品工程。推动优质旅游资源集中招商，高水平建设红峡谷、牙胡梯田等景区景点，高质量打造毛椤公路、五指山湖等一批文旅网红打卡点。

六是加快建设四季宜居康养乐园。充分发挥五指山“四个1800”的特殊地理气候优势，发展医养为基、康养为目、颐养为本的大健康、全健康产业，主打负氧、呼吸、睡眠、释压、运动等宜养特色，力争把五指山打造成国内首屈一指的医养康养目的地。高质量高标准编制医养康养三年行动方案，引进一批有品牌、有技术、有医资、有客源的医养康养项目，大力发展以体检、调理、康复为主的差异化特色基地和品牌，努力提供高品质、高附加值的医养康养服务。继续擦亮国家体育训练南方基地牌子，力争成为国家队运动康复和备战训练的首选之地。大力支持房地产向康养产业转型发展，坚决打击以康养之名行房地产开发之实的项目。

（三）坚持项目为王、项目进园区，全力打造现代产业发展新高地

推动五指山高质量跨越式发展，基础在产业，关键靠项目，突破在招商。要牢牢把握“生态坚守底线、土地坚定红线、选商坚持一线”的项目投资原则，千方百计谋划和引进项目，以园区建设为载体，不断引领产业转型升级和加快发展。

一是积极做好项目谋划储备工作。高质量建设滚动项目库，紧扣“六园”建设、“四个注重”和“五个围绕”三个维度谋划项目，突出项目谋划前瞻性和系统性，不断拓展项目谋划储备的深度和广度。全力配合推动中线高铁、向阳水库、环热带雨林国家公园旅游公路等省重大项目建设，并提前做好衔接，同步谋划生成一批高质量的衍生项目。坚持要素跟着项目走，促进优质资源向园区和优势产业聚集。用好用足PPP（政府和社会资本合作）、REITs（房地产投资信托基金）等投融资工具，撬动更多资本投向重大项目和园区建设。

二是大力加强招商引资和项目建设。创新招商思路、改进招商方式、强化招商服务，建立有吸引力的投资环境。瞄准行业头部企业，扎实推进“点对点”靶向招商、网上招商、以商招商、产业链招商。深入践行“五千五万”招商方法，树立“以亩产效益论英雄”导向，把招商引资成效作为评价领导干部工作实绩的重要依据。强化要素保障，做好全程跟踪服务，加快推动一批重大项目落地。

三是加快推进“四大产业园区”建设。对标海南自由贸易港园区建设标准和先进地区重点园区发展模式，高标准高质量规划建设番阳雨林农产品加工产业园、水满雨林茶产业小镇、新征程绿色金融产业园和南圣雨林金融小镇等“四大产业园区”。培育壮大高新技术产业，加快发展虾青素、模式猪等符合五指山生态要求的产业项目。实行“揭榜挂帅”，重点抓好园区企业和项目招商工作，抓紧引进一批龙头企业入驻园区。坚持生产、生活、生态“三生合一”理念，同步建设园区生活服务设施，大力推进产城

融合。

四是打造一流营商环境体系。坚持以“六个不能等”为工作常态，加快建立营商环境登门服务“123”追访机制，全力打造法治化、国际化、便利化营商环境。坚持把制度集成创新摆在突出位置，全力做好贷后金融服务产业。不断深化“放管服”改革，建立健全闭环工作机制，着力解决好部门职能不清、权责不明的问题。完善首问责任制，力戒“不知道、不清楚、不可以”，推动解决推诿扯皮、办事拖沓等问题。加快建设“互联网＋政务”“互联网＋服务”等智能应用平台，切实提升政务服务效能。

（四）坚持以人民为中心的发展思想，在高质量跨越式发展中改善民生

始终坚持人民至上，不断满足人民对美好生活的向往，让改革发展成果更多更公平惠及全市人民，让五指山各族群众在高质量跨越式发展中获得更多的幸福感满足感，奋力谱写山城共同富裕新篇章！

一是扎实推进乡村振兴。持续抓好巩固拓展脱贫攻坚成果同乡村振兴有效衔接工作，建立健全防止返贫致贫监测和帮扶机制。下大气力抓好产业和就业帮扶，提升农民产业发展能力和就业务工积极性，不断缩小城乡居民收入差距。打造乡村振兴智慧管理平台，大力推动农业农村数字化、信息化、智慧化。加快“一村一品”示范村创建，争创乡村振兴特色产业发展示范样板。大力实施乡村建设行动，持续改善农村人居环境，推动农村“五网”基础设施提档升级。坚持改革助农，持续深化“三块地”、农村集体产权等制度改革。加快推进畅好居改革，推动垦地在空间规划、产业融入、公共基础设施建设、土地利用等方面一体融合发展。创新乡村人才培养机制，大力扶持培养一批乡土人才和农村致富带头人。

二是大力发展健康医疗事业。加快创建全国健康城市和全国健康促进市。全面推进医疗集团和医共体建设，推动医疗卫生优质资源下沉基层，实现城乡医疗卫生一体化。打造中部区域医疗中心，加快推动省第二人民医院与省外高水平医疗机构共建，全力支持省第二人民医院创建三级甲等综合医院、市中医医院创建二级甲等中医医院。加强医疗卫生专业人才队伍建设，不断提高医疗卫生队伍业务水平。

三是优先发展教育事业。全面落实“双减”政策，促进学前教育优质普惠发展、义务教育优质均衡发展、高中教育优质特色发展。增加基础教育优质学位，完成市第三小学搬迁和五指山中学改造扩建工作。加大对市内两所省属重点中学的支持力度，力争“省二中”恢复挂牌。继续推进“一市（县）两校一园”工程，大力引进一批“好校长、好老师”。深入推进中小学教师“县管校聘”改革，全面提升教师队伍质量，加强新时代中小学思政课教师队伍建设，实施乡镇中心校教育质量提升工程。大力支持市内职业院校和高校发展，推动普职融通，实施更加灵活的“定向式”“订单式”教育培养模式。加强与热带海洋学院的市校合作。

四是加强和创新社会治理。持续巩固国家卫生城市创建成果，加快全国文明城市和国家森林城市创建，建立健全“三城连创”长效机制。加快“智慧五指山”建设，扩大“钉盯执法”覆盖面，积极运用现代科技提升执法效能。探索“智慧社区”建设，让社区管理更加高效智能。推进市域社会治理现代化，健全综治中心、社管平台、网格化服务管理、矛盾纠纷多元化解“四位一体”机制。深化平安五指山创建，常态化推进扫黑除恶，扎实推进新一轮禁毒三年大会战，建设若干条“护学路”。

五是强化社会保障能力。持续推进“为民办实事”，建设口袋广场、街心花园、健康小屋等一批民生项目。加强“菜篮子”工程建设，建立健全稳供保价机制。加快推进安居房和保障性租赁住房项目建设，试行“以存量商品住房转型为安居房和保障性租赁住房”模式。深化实施全民参保计划，进一步健全覆盖全民的社会保障体系。完善社会救助机制，全力保障困难群众基本生活。加快构建多层次养老托育服务体系。

（五）抓牢民主法治和宣传思想工作，积极营造团结稳定和谐的社会环境

大力推进民主政治建设，支持和保障市人大及其常委会加强自身建设和依法行使职权，加强人大代表履职平台建设，保障人大代表依法履职。加强人民政协专门协商机构建设，多层次推进协商民主，畅通各方利益诉求渠道。完善大统战工作格局，发挥各民主党派、工商联、无党派人士的独特优势，画出最大同心圆。充分发挥工会、共青团、妇联等群团组织的桥梁纽带作用，全方位凝聚发展合力。持续抓好党管武装工作，加强国防和后备力量建设。稳步推进全面依法治市，加快补齐法治政府、法治社会、法治乡村建设短板。加强宣传思想文化建设，牢牢把握意识形态工作领导权和新闻舆论工作主导权。充分发挥新时代文明实践中心和五指山娘子军

宣讲团作用，引导广大群众听党话、感党恩、跟党走，积极践行社会主义核心价值观。以铸牢中华民族共同体意识为主线，巩固和发展平等团结互助和谐的社会主义民族关系，促进全市各民族像石榴籽一样紧紧抱在一起。

（六）坚持统筹发展和安全，毫不松懈抓牢各领域风险防控

坚持底线思维，积极对标海南自由贸易港建设15个风险领域防控要求，严密防范“黑天鹅”“灰犀牛”事件。慎终如始抓好常态化新冠肺炎疫情防控，坚决守住五指山市来之不易的“无疫区”成果。严格落实安全生产责任制，坚决防范各类安全生产事故发生。靠前防范和化解贷后金融服务产业风险，建立健全贷后金融风险防范预警体系、评估体系和处置机制。加强生态环保风险防控，严把园区发展、农业生产、项目建设生态准入关。持续化解房地产风险，建立健全房地产风险全过程管控体系。

四、坚持和加强党的全面领导

实现五指山高质量跨越式发展，关键在党、关键在人。要坚持以党的政治建设为统领，把党的领导贯穿于改革发展各领域、各方面、全过程，不断提高党把方向、管大局、作决策、保落实的能力和定力，确保五指山高质量跨越式发展正确航向。

（一）旗帜鲜明加强党的政治建设

始终把党的政治建设摆在首位，坚持正确政治方向，坚决站稳政治立场，不断提高政治判断力、政治领悟力、政治执行力。坚持用党的科学理论武装头脑，教育引导广大党员干部自觉做习近平新时代中国特色社会主义思想的坚定信仰者和忠实践行者，坚定捍卫“两个确立”，坚决做到“两个维护”。坚定不移贯彻执行党的政治路线，不折不扣落实党中央及省委决策部署。

（二）坚持不懈推进基层党组织建设

持续抓好软弱涣散基层党组织排查整顿工作，提升基层党组织标准化规范化建设水平。统筹推进机关企事业单位、农村、社区、“两新”组织等各领域党建，不断巩固好、发展好、发挥好党的组织优势。强化对党员干部的教育、管理和监督，持续抓好党建指导员、乡村振兴队员、社区网格员、业主委员“四员”队伍建设，引导广大党员充分发挥先锋模范作用，在加快推进“六园”建设中走在前、干在先、当标杆、作表率。

（三）持之以恒提高干部队伍质量

坚持新时期好干部标准，认真贯彻落实省委“五个大力选拔干部”工作要求，着力建设一支与海南自由贸易港建设以及“六园”建设相适应的高素质专业化干部队伍。加强党员领导干部“智志双扶”，提高履职尽责能力水平。加大基层一线干部、年轻干部、少数民族干部、女干部和党外干部培养使用力度。健全完善容错纠错和澄清正名机制，严格落实“三个区分开来”要求，为敢于担当、踏实做事的干部撑腰鼓劲。

（四）引育并举加强人才队伍建设

坚持五湖四海广揽人才，深入贯彻落实“百万人才进海南”行动计划，大力引进各类高层次和急需紧缺型人才。加大柔性引才力度，以“鸿雁汇智”工程为抓手，通过退休返聘、顾问指导、短期兼职、对口支援等方式用好用足“候鸟”人力资源。持续实施非遗传承人才培养“青蓝工程”等本土人才培养项目，逐步形成稳定的本土人才梯队。创新人才培养支持机制，让各类人才在五指山各尽其用、各展其才。

（五）锲而不舍改进工作作风

大力弘扬伟大建党精神，不断激发党员领导干部的使命感责任感。巩固拓展作风整顿建设年活动成果，建立健全改进作风长效机制，推动干部作风持续向好。大力发扬实事求是、脚踏实地、担当作为、苦干实干的干事作风，常态化开展“比学赶超”，在“比”中增动力，在“学”中强本领，在“赶”中争一流，在“超”中开新局。持续整治“庸懒散慢”等作风顽疾，驰而不息纠治“四风”，坚决防止形式主义、官僚主义滋生蔓延。

（六）坚定不移推进清廉五指山建设

坚持源头反腐、长效反腐，一体推进不敢腐、不能腐、不想腐体制机制建设。加强系统施治、标本兼治，推动惩治震慑、制度约束、提高觉悟一体发力。坚持无禁区、全覆盖、零容忍，推进受贿行贿一起查。紧盯“关键少数”，着力加强对“一把手”和领导班子的监督。加强廉政文化建设和家风建设，打造廉政教育基地，引导党员领导干部算好“四本账”。扎实用好巡察利剑，有效推进五届市委巡察全覆盖。

同志们，新的蓝图鼓舞人心，新的使命催人奋进，新的征程任重道远。让我们更加紧密地团结在以习近平同志为核心的党中央周围，积极响应党中央伟大号召，把准新时代发展方向，找准高质量发展路径，瞄准新征程发展目标，以“六园”建设为工作

主抓手，坚持解放思想、实事求是，奋力“比学赶超”，全力奔向高质量跨越式发展新征程，在中国特色自由贸易港建设的宏伟大业中扛起属于五指山1867的峰值担当，以优异成绩迎接党的二十大和省第八次党代会胜利召开！

名词解释：

1.“六园”：琼崖革命初心悟园、黎苗文化精神家园、底蕴厚重州府故园、热带雨林国家公园、农旅融合富美田园、四季宜居康养乐园。

2.“十地”：一是管好禁地；二是管好农地；三是管好林地；四是管好工地；五是管好基地；六是管好裸地；七是管好要地；八是开拓新领地；九是坚守阵地；十是无立锥之地。

3.“三线一单”：严守生态保护红线、环境质量底线、资源利用上线、生态环境准入清单。

4.“六个一批”工作：建设一批特色民族村寨、出版一批图书文献和文化研究、推进一批民族文化项目、打造一批民族文化产品、发展一批以黎药苗药为基础的南药康养项目、形成一批民族文化生态。

5.“十大优势特色农产品”：茶叶、烟叶、野菜、山兰稻、花卉、南药黎药、油茶、五脚猪、五指山山鸡、瓜菜。

6.“坐飞机的农产品”：突出生态、精致、快捷、高端特点，将部分优势特色农产品精选包装成雨林特色礼物，以飞机运输的方式销往岛外。

7.茶叶发展“十八个大”思路：大山、大田、大统、大计、大师、大牌、大厂、大寨、大赛、大会、大学、大噪、大市场、大文旅、大数据、大健康、大投入、大格局。

8.“4个1+N”：一个乡镇一个美丽乡村、一片高标准农田、一个研学基地、一个露营基地和一村一品。

9.“接二连三”农旅融合住房新模式：对试点村庄农户新建的楼房，推广“一楼公用、二楼居住、三楼出租”的住房新模式，进一步改善农户住房条件和提升农户经济收入。

10.“四个1800”：五指山地理位置和气候条件非常优越，拥有1867米的海拔、18.77度的纬度、1887毫米的年平均降水量、1897小时的年平均日照时数。

11.“四个注重”：注重从政策、规划、招商引资、问题整改中谋划生成项目。

12.“五个围绕”：围绕空间规划编制，谋划生成一批项目；围绕产业规划编制，谋划生成一批项目；围绕“五网”基础设施建设，谋划生成一批项目；围绕为民办实事，谋划生成一批项目；围绕信息化建设，谋划生成一批项目。

13.“五千五万”招商方法：大力实践看尽千章万句、说尽千言万语、用尽千丝万缕、吃尽千辛万苦、倾尽千恩万谢的招商方法。

14.“六个不能等”：不能让群众等，多等一天就损一天党的形象；不能让企业等，多等一天就积一分心火怨气；不能让政策等，多等一天就失一次发展先机；不能让资金等，多等一天就迟一日惠企利民；不能让生态等，多等一天就误一方绿水青山；不能让干部等，多等一天就少一臂发展合力。

15.营商环境登门服务“123”追访机制：“1”指的是对于招商项目，负责联系的市级领导或科级干部每个月至少要主动走访一次；“2”指的是对于在建项目，负责联系的市级领导或科级干部每2个月至少要主动走访一次；“3”指的是对于已经完工投产并形成税收的项目，负责联系的市级领导或科级干部每3个月至少要主动走访一次。

16.“三城连创”：持续巩固国家卫生城市创建成果，争创全国文明城市和国家森林城市。

17.“五个大力选拔干部”：大力选拔政治过硬、能力过硬、责任过硬、作风过硬、纪律过硬的干部。

18.“四本账”：“经济账”“荣誉账”“健康账”“家庭账”。

五指山市人民代表大会常务委员会工作报告

——2022年1月7日在五指山市第五届人民代表大会第一次会议上

五指山市人大常委会主任 万才胜

五年来工作回顾

过去的五年，市人大常委会在市委的坚强领导下，以习近平新时代中国特色社会主义思想为指导，坚持党的领导、人民当家作主、依法治国有机统一，把握正确政治方向，践行以人民为中心的发展思想，紧紧围绕全市工作大局，依法履职，积极参与脱贫攻坚、生态文明建设、乡村振兴工作，主动融入海南自贸港建设，有效发挥了地方国家权力机关的作用，为五指山市经济社会发展作出了积极贡献。

一、坚持党的全面领导，始终保持初心使命

市人大常委会始终坚持政治机关定位，坚定不移把坚持党的全面领导作为人大工作的首要政治原则，主动融入全市工作大局，在市委的坚强领导下精心谋划和推动人大各项工作。

（一）强化理论武装，旗帜鲜明讲政治

市人大常委会坚持用习近平新时代中国特色社会主义思想统揽人大工作，通过党组学习会、培训班、专题党课等多种方式，深入学习贯彻习近平新时代中国特色社会主义思想，做到入脑入心、走深走实。同时，不断巩固深化“两学一做”学习教育、“不忘初心、牢记使命”主题教育、党史学习教育等成果，激励人大干部和全体代表做到初心如磐、使命在肩，不断增强“四个意识”、坚定“四个自信”、做到“两个维护”，捍卫“两个确立”，为做好新时代人大工作注入精神动力。

（二）强化政治机关意识，坚持把党的领导贯穿人大工作各方面

市人大常委会坚决贯彻落实市委的重大决策部署，坚持重大事项、重大工作及时向市委请示报告，保证人大工作与市委部署同心、目标同向、行动同步，确保人大工作沿着正确政治方向扎实推进。注重发挥人大常委会党组在人大工作中把方向、管大局、促落实的作用，时刻与市委中心工作保持步调一致。始终坚持党管干部和人大依法任免干部的有机统一，坚决贯彻市委的人事意图，依法行使人事任免权。五年来，共召开常委会会议41次，任命、决定任命183人，免职、决定免职69人，接受辞职16人。

二、坚持依法有效监督，全力为服务大局贡献智慧力量

市人大常委会始终坚持服从服务全市工作大局，聚焦经济社会发展、生态文明、民生事业、人民关切，坚持问题导向，遵循依法原则，务实推进监督工作。五年来，先后听取和审议“一府一委两院”专项工作报告46项，作出决议16项，向市政府反馈审议意见26份；组织开展执法检查14次、专题调研23次；组织省、市人大代表视察和调研8次；配合全国人大和省人大开展执法检查、调研活动40余次。

（一）紧紧围绕推动经济平稳健康发展开展监督

坚持贯彻新发展理念，把服务发展作为着力点，加强经济监督。听取审议市政府关于“十三五”规划纲要实施情况中期评估报告，每年听取审议国民经济和社会发展计划报告、预算决算报告、国有资产管理情况报告、审计工作报告和审计披露问题整改情况报告，审查和批准预算调整方案，确保计划预算安排符合市委部署要求、切合五指山市发展实际。组织开展忧遁草、茶叶、特色旅游、山区特色产业发展情况等6项专题调研，针对存在问题和困难提出多次建议，为推动五指山市特色产业发展献计献策。围绕五指山市优化营商环境情况开展专题调研，针对服务意识不强，“放管服”工作不够到位，告知承诺、容缺受理效果不明显，监管力度不够等短板问题，提出意见建议，助推五指山市营商环境进一步优化。

（二）紧紧围绕促进生态文明建设开展监督

深入学习贯彻习近平生态文明思想，立足国家生态文明试验区定位和热带雨林国家公园核心区的区位，积极践行“绿水青山就是金山银山”理念。每年听取审议市政府关于环境质量状况和环境保护目标完成情况的报告；对《中华人民共和国环境保护法》《海南省环境保护条例》等实施情况开展执法检查，组织开展农村污水处理设施建设运营情况专题调研，听取市政府关于五指山市农村污水处理设施建设运营存在问题的整改情况报告，组织省、市人大代表围绕热带雨林国家公园生态移民搬迁项目开展视察，助力打好蓝天碧水净土保卫战，推动五指山市尽快实现“碧水绕城”等生态文明建设目标。

（三）紧紧围绕保障和改善民生开展监督

牢固树立以人民为中心的发展理念，切实做到“民有所呼，我有所应”。先后对《中华人民共和国精神卫生法》《中华人民共和国未成年人保护法》《中华人民共和国中医药法》等10部法律法规实施情况开展执法检查，组织开展实施农村义务教育学生营养改善计划、农业科技队伍建设情况等9项专题调研，提出对策建议，督促市政府加大民生事业投入，提高民生保障水平。听取和审议市监委关于开展整治群众反映强烈问题工作情况的报告，市法院关于“两个一站式”建设情况的报告，市检察院关于开展公益诉讼检察工作情况的报告，督促市监委和“两院”依法办案、公正司法，积极回应群众关切。

为做好五指山市新冠肺炎疫情防控，市人大常委会及时调整2020年工作安排，专门听取和审议市政府关于贯彻实施《中华人民共和国传染病防治法》情况报告，开展基层医疗卫生机构标准化建设情况专题调研，助推市政府着力提升基层卫生服务能力，解决群众就医“最后一公里”。

（四）紧紧围绕推进法治建设开展监督

深入学习贯彻习近平法治思想，加强对法律法规实施情况的监督检查。每年坚持听取和审议市政府关于法治政府建设情况的报告；围绕提升城市治理效能和基层治理法治化水平，先后对《中华人民共和国道路交通安全法》《中华人民共和国社区矫正法》等7部法律法规实施情况开展执法检查，组织开展“禁毒三年大会战”、社会治安管理、“七五”普法工作情况等4项专题调研，促进了法律法规的有效实施，督促市政府进一步加强政府机关依法行政能力，不断提高社会治理法治化水平。坚持做好规范性文件备案审查工作，本届共接收报备规范性文件43件，切实做到有件必备、有备必审、有错必纠，并通过备案审查信息平台向省人大报备。

（五）紧紧围绕打赢脱贫攻坚战和推进乡村振兴开展监督

围绕全市脱贫攻坚工作大局，2016年以来，每年听取和审议市政府关于脱贫攻坚工作情况的报告，市监委关于五指山市扶贫领域腐败和作风问题专项治理工作情况报告，促进五指山市脱贫攻坚工作扎实有效推进，确保顺利实现脱贫摘帽。立足全面推进乡村振兴，组织漫水桥及危旧桥梁改造调研，专题听取审议市政府关于漫水桥（过水路面、危旧桥）改造情况的报告，组织开展扶贫农业特色产业发展情况调研，为方便群众生产生活、助推产业发展发挥人大力量。五年来，市人大常委会在脱贫攻坚和乡村振兴工作中，共挤出“三公”经费近113万元用于帮助贫困群众解决住房安全、“五个直观”和发展产业等问题，为打赢脱贫攻坚战、巩固拓展脱贫攻坚成果同乡村振兴有效衔接发挥了积极作用。

（六）全力支持配合上级人大开展监督活动

市人大常委会全力做好全国人大和省人大到五指山市开展调研、执法检查活动联系协调和服务保障工作。五年来，先后配合全国人大和省人大在五指山市开展脱贫攻坚、海南热带雨林国家公园建设以及海南自由贸易港法草案有关问题立法调研等40余次调研和执法检查活动。

三、坚持发挥代表主体作用，做实做优代表工作

市人大常委会始终尊重代表主体地位，坚持管理与服务并重，全力支持和保障代表依法履职，把“为民用权、为民履职、为民服务”理念落到实处。

（一）提升履职能力

一是坚持每年为代表订阅《中国人大》《海南人大》等专业刊物，拓宽代表知识面。

二是坚持加强代表培训，5年来，共举办12期市人大代表培训班，培训代表和人大工作者1000余人次。

三是认真学习贯彻省委、市委人大工作会议精神，使之转化为履职尽责的激情和干劲。

（二）强化服务保障

一是进一步完善市人大常委会组成人员和市人大代表“双联系”制度，制定《五指山市人大代表活动经费管理使用办法》，为代表履职提供制度和经费保障。

二是全方位做好代表视察、调研活动服务保障工作。

5年来，先后组织省、市人大代表围绕五指山市城区卫生治理、产业发展、重点项目、生态旅游开发情况等开展8次视察和专题调研，发挥代表作用，助力五指山市经济发展。

三是全市7个乡镇创建"人大代表之家"和"人大代表联络站"，让代表学习有阵地，交流有平台，接待有窗口，活动有内容。

（三）办好代表建议

5年来，共筹备召开市人民代表大会8次，先后收到代表建议844件，截至2021年12月，全部建议已办结并答复代表，代表满意和基本满意率均在98%以上，解决了一批群众急难愁盼问题。

（四）激发代表活力

坚持邀请代表列席市人大常委会会议和参与执法检查、视察、专题调研活动，有针对性地推荐代表参加市委和"一府一委两院"座谈会、警示教育、旁听庭审、开放日等活动，有效拓展代表知情、知政渠道。五年来，共邀请市人大代表200多人次参加人大常委会会议和相关活动，组织100余人次参与"一府一委两院"活动。

四、坚持严格依法依规做好换届选举工作

2021年是五指山市市乡两级人大代表换届选举之年，市人大常委会认真贯彻落实省委和市委的决策部署，坚决做到把坚持党的领导、充分发扬民主和严格依法办事统一起来，全力确保五指山市市乡人大换届工作依法有序推进，圆满实现预期目标。

（一）精心指导乡镇人大换届选举

市人大常委会根据《中华人民共和国宪法》《中华人民共和国全国人民代表大会和地方各级人民代表大会选举法》等有关法律的规定，按照省委、省人大和市委的部署，及时确定乡镇人大换届选举时间、分配乡镇人大代表名额，设立乡镇选举委员会，从选区划分、选民登记、推荐代表候选人、组织投票选举等关键环节，都切实加强事前指导和事中督导，确保各乡镇人大换届选举工作有序推进。全市选出乡镇一级人大代表379名，各乡镇已顺利完成换届。

（二）认真抓好市人大代表换届选举

按时成立了市选举委员会、市直属各选区选举工作组，换届选举工作督导组，制定了换届选举工作方案和市人大代表名额分配方案，明确了选举委员会办公室各组工作职责和工作要求，建立顺畅工作机制，精心组织、周密部署，圆满完成了市五届人大162名代表选举，选举结果符合组织意图，代表结构得到优化。

五、坚持强化人大自身建设，不断夯实履职尽责根基

市人大常委会始终把加强自身建设放在突出位置，主动适应新形势新任务，扎实推进思想、作风、组织、制度等各项建设，为人大各项工作顺利开展提供了有力保障。

（一）不断加强人大常委会自身建设

坚持把思想政治建设摆在首位，深入开展"不忘初心、牢记使命"主题教育，扎实开展党史学习教育、作风整顿建设年和"查堵点、破难题、促发展"活动，自觉在思想上政治上行动上同以习近平同志为核心的党中央保持高度一致。五年来，市人大常委会党组组织学习会70余次，党组成员上专题党课30余次，开展专题活动20余次，形成调研报告11篇。修订完善市人大常委会议事规则、党组议事规则等26项工作制度和工作规则，从制度上有力保障了人大常委会高效依法履职。

（二）切实加强人大常委会机关建设

市人大常委会高度重视加强人大机关干部思想作风建设，狠抓机关党支部"三会一课"常态化、规范化，深入细致做好思想政治工作，不断加强干部队伍建设。设立了人大研究中心、人大社会建设委员会，机构设置进一步完善，机关干部队伍结构有新优化、整体素质有新提高。以市委第一巡察组对市人大常委会机关进行巡察为契机，查摆和检视差距与不足，全力推动整改落实，扎实推进党风廉政建设。坚持把人大信访工作作为密切联系群众的重要途径，带着感情和责任做好信访工作。五年来共接待来访群众100余人次，受理群众来信42件，及时转交"一府一委两院"并督促做好办理工作，做到交办不代办、监督不干涉，有效回应了人民群众的合理合法诉求。

各位代表，市人大常委会五年来取得的成绩，是以习近平新时代中国特色社会主义思想为指导，在市委的坚强领导下，全体人大代表、人大常委会及其机关全体干部履职尽责、辛勤工作的结果，是"一府一委两院"和乡镇人大密切配合、通力协作的结果，是社会各界和全市人民充分信任、大力支持的结

果。在此，我代表市人大常委会向大家表示衷心的感谢！

在总结成绩的同时，我们也清醒认识到，市人大常委会的一些工作仍有待加强和改进。主要是监督工作实效性尚需继续增强；联系和服务代表工作的方式和渠道仍需改进；人大代表意见、建议办理质量还有提升空间；市人大常委会及机关自身建设还不能完全适应新时代要求。今后我们将虚心听取代表和各方意见，认真研究，积极吸纳，切实加以改进。

五年来的实践，我们深切感受到，做好新时代人大工作，必须毫不动摇坚持党的领导，坚持以习近平新时代中国特色社会主义思想为指导，牢牢把握人大工作正确政治方向；必须毫不动摇将各项工作置于市委绝对领导之下，坚决按照市委决定、要求、指示开展工作，确保与市委步调一致、同频共振，服从服务全市大局；必须毫不动摇坚持以人民为中心的发展思想，把人民对美好生活的向往作为人大工作的立足点，主动接地气、察民情、聚民智，紧贴人民关切依法行使职权；必须毫不动摇坚持改革创新，不断推动人大工作与时俱进，充分激发人大工作生机和活力；必须强化担当作为，拿出真抓的实劲、敢抓的狠劲、常抓的韧劲，拓展市人大依法监督范围，丰富监督方式，做到真监督、见实效。

今后五年工作思路

各位代表，今后五年，是五指山乘势而上开启全面建设社会主义现代化新征程的关键时期，市第五次党代会对五指山未来五年发展作出了重要部署，描绘了一幅崭新蓝图，明确了主要奋斗目标，对今后五年工作提出了明确要求。2022 年是全面贯彻落实中央人大工作会议精神的关键之年，也是市五届人大及其常委会依法履职的第一年。在新征程上，新一届人大及其常委会将继续坚持以习近平新时代中国特色社会主义思想为指导，深入贯彻落实习近平法治思想、习近平总书记关于坚持和完善人民代表大会制度的重要思想，全面落实中央人大会议精神，坚持党的领导、人民当家作主、依法治国有机统一，践行全过程人民民主理念，在市委的坚强领导下，紧紧围绕市第五次党代会确定的目标任务，深入贯彻新发展理念，主动融入新发展格局，以海南自贸港建设为契机，立足“四个机关”职能定位，依法行使职权，充分发挥代表作用，奋力推动人大工作再上新台阶。

一、立足新征程，坚定不移坚持党的领导。

旗帜鲜明讲政治，毫不动摇坚持在党的领导下依法行使职权，把加强党的领导贯穿落实到工作全过程和各方面，确保人大工作正确的政治方向。着眼适应新发展阶段对人大工作新的更高要求，持续强化思想理论武装，以党的创新理论统揽和指导人大工作。2022 年要把增强“四个意识”、坚定“四个自信”、做到“两个维护”，捍卫“两个确立”体现在围绕中心、服务大局的政治站位上，体现在发挥人大作用、助推高质量发展的工作实效上，以实际行动把市委决策部署落实到位，为推进五指山高质量跨越式发展贡献人大力量。

二、紧扣新目标，驰而不息增强监督实效。

紧扣市第五次党代会确定的奋斗目标，坚持监督与支持相结合，不断加强和改进监督工作，以增强监督针对性、实效性为核心，进一步创新监督工作机制，以更大力度监督推动党委决策部署落实和法律法规有效实施。2022 年要毫不动摇坚持以人民为中心的发展思想，切实强化对经济建设、生态文明建设、民生事业和法治建设等方面的监督，积极回应人民群众新期盼，为加快推进五指山“六园”建设加油添力。

三、践行新理念，持之以恒抓好代表工作。

全面落实中央人大会议精神，积极践行全过程人民民主理念，不断加强和改进代表工作，积极探索更好地服务和保障代表发挥主体作用的长效机制，拓宽代表履职平台和参与渠道，全力支持和保障代表依法履行职责。2022 年要进一步加强代表教育培训和履职管理，举办两期以上代表培训班，帮助代表打牢履职“基本功”，不断增强代表依法履职的自觉性；要发挥好代表联络站的作用，为代表依法履职创造更有利的条件；要扎实抓好代表议案建议办理，更加注重办理实效。

四、围绕新要求，毫不放松加强自身建设。

对标“四个机关”，持续加强自身建设。坚持以政治建设为统领，加强理论武装，运用好党史学习教育成果，不断提高政治判断力、政治领悟力、政治执行力，认真落实全面从严治党主体责任，驰而不息推进作风建设，着力打造忠诚、干净、担当的人大干部队伍。2022年要紧紧围绕新阶段新要求，多措并举提高人大机关干部的理论水平和业务能力，为常委会及代表依法履职提供优质高效服务，进一步提升常委会和机关工作质效。

各位代表，第五届市人大常委会即将依法选举产生。在市委的坚强领导下，新一届市人大及其常委会将进一步增强"四个意识"、坚定"四个自信"、做到"两个维护"，捍卫"两个确立"，踔厉奋发，笃行不怠，交出对党忠诚、不负人民的合格答卷，为全面开创五指山市人大工作新局面、加快推进"六园"建设、实现五指山高质量跨越式发展作出新的更大贡献，以优异成绩迎接党的二十大胜利召开！

政府工作报告

——2022年1月7日在五指山市第五届人民代表大会第一次会议上

五指山市人民政府市长　陈国梁

一、四届市政府工作回顾

过去的五年，四届市人民政府坚持以习近平新时代中国特色社会主义思想为指导，在市委的坚强领导下，坚持稳中求进工作总基调，在把握大势、抢抓机遇中开拓奋进，在应对挑战、抵御风险中担当作为，较好地完成了市四届人民代表大会确定的主要目标任务。全市地区生产总值由28.13亿元增加至36.76亿元，年均增长4.4%；三次产业结构比从22.4：20.6：57.0优化为21.0：16.8：62.2，第三产业比重提升5.2个百分点；社会消费品零售总额由10.25亿元增加至12.8亿元，年均增长6.7%；城镇常住居民人均可支配收入由25635元增加至34793元，年均增长8.3%；农村常住居民人均可支配收入由10476元增加至15350元，年均增长10.3%；城镇登记失业率始终控制在4%以内；节能减排指标均达到省下达的目标要求。2019年、2020年连续两年获得全省高质量发展考核“优秀”等次。

五年来，我们坚持围绕中心、创新实干，生态环境质量稳居全省领先地位，高质量实现国定贫困县（市）脱贫摘帽，上榜2021中国最具诗意百佳县市，成功获全国民族团结进步模范集体、科技部首批创新型县（市）、全国生态综合补偿试点市县、国家卫生城市、中国十佳绿色城市、全国百佳深呼吸小城、中国天然氧吧等“国字号”荣誉和称号，连续七次获得“省级双拥模范城”称号，县域综合实力和竞争力不断增强，人民群众获得感、幸福感、安全感明显提升，为推动实现高质量跨越式发展奠定了坚实基础！

我们聚焦精准方略，脱贫攻坚圆满收官。先后实施扶贫项目1750多个，解决所有行政村村集体经济薄弱问题，顺利完成毛道乡空共下村、南圣镇新春村生态搬迁，1423户“四类”重点对象危房得到改造和修缮，贫困群众“两不愁三保障”和饮水安全问题全部解决，44个建档立卡贫困村全部稳定达标出列，6182户22949名贫困群众稳定脱贫，贫困发生率从2016年的28.2%降至零，脱贫攻坚成效年度考核4次获得“好”的等次。推动脱贫攻坚与乡村振兴有效衔接，建立健全“4+1”防止返贫动态监测和帮扶机制，全市未发生返贫和新增贫困问题。

我们聚焦生态立市，高质量发展底色更加鲜明。行政村生活污水处理设施实现全覆盖，城乡生活垃圾无害化处理率达100%，污染防治攻坚战考核成绩名列前茅，生态环境六大专项整治各项指标如期完成，中央环保督察反馈问题整改成效明显。扎实推动“四大标志性”先导工程建设。森林蓄积量持续增长，森林覆盖率稳定在86.44%。完成243.16亩农村裸露土地种草绿化。生态环境质量持续保持全省领先水平，空气质量指数连续6年排名全省第一，PM2.5浓度年平均值向着个位数迈进，市镇两级集中式饮用水水质、主要河流湖库水质优良率达100%。

我们聚焦转型升级，绿色产业体系初步构建。以旅游业为主导、热带特色高效农业和康养产业为支撑的绿色产业体系逐步构建。旅游基础设施不断完善，建成旅游信息咨询中心7处、旅游厕所25座，新增酒店5家，打造12个椰级乡村旅游点、37个美丽乡村，红峡谷景区获评国家AAAA级景区，实现AAAA级景区零的突破。水满乡成功获评为海南省旅游小镇。漂流文化节、亲水三项挑战赛、阿陀岭徒步新年祈福活动等成为五指山特色雨林节庆活动。2021年，预计全市实现旅游收入11.4亿元，年均增长36.81%。坚持脱贫攻坚与产业培育相互促进，成功打造7个优势产业区、24个特色种养基地、3个“中药材产业扶贫示范基地”，认证“三品一标”农产品12个，“五指山五脚猪”获得国家地理标志认证，忧遁草作为新食品原料获国家卫健委审批通过。

我们聚焦城乡发展，基础设施全面提质。中线高速、山海高速全线贯通，“T”字形对外连接通道全面构建，改造升级通畅公路、南水公路等一批城乡路网；66项农村公路“六大工程”建设任务全面完成，在全省率先完成自然村全部通硬化路，59个行政村实现“村村通公交”。新春水库提前竣工蓄水，荣获国家水利最高荣誉“大禹奖”。168宗农村饮水安全工程建成投用，城乡集中供水实现全覆盖。完成211项新一轮农村电网升级改造工程。“气代柴薪”试点项目成功覆盖1263户农村家庭，城市管道燃气覆盖率达100%。“智慧五指山”建设全面提速，“雪亮工程”建成运行，光纤宽带网络实现自然村全覆盖，新一代5G高速移动通信网络覆盖各乡镇。规划建设了覆盖市域范围的“8”字型自行车骑行绿道，小岛公园对外开放，新图书馆等一批文体场馆建成使用。

我们聚焦改革创新，发展动力持续增强。设立“未办成事协调服务窗口”，推出20个“一件事一次办”主题套餐，政务服务事项办理时限压缩60%以上，告知承诺事项增至70项，实现全过程工程建设项目审批事项100%线上审批。全市30个政府部门聘请法律顾问，基本实现政府部门全覆盖。深化“多规合一”改革，完成《五指山市总体规划（空间类2015—2030）》和59个行政村、居委会的规划编制，合理安排市域城镇建设、农田保护、产业集聚、生态涵养等空间布局。完成行政复议机制改革、综合柜员制改革、综合行政执法体制改革、农垦改革、国资国企改革等重点改革任务。在全省率先探索实施生态赎买、基层教育医疗专业技术人才激励机制改革试点，率先全面推行林长制、建立生态科技特派员制度、乡村医生“编制在乡、岗位在村”的使用机制。创新型县（市）建设扎实推进，被科技部纳入“100+N”开放协同创新工作体系，3家企业被认定为高新技术企业，8家企业入库科技型中小企业，实现零的突破。

我们聚焦民生保障，群众幸福指数持续攀升。每年平均安排75%的财政支出用于保障民生。54件为民办实事事项全部兑现。从严从紧抓好常态化疫情防控，成为全省为数不多的“无疫区”市（县）之一。公办幼儿园、全市普惠性幼儿园在园幼儿占比均达到国家标准，义务教育阶段毛入学率达到100%，高中教育毛入学率、残疾儿童入学率均超过国家标准，分别达到94%和97.8%。开通7条定制专线服务乡镇学生“一站式”离校返家。深化医疗卫生体制改革，紧密型医共体（医疗集团）体制机制初步建立。覆盖城乡的医疗卫生健康服务体系基本建成，完成13个基层医疗机构标准化项目，新建或改造62家村（居）卫生室。公立医院全面取消药品加成。新建、筹集安居房791套，盘活214套闲置房源进入租赁市场。完成14个老旧小区改造和17个住宅小区电力抄表到户改造。城乡低保“应保尽保、应纳尽纳”。构建起退役军人三级服务保障体系。

我们聚焦社会和谐，治理体系愈加完善。成功创建国家卫生城市和省级文明城市，创建国家卫生乡镇1个、省级卫生村48个，省级卫生乡镇实现全覆盖。“市、乡、村”三级综治中心全面建成，村（社区）网格员基本实现全覆盖。高质量完成扫黑除恶和禁毒三年大会战专项斗争，登记在册吸毒人员连续5年实现下降，由2016年的2.28‰降至0.63‰，成功打掉“月亮帮”“烟酒帮”“鹏辉帮”等一批涉黑涉恶团伙，群众安全感、满意度连续5年排名全省前列。社会矛盾纠纷化解成功率100%，社会形势总体安全稳定。安全生产形势平稳，未发生重大以上生产安全事故。

我们聚焦效能提升，政府自身建设全面加强。坚决贯彻落实中央、省和市委各项决策部署，“两学一做”学习教育、“不忘初心、牢记使命”主题教育、党史学习教育入脑入心，“查堵点、破难题、促发展”活动取得实效。坚持依法决策、依法行政，高质量办理人大代表建议880件、政协委员提案381件。坚持过“紧日子”，政府一般性支出和“三公”经费逐年压减。持续加强廉政建设，狠抓各类巡视巡察、审计、督查等反馈问题整改，土地、工程招投标、国土空间规划领域突出问题专项整治扎实有效，进一步营造干部清正、政府清廉、政治清明的政治生态。

各位代表，2021年是新老交替的一年，面对新冠肺炎疫情带来的严峻考验，我们始终坚持“一手撑伞、一手干活”，有效稳住了经济基本盘，实现“十四五”良好开局。我们推动“六园”建设顺利起步，成功举办雨林音乐节、雨林服装秀和红叶节，提升了知名度和美誉度。五指山革命根据地纪念园入选“建党百年红色旅游百条精品线路”景点，通什镇被命名为“中国民间文化艺术之乡”。推动国土空间规划、城市风貌规划、“一河两岸”规划等规划编制工作，完成老州府办公楼旧址修缮，实施南水、毛水公路两侧“两违”建筑的拆除整治，有力烙印老州府“印记”、提升五指山“颜值”。成功打造特色产业突出、农民增收效果明显的特色村庄12个，“十大优势特色农产品”加工企业增至30家，新增4个“星级”美丽乡村。我们大胆推动制度集成创新，构建贷后金融服务产业的做法得到省委、省政府的充分肯定，稳步推进新征程绿色金融产业园建设，4家产业链相关企业入驻，6家头部消费金融企业确定合作意向。对接洽谈虾青素项目等6个招商引资项目，与20余家社会主体建立战略合作关系。我们深入开展"碧水绕城"行动，启动南圣河生态修复工程，全力打造集防洪、疏浚、生态、景观、文化于一体的"一河两岸"百年精品项目，城区"玉带"逐步显现！

各位代表，回首5年发展历程，成绩来之不易。这是市委坚强领导的结果，是全市人民勠力同心、团结奋斗的结果。过去5年，我们众志成城、顽强拼搏，战胜了贫困、防住了疫情；过去5年，我们坚持以人民为中心，办成了许多民生实事；过去5年，我们探索创新、实干担当，实现了经济社会持续健康稳定发展，与全国一道步入全面奔小康。在这里，我代表市人民政府，向全市人民，向人大代表、政协委员，向各民主党派、工商联、人民团体和社会各界人士，向省驻五指山各单位、驻五指山部队和武警官兵、消防指战员，表示衷心的感谢和崇高的敬意！

我们也清醒地认识到，五指山市经济社会发展还存在不少问题，主要是：经济发展基础还比较薄弱，结构调整任重道远，旅游业态不够丰富，农业农村基础依然薄弱，康养产业、高新技术产业尚未成型成势，招商引资质量不高，项目谋划能力不足。生态环境保护能力还有短板；资源禀赋发挥不足，国际化程度不高，城市影响力不大。创新创业的体制机制不够健全、营商环境有待进一步优化。城乡管理水平还不高，人居环境有待进一步提升。教育、卫生等社会民生事业与人民群众的期待还有一定差距。干部知识结构、能力水平、服务意识尚不能满足五指山高质量跨越式发展的要求。对这些问题我们将采取有力措施切实加以改进。

二、新一届政府的奋斗目标和主要任务

各位代表，根据市委对未来五指山规划发展目标的战略安排，今后五年政府工作的指导思想是：以习近平新时代中国特色社会主义思想为指导，弘扬伟大建党精神，深入学习贯彻习近平总书记关于海南工作的系列重要讲话和重要指示批示精神，坚定捍卫"两个确立"，坚决做到"两个维护"，立足新发展阶段，完整、准确、全面贯彻新发展理念，服务和融入新发展格局，坚持稳中求进工作总基调，坚持以推动高质量发展为主题，坚持解放思想、实事求是，始终把保护生态环境作为"国之大者"，将制度集成创新摆在突出位置，认真贯彻落实市第五次党代会精神，大力发展"3+1"主导产业，以"六园"建设为工作主抓手，奋力"比学赶超"，奔向高质量跨越式发展新征程！

未来5年，我们将朝着以下5个方面努力。

（一）以生态优先为重要导向，推动生态环境质量取得新成效

打造生态环境质量标杆区。坚持将生态环境保护作为全市的"国之大者"，强化"三线一单"成果应用，加快构建生态环境分区管控体系，以"十地"为管控重点，深入打好污染防治攻坚战，加强水土流失治理，推动全市生态环境质量保持全省领先，达到国内一流水平。严守耕地红线，坚决遏制耕地"非农化"、防止"非粮化"，进一步替代精减槟榔等农作物种植，推进水源涵养经济林替代和人工林赎买退出试点工作。建立生态环境保护智慧管理云平台，整合部门监测数据和企业排污许可、环境执法、行政处罚等信息，坚决打击生态环境破坏行为，守住836.99平方公里生态红线。严格落实林长制，深入开展"满目青山"行动，加强森林资源管护，森林覆盖率稳定在86%以上。深入实施河湖长制，全面加强"六水共治"，重点抓好昌化江、通什水及小流域高质量治理，实现碧水安澜、玉带绕城、幸福河湖、水质向优。

建设绿色低碳循环发展示范基地。全面禁止使用一次性不可降解塑料制品，全面推广装配式建筑，稳步推进车辆清洁能源化。生活垃圾分类全面推行，减量化、资源化、无害化水平明显提高。探索建立多元化生态补偿机制、生态赎买机制，积极参与碳排放交易、水权交易等市场化运作，促进绿色金融产品创新，发展碳金融市场。圆满完成省里下达的能耗"双控"、碳排放强度、碳排放总量和主要污染物排放量等约束性目标，力争在2025年前实现"碳达峰"，为"碳中和"奠定坚实基础，成为降碳工作"优等生"。积极争创国家生态文明建设示范区、国家森林城市、国家水土保持示范市，加快创建水满乡国家"两山"实践创新基地和乡全域有机认证，为五指山再添光环！

（二）以"六园"建设为主抓手，推动高质量发展实现新突破

加快建设琼崖革命初心悟园。加快五指山革命根据地纪念园提质增效，复原琼崖纵队司令部、海南第一家供销社等遗址，建设红色碑文长廊、红色文化

广场，争创国家 AAAAA 级红色旅游景区。做好“红色旅游 +”文章，依托五指山革命根据地纪念园及周边村庄，建设红色乡村旅游民宿、琼崖革命精神研学基地、农旅研学基地、红色旅游餐厅、观光园、采摘园等，完善观光、教育、体验等不同类型红色旅游产品体系。厚植红色资源优势，延伸红色产业链，策划包装一批红色旅游线路，制作一批口碑好、影响大、流传广的本地优秀红色文化作品，设计一批红色文创产品，推动红色旅游成为新的经济增长点。落实民兵建设“十四五”规划，国防动员和后备力量建设取得新成效，积极推进“双拥模范城”创建。

加快建设黎苗文化精神家园。扎实推进“六个一批”工作，加强民族原生态村寨保护，打造一批独具特色的少数民族村寨。围绕黎族苗族发展历史、传统习俗技艺、饮食特色等文化成果，规划建设海南民族团结博物馆、岛屿民族博物馆、农耕文化博物馆、茶产业博物馆、雨林博物馆、青蒿素博物馆等博物馆集群和岛屿民族研究机构，出版五指山历史文化系列丛书、海南苗族织绣文化图书等文献图书，丰富民族特色文创产品，创新推出小型沉浸式实景演出、黎族苗族传说故事舞台剧。加强黎族苗族医药研发，扶持石斛、益智等黎药苗药产业发展。对标国家 AAAAA 级景区升级改造省民族博物馆、黎峒文化园，把民族服饰、民族歌舞、民族饮食等民族文化融入群众生活中，形成五指山特有的民族文化生态。高质量办好“三月三”祭祀袍隆扣大典活动，推动五指山和黎族文化申报为“世界自然与文化双遗产”，全面建成海南黎族苗族文化中心，争创全国民族团结进步示范区！

加快建设底蕴厚重州府故园。严格落实城市风貌规划，下大气力修复和保护历史文化建筑，建设州府记忆文旅脉络街区，开发一批“州府记忆”文创产品、生活场景、消费环境以及民族文化的专题旅游线路，提升州府街区活力，营造浓厚州府氛围。引入社会资本开发小岛公园夜市项目，将小岛公园打造成为“鼓浪屿式”夜间消费打卡游玩点。加强校地合作，大力支持省属大中专院校、中学办学，扩大招生规模，提高教学质量和办学水平，提升城市活力。以落实“一河两岸”规划为抓手，保护好五指山河岸线、山际线和天际线，还水于民，还岸于民。加快推进“通什—南圣一体化”建设，形成组团式、分功能、差异化、协调性的产城融合发展态势。

加快建设热带雨林国家公园。在一般控制区内探索开展生态旅游等特许经营活动，推进智慧雨林项目建设，谋划建设恐龙公园、萤火虫乐园等特色微小型主题公园，打造以雨林博物馆为代表的国家公园科普基地和热带雨林文化体验区，开发雨林人家、生态体验、雨林婚庆、科普游学等雨林特色旅游产品。大力推进环热带雨林国家公园旅游公路（五指山“雨林天路”试验段）建设，持续保障好国家公园搬迁居民的就业、教育、医疗等权益。打造“五指山十二时辰”雨林风景线上直播平台，策划举办雨林音乐会、雨林服装秀、雨林红叶节、雨林艺术节等雨林节庆活动，多方式、多形式宣传海南热带雨林国家公园。推动建立“国际热带雨林联盟”，实现互动互访互用。

加快建设农旅融合富美田园。推进一、二、三产业融合发展，试点推进并逐步铺开“接二连三”农旅融合住房新模式，实施休闲农业和乡村旅游精品工程，重点建设一批设施完备、功能多样的休闲观光园区、共享农庄、森林民宿、乡村民宿、露营地等项目，加快形成红雅高端民宿产业群，力争建成 6 家共享农庄。推动红峡谷景区、牙胡梯田等重要景区景点提档升级，高质量打造桫椤公路、五指山湖等一批文旅网红打卡点，创建 1 家 AAAA 级景区、3 家 AAA 级景区，实现 AAAAA 级景区、国家级旅游度假区零的突破，建成 2—3 家五星级以上酒店，旅游集散服务中心、游客服务点、旅游厕所等基础设施更加完善，旅游接待能力全面提升。丰富红色旅游、雨林研学、博物馆游、体育旅游等旅游业态，建成国家全域旅游示范区。着力办好早春茶开采节、徒步登高新年祈福活动、新春家宴等文旅活动，积极融入大三亚经济圈、热带雨林国家公园旅游圈，扩大国内国际影响力，力争接待游客人次和旅游总收入年均分别增长 12% 和 15%。

加快建设四季宜居康养乐园。加快申评“中国气候宜居城市”，充分发挥五指山“四个 1800”的特殊地理气候优势，深度开发气候康养、森林康养、度假康养、体育康养、医药康养品牌，主打负氧、呼吸、睡眠、释压的康养特色，培育高端型酒店养生、中高端型民宿生态养生、健康食疗、特色专病康养、南药养生等康养项目。高质量高标准编制医养康养三年行动方案，引进一批有品牌、有技术、有医资、有客源的康养企业，大力发展体检、护理、康复为主的差异化特色康养基地和康养品牌，着力吸引高端客户人群。培育专业高端家政服务机构，在省第二人民医院打造五大医疗康复中心，建成市中西医结合医院国际医养中心，开展慢性病防治全民教育，增加慢性病防治与医疗服务供给，力争把五指山培育成为国内首屈一指的康养目的地。继续擦亮国家体育训练南方基地牌子，力争成为国家队运动康复和备战训练的首选之地。大力打击整治以康养之名行房地产开发之实的项目，引导房地产企业转型发展康养服务。

（三）以改革创新为基本路径，推动开放发展取得新进展

蹄疾步稳深化重点领域改革。坚持“五千五万”招商法，推行营商环境登门服务“123”追访机制，亲清新型政商关系基本构建，营商环境整体达到全省中上等水平。贯彻落实减税降费等惠企政策，全面实行市场准入承诺即入制，降低企业运营成本。全面优化工程建设审批项目审批流程，进一步压缩审批时限。纵深推进“放管服”改革，开展各乡镇政务服务事项赋权工作，推行最简告知承诺制，“一件事一次办”集成审批服务再升级。稳步推进水源地保护、生态农业治理、“钉盯执法”监管体系等制度集成创新工作，形成一批可复制、可推广的制度集成创新案例。加快构建全国性贷后金融服务产业，招引一批头部金融机构和消费金融企业落地，争取设立海南（五指山）互联网金融法院，探索设立不良资产交易场所、信用管理数据中心，逐步形成新型贷后金融服务产业链条。

高质高效推动现代产业发展。紧扣“六园”建设、“四个注重”和“五个围绕”三个维度谋划项目，用好用足 PPP（政府和社会资本合作）、REITs（房地产投资信托基金）等投融资工具，撬动更多资本投向重大项目和园区建设。高标准规划建设番阳雨林农产品产业园、水满雨林茶产业小镇、新征程绿色金融产业园和南圣雨林金融小镇“四大产业园区”，重点抓好园区企业和项目招商工作，配套建设生活服务设施，大力推进产城融合。

立足实际促进高水平开放协作。“一体化”格局统筹全市区域协调发展，编制实施“通什—南圣一体化”规划、“多规合一”实用性村庄规划，实施南圣旧城改造，优化区域资源配置。加快推进畅好居改革，推动垦地在空间规划、产业融入、公共基础设施建设、土地利用等方面一体融合发展，基本解决海垦历史遗留问题，实现垦地融合常态化良性发展。不断创新招商思路、改进招商方式、拓展对外招商的广度和深度，主动“走出去”引进重点产业、头部企业，专班服务招引企业，盘活存量土地用于高端度假酒店、体育旅游产业、文旅商业综合体等招商项目建设。

全面发力完善创新驱动机制。巩固发展创新型市县建设成果，落实科技型中小企业和高新技术企业奖励政策，积极培育、引进高新技术企业和科技型中小企业，力争五指山市高新技术企业达到 5 家，科技型中小企业达到 11 家。支持海南制药厂创新发展。培育壮大虾青素、模式猪等高新技术产业。加强创新载体建设，实施农业科技“110”服务站转型升级工程，建立 1—2 家创新创业平台。

（四）以协调发展为核心理念，推动城乡一体化发展迈出新步伐

乡村振兴全面推进。持续抓好巩固拓展脱贫攻坚成果同乡村振兴有效衔接，建立健全防止返贫致贫监测和帮扶机制。重点抓好产业振兴和就业帮扶，不断缩小城乡居民收入差距，建成一批乡村振兴示范镇、示范村。做足“三片叶”文章，确保 2024 年前“三片叶”种植面积各达 1 万亩以上。按照茶叶发展“十八个大”思路，下大气力把五指山红茶打造为红茶界的“茅台”。加快番阳雪茄基地建设，做大做强雪茄产业。开展野菜资源收集、种植技术推广、销售市场拓展，让五指山野菜走上更多国人的餐桌。做优做特“十大优势特色农产品”，打造成“坐飞机的农产品”。深入实施农产品品牌发展战略，加快推进“五指山红茶”“五指山五脚猪”等区域公用品牌建设，新增 3 个地理标志产品，至少 5 个“三品一标”农产品通过认证。紧扣“4 个 1+N”谋划乡村产业项目，招引龙头企业带动产业发展，打造五指山特色农产品加工产业集群。大力推进土地集约化、生产规模化，加快建设高标准农田、农产品冷链仓储物流、有机肥发酵设备、农业滴灌等现代化农业设施。各类新型农业经营主体和服务主体蓬勃发展。完善乡村振兴人才培养机制，加强种植、养殖职业技能培训，培养懂农业、爱农业、会经营的农村应用型技能型人才，培养乡村振兴“领头雁”。加强就业公共服务，拓宽就业渠道，确保脱贫劳动力务工规模保持稳定，每年组织农村劳动力外出务工 2000 人次以上。

城乡建设成效显著。完善公共停车场、充电桩、无障碍设施等城市配套设施，加快推进五指山新客运站和文旅商业综合体项目建设，规划建设公园绿地、休闲绿道、体育公园、森林公园等公共服务设施，提升城市公共服务能力。深入开展农村人居环境整治五年提升行动，全面清理私搭乱建、乱堆乱放，整治断壁残垣，建设一批“建材银行”“合亩仓库”“巴掌公园”“庭院花园”，进一步扩大公共空间、美化乡

村环境。全面落实村庄规划，大力实施乡村建设行动，将受损公路、漫水桥等集中“打包”升级。全面完成新一轮农村电网改造。统筹推进城乡一体化供水。推动农村家庭清洁能源使用率达到100%。实现行政村5G网络全覆盖，城乡一体化千兆光网全面建成。农村户用厕所实现全覆盖，农村生活污水治理率达100%。

（五）以共建共享为基本原则，推动人民生活水平再上新台阶

健全社会保障体系。全面落实援企、稳岗、扩就业政策，每年新增城镇就业1500人以上，城镇调查失业率控制在5.5%以内。落实全民参保计划，进一步扩大基本养老保险、医疗保险覆盖面。推行“以存量商品住房转型为安居房和保障性租赁住房”模式，至少完成1502套安居房和600套公共租赁住房、保障性租赁住房建设，逐步实施101个老旧小区改造。从产、供、销、储各环节统筹协同发力，抓好“菜篮子”工程建设。健全分层分类的社会救助体系，持续做好城乡困难群众救助保障工作。

健全公共服务体系。建设教育强市，推动学前教育普及普惠发展、义务教育优质均衡发展、高中教育多样化发展，全面消除大班额，实现各级各类教育普及目标；力争“省二中”恢复挂牌、五指山中学达到“省一级学校”办学水平；引育并举加强教师队伍建设，加大教师引进和招聘力度，深入推进“县管校聘”改革，加强新时代中小学思政课教师队伍建设，实施乡镇中心校教育质量提升工程，充分发挥家庭教育作用。健康五指山建设取得重要进展，深入推进医改工作，加快紧密型医联体和中部区域医疗中心建设，“市、乡、村”医疗卫生一体化管理的医疗集团高效运转，推动“康复健康小屋”、急救处置点等一批“强基层”项目落地，加强院前医疗急救体系建设，乡镇卫生院常见病、突发疾病急救诊疗能力显著增强；推动省第二人民医院通过“三级甲等综合性医院”评审、市中医医院通过“二级甲等中医院”评审，做大做强市妇幼保健院，建设省第二人民医院大心脏中心，打造海南两小时心外科救治圈。建设绿色医疗产业体系，加强文旅、体育、医疗保障系统建设。强化“平战结合”机制，慎终如始抓好疫情常态化防控，全面加强“四种能力”建设，推动新冠疫苗全民应接尽接，构筑起群体免疫屏障。繁荣体育事业，加快推进五指山中学运动场、南方训练基地综合馆、自行车室内场馆等体育场馆建设，城镇社区实现“15分钟健身圈”全覆盖，充分满足市民健身运动需求！

健全社会治理体系。加快智慧五指山建设，实现机器管规划，探索实践智慧城管执法新路径，全量加载全市交通、建筑物、市政基础设施等要素数据，“钉盯执法”“雪亮工程”等技防设施深度覆盖。构建公安情指行一体化指挥体系，完善综治中心、社管平台、网格化服务管理、矛盾纠纷多元化解“四位一体”新机制建设。探索“智慧社区”“智慧村庄”建设，社区（村庄）网格化管理全面覆盖，实现社管平台与网格化治理深度融合，基本实现经济社会运行态势实时量化分析和精细智能社会治理。深化平安五指山建设，常态化开展扫黑除恶，扎实推进新一轮禁毒三年大会战，建设一批让家长放心的“护学路”，加强校园防暴力、防欺凌、防性侵安全教育，落实安全生产主体责任，遏制重特大事故发生。争创全国文明城市，巩固国家卫生城市，实现2个乡镇建成国家卫生乡镇、省级卫生村全覆盖。加强社会信用体系建设和应用，构建守信激励和失信惩戒机制。争取把五指山打造成为全省最安全、最干净的城市之一！

三、2022年工作安排

各位代表，今年是“十四五”实施、自贸港建设的关键之年，也是五指山开启高质量跨越式发展新征程的元年，做好政府工作意义重大。今年我们仍将面对疫情防控和经济社会发展双重考验，综合考虑各方面因素，今年经济社会发展的主要预期目标是：地区生产总值增长9%；地方一般公共预算收入增长9%；固定资产投资增长9%；社会消费品零售总额增长15%；城镇和农村常住居民人均可支配收入分别增长9%和10%。城镇登记失业率控制在5.5%以内。确保完成省下达的年度节能减排降碳约束性指标。围绕上述目标，今年我们将突出抓好以下5个方面21项重点工作。

（一）持之以恒推进生态文明建设

一是抓好生态污染防治。全面实行生态环境保护委员会制度，形成生态环境建设责任全闭环。更高标准、更实举措打好“蓝天、碧水、净土”保卫战。研究探索PM2.5和臭氧协同有效管控路径，严格开展移动源大气污染防治、渣土运输车辆专项整治行动，建筑工地扬尘治理达到“六个100%”要求，建立农作物秸秆禁烧监管长效机制，示范推广秸秆腐熟剂7000亩，巩固生态环境质量“优等生”地位。系统开展“六水”共治，大力抓好“一河两岸”突出环境问题整改，推进水土保持生态清洁小流域治理和南

圣河生态修复工程。推进"一住两公"地块土壤污染状况调查，持续开展农药化肥减量增效重点行动工作，土壤环境质量总体稳定。

二是推进标志性工程建设。探索"碳汇"经济，开展"碳达峰、碳中和"战略研究，出台碳达峰行动方案。推广装配式建筑面积7.14万平方米。编制发布新能源汽车消费奖励政策，开展新能源汽车下乡推广活动，完成省下达新能源汽车推广任务和"禁塑"目标。全面完成国家公园生态搬迁工作，切实兑现产业、就业、就医、教育等后续扶持政策。

三是抓好城乡环卫工作。持续推进"四爱"卫生健康大行动，完成市区、水满乡、番阳镇生活垃圾转运站和市区厨余垃圾处理站建设并投入运营，启动五指山市生活垃圾无害化填埋场临时封场治理项目建设。加快推进城乡生活垃圾分类收集屋建设，全面落实农村生活垃圾"四分四定"制度。完成400座农村厕所防渗漏改造，坚持粪污资源化利用与"厕所革命"、村庄环境卫生集中大整治同督导、同推进、同考核。

（二）全力以赴加快"六园"建设步伐

一是强化规划引领。完成红色文化发展规划、"州府办公楼旧址—省民族博物馆、三月三广场旧街区、原畅好农场场部办公区"州府记忆文旅脉络街区规划、城市风貌规划、"通什—南圣一体化"规划、"红雅—番茅"高端民宿集群规划、康养产业发展规划、茶产业发展规划等有关规划编制。

二是扩大有效投资。启动市食品公司改革，实现市旅游投资有限公司高效运营。组建市物业管理公司和市人力资源公司。启动茶加工厂、红茶博物馆、茶旅融合体验中心等为重点项目内容的产业园建设。推动番阳镇山兰酒生产线建成投产。启动岛屿民族博物馆、雨林博物馆规划建设，加快鑫远·五指山养生源项目、虾青素等产业项目落地。谋划引进五星级酒店、高端民宿项目，推进文旅商业综合体、城区森林公园、体育公园等项目建设。完成环热带雨林国家公园旅游公路（五指山"雨林天路"试验段）沿途景观改造及畅好、南圣、毛阳三个高速路口改造扩建。盘活各乡镇、畅好居和顺达公司土地和资产，发展"民宿+"新业态。建设黎族苗族歌曲创作平台及版权服务中心。升级改造五指山革命根据地纪念园，积极申报国家级烈士纪念设施，争创国家AAAA级红色旅游景区。推动省民族博物馆二期建设。

三是开发特色产品。策划4条红色旅游线路，串联历史文化地标推出州府、民族文化专题旅游线路，举办五指山伴手礼开发比赛，扶持鼓励本地民贸民品经营主体开发推广黎锦、苗绣、藤编等黎族苗族特色伴手礼，开发黎族苗族歌舞表演、传统技艺、饮食制作等民俗体验项目。推动通什热带花卉种植基地建设，实现"五指山山鸡""五指山树仔菜"获得国家地理标志认证。推动气候医学基础研究、学科建设、呼吸康养项目取得阶段性成果。

四是加快城乡改造。打造5个黎族苗族特色村寨，水满新村村成功创建国家少数民族特色村寨。实施初保村数字化改造、通什电影院改造、番茅大队修缮保护工程，启动农垦大院、原琼州大学主楼等老建筑保护和改造，依托老州府旧址建造"民族大团结"教育基地，初步形成立体化州府文化街区。

五是创新组织活动。创新筹办好"三月三"祭祀袍隆扣大典及节庆其他活动，高水平办好红叶节、漂流文化节、铁人三项赛、雨林音乐节、新春家宴、雨林诗会、雨林服装秀、雨林天路自行车赛等系列活动，举办五指山市民族民间文学创作培训研习班、全省性民族音乐创作歌手大赛，每周推出特色民族歌舞公益演出，每半月举办一期民俗集市非遗公益演出活动。开展40期黎族苗族特色技艺培训班，发展民族体育，培育民族体育人才。

六是加强宣传推介。拍摄红色旅游与"琼崖革命二十三年红旗不倒"主题宣传片，编写《追寻红色足迹：五指山革命遗址中的先烈人物与故事》，出版《五指山黎风苗韵》系列诗歌、散文合集，推动袍隆扣传说、海南苗族织绣文化等民族文化知识整理成书。推进五指山市气候生态环境对人群康养效应研究及应用调研。加快创建省级森林城市，选取12个主要景区景点开展五指山慢直播，全方位、更广泛宣传雨林五指山，让雨林五指山走向全中国、全世界！

（三）积极融入自贸港建设大局

一是坚持项目为王。建立招商项目落地投产和亩均效益综合评价考核机制，推行"对赌协议+政策优惠"招商引资模式。瞄准茶、旅游、康养、体育等产业规划和四大产业园定位，开展高质量"点对点"靶向招商，力争签约落地3个以上招商项目。组建专业化招商团队，组织至少1期招商、政策、技能和项目策划包装培训。完善项目建设全链条机制，坚持月调度月通报，推进规划、用地、环评等项目审批提速增效，跟进闲置土地清理和军用土地置换，收回、置换700余亩土地保障项目建设。切实服务好向阳水库、南圣河生态修复治理工程、市委党校改造等重大项目建设，确保年度固定资产投资不低于21.8亿元。

二是突出制度集成创新。如期完成制度集成创新行动任务，探索“政府与房地产企业共管账户”、漫水桥常态巡查管护、水源地24小时有效监管等创新举措，再谋划一批制度集成创新事项，力争年内有创新成果入选全省制度创新优秀案例。推进申报EOD模式试点前期工作，探索将生态环境治理与资源、产业开发项目有效融合。至少引进10家贷后金融服务相关联企业，实现产值和税收双丰收。

三是持续优化营商环境。坚持“六个不能等”原则，常态化运行专班调度机制，持续开展“政务体验官”等营商环境优化提升工作，实行市场主体和服务对象评价反馈、企业参与涉企政策制定等举措。推行“12345”政务服务热线平台首问责任制，优化审批服务，深化政务服务“零跑动”改革，进一步完善“一件事一次办”集成审批服务模式，在实施“一枚印章管审批”基础上实行工程项目联合验收等机制，全面压缩审批时限。用好“候鸟”专业人才，为五指山市经济社会发展提供智力支持。

（四）全面推进乡村振兴

一是巩固拓展脱贫攻坚成果。落实“4+1”防止返贫致贫监测和帮扶机制，为农民购买橡胶价格保险，及时发放冬季瓜菜种植补贴、复种补贴、粮食生产补贴，保持就业奖励、强农惠农政策正向激励，确保脱贫群众收入增速高于本地农民收入增速。持续开展扩种增养，常年蔬菜种植率稳定在80%以上，完成生猪生产省定目标任务，生猪和“三鸟”出栏量分别达到4万头、85万只。谋划招引青瓜、益智、忧遁草等加工项目，打造9个“一村一品”特色村庄。继续办好山城好物民俗赶集日，发挥帮扶单位作用帮助农产品打开销路。举办“领头雁”致富带头人等培训班，开展种植养殖技能、职业技能培训6000人次，至少推动农村劳动力转移就业2000人次。

二是有效衔接乡村全面振兴。乡村振兴智慧管理系统投入使用。开工建设13个农村公路（桥梁）改建项目，打造畅南线—南水线—中五线57公里“美丽农村路”示范路，完成15座农村公路漫水桥改造，配合做好向阳水库搬迁工作，完成1300余亩田洋高标准农田建设，建成田头小型仓储保鲜冷链设施2个。实施“积分+”等乡村治理新机制，强化“扶智”与“扶志”教育。

三是深化农业农村改革。全面深化农村“三块地”改革，推动5宗集体建设用地入市。完成每个乡镇至少一个自然村“一户一块田”试点改革工作。全面落实村庄规划，坚持逢建必报，全面推行农民建房审批“零跑动”。建设共享农庄2家以上。

（五）持续发力不断改善民生

一是坚持办人民满意教育。加快推进市第三小学搬迁项目建设，推动优质教育资源托管思源学校，面向全国招聘一批义务教育、学前教育特岗教师和农村地区学科带头人。谋划推动“护学路”建设，“女童保护”一校一讲师工程覆盖各小学。全面落实“双减”政策，开展形式多样的劳动教育。加强中小学生纪律养成教育。各中小学校定期举办“家长课堂”。

二是提升公共卫生和医疗服务水平。健全常态化巡查和多渠道监测预警机制，持续加强实战演练和人员培训，全面完成各类人群疫苗接种任务，守住“无疫区”防控成果。实行医疗集团行政、人员、财务、质量、药械、信息“六统一”管理，加快五大医疗康复中心和重点临床专科建设，推动城乡医疗机构硬件建设和服务质量一体化提升。加强“2+3”疾病健康防治和孕期地中海贫血筛诊防控工作。

三是紧扣民生办好实事。在全面完成省重点民生实事的同时，全力办好以下重点民生实事：为全市每所小学、旅游景区及主要公共场所至少配备一台AED自动体外除颤仪。为全市1000人口以上的村卫生室建设康复健康小屋。在中小学、幼儿园门口安装防撞桩。统一为各中小学校配备充足的保安和保洁服务。启动五指山中学扩建项目。

四是强化社会保障能力。完成38个老旧小区项目改造，配建、筹集341套安居房，至少推动50套闲置房屋进入租赁市场。建立菜篮子公益性批发市场与蔬菜基地、农户供销合作机制，用好平价蔬菜保险，确保菜价稳中有降。启动公交车站、海汽五指山客运站搬迁建设，开通海口美兰机场、三亚凤凰机场到五指山市的客运旅游专线。投放30辆新能源微型公交车，56个充电桩向社会公众开放使用。突出抓好大学毕业生、退役军人等重点群体就业工作，年内完成职业技能培训5000人次，至少举办12场专场招聘会，实现新增城镇就业1500人、创业30人。启用残疾人康复中心并至少吸纳5名残疾人就业。建成教师村、锦绣花园老年人日间照料中心。落实“救急难”、残疾人“两项补贴”等政策，有效保障和改善特殊群体生活，不断提高全市人民的幸福指数！

五是创建全省民族团结进步示范市。加快补齐短板，举办民族团结进步主题全省征文大赛及出版获奖征文活动，制作宣传片营造创建氛围。加强与铸牢中华民族共同体意识研究中心合作，召开民族团结主题全国学术研讨会，形成研究成果集，不断增强各族群众"五个认同"。

六是与时俱进加强社会治理。防范化解新冠肺炎疫情、生态环保、贷后金融服务产业、农业产业、房地产和安全生产风险，常态化推进扫黑除恶，扎实开展新一轮禁毒三年大会战，严厉打击各类违法犯罪活动。打好安全生产专项整治三年行动收官战，组织好全国首次自然灾害综合风险普查，坚决遏制重特大生产安全事故的发生。完善多维感知立体化安防体系，推进社会管理信息化平台二期、公安分平台、反走私平台等项目建设，开展通什镇村庄社会治理网格员试点工作。推动智慧五指山 CIM 基础平台（一期）、热带数字农业产业链引培项目等一批智慧建设成果落地，"钉盯执法"系统覆盖违章建筑、南圣河水土流失、秸秆焚烧等重点领域。深入开展全民国防教育和双拥工作。

各位代表，我们深知，完成今年和未来 5 年政府各项工作意义重大、任务艰巨，归根到底需要我们持续强化政府自身建设。全市政府系统将认真贯彻落实党的二十大、省第八次党代会、市第五次党代会精神，抓住自贸港建设历史机遇，解放思想、敢闯敢试、大胆创新，努力打造法治政府、廉洁政府、高效政府。增强对标看齐意识，坚持向习近平总书记和党中央看齐，认真学习习近平总书记关于海南工作的系列重要讲话和重要批示指示精神；坚持向先进市县和发达地区看齐，学习先进经验，找准差距不足。提升革故鼎新勇气，切实增强"六个不能等"意识，以更大决心"二次创业"，以更大信心"比学赶超"；巩固"查堵点、破难题、促发展"活动成果，大胆破除体制机制弊端，优化政府工作流程，推行政府工作项目化、责任化。锤炼积极主动作风，切实优化营商环境，主动加强学习，克服本领恐慌；胸怀全市大局，主动谋划项目；用尽"五千五万"，主动招商引资；甘做"店小二"，主动做好服务。锻造过硬干事本领，加强对领导干部的"智志双扶"，提高领导干部干事创业的积极性、担当作为的责任感、解决问题的真本领！

各位代表，有市委的正确领导，有全市各族人民的鼎力支持，我们无惧风险挑战，我们依然信心满怀。让我们更加紧密地团结在以习近平同志为核心的党中央周围，高举习近平新时代中国特色社会主义思想伟大旗帜，加快推进"六园"建设，全力奔向高质量跨越式发展新征程，在中国特色自由贸易港建设的宏伟大业中扛起属于五指山 1867 的峰值担当，以优异成绩迎接党的二十大和省第八次党代会胜利召开！

名词解释：

1."四类"重点对象：建档立卡脱贫户、低保户、农村分散供养特困人员和贫困残疾人家庭。

2. 两不愁三保障：稳定实现农村贫困人口不愁吃、不愁穿；保障其义务教育、基本医疗和住房安全。

3."4+1"防止返贫动态监测和帮扶机制：定期一次摸排、落实一套政策、出台一项制度、加强一批培训和购买一份保险。

4."四大标志性"先导工程：海南热带雨林国家公园、清洁能源岛和清洁能源汽车推广、禁塑、装配式建筑。

5. 三品一标：无公害农产品、绿色食品、有机农产品和农产品地理标志。

6. 六大工程：自然村通硬化路工程、窄路面拓宽工程、县道改造工程、生命安全防护工程、农村公路桥梁建设及危桥改造工程、旅游资源路工程。

7. 雪亮工程：以县、乡、村三级综治中心为指挥平台、以综治信息化为支撑、以网格化管理为基础、以公共安全视频监控联网应用为重点的"群众性治安防控工程"。

8. 多规合一：在一级政府一级事权下，强化国民经济和社会发展规划、城乡规划、土地利用规划、环境保护、文物保护、林地与耕地保护、综合交通、水资源、文化与生态旅游资源、社会事业规划等各类规划的衔接，确保"多规"确定的保护性空间、开发边界、城市规模等重要空间参数一致，并在统一的空间信息平台上建立控制线体系，以实现优化空间布局、有效配置土地资源、提高政府空间管控水平和治理能力的目标。

9. 生态赎买：通过生态区位商品林赎买、置换等方式将天然商品林逐步调整为生态公益林。

10."100+N"开放协同创新工作体系：在全国遴选 10 家高校、10 个科研院所、10 个农业创新型企业、10 个农业科技园区、10 个创新型县（市）、10 个创新型乡镇、10 个科技示范村、10 个法人科技特派员单位、10 个星创天地、10 个新型研发机构作为 100 个重点联系点，并联系若干国家级智库、金融机构、相关部门业务单位等形成 N 个支撑联系点，构成一个纵横交织、有机联系、开放协同的创新网络，形成农业科技创新的新机制、新模式和新业态。

11.“三公”经费：政府部门人员因公出国（境）经费、公务车购置及运行费、公务招待费产生的消费。

12. 六园：琼崖革命初心悟园、黎苗文化精神家园、底蕴厚重州府故园、热带雨林国家公园、农旅融合富美田园、四季宜居康养乐园。

13. 十大优势特色农产品：茶叶、烟叶、野菜、山兰稻、花卉、南药黎药、油茶、五脚猪、五指山山鸡、瓜菜。

14. 两个确立：确立习近平同志党中央的核心、全党的核心地位，确立习近平新时代中国特色社会主义思想的指导地位。

15. 两个维护：坚决维护习近平总书记党中央的核心、全党的核心地位，坚决维护党中央权威和集中统一领导。

16.“3+1”主导产业：旅游业、现代服务业、高新技术产业和热带特色高效农业。

17. 三线一单：严守生态保护红线、环境质量底线、资源利用上线、生态环境准入清单。

18. 十地：一是管好禁地；二是管好农地；三是管好林地；四是管好工地；五是管好基地；六是管好裸地；七是管好要地；八是开拓新领地；九是坚守阵地；十是无立锥之地。

19. 六水：海南省治水工作领导小组提出要坚持治污水、防洪水、排涝水、保供水、抓节水、优海水“六水”共治，我市无海域管护任务，故无“优海水”任务。

20. 碳达峰：在某一个时点，二氧化碳的排放不再增长达到峰值，之后逐步回落。

21. 碳中和：企业、团体或个人测算一定时间内，直接或间接产生的温室气体排放总量，通过抵消自身产生二氧化碳排放量，实现二氧化碳“零排放”。

22. 六个一批：建设一批特色民族村寨、出版一批图书文献和文化研究、推进一批民族文化项目、打造一批民族文化产品、发展一批以黎药苗药为基础的南药康养项目、形成一批民族文化生态。

23.“接二连三”农旅融合住房新模式：对试点村庄农户新建的楼房，推广“一楼公用、二楼居住、三楼出租”的住房新模式，进一步改善农户住房条件和提升农户经济收入。

24. 四个 1800：五指山地理位置和气候条件非常优越，拥有 1867 米的海拔、18.77 度的纬度、1887 毫米的年平均降水量、1897 小时的年平均日照时数。

25. 五大医疗康复中心：心血管病康复中心、慢性阻塞性肺病康复中心、肿瘤康复中心、神经康复中心、老年康复中心。

26.“五千五万”招商法：大力实践看尽千章万句、说尽千言万语、用尽千丝万缕、吃尽千辛万苦、倾尽千恩万谢的招商方法。

27. 营商环境登门服务“123”追访机制：“1”指的是对于招商项目，负责联系的市级领导或科级干部每个月至少要主动走访一次；“2”指的是对于在建项目，负责联系的市级领导或科级干部每 2 个月至少要主动走访一次；“3”指的是对于已经完工投产并形成税收的项目，负责联系的市级领导或科级干部每 3 个月至少要主动走访一次。

28. 放管服：简政放权、加强监管、优化服务。

29. 钉町执法：依托“高清监控前端 + 平台系统”，建设统一的可视化应用系统、平台，提升城市治理工作的高效化、科技化，逐步推进城市精细化管理。

30. 四个注重：注重从政策、规划、招商引资、问题整改中谋划生成项目。

31. 五个围绕：围绕空间规划编制，谋划生成一批项目；围绕产业规划编制，谋划生成一批项目；围绕“五网”基础设施建设，谋划生成一批项目；围绕为民办实事，谋划生成一批项目；围绕信息化建设，谋划生成一批项目。

32. 虾青素：一种断链抗氧化剂，具有极强的抗氧化能力，有抑制肿瘤发生，增强免疫力，清除体内自由基等多方面的生理作用，对紫外线引起的皮肤癌有很好的治疗效果，对糖尿病引起的眼病也有防治作用，在保健品、医药、化妆品、食品添加剂以及水产养殖等方面具有广阔的应用前景。

33. 模式猪：对猪所有基因进行敲除研究，建立完整的基因敲除猪表型品系，实现猪的模式动物化。

34. 三片叶：茶叶、烟叶、野菜叶。

35. 茶叶发展“十八个大”：大山、大田、大统、大计、大师、大牌、大厂、大寨、大赛、大会、大学、大噪、大市场、大文旅、大数据、大健康、大投入、大格局。

36. 坐飞机的农产品：突出生态、精致、快捷、高端特点，将部分优势特色农产品精选包装成雨林特色礼物，以飞机运输的方式销往岛外。

37.4 个 1+N：一个乡镇一个美丽乡村、一片高标准农田、一个研学基地、一个露营基地和一村一品。

38. 建材银行：回收农户的石头、沙子等建筑余料，待农户需要时再补发。

39. 合亩仓库：每个村建设一个仓库存储化肥、种子等农用物资。

40. 巴掌公园：在农村空地设置健身器材，建设迷你型公园。

41. 庭院花园：每家每户种植花草，装饰点缀庭院。

42. 县管校聘：全体公办义务教育学校教师和校长全部都实行县级政府统一管理，特别是统一定期强制流动到县域内的义务教育学校，从而将教师和校长从过去的某学校的“学校人”改变为县义务教育系统的“系统人”。

43. 四种能力：核酸检测能力、集中隔离场所能力、人员流调能力、新闻宣传动员能力。

44. 公安情指行一体化指挥体系：以警务云建设为基础，充分运用云计算、大数据、人工智能等技术打造具有智慧能力的“警务大脑”和触角灵敏、延伸广阔的“神经中枢”，使情报和指挥工作联动响应、一体化作战，真正做到对治安防控工作“宏观掌控、把握趋势、服务实战、精确打击”。

45. 社管平台：按照“全省一盘棋、全岛同城化”理念，建立动态实时感知的信息管理系统，运用 5G、大数据、云计算等先进技术进行创新应用，加强对进出岛人流、物流、资金流等的全天候、实时性、可视化精准识别监管，实现海陆空立体快速反应。

46. 六个 100%：施工工地周边 100% 围挡、出入车辆 100% 冲洗、拆迁工地 100% 湿法作业、渣土车辆 100% 密闭运输、施工现场地面 100% 硬化、物料堆放 100% 覆盖。

47. 一住两公：住宅、公共管理与公共服务用地土壤污染状况调查。

48. 四爱：爱国、爱海南、爱家乡、爱家庭。

49. 四分四定：分类投放、分类收集、分类运输、分类处理和定点投放、定时收集、定车运输、定位处理。

50.EOD 模式：是 Ecology-Oriented Development 的英文简写，即生态环境导向的开发模式，是以生态保护和环境治理为基础，以特色产业运营为支撑，以区域综合开发为载体，采取产业链延伸、联合经营、组合开发等方式，推动公益性较强、收益性差的生态环境治理项目与收益较好的关联产业有效融合，统筹推进，一体化实施，将生态环境治理带来的经济价值内部化，是一种创新性的项目组织实施方式。

51. 六个不能等：不能让群众等，多等一天就损一天党的形象；不能让企业等，多等一天就积一分心火怨气；不能让政策等，多等一天就失一次发展先机；不能让资金等，多等一天就迟一日惠企利民；不能让生态等，多等一天就误一方绿水青山；不能让干部等，多等一天就少一臂发展合力。

52. 三鸟：鸡、鸭、鹅。

53. 三块地：农村土地、集体经营性建设用地、宅基地。

54. 一户一块田：在充分尊重农户自愿的前提下，引导农民民主协商，通过互换方式，将原来一家一户的分散多处的小块田合并一块大田块。

55. 双减：减轻学生作业负担和压减学科类校外培训机构。

56.“2+3”疾病：高血压、糖尿病、肝炎、肺结核、重性精神病。

57. 残疾人“两项补贴”：困难残疾人生活补贴和重度残疾人护理补贴。

58. 五个认同：对伟大祖国、中华民族、中华文化、中国共产党、中国特色社会主义的认同。

中国人民政治协商会议
五指山市第四届委员会常务委员会工作报告

——2022年1月6日在政协五指山市第五届委员会第一次会议上

五指山市政协副主席 黄石卿

一、过去5年的工作回顾

5年来，中共五指山市委高度重视政协工作，召开五指山市委政协工作会议，及时总结部署新形势下政协工作。认真贯彻落实中央关于协商民主建设和民主监督的决策部署，出台《中共五指山市委关于加强五指山市协商民主体系建设的实施意见》《五指山市关于加强和改进人民政协民主监督工作的实施意见》，制定《关于五指山市政协提案办理工作的规定》。市委常委会专门听取政协工作汇报，研究政协年度协商计划，在出台重大决策前充分征求政协意见。市委市政府领导同志支持并参与政协协商议政活动，对政协调研报告、提案、大会发言等协商议政成果等作出指示批示。市委市政府对政协工作的重视和支持，进一步弘扬了民主精神，践行了协商理念，增强了议政实效，对政协做好各项工作起到了极大的激励和推进作用。

过去5年，在中共五指山市委的坚强领导和市人大、市政府的大力支持下，市政协及其常委会立足新时代人民政协新方位新使命，牢牢把握团结和民主两大主题，紧扣全市中心工作，充分发挥专门协商机构作用，认真履行政治协商、民主监督、参政议政职能，积极建言咨政，广泛凝聚共识，为五指山市高质量发展做出积极贡献。

（一）把握方向，凝聚共识，巩固共同思想政治基础

5年来，市政协常委会充分发扬学习的优良传统，引导政协委员和各界人士，切实把思想和行动统一到中央、省委、市委的决策部署上来，不断巩固团结奋斗的共同思想基础。

把理论学习摆在突出位置。认真学习贯彻中共十九大和十九届二中、三中、四中、五中、六中全会精神，有计划、分专题学习领会习近平新时代中国特色社会主义思想，加强对习近平总书记关于加强和改进人民政协工作的重要思想的学习研讨，不断深化对政协重大理论和实践问题的认识。扎实推进“两学一做”学习教育常态化制度化，深入开展“不忘初心、牢记使命”主题教育，推动党史学习教育走深走实。坚持和创新学习制度，形成了以政协党组理论学习中心组为引领，主席会议和常委会会议集体学习、政协委员专题学习培训等为常态的多层次学习制度体系。五年来，召开党组会议49次，党组理论学习中心组学习会50次，主席会议42次，常委会会议23次，深入基层开展专题宣讲29场次。通过学习，常委会组成人员运用习近平新时代中国特色社会主义思想指导实践、推动工作的能力不断增强，政治判断力、政治领悟力、政治执行力得到不断提高。

把党的领导贯穿政协工作全过程各方面。认真贯彻落实新时代党的建设总要求和中共中央办公厅《关于加强新时代人民政协党的建设工作的若干意见》、《中国共产党党组工作条例》、全国政协系统党的建设工作座谈会精神和《五指山市贯彻落实中央、省委和市委政协工作会议主要任务分工实施方案》，带头执行《党委（党组）落实全面从严治党主体责任规定》。充分发挥党员委员的作用，在重要履职活动中成立临时党委（党支部），始终把旗帜鲜明讲政治摆在政协工作的首位。认真贯彻落实市第四次党代会、市委政协工作会议精神，自觉维护中共五指山市委的领导，主动把政协工作融入全市工作大局。认真落实市政协党组向市委请示报告制度，政协年度重点工作、重点协商计划报请市委常委会审议，确保政协工作在党的领导下开展，在全市大局中谋划。切实发挥政协党组在政协组织中的领导核心作用，

及时把市委重大决策和重要部署贯彻落实到政协工作各方面，成为各民主党派、工商联、无党派人士、各人民团体和各族各界人士的共同意志与行动自觉。

（二）围绕中心，服务大局，协商议政成效明显增强

市政协常委会牢牢把握政协作为专门协商机构的性质定位和工作定位，紧紧围绕市委、市政府的重大决策部署，认真开展协商议政，理性建言献策，努力贡献政协智慧。

聚焦中心工作，积极议政建言。坚持市委工作部署到哪里、政协工作就跟进到哪里，市政府工作推进到哪里、政协力量就汇聚到哪里。五年来，共围绕23个协商课题开展调研视察，先后召开专题议政性常委会11次，召开不同层次的协商会议28次，向市委市政府报送协商成果23份。通过听取报告、大会发言、小组讨论等方式开展集体协商，委员在全会期间共提交大会发言材料457篇。《关于完善五指山市教师补充机制的建议》和《关于加强五指山市“三无”小区管理的建议》等议题通过政协的讨论引发了各方面的关注。献计“十四五”良好开局，组织委员们就“十四五”规划的编制深入调研协商，有针对性地提出有见地、有价值的意见建议13条。

发挥参谋助手作用，深入调研献策。认真遴选一批事关全局的重点工作开展调研视察。围绕五指山市康养产业发展、生态移民搬迁等重大问题深入调研，持续跟踪关注秸秆综合利用、南圣河流域治理等问题，助推生态文明建设。围绕茶旅融合、创建省级文明城市和国家卫生城市、少数民族文化传承与保护等议题，建言美好五指山建设。围绕“生活垃圾分类”“优化土地资源利用”“信息化建设”等课题，开展调研视察，形成《五指山市培育发展康养产业现状及对策》等专题调研报告23篇，提出意见建议186条，为市委市政府决策提供有益参考。市政协选送的《关于城市公交车站点规划建设及城区车辆管理情况的调研报告》《强化和规范农民专业合作社建设 助推打赢脱贫攻坚战》被评为省政协系统优秀调研报告。

拓宽民主监督渠道，推动工作落实。市政协主席会议成员积极围绕“六个严禁 两个推进”及水环境质量开展专项民主监督工作，及时向有关乡镇和职能部门提出意见建议，组织委员提交生态文明的提案42件，为五指山增绿护蓝贡献政协力量。五年来，五指山市生态环境质量持续保持全省领先水平。紧扣优化营商环境、干部作风整顿等市委决策部署，深入职能部门开展市政协作风整顿民主监督调研活动8次。充分发挥特约监督员作用，共推荐了29名政协委员担任特约监督员，参加对政府部门、司法机关的有关评议、城市文明督导、明察暗访等活动60多次。五年来共收到提案476件，立案457件，办复457件，委员满意率98%以上。发挥社情民意信息监督作用，强化舆情汇集和民意表达功能，市委市政府主要领导同志对《关于对山海高速出入口（五指山互通）至市区段（通畅路）道路升级改造的建议》《关于小岛公园增设基础设施的建议》等社情民意都作出具体批示。

（三）践行为民宗旨，关注群众期待，彰显政协主动作为

市政协常委会围绕市委市政府中心工作，团结动员广大政协委员、社会各界，在助力海南自贸港建设和五指山市改革发展中展现政协作为、体现政协担当。

精准发力助力打赢脱贫攻坚战。五年来，常委会认真贯彻落实中央、省委和市委关于脱贫攻坚的决策部署，带头学习贯彻习近平总书记关于扶贫工作的重要论述，紧扣市委、市政府提出的脱贫摘帽目标任务，坚持问题导向，主动扛起政协使命担当。主席会议成员主动到各自联系的贫困村开展调研指导，发挥示范引领作用。深入开展脱贫攻坚大走访大调研大推进活动，支持市政协机关帮扶联系点番贺村产业发展和基础设施建设，共投入31万元帮助解决贫困群众生产生活实际问题110多个。先后选派4名优秀年轻干部担任番贺村驻村第一书记和工作队队长，为提升番贺村“两委”班子战斗力输入了新鲜血液。发出“我为扶贫献一计”倡议，深入开展“政协委员在行动，脱贫攻坚做贡献”、“政协委员爱心消费”等活动32场（次），参与政协委员达1000多人次，帮扶资金累计72万元。组织政协委员参与脱贫攻坚视察调研15次，提交相关提案和社情民意信息31件，提出的意见建议得到有关部门的采纳。各民主党派和工商联团体深入基层和群众，开展送医送药、支教、义诊、法律咨询等帮扶活动50多（场）次。

聚焦“双创”汇集民智。创建国家卫生城市和省级文明城市（简称为双创），是市委市政府提出的重要工作目标，也是市委市政府赋予市政协的一项重要工作任务。市政协高度重视，坚决贯彻执行市委的部署和要求，紧紧围绕创建国家卫生城市目标，主席会议成员率先垂范，持续发力，攻坚克难，

认真担负起创卫推进组组长、网格责任领导的责任。充分发挥政协民主监督作用，围绕“双创”工作目标任务，以问题为导向开展民主监督活动，采取明察暗访等方式，组织委员带着问题深入各乡镇、社区调研视察，了解全市“双创”工作开展情况，听取乡镇和有关单位负责同志关于“双创”工作的情况介绍，对视察发现的不卫生、不文明等不良行为以及脏乱差现象，及时通过微信工作群反映，或通过召开协商座谈会向有关职能部门提出，为五指山市荣获国家卫生城市、省级文明城市称号贡献政协力量。

凝心聚力抗击新冠肺炎疫情。认真学习贯彻习近平总书记关于统筹推进疫情防控和经济社会发展工作的重要讲话和重要指示批示精神，坚决落实市委的决策部署，主席会议成员第一时间下沉到各自所联系的乡镇，指挥调度疫情防控工作，到重点场所、重点关口开展疫情防控民主监督检查；深入委员企业走访，了解企业疫情防控和复工复产情况，帮助纾困解难；向全体政协委员发出倡议，引导和号召全体委员自觉履行社会责任，积极投身抗击新冠肺炎疫情，委员们认购各类滞销农副产品，踊跃参与捐资助学等惠民活动，捐款捐物折计 121 万元，12 名医药界委员响应组织号召奋战在疫情防控一线，用责任和担当守护人民群众生命安全，以实际行动彰显了政协力量。

基层协商民主建设成效显著。认真贯彻落实省政协关于“完善上下联动机制、推进基层协商民主建设”部署要求，紧扣“共建自贸港，有事好商量”主题，扎实稳妥开展基层协商民主建设工作。制定《五指山市充分发挥政协专门协商机构作用推进基层协商民主建设的实施方案》，主动与组织、民政部门联系对接，将协商议事会与村务协商会有机融合，将全体委员编成 35 个履职小组下沉到各乡镇、村（社区）、企业开展工作。举办专题培训班 2 期，组织召开交流座谈会 1 次、推进会 1 次、协商议事会议 93 次，建成基层协商民主议事室 72 个，围绕农村移风易俗、电线线路改造、撂荒地综合利用、小区物业管理等议题开展协商，落实协商成果 85 个，推动“我为群众办实事”活动落到实处，实现了“党委所想、政协所长、群众所盼”的协商民主建设实效。《人民政协报》先后两次对五指山市这一做法进行报道。

（四）坚持两大主题，发挥政协优势，团结联谊巩固发展

市政协常委会坚持把发扬民主和加强团结贯穿于履行职能的各个环节，努力寻求最大公约数，画出最大同心圆。

坚持团结合作，广泛汇智聚力。五年来，在召开政协全体会议、常委会会议、专题政治协商会议时，鼓励和优先安排各民主党派、工商联和无党派人士发表见解和主张，充分听取和吸纳他们的真知灼见，集思广益。各民主党派团体共反映社情民意信息 15 篇，提交提案 81 篇，都得到了及时办理。在课题调研、专项视察、民主监督等方面，注重统筹联动，形成履职合力；在脱贫攻坚、公益活动时，重视引导和发动各民主党派、工商联和无党派人士的积极参与。五年来，常委会致力于把大团结大联合贯穿于政协工作的各方面，团结面越来越宽，同心圆越来越大，同行者越来越多，为加快五指山“六园”建设汇聚了强大正能量。

坚持联络联谊，汇集各方力量。扩大政协组织纵向横向联系，积极配合做好省政协到五指山市开展巡山巡河、海南自贸港建设、乡村振兴和重点提案督办等调研活动，做好省外政协来五指山市考察调研的服务保障工作，加强与省政协、市县政协的友好交流往来，五年共接待省政协和各地政协赴五指山市学习考察 113 批次共 1207 人次。举办文史资料编撰工作培训班，开展五指山文史资料征集工作，编辑出版《知青在五指山》《脱贫攻坚专辑》等书籍，充分发挥文史资料“存史、资政、团结、育人”作用。举办庆祝人民政协成立 70 周年书画作品展，开展“委员送文化下乡 助力脱贫攻坚”文化惠民活动 7 场（次），在生态移民搬迁村南圣镇新春村创办市政协第一家乡村书室。

（五）坚持固本强基，提升履职水平，自身建设持续加强

市政协常委会坚决贯彻落实习近平总书记关于加强人民政协自身建设的指示要求，大力推进政协履职能力建设，全力打造“懂政协、会协商、善议政”的政协队伍。

强化机关能力建设。五年来，市政协按照省委和市委的部署，深入开展“勇当先锋，做好表率”专题活动、“我为加快推进海南自由贸易港建设作贡献”活动、“查堵点、破难题、促发展”活动，大力支持市纪委派驻市政协机关纪检组工作，自觉接受监督，不折不扣贯彻落实中央八项规定精神。以永远在路上的韧劲，锲而不舍抓作风建设，制定了《五指山市政协机关作风整顿建设实施方案》，推进机关干部作风持续向好。增设市政协农业和农村委员会、市政

协研究中心，增强政协工作力量，有效解决政协“两个薄弱”问题。加强专委会建设，完善“全员入委”工作模式，将所有委员编入5个专委会，建立专委会全体会议制度。向省政协报送信息132篇，采用82篇，《人民政协报》发表3篇，信息采用量位居全省各市县政协前列。制定《政协五指山市委员会党组议事规则》《政协五指山市委员会协商工作规则》，修订《市政协主席会议成员联系常委、委员制度》等规章制度30多件，使各项工作有规可依、有章可循。

强化委员队伍建设。扎实开展政协委员履职培训，采取“走出去”和“请进来”的方式，举办委员履职能力培训班12期，培训700多人次，不断增强委员们的参政议政本领，做到建言建在需要时、议政议到点子上、监督监在关键处。组建微信工作群，整理汇编优秀提案，开展委员读书活动，组织委员开展《海南自由贸易港建设总体方案》重点测试，给全体委员征订《人民政协报》《中国政协》等报纸杂志，不断引导委员学懂弄通做实习近平新时代中国特色社会主义思想，实现政治上团结合作、思想上共同进步、行动上步调一致。严格落实委员“双考”制度，建立健全委员履职档案，将委员参会、参加活动、提交提案、反映社情民意、大会发言和做好事办实事等情况记入档案，形成委员个人履职“成绩单”。

各位委员！这些成绩的取得，是市委坚强领导、重视关怀的结果，是市人大、市政府和社会各界热情帮助、鼎力支持的结果，是政协各参加单位和广大政协委员团结协作、共同奋斗的结果，我代表政协五指山市第四届委员会常务委员会，向大家表示衷心的感谢！

回顾五年履职实践，我们深刻认识到：要做好政协工作，必须坚持和加强中共五指山市委的全面领导，不断巩固团结奋斗的共同思想政治基础；必须围绕中心服务大局，积极助推全市经济社会发展；必须坚持团结和民主两大主题，广泛凝聚改革发展稳定的强大合力；必须坚持委员的主体地位，充分发挥他们的智慧和力量；必须坚持履职为民，主动服务民生促进社会和谐；必须狠抓干部作风，不断提升政协机关的履职能力和服务水平。

回顾五年工作，我们也清醒地看到政协工作还存在一些不足，主要是：调查研究不够细致、不够深入，需要进一步提高议政建言的质量；开展政协民主监督存在一定短板，需要进一步提高监督实效；委员主体作用发挥不够充分，需要进一步提高服务委员的能力，这些都需要加以改进。

二、今后五年的工作建议

今后五年，市政协常委会将始终坚持正确的政治方向，把服务“十四五”规划实施作为重点，全面贯彻落实市第五次党代会精神，为推动五指山高质量跨越式发展积极建言献策；要把发挥专门协商机构作用作为着力点，把广泛凝聚共识作为中心环节，把提升履职能力作为重要抓手，在中共五指山市委的正确领导下，坚定信心、乘势而上，团结和凝聚社会各界力量，为奋力书写新时代五指山政协事业新篇章而努力奋斗。

（一）坚持崇尚学习，进一步夯实共同思想政治基础

要持续深入学习贯彻习近平新时代中国特色社会主义思想和中共十九大、二十大精神，坚定捍卫“两个确立”，不断打牢增强“四个意识”、坚定“四个自信”、做到“两个维护”的政治自觉。要深入学习贯彻中央、省委、市委关于人民政协工作的重要部署，深刻把握政协工作的性质和规律，要抓好《中共中央办公厅印发〈关于加强和改进新时代市县政协工作的意见〉的通知》文件的贯彻落实。要深入学习贯彻市第五次党代会精神，把广大委员和各界人士的思想与行动统一到市党代会精神上来，把智慧与力量凝聚到落实市委提出的目标任务上来。要全面加强政协系统党的建设，充分发挥政协党组领导核心作用和党员委员先锋模范作用，推动政协系统党的组织和党的工作从“有形覆盖”向“有效覆盖”转变。

（二）聚焦协商主业，进一步助推经济社会高质量发展

要充分发挥专门协商机构作用，聚焦市第五次党代会提出的目标任务，紧扣“六园”建设工作主抓手，围绕特色产业发展、热带雨林国家公园建设、创一流营商环境等市政协重点课题，成立工作专班，深入开展调研，认真协商议政，多建睿智之言，多献务实之策，多聚发展之力。要继续围绕“六个严禁 两个推进”和水环境质量、巩固国家卫生城市创建成果等方面持续开展协商式民主监督，在探索“绿水青山就是金山银山”的实现路径上多出主意、多想办法、多提建议。要进一步完善协商工作制度，把协商民主贯穿履行职能全过程，拓展协商内容，丰富协商形式，更加灵活、更为经常地开展专题协商、对口协商、界别协商、提案办理协商。

（三）突出为民宗旨，进一步维护好群众的根本利益

要持续把改善民生、汇聚民意作为工作的重点，善谋利民之策，多办惠民之事，在增进民生福祉中展现政协作为、贡献政协力量、彰显政协价值。要充分发挥政协渠道畅通的优势，组织委员深入基层、深入群众，倾听群众呼声，反映民生意愿，促使各项决策更好惠及群众。要选择群众普遍关心的教育、医疗、住房、养老等问题，开展调研视察和协商监督，助力破解民生难题。要组织委员围绕巩固拓展脱贫攻坚成果同乡村振兴有效衔接建言献策。要继续发挥政协联系广泛、社会资源丰富的优势，在扶贫帮困、捐资助学方面多做好事实事。要继续推动基层协商民主建设，充分发挥政协协商议事活动在凝聚共识方面的载体作用，着力在服务群众、常态长效和工作实效上下功夫。

（四）坚持凝心聚力，进一步推动大团结大联合

要抓好《全国政协关于加强和促进人民政协凝聚共识工作的意见》落实，畅通利益诉求表达渠道，搭建更多务实管用的凝聚共识平台。要认真贯彻落实《中国共产党统一战线工作条例》，做好与各党派团体和非公有制经济人士、新的社会阶层人士的经常性联系联络，广泛开展团结联谊活动。要发挥界别作用，鼓励引导委员向社会各界群众宣传党和国家大政方针、党委政府重大决策部署，搭好党委政府与各界群众之间的连心桥。要充分发挥政协文史工作特色优势，深入挖掘黎苗特色文化资源，编辑出版展示黎苗文化成果的文史资料。要加强"书香政协"建设，开展委员读书活动，促进委员履职能力的共同提升和思想上的共同进步。要继续举办委员送文化下乡活动，激发委员履职热情，宣传展现新时代政协人的文化风姿，助力乡村振兴。

（五）注重守正创新，进一步开创政协工作新局面

要加强人民政协理论和实践问题研究，推动政协工作更加体现时代性、把握规律性、富于创造性。要持续改进提案、社情民意信息反映等经常性工作，不断提升政协履职质效；要开展走访委员活动，了解委员履行政协工作情况，听取意见建议，激发委员参加政协活动的积极性；要健全完善委员履职考评管理机制，强化委员履职考核工作；要抓好委员教育培训，举办委员履职能力提升培训班、委员专题辅导学习会、提案及调研报告撰写业务培训班、文史编撰培训班等，全面提升委员履职能力；要加强工作创新，积极打造专委会特色活动，制定《政协各专门委员会工作规则》，提升专委会工作水平。严格落实全面从严治党主体责任，狠抓机关干部队伍建设，持之以恒加强作风建设。

各位委员，同志们，征程万里风正劲，重任千钧再扬鞭。在新的赶考之路上，让我们更加紧密地团结在以习近平同志为核心的党中央周围，在中共五指山市委的坚强领导下，为实现市第五次党代会确定的目标任务、助推五指山奔向高质量跨越式发展新征程做出新的更大贡献！

特辑

【2021年袍隆扣祭祀大典在五指山市举行】 4月14日，辛丑年袍隆扣祭祀大典在五指山市水满乡黎峒文化园举行，来自全省各市县的黎族同胞和省内外各兄弟民族儿女齐聚一堂共同祭拜袍隆扣，感恩先祖，祈福黎民百姓。

2021年4月14日，辛丑年袍隆扣祭祀大典在五指山市水满乡黎峒文化园举行　（孟志军　拍摄）

【华南师范大学外国语言文化学院实习实践基地在五指山中学成立】 5月25日，华南师范大学外国语言文化学院实习实践基地揭牌仪式在五指山中学举行。五指山市教育局局长王华旭与华南师范大学外国语言文化学院党委书记朱博群为华南师范大学外国语言文化学院实习实践基地揭牌。揭牌仪式结束后，华师外文学院专家们走进课堂，对英语教学进行现场观摩，并与英语组教师们进行专业探讨与交流。华南师范大学外国语言文化学院实习实践基地的成立，有利于华师外文学院和五指山中学在学科交流、人才培养等方面实现必要的资源共享，推动高校与中学、理论与实践等方面合作共赢。

2021年5月25日，华南师范大学外国语言文化学院实习实践基地揭牌仪式在五指山中学举行

（五指山市教育局　供图）

【庆祝中国共产党成立100周年暨五指山市中小学生艺术展演活动举行】 5月29日，由五指山市教育局主办、五指山市教师继续教育中心协办的“阳光下成长”——庆祝中国共产党成立100周年暨五指山市中小学生艺术展演活动在五指山市青少年活动中心举行。活动分为舞蹈篇、乐器篇和声乐篇，每个篇章由小学组和中学组分别进行展演。舞蹈《红星闪耀万泉河》《红领巾 中国梦》《活着1937》等生动演绎了红色故事；乐器表演《放牛谣》《捡螺歌》《诗画黎乡好风光》等极具民族特色；合唱《映山红》《我和我的祖国》《没有共产党就没有新中国》等表达了对祖国的热爱、对党的感恩。引导学生树立正确的审美观念，陶冶高尚的审美情操，培养德智体美劳全面发展的社会主义建设者和接班人，以优异的成绩庆祝中国共产党成立100周年。

2021年5月29日，由五指山市教育局主办、五指山市教师继续教育中心协办的“阳光下成长”——庆祝中国共产党成立100周年暨五指山市中小学生艺术展演活动在五指山市青少年活动中心举行

（五指山市教育局　供图）

【“海南第一面五星红旗升起的地方”党史学习教育研学之旅活动启动】 5月30日，由中共五指山市委、五指山市人民政府主办，五指山市旅游和文化广电体育局、海南广播电视总台文旅频道承办的以“目光所致都是你”为主题的“海南第一面五星红旗升起的地方”党史学习教育研学之旅活动启动仪式在五指山革命根据地纪念园举办。活动在《没有共产党就没有新中国》的嘹亮歌声中拉开序幕，创新推出一场别开生面的红色流动音乐党课，让现场观众在歌声中感受初心、重温使命。音乐党课以历史时间为横轴、陈列馆为坐标，以史串歌，以歌叙史，用“音乐作品＋党史讲述”的方式，把党史与音乐融为一体。音乐党课中穿插的主题故事《海南岛第一面五星红旗》《忆峥嵘史》和《赞新时代》，通过主讲人的深情诉说，重回那段惊心动魄的革命岁月，透过一张张沧桑的照片追寻激情燃烧的记忆，一段段动人的故事带领观众穿越时光，感受历史的厚重，激励后辈们胸怀报国理想。音乐党课以红色经典歌曲为主线，使每位观众进一步了解中国共产党百年的发展历程，走进歌曲中所展现的艰苦卓绝波澜壮阔的奋斗岁月。《我爱五指山我爱万泉河》《唱支山歌给党听》《不忘初心》等一首首熟悉的旋律带大家回到那段如火般的红色岁月，经典的旋律引发全场大合唱，观众通过歌曲回眸共产党人的初心和使命，从时代强音中汲取奋进正能量，感受峥嵘岁月的精神力量。

2021年5月30日，以“目光所致都是你”为主题的“海南第一面五星红旗升起的地方”党史学习教育研学之旅活动启动仪式在五指山革命根据地纪念园举行

（五指山市旅文局　供图）

【五指山市乡村振兴局正式挂牌成立】 6月2日，五指山市乡村振兴局正式挂牌成立，五指山市委书记宋少华，五指山市委副书记、代理市长陈国梁共同为五指山市乡村振兴局揭牌。五指山市乡村振兴局由五指山市扶贫工作办公室重组，该局的揭牌标志着五指山市“三农”工作重心由决战脱贫攻坚进入全面实施乡村振兴战略的新阶段。自脱贫攻坚战以来，五指山全市44个贫困村全部脱贫出列，6182户22949名贫困人口脱贫退出，贫困发生率从2014年的36.99%降至零。

【五指山市仁帝山获评首批国家森林康养基地、2021中国养老社区十大品牌】 6月4日，五指山市仁帝山康养基地在2021中国生态康养博鳌峰会中获得中国林业与环境促进会授予的“首批全国五星级生态康养基地”称号，获评中健联“2021中国养老社区十大品牌”。五指山市紧紧围绕“生态核心区”战略定位，融入海南自由贸易港建设，发挥资源环境优势，加快建设热带雨林康养度假胜地，将五指山打造成为海南热带雨林国家公园的亮丽名片，争创国家生态文明试验区建设生动范例。

【“百年技艺　薪火传承”海南黎锦技艺、苗族刺绣邀请赛在五指山市启动】 6月11日，2021年海南省“文化和自然遗产日”五指山片区活动正式启动。

在“百年技艺　薪火传承”海南黎锦技艺和苗族刺绣邀请赛上，来自五指山、三亚、东方、昌江、乐东等省内9个市县的参赛队伍汇聚在五指山市水云居民宿酒店，参加黎锦技艺成人组、少儿组和苗绣技艺的比赛，近百名“非遗”传承人现场PK技艺，展现各具特色的本土民俗魅力。选手依照组委会提供的

2021年6月11日，“百年技艺 薪火传承”海南黎锦技艺、苗族刺绣邀请赛在五指山市启动
（五指山市文化馆 供图）

参赛样本进行现场织绣，精彩绝伦的表现诠释传统手艺人精益求精、执着坚毅的工匠精神，赢得现场观众们的阵阵掌声。

经过现场评审，五指山市代表队廖婉婷、保亭黎族苗族自治县代表队黄扬柳获得黎锦技艺少儿组一等奖，五指山市代表队张俊扬、刘伟童获得黎锦技艺成人组一等奖，五指山市代表队黎莲香、琼中黎族苗族自治县邓梅玉获得苗族刺绣组一等奖。

【五指山市举办庆祝中国共产党成立 100 周年大合唱比赛】 6 月 27 日，五指山市在“三月三”广场举办庆祝中国共产党成立 100 周年“百年梦想·山城唱响”大合唱比赛，全市 23 支队伍 2000 名干部群众用歌声热情讴歌党的百年辉煌，回顾党的奋斗历史，唱响主旋律，弘扬正能量。歌曲《在灿烂阳光下》《长江之歌》《四渡赤水出奇兵》《娘子军连歌》《去一个美丽的地方》唱出中国共产党领导全国人民走过的风雨历程，赞颂中华人民共和国成立以来所取得的伟大成就，歌中充满自豪和赞美，体现中华民族与时俱进的时代精神；《旗帜颂》《不忘初心》《同一首歌》唱出中华民族的目标与希望，表达中国人民热爱党、热爱祖国的深厚情感；《久久不见久久见》《社会主义好》《歌唱祖国》《祖国颂》《祖国不会忘记》赞扬共产党领导下的人民，掀起的社会主义建设高潮，以及中国大地一派欣欣向荣的繁华景象，同时也唱出全国人民坚决跟定共产党，走社会主义道路的决心；整场演出在全场共同歌唱《没有共产党就没有新中国》的歌声中圆满结束。

【五指山市残疾儿童康复中心揭牌成立】 7 月 29 日，五指山市残疾儿童康复中心揭牌仪式在海南省平山医院举行，该中心向残疾儿童提供便利高效的服务，让每个有需求的残疾儿童都能得到有效救助。

2021年7月29日，五指山市残疾儿童康复中心揭牌仪式在海南省平山医院举行（五指山市残联 供图）

【五指山市与海南省农村信用社联合社举行合作协议签约仪式】 8 月 24 日，五指山市人民政府与海南省农村信用社联合社举行金融服务乡村振兴战略合作协议签约仪式，海南省农信社党委书记、理事长王年生，五指山市委书记朱宏凌，五指山市委副书记、市长陈国梁等领导嘉宾出席签约仪式并见证签约。五指山市政府副市长黄星，海南省农信社党委委员、副主任刘国鑫代表双方签约，五指山市政府副市长喻倩主持签约仪式。五指山市人民政府办公室、五指山市财政局、五指山市发展和改革委员会、五指山市乡村振兴局、五指山市农业农村局主要负责人参加签约仪式。

【“森呼吸 氧运动 戏激浪”亲水三项挑战赛在五指山举行】 9 月 4—5 日，由海南省政府主办的 2021 年第五届海南亲水运动季拉开帷幕，作为分会场的五指山 2021 亲水三项赛在水满乡开幕，来自海口和三亚的 15 支企业俱乐部代表队及海南省内多个市县的家庭、个人 300 余人报名参赛，其中有近 20 名外籍参赛人员，展示五指山市山地户外运动绿道的人文风光、河溪亲水旅游资源的独特魅力，提升体育旅游消费水平，推动旅游消费提质升级，释放旅游消费潜力，打造五指山户外运动天堂城市形象。

【五指山市金融发展中心成立】 10 月 14 日，五指山市金融发展中心揭牌仪式在新征程大厦举行。五指山市委书记朱宏凌、五指山市市长陈国梁、副市长岳国华、五指山市法院院长薛蕃超出席。五指山市金融发展中心的成立，旨在加强地方金融政策协调和政务服务工作，以促进五指山市贷后金融服务产业发展，推动金融产业与实体产业紧密融合，更好地发挥金融业对于经济社会发展杠杆撬动作用，助力五指山市“六园”建设和乡村振兴。

【五指山市通什镇拟被命名为2021—2023年“中国民间文化艺术之乡”】 10月19日，海南省五指山市通什镇（黎族纺染织绣技艺）入选文化和旅游部2021—2023年“中国民间文化艺术之乡”拟命名名单。五指山市黎族传统纺染织绣技艺是古代黎族先民在制作衣被时创造的一种手工织染技艺，主要流传于海南岛中南部黎族聚居区，已有约3000年历史，是中国乃至世界上最为古老的棉纺技艺之一。2006年入选第一批国家级非物质文化遗产名录，2009年入选联合国教科文组织急需保护的非物质文化遗产名录。

黎锦的“四大技艺”分别是纺、染、织、绣。纺又称纺纱，是用黎族特有的脱棉籽工具对棉花进行脱籽，再用弹弓作蓬松处理，把麻撕成纤维，再将纤维手捻成条。染即染色，是用野生植物的根、茎、皮、叶等原料通过发酵、水煮、泥埋等方法对纱、线进行染色。织就是织锦，黎族织锦的图案丰富多彩，有160种以上，包括人物、动物、植物、花卉、生活用具、几何图案等纹样，而以人物、动物、植物图案为主。不同图案、色彩和风格的黎锦曾是区分具有不同血缘关系的部落群体的主要标志，具有极其重要的人文价值。刺绣是纺染织绣整个环节中较为精致的部分，分为单面和双面两种，单面绣是在织物的正面刺绣图案，主要的针法有平绣、贴布绣、绣珠等；双面绣则是用色线在面料的正反面绣制同样的花纹图案和颜色的技艺。

【五指山市文化馆被列为一级馆】 11月18日，在文化和旅游部公共服务司关于第五次全国文化馆评估定级拟命名一、二、三级文化馆名单的公示中，海南省有14个展馆入选，其中五指山市文化馆被列为一级馆。

五指山市文化馆位于五指山市国兴路56号，总面积1321.56平方米。特色文化品牌有公益性免费开放培训班、“三月三”节庆系列活动、“文化和自然遗产日”系列活动、文化惠民下乡演出、农民文艺会演、非遗“四进”（进机关、进企业、进乡村、进社区）展演、非遗项目进校园、文化旅游之非遗研学活动、数字文化馆专区平台建设等10余项，文化活动年均90场、各类培训年均7826课时，现场服务群众年均5万人次。

【五指山市举办“五指山之声·雨林音乐会”】 11月22日，由中共五指山市委、五指山市人民政府主办，中共五指山市委宣传部、五指山市融媒体中心承办的“五指山之声·雨林音乐会”在五指山热带雨林风景区举办。音乐会以五指山热带雨林为大背景，将黎族苗族文化、传统民乐、西洋轻音乐深度融合，让现场观众在热带雨林中享受美妙音乐和自然天籁。音乐会在一曲创作灵感来源于五指山黎族聚居区的民歌《久久相见才有味》中拉开序幕。共分为雨林天籁、黎苗情怀、和谐共生三个篇章，《森林狂想曲》《山海约》《我爱五指山，我爱万泉河》《寂静的森林》等经典演奏，带来了生态与艺术的最美融合，充分展现了热带雨林文化与海南黎族苗族文化，使观众完全沉浸在集视觉、听觉、感觉于一体的雨林音乐会之中，让人心旷神怡、回味悠长。

2021年11月22日，“五指山之声·雨林音乐会”在五指山热带雨林风景区举行

（五指山市融媒体中心 供图）

【五指山市举办“五指山之韵·雨林服装秀”文化活动】 11月28日，由中共五指山市委、五指山市人民政府主办，中共五指山市委宣传部、五指山市旅游和文化广电体育局、五指山市融媒体中心承办的主题为“黎风苗韵 秘境雨林”的“五指山之韵·雨林服装秀”文化活动在五指山热带雨林风景区举办。此次活动重点围绕海南热带雨林国家公园，突出宣传“六园”建设中的“热带雨林国家公园”和“黎苗文化精神家园”，展示海南热带雨林的特色和黎族苗族文

2021年11月28日，“五指山之韵·雨林服装秀”在五指山热带雨林风景区举办

（五指山市融媒体中心　供图）

2021年12月14日，五指山红峡谷文化旅游区国家AAAA级旅游景区揭牌暨国家AAAAA级旅游景区创建工作启动仪式在五指山红峡谷文化旅游区举行

（五指山市旅文局　供图）

化的魅力。

本次服装秀活动分为“斑斓黎锦”“多彩苗绣”“秘境雨林”三个篇章，由男、女、老、少不同年龄段的50名模特组成，全方位展示传统及现代民族服饰。活动在“斑斓黎锦”篇章中正式拉开帷幕，该篇章主要展现海南黎族传统纹样服装，模特们身着华丽的黎锦，展示热带雨林中的黎族苗族文化，黎族苗族文化中的热带雨林元素，凸显雨林人家与自然的和谐共处、绿色发展之道；在“多彩苗绣”篇章中，10名模特身着苗族服装，展示苗族服饰的纹样特色与鲜艳色彩，苗族服装与树林荫翳的自然背景相融合，既展示苗族服饰的细致精美，又展示海南热带雨林特色和魅力；在第三篇章“秘境雨林”中，服装展示热带雨林风格现代改良版民族风服装、黎族五大方言区传统服装和苗族传统服装。

活动现场同时邀请黎族、苗族手工非遗传承艺人，展示织锦、苗绣技艺，为走秀增添浓郁民族色彩，仿若观赏活灵活现的人文历史画卷，让人置身在这片时尚的热带雨林，充分享受大自然的清新空间，体验黎风苗韵织绣下的热带雨林。

【五指山红峡谷文化旅游区获评国家AAAA级旅游景区】 12月14日，五指山红峡谷文化旅游区国家AAAA级旅游景区揭牌暨国家AAAAA级旅游景区创建工作启动仪式在五指山红峡谷文化旅游区举行，五指山红峡谷文化旅游区是五指山市境内首个获评的国家AAAA级旅游景区，标志着五指山市文化旅游产业迈上新台阶，为五指山市文化旅游产业提档升级注入生机和活力，开启全市文化旅游产业高质量发展新征程。

【《五指山年鉴（2020）》获第八届全国地方志优秀成果（年鉴类）县级综合年鉴二等奖】 12月31日，中国地方志指导小组、中国地方志学会组织开展第八届全国地方志优秀成果（年鉴类）评审工作，《五指山年鉴（2020）》荣获第八届全国地方志优秀成果（年鉴类）县级综合年鉴二等奖。

【新春水库水源工程荣获“大禹奖”】 12月31日，海南省五指山市新春水库水源工程荣获2019—2020年度中国水利工程优质（大禹）奖。海南省五指山市新春水库水源工程位于五指山市南圣镇新春村，中型输水管线长6.59千米，项目建设总投资4.17亿元。作为水利部“十三五”时期水利扶贫专项规划项目，新春水库水源工程是海南省重大的民生工程之一，也是五指山市重要的扶贫民生工程。

海南省五指山市新春水库

（黄　敏　拍摄于2021年）

大事记

1月

5日　四届五指山市委第十三轮巡察工作反馈会召开。五指山市委巡察组负责人反馈对通什镇党委、五指山市交通运输局党组织、五指山市农业技术与机械服务中心党组织、五指山公路分局党组织、五指山市水务局党组织、五指山市自然资源和规划局党组织的巡察情况，并就整改工作提出要求。被巡察单位党组织主要负责人分别作了表态发言，巡察组组长向被巡察单位党组织主要负责人移交反馈材料并办理交接手续。

6日　中国共产党五指山市第四届委员会第十四次全体会议开幕，讨论审议《市委常委会工作报告》《中共五指山市委关于制定国民经济和社会发展第十四个五年规划和二〇三五年远景目标的建议（讨论稿）》《全市经济工作报告》等。

7日　中国共产党五指山市第四届委员会第十四次全体会议闭幕，审议通过《中共五指山市委关于制定国民经济和社会发展第十四个五年规划和二〇三五年远景目标的建议（草案）》等文件。

9日　召开市脱贫攻坚工作领导小组第126次会议，审议相关议题，听取各乡镇围绕"一乡一业""一村一品"产业发展谋划情况汇报。

9日　五指山市村（社区）"两委"换届工作领导小组第一次会议召开，传达学习全省村（社区）"两委"换届工作会议精神，审议通过《全市村（社区）"两委"换届工作会议暨骨干培训班方案》《关于成立五指山市村（社区）"两委"换届工作督导组的通知》《关于核定村（社区）"两委"班子结构和职数的有关建议》等议题。

10日　五指山市公安局举行首个"中国人民警察节"升旗仪式。

12日　全国爱国卫生运动委员会发布《全国爱卫会关于命名2018—2020周期国家卫生城市（区）的决定》（全爱卫发〔2021〕2号），将五指山市等全国120个城市（区）命名为"国家卫生城市"。

13日　海南自由贸易港建设项目2021年（第一批）五指山市集中开工仪式在环西路（三期）项目现场举行。五指山2个项目集中开工总投资近1亿元。

13日　受强冷空气影响，海南气温大幅下降，五指山市水满乡罕见出现结霜现象。

14日　中共五指山市委理论学习中心组开展2021年第1次（四届95次）集体学习暨市委常委班子2020年度民主生活会专题理论学习。

14日　五指山市在五指山市青少年活动中心召开全市村（社区）"两委"换届工作会议暨举办骨干培训班，贯彻落实全国、全省村（社区）"两委"换届工作会议精神，对五指山市村（社区）"两委"换届工作进行动员和部署。

15日　五指山市创一流营商环境大会在市委三楼会议室召开，学习贯彻落实习近平总书记关于营商环境的重要论述、关于海南工作的系列重要讲话和重要指示批示以及海南自贸港创一流营商环境动员大会精神，对标先进、查找差距，总结不足、补齐短板。

19日　《五指山市政府工作报告》《五指山市国民经济和社会发展第十四个五年规划和二〇三五年远景目标纲要》征求意见座谈会召开。

20日　由中央广播电视总台和中华人民共和国民政部联合摄制的中国首档大型地名文化类节目

大酒店多功能厅召开。

11 日　五指山市政府召开 2021 年廉政工作会议，贯彻落实国务院、省政府廉政工作会议精神，总结 2020 年廉政工作和安排部署 2021 年廉政工作。

15 日　五指山市政法队伍教育整顿领导小组第五次会议暨查纠整改环节工作推进会在市委一楼会议室召开。

18 日　五指山市委书记宋少华主持召开 4 月加快推进重点项目建设协调会。

20 日　海南省疫情防控指挥部视频调度会议在海口召开，五指山在市政府六楼党政视频会议室设分会场组织收听收看会议。

21 日　五指山市在南圣镇组织开展 2021 年森林火灾扑救联合作战应急演练。

25 日　中国海油总经理李勇一行到五指山市就产业帮扶、基础设施建设、消费帮扶等情况开展调研。

27 日　海南省政协副主席陈马林一行到五指山市开展疟疾防治等工作调研。

29 日　五指山市委副书记、代市长陈国梁到毛阳镇、番阳镇和位于五指山市区的河南东区居民委员会调研指导新冠疫苗接种工作。

30 日　由中共五指山市委、五指山市人民政府主办，五指山市旅游和文化广电体育局、海南广播电视总台文旅频道承办的“目光所致都是你”——五指山市庆祝中国共产党成立 100 周年“海南第一面五星红旗升起的地方”党史学习教育研学之旅活动启动仪式在五指山革命根据地纪念园举办。

6月

3 日　五指山市政法队伍教育整顿第二次警示教育大会召开，通过以身边人、身边事警示教育全市政法干警保持初心，忠诚守法，干净担当，增强全市政法干警开展教育整顿的思想自觉、政治自觉和行动自觉，推进政法队伍教育整顿走深走实。

7 日　五指山市经济形势分析会议召开，分析 2021 年全市 1—5 月经济运行和社会发展情况，通报主要经济指标“按季抓、月跟踪”情况，研究部署下一阶段重点工作。

8 日至 9 日　全国政法队伍教育整顿中央第十一督导组副组长刘振宇一行到五指山市通过实地走访、召开座谈会等方式调研政法队伍教育整顿开展情况，指导推进教育整顿工作。

8 日至 10 日，海南省政协常委、政协社会和法制委员会主任柳松华一行到五指山市就作风整顿建设工作开展民主监督调研。

15 日　五指山市委副书记、代市长陈国梁主持召开稳定“菜篮子”价格专题会议，听取五指山市“菜篮子”产品产供有关情况汇报，研究部署保障市场供应、稳定价格等工作。

15 日　五指山市委书记宋少华主持召开加快推进重点项目建设协调会。

22 日　五指山市第四届人民代表大会常务委员会召开第三十四次会议补选陈国梁为五指山市第四届人民代表大会代表。

23 日　海南省委常委、统战部部长苻彩香率队到五指山革命根据地纪念园调研。

22 日　中共五指山市委理论学习中心组在市委一楼会议室开展 2021 年第 11 次（四届 105 次）集体学习。

24 日　海南省人大常委会环资工委主任叶振兴率队到五指山市各乡镇对固废法、生活垃圾管理条例贯彻落实情况开展执法检查。

27 日　五指山市第四届人民代表大会第八次会议第一次全体会议召开，听取《五指山市第四届人民代表大会第八次会议选举办法（草案）》，并就选举办法草案作说明。

28 日　五指山市在“三月三”广场举行庆祝中国共产党成立 100 周年“百年梦想 山城唱响”大合唱比赛颁奖晚会。

7月

2 日　五指山市四套班子领导干部、法检“两长”到海南省史志馆开展党史学习教育专题学习暨革命体验教育实践活动。

5 日　中共五指山市委理论学习中心组在市委一楼会议室开展 2021 年第 13 次（四届 107 次）集体学习，传达学习习近平总书记在庆祝中国共产党成立 100 周年大会上的重要讲话精神。

6 日　海南省政协党组成员、副主席刘登山一行到五指山市就“挖掘少数民族特色文化资源，助推海南自由贸易港文旅产业融合发展”开展专题调研。

7 日　五指山市重点基础设施建设项目先行进场施工专项协调会召开。

8 日　海南省民宗委副主任符秀容一行到五指山市就爱国主义教育基地相关党史宣传落实情况、

少数民族考生资格审查权下放、有关信息报送工作等情况开展调研工作。

9日　五指山市在市委三楼召开全市领导干部大会，宣布海南省委关于五指山市委主要领导任免决定：朱宏凌任中共五指山市委委员、常委、书记（副厅级）；宋少华不再担任中共五指山市委书记、常委、委员，另有任用。

13日　海南自由贸易港建设项目2021年度第四批五指山市集中开工仪式在五指山市中西医结合医院国际医养中心项目现场举行。

13日　五指山市人大常委会成立调研组，对五指山市优化营商环境情况开展调研。

26日　五指山市全面启动12—17岁人群新冠病毒疫苗接种工作，分年龄段安全稳妥有序推进新冠病毒疫苗接种工作。

28日　五指山市政法队伍教育整顿意见反馈会召开。海南省第六驻点指导组组长蔡建新对五指山市政法队伍教育整顿工作作意见反馈。

28日　五指山市在市委三楼会议室召开政法队伍教育整顿总结大会，表彰五指山市政法队伍先进典型，通报五指山市政法队伍教育整顿工作情况，检视存在问题，深化政法队伍教育整顿工作。

8月

1日　五指山市在市委三楼会议室设分会场参加2021年海南省省管领导干部学习习近平总书记“七一”重要讲话暨推进自贸港高质量发展专题研讨会。

4日　五指山市委书记朱宏凌到五指山市中医院新冠疫苗接种点，实地调研督导12—17岁人群新冠疫苗接种工作。

5日　中共五指山市委应对疫情工作领导小组第22次会议在市委三楼会议室以视频会议形式召开。

12日　五指山市委书记朱宏凌带领相关部门负责人以深入开展“查堵点、破难题、促发展”活动为抓手，就林地更新和农村裸露土地整治工作情况进行督导调研。

13日　五指山市疾病预防控制中心新冠病毒核酸检测实验室通过专家组验收，正式投入使用。

13日　五指山市在“三月三”广场组织开展2021年新冠肺炎病毒核酸检测应急演练。

16日　中共五指山市委全面深化改革委员会暨推进自贸港建设工作领导小组第十次会议召开。

20日　五指山市委书记朱宏凌在市委一楼会议室主持召开黎苗优秀传统文化保护和传承座谈会。

20日　五指山市作风整顿建设年活动推进会议在市委一楼会议室召开，对作风整顿建设工作再动员再部署，进一步明确工作目标，交流工作思路，统一工作要求。

27日　中共五指山市第四届委员会第十五次全体会议在市委三楼会议室开幕，会议对五指山市当前和今后一个时期贯彻落实习近平总书记“七一”重要讲话和省委七届十次全会精神作出全面部署和具体安排。

27日　中共五指山市第四届委员会第十五次全体会议在市委三楼会议室闭幕。

30日　五指山市委书记朱宏凌在市委一楼会议室主持召开2021年市委实施乡村振兴战略领导小组第七次会议，把“严细实早”作风融入乡村振兴工作中，开创五指山市乡村振兴新局面。

31日　五指山市委书记朱宏凌在五指山市水务局会议室主持召开五指山市“三防”工作会议，贯彻落实习近平总书记关于防灾减灾工作的重要指示批示精神，分析研判全市“三防”形势，专题部署秋冬明春“三防”各项工作。

9月

2日　五指山市“听党话、感党恩、跟党走”宣讲文艺活动暨“希望工程圆梦行动”捐助仪式在南圣镇新春村文化广场举行，五指山市委书记朱宏凌现场作首轮宣讲，活动线上线下筹集爱心助学善款120多万元。

6日　召开全市法治政府建设工作领导小组会议暨法治政府建设工作推进会，贯彻落实习近平法治思想，推动五指山市法治政府建设。

7日　五指山市2021年城乡居民“两险”征缴动员会在五指山市税务局会议室召开，总结2020年城乡居民“两险”征缴工作，部署五指山市2021年度城乡居民“两险”征缴工作。

8日　五指山市委副书记、市长陈国梁到五指山市信访服务中心开展现场接访，倾听民情民意，为民排忧解难。

8日　五指山市委书记朱宏凌在市委三楼会议室主持召开五指山市2021年乡村振兴工作队队长

座谈会暨巩固脱贫成果后评估工作会议。

13 日　五指山市荣登“2020 中国最具民族风情百佳县市”榜首。

15 日　五指山市委书记朱宏凌在市委一楼会议室主持召开市委理论学习中心组 2021 年第 18 次(四届 112 次)集体学习会，专题学习海南省委书记沈晓明在全省党建引领自由贸易港建设推进会上的讲话精神。

24 日　五指山市在海南迎宾馆举行集中签约仪式，与 7 家企业代表签订框架协议书。

28 日　五指山市召开市委应对疫情工作领导小组第 24 次会议，听取五指山市疫情防控有关工作情况汇报，对疫情防控工作再部署。

28 日　五指山市委实施乡村振兴战略领导小组第八次会议在市委一楼会议室召开，传达学习省委实施乡村振兴战略领导小组、省委农办相关文件精神，审议相关事项，部署下一步工作。

28 日　五指山市委书记朱宏凌主持召开市委全面深化改革委员会暨推进自贸港建设工作领导小组第十一次会议，传达学习相关会议精神，听取有关工作情况汇报，审议《五指山市招商引资工作规程》等事项。

29 日　五指山市民族事务局联合五指山市文化馆组织黎族苗族群众将一幅巨幅拼布送到五指山革命根据地纪念园，以此向中华人民共和国成立 72 周年献礼。

30 日　五指山市在五指山革命根据地纪念园组织开展烈士纪念日公祭活动，致敬英雄，缅怀先烈的丰功伟绩，传承先烈的革命精神。

10月

11 日　五指山市召开作风整顿建设年暨“查堵点、破难题、促发展”活动第二次推进会，听取活动推进的情况，安排部署下一阶段工作。

13 日　五指山市委副书记、市长陈国梁到一线检查督导落实防风防汛各项工作。

18 日　五指山市委副书记、市长陈国梁主持召开市政府“两重一大”专题会议，研究五指山市人民政府与海南热带海洋学院战略合作框架协议事项。

18 日　中共五指山市委“三农”工作暨巩固脱贫成果督查发现问题整改工作推进会议在市委三楼会议室召开，传达学习有关会议精神，通报五指山市2021 年巩固脱贫成果交叉督查发现问题及下一步整改工作安排及审议相关事宜。

27 日　五指山市举办“一把手”纪律教育暨“廉内助”家风教育专题班，贯彻落实习近平总书记关于全面从严治党的重要论述精神及省委“一把手”纪律教育暨“廉内助”家风教育专题班精神，增强全市广大党员干部特别是各单位“一把手”守纪律、讲规矩的意识，加强党性锻炼和家风建设，厘清思路强化担当，筑牢拒腐防变思想防线。

30 日　五指山市委书记朱宏凌率队到毛阳镇、水满乡、南圣镇、畅好居等地专题调研“两违”整治工作。

30 日　五指山市工商业联合会(总商会)第五届代表大会在福德莱大酒店四楼会议室召开，听取并审议通过《五指山市工商联(总商会)第四届执委会工作报告》，选举产生五指山市工商联(总商会)第五届执委会，选举产生五指山市工商联(总商会)第五届常委会主席、副主席、副会长、秘书长。

31 日　五指山市委书记、市委实施乡村振兴战略领导小组组长朱宏凌主持召开市委实施乡村振兴战略领导小组第 9 次会议，传达学习省委相关文件精神，研究审议相关事项。

11月

1 日　五指山市在市委一楼召开市委应对疫情工作领导小组第 26 次会议，贯彻落实中央、省委关于新冠肺炎疫情防控工作的决策部署，分析研判当前疫情防控工作形势，研究部署五指山市疫情防控工作。

4 日　五指山市加强换届风气监督工作会议在市委三楼会议室召开，学习贯彻全国加强换届风气监督工作电视电话会议精神，部署五指山市加强换届风气监督工作。

5 日　2021 年五指山市新提拔和进一步使用干部“家庭式”廉政谈话会在市委三楼会议室召开，会议首次邀请新提拔和进一步使用干部的配偶和成年子女参加，引导党员领导干部筑牢反腐倡廉的家庭防线，以纯正家风滋养清朗党风政风社风。

8—9 日，中国海油党组副书记、有限公司首席执行官徐可强一行到五指山市就乡村振兴工作开展专题调研。

12 日　以“逐梦自贸港，聚力健康新时代”为主题的 2021 第五届海南国际健康产业博览会在海南国际会展中心开幕，五指山市部分医疗机构及企业组团参展，集中展示五指山市健康产业发展成果，宣传五指山市在招商引资、康养旅游和发展健康产业等方面的优势和成就，助推五指山市健康产业高质量发展。

17日　五指山市四届市委常委会第201次会议召开，专题传达学习党的十九届六中全会及省委七届十一次全会精神，部署五指山市深入学习贯彻全会精神，谋划五指山市未来发展蓝图。

22日　“五指山之声·雨林音乐会”在五指山热带雨林风景区举行，音乐会在民歌《久久相见才有味》中拉开序幕，共分为雨林天籁、黎苗情怀、和谐共生三个篇章。

24日　五指山市委书记、市委党史学习教育领导小组组长朱宏凌主持召开市委党史学习教育领导小组（扩大）会议。

25日　五指山市召开做好迎接国家巩固脱贫攻坚成果后评估，确保“首战必胜”动员会，部署下一步工作。

28日　2021年“五指山之韵·雨林服装秀”文化活动在水满乡五指山热带雨林风景区举行，50名特邀模特身穿传统和新式黎族、苗族服装，展示雨林生态与民族文化融合之美，彰显人与自然和谐共生的理念。

30日　五指山市召开2021年度固定资产投资项目推进协调会议，总结分析五指山市固定资产投资项目工作，协调解决当前项目建设中遇到的问题，部署下一阶段工作。

12月

2日　海南省委常委、政法委书记刘星泰到五指山市就五指山市金融发展中心建设、基层平安建设、车管便民服务等工作开展调研。

7日　全国新冠肺炎疫情防控工作电视电话会议召开，五指山市在市政府四楼会议室设分会场收听收看。

8日　海南省人大常委会副主任、省人大社会委主任委员关进平一行到五指山市，就贯彻落实中央人大工作会议精神开展专题调研，召开座谈会，听取相关工作情况汇报，了解五指山市人大工作存在的问题、困难，研究提出建议意见。

10日　中国共产党五指山市第四届纪律检查委员会第七次全体会议在福德莱大酒店会议室召开，审议四届市纪委五年以来的工作报告，部署今后五年工作任务。

18日　五指山市在水满乡举办2021海南（五指山）红叶文化旅游季活动开幕，聚焦五指山高质量发展，展现五指山“不忘红色初心，赏红叶自然美景，品红茶馨香绵长”的独特文化魅力，构建和发展“红叶经济”产业链条，吸引企业进驻五指山，将蕴藏的生态效益转变为经济效益，为海南自由贸易港建设贡献五指山力量。

19日　五指山市委书记、市委实施乡村振兴战略领导小组组长朱宏凌主持召开2021年市委实施乡村振兴战略领导小组第11次会议，对照考核内容和标准，及时查漏补缺。

21日　中共五指山市委经济工作会议在市委三楼会议室召开，深入贯彻党的十九大和十九届历次全会精神、中央经济工作会议精神，全面落实七届省委历次全会精神和省委经济工作会议精神，总结2021年全市经济工作，部署2022年全市经济工作。

24日　五指山市1867沙龙之康养产业发展主题研讨活动在海南山上黎人文化传播有限公司举行，相关领域专家学者、企业代表、领导干部齐聚一堂，出谋划策。

26日　中国共产党五指山市第四届委员会第十七次全体会议在市委三楼会议室召开，审议市第五次党代会报告等有关事宜。

29日　中国共产党五指山市第五次代表大会在福德莱大酒店召开，回顾总结五指山市过去五年工作成绩和经验，分析当前五指山面临的形势和机遇，提出今后五年五指山工作的指导思想和主要奋斗目标。

31日　五指山市委书记、市委深改委主任、市委推进自贸港建设领导小组组长朱宏凌主持召开市委全面深化改革委员会暨推进自贸港建设工作领导小组第十四次会议。

31日　五指山市委书记朱宏凌率新一届市委常委到五指山革命根据地纪念园开展市委理论学习中心组2021年第30次（五届1次）集体学习，重温入党誓词，瞻仰革命纪念碑，从革命先辈们的英勇事迹中汲取前行力量。

总 述

五指山市概况

地 理

【位置与面积】 五指山市为海南省直辖县级市，位于海南岛中部偏南五指山腹地，地处北纬18°38′—19°02′、东经109°19′—109°44′，东邻琼中黎族苗族自治县，南抵保亭黎族苗族自治县，西接乐东黎族自治县，北连白沙黎族自治县、琼中黎族苗族自治县。境内东西最大距离43.1千米，南北最大距离45千米，辖区面积1144.28平方千米。距省会海口市223千米。

【地形与地貌】 五指山市地形地貌属海南典型的山地地区，境内地形起伏、山岭连绵，群山环抱，主要山脉为五指山山脉，自东经阿陀岭向西延伸，把五指山市分成南北两大区域。地貌类型有山地、丘陵、台地和河流谷地等，山地占全市面积的26.4%；丘陵占66.1%；台地和河流谷地等仅占7.5%，主要分布在五指山市区附近、番阳镇、毛阳镇和毛道乡。境内最高峰为五指山第二峰，海拔高度1867.1米，也是海南省最高的山峰，素有“海南屋脊”之称；最低处位于布伦河口，海拔高度165米；全市平均海拔高度316米。

【山地】 五指山市山地面积约105000公顷，占总面积的92.9%。按地貌类型分为中山（海拔1000米以上）和低山（海拔500—1000米）两类。其中，中山面积约8万公顷，占76.2%；低山面积约25000公顷，占23.8%。山地呈层圈展布，主要集中于外圈，分属黎母山山脉和五指山山脉两大山脉。中山主要分布于五指山市与乐东黎族自治县、白沙黎族自治县、琼中黎族苗族自治县、保亭黎族苗族自治县4个县接壤的地区，其次为通什、水满、南圣、毛阳等乡镇。全市境内或境界海拔1000米以上山峰34座。低山在所辖乡镇均有分布，相对集中于南圣、毛阳、畅好、毛道等乡镇。境内或境界海拔500—1000米的低山41座。

【山脉】 五指山市主要山脉有黎母山山脉和五指山山脉。

黎母山山脉 海南岛绵延最长的一组山地，长80千米，宽13千米。以位于五指山市北部与琼中黎族苗族自治县、白沙黎族自治县交界的鹦哥岭（海拔1811米）为主体，其余部分向东北延伸到琼中黎族苗族自治县境内，往西南经五指山市毛阳镇、番阳镇延伸至乐东黎族自治县境内。五指山市境内分布有白石岭、蛙岭、红买岭、青蛙山、大岭、南串岭、番脚岭、尖坡岭、秦王岭、马或岭、林场西、山节岭、毛龙庙、万盖岭等十几座山峰。基岩大部分为下白垩统砂页岩，其余为海西、印支期及燕山期花岗岩。

五指山山脉 海南岛规模最大的一组山地，整个山脉南北长40余千米，东西宽约30千米。主体部分位于五指山市东北与琼中黎族苗族自治县交界处，其余部分向东、南、西、北分别延伸出4支，其中西支横亘五指山市中部，南、北两支分别绵延于五指山市与保亭黎族苗族自治县、琼中黎族苗族自治县交界地带。主峰形如人的五指，由此得名。五指山市海拔1000米以上高山有铁耳岭、水贤山、白铁岭、仲冲什、石土岭、亲仑岭、创造岭、青春岭、七指岭、南畜岭、生毛岭、阿陀岭、九排山、托统、报马岭、昂日岭、青天岭、甘蔗山、红水岭、马咀岭、哥分岭、熊狼岭等。基岩主要为海西、印支期及燕山期花岗岩，仅五指山主峰为燕山期中酸性火山岩。

【土壤】 五指山市自然条件复杂，热带季风气候，高温多雨，雨季集中，干湿季明显。植物种类多样，生长茂密。生物循环旺盛，有机物质积累、分解迅速。母岩种类繁多，有花岗岩、砂岩、砂页岩、变质岩、安山岩、紫色砂岩、石灰岩等等。在高温多雨的环境下，岩石强烈风化，加速土壤的发育形成过程。

土壤形成及其分布规律 五指山市土壤就是在上述自然条件的作用下发育形成的。由于土壤所存在的地形部位和地域不同，生物、气候也有显著变化，水热状况也各异，因此形成土壤种类较多。在海拔750米以上的山地，自然植被为山地常绿阔叶林或山地雨林。云雾较多，日照少，相对湿度大，土壤水热状况较稳定，土层经常保持湿润，土壤中氧化铁、铝水化，土壤呈强酸性反应，土壤剖面黄色，形成黄壤。在黄壤以上山顶和山脊上，形成山地灌丛草甸土。海拔400—750米地带，自然植被为山地雨林，水热状况良好，土壤富铝化作用低于砖红壤，土壤红色，土壤呈强酸性反应，为赤红壤。海拔400米以下地带是热带雨林、季雨林，水热状况变化差异大，高温多湿和干湿明显，因此土壤富铝化作用强，大量铁、铝胶体脱水积聚在深厚的土层中，使土壤变红色，呈酸性反应，为砖红壤。五指山市西部地区气候特别干旱，年平均雨量不足1000毫米，蒸发量大于降雨量1倍多，天然植被被破坏，现属灌丛草地，气温高，旱季长达6个月，形成明显的干热生物气候，土壤类型形成燥红土。由于五指山市东、西部气候差异明显，在同类土壤中东部和西部分布的地形部位高低有所不同，总体看土壤分布的上限，西部比东部高100—200米。

土壤类型及其性状 土壤的发生与发展，受到各种不同成土因素的综合影响。五指山市自然条件变化复杂，在不同地域和地形部位上，具有不同的生物气候和水热状况，因此形成多种土壤类型，计有土类11个、亚类23个、土属98个，土种283个。

主要土壤类型性状：

黄壤：分布于山地中上部、海拔750米以上地带。植被为常绿阔叶林或热带雨林，母岩为花岗岩、砂页岩，以花岗岩居多。森林茂密，部分为原始林，地表枯枝落叶层厚10厘米以上，土层厚度大多超过80厘米，半风化母质较多，质地轻中壤。剖面发育比较明显，表土灰黑色，氧化铁、铝水化，心土层黄色，呈强酸性反应，pH值4.5—5.5，有机质含量高，表层含量6.0%以上，属高肥力中厚度土壤。黄壤处于高山、陡坡，气温低，水湿条件好，是主要的水源林地。

赤红壤：赤红壤分布在海拔400—750米的高丘、低山地带，在黄壤下部，是砖红壤和黄壤的过渡地带，土壤剖面的特点也是两者的过渡类型。植被为常绿阔叶林，多被破坏为次生林、灌丛草地。赤红壤所处环境，水湿条件、植被郁闭度都比黄壤差，但热量却多些。母质多是花岗岩、砂页岩风化发育而成。土壤剖面层次比较分明，发育完整。土层一般深厚，表土灰棕色，心土棕红色，土层紧实，质地较黏重，有淀积层，结构面上铁锰胶膜较明显，色灰暗。整个土层没有铁锰结核，呈酸性反应，但比黄壤弱，pH值5—6之间。

砖红壤：砖红壤是五指山市典型的地带性土壤，面积广，有784489.53公顷，占土地总面积的47.0%。砖红壤分布在海拔20—400米之间的丘陵上，地势较低，受热带雨林、季雨林影响。母质多样，以花岗岩、砂页岩风化物为主，也有洪积、冲积物，母岩风化强烈，常有几米到十几米的风化壳。土壤颜色暗棕红，含铁量高，土壤富铝化程度高。全剖面有铁结核分布，成层或多层，这是砖红壤的重要特征。由于生物、气候的差异，砖红壤又分为黄色砖红壤和褐色砖红壤两个亚类。砖红壤分布的土地最适宜橡胶、胡椒、咖啡、南药等热带作物的生长。由于地形位置、水热状况良好，土层深厚，肥力较高，种植热作产最高。目前五指山市橡胶等热带作物绝大部分都种在砖红壤上，同时也是旱地作物、经济作物种植的好地方。砖红壤应继续开发，发展以热作为主的各业生产。

【河流水系】 五指山市境内水源众多，水系纵横，大小河流约120条。较大河流有属昌化江水系的通什河（南圣河）、毛阳河。昌化江水系在市内的流域面积为74600公顷，占全市总面积的66.1%。此外还有保国河、牙益河、草头河等小河流。常年平均径流量13亿立方米。

通什河（南圣河） 发源于五指山市东部青春岭，向西流经南圣镇至市区，出口番阳合口，流入昌化江干流，全长61.8千米，流域面积66000公顷，沿途有支流草头河、牙益河、保国河流入。

毛阳河 发源于五指山市东部五指山山脉，向西流经水满乡永训村、毛阳镇什苗村，至番阳镇番阳村与昌化江干流汇合，全长36.3千米，流域面积17700公顷。

保国河　发源于什托岭南部，向北流至毛道乡入通什河，全长26千米，流域面积15800公顷。

牙益河　发源于五指山市的南部报马岭，向北经畅好乡流入通什河，干流全长24千米，流域面积12600公顷。

草头河　发源于五指山市东部番寨岭，流经南圣镇草头村入通什河，干流全长15千米，流域面积2340公顷。

气　候

【气候特征】 2021年五指山市气温偏高，降水量和日照正常。年平均气温23.9℃；年总降雨量1589.1毫米；日最大降雨量111.9毫米，出现在10月18日；雨季4月上旬开始，属偏早年份，10月中旬结束；年总日照时数2027.1小时。全年降水量时间分布不均匀。

【主要气候事件】 2021年，五指山市出现4天暴雨及暴雨以上天气。受强冷空气影响，1月7—13日出现低温阴雨天气过程，3月22—24日出现一次清明风过程；年内受7个台风影响，其中10月13日，受18号台风"圆规"和冷空气影响，出现71.8毫米的暴雨天气；年内受4次暴雨影响，其中10月18日受冷空气和热带辐合带共同影响，出现111.9毫米的大暴雨天气；年内出现4次干旱天气过程，均未造成明显灾情。为缓解旱情，6月5日、12日，7月6—21日，8月11—30日，9月2—27日开展暖云烟炉增雨作业；7月21日、29日，8月15日，9月2日、10日开展火箭流动车人工增雨作业。

（曾　婷）

五指山市2021年主要气候事件一览表

表1

时间	原因	影响
1月1日至2月9日	—	五指山市出现40天的干旱天气
2月17日至4月8日	—	五指山市出现51天的冬春连旱天气
6月20日至7月16日	—	五指山市出现27天的夏旱天气
10月26日至12月19日	—	五指山市出现55天的秋冬连旱天气
10月13日	受2021年18号台风"圆规"影响	五指山市出现71.8毫米的暴雨天气
10月18日	受冷空气和热带辐合带共同影响	五指山市出现111.9毫米大暴雨天气

资　源

【土地资源】 五指山市土壤类型为地带性土壤和非地带性土壤。地带性土壤主要有山地黄壤、山地赤红壤、砖红壤，非地带性土壤有水稻土。2021年，全市土地总面积114428.32公顷。其中，农用地面积110533.81公顷，建设用地面积2000.82公顷，未利用地面积1893.69公顷。

【矿产资源】 五指山市分布的矿产资源主要有金属矿产（铅锌矿）、建筑材料及其他非金属矿产（毒砂、硫铁矿、石灰岩、萤石、石墨、高岭土、花岗板材及石材、建筑用砂）与水气矿产（饮用天然矿泉水和地下水）。具有优势和资源潜力的矿产资源主要是分布在毛阳镇和番阳镇一带的萤石矿，其中什统萤石矿已达中型规模萤石矿床，分布在五指山市畅好乡境内的牙日村和毛阳镇境内毛阳石灰岩，通什镇的饮用天然矿泉水，南圣镇同甲饰面用花岗岩闪长岩板材。已查明的水泥用石灰岩储量180万吨、大理石储量0.11万吨、芝麻黑花岗岩储量245.55万立方米。2021年开采的矿种主要有建筑用花岗岩。

【作物资源】 2021年，五指山市种植业中面积最大、分布最广的作物是粮食作物。其中主要是水稻，其次是番薯、玉米、山兰坡稻、糯稻等。经济作物主要有茶、忧遁草、益智、木薯、花生、甘蔗等。水果种类繁多，栽培形成商品的水果主要有龙眼、荔枝、香蕉等。种植面积较大的瓜菜主要有青菜、青瓜、苦瓜、豇豆等。热带作物资源丰富，栽培面积较大、经济价值较高的热带作物主要有槟榔、油茶、胡椒、橡胶等。

【水产资源】 五指山市境内有大小河溪32条，平均流量6.5亿立方米，年降雨量在1800毫米以上，水源丰富，水质好，水质符合国家水产养殖一、二类用水标准。境内自然水域鱼类既有石鲮鱼、鳗鱼等本地特有的鱼类品种，也有草鱼、鳙鱼、鲤鱼、鲢鱼等常见的品种，养殖的主要品种为罗非鱼、泥鳅等经济价值较高的种类。众多的小河流，多样的地质结构，为发展流水养鱼提供了天然资源条件；良好的生态条件，还有利于发展淡水名、特、优品种和水陆两栖动物（如鳗鲡、虎纹蛙、中华鳖、娃娃鱼等）的养殖，淡水养殖正逐步成为五指山市农业结构调整、农民脱贫致富的一条重要途径。

【植物资源】 境内植物种类繁多，分布有海南岛最典型、最齐全的热带雨林山地森林，具有常绿、多层混交、异龄、多树种组成等特点。天然植被主要有青皮、荔枝群落。蝴蝶树、青皮群落最能反映海南地带性生态特点，被认为是海南岛的地带性典型植被类型。山地常绿阔叶林以热带和亚热带科属植物为主。如山毛榉、樟科、金缕梅科等种类。还有少量的温带科属，如榛木科的海南特区鹅耳枥、槭树科的十蕊槭；粗榧科的粗榧属和杜鹃花科的杜鹃属等。主要群落有陆均松、黄背栎群落，是海南的主要热带植被。山顶矮林是由于受山顶、山脊地形作用影响而形成的。群落外貌特征为乔木，比较低矮，分枝多，弯曲而密集，枝干上常有苔藓植物附生。主要群落有栎子绸、厚皮香、海南杜鹃群落和南亚松、五列木、微毛山矾群落。草本植被有芒萁、粽叶芦、五节芒、钩藤、铺地蜈蚣、飞机草等。

【动物资源】 五指山市野生动物资源丰富，种类繁多。在陆生野生动物中，鸟类有麻雀、大山雀、八哥、孔雀等；兽类有猕猴、野猪、果子狸等；爬行类有蟒蛇、金钱龟等；昆虫类有蜂类、蚁类、蝴蝶类、蜻蜓等。

【南药资源】 2021年，五指山市完成新增益智种植面积230.33公顷，涉及毛阳、番阳、通什、南圣、畅好、水满6个乡镇43个村委会161个村小组。2021年，五指山市各乡镇历年来益智种植保存面积3979.39公顷。其中畅好乡205.27公顷、毛道乡1225.36公顷、水满乡387.67公顷、毛阳镇1279.25公顷、番阳镇104.99公顷、通什镇58.15公顷、南圣镇717.03公顷、畅好居1.66公顷。

【旅游资源】

海南第一高山——五指山 位于水满乡东部与琼中黎族苗族自治县交界处，为中国著名山岳，是海南岛的象征，其五峰耸立，拔地撑天，峰峦起伏成锯齿状，形似五指，故得名，俯视南海，素有“海南屋脊”之称。五指山海拔高1867.1米，是海南第一高峰，主峰在五指山市境内。这里终年云雾缭绕，景色变化万千，四季风光各异，被国际旅游组织列为A级旅游景区。远眺五指山，只见林木苍翠，白云缭绕，绿山盘旋而上峰巅，顿觉云从脚下生、人在太空游。

海南黎族第一精神家园——“一山一峒十村落” 黎族的祖宗山——五指山是黎族人民的精神家园，黎峒文化园的黎祖大殿是黎族人民祭拜祖先的圣地。五指山地区黎族特色古村落拥有最传统的黎族民俗民风，这些极具黎族元素的“山—峒—村落”黎族文化圈，共同构成海南黎族精神家园。

海南民族文物第一馆——海南省民族博物馆 位于五指山市北面的牙蓄岭上，与海南热带海洋学院五指山校区北校区相邻。占地面积3.73公顷，始建于1981年，1985年竣工，1986年国庆节正式开馆，是海南最大的博物馆之一，2020年被评为国家AAA级旅游景区。博物馆内大堂、展厅、接待处、工作室和商场的布局，以干栏古朴的回廊连接贯通，组成中国传统四合院形的建筑物，建筑面积3772平方米。馆内辟有6个主展厅和2个临时展厅，以及民族工艺商场和工作室，互配成套。各展厅分别展出古代文物、民族民俗物品、历史图片和资料，反映从新石器时期起的各个历史阶段黎族苗族人民的政治、经济、文化和风土人情，以及他们同汉族、回族人民共同发展、建设海南的历史。在博物馆迎宾大厅有一座由19块花岗石加工而成的高4.41米、总重量40吨的大型石雕——海南第一龙门。

海南第一热带雨林——五指山热带雨林 五指山热带雨林位于水满乡。五指山自然保护区境内重峦叠嶂、奇峰秀拔，滔滔热带雨林古木参天、藤蔓缭绕、苔藓密被、溪涧支错、清泉凛冽、奇岩突兀、断崖天堑、龙潭飞瀑、景象万千，是优美的旅游胜地。五指山热带雨林，是中国热带地区面积最大的热带原始森林之一，它是中国热带森林分布的最南部，也是世界热带森林分布的北缘，具有森林组成种类复杂、群落结构发育良好、层间植物丰富的特征。

海南第一梯田景观——牙胡梯田 牙胡梯田位于五指山

市毛阳镇牙胡村，面积325公顷，最高海拔600米，最低海拔20米，最大坡度30度。牙胡梯田展示人类与环境对话的智慧。梯田呈五指螺纹状，从山脚盘绕到山腰，层层叠叠，高低错落。从高处望去，梯田的优美曲线一条条、一根根，或平行或交叉，蜿蜒如春螺、披岚似云塔，显示出非同一般的曲线美，被誉为“海南第一梯田”。

海南最美的山区公路——五指山地区盘山公路　五指山市南圣至水满的绿色生态旅游景观长廊，全程约25千米，沿途高山林立，碧水长流，奇花异树，有见血封喉树、青春岭瀑布群、黎村苗寨、风门岭马占相思林海、热带生态雨林等景观。五指山九曲蜿蜒的盘山公路是游客体验自驾游、骑行乐趣的不二选择。

海南第一面五星红旗升起的地方——五指山革命根据地纪念园　位于毛阳镇毛贵村，该园围绕“革命根据地”和“黎、苗民族风情”2个文化背景，以爱国主义教育基地为主题，缅怀革命先烈李振亚、刘秋菊等抗战英雄。纪念园占地面积40公顷，总投入1.58亿元，建设纪念碑、烈士陵园、陈列馆及度假休闲设施和旅游热带果园等景观。

【民族风情】五指山市是原海南黎族苗族自治州州府所在地，是海南中部少数民族地区文化、旅游的重要城市和交通枢纽。五指山市文化积淀深厚，黎族传统纺染织绣技艺、黎族“三月三”节、黎族竹木器乐、海南苗族盘皇舞等先后被列入国家级非物质文化遗产代表性项目名录。此外，还有6项入选省级名录，9项入选市级名录。市内有2个民族文化行政事业单位，分别为海南省民族博物馆和海南省民族研究所，海南省民族博物馆是馆藏文物最多、最富有民族特色的博物馆，馆藏文物达3万多件。海南省民族研究所隶属海南省民族宗教事务委员会，专门从事海南省少数民族社会历史、经济、文化、宗教、卫生教育、习俗、织锦的研究。

【土特产品】五指山市有黎锦苗绣、水满野生红绿茶、野生灵芝茶、忧遁草、酸豆汁、灵芝酒、野生蜂蜜、山兰酒等绿色生态保健土特产品。

建置沿革

【历史建置】民国24年（1935年）3月8日前，五指山市境内的红毛下峒（今毛阳镇）、番阳峒（今番阳镇）属崖县管辖；水满峒（今水满乡）、同甲峒（今南圣镇）属定安县管辖；指（志）玛弓（今南圣镇）属陵水县管辖。

民国24年（1935年）3月8日，国民党广东省政府新设保亭、白沙、乐安（因与江西省乐安县同名，当年9月改为乐东县）3个县，隶属琼崖绥靖委员会公署。境内崖县管辖的红毛下峒、水满峒划归白沙县，设毛贵乡、毛栈乡、通什乡、水满乡；番阳峒划归乐安（后改为乐东）县，设番阳乡；陵水县管辖的同甲峒、指（志）玛弓划归保亭县，设南圣乡。

民国37年（1948年），通什乡划归保亭县管辖。1953年7月，广东省海南黎族苗族自治区从乐东县抱由镇迁驻通什乡。1955年10月，海南黎族苗族自治区改为海南黎族苗族自治州，通什乡为自治州首府驻地。1956年12月24日，境内通什乡、南圣乡、畅好乡、毛道乡，隶属保亭县，毛栈乡、毛贵乡、水满乡，隶属白沙县，番阳乡隶属乐东县。

【行政沿革】1958年9月，南圣乡与通什镇、福安干部农场、福安示范场、国营通什茶场合并，成立通什镇红旗人民公社；毛道乡、畅好乡11个社、国营畅好农场合并成立红星人民公社，隶属保亭县。同年10月，毛栈乡、红毛乡、水满乡3个乡合并，成立五指山人民公社，隶属白沙县。同年12月22日，五指山人民公社划归琼中县管辖。同年12月，海南黎族苗族自治州人民委员会迁往海口，同海南行政公署合署办公，保亭县和崖县合并，通什镇红旗人民公社隶属崖县管辖。

1959年3月28日，红星公社并入通什镇红旗人民公社。同年10月27日，恢复保亭县的行政建置，崖县通什镇红旗人民公社划归保亭县。保亭县人民政府驻通什镇，11月14日正式办公。

1961年5月，五指山人民公社分成毛阳、什运、五指山、红毛4个人民公社，隶属琼中县。毛阳公社番塞（红山）大队划归通什镇红旗人民公社管辖；南圣人民公社、毛道人民公社成立，隶属保亭县。同年11月，恢复海南黎族苗族自治州原办事机构。同年12月，畅好人民公社成立，隶属保亭县。

1962年2月，番阳人民公社成立，隶属乐东县。同年3月，海南黎族苗族自治州人民委员会迁回通什镇办公。

1963年11月，海南黎族苗族自治州党委和州政府决定，保亭县通什镇红旗人民公社划归海南黎族苗族自治州直接领导，保亭县人民政府迁驻保城镇。

1964年7月24日，经广东省人民委员会同意，通什镇红旗人民公社设立通什镇人民政府。1966年9月，通什镇红旗人民公社把番赛管理区划归保亭县成立红山人民公社。同年10月28日，广东省人民委员会办公厅同意将通什镇改为红旗镇。

1980年5月8日，恢复通什镇人民政府建置。同年10月9日撤销红旗人民公社，保留红旗镇建置。

1982年2月15日，红旗镇改为通什镇。

1983年5月，境内人民公社改为区公所。

1986年6月12日，经国务院批准设立通什市（县级），行政区域包括原保亭县的畅好区、红山区、毛道区、南圣区，琼中县的五指山、毛阳区，乐东县的番阳区和海南黎族苗族自治州直辖的通什镇等8个区、镇，隶属广东省海南黎族苗族自治州。

1987年1月2日，通什市正式挂牌，撤销红山等7个区公所、通什镇和什会乡等38个小乡建置，全市设立南圣、毛阳、番阳3个镇和畅好、红山、毛道、五指山4个乡及冲山街道办事处。

1987年12月30日，海南黎族苗族自治州撤销，通什市隶属海南行政区和建省筹备组。

1988年4月，海南建省办经济特区，通什市隶属海南省管辖，享受民族自治地方优惠政策。

行政区划

【概况】 因通什市的“什”字读音是“zá”，而《现代汉语词典》中“什”字的正式注音“shí、shén、shèn”，没有“zá”的读音，给通什市与外界交流尤其是邮政通信、商务往来带来诸多不便。五指山是海南岛的象征，主要山峰在通什市境内，通什市更名为五指山市，能更准确地反映出该市的地理特征，有利于扩大知名度，加快开发建设步伐，促进当地的经济和社会发展。据此，2001年2月13日，海南省人民政府向国务院请示将通什市更名为五指山市。7月5日，经国务院批准，通什市更名为五指山市。

2002年7月15日，海南省人民政府同意五指山市将原来的9个乡镇调整撤并为7个乡镇。其中，保国乡与畅好乡合并，设立畅好乡；红山乡与冲山镇合并，设立冲山镇；水满乡、毛道乡、毛阳镇、南圣镇、番阳镇原行政区划不变。

2012年4月26日，经海南省人民政府批准冲山镇更名为通什镇，原行政区划不变。

【区划建置】 2021年，五指山市管辖通什、南圣、番阳、毛阳4个镇和水满、畅好、毛道3个乡，以及市管畅好居。全市有59个村民委员会、331个村民小组，4个居民委员会、30个居民小组，畅好居5个社区。

五指山市2021年建制村（社区）一览表

表2

乡镇名称	建制村（社区）名称	所辖自然村、村（居）民小组
通什镇	1. 什保村委会	辖7个自然村、7个村民小组
	2. 番茅村委会	辖5个自然村、5个村民小组
	3. 红雅村委会	辖6个自然村、7个村民小组
	4. 应示村委会	辖6个自然村、6个村民小组
	5. 太平村委会	辖2个自然村、3个村民小组
	6. 牙日村委会	辖4个自然村、4个村民小组
	7. 番赛村委会	辖6个自然村、6个村民小组
	8. 番慢村委会	辖6个自然村、6个村民小组
	9. 福关村委会	辖5个自然村、6个村民小组
	10. 福安村委会	辖8个自然村、9个村民小组
	11. 番香村委会	辖5个自然村、6个村民小组
	12. 福利村委会	辖5个自然村、6个村民小组
	13. 牙畜村委会	辖3个自然村、7个村民小组
	14. 南定村委会	辖6个自然村、6个村民小组
	15. 什会村委会	辖2个自然村、3个村民小组
	16. 报龙村委会	辖3个自然村、3个村民小组

续表2

乡镇名称	建制村（社区）名称	所辖自然村、村（居）民小组
通什镇	1. 河南东社区居民委员会	辖8个居民小组
	2. 河南西社区居民委员会	辖8个居民小组
	3. 河北东社区居民委员会	辖8个居民小组
	4. 河北西社区居民委员会	辖6个居民小组
毛阳镇	1. 毛路村委会	辖2个自然村、6个村民小组
	2. 毛兴村委会	辖6个自然村、8个村民小组
	3. 什稿村委会	辖5个自然村、5个村民小组
	4. 毛辉村委会	辖3个自然村、4个村民小组
	5. 牙合村委会	辖5个自然村、7个村民小组
	6. 毛贵村委会	辖4个自然村、4个村民小组
	7. 牙力村委会	辖6个自然村、6个村民小组
	8. 毛栈村委会	辖5个自然村、8个村民小组
	9. 什益村委会	辖4个自然村、6个村民小组
	10. 牙胡村委会	辖5个自然村、5个村民小组
	11. 空联村委会	辖4个自然村、4个村民小组
	12. 毛旦村委会	辖3个自然村、4个村民小组
	13. 毛阳村委会	辖4个自然村、4个村民小组
南圣镇	1. 毛祥村委会	辖4个自然村、4个村民小组
	2. 同甲村委会	辖7个自然村、8个村民小组
	3. 南圣村委会	辖6个自然村、12个村民小组
	4. 红合村委会	辖3个自然村、3个村民小组
	5. 什兰村委会	辖6个自然村、8个村民小组
	6. 牙南村委会	辖3个自然村、5个村民小组
番阳镇	1. 番阳村委会	辖8个自然村、9个村民小组
	2. 孔首村委会	辖6个自然村、6个村民小组
	3. 毛组村委会	辖5个自然村、5个村民小组
	4. 加艾村委会	辖4个自然村、5个村民小组
	5. 布伦村委会	辖6个自然村、7个村民小组
畅好乡	1. 草办村委会	辖5个自然村、5个村民小组
	2. 番通村委会	辖4个自然村、4个村民小组
	3. 番贺村委会	辖8个自然村、8个村民小组
	4. 畅好村委会	辖6个自然村、6个村民小组
	5. 什哈村委会	辖6个自然村、6个村民小组
	6. 什奋村委会	辖3个自然村、3个村民小组
	7. 毛招村委会	辖2个自然村、2个村民小组
	8. 什冲村委会	辖3个自然村、3个村民小组
	9. 保国村委会	辖3个自然村、3个村民小组
	10. 番好村委会	辖3个自然村、3个村民小组

续表2

乡镇名称	建制村（社区）名称	所辖自然村、村（居）民小组
水满乡	1. 新村村委会	辖1个自然村、3个村民小组
	2. 方龙村委会	辖6个自然村、7个村民小组
	3. 水满村委会	辖5个自然村、6个村民小组
	4. 毛脑村委会	辖5个自然村、6个村民小组
	5. 牙排村委会	辖4个自然村、5个村民小组
毛道乡	1. 毛道村委会	辖8个自然村、8个村民小组
	2. 毛枝村委会	辖5个自然村、5个村民小组
	3. 毛卓村委会	辖9个自然村、9个村民小组
	4. 红运村委会	辖6个自然村、6个村民小组
畅好居	1. 红光社区	
	2. 红星社区	
	3. 红卫社区	
	4. 红福社区	
	5. 红明社区	

人口·民族·方言

【人口】 2021年，五指山市户籍人口103899人。其中，男性53451人，女性50448人。全市常住人口11.21万人。其中，0—14岁人口占比17.48%；15—64岁人口占比72.26%；65岁以上人口占比10.26%。2021年，城镇化率60.39%。

【民族】 2021年，五指山市汉族27421人，占总人口的26.4%；黎族69563人，占总人口的67.0%；苗族5932人，占总人口的5.7%；壮族369人，占总人口的0.3%；回族122人，占总人口的0.1%；其他民族492人，占总人口的0.5%。

【方言】 五指山市居民主要使用方言种类有3种，分别为海南话、黎语、苗语。还有从广东省和海南省儋州、东方、昌江、临高等地迁来散居市区的汉族居民，使用白话、汕头话、儋州话、村话、临高话等。国营畅好农场职工使用白话、客家话、湖南话、安徽话、四川话等。

海南话 狭义的海南方言，属汉藏语系汉语闽南方言。海南话使用最广泛，使用人数最多，全市10万多名居民通用，主要分布在市区、各乡镇大部分地区。由于汉族人口从海南各市县等地迁来，海南话语音和声调有所不同，一般以文昌人的语言为标准口音。

黎语 属汉藏语系壮侗语族黎语支，主要是杞方言，分布在各乡镇，人口6万多人。少部分为哈（侾）、润、美孚、赛方言，分布在市区和番阳镇等。

苗语 属汉藏语系苗瑶语族苗语支。主要在南圣镇牙南村、水满乡新村、番阳镇布伦村、毛阳镇新丰村小组等5000多名苗族居民中通用。

华侨·宗教

【华侨】 五指山市有海外华侨100余人，分布在10多个国家和地区，以东南亚居多。归侨、侨眷近600人。

【宗教】 五指山市依法登记的宗教活动场所1处，即五指山市基督教通什固定活动处所。

经济发展

【农业】 2021年，五指山市农林牧渔业总产值133077万元，按可比价计算，同比增长1.6%。农林牧渔业增加值77582万元，同比增长1.3%。其中，种植业产值89114万元，同比增长23.8%；林业产值21281万元，同比下降6.9%；畜牧业总产值18774万元，同比下降22.9%；渔业总产值3320万元，同比增长5.3%。农村常住居民人均可支配收入15350元，同比增长11.2%。

【工业】 2021年，五指山市工业增加值20365万元，按不变价格计算，同比增长7.4%。从产值看，规模以上工业总产值为29922.5万元（不含电网），同比增长8.4%。其中，医药制造业同比增长16.2%，水泥制品制造业同比增长9.2%，水力发电业同比增长23.3%，水的生产和供应业同比增长22.4%；水泥制造业同比下降26.0%。全市建筑业增加值41424万元，按不变价格计算，同比下降11.6%。全年房屋建筑施工面积3.32万平方米。

【旅游业】 2021年，五指山市接待游客总人数163.31万人次，同比增长60.7%。接待过夜游客86.37万人次，同比增长13.8%。旅游总收入11.91亿元，同比增长29.9%。

【固定资产投资】 2021年，五指山市固定资产投资同比下降27.9%。其中，建安工程完成投资同比下降22.4%，占固定资产投资的76.8%。从投资项目看，房地产投资同比下降25.6%，非房项目投资同比下降29.0%；从产业投资看，第一产业同比下降70.4%，第二产业同比下降40.5%，第三产业同比下降23.7%。

【交通运输】 2021年，全市货运量21万吨，同比下降41.2%；货物周转量1024万吨千米，同比下降46.0%。客运量91万人，同比增长121.4%；旅客周转量7534万人千米，同比增长73.9%。公路里程592.3千米，同比下降0.8%。快递业务收入1708.93万元，同比增长11.7%，快递业务量42.67万件，同比下降6.7%。

【房地产业】 2021年，五指山市房地产投资同比下降25.6%。全年房地产项目房屋新开工面积18.6万平方米，房地产项目房屋竣工面积6.88万平方米。商品房销售面积1.47万平方米，同比增长42.6%；商品房销售额17074万元，同比增长114.4%。

【财政】 2021年，五指山市地方一般公共预算收入22430万元，同比下降18.6%。其中，税收收入11264万元，同比下降10.3%；非税收入11166万元，同比下降25.6%。在税收收入中，增值税2620万元，同比下降37.3%；企业所得税2223万元，同比下降12.7%；土地增值税1043万元，同比下降1.9%；个人所得税866万元，同比增长3.8%。地方一般公共预算支出254225万元，同比下降6.6%。其中，一般公共服务支出24234万元，同比增长4.7%；教育支出35829万元，同比增长12.0%；科学技术支出1477万元，同比增长32.6%；社会保障和就业支出25271万元，同比下降11.0%；卫生健康支出23902万元，同比下降15.9%；保障住房支出6020万元，同比增长48.3%。

【金融保险】 2021年，五指山市金融业增加值18758万元，同比增长5.0%。年末全市辖区金融机构各项存款余额852445.43万元，同比增长0.3%。其中，住户存款599684.79万元，增长13.5%。非金融企业存款127501.69万元，同比下降9.3%。各项贷款余额588266.69万元，同比增长15.8%。其中，住户贷款159356.26万元，同比增长20.7%；非金融企业及机关团体贷款428910.42万元，增长14.1%。

2021年，五指山市保险保费收入10064.89万元，同比增长11.2%。其中，财产保险收入4161.92万元，同比增长31.2%；寿险收入4768.97万元，同比增长1.5%；意外险收入413.84万元，同比增长20.1%；健康险收入720.16万元，同比下降13.7%。

政治建设

【党的建设】 2021年，中共五指山市委发挥党总揽全局、协调各方的领导核心作用，坚持以习近平新时代中国特色社会主义思想为指导，贯彻落实新时代党的建设总要求，压实全面从严治党主体责任，牢固树立抓好党建就是最大政绩的理念，充分发挥全面从严治党引领保障作用，以“六园”建设为工作主抓手，全力推动五指山高质量发展。

全面加强党的建设 中共五指山市委自觉把开展党史学习教育作为重大政治任务，累计开展专题党课267次、集中学习1500多场次。深入开展作风整顿建设年、“查堵点、破难题、促发展”活动，查摆作风问题362个、完成整改331个，整改率为91.43%；查找堵点问题103个，已解决99个，办结率96.12%。持之以恒贯彻落实中央八项规定精神，查处违反中央八项规定精神和形式主义、官僚主义问题27件21人。深入推进政治巡察，实现四届市委任期内128个党组织巡察全覆盖。

持续推进社会主义民主政治建设 支持市人大常委会围绕《中华人民共和国村委会组织法》《中华人民共和国社区矫正法》等开展执法检查和调研。成立37个政协委员履职工作小组，并下沉至试点单位。发挥统一战线重要法宝作用，做好党管武装、民兵预备役工作。

加强和改进宣传思想工作　组织开展庆祝建党百年系列宣传活动，黎族苗族织锦拼布作品《黎苗锦绣　百年梦想》登上央视新闻。培育和践行社会主义核心价值观，选树国家级、省级道德模范候选人4名，其中一名候选人获得第八届全国道德模范提名奖。2021年以来，省级以上主流媒体刊发五指山市宣传报道1.1万余篇。

强化基层党组织建设　推进农村基层党建“4321”工程（全省打造40个省级农村党建示范点、300名省级农村党组织书记标兵、2000个村集体经济项目、1000名有“双带”作用的农村党员），培育南圣镇红合村、番阳镇番阳村等一批农村党建示范点。实施“双育”计划，培育农村“双带”作用党员500名。

加强干部队伍和人才队伍建设　完成市、乡、村换届工作。选拔任用领导干部109名，其中提拔重用乡村振兴等方面的基层一线干部51人次。落实“百万人才进海南”行动计划，引进各类人才1000余名。强化本土人才培养，启动非遗人才培养“青蓝工程”，实施教育卫生人才“对口培养”工程，组织开展对口培训221期参与6896人次。

【依法治市】　2021年，组建以市委书记为主任的市委全面依法治市委员会，成立执法、司法、守法普法等3个协调小组，由市委全面依法治市委员会办公室牵头抓总，各协调小组履行职责，负责推进本系统法治建设的工作机制。制定《中共五指山市委全面依法治市委员会2021年工作要点》《中共五指山市委常委会2021年工作要点》，将法治建设纳入工作要点，与经济社会发展同部署、同推进、同考核、同奖惩。出台《中共五指山市委全面依法治市委员会工作规则》《中共五指山市委全面依法治市委员会办公室工作细则》等文件。五指山市直各部门按照《2021年五指山市普法依法治理工作要点》，落实“谁执法谁普法”的责任机制，开展法治宣传教育。

社会事业

【教育】　2021年，五指山市有各级各类市属学校62所。其中，中小学校15所，教学点47所。完全中学1所，完全小学10所，特殊教育学校1所，九年一贯制学校3所。全市有幼儿园19所，其中公办幼儿园11所、民办幼儿园8所。全市秋季小学在校生8330人；初中在校生3640人；高中在校生1050人。九年义务教育巩固率95.3%。全市高考报考人数1297人。

【科技】　2021年，五指山市109名优秀人才加入生态科技特派员，实现五指山市科技服务全覆盖，其中7个科技扶贫示范村科技服务全覆盖。市生态科技特派员开展培训、下乡咨询服务工作，涉及的产业有青瓜、朝天椒、玉米、槟榔等，培训主要内容为科学种植、防寒防冻、病虫害防控等。

【文化】　2021年，五指山市有文化馆1个，公共图书馆1个，博物馆1个。广播综合人口覆盖率为99.6%，电视综合人口覆盖率达99.7%。成功创建红峡谷文化旅游区国家AAAA级旅游景区，举办2021年“三月三”五指山会场祭祀袍隆扣大典、“百年技艺　薪火传承”黎苗刺绣等活动，强化黎苗文化精神家园建设。开展文化惠民演出活动29场次、“线上图书馆”活动47期、各类非遗技艺培训50期。

【体育】　2021年，五指山市开展“美丽乡村绿色骑行活动”和“亲水三项赛”“卓越100商学院军事定向赛”等体育活动。举办“2021年海南省社会体育指导员环岛公益健康行（五指山站）培训班”。通过“体育＋旅游”模式，带动全民参与体育旅游事业，发挥体育旅游在乡村振兴发展中的关键作用。举办各类文体培训6期，其中工间操培训班1期和原创广场舞培训班5期。

【医疗卫生】　2021年，全市医疗卫生机构118家。其中，医院5家，社区卫生服务站2家，乡镇卫生院7家，村卫生室59家，个体诊所24家，卫生所、医务室18家，专业公共卫生机构3家。全市卫生技术人员1320人，执业医师347人，执业助理医师50人，注册护士638人，药剂人员54人，检验人员57人，床位数1433张。在个体诊所中，个人诊所卫生技术人员71人，在乡村卫生室中，乡村医生和卫生员58人。城市居民规范化电子健康档案建档37229份，农村居民规范化电子健康档案建档69565份，共计106794份，建档率98.51%。

【社会保障】　2021年，城镇职工基本养老保险参保人数25697人。其中，在职人员16804人，离退休人员8893人。城镇职工基本医疗保险参保人数 21352 人。其中，在职人员 13547 人，退休人员 7805 人。城镇居民养老保险参保人数 39296 人。城镇居民医疗保险参保人数 75980 人。参加工伤保险人数 15177 人。参加生育保险人数 13547 人。城镇居民最低生活保障人数 696 人。农村居民最低生活保障人数 2212 人。农村五保户供养人数 160 人。全年实施医疗救助 33054 人次。其中，城市医疗救助 810 人次，农村医疗救助 32244 人次。累计发放城乡低保金 1032 万元，累计对遭遇突发事件导致生活困难人员给予一次性发放临时救助金 306.86 万元。累计发放两项残疾人补贴 540.43 万元。

【就业】 2021 年，促进低收入家庭劳动力外出务工累计 10249 人。农村劳动力转移就业 3768 人。城镇新增就业人数 1785 人。其中，失业人员再就业 208 人，就业困难人员实现再就业 101 人。城镇登记失业率 0.99%。参加失业保险人员 18455 人，应届大学毕业生就业 162 人，就业困难人员实现再就业 101 人。

【城乡居民收入】 2021 年，五指山市城乡全体常住居民人均可支配收入 26134 元，同比增长 9.2%。其中，城镇常住居民人均可支配收入 34793 元，同比增长 8.5%；农村常住居民人均可支配收入 15350 元，同比增长 11.2%。

【乡村振兴】 2021 年，乡村振兴驻村干部 191 人，投入乡村振兴资金 28774 万元。全市稳定脱贫户 3565 户；相对稳定脱贫户 2491 户；脱贫不稳定户 33 户；边缘易致贫户 79 户；突发严重困难户 147 户。落实小额信贷政策和“雨露计划”补贴政策，为符合条件的脱贫户发放小额信贷 1429.6 万元和学生助学补贴 168.7 万元；全年发放鸡鸭鹅苗 42.2 万只，发放产业奖励金额 507.7 万元，发放冬季瓜菜补贴 1235.9 万元。全市定点帮扶单位投入帮扶资金 1315.1 万元，引进资金 358.1 万元。山城好物民俗赶集日活动累计销售金额 1276.4 万元。农村危房改造面积 18.77 万平方米。农村自来水普及率 99.97%，农村饮水安全普及率 100%。

【安全生产】 2021 年，五指山市组织安全生产执法检查 131 次，检查人员 1889 人次，检查生产经营单位 2077 家（次），限期整改 104 家，发现隐患问题 899 宗，已整改 799 宗，整改率 88.88%。全年发生各类安全生产伤亡事故 2 起，死亡 1 人；全年发生交通事故 585 宗，受伤 132 人，死亡 5 人。安全事故造成的直接经济损失 143 万元。

精神文明建设

【社会主义核心价值观宣传教育】 2021 年，五指山市委宣传部发挥娘子军宣讲团、市红色党史宣讲团等 11 支宣讲队伍的作用，到学校、社区、乡村、机关开展党史学习教育、先进模范、国防教育、群众性文化宣讲等 300 余场次。发挥新时代文明实践中心作用，开展新时代文明实践大讲堂 13 场；开展第三届文明典型评选活动，评选出文明典型 8 类 34 个、第三届文明村镇 142 个。持续实行道德红黑榜机制，2021 年征集红黑榜事迹 73 个，其中红榜 56 个、黑榜 17 个；制作 264 个展架发放至 7 个乡镇、市畅好居、59 个村委会，进行宣传展示。制作党史学习教育、孝老爱亲等公益广告，推动社会主义核心价值观融入百姓日常生活。

【公民思想道德建设】 2021 年，五指山市文明办制作《新时代公民道德建设实施纲要》宣传折页 5000 份发放至各乡镇、窗口单位，加大公民道德宣传力度；开展 5 场《海南省文明行为促进条例》志愿服务宣传活动，制作发放 9000 份《海南省文明行为促进条例》宣传折页；持续实行道德红黑榜机制，通过典型树立、正面激励和反面约束促进群众知礼守礼。推进“扣好人生第一粒扣子”主题教育实践，在五指山市 8 所中小学开展 2021 年度“未成年人道德讲坛”与“新时代校园好少年”推选宣传活动。树立“新时代好少年”学习宣传典型，向省文明办推送 5 名“新时代海南好少年”候选人。推行新时代文明实践云平台实现志愿服务 e+，通过群众点单、中心派单，以新时代文明实践中心为阵地，开展党史学习教育活动，先后开展“诵读红色家书·传承红色基因”“新时代文明实践大讲堂”等活动。

【城乡精神文明建设】 2021 年，五指山市依托新时代文明实践中心（所、站），以志愿服务为抓手，开展“新时代文明实践青年志愿服务”，节日期间多次组织青年志愿者开展义务理发活动、关爱革命功臣志愿服务活动。常态化开展“关爱孤寡老人”“关爱留守儿童”“免费义诊”“河小青保护母亲河”“垃圾分类”“禁毒普法”等志愿服务系列活动 315 场次，服务群众 2.4 万余人次。

【“双创”工作】 2021年，全国爱卫会正式命名五指山市为“国家卫生城市”；创建毛阳镇牙胡村等省卫生村13个、市司法局等省卫生先进单位10个和畅好乡番贺村省级健康示范村，省卫生村占全市行政村比率81%，省级健康示范村占全市行政村比率24%；创建市委办等市级健康促进场所（健康细胞）20家；新增市纪委监委等无烟党政机关30家，五指山市无烟党政机关占比90%。

【人物故事】 2021年第八届全国道德模范提名奖获得者——闫文英。

2016年，在五指山市定居的退休老人闫文英，与左兴武等“候鸟老人”组织成立五指山鸿雁爱心志愿者协会，开启资助贫困学生上学的公益之路。尽管退休金并不高，但闫文英老人仍旧克服困难，先后资助7名贫困学生，并号召几十位志愿者与她一起制作黎锦、数字油画、丝网花、布贴画等手工艺品用于义卖，将义卖所得资金用于资助困难学生。高考结束后，有两名受助学生以优异的成绩考上大学，却在为学杂费犯愁，闫文英老人得知后又率先捐款，在闫文英老人的带动下共有77名热心志愿者捐款1.17万元，为两名学生解决了燃眉之急。

得知协会决定在五指山农业领域推广超敏蛋白复合酶技术，闫文英老人便有了一个新的身份——科技助农增收的先行者。为解决前期试种场地、经费不足的问题，老人与协会的同仁多方辗转，为确保试种取得效果，闫文英老人成了种植基地的“水龙头”“松土铲”“施肥车”；为消除农民朋友的顾虑，老人又化身成送酶、送苗、送技术的“推广员”。现如今，超敏蛋白复合酶技术已经成功应用在黄瓜、番茄、青椒的种植上，取得了无农药残留的可喜效果。

已经85岁的闫文英，像一只停不下来的陀螺，总在想着能够为这片热土做些什么。她带领志愿者学习黎锦编织，通过义卖筹措善款用于志愿服务。在闫文英的工作室里，摆满了各种各样以五指山的绿水青山为主题制成的民族手工艺品，这些工艺品见证了她为五指山所付出的努力。

（童瑶、刘凡静、周文靖、王铭鑫）

生态市建设

【林业生态保护】 2021年，五指山市开展森林、湿地、陆生野生动植物资源动态监督和管理，制定全市造林绿化的指导性计划，指导公益林和商品林的培育、全民义务植树、城乡绿化工作、林业有害生物防治、检疫工作。落实行业安全生产监督管理工作，定期开展防火巡护、火源管理、防火设施建设等工作。2021年有林地面积106800公顷，发放生态效益补偿金2447.03万元，受益群众5.8万人。全年绿化造林面积50.67公顷，完成异地还林工程建设2.13公顷，全市无公害防治率99.6%，义务植树10万多株。

【生态环境】 2021年，五指山市空气质量有效监测天数365天。其中，空气质量优级天数328天，良级天数37天。可吸入颗粒物浓度均值20微克/立方米。全年全市公园绿地补种花木10万余株，累计改造绿地7000平方米，绿地保洁面积达41.1万平方米。全市建成区绿化面积633.65公顷，绿地率35.38%，绿化覆盖率40.67%；公园绿地面积39.17公顷，人均公园绿地面积9.09平方米。

【生态旅游业】 2021年，五指山市大部分景区都属于生态景区范畴。

2021年五指山市生态景区一览表

表3

景区名称	地理位置	景区介绍
五指山红峡谷文化旅游区	五指山市南圣镇	占地200公顷，是五指山市重点推进的精品旅游项目。以五指山热带雨林、峡谷漂流为主题，依托黎苗文化为根基，挖掘中华养生文化内涵，植入多元文化，形成集观光度假、休闲娱乐、居住养生于一体的复合型景区
五指山大峡谷漂流	五指山热带雨林景区内	占地3.33公顷，是经千万年的山体运动和风雨冲刷，从五指山第一峰至雅宾草地，形成一条纵深上千米的大峡谷。峡谷水流湍急，有大小落差80多个，其中最大落差80米，最深水位8米，最斜水坡45度，最急流速每秒5—8米，大小呈“S”形河流段100多个

续表3

景区名称	地理位置	景区介绍
五指山国家自然保护区	五指山市水满乡	是国家级自然保护区,也是海南最大的自然保护区。保护区内遍布热带原始森林,层层叠叠,逶迤不尽。海南省境内主要的江河皆从此地发源,山光水色交相辉映,构成奇特瑰丽的风光
五指山水满河热带雨林风景区	五指山市水满乡	是国家自然保护区,占地14000公顷。是海南第二大河昌化江的发源地,景区溪水潺潺,彩蝶飞舞,热带植物种类繁多,古树参天,藤萝密布,集中展现五指山热带雨林和热带沟谷雨林的典型景观

【节能减排】 2021年,五指山市主要水污染物化学需氧量、氨氮排放量分别为1600.89吨和169吨,与上年排放量相比分别减排2.78%和5.52%。全年排放二氧化硫、氮氧化物分别为60吨和550吨,均完成省里下达的总量控制目标。

【城乡环境治理】 2021年,五指山市完成垃圾转运处理35435吨,城乡生活垃圾无害化处理率100%,日均垃圾转运处理量100吨,城市污水集中处理率100%。建成农村生活垃圾分类屋34座,全市建成区公厕总数量22座。城市道路清扫保洁面积达111万平方米。全市现有各类保洁作业车辆296辆,道路机扫率90%以上,辖区内主次干道喷洒水率100%。

【环境质量】 2021年,五指山市环境空气质量优良率100%;主要河流水库水质优良率100%,地表水环境质量断面水质全部达到或优于Ⅲ类,优良比例100%,城镇集中式饮用水水源和农村集中式饮用水水源水质均达到或优于Ⅲ类标准,水源地达标率100%;全市土壤环境质量达到二级标准比例保持在81%以上,土壤环境质量总体保持优良。

政　治

中国共产党五指山市委员会

中共五指山市委综述

【概况】 2021年，中共五指山市委学习贯彻习近平新时代中国特色社会主义思想、党的十九届六中全会、习近平总书记“七一”重要讲话、习近平总书记关于海南工作的系列重要讲话精神和重要指示批示，以及省委七届十次、十一次全会精神，坚定捍卫“两个确立”，坚决做到“两个维护”，进一步提高政治判断力、政治领悟力、政治执行力。筹备并召开市第五次党代会，结合五指山生态资源、人文历史等禀赋优势，在历届市委发展思路和目标的基础上深入谋划，把准中央及省委精神，吃透五指山市情，找准五指山在新发展阶段融入推进海南自贸港建设中的发展方向，明确未来五年以“六园”建设为工作主抓手，奔向高质量跨越式发展新征程的奋斗方向。抓好有关生态环境保护的各类反馈问题整改，狠抓生态环境整治，推进生态文明建设。推进琼崖革命初心悟园、黎苗文化精神家园、底蕴厚重州府故园、热带雨林国家公园、农旅融合富美田园、四季宜居康养乐园等“六园”建设工作。优化营商环境，推进项目园区建设。巩固拓展脱贫攻坚成果同乡村振兴有效衔接，以信息化建设为抓手推进“三城连创”，加大民生保障力度，推进平安五指山建设。抓好常态化疫情防控。加强生态环保风险防控，严守“三线一单”，严把园区发展、农业生产、项目建设生态准入关。加强党的建设，推进社会主义民主政治建设。加强和改进宣传思想工作，强化基层党组织建设。加强干部队伍和人才队伍建设。

【庆祝中国共产党成立100周年系列活动】 中共五指山市委办公室印发《五指山市庆祝中国共产党成立100周年活动方案》，庆祝活动开展如下：组织收听收看庆祝大会；深入开展党史学习教育；做好“两优一先”推荐评选和纪念章颁发工作；开展走访慰问活动；做好入党宣誓活动；做好庆祝中国共产党成立100周年主题宣传报道活动；开展《我爱五指山，我爱万泉河》线上线下联动合唱活动；开展“永远跟党走”党员群众文化活动；举行“诵读红色家书·传承红色基因”读书会；开展“中国地图”民族团结织锦拼布赠送活动；举办“百年共产党，百人送祝福”活动；开展党旗在基层一线高高飘扬活动；开展重温入党誓词活动；开展讲党课和优秀党课展播活动；组织开展主题宣讲活动；开展青少年心向党教育活动；征集优秀群众文艺作品；开展“文化和自然遗产日”系列活动。通过开展主题鲜明、形式多样的庆祝活动和“永远跟党走”群众性主题宣传教育活动，回顾党的百年光辉历程，颂扬党的丰功伟绩，激发广大党员干部新时代新担当新作为，以优异成绩向中国共产党成立100周年献礼。

【学习党的十九届六中全会精神】 2021年11月17日，五指山市委书记朱宏凌在市委一楼会议室主持召开第四届市委常委会第201次（扩大）会议，传达学习党的十九届六中全会精神。2021年12月8日，第四届五指山市委理论学习中心组开展第121次集中学习，学习《沈晓明同志在海口宣讲党的十九届六中全会精神讲稿》精神；2021年12月31日，第五届五指山市委理论学习中心组开展第1次集中学习，再次传达党的十九届六中全会精神。

【推进乡村振兴】 中共五指山市委深入学习领会习近平总书记关于乡村振兴工作的系列重要讲话和重要指示批示精神，认真贯彻落实中央及省委关于乡村振兴工作的各项决策部署，把实现巩固拓展脱贫攻坚成果同乡村振兴有效衔接作为抓好“三农”工作的重中之重，在高质量巩固拓展脱贫攻坚成果的基础上，围绕乡村产业、人才、文化、生态、组织“五大振兴”持续全面发力，推进乡村振兴工作取得新成效。

加强组织领导，压紧压实责任 市委书记履行“第一责任人”职责，每月定期主持召开市委实施乡村振兴战略工作领导小组会议，带头遍访包括全市44个建档立卡脱贫村在内的59个行政村和畅好居37个队组，推动解决涉及乡村振兴的堵点难点问题。建立市级领导干部抓村级振兴联系点工作制度，安排36名市领导挂点联系1—2个行政村，实现59个行政村挂点联系全覆盖。重新选派新一批191名乡村振兴工作队队员驻村，实现驻村第一书记和乡村振兴工作队行政村全覆盖。安排99家单位定点帮扶59个行政村，1729名党员干部结对帮扶联系所有建档立卡脱贫户及监测户；挂牌成立五指山市乡村振兴局，构建责任清晰、各负其责、合力攻坚的责任体系。

巩固脱贫攻坚成果，做好乡村振兴有效衔接 组织全市驻村工作队、村组干部及帮扶联系人开展防止返贫致贫监测和帮扶两轮集中排查，建立市、镇、村三级“监测对象帮扶台账”，对家庭现状、帮扶措施、政策落实等情况持续跟踪和动态管理。2021年，累计确定监测对象372户1402人，解除监测113户426人，正在监测259户976人，消除返贫致贫风险113户426人，占监测对象总数的30.38%，全市无致贫返贫现象发生。

推进产业就业，促进农民增收 累计发放生产奖补5077户508万元。实施冬季瓜菜奖补政策，累计为7567户农户发放冬季瓜菜补贴1236万元和为3513户农户发放复种瓜菜补贴131万元。安排1137万元实施脱贫家庭人均800元产业扶持到户项目，实现有产业需求的建档立卡脱贫户全覆盖。开展37场次“山城好物民俗赶集日”活动，拓宽农产品销售渠道，脱贫户农产品线上线下销售额达325万元。

推进乡村建设行动，补齐农村现代化短板 启动五指山市乡村规划编制修编，形成初步成果的行政村共34个，其中20个行政村通过专家评审。在完成38个美丽乡村建设的基础上，打造新村、毛脑、毛贵等17个星级美丽乡村。紧盯黎苗文化精神家园建设目标，建设初保村等一批独具特色的少数民族村寨，成功打造13个椰级乡村旅游点，水满乡获批省级旅游小镇。

深化农村改革，激发乡村发展活力 印发《五指山市“一户一田”耕种模式试点工作实施方案》，在全省率先探索推行“一户一块田”改革。推进“三块地”改革，印发《五指山市农村房地一体及集体建设用地统一确权登记发证工作方案》，完成全市12457宗宅基地测量工作，其中登记发证1281宗。

推动乡村文明建设，提升家风民风 深化社会文明大行动，评选文明村镇142个，建成省级文明生态村4个、市级文明生态村33个。设立道德“红黑榜”，征集“红黑榜”事迹73个，其中“红榜”56个、“黑榜”17个。

加强基层党组织建设，持续提供坚强保障 完成新一届乡镇、村（社区）换届选举工作，完成全市村（社区、居）“两委”换届任务64个，一次性选举成功率100%，书记、主任一肩挑100%，“两委”干部实现“应交叉尽交叉”任职100%，村（社区）实现至少有一名女性干部成员100%，村（社区）至少有一名35岁以下年轻干部的“五个100%”目标100%，选优配强乡镇领导班子，其中35岁以下的达47.2%，具有两年以上乡镇领导工作经历的达80.6%，提拔优秀年轻干部担任乡镇党政正职7名。

【全面深化改革】 2021年，市委主要领导切实履行“一把手”责任，坚持每月主持召开市委深改委会议，传达学习中央及省委深改委有关会议精神，听取各项改革创新工作进度情况，对全面深化改革工作进行研究分析、统筹协调、整体推进。成立优化营商环境工作专班，建立健全营商环境登门服务“123”追访机制、首问责任制，以不能让群众等、不能让企业等、不能让政策等、不能让资金等、不能让生态等、不能让干部等“六个不能等”为工作常态。印发《五指山市制度集成创新行动方案（2021—2022年）》，提出制度创新事项18项，把制度创新成效纳入绩效考核内容，坚持定期召开会议研究推动、定期跟踪督促落实。创新探索推进贷后服务产业，挂牌成立市金融发展中心，打造“五指山小贷金融”品牌。

推进“点对点”靶向招商、网上招商、以商招商、产业链招商，实践“看尽千章万句、说尽千言万语、用尽千丝万缕、吃尽千辛万苦、倾尽千恩万谢”的“五千五万”招商方法，招联消费、平安银行等一批知名企业落户五指山。落实“六个一”重点项目责任机制，推动重点项目开工建设17个。五指山新春水库水源工程荣获2019—2020年度中国水利工程（大禹）奖，为2006年以来全省获得的唯一国家级水利工程奖。规划建设番阳雨林农产品加工产业园、水满雨林茶产业小镇、新征程绿色金融产业园和南圣雨林金融小镇等“四大产业园区”。

【办文办会】 2021年，五指山市委办公室坚持执行部门起草人员和市委办公室文秘初核、组室负责人复核、分管领导再核、主要领导审核的“五人四级”审核机制，对公文文种、格式、内容严格把关。在校核文稿过程中加强与拟稿部门沟通，参阅中央及省里有关文件，结合工作实际认真核对修改。五指山市委办公室围绕市委中心工作，组织起草和审核修改《关于制定国民经济和社会发展第十四个五年规划和二〇三五年远景目标的建议》和涉及其他重点工作、重点改革、制度创新等方面公文100余篇。坚持高质高效办理公文，严肃公文流转工作纪律，严格执行公文接收、退文双向登记，流转登记和“一日内”呈送领导审签制度，提高公文处理效率，防止重要文件、重要材料积压延误。

对照会议准备情况登记表做好会前准备、会中服务、会后总结工作，提高会务服务水平。2021年，服务和保障市委全会、市第五次党代会、项目投资和财政预算工作会议等全市性会议的会务工作200余次。做好与各部门间的会议协调工作，完成市“两会”、市纪委全会等重要会务服务保障和“三月三”袍隆扣祭祀大典、烈士纪念日活动等大型活动的综合协调服务保障工作。

【督查督办】 2021年，五指山市委办公室抓紧抓实市委常委会会议、书记办公会议等重要会议部署的工作以及《市委常委会2021年工作要点》《中共五指山市委贯彻落实〈中共海南省委关于贯彻落实《海南自由贸易港建设总体方案》的决定〉的实施意见》任务清单和责任分工、制度集成创新等重要工作的督查督办，及时向市委汇报各项决策部署的贯彻落实情况。2021年，共印发《督查通报》4期，向市委报送《督查专报》24期，推动市委重要决策和工作部署落地见效。

2021年共印发市委领导批示件办理情况督查专报4期、《市委书记批示专刊》16期、市委领导批示件督办通知单33份。

转变督查方式方法，加强网上督查的同时，针对农村裸露土地复绿、什行坝建筑用花岗岩石场整治等难点、堵点问题开展实地督查，通过明察暗访精准发现问题、深入分析原因，有针对性地提出意见建议，为市委科学决策提供依据。

制定《五指山市2021年督查检查考核年度计划》，严控总量频次，确保督查实效；坚持每月统计、每季度上报、每年度综合分析全市文件、会议、督检考事项情况，狠抓精文减会、统筹整合、总量控制、规范清理。2021年，文件、会议、督查检查考核事项继续保持只减不增良好态势。

【政策研究】 2021年，五指山市委办公室围绕服务市委中心工作大局，重点抓好文稿撰写、调查研究、信息报送等工作。牵头起草制定“十四五”规划建议、四届十五次全会任务分工等市委重要文件100余件，完成市委四届十四次、十五次全会、项目投资和财政预算工作会议等系列会议，谋划起草市第五次党代会系列报告，完成第五次党代会报告和相关文稿起草工作，为市委科学决策提供有力的智力支持。

印发《关于进一步加强全市党委系统紧急信息报送工作的通知》，将党委系统紧急信息工作纳入年度绩效考核内容，坚持每天收集12篇舆情信息上报省委信息室，确保工作情况、紧急信息上报市委及省委。2021年，向省委报送工作信息、要情、约稿等各类信息稿60篇，其中《五指山关心关爱基层干部激励基层干部担当作为》《五指山水库水源工程荣获中国水利工程建设最高奖项》等8篇工作信息被省委信息刊物采用。

坚持问题导向，围绕融入自贸港建设和产业发展等事关全市发展定位、谋篇布局的课题开展深入调研，形成优化营商环境、茶产业发展情况调研报告等5篇调研成果。

印发《五指山市制度集成创新行动方案（2021—2022年）》《贯彻落实〈海南自由贸易港国家安全风险防控工作方案〉具体举措》等文件。2021年全市无重大国家安全风险事件发生。协调召开市委财经委会议和市委国安委会议，及时传达上级会议精神和部署有关工作。

坚持向省委报送市委规范性文件，全年备案42件，做到应备必备。

坚持文稿首问负责制，层层严格把关，认真细致校核，定期召开总结会，深入分析材料，梳理材料中定位不够高、力度不够大、措施不够硬等问题。

【外事工作】 2021年，中共五指山市委外事工作委员会办公室做好涉外疫情防控管理和宣传工作。承办中英茶文化艺术节，通过互联网视频会的形式，向英国友人及海外华人华侨宣传介绍五指山红茶及五指山丰富的文化旅游资源等，展示五指山市文旅融合风采，助力五指山文旅产品走向海外市场。配合做好世界卫生组织消除疟疾独立认证小组外宾礼仪接待工作。做好外语标识标牌规范建设工作，优化五指山市国际语言环境，助力打造国际化营商环境。开展宣传推介活动，讲好五指山故事。

【中共五指山市委四届十四次全体会议】 2021年1月6日至7日，中共五指山市委四届十四次全体会议在市委三楼会议室召开。全会听取和讨论宋少华受市委常委会委托作的工作报告，审议通过《中共五指山市委关于制定国民经济和社会发展第十四个五年规划和二〇三五年远景目标的建议》(以下简称《建议》)，市委书记宋少华就《建议(讨论稿)》向全会作说明；市政府市长总结2020年全市经济工作并部署2021年全市经济工作；市委组织部部长黎伟珠就2020年度市委常委会抓党建和干部选拔任用工作分别作报告，与会人员对2020年五指山市干部选拔任用工作进行民主评议。

【中共五指山市委四届十五次全体会议】 2021年8月27日，中共五指山市委四届十五次全体会议在市委三楼会议室召开。市委书记朱宏凌作了题为《深入学习贯彻习近平总书记"七一"重要讲话和省委七届十次全会精神，奋力推进五指山高质量发展》的讲话。

【中共五指山市委四届十六次全体会议】 2021年10月9日，中共五指山市委四届十六次全体会议在市委三楼会议室召开，会议决定中国共产党五指山市第五次代表大会于2021年12月召开。会议听取《关于召开中国共产党五指山市第五次代表大会决议(草案)》的说明，审议并表决通过《关于召开中国共产党五指山市第五次代表大会的决议(草案)》。

【中共五指山市委四届十七次全体会议】 2021年12月26日，中共五指山市委四届十七次全体会议在市委三楼会议室召开。会议决定，中国共产党五指山市第五次代表大会于2021年12月28日召开。全会讨论并通过中国共产党五指山市第四届委员会向中国共产党五指山市第五次代表大会的报告，决定将报告提请中国共产党五指山市第五次代表大会审议。全会审议通过《中共五指山市第四届纪律检查委员会工作报告》，同意提请中国共产党五指山市第五次代表大会审议。

【中国共产党五指山市第五次代表大会】 2021年12月28日至30日，中国共产党五指山市第五次代表大会在福德莱大酒店召开，市委书记朱宏凌代表第四届市委常委会在市第五次党代会上作了题为《解放思想、实事求是，加快推进五指山"六园"建设；奋力"比学赶超"，奔向高质量跨越式发展新征程》的报告。中共五指山市第四届纪律检查委员会向市第五次党代会作工作报告(书面)。会议选举出新一届市委委员、候补委员和市纪委委员，大会通过关于市委工作报告的决议、关于市纪委工作报告的决议。

【中共五指山市委五届一次全体会议】 2021年12月30日下午，中共五指山市委五届一次全体会议在市委三楼会议室召开。全会选举朱宏凌、陈国梁、林方江、段小申、贾鹏、喻倩、孔铭、张碧波、陈有强、王锡飞为中共五指山市委常务委员会委员。全会选举朱宏凌为中共五指山市委书记。全会选举陈国梁、林方江为中共五指山市委副书记。全会批准中共五指山市第五届纪律检查委员会第一次全体会议选举产生的书记、副书记和常务委员会委员人选。

(廖松涛)

组织工作

【概况】 2021年，中共五指山市委组织部坚持和加强党的全面领导，推动组织、干部、人才工作"三驾马车"同向聚力、协同发力，全面推进党建引领自由贸易港建设和五指山市"六园"建设。

【党的组织建设和党员队伍建设】 2021年，全市各级党组织认真抓好基层党组织和党员队伍建设，以党的建设新成效助推全市经济社会发展。

压实管党治党主体责任　印发《2021年全市组织工作要点》《五指山市2021年党的建设和

全面从严治党工作要点》。完成上年度并有序推进本年度绩效考核、年终考核与各级党组织书记2020年抓基层党建述职评议考核工作。指导全市各级党组织开展好党史学习教育专题民主生活会、组织生活会。

完成换届工作　推进市、乡、村三级换届工作，开展换届工作及换届风气监督工作部署学习2776人次，印发“十严禁”一卡一书1.5万余份，成立5个换届风气巡回督查组开展巡回检查35次，推动全市64个村（社区、居）依法依规完成换届选举，产生新一届村（社区）“两委”班子成员339人，实现“五个100%”，工作进度全省排名第一（不含三沙市）；完成全市7个乡镇的党委换届工作，选举产生新一届党委委员56名。严把提名关口，严肃开展“两代表一委员”联审和考察工作，选举产生出席市第五次党代会的代表228名、市级人大代表162名、新一届市政协委员139名。

开展党史学习教育　开展“查堵点、破难题、促发展”活动，结合全市作风整顿建设工作，深化“我为群众办实事”实践活动，聚焦人民群众最关心的突出问题，建立工作台账，由市级领导带头认领，各行业部门具体负责，切实解决“堵点”问题101个，建立完善长效机制56个。全年被省级媒体报道15次，省活动办《简报》通报先进做法3次。持续抓好“不忘初心、牢记使命”主题教育，深化巩固措施落实和推进“两学一做”学习教育常态化制度化。

抓好党建促脱贫攻坚成果与乡村振兴有效衔接工作　制定《五指山市贯彻落实〈中共海南省委关于坚持以党建引领海南自由贸易港建设的意见〉的实施方案》。完善基层党建工作体系，实现市领导全覆盖联系全市59个行政村。调整轮换新一批191名乡村振兴工作队员，提高村（社区）“两委”干部补贴标准，完成657名农村发展党员排查整顿工作。创评四星级以上党组织14个。投入600万元资金推动村级集体经济。抓好乡村振兴电视夜校教学管理，利用“钉钉”系统信息化管理3793人。2021年，管理员签到率100%，参学率100%。作为毛阳镇定点帮扶牵头单位，市委组织部安排2名干部担任驻村工作队员，34名干部作为帮扶联系人，全年开展爱心消费扶贫2万多元，落实帮扶政策，提高结对帮扶户收入，驻点村人居环境不断改善，村集体经济收入75.8万元，被评为海南省脱贫攻坚先进集体。

组织庆祝中国共产党成立100周年活动　做好全省“两优一先”推荐提名工作，获评全省优秀共产党员3人、优秀党务工作者2人、先进基层党组织2个。组织开展五指山市“两优一先”推荐评选，表彰五指山市优秀共产党员80名、优秀党务工作者20名、先进基层党组织29个。“七一”前夕，组织走访慰问生活困难党员、老党员、老干部，以及烈士遗属、因公牺牲人员家属等300人，发放慰问金32.3万元，颁发“光荣在党50年”纪念章321枚。组织100名新党员到五指山革命根据地纪念园开展入党宣誓活动，庆祝党的百年华诞。举办离退休干部“践银辉初心·贺百年华诞”文艺会演活动，开展“我看建党百年新成就”专题调研活动等。

加强各领域党建工作　推进“山城红”党建阵地标准化建设工程，完成5个党组织党建阵地标准化建设工作，启动候鸟人才工作站党总支、通什镇应示村、毛阳镇毛路村、南圣镇南圣村等4个党建阵地建设工作。印发《五指山市贯彻落实〈中国共产党国有企业基层组织工作条例（试行）〉和省委书记沈晓明在省属国有企业党建工作调研座谈会上的讲话精神的具体措施》《关于深入学习贯彻〈中国共产党党和国家机关基层组织工作条例〉〈中国共产党基层组织选举工作条例〉的通知》，组织开展机关事业单位“党员先锋岗”创评活动，加强国有企业和机关党的建设。推行社区党建“网格化管理”工作，结合换届配齐配强网格党支部和党小组负责人，提升城市精细化管理和服务水平。设立候鸟人才工作站和物业管理协会党总支，强化候鸟型和物业管理企业党组织归口指导和管理。抓好中小学校和公立医院党建工作，提升基层党建工作质量。

截至2021年12月31日，五指山市有党的地方委员会1个、基层党（工）委15个，包括7个乡镇党委和市教育局党委、市公安局党委、国家税务总局五指山市税务局党委、市畅好居党委、市委直属机关工委、市委两新组织工委、市卫健委党委、市应急管理局党委、有党总支16个、党支部309个。全市党员7547人，比上年增加103人，增长1.36%。其中，2021年新发展党员200人，占党员总数2.65%，女党员2060人、占27.3%，少数民族党员5220人、占69.17%，农村党员2860人、占38.2%。

【干部选拔任用】 2021年，开展

干部选拔任用19批111人次，其中提拔重用57人次，平职交流54人次。制定《2021年领导班子和领导干部年度考核工作方案》，将党的建设、脱贫攻坚、生态环境保护等工作纳入全市各级领导班子和领导干部考核重要指标，科学评价领导干部德才表现和工作实绩。调优乡镇领导班子结构，全年调整乡镇领导班子成员81人次，其中选派19名优秀市直机关、事业单位干部担任乡镇领导班子成员，将28名乡镇班子成员交流到市直机关、事业单位工作，加强机构改革后市直机关和事业单位领导班子配备，全年调整市直机关和事业单位领导班子94人，其中提拔任职的27人，平职交流20人。重视"新苗"培养工作，全年提拔干部中，"80后"年轻干部44人次，占提拔总数的77.19%，其中"90后"年轻干部10人次，各级领导班子年龄结构和能力结构得到优化。开展职务与职级并行工作，全年晋升39人次，释放政策红利。

【干部人事制度改革】 2021年，晋升四级调研员4人，一级主任科员10人，二级主任科员1人，三级主任科员1人，四级主任科员24人（含3个四级法官助理、1个四级检察官助理），所晋升人选均考虑工作年限、工作实绩，注重群众公认。推进人民警察执法勤务警员、警务技术职务晋升工作，会同市公安局、市人民法院开展执法勤务职务序列晋升28人次。

【公务员招录与选调】 2021年，新招录公务员29名，其中乡镇岗位15名。从西部计划志愿者、大学生村官、"三支一扶"人员、特岗教师中定向招录4名，招录人员中少数民族占16人。

【公务员队伍建设】 2021年，对全市284名符合年度考核表彰奖励条件的干部按标准给予"嘉奖"或"记三等功"奖励，其中获得"嘉奖"奖励的发放物质奖励1500元，获得"记三等功"奖励的发放物质奖励3000元。

【干部管理监督】 2021年，对科级干部选拔任用工作全程纪实上报99人次。落实领导干部经济责任审计、自然资源审计制度，全年提交任中和离任经济责任审计13人，自然资源审计3人。畅通监督渠道，发挥"12380"举报系统作用，全年收到举报件5件，已全部办结。执行提醒谈话、任前谈话等有关规定，进行提醒谈话13人次。根据干部日常监督管理和督查、巡查等反馈问题及时对干部开展提醒、函询和诫勉，全年开展函询1人次。

【干部教育培训】 印发《五指山市贯彻落实〈中共海南省委组织部等关于实施新时代基层干部主题培训行动计划工作方案〉的具体举措》，举办主体班次16个32期，培训党员干部4187人次；组织外出学习培训21期，其中出省培训4期。调训25批次43名领导干部参加中组部、省委组织部、省委党校各类培训。选派6名干部赴山东自由贸易试验区济南片区跟班学习。举办庆祝建党100周年暨"学党史、争先锋"专题培训班，培训党员领导干部48人。举办"一把手"纪律教育暨"廉内助"家风教育专题班，五指山市"一把手"及其家属163人参加培训。举办村（社区）党组织书记能力素质提升培训班、部分村（社区）"两委"及其他干部能力素质提升轮训班、驻村第一书记、乡村振兴工作队专题培训班等专题培训班13期，培训乡村振兴一线工作者837人。举办领导干部海南自由贸易港建设暨"一把手"旗帜鲜明讲政治网络专题培训班、人才工作者和高层次人才服务联络员能力素质提升专题培训班等主题培训班，培训132人次；组织全市处级和科级领导干部参加"海南自贸港大讲堂"电视电话会议，共14期，参加923人次。

【干部档案管理】 2021年，在库干部人事档案有1847卷（其中在职干部档案1156卷，开除、离职人员档案19卷，代管档案1卷，离退休人员档案543卷）。2021年，接收干部人事档案76卷，整理并转出干部人事档案46卷，协助海南省公安厅、市纪委监委、市社保局等单位查阅档案158卷次；复印档案材料397人次；定期催收干部个人档案材料，做好材料接收登记，接收干部人事任免表审批表、2020年度考核表、工资表等干部人事档案材料2033份。

【人才队伍建设】 2021年，共组织召开市委人才工作委员会会议、人才工作专题会议、人才工作推进会议等20余次，召开市委常委会会议、政府常务会会议、部务会等研究人才有关议题32次。定期做好人才工作督促指导，组织职能部门做好2020年度人才工作述职，压实职能部门工作责任。印发《中共五指山市委人才工作委员会及成员单位主要职责》《五指山市引进高层次人才和急需紧缺人才管理办法》《五指山市科技创新创业平台管理办法》《五指山非遗人才培养“青蓝工程”实施方案》等系列人才政策措施。推动实施基层教育卫生专业技术人才激励机制改革，为306名教育卫生专业技术人才发放工作补贴379.6万元。搭建人才服务平台、优化人才服务环境，安排联络员24名对接联系高层次人才服务事项29项，累计认定高层次人才101名，协调解决高层次人才子女入学(园)、住房保障5人，减免高端紧缺人才个人所得税8人13.92万元，受理人才落户、住房补贴申请等服务事项464人次，五指山市人才服务事项群众满意度100%。组建人才服务政策“宣讲团”，聚焦人才关注税收、落户等热点问题，走进企业、重点用人单位、金融机构等宣讲人才政策10余次。

2021年，五指山市灵活采取“刚性+柔性”“线上+线下”等方式招录各类人才1000余名。印发《关于认真做好“2021年海南自贸港招才引智活动”岗位需求征集工作的通知》，组织召开“海南自贸港招才引智活动”工作推进会3次，采取网络媒体平台做好各类招才引智宣传工作。与中山大学附属肿瘤医院、南阳市第二人民医院等建立结对帮扶工作机制，引进医疗团队人才36人次。对接福建农林大学等省内外高校和科研院所，柔性引进生态科技特派员56名。持续推动实施“鸿雁汇智”工程。打造“红色引领候鸟”新模式，成立“候鸟”人才工作站党总支，联系对接“候鸟”党员200余名。摸清“候鸟”人才底数，建立涵盖538名专家人才的鸿雁智库，激励“候鸟”人才采取顾问指导、志愿服务、技术服务，发挥“候鸟”人才作用2200余人次。支持设立工作站“社区学校”，组织开展教育培训、文体活动200余场次。发挥名医“胡大一”团队效应，建立具有国内先进水平的“心血管预防康复中心”。发挥科技帮扶作用，组织40名“候鸟”人才，建立无农药残留示范农场，试点种植无农药残留蔬菜3.6公顷，为做好全市无农药残留蔬菜种植示范推广打下基础。2021年，五指山市1名“候鸟”党员荣获全国道德模范提名奖和全省道德模范称号；1名“候鸟”党员荣获海南省两新组织“优秀共产党员”称号；1个“候鸟”党支部荣获五指山市“先进基层党组织”称号。

发挥线下党校培训主阵地作用和线上“海南省干部在线学习”“网上党校”等平台培训资源优势，采取“自主学+集中学”“引进来+走出去”“课堂讲座+现场教学”等多种方式分类举办各类党政人才培训班83期，培训人员11029人次。落实教育卫生人才“对口培养”工程，采取订单定向培养、农村订单等方式委托培养教育卫生领域学生10名。推动合作办学力度，设立“华南师范大学外国语言文化学院五指山中学实习实践基地”。加大农村实用技术技能培训力度，围绕旅游业、热带特色高效农业、现代服务业等重点领域举办各类培训329期30872人次。支持创建五指山市畅好居乡村振兴青年联盟，搭建青年就业创业见习基地。推动实施大学生实习“返家乡”、“扬帆计划”、大学生暑期“三下乡”社会实践活动、返乡支教大学生送教志愿服务活动等50余期。组织开展非遗人才名师名徒评选活动，评选出名师名徒14名、“名师工作室”3个。推动实施非遗项目“春苗行动”，采取“非遗项目进校园”、设立“黎锦学堂”等形式，在市中小学设立涵盖黎锦技艺、黎族竹木器乐、苗族盘皇舞等兴趣班，培育学员2000余人次。创新“政府+非遗工坊”模式，支持设立黎族传统制茶技艺、黎家酿酒等非遗工坊11个，将非遗项目与产业衔接挂钩，推出黎锦文创产品、精酿山兰米酒、五色饭、香粽等系列非遗产品。

实施生态科技特派员项目，投入1027万元推动实施项目55个。2021年科技特派员吴金漳获得中华人民共和国科学技术部颁发的2021年度“大美科技特派员”三等奖。激励人才返乡入乡创新创业。起草《五指山市关于鼓励和支持返乡入乡人才创业创新的实施方案》。抢抓“云端经济”发展机遇，吸引一批青年人才围绕当地民族传统文化和特色产业创新创业。其中，青年人才盘玥的《盘姑娘海南苗家“船型”五彩粽》多次在全省创新创业大赛中荣获奖项。发挥南海系列人才作用，引导南海人才围绕行业领域学科，带动课题立项、茶产业发展、非遗文化技艺传承等各项事业发展。如南海工匠徐雪燕与海南省华侨商业学校合作，依托五指山妙自然茶业基地，打造产教融合发展模式；南海工匠刘香兰创新“订单+合作社+培训”模式，根据企业订单，举办黎锦技艺培训班3期，完成订单制作715件，带动合作社农民增收3.47万元；南海乡村人才王继民发挥“海南省小学卓越校长王继民工作室”作用，组织举办培训项目23个，培训人员85人次。做好“我身边的老党员”故事征集工作，向全市各乡镇、各单位征集老党员初心故事2篇，被“海南老干部”微信公众号刊登。

【老干部工作】 2021年，组织老干部学习2次，调研1次；走访慰问离退休干部、离休干部遗属170余人次；组织老干部参加市委召开的离退休干部迎春座谈会、市委组织部组织的“我看建党百年新成就”座谈会，参加的老干部70余人次。按照“支部班子好、党员队伍好、组织设置好、活动开展好、群众反映好”的目标要求和“三个有利于”原则，完成对全市19个退休党支部班子成员的摸底调研工作，并针对市离退休干部党支部班子年龄偏大、无法正常开展组织生活等问题，推动完成党支部班子换届工作。贯彻落实老干部政策，落实老干部生活待遇，按时发放离休干部离休费、护理费、生活补贴。协调督促市财政局（市财政国库支付中心）、市教育局、市民政局等单位做好16名机关企事业离休干部增发基本离休费发放工作；协调市社会保险服务中心做好离休干部住院医疗报销工作，确保离休干部医药费实报实销，无拖欠。2021年，五指山市离休干部住院54人次，报销医疗费63.01万元。做好特困离休干部帮扶工作，2021年共帮扶特困离休干部8人次，发放帮扶资金3.55万元。开展“我看建党百年新成就”专题调研活动。组织五指山市老干部参与省委组织部“践银辉初心·贺百年华诞”庆祝中国共产党成立100周年书画摄影作品征集活动，其中12幅书画和1幅摄影作品被评为优秀作品，并在省博物馆展览；组织老干部参加由省委组织部主办的“践银辉初心·贺百年华诞”文艺汇演活动，五指山市老干部的舞蹈节目《映山红》获一等奖；6月17日，在市“三月三”广场举办2021年五指山市离退休干部“践银辉初心·贺百年华诞”文艺会演活动，组织60余名老干部组建老干部合唱团参加五指山市庆祝中国共产党成立100周年“百年梦想·山城唱响”文艺大合唱比赛，获得优秀奖。

【调研信息和电教工作】 印发《2021年五指山市党员教育培训工作计划》，落实党员教育“双轮训”，完成基层党组织书记、班子成员轮训一遍任务；配合省委组织部选派基层党员、新任村“两委”干部和乡镇党委组织委员参加示范班8期148人次；组织党员教育片拍摄工作，拍摄完成五指山市党员教育片3部。配合省乡村振兴电视夜校教学管理工作，组织乡村振兴电视夜校管理员培训1期70人次，组织录制五指山市教育、卫生、产业专题夜校节目6期，开展乡村振兴送课送科技下乡活动1期。重点调研课题《换届后村“两委”干部队伍建设问题研究》荣获全省组织工作调研课题一等奖。

（张思雨、李娴夏饰）

宣传工作

【概况】 2021年，五指山市宣传思想工作围绕市委市政府的中心工作，深化理论学习宣传，巩固主流意识形态，弘扬社会主义核心价值观，促进文化建设和文艺创作，讲好五指山故事，为建设美好家园、巩固拓展脱贫攻坚成果同乡村振兴有效衔接、加快推进海南自由贸易港建设作贡献提供有力的思想舆论保证和良好的精神文化条件。

【习近平新时代中国特色社会主义思想学习宣传】 印发《2021年市委理论学习中心组学习计划》，将习近平新时代中国特色社会主义思想、十九届六中全会精神等14个专题纳入中心组学习重要内容，精心服务市委理论学习组学习。2021年，累计组织开展专题学习30次，全市71个党组织开展集中学习1600余场次。向市委理论学习中心组成员推荐发放理论书籍400余册，向全市党员干部发放学习读物2.3万余册。组建市委宣讲团、红色党史宣讲团、退役军人宣讲队等12支队伍，围绕党的十九届六中全会精神、海南自贸港政策、党史学习教育等主题，深入机关、乡镇、企业、村庄、社区开展宣讲300余场次。推出“百名娘子军宣讲团成员讲百年党史”网络宣讲活动，阅读量突破220万人次。

【理论学习和研究】 2021年，修订《中共五指山市委理论学习中心组学习办法》，推进中共十九届六中全会、“三农”、党史等14个专题的集中学习。组织开展集中学习30次，示范带动全市各级党委理论学习中心组形成理论学习热潮。向市委理论学习中心组成员发放书籍300多册。向全市党员干部发放《论中国共产党历史》《新征程面对面》等学习读物2.36万册，发挥全市各级党委（党组）理论学习中心组作用，推动全市71个党组织开展集中学习1600余场次。

2021年，五指山市委开展新时代文明实践大讲堂——“抗美援朝与民族精神”宣讲活动 （五指山市委宣传部 供图）

【党史学习教育等专题宣讲】 2021年，中共五指山市委宣传部邀请林晓姝、朱沁夫、范增伟等教授到五指山市开展党史学习教育专题宣讲。组织五指山娘子军宣讲团、文艺轻骑兵、退役军人宣讲队、各乡镇宣讲队等12支宣讲队伍以“文艺＋宣讲”形式，围绕党的十九届六中全会精神、海南自贸港政策、党史学习教育等主题深入乡镇、村庄、社区等地开展宣讲300余场次，开展“百名娘子军宣讲员讲百年党史”活动，通过录制100个宣讲视频、网上投票的方式讲好“四史”（党史、新中国史、改革开放史、社会主义发展史），利用“我爱五指山”客户端、海南五指山宣传公众号等渠道推广网络投票，阅读量220万人次，累计66.9万人次参与投票。

【自贸港建设宣传】 利用微信公众号“海南五指山宣传”、融媒体中心“两微一端一视频号”等平台，宣传发布海南自由贸易港推进发展情况、政策解读、生态环境、基层人才队伍建设、重点产业发展、园区建设等方面情况。2021年，各平台共计发布相关稿件300余篇。宣传“两山”理论，做好生态保育。举办“五指山之声·雨林音乐会”“五指山之韵·雨林服装秀”等活动，依托五指山热带雨林独特的自然景观与资源，将丰富的热带雨林资源与浓厚的黎族、苗族文化转化为发展优势，加深群众对五指山热带雨林国家公园的认识，树立群众保护生态环境的意识。

【对外新闻宣传】 2021年，借助央视、新华社、人民网等中央主流媒体，以电视新闻、短视频、组照等形式向省内外宣传五指山生态环境、乡村振兴、民俗文化、自然风光等，从不同角度、不同侧面展现五指山形象。联合新华社制作《城市家书》亮相纽约时代广场、参加央视中文国际频道《中国地名大会》讲好五指山故事、创作献礼建党100周年黎族苗族织锦拼布作品《黎苗锦绣 百年梦想》《“人民记忆：百年百城”五指山奔小康》等主题宣传作品。全年中央主流媒体宣传报道共计4000余篇。组织做好黎族苗族“三月三”传统节日、海南省弘扬“二十三年红旗不倒”琼崖革命精神新闻发布会、第二届中英茶文化艺术节、庆祝中国共产党成立100周年、“五指山之声·雨林音乐会”、“五指山之韵·雨林服装秀”等主题宣传活动。全年省级主流媒体宣传报道共计1.1万余篇。在“我爱五指山”手机客户端、微信公众号、视频号等五指山传播平台开设专题专栏20余个，呈现五指山市围绕目标促发展的良好氛围。拍摄五指山“六园”招商宣传片、五指山贷后纠纷处理流程动画及实景宣传片，

2021年，五指山市委举办“自贸新风 文明同行”第三届文明典型颁奖晚会 （五指山市委宣传部 供图）

2021年，五指山市开展健康知识宣讲进乡村活动

（五指山市委宣传部 供图）

助力五指山市“六园”建设和金融服务产业发展。发挥放大融媒体中心社会宣传作用，通过H5、短视频等形式制作《夜听五指山》《山城美丽说》等广大群众喜闻乐见的方式传递五指山声音。全年在“两微一端”平台刊发信息宣传稿5500余篇，阅读量达2400余万人次。

【农家书屋工程】 2021年，五指山市拥有农家书屋78家，分布在全市8个乡镇(居)，其中行政村58家、自然村8家、社区12家，出版物补充更新4000余册。

开办农家书屋活动。“2021年我的书屋·我的梦”农村少年儿童阅读实践活动走进凤凰毛道书屋，引导农村少年儿童从小读好书、学党史、跟党走，使农家书屋成为农村少年儿童汲取思想养分、培养爱党爱国情怀的精神乐园和第二课堂。通什镇福关村农家书屋开展“小小画笔绘乡风，童心向党展蓝图”活动和“少年儿童心向党，生态文明进家庭”主题活动。南圣镇利用农家书屋平台组织少年儿童参加“学黎语唱黎歌 ”活动，为传承黎族文化、滋养少年儿童心灵发挥重要作用。

【创建国家和省级文明（卫生）城市】 印发《五指山市省级文明城市巩固提升三年计划(2021—2023)》《2021年五指山市精神文明创建活动计划》。采取实地督查、专家测评、领导带队等方式，针对乡镇、小区物业、主次干道、商业大街、医院、汽车站、酒店等重点点位进行督查，发出39份整改通知书。深化文明交通、文明旅游、文明餐桌、文明上网等活动。依托乡镇(村)新时代文明实践阵地，组织文艺轻骑兵开展“听党话、感党恩、跟党走”——五指山市庆祝中国共产党成立100周年暨党史学习教育宣讲巡回演出，开展第十一届农民文艺展演暨迎新春文艺晚会、五一“文化惠民”等演出17场次，举办“家风家训”宣讲26场次、“健康知识”讲座3场次。

【融媒体中心建设发展】 2021年，五指山市融媒体中心坚持以“媒体+”为重点，进一步完善“策、采、编、审、发”一体化，促进“台、网、端、微、号”深度融合，并融合政务服务、电商、扶贫超市等诸多本地服务事项，推广“两微一端”平台作用。对“我爱五指山”客户端进行软硬件平台优化，着重对团队进行融媒体培训。增加了“六园”互动社区和接入五指山本地电商平台等内容，通过策划融媒体互动产品，吸引本地民众关注和参与，增强用户黏性，提高融媒体中心聚合平台暨手机客户端的用户活跃度和品牌影响力。

五指山市融媒体中心策划运

2021年，五指山市开展家风家训进乡村宣讲活动

（五指山市委宣传部 供图）

用 H5、短视频、海报等融媒体报道形式，配合中共五指山市委宣传部全程记录 100 名黎锦苗绣传承人共同创作“黎苗锦绣，百年梦想”巨幅拼布作品。以投票形式推出“百名娘子军宣讲团成员讲百年党史”短视频宣讲活动和《十张沙画带你了解百年党史》等纪念中国共产党成立 100 周年艺术作品，呈现五指山市庆祝中国共产党成立 100 周年的良好精神状态。开创新专题专栏 21 个，重点宣传中国共产党奋斗百年历史，打造《山城党旗红》《山城监督眼》《山城美丽说》三大品牌栏目。

2021 年，报送的建党百年作品《红色讲解员》获评北京广播电视台优秀作品，脱贫攻坚作品《“黄金果”编制致富梦——纪检干部扶贫》Vlog 荣获中共海南省委宣传部主办的“我们的小康路”作品征集视频类一等奖。同年，入选海南省唯一一个全国新闻出版深度融合发展创新案例——《全国广电媒体融合实战案例蓝皮书》，并获评 2021 年全国县级融媒体中心能力建设十佳创新案例、建党百年宣传工作优秀单位。

（童瑶、刘凡静、周文靖、王铭鑫）

统战工作

【概况】 五指山市委统战部与五指山市民族事务局实行合署办公，行政编制 11 名，其中市委统战部编制 6 名、市民族事务局编制 5 名。五指山市共有民主党派 7 个，行政编制 10 名，其中民革五指山市基层委员会 1 名、民盟五指山市委员会 2 名、民建五指山市委员会 2 名、民进五指山市委员会 2 名、农工党五指山市支部 1 名、致公党五指山市支部 1 名、九三学社五指山市支社 1 名。

【民主党派】 2021 年，完成各民主党派换届工作，选举产生新一届领导班子，2 名成员得到提拔。党派发展新成员 3 名。选派 5 名党派干部参加跟班学习、驻村、巡察等工作。2021 年民盟市委会被民盟中央评为“民盟脱贫攻坚先进集体”、被民盟省委会评为“参政议政工作先进集体”。开展参政议政和社会服务活动，推荐提名 36 名民主党派成员为新一届政协委员。民主党派成员围绕市委市政府的中心工作和人民群众关心的热点难点问题进行调研，2021 年各党派政协委员共提交政协提案 34 篇、调研报告 5 篇、社情民意信息 7 条，组织开展形式多样的文化、医疗、教育、科技下乡等社会服务活动，形成“民建启航班”“九三学社关爱地贫儿童”“民革义诊下乡”等一批具有特色的民主党派品牌活动。

【民族宗教】 2021 年，开展“民族团结进步林”植树活动、“民族一家亲 · 同心跟党走”党史知识暨民族团结进步知识竞赛、民族政策法制宣讲活动等，讲好民族团结故事，营造全社会参与创建民族团结示范市的良好氛围，铸牢中华民族共同体意识。开展民族团结进步创建工作，推荐五指山市为全省民族团结进步示范区，推荐水满乡为全省民族团结示范单位。根据市委推进“六个一批”建设的工作要求，成立工作专班，建立协作机制，推动 93 个项目入库。结合传承非遗技艺、培养乡土人才队伍，开展少数民族非遗技艺进农村、进社区、进校园、进景区“四进”活动，举办竹木器乐、黎陶、藤编、苗绣等非遗技艺培训班 26 期。举办“我的家乡我代言”乡村民族民俗生态讲解员农民电商文创培训班和五指山民族民俗互联网营销师职业技能培训班，让群众能讲会讲本土文化，介绍家乡风土人情，提升文化自信。严格执行宗教联席会议制度，及时研判宗教工作中存在问题，加强部门联动，开展宗教领域专项工作。2021 年，组织对宗教活动处所和活动点财务管理进行检查，宗教活动场所在“三自”（自治、自养、自传）原则指导下开展宗教活动。

【民营经济领域统战】 2021 年，组织举办 2 期农业和康养产业发展主题沙龙，通过邀请市领导、专家学者、企业代表开展研讨，搭建政、学、企交流平台，共商产业发展，拓宽企业发展思路，促进亲清政商交往，持续优化营商环境。用活用好“网上工商联”平台，畅通企业诉求反馈渠道，全年共受理解决企业诉求 6 宗，提高企业满意度。完成市工商联换届工作，推荐 47 名非公有制经济人士担任“两代表一委员”，引导非公有制经济人士有序参与政治生活。邀请律师事务所宣讲团和相关职能部门开展法律、政策宣传进企业活动，为企业提供法律、政策咨询服务，提高企业守法经营意识，宣传减税降费和金融扶持政策，33 家企业获得共 10059.75 万元展期、延期服务，7 家企业获得 7 笔共 1150 万元续贷服务。2021 年，发动民营企业参与希望工程圆梦行动，累计捐款 93 万余元，其中 8 家企业被授予“2021 年度五指山市希望工程圆梦行动爱心企业”称号；广大民营企业家以实际行动践行光彩事业，在带思想、传技术、稳就业、促增收等方面作出积极贡献，3人获“海南省第三届光彩事业贡献奖”荣誉称号。动员全市20家民营企业接续“百企帮百村”行动、参与“百企兴百村”行动，以产业对接、共赢发展为目的，投资农业农村项目，助推乡村全面振兴。

【统战调研】 6月2日，省委党派处到五指山市调研民主党派换届工作；6月8日，农工党省委会到五指山市调研农工党换届工作；6月16日，九三学社省委会到五指山市调研九三学社换届工作；8月18日，省委统战部到五指山市景田企业调研；8月24日，省委统战部到五指山市台企调研；9月7日，省人大常委会副主任苻彩香到五指山市调研统战工作，三亚台办组织台商到五指山市开展联谊交流活动；9月8日，省委统战部到五指山市调研党外干部培养使用和工商联换届工作情况。

【党外代表人士队伍建设】 2021年，市委统战部开展新一届政协委员换届工作，酝酿推荐和民主协商产生新一届政协委员建议人选139名，其中党外委员84名，占60.4%。将党外干部教育培训列入全市干部培训计划，联合市委组织部在三亚举办五指山市少数民族干部和统一战线干部参政议政能力提升研修班1期46人。组织党派成员到琼海开展爱国主义党史学习教育主题活动，举办青年企业家庆祝中国共产党成立100周年大合唱活动等，深化党外人士对党的百年奋斗重大成就和历史经验认识，汲取奋进力量，坚定不移跟党走。召开五指山市新的社会阶层人士联谊会筹备组工作会议，讨论成立事宜，酝酿推选新联谊会班子人选，筹集社团组织注册资金，强化交流。选取海南五指山国金体育训练基地作为新联谊会活动基地。

【侨务工作】 2021年，市委统战部为14名困难归侨侨眷发放4万元生活补助，为1名归侨退休职工办理生活补贴。通过悬挂宣传横幅、发放读本的方式进行广泛宣传《海南省华侨权益保护条例》，邀请海南省侨务专业律师举办条例专题学习培训班，扩大宣传范围，营造华侨权益保护的社会氛围。以“查堵点、破难题、促发展”活动为契机，设立市侨联机构，解决侨联有组织无机构、组织活力不强、作用发挥不明显等实际问题。

【对台工作】 2021年，走访慰问台胞台属26人次，发放慰问金1.3万元；看望慰问3名患病台胞，发放慰问金9000元；协调解决患病退休台胞社保年度资格认证问题；发动7名常住台胞接种新冠疫苗，解决疫苗接种问题2个；协调解决2名台胞子女就近入学问题，保障台胞合法权益。通过微信工作群，推送国务院农林“22条措施”、自贸港政策措施、市政府惠农政策措施等，为台商答疑解惑。组织台商参加台商峰会和冬交会，借助平台宣传推介农产品，坚定台商在五指山创业发展信心。组织五指山台商与三亚台商开展联谊交流活动，妥善解决台商矛盾纠纷问题1起，维护了台商的正当权益。

【社会服务】 2月4日，联合各民主党派、五指山市文联、五指山市书协在什会村举办“翰墨飘香迎春送福，弘扬传统文化，助力乡村振兴”迎春送福送春联慰问活动；3月12日，联合各民主党派在什会村开展2021年“同心讲坛”暨植树节活动；5月9日，联合九三学社支社、市卫健委、省地中海贫血症关爱协会举办第28个“世界地贫日”主题宣传系列

2021年5月28—29日，为庆祝中国共产党成立100周年，五指山市委统战部联合各民主党派组织56名民主党派成员赴琼海市开展党史学习教育培训。图为五指山市民主党派成员在琼海市椰子寨战斗纪念馆前留念

（吉训莹　摄）

活动；6月26日，农工党支部开展2021年环境与健康宣传周义诊活动；11月23日，农工党支部和九三学社支社联合举办2021年“急救知识公益讲座”活动；10月28日，民建市委会向五指山中学启航班学生捐赠价值4985元的图书。

（李攸辰）

机构编制

【概况】 2021年，中共五指山市委机构编制委员会办公室以习近平新时代中国特色社会主义思想为指导，全面贯彻落实党的十九届六中全会精神，稳妥有序推进机构改革后半篇工作。坚持从实际出发，积极探索，以职能转变为核心，大力简政放权，优化机构设置，严控人员编制，提高行政效能，建设人民满意的法治政府和服务型政府，为推进海南自由贸易港建设和五指山“六园”建设提供坚实的体制机制保障。

【行政机构改革创新】 2021年，印发《五指山市综合行政执法局职能配置、内设机构和人员编制规定》，理顺五指山市综合行政执法局与各职能相关部门的职责边界。印发《关于五指山公路分局涉及路政执法人员编制划转的通知》，将市公路分局6名财政预算管理事业编制和人员划转到市综合行政执法局交通运输行政执法大队，负责交通运输领域执法工作。划转后，市综合行政执法局8支执法队伍核定财政预算管理事业编制139名，其中交通运输行政执法大队22名。在市司法局内设机构社区矫正管理中心加挂“五指山市社区矫正管理局”牌子，加强社区矫正工作。印发《关于在市司法局增设行政复议与应诉室1个内设机构的通知》，加强行政复议工作。印发《关于增加市公安局公安专项编制的通知》，将海南省森林公安局直属五指山市森林公安局及其下辖番阳林区派出所划转的16名公安专项编制正式划入市公安局。编制划转后，市公安局核定公安专项编制165名。按照“编随事走、人随编走”原则，将原五指山市森林公安局及其下辖番阳林区派出所在编在岗16名人员（公务员15名、工勤人员1名）一并划转到市公安局。五指山市森林公安局划转市公安局管理后，更名为五指山市公安局森林分局。印发《关于进一步加强信访工作的通知》，完善信访工作体制，加强信访工作队伍建设。印发《中国人民政治协商会议五指山市委员会机关职能配置、内设机构和人员编制规定》，优化政协机关机构设置和职能配置。印发《关于调整市扶贫工作机构设置的通知》，将五指山市扶贫工作办公室重组为五指山市乡村振兴局，为市政府工作部门，规格为正科级，由市农业农村局统一领导和管理，主要负责巩固拓展脱贫攻坚成果、统筹推进实施乡村振兴战略等有关具体工作等。其他机构编制事项保持不变。

【乡镇机构改革】 2021年，印发《五指山市乡镇行政处罚事项清单》共100项，规范基层执法权限。印发《五指山市推进各乡镇政务服务事项赋权工作方案》，推进全市乡镇政务服务事项赋权工作，使赋权事项放得下、接得住、管得好、有监督。

【事业单位机构改革】 2021年，设立五指山市金融发展中心、五指山市应急保障服务中心。将五指山市动物疫病预防控制中心更名为五指山市畜牧兽医和渔业服务中心，加挂五指山市动物疫病预防控制中心牌子。将五指山市交通运输管理总站并入五指山市地方道路管理站，五指山市地方道路管理站更名为五指山市交通运输和地方公路事务中心。将市农业技术与机械服务中心、市社会保险服务中心、市住房保障服务中心、市融媒体中心、市疾病预防控制中心等5个事业单位领导职数各核减1名副职。将五指山市生态环境保护监测站更名为五指山市生态环境监测站。将五指山市乡镇卫生院财务管理中心更名为五指山市卫生健康服务中心。

【事业单位法人管理】 2021年，共设立登记2家事业单位，变更登记55家事业单位，注销登记8家事业单位，完成2020年度事业单位法人年度报告公示工作82家。办理全市党政群机关统一代码变更15家。

【机构编制管理】 2021年，分配给新设立单位核定财政预算全额拨款事业编制12名；给市机关事务服务中心、工商联（总商会）、退役军人事务服务中心、交通运输和地方公路事务中心、畜牧兽医和渔业服务中心、市卫生健康服务中心等6个单位增加、调剂事业编制共计22名；收回市太平水库管理所、水利水电管理中心事业编制共计17名，办理五指山中学高中部专任教师试用期满转正入编15人、各乡镇中心学校和幼儿园定向公费培养师范毕业生入编23人，引进卫生专业

2021年11月2日，举办第二次五指山市机构编制核查动员会暨机构编制业务能力提升专题培训班　　（五指山市委编办　供图）

技术人员31人和定向委培生5人。贯彻执行五指山市“县属乡用，乡属村用”基层教育卫生人才激励机制政策，加强年轻教师卫生队伍的人才力量，解决五指山市教师卫生队伍人员老龄化问题。共办理新招录机关、事业人员入编手续167人（其中公务员含参公67人，事业单位100人）。实时管理和维护“机构编制统计及实名制网络管理系统”数据库，对全市机关、事业单位人员转隶情况及机构编制管理执行情况的“全天候”监督。印发《第二次五指山市机构编制核查实施方案》，举办第二次机构编制核查动员会暨业务能力提升专题培训班，核实全市183家机关事业单位的机构编制基础数据，核查机构编制资源的审批和执行情况，强化机构编制管理刚性约束。

（刘　娟）

机关党建

【概况】2021年，中共市委直属机关工作委员会下辖的基层党组织有机关党委3个、党总支部12个、党支部127个，共有党员1556名，其中女党员460名、男党员1096名；共有少数民族党员696名；35岁及以下的党员337名，36—45岁的党员255名，46—60岁的党员607名，61岁及以上的党员357名；大学专科以上学历的党员1195名，中专（高中、中技）学历的党员262名，初中及以下的党员99名。审批成立1个党支部；撤销2个党总支、1个党支部；整建制转出1个党支部。督促53个党支部换届选举或补选，接转组织关系322人次。

【基层党建】2021年，印发《中共五指山市委直属机关工作委员会流动党员管理办法》，建立健全流动党员管理机制，规范对流动党员的日常管理教育。在全市各市直机关单位基层党组织中常态化推广网上收缴党费模式，全年共上缴党费62.90万元。严格按照选举工作程序，对照代表名额和条件，自下而上选举产生115名出席市第五次党代会代表。

【党员发展】2021年，确定入党积极分子87名，发展对象62名，吸收新党员49名；审批预备期满转正党员46名。

【党务干部教育培训】2021年，培训入党积极分子87名，培训发展对象62人。

【“创先争优”活动】2021年，推荐优秀共产党员18名、优秀党务工作者5名、先进基层党组织10个。印发《五指山市市直机关事业单位党组织“党员先锋岗”创评活动方案》，在市直机关企事业单位开展“党员先锋岗”创评活动。组织开展“新党员志愿服务”活动，组织市直属机关入党发展对象走上街头开展志愿服务活动，宣传生活垃圾分类小知识，加深群众对生活垃圾分类的理解。

【党员慰问】2021年，春节、“七一”前夕，对市直单位166名困难党员、老党员和3名因公牺牲党员家属进行慰问，发放慰问金共16.6万元。为70名党龄在50年以上的老党员颁发“光荣在党50年”纪念章。加强对离退休党员的探望走访，掌握老党员生活现状，督导党支部落实生活困难老党员党费减免工作。

【“支部主题党日”制度】指导下辖党组织每月至少开展一次主题党日活动。市直机关各基层党组织立足单位实际，围绕乡村振兴、生态文明建设、爱国主义教育等重点工作开展形式多样的主题党日活动。如市纪委监委机关党委开展“支部联学　党建共建”主题党日活动；市委办党支部组织开展“缅怀革命英烈　弘扬革命精神”主题党日活动；市委宣传部党支部开展“念党恩、敬国魂”主题党日活动；市委组织部开展“观看红色影视，接受思想洗礼”主题党日活动；市委直属机关工委党支部开展“我为群众办实事 浓浓温情暖寒冬”主题党日活动；市税务局党委开展“微党课”暨青春献礼中国共产党成立100周年主题党日活动；市住房和城乡建设局党支部联合局退休党支部召开“学党史、话振兴、感党恩、守初心”主题党日活动；市旅游和文化广电体育局党总支带领局属各党支部、市文化志愿服务队和毛道乡党委代表“弘扬孝文化·感谢党恩情”主题党日活动，等等。

（张 婧）

党校工作

【概况】 2021年，中共五指山市委党校以抓好党员干部教育培训为主线，推进教学、科研、基础建设、党史学习教育、队伍建设等工作。2021年获五指山市无烟机关、五指山市“双创”先进单位等荣誉称号。

【党校培训】 2021年，市委党校以庆祝中国共产党成立100周年为契机，聚焦乡村振兴、建设自由贸易港等中心重点工作，坚持培训主题多样化，针对培训对象不同层次不同需求科学设置培训主题，做好培训“营养员”角色。举办五指山市新任公务员能力素质提升专题培训班，做好新任公务人员政治素质和专业素养能力训练。推动五指山市党校授课教师系统培训能力提升专题班在全省党校系统率先开班，获得省委党校肯定。探索教学改革新思路，坚持培训形式多样化，转变“满堂灌”的教学模式，增强“教”与

2021年3月29日，五指山市委党校授课教师系统培训能力提升专题班开班

（王明慧 摄）

“学”双向互动，突出培训学员的主体地位，提升教学感染力与吸引力。开展拓展训练、实地现场教学等教学手段，提升培训学员的综合素质。采取“市内”“市内+省内市外”与“市内+省外”等培训模式，拓宽学员视野，提升工作能力。运用互联网学习的优势，开展网络培训班。2021年，完成15个专题培训班共32期，培训轮训各级干部4147人次，党的理论教育和党性教育课程比重占总课时的70%以上。

【教学改革】 2021年，制定《五指山市党政领导干部到市委党校上课制度》。万宁、琼海、澄迈、琼中、保亭等市县党校到访，就开展党史学习教育和干部培训工作进行交流，分享科研咨政经验以及课题成果转换等，加深交流协作，按照“兼职为主、专职为辅”的原则，邀请省委党校、高校系统教师、党政机关领导干部、各部门各

2021年6月28日，五指山市驻村第一书记、乡村振兴工作队专题培训班（第一期）在五指山市委党校举行开班仪式

（五指山市委党校 供图）

2021年10月22日上午，五指山市重点专家和人才工作者国情研修班在五指山市委党校正式开班　　（五指山市委党校　供图）

行业业务骨干授课，组建一支高素质师资队伍。把全面从严治党要求贯穿干部教育培训全过程，坚持严以治校、严以治教、严以治学，通过完善学员管理制度、培训突发情况应急制度等规章制度正校风、肃校纪，通过跟班监督、学员鉴定、反馈培训情况及严肃结业证发放等措施，提升党校学风。注重培训对象差异化和干部培训针对性，不同层级的干部需求不同，参训班次也不同。坚持“逢训必考”，考试形式多样化，采取“个人发言”“课堂表现”“闭卷测试”等方式综合评定培训成绩。

【党校科研成果】 2021年，市委党校围绕党的理论发展、全市中心工作、社会热点等“选题”“攻关”，积极申报海南省党校系统科研合作课题。向省委党校申请课题“五指山民族团结进步实践研究”和“乡村振兴战略下五指山市农村实用人才队伍建设研究”两项，一项为省委党校资助课题，另一项为共建课题；参与撰写党校系统理论研讨会论文《五指山市民族团结进步实践和启迪》1篇。

【党史学习教育】 2021年，市委党校制定《中共五指山市委党校党史学习教育实施方案》，集中学习研讨27次。举办“网上党校”中共党史专题讲座、退休党员观看网上党史学习教育专题报告会、结对帮扶党支部共同观看党史网络直播课等学习活动，融合主题党日开展活动。组织在职党员和退休党员到保亭县三道镇什进村调研乡村振兴旅游产业发展情况、到陈理文纪念馆重温入党誓词接受党性洗礼，在保亭县委党校进行交流学习、到定点帮扶毛栈村委会开展党史学习教育专题宣讲等主题活动。在举办的各类主体班次中纳入党史专题课程，邀请市委领导、高校学者、各单位部门业务骨干等进行“中国共产党百年历程与成功之道”“海南岛第一面五星红旗升起的地方”等专题授课，以“本地干部＋本地红色文化”推动形成“干部教、教干部”教学相长的良好局面；发挥本地区资源优势，开发“传承五指山革命根据地精神——铸牢中华民族共同体意识”的民族团结进步类课程。

【党校队伍建设】 2021年，市委党校召开专题或议题研究党建相关工作会议7次，开展好2021年度组织生活会和民主评议党员，党员主动履行党员义务交纳党费4823.88元。组织党员学习党章党规党纪、市纪委通报的典型案例，参观警示教育巡回展，开展谈心谈话9人次。组织开展集中学习21次，学习党的十九届六中

2021年3月22日，五指山市新任公务员面向国徽庄严宣誓
（五指山市委党校　供图）

全会精神，持续学习习近平总书记"4·13"重要讲话和中央12号文件精神，跟进学习贯彻落实习近平总书记关于海南自由贸易港建设的最新重要论述和重要指示批示精神。把开展"我为群众办实事"事项深入到基层乡镇一线，校党支部书记多次带队下乡，配合完成毛栈村支部换届、村民委员会成员选举，协助毛栈村"两委"新老班子做好交接工作，做好离任、落选人员的思想工作；单位选派第二批乡村振兴工作队队员1名，做好驻村干部按时报到上岗，做好交接工作；教职工个人爱心消费助力乡村振兴6112元；党员组织走访慰问帮扶户每月不少于2次，为家中老人去世、儿子意外死亡等家庭送去关心关怀和慰问补贴，帮助其家属处理后事；党员带头参与村委会环境整治，化解村民矛盾。完成68户脱贫户稳定脱贫的任务。

（李 强）

五指山市人民代表大会

五指山市人大常委会综述

【市四届人大七次会议】 2021年3月2日至4日，五指山市第四届人民代表大会第七次会议在五指山市福德莱大酒店举行。会议应到代表144名，实到代表130名。会议期间召开全体会议3次、主席团会议4次。会议听取和审议《五指山市人民政府工作报告》《五指山市人大常委会工作报告》《五指山市人民法院工作报告》《五指山市人民检察院工作报告》，审议并通过上述报告相关决议。会议审议批准《五指山市国民经济和社会发展第十四个五年规划和二〇三五年远景目标纲要》《五指山市2020年国民经济和社会发展计划执行情况与2021年国民经济和社会发展计划》《关于五指山市2020年预算执行情况和2021年五指山市预算》。大会选举石秀莲为五指山市人民检察院检察长，报海南省人民检察院检察长提请省人民代表大会常务委员会批准。会议期间，收到代表提交的建议、批评和意见119件。出席会议的有五指山市委市政府领导、市级各部门主要负责人，海南省第六届人民代表大会的代表、省驻五指山市有关单位负责人，以及部分退休的老干部代表、企业界代表等列席会议。

【市四届人大八次会议】 2021年6月27日至28日，五指山市第四届人民代表大会第八次会议在五指山市福德莱大酒店举行。会议应到代表143名，实到代表125名。会议期间召开全体会议1次、主席团会议1次。会议听取审议《五指山市第四届人民代表大会第八次会议选举办法（草案）》。大会选举陈国梁为五指山市人民政府市长。部分不是市四届人大代表的市级领导、离退休干部代表、市直机关单位负责人、省驻五指山市单位负责人等列席大会。

【市第四届人大常委会第三十至四十一次会议】 2021年，五指山市第四届人大常委会召开会议12次，召开人大常委会主任会议11次，听取审议"一府一委两院"专项工作报告11项，做出决议、决定6项；开展执法检查3次、视察1次，专题调研5次，督办代表建议119件。依法任免国家机关工作人员45人次，补选市人大代表4名；接受7人辞去市第四届人大代表职务。

2月1日，五指山市第四届人大常委会召开第三十次会议。五指山市人大常委会主任万才胜，副主任邓清辉、郭宏良、杨昌立及常委会委员共24人出席会议。会议由万才胜主持。会议听取和审议《五指山市人民政府关于五指山市第四届人民代表大会第六次会议代表建议、批评和意见办理情况报告》；表决通过《五

2021年6月27日，五指山市第四届人民代表大会第八次会议召开

（胡良花 摄）

指山市人民代表大会常务委员会关于召开五指山市第四届人民代表大会第七次会议的决定(草案)》。会议还表决通过人事任免。市委常委、市政府常务副市长黄星,市法院院长薛蕃超,市监委、市检察院、市委组织部、市政府办等相关单位负责人,各乡镇人大主席负责人列席会议。

2月22日,五指山市第四届人大常委会召开第三十一次会议。五指山市人大常委会主任万才胜,副主任邓清辉、郭宏良及常委会委员24人出席会议。会议由万才胜主持。会议审议并表决通过《五指山市第四届人民代表大会第七次会议主席团和秘书长名单(草案)》,提交五指山市四届人大七次会议预备会议选举;会议听取和审议《五指山市第四届人民代表大会第七次会议国民经济、社会发展计划和财政预算审查委员会主任、副主任和委员名单(草案)》《五指山市第四届人民代表大会第七次会议议案审查委员会主任、副主任和委员名单(草案)》,提交五指山市四届人大七次会议预备会议表决;表决通过《五指山市第四届人民代表大会第七次会议列席人员范围(草案)》和《五指山市人民代表大会常务委员会工作报告(意见稿)》,提交五指山市四届人大七次会议审议。会议表决通过《五指山市第四届人民代表大会常务委员会代表资格审查委员会关于个别代表的代表资格的报告》。会议经表决,决定任命蔡翀为五指山市人大常委会财政经济工作委员会主任、胡海洋为五指山市人大常委会选举任免联络工作室主任、王昌江为五指山市民族事务局局长、钟祥科为五指山市司法局局长,会议还审议其他人事任免议案。市委常委、市政府常务副市长黄星,市法院院长薛蕃超,市监委、市检察院、市委组织部等相关单位负责人,以及各乡镇人大主席负责人列席会议。

4月1日,五指山市第四届人大常委会召开第三十二次会议。五指山市人大常委会主任万才胜,副主任邓清辉、郭宏良、杨昌立及常委会委员22人出席会议。会议由万才胜主持。会议表决五指山市人大常委会《关于许可对市第四届人大代表许华强依法采取强制措施的决定(草案)》。五指山市人大常委会机关副科级以上干部列席会议。

5月25日,五指山市第四届人大常委会召开第三十三次会议。五指山市人大常委会主任万才胜,副主任邓清辉、郭宏良、杨昌立及常委会委员19人出席会议。会议由万才胜主持。会议经表决,决定任命陈国梁为五指山市人民政府副市长、代市长。会议听取和审议五指山市人大常委会执法检查组关于检查《中华人民共和国村民委员会组织法》《中华人民共和国城市居民委员会组织法》《海南省实施〈中华人民共和国村民委员会组织法〉办法》《海南省村民委员会选举办法》实施情况的报告、关于检查《中华人民共和国社区矫正法》实施情况的报告、关于检查《中华人民共和国中医药法》实施情况的报告;听取和审议五指山市人民政府关于2020年法治政府建设情况的报告、关于2020年环境状况和环境保护目标完成情况的报告、关于2020年度国有资产管理情况综合报告;审议人事任免议案。市委常委、组织部部长黎伟珠,市委常委、市政府副市长黄星,市法院院长薛蕃超,市检察院检察长石秀莲,以及市监委、市政府办、市资规局、市生态环境局、市财政局、市卫健委等相关单位负责人,各乡镇人大主席、部分检查组成员列席会议。

6月22日,五指山市第四届人大常委会第三十四次会议在五指山市人大常委会会议室召开。五指山市人大常委会主任万才胜,副主任邓清辉、郭宏良、杨昌立及委员18人出席会议。会议由万才胜主持。会议审议《五指山市人民代表大会常务委员会关于召开五指山市第四届人民代表大会第八次会议的决定(草案)》;听取和审议《五指山市第四届人民代表大会第八次会议主席团和秘书长名单(草案)》及《五指山市第四届人民代表大会常务委员会代表资格审查委员会关于个别代表的代表资格的报告》;会议决定,五指山市第四届人民代表大会第八次会议于2021年6月28日至29日召开。会议审议有关人事任免议案。市委常委、市政府常务副市长黄星,市纪委副书记、市监委副主任符气峰,市法院副院长蔡文,市检察院副检察长黄汉,各乡镇人大主席及市人大常委会机关干部列席会议。

7月30日,五指山市第四届人大常委会第三十五次会议在市人大常委会会议室召开。会议由五指山市人大常委会主任万才胜主持,五指山市人大常委会副主任邓清辉、郭宏良、杨昌立及委员17人出席会议。会议听取和审议《五指山市人大常委会财经工委关于开展五指山市优化营商环境情况的调研报告》;听取和审议《五指山市人民政府关于2020年财政决算及2021年上半年财政预算执行情况的报告》《关于2021年财政预算调整方案(草案)》《五指山市人民政府关于2020年度部门决算总体情况的报告》。会议表决通过五指山市人民代表大会常务委员会《关于批准五指山市2020年财政决算的决议(草案)》《关于批准五指山市2020年度部门决算的决议(草案)》以及《关于批准五指山市2021年财政预算调整方案的决议(草案)》;市政府副市长刘凌羽,市法院院长薛蕃超,以及市监委、市检察院、市政府办、市发改局、市财政局等相关部门负责人及各乡镇人大主席列席会议。

8月16日,五指山市第四届人大常委会和第三十六次会议在五指山市人大常委会会议室召开。会议由五指山市人大常委会党组书记、主任万才胜主持,五指山市人大常委会副主任邓清辉、郭宏良、杨昌立等常委会组成人员19人出席会议。会议审议通过《五指山市人民政府关于五指山市2021年上半年国民经济和社会发展计划执行情况报告》《五指山市人民代表大会常务委员会关于五指山市市乡人民代表大会换届选举时间的决定》《五指山市人民代表大会常务委员会关于乡镇新一届人民代表大会代表名额的决定》《五指山市人民代表大会常务委员会关于成立五指山市选举委员会的决定》《五指山市市乡人民代表大会换届选举工作方案》。

市政府副市长刘凌羽,市人民法院院长薛蕃超,市人民检察院检察长石秀莲,以及市监委、市政府办、市发改委、市审计局、市财政局等单位负责人和各乡镇人大主席列席会议。

9月27日,五指山市第四届人大常委会第三十七次会议在五指山市人大常委会会议室召开。会议由五指山市人大常委会主任万才胜主持,五指山市人大常委会副主任邓清辉、郭宏良、杨昌立及常委会委员19人出席会议。会议听取和审议《五指山市人大常委会调研组关于五指山市“七五”普法工作情况的调研报告》《关于五指山市特色产业发展情况的调研报告》;听取《五指山市人民政府关于漫水桥(过水路面、危旧桥)改造情况的报告》《关于2020年度五指山市预算执行和其他财政收支的审计工作报告》《关于2019年审计工作报告披露问题整改情况的报告》等。会议决定任命李夏为五指山市人民政府副市长、市公安局局长。会议还审议其他人事任免议案。市委常委、副市长黄星,市法院院长薛蕃超,市检察院、市监委及市政府办、市农业农村局、市科工信局、市财政局、市公安局等相关单位负责人,各乡镇人大负责人列席会议。

11月4日,五指山市第四届人大常委会第三十八次会议在五指山市人大常委会会议室召开。会议由五指山市人大常委会主任万才胜主持,五指山市人大常委会副主任邓清辉、郭宏良、杨昌立及常委会委员20人出席会议。会议听取和审议《五指山市人大常委会调研组关于五指山市扶贫农业特色产业发展情况的调研报告》《五指山市监察委员会关于开展整治群众反映强烈问题工作情况的报告》《五指山市人民检察院关于开展公益诉讼检察工作情况的报告》,还书面审议《五指山市人民法院关于充分利用、资源共享、统筹并进、和谐发展“两个一站式建设”的报告》;会议经表决,决定任命段小申为五指山市监察委员会代理主任。会议表决通过《关于接受李红山辞去五指山市监察委员会主任职务的决定(草案)》,会议还审议其他人事任免议案。市委常委、市政府常务副市长黄星,市法院院长薛蕃超,市检察院检察长石秀莲,市监委议案、市政府办、市委组织部等相关单位负责人,各乡镇人大主席列席会议。

11月24日,五指山市第四届人大常委会第三十九次会议在五指山市人大常委会会议室召开。会议由五指山市人大常委会主任万才胜主持,五指山市人大常委会副主任邓清辉、郭宏良、杨昌立及常委会委员19人出席会议。会议听取和审议《五指山市人大常委会调研组关于五指山市扶贫农业特色产业发展情况的调研报告》,表决通过《关于接受宋少华辞去海南省第六届人民代表大会代表职务的决议(草案)》。市政府副市长吴毓桑,市检察院检察长石秀莲,市监委、市人民法院、市政府办、市农业农村局等单位负责人和各乡镇人大负责人列席会议。

11月30日,五指山市第四届人大常委会第四十次会议在五指山市人大常委会会议室召开。会议由五指山市人大常委会主任万才胜主持,五指山市人大常委会副主任邓清辉、郭宏良、杨昌立及常委会委员19人出席会议。会议听取和审议《五指山市第四届人民代表大会常务委员会代表资格审查委员会关于五指山市第五届人民代表大会代表的代表资格的审查报告》,审议通过五指山市人民代表大会常务委员会《关于确定五指山市人民法院人民陪审员名额的决定》,会议经表决,决定任命孙菁、陈兵为五指山市人民政府副市长,陈育、邢莉为五指山市监察委员会副主任,吴青松为五指山市人力资源和社会保障局局长,王程东为五指山市民

意率均在 98.32% 以上。坚持邀请代表列席市人大常委会会议和参与执法检查、视察、专题调研活动，推荐代表参加市委和“一府一委两院”座谈会、警示教育、旁听庭审、开放日等活动。2021 年，共邀请市人大代表 38 人次列席人大常委会会议，并组织 56 名市乡人大代表参与视察调研、执法检查和“一府一委两院”活动。

【换届选举工作】 2021 年，全市选出乡镇一级人大代表 379 名，各乡镇完成换届。成立了市选举委员会、市直属各选区选举工作组，换届选举工作督导组，制定换届选举工作方案和市人大代表名额分配方案，明确选举委员会办公室各组工作职责和工作要求，建立顺畅工作机制，完成市第五届人民代表大会 162 名代表选举工作。

【人大宣传工作】 利用新闻媒体、广播、网络等媒介，宣传报道人大工作重点和亮点，推进常委会履职工作信息公开、透明。2021 年，海南省报刊、网站刊登稿件 15 篇，五指山市融媒体中心报道五指山市人大新闻 8 次。

【乡镇人大建设】 坚持市人大常委会班子领导联系乡镇人大工作制度，了解乡镇人大工作开展“代表之家”“代表联络站”运行管理等情况，督促乡镇人大组织代表传达上级文件精神、学习法律法规和人大业务知识。邀请乡镇人大主席列席市人大常委会会议，做好乡镇人大工作与市人大常委会的工作衔接，全年列席市人大常委会会议 53 人次。

【人大自身建设】 扎实开展党史学习教育、作风整顿建设年和“查堵点、破难题、促发展”活动，通过组织集中学习研讨，安排常委会组成人员和机关党员干部围绕学习习近平总书记在党史学习教育动员大会、庆祝中国共产党成立 100 周年大会等重要讲话精神和党的十九届历次全会精神及《论中国共产党历史》《改革开放简史》等学习内容。抓好作风整顿建设年活动，通过对照检查，认真查摆问题，建立整改台账，完善监督体系，提升监督实效。抓好“查破促”活动，聚焦群众、市场主体反映的突出问题，市人大常委会领导班子成员与机关干部深入基层和群众，深入企业和窗口单位，了解社区民意、了解企业需求，解决群众和企业反映的堵点、难点问题，提升人民群众获得感和幸福感。坚持把人大信访工作作为密切联系群众的重要途径，带着感情和责任做好信访工作。

（王俊黎、王力）

五指山市人民政府

五指山市人民政府综述

【概况】 2021 年，五指山市人民政府坚持稳中求进工作总基调，在应对挑战、抵御风险中担当作为，有效推动“六园”建设经济结构，经济发展呈现稳中有进的良好态势。2021 年，全市地区生产总值 367633 万元，按不变价格计算，同比增长 4.6%（其中，第一产业增加值 77333 万元，同比增长 1.2%；第二产业增加值 61789 万元，同比下降 6.5%；第三产业增加值 228511 万元，同比增长 9.1%），三次产业结构比优化为 21.0 ∶ 16.8 ∶ 62.2；地方一般公共预算收入 22430 万元，同比下降 18.6%；社会消费品零售总额 128378 万元，同比增长 15.3%；五指山市全体常住居民人均可支配收入 26134 元，同比增长 9.2%；促进低收入家庭劳动力外出务工累计 10249 人，城镇登记失业率 0.99%。

【办文办会】 2021 年，五指山市人民政府办公室受理、校核和起草各类公文 800 件，公文按期办理率 100%，公开属性标注率 100%；组织召开市政府会议 155 次，召开各类政府部门会议 2118 次。

【督查督办】 2021 年，市政府督查室通过网上督查室下达督办任务 198 件，已办结 180 件，办结率 91%；承办省政府督查室任务 55 项，办结率 100%。向市政府报告 26 期督查专报、8 期督查通报，发现了涉及大气污染防治、疫情防控、优化营商环境、为民办实事、平价菜保供惠民行动、政务一体化平台建设等 58 个问题，得到市政府主要领导批示指示 15 次，推动解决一批难点、堵点问题。

【政务信息公开】 市政府办公室对全市正在运行的 33 个市政府部门和 7 个乡镇政府、市畅好居政府网站进行检查，检查率 100%，发现 2 个存在突出问题的政府网站，检查合格率 95.12%；对全市报备在全国政务新媒体信息报送系统中的 24 个政务新媒体进行检查，检查比例为 100%，发现存在突出问题的政务新媒体 5 个，抽查合格率 79.16%。

【市政府常务会议】 2021 年，第四届市政府召开常务会议 26 次

(第118—143次)主要传达中央、省相关文件精神，审议市政府规章，讨论、研究市政府有关工作计划、规划、方案和政策，研究部署市政府重要工作。

【市政府专题会议】 2021年，市政府办公室认真做好会议材料收集、参会人员组织、会场布置、会议签到、出席领导通知、会议期间服务等各项会务工作，为市政府提供优质会议服务。全年协调召开市政府专题会议135次。

【优化产业结构】 2021年，启动毛贵唐干村红色村庄建设，结合“建党百年”旅游热点推出4条红色旅游路线，五指山革命根据地纪念园入选“建党百年红色旅游百条精品线路”景点。打造特色产业突出、农民增收效果明显的特色村庄12个，“十大优势特色农产品”加工企业增至30家，包装推出黎匠酒茶等“五指山有礼”民族特色伴手礼产品。加快乡村旅游化改造，新增4个“星级”美丽乡村，精心打造20条精品旅游线路，悠然叮哒哒乡村旅游点分别成功创评三椰级乡村旅游点，红雅民宿获评银宿级乡村民宿，水满旅游小镇获评海南省旅游小镇，红峡谷旅游景区获评AAAA级景区，实现国家AAAA级景区零的突破。全年接待游客总数163.31万人次，同比增长60.7%，旅游总收入11.91亿元，同比增长29.9%。

【“双创”工作】 2021年，全国爱国卫生运动委员会正式命名五指山市为“国家卫生城市”；成功创建毛阳镇牙胡村等13个省卫生村、市司法局等10个省卫生先进单位和畅好乡番贺村省级健康示范村，省卫生村占全市行政村比率81%，省级健康示范村占全市行政村比率24%；创建市委办等20家市级健康促进场所(健康细胞)；新增市纪委监委等30家无烟党政机关，五指山市无烟党政机关占比90%。

【重点项目建设】 2021年，五指山市重点项目67个，总投资116.66亿元，计划投资11.84亿元。2021年1—12月实际完成投资13.50亿元，完成年计划投资的114.08%。

【基础设施建设】 2021年，累计拨付3290万元推进农村公路在建养护工程项目“8桥5路”共13个项目，其中8个项目已完工，5个项目正在有序推进，完成工程总量88%；累计拨付917万元推进10个农村公路修缮项目建设，9个项目基本完工，完成工程总量的97%，为五指山市“四好农村路”建设打下坚实的基础；完成农村厕所化粪池防渗漏改造任务及户厕问题摸排工作，已开工500户，竣工400户；扎实推进五指山市老旧小区改造，涉及12个小区17栋楼270户居民，改造建筑面积2.85万平方米。

【生态文明建设】 加快推进国家生态文明建设示范市创建工作，33项创建指标已达标，达标率94.29%，率先在全省实现森林违法图斑和挂牌督办案件全面清零；探索流域上下游横向生态保护补偿等差异化生态补偿机制和“两山”理论实践创新路径，水满乡获省级“两山”实践创新基地提名推荐；完成“四大标志性”先导工程年度目标任务；启动南圣河生态修复工程；继续落实好林长制、河湖长制，空气质量优良天数比例100%，主要河流湖库水质优良率100%。

【保障和改善民生】 2021年，累计为35711人次发放城乡低保金1032万元；加大临时救助力度，为遭遇突发事件导致生活困难的脱贫户292户1091人次，给予一次性发放临时救助金100.4万元；贯彻落实“稳就业”“保就业”工作部署，举办线上线下招聘会14场，参与企业584家，提供岗位8198个，达成就业意向826人；依法治欠，为农民工“护薪”，受理日常投诉案件14件，为193名劳动者追讨工资345.1万元；执行全省统一的医疗待遇标准，脱贫人口住院医疗费用经基本医疗保险、大病保险、医疗救助、医疗救助兜底实际报销比例90%，门诊慢性病医疗费用报销80%，减轻参保群众的住院医疗费用负担。

【信访工作】 2021年，五指山市信访服务中心排查梳理出11件信访积案作为市领导干部包案化解事项，印发《关于开展2021年市领导包案化解信访积案的通知》《关于印发2021年第二批市领导包案化解信访积案的通知》，成立综合协调小组，组织实施信访矛盾排查化解攻坚工作，推动化解五指山市信访积案事项。2021年，全市信访总量217批(件)次1845人，比2020年265批(件)次541人分别下降18.11%和增长241.04%，已作出处理意见150件，不予受理67件。未纳入“海南省网上信访信息系统”的市级“人民网地方主要领导留言”有9件次9人，比2020年3件次3人次增长200%。已办理并答复9件。

【应急管理】 组织、协调开展应急演练，提高应急救援能力，做好值班人员编排，严格执行值班制度，加强风险隐患排查整治，做到早发现、早报告、早介入。全年接听处置应急电话37人次，协调处置突发公共事件25宗（次），上报信息25条。

（高小花）

人事工作

【干部档案管理】 2021年，审核2020年度考核表、工资表、党员材料、毕业证复印件等3477份材料入档。接收办理查借阅档案申请51人次84份。协调市就业服务中心交接流动人员档案2583份，审核办理退休人员档案20卷。开展全市事业编制干部人事档案专项审核工作，重点审核档案的准确性和完整性以及干部“三龄二历一身份”等信息，补齐完善330人事业编制干部档案。开展档案数字化工作，对档案室在库事业编干部人事档案进行档案材料整理分类、录入、扫描、质检、装订，建立档案数字化。

【事业单位人员管理】 2021年，五指山市事业单位从业人员3182人，其中管理人员277人、专业技术人员1799人（高级专业技术人员152人、中级专业技术人员541人、初级专业技术人员1106人）、工勤人员205人、编外人员901人。2021年，五指山市事业单位招聘工作人员43人，其中卫生系统招聘31人、其他事业单位招聘12人；调入五指山市4人（高级专业技术人员1人、初级专业技术人员3人），市内调动35人。开展事业单位脱贫攻坚专项和疫情防控先进典型表彰，授予23个单位104人嘉奖，并发放一次性奖金。引导事业单位开展2020年事业单位工作人员年度考核，343人在年度考核中被确定为优秀等次。对361名事业单位工作人员进行岗位设置，其中高级专业技术人员30人、中级专业技术人员118人、初级专业技术人员167人、管理人员46人。完成在工资系统加载人事管理系统，推进人事管理电子化建设。

【劳动法律法规宣传】 2021年，到在建工程项目、建筑施工企业开展保障农民工工资支付法治宣传活动，通过悬挂宣传横幅、设立宣讲台，发放宣传画、宣传手册和现场政策宣讲、律师面对面答疑解惑等方式集中宣传，累计发放《保障农民工工资支付条例》等宣传资料5000余册，环保袋、扇子、帽子等宣传物品600余份；在“三月三”广场开展普法宣传活动，发放《中华人民共和国劳动合同法》《中华人民共和国社会保险法》《中华人民共和国民法典》等宣传资料，向广大群众宣传劳动人事相关法律制度，加强对群众法律法规的教育、宣传和引导作用，增强法律意识，夯实社会保障工作基础。

【农民工工资保障金制度落实】 2021年，受理日常投诉案件18件，其中立案12件、协调处理6件，立案案件中有9件欠薪案件、2件补缴社会保险案、1件非法使用童工案。已办结案件5件和协调案件6件，为劳动者194人追讨工资345.1万元。解决日常投诉案件率61%，其中办结立案案件率42%。2021年，移交公安部门1件。采取信息化技术，深入开展根治欠薪工作，在海南省工资支付监管平台上录入五指山市项目56家，其中在建项目37家，采集37家项目工地农民工1889人信息。

【劳动人事争议调解与仲裁】 2021年，接到劳动人事争议仲裁案件申请97件，其中立案受理70件、不予受理27件，正在审处阶段16件。立案受理中涉及劳动者70人，涉案金额80余万元。其中，企业54家，机关事业单位16家。54件案件均在法定时效内结案，其中以调解方式结案12件，以仲裁裁决方式结案38件，其他方式结案4件。

【劳动工伤认定】 2021年，受理工伤认定申请38件，办结34件，待办结4件。受理劳动能力鉴定15件。其中，工伤劳动能力鉴定6件，办结6件；非工伤劳动能力鉴定9件，办结6件，待办结3件。

（谢兴焕）

机关事务管理

【概况】 2021年，五指山市机关事务服务中心坚持高质量发展，稳步推进机关事务服务、机关后勤服务、公务接待服务等主责主业取得新发展新成效，为助力海南建设自由贸易港和五指山市“六园”建设提供坚强有力的后勤保障服务。

【公务接待】 五指山市机关事务服务中心全年接待各类宾客364批4605人次。其中，中央各部委客人14批158人次，全国各省、市、地区客人143批1380人次，岛内各县市客人207批3067人次。

【机关管理】 2021年，五指山市

机关事务服务中心为党政机关干部职工办理机关食堂饭卡 680 张，办理五指山市委、五指山市政府办公区域门禁卡 836 张。新冠疫情期间，加强对五指山市委、市政府大院管理，严格落实好出入人员体温监测、健康码查验等有关疫情防控措施。统筹做好五指山市委、市政府办公区域的办公用房日常维修维护、安保、卫生保洁、美化亮化工作，制定统一的机关后勤服务管理制度，确定机关后勤项目和标准，合理配置和节约使用后勤服务资源。严格执行《海南省党政机关公务用车管理办法》和《五指山市党政机关公务用车管理实施方案》精神。为五指山市林业局、五指山市毛道乡政府、五指山市畅好乡政府、五指山市疾控中心、五指山市农业农村局、五指山市融媒体中心、五指山市水务局等部门购置 7 辆新能源公务用车。根据海南省关于建设“全省一张网”信息平台工作要求，上线运行五指山市公务用车调度管理系统平台，将公务用车调度工作从传统的“结果管理”提升为“全过程管理”，从根本上杜绝公车管理中普遍存在的“公车私用”“违规用车”、车辆违法难溯源、车辆运营成本及风险不易掌控等问题。协助五指山市机关事务管理局做好海南省公务用车管理信息平台“全省一张网”V5.0 版本使用培训，全年培训 63 人次。全年该系统调度使用公务用车计 9384 车次。五指山市机关事务服务中心通过公开招标形式，以购买第三方服务事项方式为五指山市国动委综合办公室招聘物业管理人员 6 名，解决五指山市国动委综合办公室的用工需求。

（黄慧灵）

行政服务

【窗口办件受理】 2021 年，市级各部门受理办件 236528 件，办结 237417 件（含上年结余件），其中即办件办结 219701 件，上报件办结 302 件，承诺件办结 17414 件，承诺件提前办结 12487 件，提前办结率为 71.7%。政务大厅受理办件 233279 件，办结 233415 件，其中即办件办结 218507 件，上报件办结 6 件，承诺件办结 14902 件，提前办结 10164 件，提前办结率为 68.2%。经“综合出件”窗口共发放办理结果 3388 份。“一件事”窗口收件 29 件，其中“出生一件事”收件 24 件，“我要开药店”收件 4 件，“我要开 KTV”收件 1 件。人才服务综合窗口受理办件 107 件，办结办件 103 件，其中承诺件办结 103 件，提前办结 95 件，提前办结率 92.2%，办结提速 32.8%。

【政务大厅服务运行与管理】 按工程建设项目、社会民生、企业开办、不动产交易缴税登记、人才服务等五大类分别设立 11 个综合受理窗口和 1 个出件窗口，有 37 个部门（不含公积金）1230 项事项进驻政务大厅，其中“一窗受理”事项 1088 项。2021 年，“一窗受理”窗口收件 9763 件，办结 9730 件，办结提速 48.2%，提前办结率 53.3%。开设“未办成事协调服务窗口”和“政策咨询服务窗口”，配备受理专员，负责接待群众来访、听取群众意见、受理群众诉求，派遣受理工单、联系协调审批或窗口人员整改或解释答复，全程跟踪督办。推行政务服务“好差评”模式，基本实现政务服务“一事一评”。2021 年，五指山市“好差评”评价次数 11448 次，非常满意 11335 次，满意 71 次，基本满意 39 次，不满意 1 次，非常不满意 2 次，好评率 99.6%。提供优质高效服务，提供自助引导服务。设置自助服务区，实现在线查询、预约、申报、身份认证等多项功能，方便群众办理业务。设置咨询投诉服务区。市政务服务中心引导员主动给办事群众提供引导服务和咨询服务，避免办事群众在大厅“转圈子”现象。提供免费服务。为办事群众提供免费 WiFi、免费茶水、免费打印复印等，结

2021年8月6日，市委书记朱宏凌（左六）到五指山市政务服务中心调研
（黄琳迪　摄）

2021年4月22日，五指山市政务服务中心举办五指山市2021年一体化政务服务平台系统培训班（朱立宏　摄）

合“不见面审批”事项办理，联合邮政推出“政务专递、免费邮寄”服务。推进“只进一扇门”改革，主动与公安、社保、公积金等部门协调研究。2021年11月，公安、社保、公积金等部门已进驻政务大厅，设立了4个公安窗口、1个社保窗口和3个公积金窗口，逐步实现“只进一扇门，办成全部事”工作流程。

【行政服务体系标准化建设】 推进市、乡、村三级政务服务事项标准化规范化。市政务服务中心组织各单位、各乡镇、畅好居认领“6+1”类政务服务事项及关联标准办事指南，实现同一事项全省无差别办理，2021年《五指山市政务服务事项目录清单》涉及49个单位1818项业务办理事项，各乡镇、畅好居政务服务事项286项，59个村级和4个居委会政务服务事项252项，事项清单实行动态管理。印发《关于推进各乡镇政务服务事项赋权工作方案》、《五指山市拟赋权乡镇行政许可事项清单》（14项）、《五指山市拟赋权乡镇公共服务事项清单》（9项）。

2021年12月21日，五指山市政府副市长游国苓（中排一）在市政务服务中心主持召开“12345”热线平台推诿工单协调会（黄琳迪　摄）

【“12345”政务服务便民热线】 “12345”政务服务便民热线五指山市分平台接入68个行政部门，包括全市7个乡镇政府及畅好居、4个市政公用企业。2021年，受理工单9780件，全部办结，满意率98.47%。完成呼叫中心筹建项目经费申请、筹建人员、岗前集中培训等工作。印发《海南省“12345”政务服务便民热线五指山市分平台管理办法（试行）》和《海南省“12345”政务服务便民热线五指山市分平台首问责任制度》，10月20日开启话务拨测工作，实现自主接话试运行。

（杨欣颖）

政治协商会议五指山市

政协五指山市委员会综述

【市政协四届六次会议】 2021年3月2日至3日，政协五指山市委员会第四届第六次全体会议召开。会议应出席政协委员118人，实到106人，会议通过政协五指山市第四届委员会第六次会议议程。张棉生代表市政协第四届委员会常务委员会作工作报告。

会议听取市政协副主席黄石卿作的《五指山市第四届委员会常务委员会关于市政协四届五次会议以来提案工作情况的报告》。

开幕大会结束后，举行市政协委员会第四届第六次全体会议，6位市政协委员作大会口头发言。

会议通过政协五指山市第四届委员会第六次会议关于常务委员会工作报告的决议、政协五指山市第四届委员会第六次会议提案审查委员会关于市政协第四

2021年3月2日，政协五指山市第四届委员会第六次会议在福德莱大酒店召开　　（五指山市政协办　供图）

届第六次会议提案审查情况的报告、政协五指山市第四届委员会第六次会议政治决议。

【政协五指山市第四届委员会常委会会议】 2021年2月27日，政协五指山市第四届委员会常务委员会第十九次会议在国金大酒店三楼大会议室召开。市政协主席张棉生主持会议并讲话。市委常委、统战部部长、市政协党组副书记黄国奇，市政府副市长岳国华应邀出席会议。

会议审议通过政协五指山市第四届委员会常务委员会第十九次会议议程，听取副市长岳国华通报市政府系统提案办理工作情况。审议通过关于召开市政协四届六次会议的决定、市政协四届六次会议有关文件（草案）及有关人事议案事项。

会议听取市政协副主席黄石卿通报2020年度大气污染防治“六个严禁，两个推进”民主监督情况，并对市畅好居、各乡镇开展“六个严禁，两个推进”工作情况进行综合排名。

2021年3月3日，政协五指山市第四届委员会常务委员会第二十次会议在国金大酒店三楼大会议室召开。市政协主席张棉生主持会议并讲话。

会议审议通过市政协四届二十次常委会会议议程；听取市政协四届六次会议期间各小组召集人汇报政协五指山市第四届委员会常务委员会工作报告和其他报告情况以及各项决议（草案）讨论情况；审议通过政协五指山市第四届委员会秘书长候选人名单、政协五指山市第四届委员会第六次会议选举办法，政协五指山市第四届委员会第六次会议总监票人、监票人、总计票人、计票人名单，以及市政协四届六次会议关于政协五指山市第四届委员会常务委员会工作报告的决议、政协五指山市第四届委员会第六次会议提案审查委员会关于市政协四届六次会议提案审查情况的报告、政协五指山市第四届委员会第六次会议政治决议，提请市政协四届六次会议进行表决。

2021年5月6日，政协五指山市第四届委员会常务委员会第二十一次会议暨作风整顿建设年动员会在福德莱大酒店多功能会议厅召开。市政协主席张棉生主持会议并对市政协系统作风整顿建设进行动员讲话。市委常委、统战部部长、市政协党组副书记黄国奇应邀出席会议。

会议审议通过政协五指山市第四届委员会常务委员会第二十一次会议暨作风整顿建设年动员会议议程。

2021年8月31日，政协五指山市第四届委员会常务委员会第二十二次会议在国金大酒店三楼大会议室召开。

会议审议通过政协五指山市第四届委员会常务委员会第二十二次会议议程，副市长黄星通报五指山市2021年上半年经济运行情况，与会人员就五指山市2021年上半年经济运行情况作协商议政发言。

听取市政协副主席黄石卿通报2021年上半年大气污染防治“六个严禁，两个推进”民主监督情况，并对市畅好居、各乡镇开展“六个严禁，两个推进”工作情况进行综合排名；会议审议通过有关人事议案事项。

2021年12月3日，政协五指山市第四届委员会常务委员会第二十三次会议在福德莱大酒店多功能会议厅召开。会议传达学习有关会议文件精神和审议相关事宜。

会议审议政协五指山市第四届委员会常务委员会第二十三次会议议程，通报市政府系统提案办理工作情况，汇报《市政府工作报告（征求意见稿）》和市政协专题协商《五指山市生活垃圾分类现状及对策调研报告》等5个课题调研报告，与会人员就其报告进行协商讨论。

审议通过《关于召开市政协五届一次会议的决定》《市政协

五届一次会议有关文件(草案)》《关于同意授权主席会议处理召开政协五指山市第五届委员会第一次会议未尽事宜的决定》等5项决议。

会议协商确定政协五指山市第五届委员会界别设置、委员名额和人选名单。

【市政协专门委员会工作】 政协五指山市第四届委员会专门委员会紧扣“共建自贸港,有事好商量”主题,开展基层协商民主建设工作,市政协1名副主席、1名专委主任分别作为市村(社区)“两委”换届工作领导小组副组长和成员,加强同五指山市委组织部、五指山市民政局和乡镇党委的沟通联系,掌握换届进度,加强指导和宣传工作。2021年8月,全市全部完成村(社区)“两委”换届工作,选举产生59个村务协商会,4个社区和市畅好居共5个居务协商会,做到村(居)务协商会副会长中有一名政协委员履职小组成员。每名市政协主席、副主席联系1—2个乡镇,其所分管的专委主任作为联系该乡镇的具体责任人,建立全覆盖的基层协商民主建设领导体系,在开展协商民主建设过程中,细化工作任务、压实工作责任,层层做好督查指导,掌握情况进展,有针对性地开展工作,打通影响工作的难点、痛点、堵点,把好把牢基层协商民主建设工作的“方向盘”。

【市政协提案与社会法制专委会】 2021年,市政协四届六次会议收到提案89件,经提案委员会审查,立案82件。其中,市委书记宋少华对16件提案做了重要批示,市委部门应办理19件,政府部门应办理63件。未立案的提案及时转为社情民意反映,交由有关部门处理。市政协办、提案委主动联合市委督查室、市政府督查室及相关政府部门召开提案交办征求意见座谈会和2021年市政协提案督办协商会,对82件提案进行分类。市政协党组会议、主席会议定期研究,听取提案办理工作进展情况汇报,根据具体情况提出意见建议,促进提案办理工作有序有效开展,通过民主协商共同努力,形成党委政府重视、政协主动、部门联动的良好格局。

下发《中共五指山市委办公室、五指山市人民政府办公室印发〈关于五指山市政协提案办理工作的规定(修订)〉的通知》,完善提案工作清单机制,规范工作流程、责任单位,从提案征集、提出、办理、反馈等各个环节抓起,细化工作要求,建立办理工作台账,由提案委员会跟踪协调,确保提案事事有回音、件件有着落,夯实提案工作基础。2021年12月,提案全部按时办结,委员满意率和基本满意率98%以上。

【市政协经济与人口资源环境专委会】 2021年,五指山市政协围绕“六个严禁,两个推进”和水环境质量开展专项民主监督6次,向有关乡镇和职能部门提出意见建议,五指山市“六个严禁,两个推进”和“水环境质量”工作全省排名前三。

2021年,经济与人口资源环境专委会重点围绕关于开展“严控重型地贫患儿出生,完善重度地型患者保障制度”课题进行专题调研。由主席班子成员带队到五指山市计划生育和妇幼保健院、海南省第二人民医院等相关部门进行调研,了解相关预防、治疗、救助及报销政策,并提取五指山市地中海贫血患者基础数据,组织部分政协委员、市直相关部门负责人到三亚市、陵水县等市县实地调查研究、学习借鉴,撰写《关于开展“严控重型地贫患儿出生,完善重型地贫患者保障制度”调研报告》。

【市政协民宗与港澳台侨外事委员会(简称“民宗委”)】 2021年,市政协民宗委围绕“推进沿路景观带建设,为生态旅游增姿添彩”课题开展调研,由主席班子成员带队,组织民宗委委员及市直相关部门负责人到陵水县、东方市等市县借鉴经验和做法,找准五指山市沿路景观带建设存在的不足和问题,撰写《关于推进沿路景观带建设,为生态旅游增姿添彩的调研报告》,为促进生态旅游协调发展建言献策。2021年7月,水满乡5个村委会和南圣镇6个村委会召开基层协商民主议事会议。

【市政协文史与教科文卫体专委会】 2021年,市政协文史委做好以“五指山民俗文化”为主题的《五指山文史(第四辑)》专题史料征集工作。征集40多篇稿件,完成修改、校对工作。

2021年8月,市政协文史委组成调研组,在五指山市各乡镇开展了“挖掘和弘扬非物质文化遗产,促进五指山市民族特色旅游业发展”专题走访调研,分别与6名非遗技艺传承人座谈了解基本情况和存在问题。在此基础上,形成了《挖掘和弘扬非物质文化遗产,促进五指山市民族特色旅游业发展调研报告》。

【五指山市政协农业和农村专委会】 2021年,五指山市政协农业农村委围绕市政协2021年协商计划、巩固拓展脱贫攻坚成果与乡村振兴有效衔接、“六个严禁，两个推进”和基层协商民主建设等工作，开展调研视察、协商议政和民主监督。

五指山市政协农业农村委组织市农业相关部门负责人和部分市政协委员，对番阳镇布伦村委会布伦四村“一户一田”试点工作情况进行了走访调研，与番阳镇政府部分党员干部、布伦村委会班子和部分村民代表开展座谈，收集整理“加大宣传力度和农村土地综合整理的力度”等4条建议，在此基础上形成《“一户一田”耕种模式试点工作调研报告》。

2021年3月26日，五指山市政协主席张棉生（左二）带队到五指山市河南西社区开展基层民主协商建设调研　（刘　珠　摄）

【政治协商】 采取全体会议发言、分组讨论、政协常委会议政等多种形式，组织政协委员围绕“五指山市中小学教育情况”、“河（湖）长制”和“林长制”落实情况、优化营商环境、巩固脱贫攻坚成果与乡村振兴有效衔接情况等事关五指山市改革发展稳定的重大问题开展协商议政，提出意见和建议32条，报市委批转有关部门办理。制定《政协五指山市第四届委员会2021年度协商计划》，聚焦市委市政府中心工作，开展协商议政。2021年召开专题议政性常委会2次，协商座谈6次。

主动与组织、民政部门联系对接，将协商议事会与村务协商会有机融合，实现每个村（居）都有一名政协委员任副会长，将全体委员编成35个履职小组下沉到各乡镇、村（社区）、企业开展工作。举办专题培训班2期，组织召开交流座谈会1次、推进会1次、协商议事会议72次，建成基层协商民主议事室72个，围绕农村移风易俗、电线线路改造、撂荒地综合利用、小区物业管理等议题开展协商，落实协商成果65个。

【民主监督】 2021年，五指山市政协党组围绕“六个严禁，两个推进”和“水环境质量”开展专项民主监督6次，及时向有关乡镇和职能部门提出意见建议，制定《五指山市政协关于围绕助推全市作风整顿开展政协民主监督工作的实施方案》，到相关职能部门开展市政协作风整顿民主监督调研活动8次。充分发挥特约监督员作用，推荐6名政协委员担任医疗保障基金社会监督员、1名政协委员担任廉政征兵监督员和2名政协委员参加第八届全国道德模范评选表彰活动等。

发挥社情民意“上传下达、及时快捷”的特点，倡导广大委员深入基层、了解群众心声、反映群众诉求，通过政协邮箱、委员微信工作群、委员热线、委员座谈会等多种渠道，收集和反映社情民意信息8条，转市委市政府有关领导和部门处理。其中市委市政府主要领导对《关于对山海高速出入口（五指山互通）至市区段（通畅路）道路升级改造的建议》《关于小岛公园增设基础设施的建议》等社情民意作出具体批示。

【参政议政】 2021年，五指山市政协召开党组会议21次，党组理论学习中心组学习会12次，主席会议11次，常委会会议5次；举办委员集中学习培训3次；深入基层开展专题宣讲10场次。

【政协调研与建言献策】 2021年，五指山市政协党组制定《政协五指山市第四届委员会2021年度协商计划》，围绕“生活垃圾分类”“严控地贫患儿出生”等重点课题开展专题调研。分别由主席班子带队，到各乡镇、市直相关部门及海口、三亚等周边市县实地调查研究，了解实情。召开协商座谈会5次，撰写《五指山市生活垃圾分类现状调研报告》《关于开展“严控重型地贫患儿出生，完善重型地贫患者保障制度”的调研报告》等5篇。

全年接待海南省政协和各地政协到五指山市学习考察26批次211人。在生态移民搬迁村南圣镇新春村创办市政协第一家乡村

2021年6月24日，五指山市政协主席张棉生（左二）到畅好乡开展“七一”慰问老党员活动（陈泽翠　摄）

书室。

【政协信息与宣传工作】 加强同新闻媒体的配合，主动参与利用网络、委员微信群和《五指山信息》《人民政协报》、五指山广播电视台等新闻媒体，做好政协宣传工作。做好信息采编工作，向省政协机关报送稿件 56 篇，被采用 28 篇，信息采用量位居全省各市县政协前列。

【政协机关建设】 制定《政协五指山市委员会协商工作规则》，修订完善《市政协党组议事规则》《市政协机关党员干部联系政协委员和群众制度》等 6 项规章制度。加强专委会与委员的长效联系与沟通，认真组织开展调查研究和协商议政活动，积极推动所联系界别开展界别协商，有效发挥专委会的基础性作用。

配合市委组织部、统战部做好新一届政协委员人选推荐提名工作。组织政协委员 152 人赴西南政法大学和海南省委党校开展履职能力提升培训，邀请省政协农业农村委主任委员娄东风到五指山市开展基层协商民主建设专题讲座。给全体委员订阅《中国政协》《人民政协报》等报纸杂志。加强委员“微信群”的管理，严格落实委员“双考”制度，建立委员履职档案，将委员参会、参加活动、提交提案、反映社情民意、大会发言和做好事办实事等情况记入档案，形成委员个人履职“成绩单”。印发《关于开展 2021 年市政协委员读书活动的实施方案》，把党史学习教育书目作为学习重点，不定期推荐书目供委员学习参考，引导政协委员自主读书、线上交流，参与读书讨论 260 多人次。

（陈泽翠）

纪检监察

【概况】 2021 年，五指山市纪检监察机关深学细悟习近平新时代中国特色社会主义思想，切实担负“两个维护”的重大政治责任，全力保障脱贫攻坚与乡村振兴工作有效衔接，一体推进“三不腐”（不敢腐、不能腐、不想腐）；不断深化纪检监察体制改革，稳步提升治理效能；持续紧扣全省作风整顿建设年要求，护航换届风气，持续营造风清气正良好环境；紧盯群众身边突出问题，真抓真查持续发力，切实增强群众获得感；深化运用“四种形态”，联动落实“两个责任”，实现精准高效问责；坚持政治巡察职能定位，利剑高悬，圆满完成巡察“全覆盖”任务；始终凝聚惩治腐败与纪律教育两大合力，持续正风肃纪反腐，不断强化廉洁教育；聚焦忠诚干净担当，深化培训锻炼，坚决把队伍建强、让干部过硬；全市纪检监察工作取得新成果，全面从严治党取得新成效，为五指山市有效应对疫情防控、全方位融入海南自贸港建设、“十四五”规划顺利开局提供了有力的纪法保障。

【纪检监察重要会议】 2021 年 2 月 9 日，中国共产党五指山市第四届纪律检查委员会第六次全体会议在市委三楼会议室举行。出席全会的市纪委委员 23 人，列席 87 人。会议回顾 2020 年纪检监察工作、部署 2021 年任务，审议通过李红山代表市纪委常委会所作的题为《监督保障执行　促进完善发展　为全方位融入海南自由贸易港建设提供纪法保障》的工作报告。

【一体推进“三不腐”机制建设】 2021 年，五指山市纪检监察机关共处置问题线索 193 件，初核 142 件，立案 57 件，党纪政务处分 78 人。扎牢“三不腐”的笼子，制定完善 20 余项外部衔接制度，畅通与公检法机关之间线索互移渠道，对政法队伍教育整顿问题线索实行分办“限期制”，推动处置并办结涉及政法队伍问题线索 30 件。围绕整治群众反映强烈问题，五指山市监委首次

2021年2月9日，中国共产党五指山市第四届纪律检查委员会第六次全体会议召开　　（五指山市纪委　供图）

向市人大常委会报告专项工作并认真落实审议意见。举办五指山市“一把手”纪律教育暨“廉内助”家风教育专题班，市四套班子领导成员、市直各单位和各乡镇正科级及以上党员干部及家属共177人参加。举办警示教育巡回展，4202名党员干部和监察对象观展接受教育。在警示教育和政策感召下，有7名党员干部主动到纪检监察机关投案自首，实现政治效果、纪法效果和社会效果相统一。

【违纪违法案件查处】 2021年，全年处置问题线索166件，立案审查调查51件，给予党纪政务处分56人，采取留置措施1人，移送检察机关1人。完善细化纪检监察系统内部和外部的协作配合机制，协助开展五指山市政法队伍教育整顿工作。期间，梳理涉及政法干警问题线索30件，立案审查调查11人，给予党纪政务处分10人。持续整治涉黑涉恶腐败和“保护伞”等违法犯罪行为，加大对重点个案的直查直办和指导督办力度，彻底斩断黑恶势力利益链、“关系网”，以实际行动回应群众期盼。2021年，五指山市纪委监委获评“全省扫黑除恶专项斗争先进集体”，3名纪检监察干部获评“全省扫黑除恶专项斗争先进工作者”。

【信访举报】 2021年，五指山市纪检监察系统接收信访举报总量207件。其中，检举控告25件，占信访举报总量的12.1%，同比下降16.7%（含初次检举控告20件，同比下降9.1%；重复检举控告5件，同比下降37.5%）；业务范围外信访件179件，占信访举报总量的86.5%；批评建议1件，无实质内容2件。

【党风廉政建设】 2021年，五指山市纪委监委严明政治纪律和政治规矩，组织开展2020年度民主生活会专项监督工作，发出“监督意见书”2份，持续压实各级党组织全面从严治党的主体责任。协助市委制定《五指山市关于加强对“一把手”和领导班子监督的责任分工》，细化提出55项监督措施，有效破解对“一把手”和同级监督难题。紧盯“关键少数”，落实任职廉政谈话制度，组织开展2021年五指山市新提拔和进一步使用干部“家庭式”廉政谈话会，提醒50名新任职的科级领导干部和28名家属严格自我约束。以“十个严禁”护航换届纪律风清气正，督促开展换届纪律警示教育44场2076人，审慎回复党风廉政意见5928人，对42人持暂缓使用或否定意见，坚决防止“带病提拔”。在全省率先制定廉情通报办法，明确10种需要向市领导通报的廉情及其实施步骤，建立“通报—督导—整改—反馈”的常态化工作机制，将3家单位14名党员干部作风方面的突出问题书面通报至分管市领导，切实加强对“关键少数”作风建设情况的监督。统筹各种监督方式，狠抓省纪委“4·13”专项检查发现问题的整改，建立定期研判、清单报送、督查督办、结果运用等4项工作机制，有效推动38个问题彻底整改，切实保障了习近平总书记“4·13”重要讲话和中央12号文件精神在五指山市持续落地见效。

【作风建设】 2021年，五指山市纪委监委坚定不移贯彻中央八项规定精神及省市实施细则，查处25件26人，其中给予党纪政务处分19人、诫勉7人，坚决防止“四风”问题反弹回潮。推动建立健全基层减负长效机制，督促各党委（党组）深入贯彻落实《关于进一步解决形式主义问题，做好2021年为基层减负工作的具体措施》，着力整治困扰基层的“文山会海”、产业项目建设中“懒散拖”、政务服务中“吃拿卡要”等问题。在元旦、春节等重要时间节点，以廉政短信等方式警醒全市党员干部不踩红线、不越底线。组织开展纠治“四风”监督检查工作 80 批次，查处违反中央八项规定问题 21 人，给予党纪政务处分 15 人、诫勉 6 人。对违反中央八项规定精神和“四风”问题通报曝光 10 起 10 人，防止老问题复燃、新问题萌发、小问题坐大。深入推进作风整顿建设年活动，督促全市 66 个党委（党组）领导班子和成员严格落实自查要求，主动查摆问题 362 个、整改 269 个。推出“作风红黑榜”，分 2 期专题通报一批亮点工作和负面典型案例。将 3 个国家林草局广州专员办挂牌督办案件及 375 个森林违法图斑整改情况作为干部作风整顿的重要事项，截至 9 月底已全部上报销号，市纪委监委靠前监督、林业部门扎实整改的工作经验在《海南日报》刊载，整改成效得到省领导肯定。对工作期间擅自离岗打麻将的顶风违纪、影响恶劣的作风问题挂牌督办，立案审查调查 7 人，用铁的纪律保证作风整顿建设“长牙带电”。全面梳理各被监督单位职责任务和权力运行特点，将 21 项监督重点细化分解为 64 项具体监督内容，印发实施《2021 年五指山市纪委监委政治监督清单》，进一步提升五指山市政治监督工作的针对性、精准性和实效性。统筹推进纪律教育活动和“清风传家”主题活动，组织开展“一把手”纪律教育暨“廉内助”家风教育专题班，让全市党员领导干部重视家风家教，引领形成清廉自贸港建设新风尚。

【政治巡察】 2021 年，五指山市坚持政治巡察定位不动摇，高质量完成一届任期内巡察全覆盖任务。市委主要领导始终把巡察工作当作“书记工程”来抓，先后 6 次主持召开巡察工作领导小组会议研究巡察工作情况，将党史学习教育、政法队伍教育整顿、乡村振兴、生态环保、公共工程项目、涉粮问题等纳入巡察重点内容，全年高效完成两轮巡察工作。其中，派出 5 个巡察组对市委政法委等 11 个市直单位党组织开展一轮常规巡察，对市供销合作联社进行巡察“回头看”，共发现问题 252 个。开展一轮涉粮问题专项巡察，发现问题 21 个，并在全省范围内第一批移送问题线索。2021 年，五指山市在全省率先完成一届任期内对管辖的 140 个党组织巡察全覆盖任务，累计开展 14 轮巡察，发现各级党组织在纪律、作风等方面的问题线索 175 件涉及 249 人，给予党纪政务处分 85 人，移送司法 7 人。巡察已成为五指山市推动全面从严治党向纵深发展的“国之利器、党之利器”，五指山市连续 3 年获得全省市县巡察工作考核“优秀”等次。2021 年 2 月，中央巡视办领导到五指山市调研，对五指山市巡察工作给予肯定。

【队伍建设】 2021 年，五指山市纪委监委坚持全员培训，有效打造政治过硬、本领高强、纪法贯通的干部队伍。持续强化政治建设，主要负责同志带头上党课、落实抓党建主体责任，将党建工作纳入市纪委常委会议事日程，常态化落实“三会一课”和主题党日活动。各党支部每周固定开展支部学习，累计开展学习 112 次，举办 5 期纪检监察干部能力提升培训班，268 人参训。开展 4 期应知应会知识测试，全市纪检监察干部全员应试。选派干部参加全省纪检监察业务骨干培训班 57 人次、参加中央纪委国家监委审查调查业务培训班 2 人次。强化岗位练兵，加大交流轮岗、挂职锻炼和跟班学习力度，选派 21 名干部到省纪委监委和省委巡视办挂职跟班学习，切实在反腐斗争一线真刀真枪磨砺干部，有效打造过硬干部队伍。2021 年，五指山市纪委监委获“全省扫黑除恶专项斗争（2018—2020）先进集体”荣誉称号和“海南省平安建设（2019—2020）先进集体”荣誉称号。

（何思妤）

民主党派·工商联

中国国民党革命委员会五指山市委员会

【概况】 2021 年，中国国民党革命委员会五指山市委员会现有支部 4 个，党员 55 人，主委 1 人，副主委 3 人，委员 7 人。内设办公室，配备专职干事 1 名。

【自身建设】 2021 年，民革五指山市委员会先后组织召开主委会议 8 次、领导班子（扩大）会议 1 次、全委（扩大）会议 3 次、支部会议 1 次、组织升格工作动员会 1 次，组织各位党员深入学习贯彻习近平总书记重要讲话精神、中共十九大精神、民革中央十三届三次全会精神、中共海南省委七届历次全会精神及朱宏凌在市委四届十五次全会上的讲话精神，学习省委统战部、民革海南省委员会与市委统战部关于换届工作的若干会议文件精神，制订组织升格工作实施方案。同时以学习贯彻习近平总书记“4·13”重要讲话、中央 12 号文件精神和《中国（海南）自由贸易试验区总

2021年9月24日，民革海南省委会五指山市基层委员会成立大会召开
（民革市委 供图）

好各项帮扶工作；帮助帮扶户解决产业发展过程中遇到的实际问题与生产需求，帮助其申请鸡苗、“三鸟”饲料、有机肥与生产工具补贴；开展新春慰问活动，联合其他民主党派组织开展送春联下乡活动，向帮扶户送去慰问物品共计 900 元。此外，联合民建、农工党在什会村联合开展产业助力活动，为 11 户 45 人分别送去鸡苗 230 只、鸡饲料 21 袋和复合肥 27 袋，共计 1.57 万元。组织民革党员参与消费扶贫活动，以实际行动助力乡村振兴。

（黄 鹄）

体方案》作为首要政治任务，以习近平新时代中国特色社会主义思想为指导，学习贯彻《中共中央关于加强党的政治建设的意见》，践行《中国国民党革命委员会章程》。加强与民革省委会、市委统战部和其他市县党派等相关部门的联系，组织党员参加民革省委会、市委统战部的有关会议及培训，加强与各市县民革组织的交流联系，组织党员到保亭、陵水开展交流学习活动，组织党员接洽儋州民革市委会（筹）党员到五指山开展党史学习教育，与五指山市其他党派联合举办中共党史学习教育培训。了解、关心党员的工作、生活情况，组织党员对生病党员、困难党员等进行关心慰问，累计慰问党员 9 名。7 月，组织召开支部党员大会，完成支部换届工作，选举产生支部新一届领导班子成员。9 月，召开民革五指山市第一次代表大会进行组织升格工作，选举产生民革五指山市基层委员会第一届委员会委员及民革五指山市基层委员会第一届委员会领导班子。12 月，在民革海南省委员会七届八次全委（扩大）会议上，民革五指山市基层委员会海二医院支部（即直属四支部）获“2021 年度组织建设工作先进支部”称号，获“2021 年组织建设工作先进个人”荣誉称号 2 人，获“2021 年度社会服务工作先进个人”荣誉称号 2 人，获“2021 年度助力脱贫攻坚工作先进个人”荣誉称号 1 人。

【参政议政】 民革五指山市委员会围绕人民群众反映最强烈的社会热点、难点问题展开调研。向省人大、市政协提交社情民意提案 17 篇，其中副主委周烨作为代表在市政协四届六次大会上作题为《夯实基层医疗卫生机构能力基础，整体提升乡村医生能力水平的建议》的发言，推动五指山市民革党员参政议政，为促进五指山地区基层医疗卫生事业发展献计献策。

【社会服务】 民革五指山市委员会对口帮扶户 3 户，组织帮扶联系人、党员代表入户走访，配合五指山市乡村振兴局、五指山市委统战部、通什镇及什会村委会做

中国民主民盟五指山市委员会

【概况】 2021 年，民盟市委下设 4 个支部：行政机关支部、社会综合支部、教育科技支部、医疗卫生支部。现有盟员 60 人。其中市政协常委 1 人、市政协委员 5 人。

【自身建设】 2021 年，民盟市委盟员和机关干部参加省委统战部、民盟省委、市委、市政协和市委统战部组织的学习、工作会议 18 次，组织召开委员学习会议 6 次，各直属支部组织学习活动 7 次。按照《民盟五指山市委 2021 年工作计划》安排，民盟市委组织盟员深入学习中共十九大以来的会议精神和习近平新时代中国特色社会主义思想。同时，按《民盟海南省委开展中共党史学习教育方案》，开展中共党史学习教育活动，组织盟员集中学习中共党史、盟史盟章。同时开展一些生动的党史学习教育活动。5 月，联合五指山市其他 5 个民主党派组织 9 名骨干盟员到琼海市开展党史学习教育学习活动；10 月，组织盟员 30 人

2021年9月21日，中国民主同盟五指山市第一次代表大会召开

（陈彪虎　摄）

观看红色爱国主义影片《长津湖》。各直属支部也积极组织盟员开展相关内容的学习。

2021年，有3人递交入盟申请书，已列入考察对象。制定了《民盟五指山市委员会2021年换届工作方案》。9月召开换届大会，选举产生民盟市委第五届委员会组成人员，并将结果报民盟省委、市委统战部和各班子成员所在单位，完成换届工作。

2021年，民盟市委推选5名优秀的盟员担任市政协第五届委员会委员，支持盟员参加市里的轮岗工作，1人被借调至市金融中心工作，1人被抽调参加市委第十四轮巡察工作等。

【参政议政】2021年年初，民盟市委印发《关于落实调研课题、开展调研活动的决定》，落实重点课题项目调研工作，完成“海南省市县‘三无’小区管理情况调研”等课题，报民盟海南省委。同时积极参与民盟省委和其他市县的调研课题，如协助民盟海南省文化专委会开展“关于打造海南自贸港演艺之都的可行性研究”等课题，积极参政议政，政协委员提交提案10件，其中集体提案4件、个人提案6件。2021年2月，民盟市委被民盟海南省委员会授予“2019—2020年度参政议政工作先进集体”。

2021年，盟员撰写的多篇文章获奖。如王斌撰写的《生物课堂教学中结合学科素养的情境创设》一文获得第九届民盟教育论坛优秀奖；张秋未撰写的《浅谈新形势下如何加强市县政协协商工作》一文被海南省政协理论研究会采用并获奖励；郑素婷撰写的《关于如何整顿和规范房地产市场秩序工作，打击损害群众利益的商品住宅项目的建议》获得社情民意信息优秀奖等。

【社会服务】2021年，按照五指山市委市政府的要求和部署，民盟市委帮扶联系人积极履职，配合市委统战部、通什镇及什会村委会做好各项扶贫工作。5月底，民盟市委帮扶联系人配合通什镇干部对什会村进行整村排查、核检工作，民盟市委帮扶的5户中未出现返贫现象。2021年，民盟市委帮扶联系人深入什会村委会60余次，针对帮扶户实际情况协助其发展产业。在节日期间赠送价值2000元的大米、食用油等慰问品。10月，民盟市委开展产业帮扶活动，向农户送去价值5640元的肥料、饲料等。邀请盟内的农业专家为农户解答生产过程中遇到的问题。春节前夕，民盟市委联合五指山市其他民主党派一同开展“翰墨飘香、迎春送福——弘扬传统文化，助力乡村振兴”活动，为帮扶户送去春节的慰问品，邀请五指山市文联、五

2021年2月5日，民盟市委与五指山市其他兄弟党派联合开展新春送春联下乡活动

（民盟五指山市委员会　供图）

2021年2月5日，民盟市委责任人在春节前夕慰问关怀帮扶户
（民盟五指山市委员会　供图）

指山市书协的人员为村民义写春联。除民盟市委的定点帮扶工作外，另有8位盟员在其所属单位担任通什、南圣、水满、毛道等乡镇15户帮扶户（49人）的帮扶联系人。2021年6月，民盟市委获民盟中央委员会颁发的“民盟脱贫攻坚先进集体”奖，盟员李章江获得民盟中央委员会授予的“民盟脱贫攻坚先进个人”称号。同时，民盟市委还鼓励各位盟员积极参与消费扶贫，除在每周的“扶贫集市”上购买扶贫农产品外，还在日常扶贫工作中向家庭经济困难户购买价值1万多元的农产品。

（张秋未）

中国民主建国会五指山市委员会

【概况】 2021年，民建五指山市委员会现有会员69人，其中担任五指山市政协委员8人（其中常委1人）。

【自身建设】 2021年，民建五指山市委员会以中国共产党成立100周年为契机，与民革、民盟等党派联合开展五指山市民主党派党史学习教育活动；组织会员观看《长津湖》电影。2021年，发展2名会员。加强制度建设，规范对市委委员履职的管理和监督。9月24日，民建五指山市委员会第四次代表大会在福德莱大酒店召开，会议选举产生新一届领导班子成员。建设“会员之家”，主动关心会员的工作、学习和生活，领导班子经常到会员企业走访，为会员企业协调解决一些困难。在春节前夕开展慰问生病会员和老会员活动。民建市委注重加强与省内外各市县民建组织的沟通和交流，多次与民建省委及省内市县民建组织交流经验，建立良好的组织关系。与民建天津市委员会直属工委十五支部开展交流活动，与山东省淄博市张店区民建达成“结对子”意向。

【参政议政】 民建市委深入开展专题调研，市“两会”前后会员向市政协共递交提案19件，其中社情民意6篇。会员吴杰提交的《关于做实、做强黎苗休闲农业与乡村旅游的建议》和纪洋提交的《以体育旅游为抓手促进五指山市乡村文旅发展》被定为口头发言材料；围绕建设海南自由贸易港，民建市委调研组向民建海南省委递交3篇调研报告；会员积极参加民建海南省委各项征文比赛，共递交6篇参赛作品。

【社会服务】 2021年，民建市委成员多次到什会村了解所帮扶的脱贫户生产生活情况，宣传有关政策，跟踪落实“民建启航班”3期150名学生教育扶贫资金资

2021年9月24日，民建五指山市委员会第四次代表大会在福德莱大酒店召开

助，了解学生们的学习和生活情况，践行“扶贫先扶智”的扶贫思路。印刷民建启航班教学成果汇报图册，向第二期“民建启航班”学生捐赠 6000 元的书籍；邀请海南省五指山市重点服务专家、南海智库专家祁海巧老师为启航班学生上党史课。第一期启航班 50 名学生全部参加中招升学考试，其中 15 人被高中学校录取，35 人被中职学校录取。投入 6000 元对脱贫户进行产业帮扶，发放肥料、鸡苗和饲料，帮助脱贫户申请产业发展奖励补贴和务工补贴约 7500 元。发挥民建经济界的优势，落实就业帮扶工作，为五指山市脱贫户提供劳务输出岗位，据不完全统计，共吸纳五指山市家庭经济困难户劳动力人数 300 人。联合民革、民盟等兄弟党派，赴什会村开展“翰墨飘香、迎春送福——弘扬传统文化，助力乡村振兴”活动。

（吉训莹）

中国民主促进会五指山市委员会

【概况】 2021 年，民进市委会围绕五指山高质量发展和“六园”建设工作目标，开展“不忘合作初心，继续携手前进”主题教育活动，对标新时代参政党建设“四新”“三好”总要求，发挥自身优势，积极履行职责，思想建设、组织建设、换届工作、社会服务等各项工作成绩显著。

【思想政治建设】 7 月中旬，姜凤云主委率领民进市委班子成员及骨干会员 9 人，先后到临高角解放军渡海纪念碑、儋州歃血结盟纪念碑等爱国主义基地参观学习。通过专题讲座、开展座谈、问卷调查、有奖问答等方式，推进思想政治建设和宣传工作。

【换届工作】 2021 年 5 月中旬，制定《民进五指山市委员会 2021 年换届工作实施方案》，成立以姜凤云主委为组长的换届工作领导小组，严格换届纪律，确保在风清气正中进行换届工作。新一届领导班子组成人员按照民主推荐、组织考察、“三方协商”和召开换届大会选举等环节产生。民进市委员会下辖 4 个支部参照实施方案进行换届。

【支部换届】 5 月 26 日至 7 月 28 日，民进市委下辖 4 个支部先后完成换届。各支部设主委 1 名，支委 2 名。通过支部大会选举，韩宇当选教育第一支部主委、陈生辉当选教育第二支部主委、梁彩萍当选综合第一支部主委、吴静当选综合第二支部主委（兼）。各支部根据分配名额，选举出席民进五指山市委员会第一次代表大会代表共 18 名。

【第一次代表大会】 9 月 18 日，民进五指山市委员会第一次代表大会在福德莱大酒店举行，参加大会的正式代表 18 名，列席代表 15 名。五指山市 6 个民主党派、工商联（总商会）等领导应邀到会祝贺。经大会选举，产生民进五指山市第五届委员会委员 13 名，分别是姜凤云（朝鲜族）、卓强云（黎族）、盛达声、吴静（女）、李敏（女）、吉家亮、陈生辉、陈祖珏（女，黎族）、郑黄荣（黎族）、黄昌荣（黎族）、梁彩萍（女，苗族）、韩宇、路娇（女）。

会议授权第五届委员会第一次全体会议选举产生出席民进省委第八次代表大会代表。

【五届一次全体会议】 9 月 18 日，民进五指山市五届一次全体会议在福德莱大酒店举行。出席大会的民进五指山市第五届委员会委员 13 名，会议选举姜凤云为主委，卓强云（驻会）、盛达声、吴静（女）为副主委，完成领导班子新老交换和政治交接。

【组织工作】 民进市委员会领导积极走访市委统战部等会员所在部门，掌握会员所在单位的工作情况，为会员发展搭建平台。11 月初，民进市委员会主委、海南热带海洋学院民族教育学院副院长（主持工作）姜凤云被提拔为市政协副主席提名人选，已赴岗就职。11 月底，姜凤云、卓强云、路娇、陈祖珏、杜英慧 5 名会员被推荐为市第五届政协委员。全年物色发展对象 4 名，考察 2 名，计划发展新会员 1 名。民进市委员会有会员 60 人，设有教育第一支部、教育第二支部、综合第一支部、综合第二支部。2021 年，民进市委员会领导班子成员多次参加民进省委、市委统战部、市政协举办的各类培训学习。

【参政议政】 2021 年，民进界别的政协委员姜凤云、卓强云、文惠玲、王琨、梁彩萍共递交提案 5 篇，其中姜凤云的《关于五指山市创建全国民族团结进步示范市的建议》、梁彩萍的《关于促进基础教育均衡发展的建议》、文惠玲的《关于关注中小学教师心理健康问题的建议》、王琨的《关于改进农产品包装，提升农产品市场竞争力的建议》、卓强云的《关于加大打击农村盗窃行为力度的建议》等，均被立案，受到大会的重视，并得到相关部门的认真办复。

【社会服务】 2021年，民进帮扶联系人每月至少3次入户走访，了解脱贫户的生产、生活情况，结合实际制定帮扶措施。投入1万元，助力农户产业发展。医卫界会员王琨、梁彩萍、林冰等充分发挥专业优势，积极参与五指山市新冠疫情防控工作。9月10日，召开庆祝全国第36个教师节座谈会，会员中的教师、校长等参加座谈，还邀请民盟、民建、九三学社3位主委和市红山中心学校校长等参加座谈会，到会人员23人。座谈会以五指山市教育现状与对策为主题进行讨论。成功主办“2021年民进书画艺术进校园走进五指山”活动。11月4日，由民进海南省委、民进五指山市委主办，海南民进开明书画院承办的2021年“海南民进书画艺术进校园”活动走进五指山思源实验学校，书画艺术家们为该校的师生进行书画教学示范，与学生面对面交流、辅导，为学校赠送一批书画作品。

【会员风采】 广大会员发挥岗位优势和专业特长，立足本职，双岗建功，展现民进会员风采。会员帅英（五指山市法院民事审判庭庭长）办理案件数量保持全院前列，先后获“全国法院办案标兵”“全省优秀法官”“海南省五一劳动奖章”等荣誉称号；会员韩宇（五指山市思源实验学校）在教育教学中，成绩显著，自2019年至今被聘请为副校长（主持工作）；会员梁彩萍（五指山市毛道卫生院医生）代表五指山市参加全省2021年“基层健康杯”首届基层医务人员知识竞赛，获得公共卫生组优胜奖。

（卓强云）

中国农工民主党五指山市支部委员会

【概况】 2021年，农工党五指山市支部有党员32人。其中高级职称14人，占43%；大学学历以上25人，占71%，主要分布在医药卫生界、教育界等领域。2021年9月，经过民主推荐、三方协商、党员大会选举、备案等程序，农工党支部完成换届工作。会议选举产生农工党五指山市支部第五届委员会委员7人，其中杨昌立当选为主任委员，王铁峰、许梦莹当选为副主任委员，李富秀、韦国栋、陈福梁、邓雪萍当选为委员。

【参政议政】 2021年，农工党市支部组织支部党员参加农工党海南省委、五指山市委统战部、市政协等组织的参政议政能力提升班，全年参训25人次。支部有人大代表1人、政协委员5名。“两会”期间，支部委员们围绕五指山市经济建设、生态保护、民族文化、民生工程等议题共递交提案4篇，提案答复率100%。

【社会服务】 6月，农工党五指山市支部组织内科、外科、妇科、五官科等专家到通什镇番赛村委会为当地700名群众开展赠医送药义诊活动，捐赠药品价值2600余元，解决了部分老、弱、病、残患者未能及时就医问题。联合其他民主党派，共同开展卫生急救知识讲座及操作，帮助社会群众了解急救知识，预防突发事故。在帮扶点举办“翰墨飘香、迎春送福——弘扬传统文化，助力乡村振兴”活动，丰富乡村文化生活，提高乡风文明。支部共有帮扶联系人4名，15户脱贫户，支部帮扶联系人走访农户360人次，捐助慰问品1800元。捐助阉鸡100只、抽水机1台、鸡饲料6包、复合肥9包，共计9000元。支部专干驻村工作队员走访农户138户484人，协助驻村第一书记开展产业发展调研、“厕所革命”、扩种养增收入促务工、村级疫情防控等工作。

（陈福梁）

2021年6月，农工党五指山市支部在通什镇番赛村委会开展2021年环境与健康宣传周义诊活动
（陈福梁 摄）

中国致公党五指山市支部委员会

【概况】 2021年，中国致公党五指山市支部委员会组织机构规模为11人，其中主委1人、副主委2人、委员8人。党员50人，平均年龄53岁。其中，男性36人、占比72%，女性14人、占比28%；大专以上学历党员44人，占比88%，高中、中专学历党员6人，占比12%；中级以上职称16人，其中高级职称4人；行政机关14人，事业单位16人，企业单位20人，其中政协常委2人、政协委员5人；副处级领导干部1人，副科级领导干部4人；归侨、侨眷人数14人。支部设办公室和3个直属党小组。

【参政议政】 2021年，致公党五指山市支部在市政协四届六次大会期间，支部为市委、市政府决策提交了7篇提案，其中支部撰写提案3篇，即《关于加快建设海南热带国家森林公园展示区的建议》《积极探索乡村文化振兴新路子，推进乡村文化生态旅游消费提质升级》《巩固拓展脱贫攻坚成果同乡村振兴有效衔接的建议》；党员个人撰写提案4篇，即许金平撰写《关于加强五指山市停车场规划建设及管理的建议》、符国钰撰写《关于解决城市交通拥堵问题的建议》、葛俊鑫撰写《关于深化学前教育改革、补齐农村学前教育短板的建议》和陈慧、王熔撰写《关于修订五指山市鼓励旅行社开发客源市场奖励暂行办法的建议》。7篇提案已按时上报致公党海南省委和市政协办公室。

【宣传教育】 致公党五指山市支部编写组织换届动态、政治学习、抗疫工作、工作调研活动、社情民意宣传美篇信息6条，发送到支部、致公党省委、市委统战部等微信工作群中。

【社会服务】 致公党五指山市支部2021年春节前夕，支部投入2619元，以节日慰问和写春联为依托，组织党员干部深入4户脱困户家庭进行慰问，开展思想交流座谈，共谋各家乡村振兴发展思路。

在就业方面，动员4户脱贫户符合外出务工成员7人外出务工，落实其务工申请补助工作。在产业方面，根据4户脱贫户家庭状况，为陈英蓝和王成辉2户购买总计5500元生产工具；投入7370元，扶持每户脱贫户25只阉鸡苗和12包“三鸟”饲料。在教育方面，落实好有子女上学王成辉、陈英良2户家庭的教育补助资金，并做好控辍保学工作。在医疗等其他方面，4户脱贫户家庭享受脱贫攻坚优惠政策全部兑现。在政策宣传方面，引导鼓励家庭经济困难户保持勤劳致富好观念好做法，对乡村振兴政策充满信心和希望。

2021年，致公党五指山市支部荣获致公党海南省委员会授予的“2021年脱贫攻坚（乡村振兴）先进集体”称号。

【自身建设】 2021年，致公党五指山市支部成立支部组织换届工作领导小组，制订组织换届工作方案，明确组织换届具体实施步骤和政治交接人选工作要求。商请中共五指山市委统战部领导亲临支部组织换届会议作指导，确保支部组织换届工作的届末述职、民主评议、民主推荐，新一届委员会提名人选工作步骤顺利完成。9月底完成组织换届工作任务。

支部召开传达学习中共党史动员会暨学习活动6次。组织党员观看庆祝中国共产党成立100周年现场直播盛况，开展学习习近平总书记“七一”重要讲话精神交流会；组织党员到五指山革命纪念园开展“七一”瞻仰活动和观看红色影片《长津湖》等。组织党员外出参加党史学习教育培训6次20人。1名党员被致公党海南省委授予2021年理论学习先进个人二等奖；5人被致公党海南省委授予2021年理论学习先进个人三等奖。

（黄永芬）

九三学社五指山市支社

【概况】 2021年，九三学社五指山市支社社员15人，其中男社员6人、女社员9人，本科以上学历占比85%，中级职称占比80%，高级职称占比20%，分布在政府机关、事业单位、企业等领域，平均年龄39岁，支社社员均是其现任岗位的业务骨干。2021年9月，经过民主推荐、三方协商、社员大会选举、备案等程序，支社完成换届工作。选举会议产生了九三学社五指山市支社第四届委员会委员，王丽娟当选为主任委员，徐雪燕、张文当选为副主任委员，李晓龙、张晓杨当选为委员。

【参政议政】 九三学社五指山市支社组织社员参加社省委、市委统战部、市政协等组织的能力提升培训班，2021年参训18人次。支社有政协委员3名。“两会”期间支社围绕五指山市“六园”建设提交政协提案5篇（涉及农

2021年3月12日，九三学社五指山市支社筹划为帮扶点增加“一村一景”乡村旅游元素主题植树节活动留影　（张　文　摄）

2021年5月9日，九三学社五指山市支社举办大型“防治地贫 健康孕育”世界地贫日主题宣传活动，图为启动仪式现场　（张　文　摄）

2021年9月23日，九三学社五指山市支社召开第四次全体社员会议，图为会议选举产生新一届领导班子合影（九三学社五指山市支社　供图）

业、旅游文化、民生等），得到批示3篇，立案答复率100%。课题调研方面，支社《关于地中海贫血防控的调研》得到重点关注与落实。

【自身建设】 2021年，九三学社五指山市支社加强自身建设，积极发挥参政党的作用，在参政议政、民主监督和社会服务等领域取得优异的成绩，被九三学社省委表彰为“2021年度优秀基层组织”。

【社会服务】 2021年，九三学社五指山市支社举办全市大型“世界地贫日”主题宣传活动，包括专项义诊、有奖知识问答、献血倡议、妈妈心愿征集、基因配型检测样本采集、基层医疗工作者专业培训等，全省受益家庭及参与人数1000余人；举办两期“九三学堂”课程，课程内容包含弘扬传统文化、急救知识培训等，社会反响良好，受益100人次；定期举办农业技术培训、医学科普等讲座5场次，惠及500余人，发放宣传资料3000余份。

在帮扶点举办“翰墨飘香、迎春送福——弘扬传统文化，助力乡村振兴”活动。3月12日，支社主办乡村振兴植树节活动。国庆、中秋期间，支社联同社员企业五指山妙自然茶业有限公司，为通什镇什会村的全体138户村民送上价值2万元的节日问候。2021年，为支社的帮扶户提供就业岗位和产业帮扶，购买化肥、饲料等价值2万余元。

（张　文）

五指山市工商业联合会（五指山市总商会）

【概况】 2021年，五指山市工商业联合会（五指山市总商会）帮助会员学习和遵守国家的政策法令；维护会员的合法权益；协助政府管理企业；协调会员之间的关系，协调会员跟社会各界及海外的关系；开展各种形式的服务活动，为会员提供市场、技术、商品等信息和管理、法律、会计、审计、融资、仲裁、咨询等服务；组织企业会员举办和参加各种展销会、交易会；为会员办理因私出国护照所需的有关证明；配合法制部门，围绕发展市场经济开发的立法调研及立法活动；开展与港澳台商、海外华商的经济社团联系工作，协助企业会员引进资金、人才和技术；倡导会员举办社会公益事业，举荐和奖励为社会作出贡献的会员。

【参政议政】 2021 年，市工商联配合省工商联及第三方评估机构，对五指山市民营经济发展软环境进行评估；协助做好省工商联到五指山市开展“民营企业助力乡村振兴”专题调研 4 次，深入新一届常委会 14 家企业开展走访调研活动，促进企业健康发展。推选思想政治强、行业代表性强、参政议政能力强、社会信誉好的优秀民营经济代表人士担任“两代表一委员”。推荐 2 名民营经济人士担任人大代表、20 名工商联界民营经济人士担任政协委员。

【促进非公经济发展】 2021 年，建立民营经济网络服务平台，整合各类数据资源，加强与民营企业的信息，互通数据共享和业务，协同构建“互联网 + 工商联”服务体系，解决企业诉求 6 宗案件。到全市 7 个乡镇指导成立乡镇商会，发挥行业商会作用，吸纳各商会会员投资兴业，鼓励、支持、引导更多企业资本、技术、人才向农村流动。邀请山东国杰（琼海）律师事务所宣讲团到五指山市宣讲法律课，保护五指山市民营企业及民营经济人士合法权益，促进五指山市民营企业及民营经济人士守法用法、合法经营意识，提供法律咨询服务。

【构建新型政商关系】 2021 年 10 月 30 日，召开五指山市工商联（总商会）第五届代表大会，选举产生五指山市第五届执委会执行委员 50 名，常委会领导班子 17 名。完善制定基层商会管理办法，指导和推动基层商会完善法人治理结构、规范内部管理、依照法律和章程开展活动，发挥基层商会在发展和管理会员企业、宣传政策、提供服务、反映诉求、维护权益、加强自律的作用，在推动五指山市经济发展、参与乡村振兴建设等方面发挥积极作用。以民营企业、个体工商户、商会、协会等非公有制企业为主体发展新会员，加强对会员的联系，重视发挥担任工商联执委以上的民营企业家的骨干作用。

【社会服务】 指导所帮扶的 12 户脱贫户就业外出务工，持续跟踪收入变化和“两不愁三保障”巩固情况，帮助 12 户脱贫户发展产业，发放价值 5940 元的生产物资。组织市青年企业家委员会 80 余名青年企业家开展庆祝中国共产党成立 100 周年大合唱活动，组织企业积极参与“希望工程圆梦行动”，发动 22 家民营企业为贫困学生捐资助学 93 万余元，资助贫困学子 132 名。

（朱　扬）

群众团体

五指山市总工会

【概况】 2021 年，五指山市总工会围绕全市工作大局，发挥党联系职工群众的桥梁和纽带作用，抓好工会的各项工作，履行工会职能，坚持服务先行，基层组建工作实现新突破，维权机制建设有新发展，帮扶助学工作取得新成效，团结动员广大职工积极投身于海南自由贸易港建设。

【工会组织建设】 2021 年，五指山市总工会推进“强基层、补短板、增活力”行动。新增实名制基层工会 23 家，会员 605 人。

【职工文化建设】 开展先进创建评树工作，推选海南省第二人民医院荣获“全国职工之家”荣誉称号，推选何辉获“全国五一劳动奖章”；创建市级工匠人才创新工作室 1 家，市级职工创新工作室 2 家；创建四星级职代会 2 家，三星级职代会 3 家。筹资 92.18 万元，支持基层工会开展关爱维权、职工文体活动 41 次。完成创建中部旅游公司、水满乡政府、洪富种养合作社工会职工之家、水满乡卫生院、五指山革命根据地、河南东社区、毛栈共享书屋建设，配置运动健身器材、图书等。

【工会经费收缴与审查】 开展财务收支互检，抽调基层工会 31 名财务管理人员对机关基层工会经费收支管理进行相交叉检查，开展基层工会 2019—2020 年度财务收支管理使用情况审计及财务检查，有效规范基层工会经费使用，杜绝财务管理漏洞。

【职工维权服务】 2021年，开展“美好生活·民法典相伴”主题普法宣传活动2场次，邀请专业律师宣讲解读《中华人民共和国民法典》法律条文，发放《中华人民共和国工会法》《中华人民共和国民法典》《法律援助手册》等法律知识宣传资料200份，现场解答咨询服务2次。积极参与欠薪处理，配合市就业、劳动监察等部门协调立案办结5宗，协调处理6宗，为194名劳动者追讨工资345.1万元。及时开设政府性投资项目工资保证金专户，保障农民工工资按时发放。

【工会干部培训】 2021年，五指山市总工会开展法律大讲堂、财务经审、厂务公开民主管理、工资集体协商等培训班4期，培训基层工会干部420人。

【劳动竞赛】 2021年，举办“安康杯”物业行业消防技能竞赛，汇集全市物业企业12支代表队36名参赛选手参加比赛。

【厂务公开民主管理】 五指山市总工会举办2021年厂务公开民主管理培训班，基层工会主席、委员87人参加培训。

【困难职工解困脱困】 2021年，下发《关于印发〈关于进一步巩固拓展五指山市城市困难职工解困脱困工作成果的实施方案〉的通知》。落实帮扶城市困难职工家庭子女助学金12.44万元；落实社会低保兜底政策7户15人，2户7人认定为低收入家庭；为在档困难职工22户73人全额代缴2022年城乡居民医保，并纳入家庭医生签约服务范围，职工基本医保和城乡居民医保参保率达100%；落实4户城市困难职工家庭发放住房补贴，2户困难职工家庭成功配租公租房；将有就业需求的人员纳入全市就业培训计划，困难职工及其家庭成员达成就业3人；督促企业为24名城市困难职工及其家庭成员缴纳社保；发放生活救助金共31.396万元，受益175人。

【弘扬劳模精神】 开展劳模宣讲，弘扬劳模精神、特区精神和椰树精神，举办劳模先进事迹宣讲报告会1场次，邀请劳模作报告2人次，参加职工群众200人次；拍摄王梅珊、王胜等劳模工匠人物影像志纪录片，举办劳模先进事迹宣讲报告会4场。召开劳模座谈会，召集劳模代表27人，引导劳模用心做好“传帮带”工作。关爱劳模活动，组织劳模疗休养8人次；慰问建省以来的劳模、先进工作者等34人，发放慰问金合计1.7万元；开展“工会进万家”活动，慰问劳模6人次，发放慰问品。

【关爱职工活动】 开展“四送”活动。“冬送温暖”活动，慰问861人次；“春送岗位”活动，配合举办招聘会3场次，协调60多家企业提供就业岗位300多个；“夏送清凉”活动，慰问高温作业一线职工1545人次，发放降温饮品；“金秋助学”活动，资助困难职工、农民工子女15人次，发放助学资金7.31万元。开展“暖心留工助发展”活动，走访慰问就地过年的务工人员228人次，发放大米456包、食用油228桶，为外来务工人员就地过年送上党和政府的亲切关怀及工会“娘家人”的新春祝福。构建“互联网+”服务职工体系，开展有奖竞答抢购阉鸡、特色农产品等网上普惠活动4期，普惠职工3813人。开展禁毒宣传活动，到社区、企业开展禁毒知识宣传活动2场次，举办禁毒电影放映活动2场次。关心职工身心健康，开展一线职工免费体检活动，受惠职工390人次。

【文化惠职工】 举办迎接中国共产党成立100周年暨庆祝“五一”国际劳动节系列职工文体活动。举办朗诵、健身跑、篮球、羽毛球、象棋、围棋、乒乓球赛等活动，参加职工2100人次。开展“健康游”活动，组织职工到三亚、屯昌等地一日游，受益职工160人；组织一线职工开展疗休养活动，受益职工63人。举办职工婚恋交友活动，解决单身男女职工的个人问题，参加活动的职工128人。

（李忠全）

共青团五指山市委员会

【概况】 2021年，共青团五指山市委员会以青少年思想政治工作为主线，履行引领凝聚青年、组织动员青年、联系服务青年的职责使命，动员和带领全市各级团组织和广大青少年积极参与主题鲜明、健康向上、富有时代意义的活动，推动全市团的引领力、组织力、服务力、贡献度协同提升，各项工作稳步前进。

【青少年思想教育】 以“六一”国际儿童节为契机，开展“红色伴我成长　红歌唱响校园”“红领巾心向党　学党史展未来”“从小学党史　永远跟党走”等主题队日活动10余场次。打造“五四”品牌活动，围绕纪念“五四”运动

102周年，开展“青春向党　奋斗强国”主题团日活动、五指山市纪念“五四”运动102周年青年座谈会、“青春向党　奋斗强国”青年男子篮球赛、机关青年素质拓展、“颂扬青春诗篇　礼赞百年建党”朗诵比赛、百人百字话百年征文比赛等活动10余场次。常态化开展“守护·清明祭英烈”主题党团队日活动、“青春向党　奋斗强国”2021年新团员集体入团仪式活动、“弘扬雷锋精神 传承红色经典”研学旅行等主题团（队）日活动10余场次，参与8500余人次。发挥团属新媒体在核心价值观教育中的引领作用，及时在微信、微博等平台发布共青团工作动态。至2021年年底，共青团五指山市委员会官方微信公众号关注数达6462人，全年发布信息986条；新浪微博粉丝关注数达720人，2021年发布微博信息220条。

【青年志愿者行动】 2021年，五指山市“志愿中国”注册志愿者人数7906人，占全市常住人口的7%。组织青年志愿者深入各社区、乡村开展新冠疫苗注射宣传志愿服务活动25场次，覆盖群众6000余人。开展“同植一片绿色　共享碧水蓝天”“绿动自贸港　禁塑我先行”“公共卫生大家护　垃圾分类我先行”等环保主题宣教活动40余场次，参与志愿者2400余名，发放宣传资料1万余份，覆盖群众1.5万余人。以新一轮“禁毒三年大会战”为契机，常态化开展“珍爱生命·远离毒品国旗下宣誓”“一课一誓一体验”“重见阳光 帮扶行动”等形式多样的禁毒宣传教育活动50余场次，覆盖群众1万余人。

【青年就业创业】 举办农村青年创业致富“领头雁”培训班，培训农村青年致富带头人、返乡创业青年35人次。创建五指山市畅好居乡村振兴青年联盟，推荐五指山畅好青创农民专业合作社为2021年海南自贸港青年农产品品牌打造项目。协助做好2021年海南自贸港创业大赛省内赛（五指山赛区）暨五指山市“逐梦自贸港·共创五指山”创业大赛决赛，发掘优秀青年就业创业项目。

【青少年维权】 联合五指山市教育局邀请12355青少年服务台志愿者讲师在各中小学开展“关爱明天　普法先行”系列活动5场次，覆盖学生600余人。围绕防溺水、防欺凌、防性侵、用电安全等内容在全市各中小学校广泛开展“护蕾花开　呵护成长”“送法治平安”等青少年自护宣教活动10余场次，覆盖学生1万余人次。举办五指山市纪念“五四”运动102周年青年座谈会暨2021年“共青团与人大代表、政协委员面对面”活动，倾听全市各领域各行业青年心声，畅通反映青年利益需求、维护青年发展权益的渠道，提升服务青年的针对性和实效性。

【大学生志愿服务西部计划】 2021年，五指山市在岗服务的大学生志愿者37人，其中全国项目30人、地方项目6人、健康扶贫专项1人。服务于乡镇及以下岗位26人、乡镇中心校9人、团市委1人、市卫健委1人，志愿者岗位为乡镇及以下服务单位比例达94%。

【希望工程】 2021年，五指山市“希望工程圆梦行动”募集助学金138.60万元，资助4批132名贫困学子，发放助学金53.05万元。其中，建档立卡户66人，低保户11人，普通户55人。对接省希望办、省体育彩票、市人大、市民族局、市妇联等单位推荐资助21名贫困大学生。启动“筑梦公益　暖心助学”项目，将家庭经济困难的中职、中学学生纳入到贫困兜底。2021年资助18名贫困学子，发放助学金9万元。

【青年对外交流】 2021年7月8日，团市委联合团临高县委到

2021年3月31日，团市委、市少工委组织青少年到五指山革命根据地纪念园开展“守护·清明祭英烈”主题党团队日活动　（符虹雨　摄）

2021年11月10日，五指山市少工委三届三次全体（扩大）会议召开
（翁忠哲 摄）

临高角全国爱国主义教育示范基地——海南解放公园开展“学党史 感党恩 跟党走”庆“七一”主题党日活动。2021年12月17日，共青团五指山市委员会联合省青联委员五指山服务团到定点帮扶村毛阳镇牙力村委会开展“关爱儿童 情暖童心”公益活动。

【少先队】 五指山市现有公立学校13所，民办学校1所，实现少先队组织100%覆盖，学校少工委100%建立。2021年11月10日，组织召开五指山市少工委三届三次全体（扩大）会议，选举团市委书记，五指山市教育局党委书记、局长担任少工委主任，强化党建带团建、队建，推进党、团、队一体化建设。选树少先队先进典型，授予李响等15名少先队员“2020年度五指山市优秀少先队员”称号，授予韩冰等15名少先队辅导员“2020年五指山市优秀少先队辅导员”称号，授予少先队五指山市第一小学大队等5个少先队大队“2020年五指山市优秀少先队大队”称号，授予五指山市第一小学一（3）雏鸽中队等8个少先队中队“2020年五指山市优秀少先队中队”称号。推荐五指山市第一小学少先队员李响荣获“2020年度全国优秀少先队员”称号。

【团干部管理】 五指山市现有基层团委12个，其中，乡镇团委7个，畅好居团委1个，学校团委4个；基层团工委1个，即五指山市教育团工委；团（总）支部1个；团支部143个，团员1896人，实现全市4个社区、59个行政村建团全覆盖。团市委在编干部共4人，本科以上学历4人，占总数的100%。完成全市68个村（社区）团组织换届选举工作，配强配齐村级团组织班子，激发基层团组织工作活力。举办五指山市“学党史 强信念 跟党走”党史学习教育暨2021年度基层团干部培训班，培训全市各村（社区）团支部书记或主要负责人、市直属机关、企事业单位团组织负责人、乡镇青少年事务社会工作者计60余人次。

（马智捷）

五指山市妇女联合会

【概况】 2021年，五指山市妇联加强组织妇女参加专项活动学习，提高妇女素质；积极响应，主动配合新冠肺炎疫情防控工作；组织活动，凝聚人心，营造妇女儿童健康发展的良好氛围；以人为本，依法维权，推动维护妇女权益工作再上新台阶；履行职能，把关爱妇女儿童工作落到实处；服务大局，恪尽职守，积极做好中心工作。

【妇女干部队伍建设】 2021年，配有1名以上女性乡镇党委书记或乡镇长的乡镇有3个，配备率42.8%；乡镇领导班子女干部配备率100%。做好村（社区）妇联换届工作，完成59个行政村、4个社区居委会、1个畅好居的妇联换届选举工作，选举产生386名妇联执委，其中主席64名，专兼职副主席103名；年龄35岁以下的92人，占23.83%；中专（高中）以上学历196人，占50.78%，总体呈现文化水平显著提升、年龄结构更趋年轻化、人员构成更加丰富的良好态势。开展“一对一”联系帮扶活动，制定帮扶措施，帮扶工作对症下药，落到实处。以庆祝“三八”妇女节为契机，深化“百千万巾帼大宣讲活动”。开展线上答题等形式多样的庆祝活动，举办“美丽女性·花语人生”插花艺术讲座，开展“建设法治中国 巾帼在行动”“巾帼健康行动”普法和健康知识宣传活动。走访慰问五指山市28名困难妇女，鼓励其要勇敢面对生活困境，坚定战胜困难的信心。到驻点毛旦村开展“十九届六中全会精神暨反家暴法宣讲”主题党员日活动。开展“情暖中秋 心系帮扶 助力乡村振兴”走访慰问活动。

【“巾帼建功”活动】 开展寻找

"最美家庭"活动,利用村(居)"妇女之家"进行宣传发动,动员妇女同志们积极参与,推荐的胡红香、陆婷婷、罗振、邱贤川、王梅珊等5个家庭获得海南省"最美家庭"称号;开展"绿色家庭"创建活动,在全市范围内创建"绿色家庭"114户,其中79户家庭获得海南省妇联评选的"绿色家庭"称号。

【妇女就业创业扶持】 联合五指山市计划生育服务和妇幼保健院开展为全市城乡妇女开展免费"两癌"筛查,做到提前预防,早发现、早治疗,联合五指山市中西医结合医院免费为31名妇联干部进行体检。组织动员五指山市11家女性企业参加2021海南自贸港创新创业大赛,1个项目获手工组二等奖,五指山市妇联被海南省妇联评为"优秀组织奖"单位。

【妇女权益保障】 五指山市妇联借助"三八"妇女节、"6·26"禁毒宣传日、"12·4"宪法日等时机,通过上街设点宣传咨询、发放宣传资料、送法下乡、知识讲座等多种形式。组织开展"普法进乡村"、禁毒宣传,深化妇女普法教育,促进构建和谐社会,提高妇女自觉学法、守法、用法的意识和能力,提高妇女法律意识和维护好自身合法权益能力。组织32名妇女参加海南自贸港女性合唱比赛,组织畅好居广场舞队伍参加2021海南省环保广场舞大赛;在番阳镇孔首一村创建绿色家庭及开展家庭教育指导活动,组织开展《绿色生活进家庭》《家庭教育指导》《儿童安全教育》等专题讲座,向群众普及生态文明知识和家庭教育理念,提高家庭生态文明素质及科学育儿能力。组织实施农村贫困妇女"两癌"救助计划项目,2021年有7名妇女获得救助,发放救助金共14万元;帮助2名患病妇女申请全国妇联"农村贫困母亲"两癌"救助,发放救助金2万元,减轻患病妇女家庭负担。协调社会资源,为妇女儿童办好事、办实事。五指山市妇联通过省妇联和市委市政府,继续争取到"中海油救急难""雏凤"助学等项目,2021年发放救助资金49.7万元,使58户家庭得到救助,发放助学金12.1万元,资助70名高中女生和13名大专以上应届女生,助力乡村振兴。认真做好来信来访工作。通过建立健全信访工作登记台账,发挥"12338"妇女维权公益热线、社区妇女维权站等维权服务平台和妇联人民陪审员、"妈妈训教团"等维权队伍的作用,以《中华人民共和国反家庭暴力法》实施为契机,依托妇女之家,做好矛盾排查、心理疏导、纠纷调解、法律帮助、困难帮扶等工作,完善维权服务。2021年,五指山市妇联接待8宗妇女群众的来电来访,处理率100%。

【妇女培训教育】 2021年,五指山市妇联组织全市各乡、村妇联干部29人参加基层妇联干部领头雁培训班。通过集中培训,提升五指山市基层妇女干部的综合素质和能力水平。开展"巾帼心向党·建功自贸港"女性先进典型故事分享,活动彰显身边榜样的力量;以开展"百年回望:中国共产党领导科技发展"为主线,以第十七届科技活动月为契机,聚焦思想引领,挖掘提炼新时代五指山妇女创新精神。开展绿色环保巾帼在行动、巾帼脱贫、禁毒宣传等工作。开展"巾帼心向党·建功自贸港"、"美丽女性·幸福人生"插花艺术讲座、"铿锵玫瑰心向党"创意插花活动、"回望百年路 启航新征程"红色教育活动、当"国庆"遇上"黎苗风"迎国庆创意手绘等活动,围绕党史学习教育活动开展妇联系统"学党史 转作风 提素质 做廉妻严母好干部"大讨论活动,促进妇联干部转变作风、提升素质。

【关爱儿童】 五指山市妇联以春节、"三八"节、"六一"节等节日为契机,对困难妇女儿童开展慰问活动。发动各级妇联组织为"春蕾计划——梦想未来"行动募捐,筹得善款19626元,帮助更多困难女童接受良好教育;开展"情暖六一 关爱儿童微心愿"活动,为15名困难儿童送去公主裙、篮球、书包、文具等微心愿礼物。组织开展"把爱带回家"2021寒假儿童关爱服务"四送"活动,做好关爱服务,慰问困难儿童81人,发放慰问物资11234元,提升农村留守儿童和困境儿童的幸福感,帮助广大少年儿童度过一个健康、安全、温暖、幸福、充满爱的寒假;发动14名学生到海南经济技术学校就读"巾帼励志中专班"。结合"七一"、端午节,组织开展亲子阅读、包粽子、捏泥陶等家庭实践活动,开展"传承良好家风 培育美好品德"亲子阅读手工活动,让广大家庭在愉悦的亲子活动中,升华家国情怀,使中华民族传统美德得到更好的传承和弘扬。开展各类宣传教育活动。组织开展"普法进乡村"、禁毒宣传、禁塑和垃圾分类宣传以及预防溺水宣传等活动8场次,发放宣传品及宣传资料1100多份。积极联系小区物业、星火志愿者协会、老年大学等组织，发放毛线，鼓励大家为新疆儿童编织爱心毛衣，得到市民的积极响应。2021年，番阳镇孔首村新建1所儿童之家。

【乡村振兴工作】 2021年，五指山市妇联组织党员干部100多人次到驻点帮扶村进行实地调研，落实每月走访4次的工作要求，开展“一对一”联系帮扶活动。开展“情暖中秋 心系帮扶 助力乡村振兴”主题活动，走访慰问驻点联系村的74户脱贫户，慰问村两委及驻村干部21人，发放慰问物资1.06万元；开展“助力乡村振兴”慰问毛旦村脱贫户及市妇联干部帮扶联系户66户，发放慰问物资4422元；为脱贫妇女协调落实乳腺癌、宫颈癌项目，中海油同舟工程救急难项目，五指山市中海油雏凤助学。选派1名有基层工作经验的干部担任乡村振兴工作队长，加强对定点帮扶村的帮扶力度。

（邵海燕）

五指山市科学技术协会

【概况】 2021年，五指山市科学技术协会利用全国科普日活动启动仪式暨科普主题展活动，通过悬挂横幅、发放宣传手册、发放科普宣传资料，开展大众科普宣传，受益群众1万多人次。

【科普宣传工作】 2021年，五指山市科协开展五指山市全国科普日活动启动仪式暨科普主题展活动，发放科普宣传资料3000余份，科普手提袋1500余份，义诊群众160人次，接受群众咨询400余人次。结合党史学习教育、碳达峰碳中和等内容开展线上“五指山市全国科普日网络科普知识竞答活动”“海南省全民科学素质网络知识竞赛活动”等网络在线科普活动，6000多人参与竞赛答题。联合五指山市气象局、五指山市中医院在全市7个乡镇1个社区举办7场科普下乡活动，组织医务人员、畜牧专家等50人次为村民提供义诊、畜禽养殖等方面咨询服务，受益村民460余名，发放种养殖、中医养生等科普宣传资料1700余份。联合五指山市气象局在五指山市一小举办气象防灾减灾科普讲座，联合省科技活动中心在毛阳中心学校、五指山思源实验学校等两所学校开展科普进校园活动，累计参与学生1200余人。

【实用技术培训】 2021年，五指山市科协举办农村实用技术培训班14期，培训人数446人，其中培养党员63名，脱贫户198人，2021年，提高种养殖户的管理水平，让农民真正掌握1—2项农村实用管理技术。

【青少年科技】 2021年，五指山市科协组织3名青少年参加“第十四届科普小先生演讲比赛”，荣获一等奖1人、二等奖2人；组织参加第二届海南省青少年创意编程与智能设计大赛，荣获三等奖2个；组织1名学生参加中国青少年汽车无限创意大赛；组织参加33届海南省青少年科技创新大赛，五指山市推送5所学校11个作品参加比赛，荣获一等奖2个、二等奖4个、三等奖2个；组织25名优秀青少年参加两期高校科学营活动，其中3名学生荣获“优秀营员”称号。

【科普示范基地建设】 2021年，五指山市科协扶持海南省科普示范基地五指山万泉园艺有限公司经费10万元，通过增加新品种，购买设备设施，开展培训以及产、研、学活动，并利用节假日及“全国科普日”等，开展大众科普宣传，受益群众2000人次。

（陈淑华）

五指山市文学艺术界联合会

【概况】 2021年，五指山市文学艺术界联合会认真履行团结引导、联络协调、服务管理、自律维权的基本职能，弘扬本土优秀文化，以多出精品和多出人才为导向，进一步解放思想，创新活动方式，促进五指山市的文艺繁荣发展。

【文艺作品创作】 2021年，五指山市文联组织五指山市文艺界人士走进基层，创作一批贴近群众生活、反映时代发展变化的文艺作品。

2021年五指山市文艺作品一览表

表4

时间（期号）	名称	出版（刊发）单位	备注（作者、作品内容）
2021年1月	散文《黎山植物记》	海南省民族宗教事务委员会 海南日报报业集团	王蕾散文《黎山植物记》在2020年海南省民族文化“七个一”作品征集评选活动中荣获散文一等奖

续表4

时间(期号)	名称	出版(刊发)单位	备注(作者、作品内容)
2021年1月	诗歌《黎乡散纪——三弓村》	海南省民族宗教事务委员会 海南日报报业集团	王蕾散文《黎乡散纪——三弓村》在2020年海南省民族文化“七个一”作品征集评选活动中荣获诗歌三等奖
2021年1月	歌曲《美丽的海南我的爱》	海南省民族宗教事务委员会 海南日报报业集团	2020年海南省民族文化“七个一”作品征集评选活动中获得歌曲类优秀奖，作词庞精东，作曲金永柱，演唱朴俐静
2021年2月	诗集《山海吟啸》	南方出版社出版 五指山市文学艺术界联合会出品	黄荣生著。收录了黄荣生先生多年来创作的古体诗词近500首
2021年2月	散文《蓖麻》	《海南日报》	王蕾散文《蓖麻》在《海南日报》副刊发表
2021年第2期	诗词月刊《讴歌自贸港　韵绕五指山》专栏(28首)	吉林省舆林报刊发展有限责任公司主办	齐翠芬、许永青、陈亚鸿、李逸、吕耀英、王艳伶等28人的诗词发表
2021年第2期	散文《年味儿》	《新教育》	党长宇在《新教育》发表散文《年味儿》
2021年3月	摄影《祭》	海南省 群众艺术馆	熊峰在“美丽海南”2021年我在海南“做年”群众摄影作品展览中荣获二等奖
2021年4月	《春耕时光》	《天津工人报》	吕俊杰在《天津工人报》刊发散文《春耕时光》
2021年4月	诗歌《原谅(外二首)》	《江南时报》	曹银桥在《江南时报》发表诗歌《原谅(外二首)》
2021年4月	歌曲《民歌对唱》	海南黎族苗族传统节日三月三活动组委会	曾若馨参加2021年海南黎族苗族传统节日“三月三”原生态民歌对唱获得二等奖
2021年第5期	诗歌《诗人身披大海，骑上一匹海南的马》等2首	《椰城》	曹银桥在《椰城》刊发诗歌《诗人身披大海，骑上一匹海南的马》等2首
2021年第5期	散文《父亲的黄土地》	《新教育》	党长宇在《新教育》发表散文《父亲的黄土地》
2021年5月	海南非遗旅游产品设计	海南省教育厅	刘善裕参加2021年海南省中等职业学校教师技能竞赛获得一等奖
2021年5月	海南非遗旅游产品设计	海南省教育厅	黄云、韦勤2人参加2021年海南省中等职业学校教师技能竞赛获得二等奖
2021年6月	细碎温暖的话	《内蒙古晨报》	吕俊杰在《内蒙古晨报》刊发散文《细碎温暖的话》
2021年6月	母亲的粽子	《安徽科技报》	吕俊杰在《安徽科技报》刊发散文《母亲的粽子》
2021年6月	追寻美好和幸福	《山西党校报》	吕俊杰在《山西党校报》刊发散文《追寻美好和幸福》
2021年6月	摄影《山里姑娘致富路》	中共海南省委直属机关工作委员会	陈道雄参加“永远跟党走”书法摄影绘画比赛获一等奖
2021年6月	摄影《唱支山歌给党听》	中共海南省委直属机关工作委员会	陈道雄参加“永远跟党走”书法摄影绘画比赛获三等奖
2021年6月	摄影《种瓜妹丰收情》	中共海南省委直属机关工作委员会	陈道雄参加“永远跟党走”书法摄影绘画比赛获优秀奖
2021年6月	书法作品	中共海南省委 老干部局	徐慧生作品入选庆祝中国共产党成立100周年优秀书画摄影作品展并在海南省博物馆荣誉展出
2021年7月	书法作品	海南省文学艺术界联合会 海南省书法家协会	叶碧青书法作品入选“庆祝中国共产党成立100周年红色华章　百年辉煌——海南省主题书法篆刻作品展”

续表4

时间（期号）	名称	出版（刊发）单位	备注（作者、作品内容）
2021 年 7 月	书法作品	海南省文学艺术界联合会 海南省书法家协会	许华涛书法作品入选“庆祝中国共产党成立 100 周年红色华章　百年辉煌——海南省主题书法篆刻作品展”
2021 年 7 月	摄影《山里姑娘致富路》	界面新闻 海南频道	陈道雄参加“致敬‘她力量’”人物摄影大赛获入围奖
2021 年 7 月	诗歌《三沙人、三沙情》	《光明日报社》 中华诗词学会 诗刊杂志社	曹银桥获得“百年芳华　丹心向党”诗歌征集活动三等奖
2021 年 7 月	书法作品	海南省文学艺术界联合会 海南省书法家协会	张锰书法作品入选“庆祝中国共产党成立 100 周年红色华章　百年辉煌——海南省主题书法篆刻作品展”
2021 年 8 月	散文《回老家小住》	《楚天都市报》	吕俊杰在楚天都市报刊发散文《回老家小住》
2021 年 8 月	摄影 《学百年党史 书中华经典》	海南省教育厅 海南省教育工会 海南省书法家协会 海南省美术家协会 海南省摄影家协会	熊峰在“喜迎建党 100 周年，海南省首届教育系统教职工书法、美术、摄影大赛”中荣获摄影类中小学和中职专业组二等奖
2021 年 8 月	新闻作品《泪目！回味抗疫英雄感人瞬间》	海南省新闻工作者协会	丁尚贺、林师锶、朱立雯等 3 人在第三十一届（2020 年度）海南新闻奖评选活动中荣获一等奖
2021 年 8 月	新闻作品《纪念海南解放 70 周年王理辉：“上战场前战士们说，明天不用下我的饭了……”》	海南省新闻工作者协会	丁尚贺、林师锶、朱立雯、莫凡等 4 人在第三十一届（2020 年度）海南新闻奖评选活动中荣获二等奖
2021 年 8 月	书法《沁园春・雪》	海南省教育厅 海南省教育工会 海南省书法家协会 海南省美术家协会 海南省摄影家协会	苻江玫书法作品在“喜迎建党 100 周年，海南省首届教育系统教职工书法、美术、摄影大赛”中荣获书法类中小学和中职普通组入选奖
2021 年 8 月	书法《赋寄建党百年》	海南省教育厅 海南省教育工会 海南省书法家协会 海南省美术家协会 海南省摄影家协会	程昱琳书法作品在“喜迎建党 100 周年，海南省首届教育系统教职工书法、美术、摄影大赛”中荣获书法类中小学和中职普通组入选奖
2021 年 8 月	书法《太行春感》	海南省教育厅 海南省教育工会 海南省书法家协会 海南省美术家协会 海南省摄影家协会	许华涛书法作品在“喜迎建党 100 周年，海南省首届教育系统教职工书法、美术、摄影大赛”中荣获书法类中小学和中职专业组二等奖
2021 年 8 月	书法《解放海南战役诗一首》	中共海南省委保密委员会办公室 海南省国家保密局	许华涛作品新中国成立 100 周年保密宣教作品征集活动中荣获书法类三等奖
2021 年第 8 期	诗歌《一颗椰子掉落的概率》	《星星・诗歌原创》	曹银桥在《星星・诗歌原创》刊发诗歌《一颗椰子掉落的概率》
2021 年第 8 期	短评《屋门口的青菜》推荐语	《星星・诗歌理论》	曹银桥在《星星・诗歌理论》刊发短评《屋门口的青菜》推荐语
2021 年第 8 期	散文《校园趣事》	《新教育》	党长宇在《新教育》发表散文《校园趣事》
2021 年 9 月	散文《赏味夏天》	《民主协商报》	吕俊杰在《民主协商报》刊发散文《赏味夏天》
2021 年 9 月	摄影《阿妈的手》	平遥国际摄影大展组委会	熊峰作品入选第 21 届平遥国际摄影大展

续表4

时间(期号)	名称	出版(刊发)单位	备注(作者、作品内容)
2021年第9期	诗歌《远海与另一颗星相遇(组诗)》	《椰城》	曹银桥在《椰城》刊发诗歌《远海与另一颗星相遇(组诗)》
2021年第9期	诗歌《理想生活》等2首	《飞天》	曹银桥在《飞天》刊发诗歌《理想生活》等2首
2021年第9期	评论《新时代诗歌评论应向泛娱乐化说“不”》	《星星·诗歌理论》	曹银桥在《星星·诗歌理论》刊发评论《新时代诗歌评论应向泛娱乐化说“不”》
2021年10月	诗集《追寻古典一段历程的诗意记录》	南方出版社出版 五指山市文学艺术界联合会出品	李景新著,收录了李景新2013年至2018年总共6年间的古典体裁诗歌作品1085首,此外又收录楹联26副,赋及祝文3篇。运用诗词歌咏祖国秀美的山河、博大精深的文化、新时代富有特色的风土人情、社会的变化和发展
2021年10月	散文《三月,与箫声邂逅》	《海南日报》	王蕾在《海南日报》刊发散文《三月,与箫声邂逅》
2021年11月	散文《野味》	《现代快报》	吕俊杰在《现代快报》刊发散文《野味》
2021年11月	小品《谁不说咱家乡美》	海南省曲艺大赛组委会	黄海林、王堂健、黄秋清、黄志龙等4人参加第十二届中国曲艺牡丹奖选拔赛暨第四届海南省曲艺大赛,获得三等奖
2021年11月	诗词《七绝.夜游五指山》	中国百家文化网 世纪百家国际文化发展中心	张士林获得2021年“翰墨风华”全国诗书画大展赛一等奖
2021年12月	诗集《翡翠城诗韵》(之二)	华夏翰林出版社	陈亚鸿主编,主要介绍名人名篇,深度挖掘五指山文化,把五指山赋予美丽光环,谱写灿烂的文化色彩的诗篇
2021年12月	散文集《葳蕤岁月》	北京日报出版社 五指山市文学艺术界联合会出品	吕俊杰主要围绕乡村的记忆、儿时的回忆、曾经的美食、时光的轮回、季节的更替等,对生活触发灵感的感慨
2021年12月	长篇小说《奔跑的足球》	海南省民族宗教事务委员会 海南日报报业集团	邓西参加2021年海南省民族文化“七个一”作品征集评选活动,荣获长篇小说类一等奖
2021年12月	散文诗《黎山谣》	海南省民族宗教事务委员会 海南日报报业集团	唐鸿南参加2021年海南省民族文化“七个一”作品征集评选活动,荣获诗歌类二等奖
2021年12月	摄影《乐开怀》	海南南海网传媒股份有限公司	熊峰参加海南“我们的小康路”作品征集活动,获图片类三等奖
2021年12月	摄影《五指山梯田缭绕金黄》	海南南海网传媒股份有限公司	陈丕坚参加海南“我们的小康路”作品征集活动,荣获“收录奖”
2021年12月	短视频: “黄金果”编织致富梦	华夏高科技产业创新奖办公室 全国市县广播电视融媒扶贫活动组委会	丁尚贺、王汉存、林师锶、莫凡、王会明、朱立雯等6人在全国乡村振兴优秀项目及优秀宣传成果评选推广活动中荣获“华夏高科技产业创新奖”优秀宣传成果类二等奖
2021年12月	短视频:冯斯福　立志“让老百姓的生活越来越好”的驻村第一书记	华夏高科技产业创新奖办公室 全国市县广播电视融媒扶贫活动组委会	常博、丁尚贺、林师锶、莫凡、朱立雯等5人在全国乡村振兴优秀项目及优秀宣传成果评选推广活动中荣获“华夏高科技产业创新奖”优秀宣传成果类二等奖
2021年12月	书法作品	山西省文化和旅游厅	张锰书法作品在“溯源问道第十九届山西省书法临摹展览”中荣获优秀奖

【文艺交流】 1月23日，五指山市作家协会举办文学座谈会。座谈会上，中国作协会员、海南省作家协会理事、儿童文学作家邓西作了关于小说的构思和写作素材的积累专题讲座。五指山市作协会员胡国万的诗集《凤凰花开》和李乔飞的小说集《三亚蓝湾之恋》在座谈会上亮相。

3月20日，由中共五指山市委宣传部指导、五指山市文联主办的黄荣生《山海吟啸诗集》首发式暨研讨会在五指山市福德莱大酒店四楼报告厅举行。五指山市委领导，海南热带海洋学院民族学院院长，海南热带海洋学院人文社会科学学院副院长，海南热带海洋学院学报执行主编以及五指山市文联机关干部、各协会代表、学生代表等60余人参加新书首发式暨研讨会。

4月13日，由中共五指山市委宣传部指导，五指山市文联主办，五指山市书法家协会、五指山市美术家协会及五指山市摄影协会共同协办的“三月民族情 奋进颂党恩”2021年五指山市庆祝黎族苗族“三月三”书法美术摄影大赛展览在五指山市文联展厅开幕。本次大赛共收到书法、美术、摄影作品374件，经组织专家评审，评出获奖作品93件。本次展览评委作品5件，特邀作品2件，共展出作品100件。

4月30日至5月6日，由中共五指山市委宣传部指导、五指山市文联主办，五指山市摄影家协会协办，“醉美民族情，奋进颂党恩”摄影展在五指山市“三月三”广场、五指山中学展出。

5月15日，五指山市文联按照省文联关于《开展“欢聚吧 第一百个春天”文艺作品网络展演活动的通知》要求，组织开展“欢聚吧 第一百个春天”文艺志愿者在行动文艺作品网络展演活动。分别录制了《唱支山歌给党听》和《光荣啊！中国共青团》2个合唱视频，通过海南省文联新浪官方微博平台进行展播。

6月30日，“翰墨飘香·丹心颂党——五指山市庆祝建党100周年中青年八人书法展”在五指山市文联展厅举行开幕式，共展出71件作品。

12月18日，由五指山市文联主办的“李景新《追寻古典》首发式暨座谈会”在五指山市福德莱大酒店举行。五指山市文艺界代表70余人参加新书首发式暨座谈会。

【文艺下乡与采风】 1月28日至29日，由五指山市文联主办，五指山市书法家协会承办的2021年“五指山市文化进万家送春联活动”在番阳镇、水满乡举办。

1月30日，五指山市作家协会组织开展“文学心向党，建功自贸港”采风活动，采风团参观毛纳村、椰仙茶园、黎祖大殿、初保黎村、五指山革命根据地纪念园、唐干文明村等地。

3月22日，由中共五指山市委宣传部指导、五指山市文联主办、中共南圣党委和五指山市融媒体中心及毛祥村委会协办的“唱支山歌给党听”庆祝中国共产党成立100周年文艺下乡惠民演出活动在南圣镇毛祥村委会举办。

9月23日至26日，五指山市文联组织五指山市作家协会、五指山市美术家协会等各文艺家协会骨干开展“追寻琼崖革命足迹，感悟红色革命精神”党史学习教育采风活动。采风团到五指山革命根据地纪念园、白沙起义纪念园、海南解放公园、母瑞山革命根据地纪念园、椰子寨战斗遗址、六连岭革命根据地纪念园、陵水苏维埃政府旧址参观。

11月20日至21日，五指山市文联组织五指山市作家协会、五指山市诗词楹联学会和五指山市摄影家协会到南圣镇、水满乡、毛道乡、毛阳镇开展“助力乡村振兴，共绘美好生活”采风活动。

12月11日至12日，五指山市文联组织五指山市摄影家协会开展“五指山红叶情”——2021年冬季摄影采风艺术创作活动。

12月2日，由五指山市文联主办，五指山市书法家协会承办的“2021年五指山市文艺志愿服务活动——书法进校园”走进五指山市畅好中心学校。

11月19日，由五指山市文联主办，五指山市教育局、共青团市委、五指山市文化馆协办的“赓续红色传统 展示黎苗风情”——2021年五指山市首届黎族、苗族舞蹈创作大赛在“三月三”广场举行。11支参赛队伍为观众送上12支优美的舞蹈，视频网络直播点播率高达165.87万人次。比赛决出一等奖1名、二等奖2名、三等奖3名、优秀奖6名、创作奖3名。

（卢艳卿）

五指山市残疾人联合会

【概况】 2021年，五指山市残疾人联合会加强残疾人康复、教育、就业、文体、宣传、维权等工作，为全市残疾人做好事，办实事。五指山市残联荣获“全省残疾人工作先进单位”称号。

【残疾人证办理核发工作】 2021年，五指山市残联宣传残疾人保障政策，动员未办证的残疾人办证，联合相关部门到乡村开展残疾鉴定，特别是为建档立卡脱贫户残疾人办证。2021年，共核发残疾人证555本，累计核发残疾人证3805本。先后17次组织海南省第二人民医院、海南省平山医院专家到7个乡镇、畅好居开展下乡入户残疾鉴定服务，共为396名出行不便残疾人免费实施残疾评定，保障残疾人享受各项补贴政策。

【残疾人康复服务】 2021年，五指山市残联完成2020年22名残疾儿童康复训练收尾工作和开展2021年残疾儿童康复工作，投入78.6万元为33残疾儿童完成康复训练。开展“关爱残疾人，精准康复进乡镇”辅助器具适配等活动，为全市224名残疾人发放辅助器具。

【残疾人社会保障】 2021年，五指山市残联集中审核重度残疾人护理补贴材料对象信息19937人次，移交市民政局审定并发放补贴370.07万元；审核困难残疾人生活补贴材料对象信息17031人次，移交市民政局审定并发放补贴170.37万元；审核全市重度残疾人免费乘坐公共交通工具车票报销车票360人1780次，发放出行车票补贴3.01万元；审核发放阳光家计划补贴835人67.17万元；审核发放残疾人燃油补贴200人5.2万元。

【残疾人教育】 2021年，五指山市残联为78名残疾人学生与残疾人家庭子女教育扶持助学资金共8.68万元，其中学前教育阶段残疾人儿童资助6人，每人3000元；义务教育阶段资助65人，每人750元；高中教育阶段资助5人，每人3000元；大学新生教育阶段资助2人，每人2500元。

【残疾人就业】 2021年，五指山市残联组织有就业意愿的残疾人参加“春风送岗位，就业暖民心”就业招聘会，拓宽残疾人的就业渠道。投入30万元扶持60名残疾人发展生产，提高自我发展和增收能力；落实残疾人就业保障工作，依法征收残保金，2021年共征收残保金362.94万元。

【残疾人家庭无障碍改造】 2021年，投入55.6万元组织实施残疾人家庭无障碍改造103户。

【残疾人文化宣传】 2021年，五指山市残联发放《中华人民共和国残疾人保障法》宣传册子3000份和雨伞、小风扇、围裙、宣传袋子等宣传品，普及残疾人优惠政策知识，方便残疾群体了解残疾人法律法规，维护自身合法权益；开展残疾人节日活动，在“残疾人预防日”“全国助残日”“残疾人爱眼日”期间，通过悬挂条幅、制作展板、发放手册、解答咨询等多种形式向市民群众宣传残疾人相关法律法规及政策内容；开展线上“重温百年党史，弘扬助残美德”有奖竞答活动，2000多名网友参与线上竞答活动，通过有奖竞答活动推动社会公众对依法发展残疾人事业的关注和支持，提升残疾人依法维权意识和能力；发放《残疾人法律法规选编》77本至各乡镇残联，确保乡镇村（社区）专委人手一本，推动学法用法落到实处，依法维护残疾人权益；做好残疾人信访维权工作，残疾人的合法权益得到有效保障。五指山市残联联合五指山市检察院、五指山市司法局开展“送法上门”“送法下乡”普法宣传活动，邀请法律工作者到残疾人家中开展普法宣传，做好残疾人信访工作。2021年，接待8个来访案件，及时办理、化解矛盾，解决残疾人的合理诉求，促进和谐社会建设。

【残联基层组织】 2021年，五指山市残联组织开展村（社区/居）残协组建工作，完成全市68个村（社区/居）残协建设工作，共成立68个村（社区/居）残协，全市村（社区/居）残协组织进一步建立健全。组织残疾人参加业务培训班，提高基层队伍履职能力。

【残疾人关爱行动】 开展节日慰问困难残疾人活动，元旦、春节期间，慰问82名残疾人专委及困难残疾人；清明期间，走访慰问革命功臣和革命烈士家属3人；在第68届“世界防治麻风病日”暨第34届“中国麻风节”期间，走访慰问麻风病人13人；在“三八”妇女节期间，走访慰问4名残疾人妇女；在全国助残日期间，慰问100名困难残疾人，巩固残疾人脱贫成果，提高残疾人生活质量；在“七一”期间，慰问困难残疾人党员138名；中秋期间，慰问74名重度困难残疾人、帮扶联系户；在“国际残疾人日”期间，慰问全市340名困难残疾人。

【残疾人文体成果】 残疾人专职委员王南在全国残疾人专职委员知识竞赛中获得第九名，被评为海南省残疾人先进个人；残疾人专职委员陈玉慧荣获全国残疾人运动会73公斤级举重比赛第五名。

（王仙仙）

军 事

五指山市人民武装部

【概况】 五指山市人民武装部坚持以习近平新时代中国特色社会主义思想为指导，深入贯彻党的十九大和十九届历次全会精神、习近平强军思想、新时代军事战略方针，全面抓建设，扎实打基础，单位全面建设呈现良好发展态势。以党史学习教育为牵引，牢固树立听党指挥理想信念。按“四个秩序”规范要求，抓好经常性管理和疫情防控工作，进一步夯实安全发展基础，正规化建设水平有所提升。充分发挥桥梁纽带作用，协调落实拥军优抚政策，助力乡村振兴，军民团结进一步密切。坚持向备战打仗聚焦，强化服务保障意识，加强财务、军需、后装等保障，服务保障能力不断提高。

【理论学习和政治教育】 2021年，五指山市人民武装部党委抓好党委中心组理论学习、“不忘初心、牢记使命”和“传承红色基因，担当强军重任”主题教育，把握全面建设的正确方向。以庆祝中国共产党成立100周年活动为契机，强化听党指挥的思想基础，利用驻地红色教育资源，组织专武干部和人武部干部职工到五指山革命根据地纪念园进行主题教育。

【民兵教育训练】 2021年，五指山市人武部抓实思想教育，强化按纲施训，提高民兵遂行多样化任务能力。利用集中训练、组织整顿、重大节日等时机，对民兵进行形势战备、国防知识和军队优良传统等教育，增强民兵国防意识，强化战斗精神，较好完成大纲规定的年度训练任务。

【征兵工作】 2021年，五指山市人武部召开5次征兵任务推进会，分析形势，研究工作，严密组织体检、政审，严肃征兵纪律，全程公开公平，顺利完成年度征兵任务。

【双拥共建】 2021年，五指山市人武部协调解决2名随军未就业家属就业和多名退役士兵安置问题；将随军家属未就业生活补助标准从900元/月提高到1000元/月。春节前后，协调五指山市双拥办共同开展送喜报活动，共送三等功喜报6份、“四有”优秀个人喜报25份，并为立功受奖军人发放奖金；通过支持生产、项目帮扶、节日慰问等方式，注重提升帮扶对象的“造血”功能，5户定点帮扶脱贫户在脱贫的基础上生活水平不断提高。

（王会思）

五指山市退役军人事务局

【概况】 五指山市退役军人事务局为正科级行政部门，属于市政府工作部门，负责退役军人的移交安置、教育培训、就业创业、优待抚恤、拥军优属拥政爱民、烈士褒扬、烈士纪念设施保护、军人公墓保护等工作。下辖2个事业单位，分别是五指山市退役军人服务中心（公益一类副科级事业单位）和五指山革命根据地纪念园管理中心（公益一类正股级事业单位）。2021年8月，五指山革命根据地纪念园在“老兵永远跟党走”微视频征集展播活动中荣获由退役军人事务部颁发的纪念奖；10月，五指山革命根据地纪念园在第二届“追寻先烈足迹”短视频征集展示活动中荣获环球时报授予的优秀组织者称号；12月，五指山革命根据地纪念园在“老兵永远跟党走”主题作品评选活动中荣获海南省退役军人事务厅颁发的优秀作品证书；2021年五指山市退役军人事务局在政府业务比赛中获得二等奖。

【退役军人基层组织建设】 2021年，五指山市退役军人事务局配合组织部门做好调查摸底、政策宣传、组织动员等相关工作，经过多方努力，于2021年5月18日提前两个月完成了村（社区）“两委”的换届工作，本届村（社区）“两委”共339人，其中退役军人比上届增加42人。

【军人优待抚恤】 义务兵家属优待金标准为人均可支配收入的70%，五指山市退役军人事务局与五指山市各医院签订优抚对象医疗协议，优抚对象住院先住院后结算。2021年，协调五指山市住房保障服务中心为符合条件的退役军人解决保障性住房和农村籍困难退役军人修缮住房；保障随军未就业家属的基本生活，发放随军未就业家属生活补贴。

【退役军人移交安置】 2021年，五指山市退役军人事务局按照公平公正公开的原则，已将转业士官全部安置到事业单位工作；为符合申请社保接续条件的退役士兵完成补缴工作。

【退役军人就业创业】 2021年，发动退役军人参加技能培训、学历教育16人次；树立退役军人创业标杆企业，创建退役军人就业创业基地8家，其中省级创业基地3家，市级创业基地5家；与各大银行开展信用贷款合作，缓解退役军人创业“融资难”，共授信“兵支书”“兵两委”信用村23个；联合就业服务中心共同搭建就业平台，举办“春风行动”“百日千万网络招聘”“退役军人”等招聘会，为退役军人、随军未就业家属及时提供就业信息；加强就业创业政策宣传，利用微信公众号、广播电视、短信等宣传载体，宣传创业典型。

【退役军人维权服务】 2021年，五指山市退役军人事务局制定《学习宣传贯彻〈退役军人保障法〉工作方案》，多次在“三月三”广场开展《中华人民共和国退役军人保障法》《中华人民共和国英雄烈士保护法》《军人抚恤优待条例》《伤残抚恤管理办法》《烈士褒扬条例》现场普法宣传活动，印制《中华人民共和国退役军人保障法》《烈士褒扬条例》和宣传袋子等宣传品。

【烈士褒扬】 发挥五指山革命根据地纪念园爱国主义教育、国防教育基地的作用，常态化开展清明祭扫、烈士纪念、党员教育等一系列活动，累计组织人员960批12.09万人次到纪念园开展教育活动，培训党员2万余人，强化干部群众爱国意识；结合中国共产党成立100周年系列活动，组织退役军人参加海南省“老兵永远跟党走——让退役军人成为全社会尊敬的人”演讲比赛和海南省“老兵永远跟党走”作品征集活动，退役军人彭学军行书对联《毛泽东诗句》入选海南省“老兵永远跟党走”作品征集活动优秀作品。

【双拥工作】 走访慰问部队官兵，切实帮助部队解决实际困难，加强军地合力；落实优待军属政策，发放优待金。

（龙冠波）

法　治

政法与综治

【概况】 2021年，中共五指山市委政法委深入推进平安五指山、法治五指山建设，为中国特色自由贸易港建设和五指山高质量发展营造安全稳定的社会环境。

【维护社会稳定】 加强组织建设，牢固树立总体国家安全观，明确一把手亲自抓、负总责的领导机制，将维护国家安全和社会稳定工作纳入市委常委会重要议事日程；将国家安全人民防线纳入平安建设（综治工作）考核，全市有国家安全人民防线建设小组198个，国家安全人民防线工作站68个，实现全覆盖。加大开展国家安全隐患排查，围绕政治安全、意识形态安全、经济安全等8个风险领域开展国家安全隐患排查预警管控专项行动，全年无危害国家安全案（事）件发生。不断扩大反邪教警示教育宣传区域，落实广播电视播出工作责任制，在重要节日和重点时期安排专人管控；深入开展反邪教警示教育进学校、进社区、进机关等活动，反邪教警示教育宣传阵地累计达到727个，覆盖面达95%以上。深入推进涉稳风险大排查大化解，落实房地产项目涉稳风险稳控，督促跟踪协调相关职能部门化解卓达山水青城、山水林溪、山水绿世界等重大涉稳风险地产项目；做好农民工欠薪涉稳风险防范工作，组织五指山市人社局、五指山市综合执法局、五指山市公安局等单位，及时化解水满黎苗古镇、黎峒康养中心等多个重大项目所涉欠薪问题，化解18件，追回拖欠农民工工资345.1万元。

【法治五指山建设】 发挥“生态巡回法庭”作用，严厉打击盗伐滥伐林木、非法占有农用地等破坏生态环境违法活动，督促“补植复绿”，坚决守护五指山热带雨林国家重点生态功能区。全年发出“三书一函”13件，立破坏生态环境案件11宗，破案11宗，抓获犯罪嫌疑人16人。聘请法律顾问3名，在政府重大决策和重大行政行为合法性审查、行政复议与应诉等涉法涉诉工作中发挥重要作用。2021年出具法律意见13件，法核协议29份。建立健全覆盖全市的公共法律服务实体平台，打造一家“综合性、一站式、标准化”的便民法律服务中心，在7个乡镇设立公共法律服务工作站，为68个村（居）配备法律援助联络员，实现市、乡、村三级法律服务工作平台全覆盖，基本实现“城区半小时、乡村一小时”服务圈。安排“一村(居)一法律顾问”中的律师到各村委会开展乡村振兴法治讲座,2021年累计开展119场,受益群众达2500人次。积极排查、化解基层矛盾纠纷,有效维护农村社会安全稳定,全年组织开展矛盾纠纷排查98次,调处各类矛盾纠纷97件,调处率和成功率都达到99.9%。

【社会矛盾纠纷调处】 2021年,市四套班子成员包案化解信访件11件,已化解2件,正在化解9件;深化矛盾纠纷排查调解工作,实行“流动调解室”,深入居民小区、楼院、群众家中及时开展矛盾纠纷排查调解工作,收集社情民意665条,解决率达100%。

【扫黑除恶专项斗争】 涉及五指山市的线索全部办结,涉黑涉恶案件“清零”,黑财处置基本到位,涉黑涉恶腐败和“保护伞”得到有力惩治。整顿转化软弱涣散村(社区)党组织27个,对全市393名村(社区)“两委”干部和331名村(居)民小组组长进行拉网式、全覆盖地梳理和排查,确保每名村组干部都没有涉黑涉恶行为。加强摸排研判,加强信息网络、自然资源、交通运输、工程建设等重点领域整治,推进基层治理监管工作,重点行业领域治理取得明显成效。

【整治社会治安】 持续整治娱乐场所、旅馆业、网吧、发廊、校园周边等7大类场所的涉毒、盗窃、涉赌、涉黄等突出治安问题,排查整治治安案件37起,查处37起,查处违法人员74人。深化打击“两抢一盗”、制贩毒品、电信网络诈骗等多发性侵财犯罪,严厉打击涉枪涉爆犯罪、有组织犯罪、黑恶势力犯罪等严重暴力犯罪。全年发生命案2宗,破案2宗,同比持平,抓获犯罪嫌疑人5人;立刑事案件316宗,同比下降9.5%,破案138宗(破历年积案15宗),破案率为43.7%,抓获犯罪嫌疑人169名;受理电信诈骗案件90宗,同比上升8.4%,破电信诈骗案件1宗,同比持平。审判机关受理各类案件2077宗,结案1494宗,结案率71.93%;受理执行案件643宗,执结486宗,执结率71.58%。检察机关批准逮捕52件68人,受理起诉案件105件139人,提起公诉70件95人。

【社会服务管理延伸】 完善肇事肇祸精神障碍患者管控和社区服刑人员监管。落实“以奖代补”政策,完成195名三级以上精神障碍患者监护人58.5万元“以奖代补”资金发放。对555名精神障碍患者开展危险评估,并购买商业责任保险,每年投入经费8.33万元。强化社区服刑人员教育管控,创新社区矫正集中教育模式,在册社区服刑人员手机定位成功率达100%,社区服刑人员和社区矫正对象两类人员无一脱管、漏管,无重新违法犯罪。

【新一轮禁毒三年大会战】 全年破获毒品刑事案件5宗,抓获犯罪嫌疑人6人,五指山市现有吸毒人员占全市常住人口比例降至0.65‰;完成青少年禁毒展览馆、禁毒视频室和全市76个涉毒村(居)小组和23所学校禁毒宣传园地(橱窗)建设,实现涉毒村居和学校禁毒教育全覆盖;强化社戒社康服务管理,完成7个乡镇社区戒毒社区康复中心规范化建设,配齐配强禁毒专干10人,开展2期社戒社康专职工作人员培训班,培训36人次。

【未成年人管理】 召开校园欺凌专题会议2次,开展校园欺凌专项督导3次,法治课堂开设常态化,覆盖中小学生1.3万余人。配备安保人员98人,全部持证上岗;加强学生防溺水工作,将7个高风险水域防溺水监控点位纳入市社管平台一期项目建设;为全市17所中小学幼儿园配齐配强法治副校长17人;政法单位帮教有不良行为未成年学生成效明显,60名政法干警帮教30名有不良行为未成年学生,开展176次走访活动,心理评估4次,劝回8名学生返回学校上课,29人均无再次发生不良行为情况,1人送至海口少管所进行管教。全年审理未成年人犯罪案件11宗11人,同比下降50%。

【社会治理】 2021年,排查矛盾纠纷867起,化解858起,化解成功率98.96%,矛盾化解取得实效。开展“基层民主协商”“乡村网格论坛”“第一民生课堂”等多种形式网格服务活动,解决问题323件。“雪亮工程”一期项目完成100%,完成视频监控联网共享应用,平台信息录入和更新始终走在全省前列。

以“五指山市心理危机干预中心”和乡、村两级“关爱工作室”为载体,聘请12名心理专家分片开展心理咨询、辅导、矫治,开展心理讲座5场次,受教育33人次。强化学校、家庭、社区“三位一体”的心理健康生态圈建设,由市综治中心牵头,乡镇综治中心抓落实,走进21所学校开展心理教育,带动未成年人心理健康工作的发展。协调聘请3名心理专家参与偏激重访信访人心理矫治，完成矫治5人，效果明显。

【群防群治】 开展网格化服务管理“283工程”，采取村居党支部委员联系网格点、村居党员联系群众感情”等一系列措施，各级网格中心为民办实事3000多件次。完成市、乡、村三级综治中心规范化建设，将全市划分为120个网格点，配备专兼职网格员510名，组建志愿服务队伍50支845人。以实施“网格化依法治理”和“城镇楼栋依法治理”相结合的方式，将60名社区专职网格员划分到市区1790套楼栋中开展服务管理。通过包片包干负责、上门走访、组团化解等方式，采取“夜间走访”和做到“四清”等措施，深入推行网格化走访排查化解新机制。深入推广“日间照料中心”“长者饭堂”“职工之家”和普法教育基地，建设新时代文明实践所（站）68个。持续深化“一村一警”长效机制，建立平安建设“五个联动协调运行”工作机制，建立健全“派出所—村居治保会—村居网格服务巡逻队—居民”四级治安防控体系。

【政法队伍建设】 2021年，举办3期全市政法干警政治轮训班，受训干警共398人。扎实开展四项教育，稳步推进查纠整改，坚决整治顽瘴痼疾，受理政法干警问题线索147件，核查办结率100%，表彰先进典型和英模人物19人。

（吴永欢）

公 安

【概况】 五指山市公安局坚持以服务保障海南自由贸易港建设为主线，以助力海南创建全国最安全地区为目标，实现了专项行动出成果、共建共治固成果、暖警便民享成果的“三个成果”工作目标，确保社会治安形势持续平稳，社会经济发展持续向好，人民安全感和满意度明显提升。2021年，五指山市交通管理大队车辆管理所被海南省公安厅评为“全省优秀公安基层单位”，五指山市公安局治安党支部、五指山市看守所党支部被五指山市评为“先进基层党组织”，特警大队荣获海南省公安厅“集体嘉奖”1次；4人立个人三等功1次，4人荣获个人嘉奖1次，3人被海南省公安厅通报表扬1次；8人被海南省公安厅评为海南省扫黑除恶专项斗争先进工作者，4人被五指山市评为优秀共产党员，陈泽荣被评为优秀党务工作者，陈云江被海南省公安厅评为“十佳人民警察”、全省公安机关成绩突出个人，麦贤林被海南省公安厅评为“全省优秀人民警察”、全省公安机关成绩突出青年民警，黄启平被五指山市评为脱贫攻坚优秀帮扶联系人。

【打击犯罪专项行动】 2020年12月21日至2021年12月20日，五指山市公安局共立刑事案件321宗，同比下降10.6%。其中，盗窃104宗，占32.4%，同比上升7.2%；电信网络诈骗94宗，占29.3%，同比上升4.4%；接触性诈骗22宗，占6.9%，同比下降26.7%；危险驾驶24宗，占7.5%，同比下降7.7%；强迫、引诱、容留、介绍卖淫14宗，占4.4%，同比上升600%；非法制造、买卖、储存、持有枪支11宗，占3.4%，同比上升120%；破坏环境资源10宗，占3.1%，同比上升900%；开设赌场8宗，占2.5%，同比下降20%；故意伤害7宗，占2.2%，同比上升16.7%；毒品犯罪5宗，占1.6%，同比上升150%；强奸5宗，占1.6%，同比下降28.6%；寻衅滋事3宗，占0.9%，同比下降50%；抢劫2宗，占0.6%，同比上升100%；经济犯罪2宗，占0.6%，同比下降89.5%；帮助信息网络犯罪活动2宗，占0.6%，同比净增；侵犯公民个人信息1宗，占

2021年6月24日，五指山市在青少年活动中心礼堂举办“‘护航自贸港，禁毒在行动——领导干部学党史讲禁毒’暨庆祝建党100周年”大讲堂宣讲主题活动

（五指山市公安局 供图）

2021年9月14日晚，五指山市公安局河南派出所联合指挥中心、交警大队、禁毒大队深入辖区省民族技工学校开展法治宣传进校园活动
（五指山市公安局　供图）

0.3%，同比净增；故意毁坏财物1宗；同比持平，破坏生产经营1宗，同比净增；其他4宗，占1.2%。

【经济案件侦查】 2021年，五指山市公安局经侦大队受理经济案件5起，立案1起，不予立案4起；依托经侦相关系统平台，协助侦办非法吸收公众存款、组织领导传销、假冒伪劣、虚开增值税发票等各类经济案件21起，核查、教育、帮助相关人员65人。

【禁毒】 2021年，全市破获毒品刑事案件5起，抓获毒品犯罪嫌疑6人，打掉贩毒团伙1个成员3名，完成率120%。移送起诉毒品犯罪嫌疑人5人，完成全年目标任务55.6%；收戒收治吸毒人员7人，完成全年目标任务的116%；现有吸毒人员占全市常住人口比例已降至0.65‰，位居全省前列。

【社会综合治理】 2021年，五指山市公安局派出所民警62名，警力占全局总警力的41%，社区（驻村）民警34名，占派出所警力的54.8%。完成5个智慧安防小区建设工作，分别为森林湖小区、双大和园小区、水墨雨林小区、檀溪小区、翠城华庭小区。五指山市公安局按照“基础牢、出事少、治安好、党和群众满意”的工作目标，开展创建工作，五指山市公安局河南派出所被选定为争创单位，创建工作稳步推进。

【日常维稳】 2021年，五指山市公安局治安系统部门排查矛盾纠纷369起，化解369起，没有发生因矛盾纠纷稳控化解不到位引发群体性事件、非访事件和个人极端暴力行为。

加强精神障碍患者排查稳控工作，排查0—5级精神障碍患者546名，其中3级以上重度精神障碍患者214名，并督促派出所建档管理，建立“四位一体”（家属、村委会干部或邻居、镇政府干部、派出所民警）的管控措施，全年未发生列管的精神障碍患者肇事肇祸案（事）件。加强对刑满释放人员管控工作，会同五指山市司法部门，对五指山市刑满释放人员进行严格管控帮教，避免违法犯罪再次发生。

加强行业场所管理，对全市娱乐场所保持严打高压整治态势，开展联合执法11次，累计出动警力5747人次，警车1420辆次，检查KTV、酒吧等娱乐场所308家次，宾馆酒店534家次，足浴按摩场所52家次，网吧101家次、出租屋278家次，盘查可疑人员547人次，尿检1287人次。对存在未设置严禁“黄赌毒”标志、保安人员配备不齐全、治安管理制度不到位等问题的娱乐场所下

2021年9月29日，五指山市首个旅游警务室在红峡谷景区揭牌并正式投入使用
（五指山市公安局　供图）

达责令整改通知书12份，对存在从事寻衅滋事违法活动、提供盈利性陪侍行为的2家娱乐场所给予停业整顿的处罚。强化旅馆业治安管理，督促旅馆业落实“四实”（1.实名，住宿人与登记人要相符；2.实数，登记人数与实际入住人数要相符；3.实情，如实登记住宿人证件信息；4.实时，登记后要立即上传住宿信息）和未成年人“五个必须”（必须查验入住未成年人身份，并如实登记报送相关信息；必须询问未成年人父母或者其他监护人的联系方式，并记录备查；必须询问同住人员身份关系等情况，并记录备查；必须加强安全巡查和访客管理，预防针对未成年人的不法侵害；必须立即向公安机关报告可疑情况，并及时联系未成年人的父母或其他监护人，同时采取相应安全保护措施）登记制度，每月定期开展明察暗访检查，同时联合禁毒、特警、各派出所等部门每月多次开展联合检查。2021年开展旅馆业联合清查行动7次，进行明察暗访33次，检查宾馆、旅馆等行业场所243家次。先后2次组织全市旅馆业经营业主开展治安管理信息系统使用及新修订未成年人保护法实施等业务培训，全市52家旅馆、9家旅租，4家民宿，全部安装治安管理信息系统，全市旅馆业上传率95%以上。加强全市34家寄递物流安全检查，检查122家次，通过开展检查，没有发现五指山市寄递物流行业违反“3个100%”制度和邮寄毒品、枪支弹药、管制刀具等禁寄物品情况。加强散装汽油安全检查，对全市5家加油站每月进行安全检查1次，检查48家次。加强民爆企业安全监管，2021年，五指山市民爆企业1家，五指山市公安局治安大队牵头，对海南合安爆破有限公司（五指山分公司）民爆仓库进行检查，全年累计检查9次，下发整改通知书1份，排查安全隐患3处，行政处罚1家。

扎实开展打击整治“黄赌毒”违法犯罪专项行动，出动警力5428人次、五指山市综合行政执法局出动执法人员789人次、五指山市市场监督管理局出动执法人员367人次、五指山市旅文局出动工作人员267人次，检查KTV、酒吧等娱乐场所297家次，宾馆酒店512家次，足浴按摩49家次，网吧98家次、游戏游艺场所29家次、工地189处，出租屋267家，暗访KTV、酒吧、足浴按摩等场所137家次，盘查可疑人员512人次，尿检1217人次。2021年查处涉黄行政案件20起，抓获卖淫嫖娼违法行为人19人，破获涉黄刑事案件14宗，抓获犯罪嫌疑人22人，涉案金额200余万元；查处涉赌行政案件25起，抓获涉赌违法行为人54人，破获涉赌刑事案件8宗，抓获犯罪嫌疑人12人，涉案金额500余万元。破获的黄赌刑事案件为五指山市近20年来最多，极大震慑五指山市“黄赌”违法犯罪分子，净化了社会风气和治安环境。在2021年全省平安建设打击黄赌考评中，并列排名第一。开展“控发案、多破案”专项行动工作，五指山市公安局受理行政案件368起，同比下降13%，查处治安案件357起，查处率97%，同比上升110%。推进打击整治枪爆违法犯罪专项行动，收缴枪支13支、炮弹1枚，立涉枪刑事案件10起。

【应急处突队伍建设】 2021年，特警大队加强五指山市社会面巡逻防控工作，采取车辆巡逻、徒步巡逻、武装巡逻、便衣巡逻，夜间巡逻等多种方式，加强社会面防控，提高见警率、增加群众的安全感，同时热情服务群众。在为民办实事活动中，投入警力220余人次，开展“市一小”和“市三小”的学生护送，树立良好的警察形象。特警大队联合治安、交警、禁毒、河南、河北派出所，针对五指

2021年6月30日晚，五指山市公安局组织治安大队、禁毒大队、特警大队、河南派出所、河北派出所，联合市综合执法局、市消防大队、市应急管理局等单位开展社会面大清查行动

（五指山市公安局　供图）

山市不同时段的社会治安状况，开展有针对性的联合巡逻防控工作，合理运用盘查、搜索、车辆查控等警务技能，打击各类街头违法犯罪，对违法犯罪分子形成威慑力。同时加强对进出五指山市南北两端卡口车辆人员的盘查力度，遏制外来人员流窜进入五指山市作案的势头。2021 年出动警力 1483 人次，出动车辆 1075 台次。

2021 年，特警大队直接或参与协助抓获的各类违法犯罪嫌疑人 86 名。其中，网上在逃犯罪嫌疑人 5 名，吸毒人员 7 名，缴获各类刀具 9 把。协助处置交通违规 103 起，协助查扣无牌无证等各类违法违章车辆 52 辆。

【警务安保】 2021 年，治安大队共投入警力 5679 人次，警车 1136 辆次，设立卡点 3 处，确保五指山市重大节假日、重大会议活动及社会面的安全稳定，提升群众安全感。

【户籍管理】 2021 年，五指山市全市总人口 103899 人，总户数 33836 户，城镇人口 41501 人，乡村人口 62398 人，男性 53451 人，女性 50448 人，汉族 27421 人，黎族 69563 人，苗族 5932 人，壮族 369 人，回族 122 人，其他民族 492 人。出生 856 人，死亡 1015 人，迁入 1303 人，迁出 1604 人。流动人口 44057 人，办理居住证 14221 人。

【出入境管理】 2021 年，受理出入境证件 91 人次，比上年同期下降 81.04%。全部申请材料均采取日清日结的工作要求，按时按质上报省公安厅出入境管理局，确保申请人在法定工作日时限内领到证件，无投诉情况。发放各种出入境证件 95 本。

【互联网管理】 2021 年，五指山市网警大队累计完成互联网舆情监测信息发现 411 条，其中被省公安厅采纳 220 条，情报信息上报 147 条，省公安厅采纳 28 条，清查网吧 20 余间次。

深入推动信息安全等级保护工作。2021 年五指山市备案单位 27 家，备案系统总数 48 个。其中，二级系统为 42 个，三级系统 6 个。

加大力度打击网络违法犯罪。2021 年，五指山市公安局网警大队通过线索对涉案嫌疑人进行网上网下的深入核查，发现一起存在侵犯公民个人信息的行为，随即将涉案嫌疑人抓获，侦破五指山市首例侵犯公民个人信息案件。在案件配合侦查方面，配合市疫情防控指挥部开展防疫排查 100 余人次，均向市疫情防控指挥部反馈相关人员情况。使用网络技术措施开展刑事案件及任务侦查 73 起，抓获 38 人，调查线索 600 余次；协外案件 1 起，抓获人员 10 人；侦办省公安厅下发涉枪案件线索 1 起，抓获 1 人；协助寻找调查轻生、失踪等人员 2 人，相关人员均获救和得到及时救助。

核查涉代购、套购等线索情报 52 条，调查 52 人。搜集上报维权类等情报线索 3 篇，调查人员 14 人。工作中侦查发现并上报省外团伙案件情报 2 篇，被省公安厅采用并抓获 2 人，协助办案部门抓获网上在逃人员 3 人。

加强本地微信公众号管控工作。五指山市有微信公众号 92 个，其中一级微信公众号 7 个、二级微信公众号 12 个、三级微信公众号 73 个。五指山市公安局网警大队每天对本地微信公众号开展巡查处置工作，每月巡查 80 余次。

【交通安全】 2021 年，查处各类交通违法 35934 起，其中现场处罚 24947 起，非现场处罚 10987 起；办理刑事案件 23 起；行政案件 45 起，行政拘留 45 人；吊销机动车驾驶证案件 32 起、酒驾 308 起；缉查布控现场拦截处罚 190 起。发生一般程序处理道路交通事故 32 起，死亡人数 3 人、受伤人数 38 人，经济损失 8.75 万元，与上年同期相比起数上升 113.3%、死亡人数下降 25%、受伤人数上升 137.5%、经济损失下降 22.23%。四项指数两降两升。办理各类机动车业务 21889 笔，办理各类驾驶人业务 9440 笔，互联网驾驶证业务受理 477 笔，机动车申领检验合格标志业务 557 笔。开展“交通宣传”活动 60 次，展放事故警示展板 360 块次，发放各种宣传资料 1 万余份，受教育人数 1.5 万余人次，开展交通安全大直播 11 次（总关注人数 1.5 万余人），“双微”平台发布信息 355 条，曝光典型违法行为、事故案例 81 起，《今日头条》推送信息 40 条，向媒体投递稿件 30 篇；向全市客运车辆驾驶人发送安全提示短信 1.1 万余条。在全市 16 所中小学，设立交通安全宣传栏 32 块。针对路检路查发现未满 16 周岁学生驾驶电动车的交通违法行为，书面通报至教育部门 6 期 118 人次，强化学生、家长、学校的交通安全宣传教育，提升安全意识和防护能力，遏制中小学生交通事故的发生。严查驾乘摩托车、电动车未佩戴安全头盔的交通违法行为7894起，促成养成文明安全出行习惯。加大交通基础设施和科技装备投入力度。升级改造城区1处电警系统；在交通流量大秩序混乱处增设1组信号灯设备；完成城区8条主次干道的交通标志标线施画和完善各类交通标志标牌41块。

【警务保障】 2021年，实施“十三五”规划建设项目有42个，其中基础设施2个、装备13个、信息化27个，总投资7894.31万元，完成进度97.11%。2021年未完成的项目有3个，分别为五指山市武警看守中队营房及监所外围智能安防联动系统项目、两所一队区域无线对讲机基站系统项目、五指山市公安局监所场所（看守所、拘留所）智能化管理集成系统项目。

【信息化建设】 2021年，五指山市公安局采购153台移动警务通设备，11月完成设备入网、配发，联合省公安厅科通处，举办移动警务通使用培训班，强化民警保密意识，规范信息查询审批流程，确保执法信息安全。五指山市公安局科通部门完成社管平台反走私系统安装调试，并正常运行。结合各个派出所的辖区治安情况，对重点区域的监控点位进行补点，实现重点区域、场所视频全覆盖。

配合省公安厅将现有的百兆公安信息网升级为千兆公安信息网，并纳入科通部门统一管理。开展部分点位信道扩容工作，建设一套备用对讲机，为9个派出所配备基地台和增益天线，解决部分点位信号不好的情况。2021年五指山市公安局建设一套市局至派出所的视频会议系统，实现省、市、所三级视频通信。

【警务培训】 2021年，五指山市公安局制定了《五指山市公安局2021年度教育训练计划》，举办执法规范化培训、信息化大应用培训、心理健康讲座等各类业务培训13期528人次。开展“全警大轮训”集中培训。安排324名民警、辅警人员开展分3期、每期5天封闭式培训，对警用武器、最小作战单元、处置恐怖袭击等警务实战技能，实弹射击等实战技能科目进行每期7天的封闭式培训，投入经费64万余元。组织参加省公安厅、五指山市委组织部的各类专门业务培训10期60人次。举办刑事办案流程等各类执法规范化培训19期，培训人员790人次。新录用人民警察初任培训8人，司晋督培训9人。

【涉林违法犯罪案件查处】 2021年，五指山市公安局森林公安分局立涉林刑事案件8宗，侦破8宗，抓获犯罪嫌疑人7人。

【森林火灾案件预防查处】 五指山市公安局森林公安分局制定《五指山市公安局森林分局2021年森林防灭火工作方案》，加强冬春期间、清明节期间森林防灭火工作，五指山市林区没有森林火灾事故发生。

（吉力劼）

检　察

【概况】 2021年，五指山市人民检察院始终坚持以习近平新时代中国特色社会主义思想为指导，认真学习贯彻落实习近平法治思想，践行“讲政治、顾大局、谋发展、重自强”的工作理念，推动五指山检察“四大检察”、“十大业务”稳进、落实、提升，为服务保障经济社会高质量发展、助力乡村振兴、加快海南自由贸易港建设“三个大考”提交满意答卷。

【惩治职务犯罪】 2021年，五指山市检察院受理职务犯罪案件2件2人，改变管辖1件1人，提起公诉1件1人。

【惩治刑事犯罪】 2021年，受理审查逮捕案件65件88人，批准逮捕46件61人，不批捕18件24人，不捕率28.24%。受理审查起诉案件93件126人，提起公诉59件84人，不起诉8件11人，不起诉率13.4%，改变管辖10件46人。持续推动扫黑除恶工作常态化。2021年，五指山市检察院受理涉黑涉恶审查逮捕案件4件4人，均作出批准逮捕决定；受理涉黑涉恶审查起诉案件3件4人，提起公诉5件13人。开展新一轮禁毒三年大会战工作。2021年，受理毒品类审查逮捕案件5件5人，批准逮捕5件5人；受理审查起诉涉毒案件4件6人，提起公诉4件6人。积极开展禁毒宣传工作，通过两微一端等平台发布禁毒宣传信息35条，开展“进校园、进乡村、进社区”禁毒宣传活动55次，发放禁毒宣传资料6400余份，受教育人数1.7万余人。

【预防未成年人犯罪】 2021年，五指山市检察院受理审查逮捕案件11件11人。其中，成年人侵害未成年人案件3件3人，批准逮捕3人，批捕率100%；受理审查起诉案件10件11人。其中，犯罪时是未成年人的8人，未成年被害人救助率100%。推行“家长课堂”模式，定期为不良行为未成年学生及家长开展团体心理辅导活动，推动不良行为未成年学生帮教工作的有序开展，落实好对未成年人的“教育，感化、挽救”方针。与专业团队签订合作协议，提高社会参与率，实现“预防性侵害 ”教育在五指山市常态化和全覆盖。2021年，五指山市检察院荣获“全国青少年维权岗”称号。

【诉讼监督】 2021年，共受理立案监督案件19件，监督公安机关立案14件，撤案2件。加强侦查活动监督工作，对2018年以来五指山市公安局216宗重点案件进行专项评查，发现压案不查、久拖不结、放任不管等侦查活动违法问题73个，追捕遗漏犯罪嫌疑人2人，发现办案民警职务犯罪线索1件。发出纠正违法通知书4份，五指山市公安局已整改完毕。加强审判监督工作，对2018年以来五指山市人民法院判处免予刑事处罚、无罪、拘役及未采纳本院量刑建议等26宗案件进行专项评查。发现量刑偏轻、判决书说理不充分、办案程序不规范等问题5个，依法向五指山市人民法院发出纠正违法通知书1份、检察建议书1份，均已收到其整改复函。

【刑事执行监督】 2021年，五指山市检察院共制发检察建议6份，纠正违法通知书3份。办理被监管人死亡、暂予监外执行等案件5件，办理重大案件侦查终结前讯问合法性核查案件3件6人，书写驻所检察日志137篇，与在押人员谈话17人次，办理举报线索案件1件。

【民事行政检察监督】 2021年，办理各类民事检察案件10件、行政检察案件4件。通过民事支持起诉的方式，完成2件拖欠农民工工资案件，帮助涉案当事人追回劳动报酬23万余元。

【强化公益诉讼监督】 2021年走访排查公益诉讼案件线索42件，立案40件，办结34件。发出诉前检察建议36件均被采纳，采纳率100%。通过办案重点解决“四大领域+N”领域难点、堵点的突出问题，实现办理一案、治理一片、惠及一方的监督效果，督促治理被毁坏的林地118.9亩，补种各类树种4000余株，督促清理生活垃圾、建筑垃圾640.08吨，追回国有资产178万余元。

【化解社会矛盾】 2021年，五指山市检察院控告部门受理来信来访67件，其中来信7件，来访54件，网络信访4件，来电2件。受理的67件信访件中，涉及国家司法救助类9件、控告类7件、民事申诉类8件、刑事申诉类11件、其他类32件。

五指山市检察院毛阳检察室积极协助司法所、工商联等部门化解矛盾纠纷，维护辖区和谐稳定。2021年，接访11件次，其中就地化解矛盾纠纷7件，依托派驻工商联检察工作站化解纠纷3件，依托派驻重大项目检察工作站化解纠纷1件。

【乡镇检察室建设】 完善办案条件，将2.0办案系统从市检察院下沉至乡镇检察室，保障了检察室办案条件。2021年，办理审查逮捕案件5件，审查起诉8件。

2021年，乡镇检察室立案监督方面共监督立案15件；法庭监督方面对法庭口头纠正法庭审判违法行为4件，书面纠正法庭审判违法行为2件；社区矫正监督方面发出书面纠正违法通知书4份，口头监督2次；侦查活动监督方面对公安机关发出书面纠正侦查活动违法通知书2份，口头纠正侦查活动违法1次。

2021年，为全市重大项目进行法律咨询服务9次。为民营企业提供精准法律服务16次；帮助民营企业解决法律诉求7件；开展民营企业法制培训和宣传16次。

【检察队伍建设】 深化党史学习教育，不断丰富拓展学习形式，组织全体干警深入学习党史、新中国史、改革开放史、社会主义发展史等，结合自身实际开展政治轮训3期129人次。开展革命传统教育、参观革命纪念园、检察长带头讲党史主题党课等一系列活动。创新学习方式坚持把学习教育贯穿教育整顿全过程，制定每月详细学习计划表，通过党组理论学习中心组领学，党支部集中学习、个人自学等方式加强学习，辅以“移动图书馆”推行政法队伍教育整顿与党史学习教育“每日推、每周测、每月考”机制，开展线上测试6次，线下测试3次。

先后开展3轮覆盖全院的谈心谈话工作，包括退休干部在内全院43人覆盖率100%。开展自查自纠个人事项报告填报2轮86人次，召开警示教育大会5场次，组织观看违法干警忏悔警示片3场次，观看英模事迹报告会2场次。教育整顿期间，给予1名干警记过处分。

通过检答网、中检网、政法微课堂等载体，组织干警参加“海南自贸港大讲堂”和“领导干部上讲台”16 期，组织实体培训 17 场次，510 人次；网络培训 13 场次，378 人次；组织报送省院理论研讨会论文 7 篇，向最高人民检察院报送检察研究课题 1 项。2021 年，五指山市检察院未成年人检察部门被共青团中央和中央政法委授予全国“青少年维权岗”称号。市检察院被省委办公厅授予全省扫黑除恶专项斗争先进集体称号；被省委评为“椰树杯—我参与·我奉献”全民大行动先进组织；被市委、市政府授予“双创工作先进集体”称号。党总支部被市委授予先进基层党组织称号。两名干警获得全省扫黑除恶专项斗争先进工作者称号。

（陈君二）

法　院

【概况】 2021 年，五指山市法院以习近平新时代中国特色社会主义思想为指导，全面贯彻党的十九大和十九届历次全会精神以及省委七届和市委四届历次全会精神，深化司法体制配套改革，牢牢抓住司法为民工作主线，加快推进审判体系和审判能力现代化，为经济持续健康发展和社会大局稳定提供有力司法服务和保障。全年受理各类案件 2098 件，结案 1980 件。

【依法惩治刑事犯罪】 2021 年，五指山市法院依法严惩刑事犯罪，着力维护安全稳定社会秩序。全年受理刑事案件新收 81 件，旧存 1 件，其中审结 69 件，未结 13 件，结案率 85%。始终对毒品犯罪保持高压严打态势，受理各类毒品犯罪及毒品衍生犯罪案件 5 件 7 人，其中 1 件 1 人正在审理中。突出打击重点，审结故意杀人、强奸、抢劫等严重暴力犯罪案件 5 件 5 人。落实认罪认罚从宽制度，依法对 18 名犯罪情节轻微的轻刑犯罪被告人宣告缓刑。

【民事案件审判】 2021 年，五指山市法院受理民商事案件 1379 件，占全院案件 60.17%，结案 1058 件，结案率 76.72%。受理破产案件 2 件，受理产权类纠纷 75 件。

【民商事审判】 2021 年，五指山市法院审理涉公司民商事案件 531 件，破产案件 2 件，推进处置“僵尸企业”。

【行政诉讼】 2021 年，受理行政案件 56 件，审结 39 件。其中受理行政处罚、行政登记等行政诉讼案件 34 件，审结 17 件；受理行政非诉案件 22 件，审结 22 件。其中异地管辖保亭黎族苗族自治县的案件有 44 件。推进行政首长出庭应诉常态化，2021 年有 5 人出庭，行政机关负责人出庭应诉率大幅提升。

【诉讼调解】 五指山市法院诉前调解案件数量 923 件，诉前调解成功 509 件，调解成功率 55.09%。

2021 年，五指山市法院诉服质效 2.0 排名长期位居全省前三，2.0+ 排名长期位居全省前四。全年网上立案案件数为 110 件，跨域立案 43 件，网上缴费案件 338 件，音视频在线调解案件 359 件，电子送达文书 6892 份。

【案件执行】 2021 年，五指山市法院受理执行案件 700 宗，已结案件 586 宗，整体结案率 83.71%，已结到位金额 1.07 亿元。将被执行人纳入全国失信被执行人名单库 137 人次，纳入限制高消费 258 人次，开展司法拘留行动 33 次，拘留后履行金额 61.41 万元。开展提高执行到位率专项攻坚行动、“执行难”“执行乱”专项整治活动、涉黑涉恶刑事案件财产执行攻坚专项行动。

【审判监督】 2021 年，五指山市法院审判委员会召开 33 次，上会讨论 193 次案件。其中，分析研判涉黑涉恶案件 11 件次，分析研判适用缓刑案件 10 件次，分析研判涉群体性的影响较大案件 20 件次，

2021年5月21日，五指山市人民法院开庭审理电信诈骗案

（王　烁　摄）

分析研判全国人大关注案件1件。

【涉诉信访】 2021年，五指山法院受理涉诉信访案件18件，均及时对当事人信访诉求予以答复，将矛盾化解在源头。

【司法救助】 2021年，受理司法救助案件5件，救助5人，发放司法救助金15.64万元，司法救助中央经费30万元，省级经费2万元。

【人民陪审员制度】 强化陪审员管理，充分发挥陪审员职能。持续加强人民陪审员的日常管理，完善制度，做到管理工作有章可依，对个别一年都不参加陪审、不胜任的陪审员及时报请人大免职，清除出队伍。在日常管理中，根据人民陪审员自身的工作性质和工作地点的差异，以及人民陪审员各自的特点，把人民陪审员分类后与各业务庭建立起联系，由各业务庭提出申请，立案庭负责通知，并建立参加庭审次数台账清单。

【廉政建设】 组织人员参加全国政法队伍教育整顿并组织干警开展“两个坚持”专题教育、“以案释德、以案释纪、以案释法”警示教育和防止干预司法“三个规定”专项整治等三项队伍建设活动。运用张家慧等人以及全国政法队伍教育整顿中发现的反面典型案例，依托政法队伍教育整顿和最高院审务督察专项整治行动，组织全院干警观看警示教育片20余部，前往廉政基地接受警示教育10余次，通过用身边的“活教材”敲响了正风肃纪的警钟，全院干警深受教育。

【普法宣传】 2021年在各级媒体刊发稿件282篇，多层次、多角度讲好法院故事，传播好法院声音。拍摄以五指山法院工作为蓝本的微电影《引路》1部，党史学习教育宣传片1部。获得中央媒体采纳的正面报道7篇，其中《法治时报》3篇，人民网1篇，《民主与法制》2篇，人民法院新闻传媒总社1篇；获得海南省媒体采纳的正面报道245篇；获得市级媒体采纳的正面报道280篇。政法队伍教育整顿期间，五指山市人民法院获得中央政法委采纳经验稿件1篇。

2021年12月26日，五指山市人民法院开展法院开放日活动

（王　烁　摄）

【为民服务】 深入贯彻省高院党组提出的“质效结合、三性统一、努力办理‘有灵魂的案件’”的司法理念，办理了多起体现社会主义核心价值观的案件，其中在办理涉群体性风险房地产案件中，从服务大局的角度出发，以人民为中心，全面梳理排查问题，倒排工期分类推进，为确保五指山·水林溪389户业主的切身利益，2021年4月27日，五指山市法院电话回访了389户业主的代表继续跟踪落实。9月，派法官亲自前往新疆昌吉中院、乌鲁木齐中院协调处理解封事宜。目前第一批小区业主已顺利办理房产证，其他业主房产证办理的后续工作正在有序进行。该重大风险得到了实质化解，落实了为群众解决好身边“急难愁盼”的问题。

（王　烁）

司法行政

【概况】 2021年，五指山市司法局围绕中心工作，服务大局，不断提升公共法律服务供给能力，拓宽公共法律服务渠道，充分发挥法治宣传、人民调解、社区矫正等司法行政职能作用，着力推动法治政府建设。

【依法治市】 2021年，五指山市司法局严格执行规范性文件审查备案程序，全年法核规范性文件12件，制定及实施备案的规范性文件均符合法律法规、规章制度及相关政策。为五指山市政府及各乡镇政府、各部门审查各类政府涉法事务17件、政府合同及框架协议34份，执法事项清单1039条。开展行政执法“三项制度"专项检查3次，促进行政执法机关依法履职。对17个执法部门147件行政执法案卷进行抽查和评查，对检查发现的283个问题及时反馈，提出整改意见并进行通报。组织94人参加省行政执法人员资格考试（公共法），为233名符合条件的行政执法人员申领换发国家标准行政执法证。

依法办结复议案件12件（含上一年度结转1宗），并录入系统。维持原行政行为7宗，撤销并责令1宗，责令1宗，终止1宗，确认违法1宗，撤销1宗。其中纠错（含撤销、确认违法）3件，纠错率25%，与上年相比上升11%。将行政复议决定书在市政府门户网站公开，自觉接受群众监督。加强宣传和舆论引导，发放法律读本、制作行政复议宣传品，广泛宣传行政复议法及其实施条例，营造"有争议先复议"的良好氛围。通过微信、电话等快捷方式与申请人沟通交流，通过邮寄等法定方式送达法律文书，使相对人申请行政复议少跑腿、更方便。

2021年12月17日，五指山市司法局开展2021年法治政府建设评估考核工作
（五指山市司法局　供图）

【普法工作】 印发《五指山市2021年普法依法治理工作要点》，深入开展"法律六进"等活动。结合国家安全教育日、食品安全周、安全生产月、"6·26"禁毒日等时间节点组织开展"法律六进"77场，受益群众8500余人，发放各类法治宣传资料2000余份。组织拍摄《中华人民共和国民法典》原创普法短剧4个，在"五指山普法"新媒体矩阵上发布有关《中华人民共和国民法典》文章16条，阅读量18.5万人次；通过"五指山普法"微信公众号开展民法典线上有奖知识问答活动，677名群众参与，其中363人获奖；五指山普法新媒体平台实现阅读量（观看量）约2.37亿人次，其中公众号推送普法文章446篇，《今日头条》推送普法短视频及普法文章140篇，快手推送普法短视频134篇，抖音推送普法文章130篇。"五指山普法"4次入选《今日头条》政务号全国司法榜二十强，2次入选抖音政务号全国司法榜二十强；以《中华人民共和国村民委员会组织法》《中华人民共和国民法典》《中华人民共和国海南自由贸易港法》为主要内容开展宣讲活动153场，2900人次参与。开展"法律进校园·青春伴法行"宣讲活动。以"《校园安全宣传手册》+案例分析+律师学生情景互动"普法新模式，在全市19所学校开展20场进校园活动，受益师生7300余人，发放宣传资料1.51万册。

【人民调解】 五指山市司法局各司法所2021年调处各类矛盾108宗，调处成功105宗，调处成功率97.2%。其中，土地、山林、水利资源权属类纠纷10宗，房产、物业类纠纷2宗，经济合同、金融借贷类纠纷12宗，损害赔偿类纠纷69宗，婚姻家庭类纠纷3宗，邻里关系类纠纷4宗，劳务类纠纷3宗，旅游纠纷类1宗，其他纠纷1宗，调解金额138.8万元。

聘用19名专职人民调解员，明确责任分工，工作覆盖全市7个乡镇和市畅好居，68个村（居）委会，从根本上解决人民调解队伍不稳定、业务素质不高、无法满足人民群众法治需求等问题，提升辖区人民群众的安全感、信任度、满意率。采取举办培训班、年度考核等形式，加强对各级调解员培训，提高基层调解员的整体素质，促进人民调解工作规范化发展。6月25日，市司法局组织全市各乡镇分管人民调解工作的分管领导、各乡镇调解委员会业务骨干、全市各村（居）、行业性专业性调委会调解员140余人，针对五指山市突出的土地、山林类纠纷、婚姻家庭类纠纷，举办五指山市人民调解员综合素质及业务能力培训班，提高全市人民调解员综合素质及业务能力。11月19日，举办基层司法行政业务培训班，组织各司法所工作人员、专

2021年8月12日，五指山市委副书记、市长陈国梁（左一）到五指山市司法局调研（五指山市司法局 供图）

职人民调解员、行业性专业性调委会调解员30余人参加，培训邀请海南省司法厅人民参与和促进法治处陈超科长针对人民调解卷宗归档及海南智慧调解App的实用操作进行讲解，有效规范人民调解卷宗归档及实现五指山市人民调解工作的移动化、智能化运行。

建立健全市乡村人民调解组织，壮大人民调解工作队伍。在全市乡镇、市畅好居68个村（居）委会均设立乡镇、村人民调解委员会，推选乡镇分管领导和业务骨干、村（居）委会干部作为本级人民调解委员会成员，做到全市基层人民调解工作组织基本实现全覆盖，形成市、乡、村三级人民调解工作上下联动、垂直发力的调解网络，逐步完善矛盾纠纷联防联调机制，遵循“因地制宜、因陋就简、经济适用”的原则，在各乡（镇）建立人民调解委员会，专门设立独立的乡镇级人民调解室，严格按照“四有”要求，即有房子、有牌子、有印签、有桌椅，保障人民调解工作有序开展。结合五指山市各村委会实际情况，利用村委会文化室、会议室等现有资源，建立村级人民调解室，最大化发挥村委会文化室、会议室“空余”价值，切实为村级调解工作提供必要元素。建立健全岗位责任、工作考核、业务学习以及定期排查、卷宗规范、档案管理、重大纠纷逐级上报等规章制度。严格按照省司法厅标准统一制作“人民调解卷宗”，统一人民调解各类文书格式，有力地促进了调解业务规范化。完善矛盾纠纷排查调处制度，各乡镇司法所每月开展常规矛盾纠纷排查，在元旦、春节、国庆节等重大节假日前开展定期排查，“两会”“博鳌亚洲论坛”等重要会议期间做到专项排查，形成排查调处制度，实现排查范围全覆盖，切实将矛盾化解在基层。开展多元调解，联合市人民法院、市公安局等部门开展诉前调解工作，运用“多元调解”App，受理市人民法院委派诉前调解任务，开展在线调解、在线确认调解协议、在线申请司法确认、在线出具调解书、在线立案线上制定协议书等，可让身处两地、不便前往调解场所的当事人足不出户、动动手指就能在线上化解矛盾纠纷，有效降低人民群众的诉讼成本，提高群众对人民调解工作的满意度，实现“一站式”化解矛盾纠纷，做到“为群众办实事”，让人民群众体会到“司法为民、公正司法”。2021年，成功调处法院委派诉前调解任务9宗。设立旅游、婚姻家庭等行业性、专业性调委会2个，调解矛盾纠纷7宗。选派1名专职人民调解员到旅游、婚姻家庭等行业性、专业性调委会开展纠纷调解和规范相关调解档案卷宗管理等工作。

2021年9月2日，五指山市司法局在国金大酒店举办五指山市规范行政执法培训班（邓颖颖 摄）

【社区矫正】 2021年，接收社区矫正对象39名，解除27名，现在册67人，均为缓刑，全市社区矫正对象无脱管、漏管和重新犯罪。

落实社区矫正对象监管制度，五指山市各司法所每天对辖区社区矫正对象定位监控2次，社区矫正管理中心实时在业务群通报报警信息，发现问题及时纠正，重大问题逐级上报，并做好定位监控日志。市司法局组织各所每月召开分析研判会，了解辖区社区矫正对象的基本情况，掌握重点时段、重大活动期间社区矫正对象的思想动态和行为表现，提高预警能力，对研判分析出影响社区矫正安全稳定的问题，认真分析原因，制定有针对性的对策和措施，严格落实管控措施，防止脱管失控。

根据犯罪类型和犯罪原因的不同，有针对性地开展“暴力类”“破坏环境资源类”犯罪法治专题分类集中教育。8月26日，市司法局联合市公安局共同对“暴力类”犯罪社区矫正对象进行分类集中教育活动，通过邀请市公安局工作人员向社区矫正对象普及暴力行为产生的法律责任，并引导其做好心理调适和情绪管理，让社区矫正对象对暴力类违法犯罪行为有进一步的了解，明白遵纪守法的重要性，取得较好的成效。9月28日，针对交通肇事罪、危险驾驶罪这一类型的社区矫正对象，市司法局联合市交警大队开展了一期交通安全知识讲座，结合五指山市典型醉驾酒驾案例，深刻剖析酒驾对自身、家庭社会带来的危害，引导社区矫正对象吸取教训，遵纪守法。抓好以认罪悔罪为主的入矫初始教育、以规范行为为主的常规教育和以回归社会为主的解矫教育，观看《五指山市社区矫正对象初始教育宣传片》。矫正中期，开展以爱国主义、传统文化、法治教育、警示教育等专题为主的集中教育。矫正后期，开展以就业培训为主的集中教育，促使其顺利回归社会。2021年开展集中教育11期，受教育社区矫正对象700余人。对未成年人社区矫正对象开展“一对一”的个别化教育。邀请专业的心理咨询师对五指山市两名未成年社区矫正对象进行专业的心理健康测试，建立心理健康档案，定期进行心理健康咨询。每月联合下派民警进行经常性面对面的交谈，了解社区矫正对象的思想状况和工作情况，进行疏导，消除其心理障碍，重塑阳光心态。

践行“我为群众办实事”，对全市在册社区矫正对象的就业情况进行摸底，制订培训计划。组织社区矫正对象分类开展职业技能培训。针对城镇有工作的社区矫正对象，邀请海南省民族技工学校汪春华老师作了一期职业道德和职业礼仪规范的授课。针对农村籍务农的社区矫正对象，邀请海南省农林科技学校陈晓明老师作了“槟榔栽培技术”的授课。还对生活贫困的三位社区矫正对象发放槟榔苗和化肥，对12名脱贫户社区矫正对象发放米、油等生活品，进一步提高社区矫正对象的改造积极性，重塑生活信心。

2021年，开展集中教育11期，对39名新入矫社区矫正对象进行矫正宣告和入矫初始教育，对16名社区矫正对象进行训诫谈话，每月对全市社区矫正对象开展走访和“一对一”的谈话教育。通过开展刑罚执行一体化工作，摸清五指山市社区矫正对象的底数和动态。

开展扫黑除恶专项斗争常态化工作，2021年签订承诺书39份，开展扫黑除恶集中教育4期。

做好疫情期间社区矫正对象管理工作。在疫情防控紧急期间，取消所有社区矫正对象聚集性活动，通过发送短信宣传传染病防治法律法规、疫情防控知识，教育社矫对象科学理性应对疫情；暂停办理社矫对象外出请假审批，对隔离社区矫正对象实行健康状况日报告制度，确保监管对象可查可控。灵活开展学习教育。采取形式多样的自主学习教育，给每名社区矫正对象下发《每天学点法律常识》《社区矫正对象警示教育读本》等书籍，要求其在家自学，每月至少有3次学习笔记（每次不少于1页纸）或“学习强国”积分达200分，增强社区矫正对象的法治观念。

与三亚市凤凰社会工作服务中心合作，指导社工协助社区矫正管理局做好日常管理、教育、帮扶各项工作，成立社区矫正志愿者队伍开展日常走访活动，制订社区矫正方案，进行心理咨询、集中教育和帮扶等，特别是针对社区矫正对象家庭存在的经济困难、沟通不畅，亲子关系、夫妻关系存在矛盾或疏离，教育方面存在困惑或教育方式不良等问题，社工机构提供“一对一”的帮教服务，如未成年社区矫正对象李某某，因长期与父母关系不睦，社工机构通过组织其参加“给父母做一顿饭”的活动中，引导其逐步树立起对人、对事、对己的基本态度，以实现心理结构中知、情、意、行诸要素的协调统一，最终以健康的心态自觉适应社会、融入社会。

开展社区矫正宣传，2021年在县级以上媒体发表社区矫正简报26篇，其中，在社区矫正宣传网国家级媒体发表《五指山市司法局·“四个抓手”提升社区矫正实效 助推政法队伍教育整顿走深走实》等文章7篇，在海南政法网、法治海南等省级媒体发表文章12篇，扩大了五指山市社区矫正工作的传播度。

加强对未成年社区矫正对象的教育矫治，聘请专业心理咨询师对2名未成年社区矫正对象进行帮教，通过与其谈心谈话，了解他们的精神状态、思想及学习、工作情况等，并对他们的困惑问题进行有针对性的释法析理解答，引导他们放下思想包袱，阳光、健康回归家庭、融入社会。利用五指山市检察院未检法治教育基地，积极拓展“第二课堂”，提升未成年人法治宣传的体验感。组织未成年社区矫正对象到基地参观各类毒品样品，进行法律知识测试，参加法治宣传教育课，通过近距离的法治情景教学，激发未成年人学法兴趣，提升未成年人法治宣传教育实效。

【安置帮教】 2021年，全市在册安置帮教人员346人，其中，监所释放225人，社矫解除121人，登记在册重点人员67人。

借助刑释解教人员管理系统开展人员信息核查工作。各司法所核查身份、户籍地及住址无误后，通过平台反馈给监狱，并积极联系预释放人员所在村（居）委会及其家属，做好衔接准备工作。年内，运用全国刑释解教人员信息管理系统核查40名预释放人员的信息。

强化沟通协调，落实疫情防控无缝衔接机制。在释放时间接回或接到刑满释放人员后，及时通报至市疫情防控指挥部，并联系公安机关落实管控措施，做到防控严密、无缝对接。2021年，五指山市衔接监狱释放人员51人，衔接率100%，定期进行家庭走访，帮助他们解决实际生活困难，最大限度地预防和减少重新违法犯罪，为他们顺利融入社会创造有利的条件。

开展刑满释放人员排查走访工作。各乡镇司法所定期开展刑满释放人员排查走访工作，与刑满释放人员进行交流，详细了解他们经济状况、目前从事的职业、就业愿望、将来打算等家庭基本情况，开导他们不要有思想负担，树立起生活的信心，安心过日子，积极适应社会。2021年走访安置帮教人员38人。

落实各类安置帮教措施。对农村户籍的刑满释放人员回归后，司法所积极协调其所在的村委会，及时落实责任田，解决其生活问题。对有经济基础和工作能力的刑满释放人员，积极引导其发挥自身优势，鼓励其自主创业或从事个体经营。在通什镇番慢村委会设立安置帮教基地，为农村贫困家庭的刑满释放人员提供过渡性的工作岗位，促进刑满释放人员的衔接管控，为刑满释放人员就业、回归社会、融入社会搭建帮扶平台，对预防和减少刑满释放人员重新违法犯罪，维护社会和谐稳定发挥积极作用。落实低保政策。通什司法所在了解到刑满释放人员黎某某生活情况困难后，主动为其申请低保救助，帮助其稳定生活，顺利融入社会，减少其重新犯罪的概率。

【法律援助】 2021年，五指山市公共法律服务中心围绕五指山市委、市政府关于公共法律服务工作的总体要求开展公共法律服务工作。

整合五指山市各类公共法律服务资源，打造一家“综合性、一站式、标准化”的便民法律服务中心，五指山市公共法律服务中心，设有法律咨询、公证咨询、法律援助、人民调解、行政复议等功能区，并设立7个公共法律服务工作站，15个法律援助工作站，实现全市68个村（居）委会法律顾问及法律援助联络员全覆盖，实现市、乡、村三级法律服务工作平台发挥作用，基本形成城镇半小时、农村一小时公共法律服务圈。建立值班律师库，选派执业经验丰富的专职律师每天坐班接听“12348”热线电话，为来电咨询群众提供在线法律咨询和法律信息指引服务，畅通群众依法解决利益诉求的渠道，提升五指山市“12348”公共法律热线服务水平。截至12月底，共接听热线电话2896人次，咨询内容主要涉及合同纠纷、房屋继承、离婚纠纷、劳动争议纠纷等问题。推进“互联网＋公共法律服务”，实现律师、公证、法律援助等事项“一网通办”，在全市宣传推广公共法律服务网络平台。同时，在大厅服务窗口安排专人引导来访群众关注、下载海南法律服务网，提高海南法律服务网络平台的使用率，有效利用7个公共法律服务工作站积极宣传网络平台功能，引导群众下载和关注海南法律服务网，主动介绍海南法律服务网的功能，使公共法律服务网络平台成为老百姓的贴心法律顾问。

2021年，受理法律援助案件312件，完成省司法厅下达年度任务的104%。其中，刑事案件、民事案件、行政案件分别为84宗、228宗、0宗，免费为群众解答咨询834人次。代写法律文书

10份，办结案件164件。为受援人挽回经济损失261万元。受理的案件和咨询都录入海南法律援助管理系统，录入率100%。严格落实法律援助经费相关管理规定，对法律援助案件进行“一案一评”，执行案件质量监督措施，将案件质量与补贴标准挂钩，进一步改进和提升了法律援助卷宗归档质量。已办结的卷宗中，优秀案件71卷，良好案件37卷，合格案件13卷，取得较好成效。发挥“1+1”中国法律援助志愿者作用，用好用足“中彩金”项目资金和扩大事项范围的政策，为困难群众提供精准高效的法律援助，办结“中彩金”项目援助案子22宗，为困难群众挽回经济损失132.76万元。2021年，五指山市公共法律服务中心共受理通知辩护的刑事案件40件，提供法律帮助90人次，有效维护当事人合法权益。

开展“为民办实事之送法进社区”法治宣传活动、“法援惠民生 助力农民工”专项宣传活动、“为群众办实事之世界知识产权日”法治宣传活动、“4·15”国家安全教育日法治宣传活动等12场法律援助宣传活动，发放法援相关宣传材料4000余份，提高群众的法律援助获得感。

【公证处】 2021年，五指山市公证处受理各类公证事项746宗，其中内地公证718宗（民事706宗，经济12宗），港澳台9宗，涉外公证19宗。公证总收费64.38万元。

【律师工作室】 2021年，五指山市管辖律师事务所4家，分别为海南省椰树春律师事务所、海南知非律师事务所、海南众品律师事务所、海南金岛律师事务所，在册专职律师人数16人。五指山为民法律事务所1家，法律工作者3人；公职律师3人（国税局1人、审批局1人、政法委1人）。

（林道敏）

经 济

农 业

农业综述

【概况】 2021年，五指山市农林牧渔业总产值133077万元，按可比价计算（下同），同比增长1.6%。农林牧渔业增加值77582万元，同比增长1.3%。其中，种植业产值89114万元，同比增长23.8%；林业产值21281万元，同比下降6.9%；畜牧业产值18774万元，同比下降22.9%；渔业产值3320万元，同比增长5.3%。

2021年，五指山市瓜菜播种面积900.78公顷、产量为24560.98吨，分别增长37.9%、97.2%；水果收获面积688.26公顷、产量25577.38吨，分别同比下降56.6%、18.9%。槟榔收获面积2008.08公顷，同比下降23.7%，产量6940.02吨，同比下降13.5%；益智产量2180.37吨，同比增长0.3%；茶种植面积626.44公顷，收获面积446.85公顷，收获220.74吨。林业生产稳定发展。橡胶收获面积12023.16公顷，同比增长26.6%，产量9924.84吨，同比增长42.9%。渔业增长向好。渔业生产主要依靠养殖和内河捕捞，五指山市水产品产量2292吨，比上年同期增长5.87%。畜牧业生产持续回暖。五指山市2021年生猪出栏24473头，同比下降13.4%；生猪存栏30642头，同比增长4%。家禽出栏712523羽，同比下降12%。

【全面实施乡村振兴战略】 制定《五指山市全面推进乡村振兴加快农业农村现代化实施方案》《五指山市乡村振兴规划（2018—2022年）》，并配套出台一系列意见、方案。建立市委统一领导、政府负责、市委农办统筹协调的农村工作领导体制。各乡镇（居）党委履行主体责任，党政一把手是第一责任人，三级书记抓乡村振兴。市委书记作为乡村振兴“一线总指挥”，对“三农”工作总负责，为实施乡村振兴战略提供组织保障。

制订规划方案。印发《五指山市扩大农业农村有效投资加快补上“三农”领域突出短板的实施方案（2021—2023年）》《五指山市“十四五”时期巩固拓展脱贫攻坚成果同乡村振兴有效衔接规划（2021—2025年）》《五指山市加强和改进乡村治理实施方案》等。

2021年，五指山市落实资金8.44亿元，对党组织建设、脱贫攻坚工作、农村人居环境整治行动、山地热带高效农业发展、农村基础设施建设及乡村治理等方面给予支持。

强化组织领导，调整市委农村工作领导小组，由五指山市委书记任组长，五指山市委副书记以及市政府分管副市长任副组长，五指山市委农办主任由市委副书记兼任，五指山市农业农村局局长任五指山市委农办常务副主任。2021年3月，成立中共五指山市委实施乡村振兴战略领导小组，由五指山市委书记、市政府市长共同担任组长，常务副组长由市委副书记担任，领导小组下设办公室作为日常办事机构，负责督促落实领导小组议定事项，协调推进实施乡村振兴战略具体工作；开展乡村振兴、巩固拓展脱贫攻坚成果有关重大问题调研和政策研究；做好与各专项组、成员单位及各乡镇、市畅好居的沟通协调等。办公室设在市委农办（市农业农村局），办公室主任由市委农办主任兼任。领导小组下设巩固拓展脱贫攻坚成果同乡村振兴有效衔接专项组、组织振兴和人才振兴专项组、产业振兴和农民就业专项组、文化振兴专项组以及生态振兴专项组等5个专项组，由相应分管市领导担任专项组组长。

开展“听党话、感党恩、跟党走”宣讲活动。宣讲团全方位宣传展现党的十八大以来五指山市“三农”发展的历史性成就、历史性变革，突出庆祝建党百年宣传教育，结合开展党史学习教育，唱响爱党爱国爱社会主义的时代主旋律，引导广大农民群众振奋精气神，坚定信心跟党走，激发农民群众奋斗“十四五”、奋斗新征程的内生动力。2021年9月2日，五指山市在南圣镇新春村文化广场隆重举行“听党话、感党恩、跟党走”宣讲文艺活动，市委书记带头开展宣讲，海南经济频道《乡村振兴进行时》全程深度跟踪报道，活动全程在微信客户端进行网络直播，现场观看群众500人左右。活动设置优秀宣讲员代表发言、党史知识快问快答、文艺表演、全场大合唱《没有共产党就没有新中国》等环节，让现场的干部群众在聆听党的声音同时身临其境参与到党史教育中。2021年，五指山市“听党话、感党恩、跟党走”宣讲团深入全市七个乡镇及畅好居开展巡回宣讲，得到村民的热烈欢迎。通过“两微一端”、新闻报道等方式进行宣传。将党史学习教育线上、线下学习结合起来，在线上用好“学习强国”“夜听五指山”“五指山宣传”及各单位官方微信公众号等平台，引导全民参与读党史的热潮。开展线上党史知识问答活动20余次，参与达10万余人次。

【农产品质量安全】 落实农产品生产销售企业、农民专业合作社、畜牧屠宰企业、收购储运企业、经纪人和农产品批发、零售市场等生产经营主体监管名录制度，将五指山市农资零售企业17家、农民专业合作社449家、屠宰场监管名录2家、瓜菜生产基地10家纳入监管名录。建立五指山市生产经营主体“黑名单”制度，将出现销售违法产品的经营主体列入黑名单管理，维护市场秩序。对纳入监管名录的农产品生产经营主体实施质量承诺，落实生产记录制度，严格执行禁限用农兽药管理、农兽药安全间隔期（休药期）等规定。屠宰企业（代宰点）落实流向登记制度，鼓励农产品生产企业和农民专业合作经济组织对销售的农产品开展自检或委托检验，对有条件的农民专业合作社要求其开展自检和委托检验。建立健全屠宰企业（代宰点）落实进场查验、驻厂检疫、肉品品质检验、“瘦肉精”检测等制度。强化农产品收购储运企业和农产品批发市场建立进货查验、抽查检测制度。建立病死畜禽及不合格农产品无害化处理机制，病死畜禽无害化处理率100%。

2021年，五指山市农业农村局、五指山市综合行政执法局、五指山市市场监督管理局、五指山市公安局、五指山市农技农机中心等单位开展联合执法监督检查行动2次。以种子、农药、肥料、兽药、饲料为重点内容，对4家种子、17家农药、19家化肥、11家饲料、1家兽药等52家销售店进行全面监督检查，出动监督执法人员32人次，发放宣传资料34份。检查发现存在过期未及时下架草铵膦5瓶、丁草胺39瓶、临期敌草快21瓶，当场责令农药店下架封存退回原公司；个别农药店存在布局比较凌乱、标签标识不全、台账记录不全等情况，对此类情况责令限期整改，未发现销售假冒伪劣产品行为和销售禁用农药迹象。

五指山市农业农村局、五指山市农技农机中心、五指山市综合行政执法局等单位协同合作，加强重大节假日期间监管，保障消费安全，对五指山市农药店开展大检查，重点打击经营假冒伪劣和高剧毒高残留等禁用农药行为，从源头上杜绝非法农药产品向农业生产方向的流通渠道。在春节、元旦、国庆节等重要节日期间，组织人员对五指山市瓜果蔬菜种植基地进行拉网式风险排查，结合五指山市农产品的生产特点和生产季节，以重点区域、重点产品为监管重点，加大生产环节执法检查力度，重点检查种植基地是否储存使用违禁农药产品、是否按规定建立生产档案及保存农产品生产记录。开展检打联动，对经市检测站定性检测农药残留超标的农产品一律不允许上市销售，严格执行农药安全间隔期，确保春节、元旦“两节”期间上市农产品质量安全。

加强农产品质量安全可追溯工作。引导五指山市生产经营主体注册国家产品质量安全追溯信息平台。2021年，五指山市有115家生产经营主体注册国家农产品质量安全追溯管理信息平台。加大对电子版食用农产品合格证的宣传力度，发放“食用农产品合格证明白纸”800张，要求各生产经营者主动开具合格证，农产品附证上市，自觉接受监督，通过严把产地准出关，确保五指山市上市农产品质量安全。2021年，五指山市累计开具合格证主体数99个，开具合格证2943次，开具合格证总张数4381张，附带合格证上市的农产品5970.03吨。

生猪屠宰检疫及非洲猪瘟防控到位。五指山市派驻3名官方兽医及1名协检员常驻五指山食品公司屠宰场进行检疫值班，对市内及市外省内进入屠宰场的生猪进行屠宰检疫。生猪屠宰后，经检疫合格的动物产品由驻场官方兽医出具动物检疫合格证明、五指山食品公司出具肉品检验合格证，"两证两章"齐全的方可进入市场销售。严格抓好屠宰企业审核清理，认真落实屠宰场"三证"，五指山食品公司屠宰场已具备"三证"，具备非洲猪瘟自检实验室，能够正常开展非洲猪瘟检测，保证屠宰场达标经营。贯彻落实《五指山市2020年非洲猪瘟防控环境风险监测方案》，在五指山市辖区内对生猪养殖场、屠宰场、运输车辆、无害化处理场、猪肉交易市场（含农贸市场）、兽药饲料经营场所和乡镇畜牧站等非洲猪瘟病毒环境污染情况进行风险监测。2021年，五指山市开展非洲猪瘟环境监测工作，检测124份样品，排查全市屠宰场及养殖点未发现非洲猪瘟疫情发生，并指导五指山市各乡镇（畅好居）组织做好非洲猪瘟疫情排查、防疫消毒及宣传等工作。

【农业科技服务与培训】 五指山市109名优秀人才加入生态科技特派员，实现五指山市科技服务全覆盖，其中7个科技扶贫示范村科技服务全覆盖。2021年，五指山市生态科技特派员开展培训、下乡咨询服务等工作，其中涉及的产业有青瓜、朝天椒、玉米、槟榔等，培训主要内容为科学种植、防寒防冻、病虫害防控等。开工建设"一村一品"16个，涉及五指山市忧遁草、茶叶、毛阳鹅等优势特色产业。

【做好农业人才工作】 印发《2021年高素质农民培养项目实施方案》，完成高素质农民培养250人目标任务。依托省农业广播电视学校，持续培养万名中专生在读学员130名。全年举办橡胶割制、冬季瓜菜种植等农民实用技术培训班，培训农民2万多人次。

2021年，办理山地热带高效农业人才落户五指山市1人。各乡镇（居）抓好2021年农村实用人才信息库统计、农业系列专业技术职称申报和参加海南省农业系列专业技术资格继续教育培训班工作。推荐参加海南省第二届优秀农村实用人才奖评选人选2名。

【培育壮大新型农业经营主体】 2021年，印发《五指山市示范家庭农场认定暂行办法》，对五指山市示范家庭农场的申报程序、认定标准等进行细化，进一步强化对市级示范家庭农场的指导和服务。五指山市在市场监管部门注册的合作社395家；在家庭农场名录系统中已录入44家家庭农场和种养大户。印发《五指山市农业农村局关于开展2021年度市级农民专业合作社示范社评比工作的通知》《2021家庭农场发展项目补贴实施方案》。2021年补贴1家家庭农场5万元。

落实《五指山市新型农业经营主体全产业链扶持实施方案（修订）》，2021年补贴5家企业，拨付资金407.94万元。

【共享农庄】 开展"共享农庄"试点建设，建设五指山雨林茶乡共享农庄、五指山水满茶香沃凡有机农庄、五指山水满润红茶博园共享农庄、五指山番茅村黎寨共享农庄、五指山蜘蛛养殖基地——蛛王部落共享农庄等5家"共享农庄"试点，建设完成的五指山永忠村黎宝共享农庄试点已被评为正式农庄。

【依法治农】 2021年，围绕农产品安全体系建设重点工作目标任务，从农业投入品、基地生产环境、农产品质量、农资市场等各个环节作为出发点，采取多种有效措施，与相关部门密切配合，全面加强农资市场的监管力度，确保农产品消费安全，促进五指山市农业健康持续发展。落实乡镇属地管理责任，多措并举，维护五指山市农产品质量安全。完成农业系统执法改革，原市农业综合执法大队划归市综合行政执法局管理。执法队伍通过提高检测装备水平、加强市场监管、加强宣传引导等工作措施加强管理，全年未发生重大农、畜、渔产品质量安全事故。

【强农惠农政策助力扶贫】 2021年，五指山市拨付冬季瓜菜种植补贴资金1235.94万元，涉及农户7567户1373.26公顷，其中脱贫户3276户601.72公顷，补贴金额541.54万元；一般户4291户771.54公顷，补贴金额694.40万元。拨付冬季瓜菜复种补贴资金131.29万元，涉及农户3513户437.64公顷，其中脱贫户1537户190.73公顷，补贴金额57.22万元；一般户1976户246.91公顷，补贴金额74.07万元。拨付粮食生产补贴资金161.86万元，涉及农户3843户539.5公顷，其中脱贫户 1653 户 230.46 公顷，补贴金额 69.14 万元；一般户 2190 户 309.07 公顷，补贴金额 92.72 万元。2021 年实施橡胶收入价格保险投入资金 1008.72 万元，全市参保总户数 5565 户 6293.33 公顷，理赔 1333.06 万元；其中脱贫户参保 3333 户 3560 公顷，理赔 962.76 万元、一般户参保 2232 户 2733.33 公顷，理赔 370.30 万元；扶持各乡镇五指山五脚猪产仔补贴资金 41.41 万元。

【农村土地承包经营权确权登记工作】 印发《五指山市农村土地承包经营纠纷调解仲裁工作方案》，及时更新五指山市土地承包仲裁委员会成员，对五指山市土地承包经营纠纷调解仲裁相关工作进行补充完善。

2021 年，各乡镇提交的变更申请信息 332 宗，申请类型涵盖承包方代表变更、承包方成员增减、承包方分户、承包方合户、地块登记纠正、地块测绘更新等 6 个类型。

【推进农村改革工作】 摸清家底底数，对全市 59 个村委会、331 个村组 390 个集体经济组织的农村集体资产开展农村集体资产清产核资，重点清查核实资源性资产和经营性资产。经核查，2017 年底核实资产为 2.1 亿元；2018 年底核实资产为 2.08 亿元；2019 年底核实资产为 2.18 亿元；2020 年底核实资产为 2.53 亿元。集体成员基本确定，确认成员身份 16850 户 58197 人。组建 59 个村股份经济合作联合社，331 个村股份经济合作社，印制 390 套集体经济组织登记证和 16840 本股权证。开展“一户一田”耕种模式试点工作。

【农村生态保护】 投入资金 20 万元开展耕地土壤 pH 值提升工作，11 月，耕地土壤质量类别划分工作完成，耕地土壤 pH 值提升 25 公顷，占省下达任务的 130.2%。累计开展 16 次培训交流、技术指导活动，参与人数 556 人。举办耕地土壤 pH 提升技术及化肥减量增效培训班 28 期，培训农民 1200 人次，悬挂宣传横幅标语 6 幅，发放施肥建议卡 2300 多份，发放耕地土壤 pH 值提升技术明白纸 300 多份。

种植业

【概况】 2021 年，全市种植业产值 89114 万元，同比增长 23.8%。

【粮食生产】 2021 年，全市粮食作物播种面积 2238.91 公顷，总产量 13088.23 吨，与上年有所下降。其中，稻谷播种面积 1860.88 公顷，总产量 11199.62 吨，其中，夏收播种面积 726.17 公顷，产量 4818.35 吨；冬收播种面积 1134.71 公顷，产量 6381.27 吨。

【油料生产】 2021 年，五指山市油料作物播种面积 282.79 公顷，产量 672.02 吨。其中花生播种面积和产量占油料作物播种面积和产量的 100%。

【瓜菜生产】 2021 年，五指山市瓜菜播种面积 900.78 公顷、产量 24560.98 吨，同比分别增长 37.9%、97.2%。

【水果生产】 2021 年，五指山市水果种植面积 711.55 公顷，收获面积 688.26 公顷，产量 25577.38 吨。其中香蕉种植面积 259.09 公顷，产量 13922.52 吨，荔枝种植面积 135.85 公顷，产量 3104.21 吨，芒果种植面积 113.71 公顷，产量 2958.46 吨，龙眼种植面积 106.81 公顷，产量 1811.39 吨，百香果、菠萝、橙等水果有少量种植。

热带作物

【概况】 2021 年，五指山市基本完成橡胶生产保护区 18640 公顷地块圈划、实地核查、分布图输出、公示公告、审核修改、初始数据库建设等工作，完成划定面积为 18640 公顷，涉及 6 个乡镇和海南橡胶金江分公司（原畅好农场），51 个行政村，划定的片块数为 210 块、划定的地块为 3145 块。

【橡胶、椰子、胡椒生产】 2021 年，橡胶面积 16128.54 公顷，收获面积 12023.16 公顷，产量 9924.84 吨。椰子面积 265.09 公顷，收获面积 108.13 公顷，产量 708093 个，总产量同比 2020 年减少 25.2%。胡椒面积 118.99 公顷，收获面积 99.6 公顷，产量 251.42 吨。

【南药生产】 南药主要有槟榔、益智、砂仁、巴戟等。五指山市槟榔种植面积 6316.93 公顷，收获面积 2008.08 公顷，产量 6940.02 吨，同比下降 13.5%；益智种植 2520 公顷，产量 2180.37 吨，同比增长 0.3%。

【热作病虫害防控】 2021 年，五指山市贯彻“预防为主，综合防治”的植保方针，开展橡胶白粉病、六点始叶螨、介壳虫的防治，槟榔病虫害防治。

【畜牧养殖业】 2021 年，五指

山市生猪出栏24473头，同比下降13.4%；生猪存栏30642头，同比增长4%。家禽出栏712523羽，同比下降12%。2021年，五指山市生猪年初存栏29456头，出栏24473头，年末存栏278941头；牛年初存栏5164，出栏1318头，年末存栏3242头；家禽年初存栏300913羽（鸡231744只，鸭39064只，鹅30105只），出栏712523羽（鸡595844只，鸭83920只，鹅32759只），年末存栏278941羽（鸡235088只，鸭24852只，鹅19001只）；畜禽肉总产量3192.69吨，其中猪肉1609吨，牛肉123吨，羊肉30吨，禽类肉1313吨，其他类肉117.69吨。

【渔业】 2021年，五指山市水产品产量2292吨，比上年同期增长5.87%。

农产品加工运销

【冬交会】 2021年12月16日至19日，第24届中国（海南）国际热带农产品冬季交易会（以下简称"冬交会"）在海口市海南国际会展中心举办。本届冬交会由农业农村部、中国国际贸易促进委员会、中华全国供销合作总社、海南省人民政府联合主办。以"巩固拓展脱贫攻坚成果 全面实施乡村振兴战略"为主题，举办海南农产品品牌推介、农产品网上交易采购及投资项目签约、海南自贸港与热带农业峰会等活动。首次启用海南国际会展中心新展馆，设10个展馆（区），总面积超10万平方米，超过历届冬交会。首次实现全面市场化运营，国际展商方面，有近30个国家和地区超100家企业报名参展，国内21个省区市近2000家企业参展。参展商超过5000人。

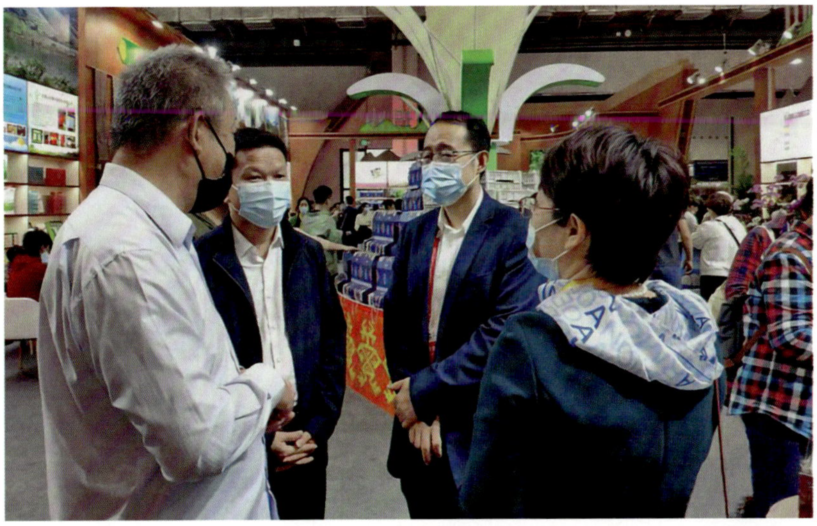

2021年12月18日，五指山市委书记朱宏凌（右二）、市长陈国梁（右三）到五指山市冬交会展馆，分别参观了五指山红茶、忧遁草、野生灵芝、高山果蔬等五指山特色农产品展销台，对五指山市发展的特色生态产业做出高度评价　　（五指山市农业农村局　供图）

五指山市组织本地农业企业参加展览会，展示本地区优势特色农产品，深受消费者喜爱。从全市8个乡镇（居）中甄选出各类优质企业37家，组织近百种独具五指山热带雨林特色农产品进行展示销售。五指山主题馆内分为五大特色展示区，分别是地理标志农产品展示区，重点展示五指山红茶、五指山五脚猪、五指山蜘蛛地理标志农产品；高山果蔬展示区，重点展示芥蓝、菜心、珍珠菜、芝麻菜、樱桃水果萝卜、大顶苦瓜、菜花等高品质、高营养、纯天然的原生态产品；高山粮油展示区，重点展示山兰米、山兰米酒、苗家五彩船型粽、糍粑、山油茶油等产品；雨林花卉展示区，重点展示以大辣椒、满天红、绿熊、白闪电、拉菲、美滋滋、绿橙、金公主为代表的蝴蝶兰，以粉黛、貂蝉、朝阳、珊瑚为代表的石斛兰，以蜜糖、野猫、美猴王为代表的文心兰；雨林生态保健品展示区，主要展示忧遁草系列产品、金钗石斛、蜂蜜等产品；同时展馆设休息洽谈区，为现场观众提供交流沟通的优质环境，促进多方产业合作。

本次冬交会上五指山市坚持自主参与，严格挑选，突出特色，确保质量安全，选优推优的主导原则，参展产品进馆参展前进行检测合格，贴上二维码，力争高品质特色农产品得到充分展示，扩大影响力。除了常规的瓜菜、水果等农产品展销外，展出茶叶、灵芝、蜘蛛、五指山五脚猪等系列产品近百件，五指山市农产品线上线下总交易额近40万元。

【农产品产销信息服务】 加大技术服务和防灾减灾力度，针对近年来自然灾害较为频繁的情况，及时指导农民做好病虫害防治、科学施肥、防汛防涝等相关工作。

2021年，市农业农村局举办蔬菜预警培训班，培训的方式主要通过视频培训。同时监测蔬菜的产销问题，五指山市农业农村局派专人负责，联系各乡镇了解情况，定期上报数据给省农业农

2021年12月17日，冬交会现场　　（五指山市农业农村局　供图）

村厅汇总。健全“生产环节与消费环节相衔接、重点监测与全面监测相补充”的信息采集体系。配合省农业农村厅做好信息发布工作，科学引导农产品生产与流通。

借助“冬交会”“农交会”“丰收节”等大型活动加大五指山市农副产品宣传力度，拓宽销售渠道，促进大宗农副产品销售订单签订；通过微信扶贫群以“接龙”的形式，帮助农户解决田间地头的急销农产品；做好五指山市超市、市场和农户的产销对接工作，帮助农户的农产品直接进入市内销售；加强农村电子商务体系建设，加大农村经营主体和电子商务人才培育力度，依托市电商中心和大型电子商务平台扩宽五指山市农特产品销售渠道，促进销售。

加强农超对接、直供直销、连锁经营、电子商务、电商直播，进一步拓宽农产品销售渠道。完成“互联网+”农产品出村进城工程试点申报工作；5家企业参与网络销售，参与省“6·18”电商直播，完成京东直播、天猫“6·18”活动宣传和销售农产品。

2021年12月18日，五指山市委书记朱宏凌（右三）到海南冬交会五指山展区了解五指山特色农产品展销情况　（五指山市农业农村局　供图）

【农民专业合作社】2021年，五指山市新型农业经营主体全产业链奖励累计补贴5家企业407.94万元。

【农产品品牌建设】2021年，五指山市引导农业龙头企业、农民专业合作社等积极开展“三品一标”认证，建设一村一品12个，涉及全市忧遁草、茶叶、毛阳鹅等优势特色产业，促进乡村特色产业发展。“五指山红茶”“五指山五脚猪”“五指山蜘蛛”先后通过国家地理标志认证，“五指山红茶”获评海南十大最受欢迎地理标志农产品，正在申请认证“五指山山鸡”“五指山树仔菜”地理标志。

【瓜果菜运销】2021年，五指山市涉农单位定期派驻工作组协助乡镇做好瓜果菜的产前、产中和产后服务工作。同时乡镇政府派出工作队进村驻户，实行分片包干，深入做好群众的宣传发动和组织协调工作，帮助群众和公司老板签订合同，增加瓜果菜订单面积。

【农村人居环境整治】2021年，成立以市委书记、市政府市长共同担任指挥长的五指山市农村人居环境指挥部。五指山市选派194名乡村振兴工作队员进驻59个村委会，将农村人居环境整治行动纳入乡村振兴工作队重要工作议事日程，建立一级抓一级、层层抓落实的工作机制。

全面建立“户分类、村镇收集、市转运”的垃圾收运模式，配备镇区环卫工人、村保洁员1220人，为全市7个乡镇和市畅好居配置垃圾压缩车、勾臂车、钩臂箱等，农村生活垃圾无害化处理率100%。自2021年1月1日起，五指山市所有生活垃圾运往三亚焚烧处理，全年五指山市运往三亚焚烧处理的生活垃圾量约为29542.86吨（市区16446.66吨，乡镇13096.2吨），全市垃圾清运处理覆盖率100%，无害化垃圾处理率100%。全市7个乡镇59个行政村，建成59个行政村农村生活污水处理设施，行政村治理率100%，全省行政村治理率排名第一；全市已完成267个自然村建有262个农村生活污水处理设施，其中222个一体化污水处理站、15个人工湿地处理模式和25个接入城镇污水管网污水处理设施，委托第三方专业机构对农村污水处理设施进行维护管理。全市完成粪污干湿分离的规模化养殖场13家，规模化养殖场粪污处理设施装备配套率100%，畜禽粪污综合利用率85%，建成田间废弃物回收点44个（含1个回收站），回收废弃农膜158.12吨，当季废旧农膜回收和综合利用率80%。完成农村厕所排查，农村户厕问题摸排工作共完成7719座，其中存在三格化粪池渗漏、化粪池水管破裂等问题11个，涉及户用厕所11户11座，完成整改7个；完成2021年全市厕所化粪池防渗漏改造500户；完成农村公厕建设，2021年五指山市新建农村公厕2座，完成项目工程总量分别为80%、95%；建设农村厕所粪污处理池试点4座、粪污处理池4座；落实农村改厕奖补政策，对脱贫户和一般农户改厕户分别给予3200元、1600元补贴，全市累计建成农村无害化厕所4349户；加快农村（社区）公厕建设，全市64个行政村（社区）已建成公厕64座；推进防渗漏改造和粪污资源化利用工作，完成防渗漏改造1000户，厕所粪污清掏5300户。加强农村公路路域环境整治，加强农村公路美化、绿化、彩化，提升路域环境，2021年启动打造畅南线—南水线—中五线57.14千米“美丽农村路”示范路前期工作，投入800万建设美丽乡村4个，分别为通什镇红雅村、什会村、毛阳镇毛贵村、畅好居红福社区10队。五指山市投入资金504.47万元，用于种植花草、树木、基础设施建设，各乡镇、市畅好居开展辖区范围内的农村裸露土地整治工作，全市裸露土地17.26万平方米，已复绿面积17.26万平方米，完成率100%。

（杨光宇）

农业机械化

【概况】 2021年，五指山市以满足广大农民对机械化生产的需求为目标，抓好农机安全生产，强化农机监督管理，围绕“兴机富农”增加农民收入，农业增产农民增收为主题，推进农业机械化，农机化各项工作取得新的成绩。

【农机化水平】 2021年，五指山市拥有各类大中小型农机具16898台（套），五指山市农业机械化总动力78328千瓦，比2020年减少农机具8876台（套）、总动力减少4117千瓦。大中型拖拉机拥有量619台，动力11242千瓦，水稻联合收割机112台，动力2228千瓦，微耕机1956台，动力3940千瓦，农产品加工机械626台，动力4911千瓦，畜牧养殖机械即饲草料加工机械570台，农用排灌机械870台，机动植保机械拥有量为2448台，拖拉机配套农具1091部，基本实现农机作业。机耕率99.24%，机收率88.92%。

【农机购置补贴】 2021年，发放农机购置补贴17.83万元，补贴农机具16台，受益农户14户、合作社1个。农民总投入74.72万元。

【农机安全管理】 2021年，办理拖拉机和联合收割机业务432件，其中报废注销52台、拖拉机驾驶证补证换证64本、拖拉机和联合收割机初次申领115本、行驶证补证换证11本、拖拉机转移16台、拖拉机和联合收割机年检174台，年检合格率100%。开展农机安全宣传活动32场，发放宣传资料1821份。利用网络短信发送安全警示标语7200条。组织开展道路安全检查38次，其中警农联合执法14次，发现安全隐患拖拉机16台，全部整改完成。

【农机教育培训】 2021年，五指山市农技农机中心采取办短期培训班，举办技术讲座，发放农机科技资料等形式，到各乡镇向农民传授农机科技知识、业务操作技能和有关农机法律常识。3月10日、3月24日、5月13日，分别在畅好乡、南圣镇、番阳镇举办农业机械化技术推广及农机安全生产培训班，农机操作手、水稻（瓜菜）种植户（专业合作社）等96人参加了培训。7月9日至8月23日举办拖拉机驾驶考核培训班，参加人数115人；11月16日在番阳镇举办晚造水稻机收减损技术推广观摩培训班，镇政府领导、镇各村组干部、农机手等40余人参加。

【农机质量监管】 开展农机打假宣传活动，组织技术人员到维修点和经销店打假8次50人。

【农产品质量安全监管】 2021年市农技农机中心组织中心检测人员及番阳镇、毛阳镇检测员和抽样员20人负责本辖区的农产品检测工作，对其他乡镇，利用流动检测车开展检测工作。开展冬季瓜菜及常年蔬菜检测样品总量27741个，合格27737个，不合格4个，合格率99.98%。其中，出岛瓜菜检测样品14345个，合格率100%，做到农产品出岛持证率100%。2021年开展定量检测工作，委托第三方定量检测机构对青瓜、毛节瓜、苦瓜、荔枝、叶菜等抽样150批次，合格147批次，不合格3批次，合格率98%。不合格的3批次样品主要是常规农药使用不按间隔期采收问题，及时组织人员会同相关镇政府逐户进行教育，讲解农药安全使用知识。

农技推广与技术培训

【农业科技推广】 2021年，五指山市在农业科技推广方面，以推广良种良法为主，开展杂交水稻新品种高产试验示范工作，参加农户15户，面积1.47公顷，试验示范种子品种2个(珍优9822和博Ⅱ优33)，发放种子44千克，有机肥料4吨，经测产，珍优9822亩产530千克，博Ⅱ优33亩产500千克。瓜菜良种方面，青瓜以津优系列为主，苦瓜以大顶苦瓜为主，热带作物槟榔以海南槟榔种为主。推广良法有水稻“三控”(控肥、控苗、控病虫)施肥技术、冬季瓜菜病虫害绿色防控技术。

【农民科技培训】 根据农户与产业发展需求，邀请专业技术人员、特聘农技员等在田间现场讲课，采用田间培训与室内培训相结合、理论集中授课与实践操作相结合的方式，各乡镇举办瓜菜、水稻、百香果、槟榔等病虫害防治技术培训班，针对寒潮、台风等灾害天气开展预防和灾后恢复技术指导等各类实用培训67期，培训1417人次。印发各类农业技术资料7000余份，受训农民普遍掌握1—2项农业实用技术。

【农业科技入户】 2021年，全市聘请50名农业技术人员负责农业技术的指导工作。

【农业科技创新】 2021年，五指山市组织全市农技人员开展业务知识更新培训，30名农业技术员参加培训，发放技术资料30多份。发布年度农业主推技术并开展技术推广服务，农业主推技术到位率超过95%。

【农作物病虫害防治】 2021年，五指山市农技农机中心派出农技人员，累计到田间地头开展技术培训63期，培训农民790人次，发放宣传资料1000多份，指导防治面积400多公顷，指导冬季瓜菜防寒面积133.33公顷。普查玉米草地贪夜蛾面积95.67公顷，发生面积70公顷，防治面积80公顷，安装监测草地贪夜蛾性诱器135个，发放防控药剂2636小包，指导防控效率达90%以上。普查红火蚁面积106.67公顷，发生面积41.33公顷，防治面积41.33公顷。普查假高粱面积40公顷，发生危害面积6.67公顷。做好水稻病虫害防治。普查面积433.33公顷，病虫害发生面积266.67公顷。完成晚造水稻统防统治面积666.67公顷。

（杨左廷）

水　利

【概况】 2021年，五指山市水务局坚持“科学规划、依法管水、规范治理”的指导思想，按照“进步治理水平、进步服务质量”的工作目标，固根基、补短板、强弱项、争先进，认真做好水利项目前期规划工作，积极开展抗旱防汛工作，水库移民后期扶持工作；加快重点水利项目建设、农村安全饮水建设，推行河长制湖长制工作。

【水环境综合治理】 印发《五指山市河长制办公室关于开展博鳌亚洲论坛年会及春节前河湖卫生整治活动的通知》《五指山市河湖清洁管护工作实施方案》等文件，加强五指山市河湖水域垃圾、漂浮物和沿岸垃圾清理工作，建立健全河湖清洁长效管理机制，落实好河湖清洁管护职责，维护全市水域环境卫生和市容景观，推动五指山市幸福河湖创建工作。印发《五指山市人民检察院五指山市河长制办公室关于建立“河长+检察长”协作机制的意见(试行)》。常态化开展“清河行动”。2021年各乡镇、共青团河小青志愿服务队、明佳公司等开展清河行动累计800余次，参与清河约2500人，清理水浮莲面积约6.67公顷，其他垃圾约98吨。持续做好河湖“四乱”清理整治工作。协调各部门做好2021年海南省河长办移交的5处河湖疑似四乱问题的复核及整改销号。采取“四不两直”的方式对各乡镇河湖管护情况进行巡查暗访，通过一镇(乡)一单、通报等方式推进涉河湖四乱问题整改，2021年累计发现乡镇河湖“四乱”问题25处，整改25处，累计清理鱼塘3口，清理建筑垃圾约400立方米。打造“城水一体、山水共鸣”的五指山生态廊道，2021年9月，启动昌化江上游滨河雨林生态修复综合治理工程（南圣镇—通什镇段）建设前期工作，项目的可研编制有序推进。

【抗旱防风防汛】 2021年，五指山市水务局先后组织10多个防汛检查组，重点对水库、水电站、江河堤防、水闸工程和在建工程等工程进行防汛安全检查，以及受山洪灾害威胁村屯的防御工作。对辖区内的22座水库、23座水电站、3座水闸、2处堤防、1处城区易涝点进行风险隐患排查，排查出主要隐患点4处。按照水库隐患排查出现的问题，筹措维修资金50万元，对4座水库重点隐患进行维修加固，即牙浩水库、南打水库、红也水库及什温水库，截至年底，维修工程全部完成，隐患消除。对春雷水闸在检查中发现的闸门液压系统漏油现象进行日常维修，对太平水库备用发电机蓄电池进行更换。及时调整防汛责任人名单，落实水库行政负责人27人，技术负责人11人，巡查责任人25人。4月8日，“三个责任人”全部在五指山市政府网站向社会公示并完成水库“三个责任人”63人的网络线上培训工作。4月29日，五指山市水务局组织对五指山市22座水库“三个责任人”进行线下集中培训，使责任人进一步明确防汛职责，提升防汛抢险能力。完成10座水库防汛抢险应急预案编制及春雷水闸防汛抢险应急预案，安全度汛方案，水闸安全鉴定和检测、水闸管理和保护范围划定工作。4月，市水务局委托设计单位对太平、红也等10座水库防汛抢险应急预案进行编制，10个预案编制工作已完成并批复。五指山市22座水库的防汛抢险应急预案、大坝安全管理应急预案、水库调度方案全部完成修订编制工作，全部符合国家有关规定。11月16日，完成春雷水闸安全鉴定工作，经鉴定为三类水闸。完成山洪灾害及水库防汛抢险应急演练工作。5月12日，五指山市2021年度山洪灾害防御暨南醋水库应急抢险演练在毛阳镇毛贵村委会及南醋水库举行。五指山市应急局，五指山市人武部、五指山市民政局，五指山市卫健委，五指山市消防救援大队，五指山市融媒体中心及乡镇观摩演练，参演90余人。全面完成18座小型水库安全鉴定工作。完成太平、千打、空吸、什奋、什温、道茂、什翁、南炮、南打、来碧、毛贺、红也、牙蓄、牙浩、抗洪、抱隆、南醋等18座水库大坝安全鉴定工作。五指山市22座水库安全鉴定工作全部符合国家有关要求。完成防汛物资储备工作，2021年，水务系统储备防汛块石石料2569立方米，砂石3017立方米，编织袋3.2万条，覆膜编织布2.8万平方米，救生圈330个，救生衣330条，油锯38把，镐头152把，铁锹120把。完成4座小型水库汛前维修加固工作。根据2021年在汛前检查发现的4座小型水库安全隐患进行工程维修工作，截至5月15日汛前，牙浩、南打、红也及什温4座水库全部完成隐患工程的维修加固工作，彻底排除水库安全隐患。完成22座水库管理范围及保护范围划定工作。11月20日至24日，五指山市投入资金4.9万元，聘请专业灭蚁队伍，对20座水库进行全面灭蚁工作，对大坝坝体的蚁穴进行药物消杀，对白蚁穴进行处理。2021年，根据五指山市小型水库的特点和工作要求，重新编制10项小型水库管理制度，并统一模式，统一内容，统一悬挂，对19座小型水库进行制度统一更新（其他3座水库已先行完成）。

【安全生产监管】 2021年，派出监督检查组16次，121人次，检查项目171个，发现问题77个，已整改77个，整改完成率100%。

【依法行政】 利用世界水日、中国水周、节水周等重要节日，深入学校、机关、乡镇等开展节水爱水、护水机关的宣传，提高广大人民群众水环境保护意识。2021年，五指山市执法部门出动车辆83辆次，出动执法人员300人次，查处、取缔非法采砂点13处，捣毁抽砂浮台13台，罚款17万元。2021年，五指山市水务局及市综合行政执法局组织对润城山语、国际城、天山丽田、水墨雨林、黎峒国际康养中心等26宗生产建设项目开展水土保持执法检查，发现问题5处，五指山市综合行政执法局已进行查处。五指山市水务局组织开展南圣河春雷电站大坝以上流域水土流失现状调查并完成相应的治理实施方案编制工作，完成开展创建全国水土保持示范县工作实施方案编制。

【污水处理项目】 加快推进主城区污水管网入户工程、污泥处理工程、畅好居污水管网改造工程等项目建设。其中，主城区污水管网入户工程项目概算投资3640.25万元，新建雨水管道2836米，新建及改造污水管6489米，于2021年7月开工，截至年底，进度93%；污泥处理工程项目概算投资1218.65万元，处理规模为22吨/日（含水率80%），项目于2021年10月开工，截至年底工程进度10%；畅好居污水管网改造工程项目概算投资641.38万元，新建及修复污水管道2968米，项目于2021年7月开工，截至年底工程进度92%。

【农村饮水安全】 2021年，分两批实施农村供水保障工程23宗，概算总投资3985万元，受益人口7738人。截至年底，工程已完工。加强水质检测工作，确保饮水安全。五指山市水务局委托有资质的第三方机构于2021年10月15日完成五指山市165宗农村饮水工程的水质检测工作并出具检测报告，检测结果合格。

【移民后期扶持】 开展移民人口核定，确定2021年核定人口并上报海南省水务厅备案，按照核定人口及时发放水库移民后期扶持资金。开展2021年水库移民后期扶持项目工程建设，截至年底工程已全部建设完成并通过竣工验收。

（邓木兰）

工　业

工业综述

【概况】 2021年，全市规模以上工业总产值3.0亿元，按名义增速计算，比上年增长8.4%。工业增加值20365万元，按可比价格计算，比上年增长7.4%。其中，规模以上工业增加值12956万元，同比增长8.5%；规模以下工业增加值7409万元，同比增长5.8%。规模以上工业水泥产量累计7.89万吨，比上年下降34.63%；规模以上工业发电量6397万千瓦时，比上年增长29.44%。

【工业企业扶持】 加快金融服务体系建设，搭建银企交流平台，完善银政企联席机制，深化银企合作，鼓励金融机构量身定制适应五指山工业发展特点的金融产品。建立健全工业发展激励机制，促进企业做大做强。着力培养、引进人才，建立科学的人才引进、培育、使用体系，加强企业经营管理人才、专业技术人才、技术工人三支队伍建设。优化经营环境，推进企业减负工作，清理规范涉企收费。加强企业周边环境及社会治安治理力度，维护企业、投资者人身财产安全。扶持发展“龙头企业”，培育工业竞争主体，推进中小企业成长工程，以成长性好、有竞争优势、管理规范、年实现主营业务收入在一定范围的中小企业为重点，加快技术改造和实施重组联合，促进规模、水平、效益同步提升。

【工业科技创新】 加大技术创新支持力度，增强企业自主创新能力。加快运用高新技术和先进适用技术提升产业发展水平，以技术、产品、标准创新为基础，推动品牌创新，支持、鼓励企业争创名牌产品和名牌商标，培育一批名优特新品牌产品。

建材工业

【华润水泥（五指山）有限公司】 华润水泥（五指山）有限公司是一家中外合资企业，位于五指山市毛阳镇境内，占地21334平方米，地处S310和S313交叉点，是海南中部少数民族地区最大且唯一的水泥生产企业。2013年10月由原海南五指山大江南水泥有限公司转让给华润水泥控股有限公司，2021年有一条3.5米×13米粉磨生产线，年产能60万吨。2021年，粉磨站员工33人，总资产约2500万元，主要生产PO42.5水泥和PC32.5水泥，产品质量通过ISO 9001质量体系认证审核。

【五指山南鸿混凝土配送有限公司】 2011年6月，五指山南鸿混凝土配送有限公司成立，是一家集混凝土生产和配送服务于一体的生产企业。年生产能力60万立方米商品混凝土。公司员工65人，有HZS180生产线2条、搅拌车23台、52米泵车1台、46米泵车3台、38米泵车1台、装载机2台、地磅1个、配合搅拌楼正常工作的配料机1套、皮特输送机2套及保证连续生产用的维修设备及其他辅助设备等。

水电产业

【五指山天湖旅游有限公司】 毛阳河梯级电站项目于1985年动工兴建，1998年5月首台机组并网发电，2004年整个梯级开发全部完成。

毛阳河梯级电站建有五指山水库、一至四级电站共5个单

坐落于水满乡牙排村的五指山水库

（黄 敏 拍摄于2021年6月27日）

位工程，梯级电站总装机容量26000千瓦，年平均发电量8000万千瓦时，工程总投资22447万元。2021年，公司员工88人，五指山水库位于毛阳河上游水满乡牙排村，是毛阳河梯级开发的龙头工程，主要功能是拦蓄水量为下游电站提供发电用水，五指山水库为浆砌石重力坝，坝长208米，坝高58.5米，水库上游来水面积89平方千米，水库正常蓄水位540米，库容5482万立方米，校核水位541.4米，库容5809万立方米。一级电站是毛阳河梯级开发的首级电站，为坝后式电站。该站装设两台立式混流水轮发电机组，装机容量为2×2500千瓦。二、三、四级电站均为引水式电站，装机容量分别为2×3500千瓦、2×5000千瓦、2×2000千瓦均采用立式混流水轮发电机组。四座电站所发电能汇集升压后，通过110千伏电压等级接入海南省电网。

药品生产行业

【海南制药厂有限公司】 2021年，海南制药厂有限公司员工197人，公司固定资产上亿元，占地面积10多公顷，药品有片剂、注射剂、口服液软（硬）胶囊剂、颗粒剂、酊剂、溶液剂、中药提取、原料合成、滴眼剂等多种剂型200多个品种，8个生产车间16种剂型全部整体通过国家《药品生产质量管理规范》（GMP）认证。

【海南长春花药业有限公司】 海南长春花药业有限公司成立于2005年，注册资金5000万元，公司专注于长春花系列抗肿瘤药物产品的生产，拥有多条原料药生产线，并拥有完整、先进的生产设备和检验设备，2021年，企业员工26人。

长春花药业专注技术创新、稳步发展，于2020年通过“高新技术企业”认定，2021年成为海南省“专精特新”中小企业。

公司核心产品硫酸长春新碱、硫酸长春碱、硫酸长春地辛、酒石酸长春瑞滨等原料药，质量处于国际领先水平。公司的硫酸长春新碱（原料药）是能通过GMP（2010修订版）认证，是能供应国内外制药企业的全国独家产品。硫酸长春碱、硫酸长春地辛、酒石酸长春瑞滨等原料药质量达到中国药典、美国药典、欧洲药典、日本药典的要求。公司产品已出口欧洲地区及墨西哥、智利、南非、印度等国家。

橡胶制品业

【五指山川丰工贸有限公司】 五指山川丰工贸有限公司是五指山地区唯一的民营橡胶收购加工企业，成立于2009年9月，注册资本300万元，实收资本300万元，经营橡胶产品收购、加工、销售，占地面积为3.33公顷。2021年，从业人员98人，是拥有浓缩乳胶产量1万吨/年（折干胶为6000吨），胶清胶1000吨/年，乳胶级标准胶系列产品1万吨/年，凝胶级标准胶系列产品4000吨/年的橡胶工厂，年产量为2.1万吨，年最大需求量3万吨。该公司在五指山市、保亭县、乐东县、白沙县、琼中县等地设有12个固定收购点，保证原料供应，生产的干胶已经通过国家商标总局的注册，主要销往北京、上海、山东、广东等地。

（李会鑫）

旅游业

旅游业综述

【概况】 2021年，五指山市接待游客169.31万人次，同比增长60.7%。过夜游客86.37万人次，同比增长13.8%。其中，境外过夜游客180人次，同比增长

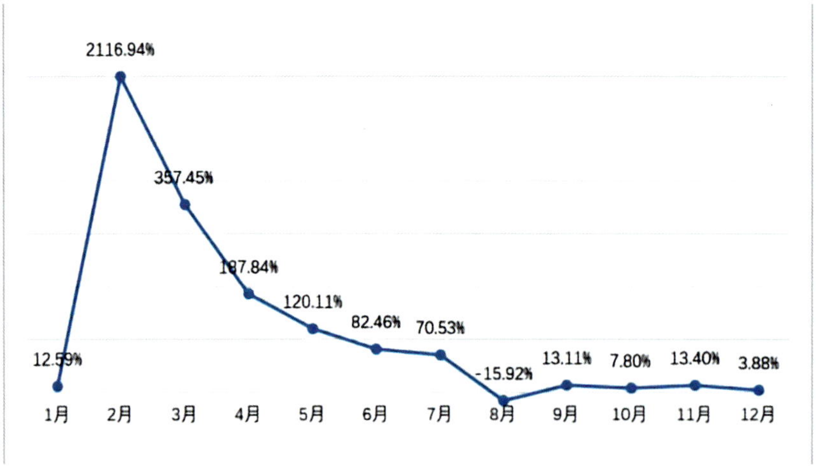

图1 2021年分月全市接待游客增速走势图

37.4%。实现旅游总收入11.91亿元，同比增长29.9%。

【旅游项目建设】 2021年，五指山红峡谷文化旅游区成功创建国家AAAA级旅游景区。五指山市水满乡2021年获评第六届海南省文明村镇。启动五指山市旅游和文化体育广电“十四五”发展规划编制工作。

【旅游标准化建设】 2021年，五指山市开通市区到达水满乡旅游景区和红峡谷文化旅游区的旅游专线公交。建成五指山市汽车站旅游咨询服务中心、水满乡旅游咨询服务中心、南圣镇旅游咨询服务中心等3个咨询服务中心。

【旅游客源资源】 2021年，五指山市接待的游客中省内游客占比73.79%，省外游客占比26.21%。其中，省内其他市县的游客客源地中，海口游客占比最高，为28.02%；其次为三亚游客，占比为17.61%；乐东游客占比为7.58%；省外游客客源地中，广东省、湖南省、河北省位列客源地前三，占比分别为8.08%、7.85%、7.50%。

【旅游节庆活动】 2021年，五指山市先后举办包括海南（五指山）红叶文化旅游节、2021年五指山旅游形象公益大使推介及元宵联谊活动、黎族传统节日“三月三”、非遗文化艺术节、海南美丽乡村绿色骑行活动（五指山站）、亲水三项赛、五指山漂流文化节、2021寻找美丽中华全国旅游城市定向系列赛海南站、2021五指山红叶旅游文化节等10余场节庆赛事活动。

【旅游宣传】 2021年，通过“海南五指山旅游”微信公众号、朋友圈广告、城市欢迎短信、抖音、小红书等平台，发布以红色研学游、生态游、亲子游、黎苗文化游、乡村游为主题的五指山旅游攻略或路线20余条，推文150余篇，朋友圈广告推送流量400余万次。积极参加中国国际消费品博览会、2021年乡村文化节、第七届中国西部旅游产业博览会、第十七届海峡旅游博览会、2021年（第六届）海南世界休闲旅游博览会、2021第十六届中国义乌文化和旅游产品交易博览会、2021中国东盟博览会旅游展、首届中国（海南）体育用品和装备进口博览会等省内外的促销推介活动。

【旅游产品开发】 2021年，由五指山五创茶业有限公司开发的海岛系列红茶和五指山传艺织娘锦专业合作社开发的黎锦金口吉祥钥匙小挂件等五指山市旅游产品在2021年中国特色旅游商品大赛中分别荣获1金1银。

【旅游宣传促销】 2021年，水满河风景区、红峡谷风景区和黎峒文化园推出门票优惠和打卡礼品活动，组织三大漂流景区推出包括大峡谷漂流勇士激情挑战赛、“五指山红峡谷，趣嗨漂流

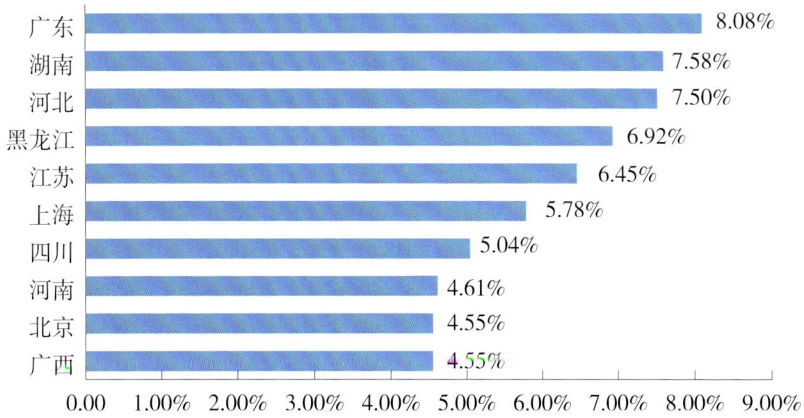

图2 2021年省外游客占比情况图

2021年4月15日，五指山市举办2021年海南黎族苗族传统节日“三月三”文艺晚会，图为黎族竹箫演奏 （五指山市旅文局 供图）

季”“激情雨林谷漂流，研学醉美五指山”等一系列主题活动以及抽奖和优惠购票活动，以抱团优惠的方式刺激游客消费。

【旅游从业人员培训】 2021年，五指山市旅文局相继举办旅游数据统计培训、旅游统计系统培训暨安全生产和疫情防控工作部署会等培训班，培训从业人员142人次。

（陈姿铮）

交通运输·邮政业

交通运输

【公路状况】 2021年，全市公路通车总里程658.35千米。按技术等级分：一级公路4.83千米，二级公路56.37千米，三级公路74.93千米，四级及以下公路522.22千米。在通车总里程中，国道2条61.2千米，即G224海榆中线41.2千米、G540毛九线20千米；县道6条115.33千米，即X580通毛线16.15千米、X583中五线33.8千米、X590南水线27.66千米、X585通水线17.33千米、X588畅南线6千米、X589畅保线14.39千米；乡道41条（部分路段合并）181.83千米；村道257条300千米。

【农村路桥改造建设】 2021年，五指山市推进农村公路在建养护工程项目“8桥5路”13个，预算总投资5795万元。截至12月底，累计完成投资约3394万元，完成工程总量的90%，其中10个项目已完工，余下3个项目正在施工。畅好、南圣高速路口道路改造扩建有序推进，截至12月底，畅好出入口改造及绿化景观改造项目完成初步设计及概算编制工作；山海高速南圣出入口改造及“南水”“毛水”等公路沿途景观改造项目完成初步设计及概算编制工作。

【农村公路养护】 2021年，农村公路列养线路养护覆盖五指山市7个乡镇和畅好居，总里程597.15千米，其中县道6条115.33千米、乡道41条181.83千米、村道257条300千米、桥梁171座；投入管养资金581.86万元。其中，海南省公路管理局下达养护补助资金59.26万元，五指山市财政安排养护预算资金522.6万元。年初市交通运输和地方公路事务中心与各乡镇签订养护责任书，按照县道县养、乡道乡养原则，将农村公路乡、村道养护工作下放至乡镇，全市7个乡镇政府均设立农村公路养护机构，各配备1—2名养护专干和若

2021年12月9日，第六届海南国际休闲旅游博览会在海南国际会展中心举行，图为五指山市展馆内黎族艺人织锦现场展示 （五指山市旅文局 供图）

干名养护管理员，乡道平均每 1.8 千米配备 1 名养护人员，村道平均每 2.3 千米配备 1 名养护人员，全市开发公益岗位养护员 173 名（其中脱贫户 158 名，普通农户 15 名），每人每月 900 元按月发放工资；畅好居农村公路养护总里程 50.56 千米，由原国营畅好农场移交的 11 名（其中退休 3 名）畅好居养护工负责实施管养，五指山市政府将其人员定性为财政定补人员给予发放工资福利；2021 年，五指山市农村公路基本做到“有路必养”，并做到较好地引导、吸纳当地农民群众积极参与农村公路路产路权保护和日常养护，形成市交通运输局主管，市交通运输和地方公路事务中心统筹，乡镇具体实施，优先聘用脱贫户参与管护，有监督、有管理、有养护，同时实现群众共同参与，农村公路得到长效的养护机制，脱贫户从中也有长期受益的良好局面。2021 年，制作并粘贴 94 幅维护路产路权的宣传标语，出动了车辆 30 台次，上路巡查 226 人次，清除路障 90 余处，纠正各类路政违章 30 件处理损害路产路权 7 宗，结案 5 宗，罚款 4.8 万元，办理许可 4 宗，待缴费 49179 元。在全市大力推行市、乡（镇）、村三级路长制运行体系，建立健全农村公路路长制管理责任体系和运行机制，强化农村公路养护管理能力，优化机构职责配置，完善激励保障制度，落实乡镇养护专管员和村级护路员职责。农村公路路长制各项工作基本形成稳定的长效机制和常态化管理，全市农村公路设置 263 块路长制公示牌，项目总投资 96.53 万元。

【道路运输市场管理】 2021 年，五指山市道路运输实现客运量 91 万人次，同比增加 49.89 万人次；客运周转量 7534 万人千米，同比增加 320.14 万人次。抓好道路运输年审换证工作，2021 年度年审换证车辆 153 辆，其中货运汽车 72 辆、道路旅客班线客车 23 辆、公交客运汽车 12 辆、出租汽车 22 辆、驾驶员培训（教练车）24 辆。对全市 3 家二级维修厂建立车辆健康电子档案，进行报备制及工作整顿。加强日常执法，不定期对五指山市重点路段开展打非治违工作，严肃查处违章经营行为，2021 年查处各种违章案件 14 宗，维护合法经营者的正当权益。

【交通安全管理】 结合五指山市重点时段的安全生产工作特点，在重大节假日人流密集时段开展各项安全生产治理工作，督促客运企业严格执行“三不进站、六不出站”制度，指定专人专职对“三品”开展安全检查工作。2021 年春运期间，五指山市辖区未发生一起运输安全生产事故，确保 20 万人次交通运输的生命财产安全。开展治超工作，2021 年，治超联合上路 15 次，派出执法人员 211 人次，车辆 53 台次。其中，查处超限车辆 21 辆次，切割车厢 21 辆，查处超限超载车辆 14 辆，移交交警处理车辆 8 辆次，卸载货物 30.93 吨。开展道路安全三年攻坚战工作，巡查农村公路约 121 条，排查存在安全隐患 41 处，完成路面修复 2.39 万平方米，修建涵洞 17 道，挡土墙 910 米，水沟 5980 米，波形防撞护栏 1080 米。

【公共交通网络】 完善减免票价制度，落实“社保卡”加载公交功能。2021 年 4 月启动第一批社会保障卡公交应用功能，开放群体有五指山市中小学生（含中职学校）、五指山市 60 岁以上老人、残疾人、现役军人及残疾军人；7 月正式上线第二批社会保障卡公交应用功能平台，第二批享受优惠群体含候鸟老人。创建“家门—校门”公交示范线路。五指山市交通运输局制定“家门—校门”示范线路方案，示范线路分别是 5 路公交线路：五指山市一小至南圣镇，经营车辆 12 辆；农客班线线路：五指山市思源学校至 K185，经营车辆 7 辆。开展中小学生周边道路隐患排查整治。组织对市畅好居幼儿园等 15 所学校周边道路存在交通安全隐患问题整改工作，在学校周边设置减速带、网格线、警示牌等安全标志。截至 9 月 27 日，完成 15 所学校周边安装、设置安全标志标牌等项目工程，设置 1560 平方米网格线、132 米斑马线、30 个禁停标志、30 个组合标志、16 个广角镜、44 米橡胶减速带、18 块橡胶圆头，道路交通安全标志线费用 14.77 万元。落实建设五指山市双语标识标牌工作任务，组织建设完成五指山市辖区 141 座外语标识标牌，张贴 141 张文明宣传标语及更新 403 张公交车体宣传标语。

【公交补贴】 2021 年 10 月 28 日完成发放 2019 年度五指山市农客、公交、出租的燃油补助 33.25 万元。

【成立市交通运输和地方公路事务中心】 2021 年，将五指山市交通运输管理总站并入五指山市地方道路管理站，五指山市地方道路管理站更名为五指山市交通运输和地方公路事务中心。

【交通宣传】 2021年6月，五指山市交通运输局制作横幅开展安全生产宣传及发放“安全生产”“物流”“禁毒”等宣传材料。利用城市公交候车亭及公交车宣传创文巩卫。

（孙洪宇）

国、省道公路养护与管理

【概况】 2021年，五指山公路分局管养公路里程61.2千米，其中，G224海榆中线41.2千米、G540毛九线20千米。管养桥梁15座，涵洞217道。下辖毛阳道班、翠城道班、福安道班、番阳道班、延安道班5个道班。2021年有职工89人，其中编内41人、编外48人。有高级专业技术人员2人，中级专业技术人员4人，初级专业技术人员7人。

【公路状况指标】 2021年，G224海榆中线优良路率84.46%，养护质量综合值MQI88.80。G540毛九线优良路率83.9%，养护质量综合值MQI88.29。

【国、省干线养护与管理】 2021年，五指山公路分局处置修复G540毛九线沥青路面病害约9600平方米，处置G224海榆中线路面裂缝约6600米，保洁路面约3115.3千米，清理水沟216.68千米，清理平台边沟路肩草716千米，更换海榆中线路面面板120平方米。委托检测单位对管养的8座桥进行定期检查以及对毛阳桥、什稿桥、什会桥、草好桥4座旧桥梁进行静载试验检测。更新海榆中线、毛九线15座桥梁公示牌。投入220.42万元实施福安桥加固改造工程，工程进度完成90.5%。逐项梳理历年项目，安排技术人员专人跟踪落实项目收尾工作，验收项目2个，上报决算审计项目4个。对海榆中线K201+800、K205+700两处公路景点进行改造提升，种植洋金凤、小青竹、三角梅、红车等苗木42586株，结合党员示范路建设，分别设置“传承红色基因、创建美丽公路”和“牢记初心使命，保障公路畅通”等党建元素，彰显地方公路文化。对海榆中线K217—K219空旷路段公路外侧补植黄花风铃木153棵和一品红花卉250株。在福安道班、翠城道班、毛阳道班培育硬枝黄蝉、软质黄蝉、虎皮、一品红等花苗约4.8万株。成功抗击“狮子山”“圆规”等台风，及时处置水毁险情，确保公路安全畅通。台风期间，出动人员209人次，出动机动车24辆次，清理路面障碍39处，清理塌方16处，清理倒伏树木96棵，处理路面落石3处，疏通涵洞3处、水沟5处。修复水毁路基、路面、挡土墙、桥涵水沟等公路及附属设施32处。

【安全监督管理】 2021年，开展“防灾减灾日”宣传，“6·16”安全宣传咨询日宣传，消防安全“11·9”宣传月等道路生产安全宣传活动，发放安全生产宣传单500余份，悬挂宣传横幅26条，张贴海报60张。扎实推进“安全生产月”活动，组织观看和专题学习“生命重于泰山——学习习近平总书记关于安全生产重要论述”。开展安全宣传“五进”活动、“测测你的安全力”知识竞赛等宣传活动，全体干部职工积极参与，宣传效果显著。对海榆中线、毛九线开展路基路面、标志标线、桥涵、附属设施、危险路段及绿化等道路安全隐患大排查，建立台账，逐一销号。排查出安全隐患758处，完成整改758处，完成整改率100%。在G540毛九线K3+600处开展应急演练，参加人员41人，出动中高空作业车1辆，养护作业车4辆，装载机1辆，公务车1辆。

【安全生命防护】 2021年，投入17.08万元，开展五指山市校园周边道路生命保障工程，在学校校门口道路路面划分禁止停车网格线、铺画人行横道线及预告标识和停止线，并设置交通标志牌。开展公路抢修工作，修复管养路线附属设施防撞护栏18处，修复护栏160米，清洗保洁护栏2万米。修复管养公路路面标线844平方米。清理山体滑坡土方220平方米。开展涉路违法行为整治，拆除非法设立标志标牌5块，制止未经许可涉路施工1处，整治占用公路用地种植农作物2处，违规铺设水管5处。

（王泰鹏）

邮 政

【概况】 2021年，中国邮政五指山市邮政分公司从业人员66人，其中，在岗职工58人，劳务工8人。大专以上学历47人，占从业人员的71.21%，中级职称1人，初级职称8人。离退休职工33人，内部退养职工2人。设有综合办公室、市场营销部、寄递事业部3个职能管理部门，3个生产班组，普遍服务营业场所11个，其中4个支局，7个邮政所。

【通信建设】 2021年，普邮全程时限显著提升，城市当日见报率持续保持100%；机要通信全年无安全事故；全部代办网点改为

2021年5月5日，五指山市委书记朱宏凌（左二）到五指山邮政分公司调研（五指山市邮政分公司　供图）

自办；投入76.74万元，完成8个网点改造。

【业务发展】 2021年，完成收入1923万元、同比增长21.06%，增幅居全省第一位，完成省分公司下达预算107.54 %，居全省第一位。全年安全生产无事故发生，员工队伍保持稳定，通信质量基本达标。邮务类、代理金融类、寄递类三大板块业务呈现平稳发展态势。在邮务类方面。畅销报刊完成58.42万元，同比增长11.7%，居全省第五位；校园报刊完成33.3万元，同比增长75.48%，居全省第五位；在线订阅完成38.34万元，完成计划154.22%，居全省第四位。此外，精心组织通过征兵朋友圈广告、警邮合作等有效促进函件业务发展，实现收入约13.7万元，同比增长45.5%，居全省第二位。在金融类方面。2021年新增总资产12814万元；基金销售3266万元，同比增长22%，居全省第二位。开展协调发展，新增开发对公户18户，公司业务余额规模1488万元，新增月日均余额1075万元，完成率居全省第一位。在寄递类方面。寄递业务实现收入310万元，完成年计划收入的105.72%，同比增长36.96%，增幅居全省第四位；寄递业务市占率提升至16.07%，同比提升2.58个百分点，提升值居全省第二位。

【经营管理】 2021年欠费清缴，较年初压降欠费154万元，下降45.16%；寄递降本增效，优先在人工成本和运输费等重点环节实施压降，将城区投递计价单价从原1.7元压降到1.3元，调整后全年实现降本18.1万元。2021年网运各项指标完成良好，均达到标准要求。开展分层分类培训36期，参训1080人次。开展技能等级认定3批次，3人通过认定考核，员工持证率96.9%。新增AFP（国际金融理财证书）资格证书持证员工1名，理财产品销售证书持证员工19名。

【改善服务】 持续推进定点帮扶，继续对36户脱贫户进行帮扶，巩固脱贫攻坚成果。强化绿色邮政建设，积极服务“双碳”目标，采购可折叠可循环包装箱600个，投入使用300个，配备绿色环保回收箱11个。防范化解重大风险，强化安全生产防控意识，以创建“平安邮政”为目标，加强生产作业区域监督检查，统筹做好疫情防控和生产经营发展工作。推进三级物流体系建设，解决农村投递“最后一公里”问题。2021年，市级物流仓储配送中心正在办理施工手续，临时物流仓储配送中心及43个电商物流站点完成初步改造并投入使用。

2021年6月27日，五指山邮政分公司参加省分公司组织开展的庆祝中国共产党成立100周年活动（五指山市邮政分公司　供图）

2021年7月1日，五指山邮政分公司党支部组织党员到五指山革命根据地纪念园开展“七一”活动　　（五指山市邮政分公司　供图）

【企业改革】 健全管理机制，优化人力资源。关注年轻员工成长，加强日常指导和培养，不断提升年轻员工综合能力，为企业长远发展储备力量。优化人员结构，合理配置关键岗位人员，从而达到人尽其用效果。强化薪酬分配管理，鼓励多劳多得，激励员工发展业务积极性和主动性。

【企业文化】 开展争先创优活动，助推企业转型发展。开展关爱活动，慰问劳模、一线职工，开展“夏季送清凉”活动，发放慰问金、慰问品1.4万元；关心非琼籍就地过年员工生活。推进“职工小家”建设，2个新建及维修改造的小家全部通过验收。完善合口、南圣职工小家“建管用”长效管理机制，强化小家日常管理，开展丰富多彩的读书学习、劳动竞赛、技能竞赛、文化体育等活动。

【精神文明建设】 组织参加省分公司举办庆祝中国共产党成立100周年趣味运动会，荣获二等奖；参加建党100周年主题征文等活动，激发职工爱党爱国热情。组织职工通过视频观看王顺友、其美多吉、尼玛拉木、信者等先进典型事迹，弘扬劳模精神；开展先进个人和先进集体评选活动，鼓励广大职工崇尚先进、学习先进，营造争当先进的浓厚氛围。2021年，推荐1人获得2018—2021年度全省邮政先进个人称号。

（王禄定）

2021年7月21日，海南省总工会副主席张丙亮（前排右六）一行到五指山市邮政分公司开展“送清凉”维权关爱活动

（五指山市邮政分公司　供图）

电信业

中国电信股份有限公司五指山分公司

【概况】 2021年，中国电信五指山分公司有员工42人，设四部一中心（综合部、销售部、网络部、政企部、综合服务支撑中心），以党建引领为主线，企业高质量发展为目标，纵深推进市场化改革，上下一心，攻坚克难，公司整体发展势头良好，企业综合竞争力进一步增强。

【网络建设与维护】 2021年，加强全光网投资建设和移动网建设，光网投资立项35个，建设开通5G基站完成30个，室分基站建设开通完成3个，4G基站补盲优化站点完成23个。加大力度做好移动及光网质量双提升，新增安装相关设备对市区和乡镇5G传输网络进行优化和对老旧网络设备进行升级改造，完成交换机、OLT中继和业务端口扩容工作。2021年，五指山市的自然村光纤覆盖率 100%。

【企业管理】 夯实基础管理，提升客户服务能力。梳理业务流程，完善管理制度，修订分公司账务调整实施细则和应收账款回收工作方案。针对投诉集中点及业务发展需求，加大移动网络补盲。坚持每周对窗口及装维人员开展服务、营销技能等培训，持续开展总经理抓服务活动。狠抓划小承包经营，多举措激发划小活力。聚集政企细分市场实现量收双提升。开展宽带攻坚，市场份额持续改善。加大力度优化渠道布局，提升渠道能力。坚持高质量发展，做实客户经营。关心关爱员工、凝聚发展力量。“五一”、秋促和国庆期间慰问一线促销员工，慰问生病住院及困难员工。举办“迎国庆”及“篮球友谊赛”交流活动，丰富员工业余生活。

（刘　清）

中国移动海南公司五指山分公司

【概况】 2021 年，中国移动五指山分公司党支部深入学习贯彻习近平新时代中国特色社会主义思想，严格执行“第一议题”制度，以庆祝中国共产党成立 100 周年为契机，深入开展党史学习教育，扎实推动“我为群众办实事”举措落地，认真抓好巡视审计整改，助力乡村振兴。持续狠抓客户满意度提升工作，落实实名制工作要求，做好“断卡行动”的管控工作。2021 年，运营收入累计完成 6000 万元；移动客户 7.9 万户；有线宽带 2 万户；建设 4G 基站 17 个，5G 基站 88 个。

2021年6月23日，五指山市财政局党支部、中国移动海南公司五指山分公司党支部赴五指山革命根据地纪念园开展“学党史、传承红色基因”联合主题党日活动　（中国移动五指山分公司　供图）

【通信保障】 2021 年，中国移动五指山分公司做好海南黎族苗族传统节日“三月三”网络支撑保障工作。4 月 14 日，2021 年海南黎族苗族传统节日“三月三”祭祖庆典活动在五指山水满乡黎祖大殿广场举行，活动期间，网络通信顺畅。

【客户服务】 2021 年，中国移动五指山分公司 5 月 17 日召开“我为群众办实事”之服务面对面座谈会、“总经理服接待日”活动，倾听一线心声，收集一线人员服务过程中面临问题。分公司负责人在营业厅亲自接待客户，零距离地与客户面对面交流，解答客户提出的问题，并向客户推荐办理宽带及信用购机业务。现场客户表示提出的问题得到重视且快速解决，对公司服务表示点赞和给出 10 分满意的评价。

（徐　文）

中国联通五指山市分公司

【概况】 2021 年，中国联合网络通信有限公司五指山市分公司贯彻集团党组“1+5+5”总体工作部署，围绕“1529”市场工作布局开展高质量发展，坚持党建统领中心工作。坚持“移宽稳盘、细分突破、创新增收”总体策略，以 5G 引领全业务发展，强抓双融业务，重点聚焦细分市场，攻坚创新领域，实现收入与用户规模快速增长。

【通信建设】 2021 年，中国联通五指山市分公司物理站点 93 个，逻辑站点 258 个，4G 有 108 个，5G 有 39 个，政企专线总数量 426 条，光缆及时率平均值 100%，专线故障处理及时率平均值 100%，宽带故障率平均值 3.0%，宽带测速平均值 97.2%。

【业务发展】 2021 年，中国联通五指山市分公司完成交付 5G 基础医疗和公卫两卡制项目，提升五指山市基层医疗和公卫效率的能力，助推健康海南和海南自贸港建设。搭建爱心超市平台，帮助爱心超市实现低成本快速布点、村民物资获取更便捷、助力乡村振兴。

【服务工作】 每月开展以“我的百倍用心，愿您10分满意”为主题的“总经理服务日”活动，让分公司总经理走进营业厅前台，以普通员工身份接待客户，处理服务难题，检查服务环境和服务规范执行情况，改进营业窗口服务质量，提升公司的客户口碑和服务形象。

【安全生产管理】 落实安全生产责任制和责任追究制，与领导班子签订安全生产责任书，自上而下，层层落实，责任到人，提升安全生产工作质量，保障生产运营安全进行。围绕“防风险、除隐患、遏事故”的主题，加强安全生产教育培训，加大管理和投入的力度，增强员工安全生产的法治观念和自觉意识，推进安全质量标准化，提高设备操控和人员行为的安全度。做好安全生产的自查自纠工作，抓好重点部位、重点环节和重点岗位安全防范工作。

（张 惠）

信息化建设

【信息基础设施建设】 2021年，五指山市科技和工业信息化局在5G机房改造、5G基站建设、5G配套设施改造、光纤网络扩容建设、4G网络优化建设等方面，均完成或超额完成省下达任务指标。其中，5G网络建设应用：完成5G综合接入机房建设改造2个，完成中高频5G基站建设60个，完成低频5G基站建设66个，完成5G基站铁塔改造48个，完成5G应用项目建设1个，市县激励性2.6频段5G基站建设完成2个，市县激励性5G基站配套设施改造完成2个；4G共享基站建设：完成4G共享基站建设170个；光纤网络扩容建设：完成10G-PON及以上端口建设432个。

【电子政务建设】 2021年，五指山市继续推进电子政务外网建设，做好电子政务外网的日常维护、网络检修、安全排查和催办短信发送等工作，实现对全市各乡镇、各单位使用OA系统的全覆盖培训，保障五指山市的政务网络信息安全，实现办文高效、节约资源的良好效果。12月，结合五指山市政府大楼二楼中心机房现状，为推动五指山市政务办公系统资源纳入全省统一管理、统一维护，保障系统安全运行，五指山市将五指山市电子政务办公系统迁移上海南省政务云，通过租用海南省政务云资源进行系统部署和维护，实现海南省政务资源统一管理、统一维护，保障信息系统运行环境的安全。

【信息技术应用】 2021年6月，五指山市公共安全视频监控建设应用项目通过专家终验。

（李会鑫）

粮油流通

【概况】 2021年，五指山市粮食和物资储备服务中心以确保五指山市粮食供应安全和市场稳定为目标，立足岗位开展各项工作，构建粮食库存检查、粮情监测预警应急、储备粮管理、政策性粮食供应和粮食流通监管体系，全面开展各项粮食工作。完善粮食基础设施设备建设，为五指山市储备粮仓储安全提供保障。

【粮情监测预警应急】 2021年5月，分别在番阳、南圣粮食储备库开展“2021年五指山市粮食安全生产应急演练”和“2021年五指山市粮食供应应急演练”两次安全消防技能培训演练，参训人员37人次，演练现场邀请五指山粮食应急指挥部成员12个单位进行观摩和指导。

【粮食储备管理】 2021年，印发《2021年五指山市政策性粮食库存检查实施方案》，制订《2021年五指山市政策性粮食库存检查自查工作方案》《2021年五指山市政策性粮油库存检查发现问题整改和整改“回头看”工作方案》。对市级储备粮从库存粮食数量情况、库存粮食质量情况、储备粮食轮换管理情况、粮食购销政策执行情况、安全储存和安全生产情况5个方面进行检查，检查出存在问题11项，针对检查出的问题，建立“五指山市政策性粮食库存检查发现问题整改台账”，并逐一对账销号，完成整改。

【粮食流通监管】 2021年，五指山市粮食和物资储备局、五指山市发改委、五指山市市场监管局、五指山市综合执法局、五指山市农业农村局等部门联合开展粮食流通“亮剑2021”专项执法行动。执法行动围绕企业粮食收购、储存、销售出库、运输、政策性粮食经营、统计制度执行情况等方面开展检查，开展执法检查165次，检查企业370家次，出动检查人员408人次，收到良好成效。

（李太莉）

供销合作

【综合服务社改造】 2021年，五指山市供销社完成改造8家农村综合服务社，分别是什保综合服

2022年5月，兴合公司工作人员搬运新鲜蔬菜　（黄良柱　拍摄）

务社、太平综合服务社、志保综合服务社、太平综合服务社、红雅综合服务社、应示综合服务社、牙胡综合服务社、空联综合服务社。

【农贸市场管理】 2021年，五指山市供销社出租公益摊位，以低廉的价格出租摊位给农户，供其使用市场内摊位摆放农副产品。招聘市场管理人员，保证市场内外日常环境卫生，缓解当地就业压力大的问题。做好常态化疫情防控工作，在市场门口安排保安维持秩序，对出入市场的行人进行测温、消毒等疫情防控工作。

【“菜篮子”工程】 2021年，成立五指山市兴合市场管理服务有限责任公司，隶属五指山市供销合作联社，是一家集蔬菜批发和零售于一体的公益性“菜篮子”企业。在解决五指山市“菜价高”“卖菜难”问题发挥作用。为让市民吃到平价蔬菜，将鸿鑫农贸市场的自产自销区改造成政府平价蔬菜专区。2021年9月政府平价专区运营，12月向蔬菜批发商及零售个体批发蔬菜。五指山市供销社对五指山市第三农贸市场进行改造并完成冷库建设，确保恶劣天气期间五指山市的平价蔬菜应急保供工作。购置1辆专业的运输冷藏车用于各平价网点和乡镇农贸市场的配送工作，满足城乡居民的购买需求。公司每天批发供应大约5吨平价蔬菜到部分财政供养单位食堂、学校食堂。

【赶集日活动】 2021年，五指山市供销社累计举办37场“山城好物民俗赶集日”活动。第一场活动自3月27日开始，每场活动扶贫产品销售额平均6万元，受益脱贫户约70户，每期参与销售的品种不少于100种。全年开展37场扶贫产品赶集日活动，销售总额325.39万元。受益脱贫户2719户，解决农户农副产品销售问题，增加农户收入，助力乡村振兴。

（黄永昕）

烟草专卖

【概况】 2021年，五指山市烟草专卖局（营销部）坚持以卷烟经营为基础，以专卖管理为依托，以提升服务为目标，进一步规范卷烟市场秩序，持续推进烟草行业高质量发展。

【卷烟销售】 2021年，销售4477.92箱，同比下降7.08%。其中，一、二类烟累计销售2369.34箱，同比增加88.58箱，增长3.88%，销量占比由47.33%提高到52.91%，同比提升5.58个百分点，收入占比由69.55%提高到73.69%，同比提升4.14个百分点。2021年自有品牌累计销售304.53箱，同比增长9.03%。

【卷烟网络建设】 2021年，制定《五指山市2021年文明吸烟环境建设工作实施方案》。在五指山汽车站建设1个吸烟区，市区主干道建设70个吸烟点。推动现代终端转型升级，有82户零售终端完成初级现代终端以上标准建设，其中高级终端6户，中级终端12户，初级终端64户。建设诚信互助小组72组，覆盖零售户722户，开展“我的客户我辅导活动”，通过“传帮带、一对一”对客户进行专业辅导，提升客户满意度。

【烟草市场监管】 2021年，加强证件管理工作，全市持证共1030户，占全市人口9.17‰，五指山市烟草专卖局受理新办申请111户，其中准予行政许可91户、不予许可20户；申请停业7户、复业3户、歇业59户、变更8户、延续404户，2021年注销22户、收回10户。加强专卖执法工作，五指山市烟草专卖局出动执法人员576人次、出动车辆128台次，查处各类违法案件23宗，其中非渠道案件15宗、假烟案件6宗、向未成年人售烟案件2宗；查获各类违法卷烟1789.2条，其中真烟

1713.9 条、走私烟 44.3 条、假烟 31.0 条，涉案金额共计 34.13 万元，上缴财政罚没款 9447.87 元。完成海南省烟草专卖局下达的 5 万元以上假烟案件 1 宗，涉案卷烟 1298 条，案值 24.81 万元，该案已移送三亚市烟草专卖局。

（陈　俊）

金融业

金融综述

【金融概况】 2021 年，五指山市有政策性银行 1 家（中国农业发展银行五指山市支行）；商业银行 5 家，分别是中国工商银行股份有限公司五指山市支行、中国农业银行股份有限公司五指山市支行、中国建设银行股份有限公司五指山市支行、中国邮政储蓄银行有限责任公司五指山市支行和海南银行股份有限公司五指山支行；地方法人银行业金融机构 2 家，分别为五指山市农村信用合作联社和海南省五指山长江村镇银行。2021 年，全市有银行业金融机构网点 23 个，同上年持平。其中，政策性银行机构网点 1 个，商业银行机构网点 12 个，农村信用社机构网点 9 个，村镇银行机构网点 1 个；非银行类金融机构（保险分支机构和代理机构）网点 8 个。五指山市暂没有证券机构网点。

【金融形势】 2021 年，五指山市金融机构继续贯彻落实稳健的货币政策，全市银行业金融机构各项存款稳定性不断增强，各项贷款持续增加，贷款结构逐渐优化，经营效益稳步增长。

从货币供应看，五指山市金融运行继续保持健康发展态势，银行头寸宽松，备付充足，支付能力显著增强，银行体系流动性继续维持宽松态势。各项存款总额超过 85 亿元，当年各项存款保持平稳的主要支撑点是住户存款稳步增长，住户存款比年初增加 7.14 亿元。

从信贷投放看，全市银行业金融机构存贷比为 69.01%，高于 2020 年同期 9.27 个百分点。农业发展银行持续发挥政策性银行资金优势，支持地方基础设施建设和重点项目建设。农业银行、农村信用社等涉农金融机构持续加大对农户和新型农业经营主体的投放力度，支持地方乡村振兴工作和实体经济发展。邮储银行、长江村镇银行、海南银行等结合自身服务“三农”的特色，通过发放小额贷款重点支持农户发展，促进辖区农业经济快速发展。

【存贷款业务】 2021 年，全市本外币各项存款余额 852445.43 万元，同比增长 0.26%。住户存款持续保持稳定增长。2021 年，全市金融机构住户存款余额 599684.79 万元，较年初增加 71364.38 万元，增长 13.51%。非金融企业存款增长乏力。2021 年，全市金融机构非金融企业存款余额 127501.69 万元，较年初减少 13101.28 万元，下降 9.32%。财政性存款较年初大幅回落。2021 年，全市财政性存款余额 20018.56 万元，较年初减少 40327.17 万元，下降 66.83%。机关团体存款增速降幅有所收窄。2021 年，全市机关团体存款余额 104851.05 万元，较年初下降 13.07%，降幅较上年同期收窄 14.6 个百分点。

2021 年金融机构本外币各项贷款余额 588266.69 万元，同比增长 15.82%。重点领域金融工作稳步开展，服务经济提质增效。全市持续深化普惠小微金融服务，普惠金融、乡村振兴等金融服务不断优化，精准服务实体经济提质增效。2021 年，小微企业贷款余额 191317.57 万元，较年初增长 30.79%；个体工商户贷款余额 23382.46 万元，较年初增长 20.97%，贷款户数 528 户，较年初增长 18.39%。涉农贷款稳定增长，涉农经营主体融资可得性明显提升。2021 年，全市金融机构涉农贷款余额 362307.40 万元，较年初增长 14.95%。其中，农户贷款余额 29764.834 万元，较年初增长 19.72%；农村企业贷款余额 247393.16 万元，较年初增长 14.59%。

【外汇收支】 2021 年，五指山市外汇存款为（折合）美元 28.19 万元，比年初减少 0.42 万元，下降 1.47%。五指山市外汇贷款为（折合）美元 0.07 万元，比年初增加 0.07 万元。

中国人民银行五指山市支行

【概况】 2021 年，中国人民银行五指山市支行贯彻落实人总行、中国人民银行海口中心支行工作会议精神，落实从严治党责任，坚持金融服务实体经济，防范金融风险，依法、高效履行基层央行职责。

【完善货币政策传导机制】 制订《2021 年度“自贸港金融服务企业提升行动”方案》，扎实开展“贷动小生意，服务大民生”金融支持个体工商户发展专项行动，引导金融机构开展“扫村扫街进万户”融资服务活动，提高融资对接精准性。2021年，发放支农、支小、扶贫再贷款14357.393万元，普惠小微企业贷款89776.28万元，增幅为65%，办理本金延期利率互换操作4笔，本金6759.05万元，办理信用贷款资金支持操作4笔金额433.2万元。做好巩固拓展脱贫攻坚与乡村振兴有效衔接工作，推进五指山市涉农信用信息采集与信用评定及金融服务示范区创建工作。引导涉农银行机构积极参与，加大农户、行政村、新型农业经营主体的信用等级评定力度，逐步建立农村信用信息数据库，增强数据的准确性、权威性，推动五指山市农村信用体系建设。选择毛阳和番阳两个乡镇作为金融服务乡村振兴示范区创建试点，实施金融兴业、金融惠民、信贷增信、信用增值等四大工程，打造金融服务乡村振兴的“五指山样板”。

【基层央行监管】 持续加强宏观审慎管理。认真开展两项政策工具落实情况核查工作。对两家法人机构运用再贷款资金发放的对象、利率、用途等情况开展贷后现场核查，确保央行再贷款资金合理使用。开展宏观审慎评估、利率定价行为评估、涉农及小微信贷政策导向评估、金融机构综合评价等工作，引导金融机构合规经营。稳步推进利率市场化改革，提高利率传导效率，降低实体经济融资成本。做好存款保险基金缴存工作。

持续推进防范化解重大风险及高风险机构“清零行动”。成立高风险金融机构风险处置工作领导小组，制定支行关于五指山市高风险金融机构风险处置工作方案，通过设立法人机构监测台账、治理及风险管理台账、约谈法人机构高管等措施，密切监测法人机构风险指标变化。针对高风险机构的风险特征，要求高风险机构制定不良贷款清收方案，及时报送不良贷款的清收情况。建立不良贷款清收绿色通道，主动协调政府及相关部门采取有效措施，加快不良资产的处置。列席高风险机构贷款清收工作会议，建立对高风险金融机构的风险评价制度，根据资本充足率、不良贷款率、盈利能力等风险指标，进行量化考核和评价，及时作出预警或处置。

【金融服务】 做好保亭黎族苗族自治县、乐东黎族自治县异地存取现金业务。全力推进数字人民币试点工作，已实现数字人民币在旅游景区、商超收款、娱乐餐饮、代发工资和行政费用报销等场景的应用。2021年，五指山市4家运营机构正式投产支持数字人民币商户门店数量904个；累计开立对公钱包1098个、个人钱包23663个，累计流通交易50670笔，累计流通金额743255.33元。持续推进移动便民支付和农村支付环境建设，做好国债下乡工作。进一步构建金融知识普及长效机制，深入推进金融知识纳入国民教育体系，做好金融消费权益评估工作。

【金融统计调查分析】 关注经济金融热点问题，开展调研分析工作。加强相关调查研究工作，及时反映辖区内经济金融运行中的突出性、苗头性和趋势性问题，重点关注疫情对重点行业的影响、金融精准扶贫及乡村振兴等重点领域和薄弱环节，积极建言献策，为上级银行提供高水平的调研信息。

【征信管理】 持续推进农村信用体系建设。推动市政府印发农村信用体系建设工作方案和操作指引，并成立由发改、财政、农业等多个部门组成的工作领导小组，共同推动农户和新型农业经营主体信息采集与信用评定工作的有序开展，进一步优化营商环境，缓解涉农经营主体的融资难题。

【国库管理】 组织开展庆祝国债恢复发行40周年主题宣传活动，普及经理国库相关法律法规和国库相关知识，为人民银行履行经理国库职责营造良好环境。认真做好国库会计核算基础工作，完成县级预算收入入库、预算支出拨付和集中支付清算工作，预算收支核算及时、准确、安全和高效。

【支付结算】 开展五指山辖区小微企业及高校毕业生等流动就业群体开立账户情况暗访工作，对通过暗访发现的问题，要求银行机构立即整改。走访长江村镇银行，跟进其支付手续费降费让利政策落实、宣传落实、公示落实情况，确保小微企业应享尽享政策落地实施成效。

【货币金银管理】 结合辖区经济情况、行业发展情况准确分析，做好2021年辖区现金投放需求量预测研判工作。准确编制五指山辖区2021发行基金调拨投放计划。做好发行基金调拨投放回笼工作。开展“我为群众办实事”实践活动，指导辖区银行业金融机构做好残损人民币的兑换回收工作，提高辖区流通现金的整洁度。召开反假货币联席会议，打击假币犯罪，维护五指山市人民币流通及使用环境。关注辖内有关拒收人民币现金的投诉举报，安排专人负责辖内整治拒收人民币现金工作，确保群众的诉求得到有效解决。做好金融消费者权益保护工作，切实维护金融消费者合法权益。开展金融消费权益保护评估工作，借助“3·15”、金融宣传月等时间节点开展线上线下宣传，普及金融知识，提高金融消费者金融风险识别能力。

（彭秋荣　何建成）

海南银保监局五指山监管组

【概况】 2021年度，中国银行保险监督管理委员会海南监管局五指山监管组（简称“海南银保监局五指山监管组”）行政编制4人，按照海南银保监局派出机构权限开展辖区内银行业保险业金融机构非现场监管工作。

【银行业非现场监管】 2021年度资本状况、资产质量、管理水平、盈利能力、流动性、金融服务等六个方面，按照“骆驼体系”（CAMEL）对辖内法人机构开展信用评级工作，在对定量指标进行科学打分的基础上，结合非现场监管情况，从资本充足情况、资产质量、管理能力、盈利水平、流动性风险、农村金融服务（村镇银行）方面进行定性和定量打分，真实准确地评估各机构经营成果、风险水平和风险变化趋势，按照得分结果确定评级等级，为2021年制定切实可行的监管政策提供依据；督促辖内各银行保险业金融机构围绕“两增”目标，加大对县域经济的支持力度，在疫情防控常态化特殊时期，保持对小微和民营企业的金融支持力度不减，确保惠企纾困政策平稳衔接。

【银行保险业金融机构监管】 组织开展银行保险业金融机构“内控合规管理建设年”活动。开展对辖内部分银行业金融机构安全大检查。组织监管组干部开展辖内海南银行五指山市支行、五指山长江村镇银行专项安全保卫现场检查，内容包括安全保卫基础工作、重点部位安防设施建设、重要环节安全管理、消防安全管理四个方面，查找安全隐患及制度短板，增强安保制度执行力，强化银行安全保卫工作建设力度，增强各机构及员工抵御、防范和处置内外部案件（风险）能力。

（房　贤）

中国工商银行股份有限公司五指山支行

【概况】 2021年，中国工商银行五指山支行紧跟上级银行的工作思路和要求，扎实推进各项业务稳步发展。

【拓展业务】 储蓄存款情况。2021年末，中国工商银行五指山支行各项存款余额8.60亿元，较年初减少5077万元。其中，储蓄存款时点余额6.17亿元，较年初增加1936万元，日均余额6.02亿元，日均增量2499万元。2021年任务完成率约138.9%，在五指山地区同业时点余额及增量排名第三位，日均余额及增量排名第二位。对公存款情况。2021年末，五指山支行对公存款余额2.43亿元，较年初减少7014万元，日均余额2.51亿元，较年初增量−5799万元。其中，公司存款余额1.14亿元，较年初增量−5463万元，日均余额1.17亿元，日均增量−3665万元，2021年任务完成率约−729%。机构存款余额1亿元，较年初增量−2908万元，日均余额1.19亿元，日均增量−2638万元，全年任务完成率−293.18%。同业存款余额2791万元，较年初增加1326万元，在五指山地区同业指标排名第三位。2021年中国工商银行五指山支行多数指标完成情况排名居分行中游水平。2021年，实现中收135.25万元，拨备前利润1651万元，拨备后利润1649万元。

【风险防控】 中国工商银行五指山支行内控管理及风险防范相对平稳，2021年无重大风险事件发生，无违规行为发生。2021年五指山支行网点运营风险分级结果为A−，持续保持不断进步的态势。2021年中国工商银行五指山支行对13名员工异常行为排查未发现重大问题，较好地落实了网格化管理工作。

【亮点业绩】 中国工商银行五指山支行以智慧景区营销为切入点，多部门联动，多层级营销，在省内实现智慧景区零的突破，后续又在此基础上成功营销，为景区业务营销切入积累了经验。以提升对公客户AUM（资产管理规模，是一个指标，主要用来衡量金融机构资产管理业务规模）为导向，转变营销思路，以法人理财为抓手，主动筛选有大额资金的潜力客户开展针对性的营销，改变五指山支行对公法人新规理财和养老金理财业务长期为零的状态，刷新五指山支行单笔法人理财销售2300万元的纪录。收单业务挖潜增效。对景区、餐饮等重点行业开展收单业务营销，以科技优势和产品优势为切入点，了解客户运营痛点，解决客户收单问题，主动对接潜力客户，先后介入11家商户收单业务，日均1万元商户任务完成率83.3%，年新增商户有效率97.8%。通过设置部门收款码等方式解决景区需分别统计不同店面营收情况的问题。

（李志清）

中国建设银行股份有限公司五指山支行

【概况】中国建设银行股份有限公司五指山支行是中国建设银行股份有限公司海南省分行的下属机构，设有办公室、营业部、客户部等3个内设部门，正式员工29人。2021年末全口径存款余额106819万元，比年初新增5705万元；贷款19526万元，比年初新增2589万元；实现中间业务净收入390万元，实现净利润1341.19万元。

【工作措施及成效】深化党建引领，把总行、省分行党委的决策部署落实到具体的工作实践中，推进党建与各项中心工作的双促进、双提升。通过“三会一课”、党日活动等方式，按照党史学习教育实施工作方案推动落实党史学习，扎实推进党史学习教育。加强党风廉政建设，坚持全面从严治党，从严治行。2021年，支行严格落实中央八项规定及其实施细则精神，坚决反对和纠正“四风”问题，强化党内监督，提高员工遵章守纪的自觉性，增强员工廉洁从业合规意识。

坚持数字化经营理念，充分运用商机推送、一键维、云工作室、批量开通数字钱包等举措，精准定位目标客户，实现精准营销。截至2021年12月31日，数字人民币考核排名全省第11名。其中，落地商户完成率132.54%，排全省第3名；对私钱包完成率72.42%，排全省第四名。在2021年“兴建旺行”首季综合金融服务活动中荣获个人业务增存拓户突出贡献奖二等奖，实现了首季开门红。

深化新金融行动，推进“三大战略”的发展。中国建设银行五指山支行着力打造普惠金融新生态，丰富数字化产品体系，形成“小微快贷”“个人经营快贷”新模式产品系列。持续提升风控能力，构筑普惠金融智能化风控管理体系，信贷资产质量保持稳定。金融科技惠及民生。秉承新金融理念，大力发展金融科技业务。以聚合支付平台作为门店收银主打模式，与五指山市企业达成合作意向，取得一定成效。推进金融助力乡村振兴。涉农贷款618.46万元，精准扶贫贷款6.04万元。定期对裕农通服务点进行巡检、VI标识上墙，确保为周边居民提供助农取款、转账汇款、现金汇款、代理缴费、查询、消费结算、理财、保险、贵金属等普惠金融服务，为贫困村民提供便利金融服务。

坚持存款立行，群策群力抓存款。积极对接五指山市住房保障服务中心，安排专人负责维修基金系统，实时关注系统数据，守好“零成本”存款。依托全行员工挖掘客户资源，寻找新的客户增长点。开展“行外吸金、行内稳存”竞赛活动，激发员工的存款营销积极性，在全行形成你追我赶抓营销的良好氛围。

狠抓客户资源，提升零售业务创收空间。依托新一代批量发卡功能，完成多家公司的批量代发业务，同步开通了手机银行、网上银行、短信通和电话银行，做到了网络金融的“三个100%”全覆盖。落实员工营销责任制，把五指山市城区进行若干网格划分，实行客户经理分区承包，负责做好本片区的商户营销拓展工作。定期组织员工学习相关业务知识，通过上门走访、电话或短信邀约、小区驻点服务等多种方式开展营销，重点针对有购车需求、房屋装修需求的客户进行营销，帮助客户解决资金周转问题，提升建行分期产品的影响力。

加强内控合规管理，营造良好的安全运营环境。加强案件防控和预防腐败工作责任制，集中对柜面业务、信贷业务、印章管理等重点领域深入开展专项自查工作，严防重点领域案件风险的发生。加强合规管理，支行通过开展案件警示教育活动、员工行为网格化管理等方式合规管理，提高员工的合规意识，落实好全面“从严治党、从严治行”的要求。严格执行贷前诊断会议工作机制，坚持将风险管控落实在第一步；召开信贷客户经理剖析会2次，引导客户经理总结经验，自我剖析，不越“三线”，主动形成防范信贷风险的意识。调整存量结构，建行五指山支行高度重视贷款质量，查看2021年的贷款情况，与贷款客户保持联系，实时跟进不良贷款情况，保证贷款的质量。加强日常安全管理，开展消防安全知识培训和防火防抢预案的演练，高度重视安全生产，落实安全生产责任制。以最高标准和最严要求落实疫情防控责任，突出重点、深入细致地开展常态化防控工作，将防疫工作落到实处。

加强班子团结，带动员工队伍发展。加强班子队伍的建设，支行班子发挥表率作用，加强与各部门员工的沟通与协作，关注员工的思想、行为动态和身心健康，激发员工的昂扬斗志，用实际行动聚合人心，形成积极向上、努力作为的合力氛围。大胆启动年轻干部，关键业务部门都交由年轻干部负责，为业务骨干提供发展平台。重视客户经理队伍建设，对支行客户经理进行调整，设专职个人客户经理、普惠贷款客户经理。

落实省分行党委乡村振兴工作部署，扎实推进脱贫攻坚成果同乡村振兴有效衔接工作。2021年，建行五指山支行结合当地实际，确定产业发展项目，组织发动脱贫户发展产业，向省行申报4.2万元专项资金，用于支持脱贫户发展产业，进一步增加家庭收入，提升“造血”功能。

（郑楚楚）

中国农业银行股份有限公司五指山市支行

【概况】 2021年，中国农业银行五指山市支行营业收入同比增长4.32个百分点。机关内设风险管理部、客户部2个部门；辖区内网点3个，分别是支行营业部、解放支行及轻型网点南圣支行。2021年，在职员工47人，其中领导班子4人，中层干部12人，一般员工31人。

【主体业务发展】 坚持全员揽存制。从行领导到中层干部到一般员工，人人有任务，人人有挂钩，定期公示督办。结合实际制定出台《存款监测方案》，员工绩效工资与存款营销目标挂钩，按月兑现到人，调动员工积极性。抓好流量增存。用好省农行存款“七大抓手”，做实个人存款；常态化组队走进社区、专业市场、行业类商户及个体商户等商圈，营销聚合码、存款、掌银、理财、基金等一揽子产品，实现网点周边2公里商户和专业市场全覆盖；有效化解经营困局，扭转各项存款负增长的被动局面。截至2021年年底，全行各项存款余额较年初增加4905万元，四行增量第一。

2021年，开展市场调查，收集市场信息，加强与市政府相关职能部门的联系沟通，制订项目对接方案，抓好信贷业务的源头营销，掌握新进项目和企业情况；组建营销团队，明确责任，跟踪落实到位；支持乡村振兴工作，加大普惠金融投放力度，推动五指山市实体经济发展，贷款规模增长迅猛。截至2021年底，全行各项贷款余额较年初净增上亿元，增长率为12.05%。超额完成脱贫县贷款增量任务，贷款总量及增量均排当地四行第一。

积极沟通协调，成功与五指山市政府签订全面战略合作暨支持乡村振兴发展合作协议，深化银企合作关系；持续加强“党建+信用村”建设，开展党建共联共建，同时控好风险、规范操作，持续做实惠农贷款投放等相关工作，扎实促进党组织全面过硬、深耕乡村业务有效发展，做实助力乡村振兴金融服务。截至2021年底，成功营销农村集体经济组织基本户，市场份额占比30%；为信用村农户投放惠农e贷较年初新增2000余万元，新增党建+信用村10个，农户贷款投放较年初新增1000余万元。

通过“线上+线下”双通道，积极向小微企业推介以“抵押e贷”为主，“纳税e贷”为辅的拳头融资产品，充分利用此类融资产品申请流程短、审批快的特点，加强客户联动营销，通过“以客带客”的方式助推普惠金融业务迅速增长。截至2021年底，全行普惠贷款余额较年初新增上亿元，增量年度计划完成率624%，客户增量年度计划完成率232%，两项指标完成率位居全省农行第一，普惠小微企业贷款存量及增量均排名当地四行第一。

【综合管理】 深入开展“合规建设年”活动，提高合规意识和制度执行力；组织并配合内外部开展多项检查活动，强化尽职监督检查，确保业务合规经营；认真做好反洗钱宣传和管控工作，全年无反洗钱案件发生；严格执行规章制度，杜绝“老好人、求大同、走过场”对工作不负责任的思想，及时披露发现问题，做好整改跟踪监督，确保整改落实到位。

加强舆情风险管控，扎实做好消费者权益保护工作，走社区、进校园开展“金融知识普及月”“金融知识万里行”及“金融科技活动周”等活动；做好农户、企业等方面的客户服务，注重客户信息保护，避免引发舆论带来声誉风险；加强操作风险防控，筑牢风险意识，严守风险底线。督促员工开展新冠疫苗接种；全行员工48人完成第一针和第二针疫苗的接种工作，接种率100%；同时，做好防疫物资储备和发放；落实好“零报告、日报告”制度，指定专人及时向省行报告疫情信息和防控工作情况，全行无一名员工感染。

抓实人文关怀，修缮支行员工食堂。翻新改造支行员工食堂，优化升级食堂内环境卫生及设施，丰富食堂菜单，提升员工幸福感、归属感。积极与自来水公司及相关技术人员沟通，对老旧供水管道进行改造升级，采购新型净水器、加热保温器等设备，解决改善新办公大楼部分楼层出现的水源浑浊问题，确保员工正常用水。通过定期组织召开座谈会，适时组织员工谈心，了解员工思想、收集员工建议，解决员工生活、工作中的困难，增强凝聚力。

（王建杰）

中国邮政储蓄银行股份有限公司五指山市支行

【概况】 中国邮政储蓄银行股份有限公司五指山市支行（以下简称“五指山市支行”）正式成立于 2008 年 5 月 16 日，隶属于中国邮政储蓄银行股份有限公司海南省分行。2021 年五指山市支行从业人员 43 人，支行内设 3 个部门，下辖 6 个网点，分别是支行营业部、毛阳镇支行，4 个代理营业所，分别是红旗路营业所、迎宾路营业所、南圣镇营业所、合口营业所。

【业务情况】 2021 年，五指山市支行储蓄存款达到 10.66 亿元，公司存款余额为 1.09 亿元，各项贷款总规模达到 2.24 亿元。

个金业务方面 利用 CRM 系统常态化开展存款客户精准回访工作，不断壮大 VIP 客户规模。细分客户层次，配置财富管理综合方案，有针对性地开展场景营销活动。建立团办营销、驻点营销和全员营销三级营销模式，广增信用卡进件渠道。引导新老客户激活绑定各类平台进行线上支付及现场刷卡使用，养成用卡习惯，提升信用卡消费规模和客户活跃率。

公司业务方面 加强与客户沟通，宣传五指山市支行公司业务减费让利优惠政策，提升服务公司客户的能力。开展小企业行业大走访，推动小企业贷款增长对辖内税收优质企业开展走访营销工作，重点对工程、农业、物业、商贸等行业进行深入挖潜。

信贷业务方面 2021 年，推进“信用村”建设，全年新建信用村 21 家，累计共建信用村 34 家。6 月在“瓜菜种植大镇”番阳镇隆重举行了番阳信用村授牌仪式，设立“信用村”信贷服务站，填补在该区域无金融网点的空白。走访辖区商户，融入各行业和商圈当中，挖掘行业和商圈客户，对个商老客户进行回访维护，挖掘客户资源，营销其上下游客户。

【金融扶贫】 五指山市支行派出 5 名帮扶联系人，1 名驻村队员开展定点帮扶工作。单位班子成员开展调研 4 次，掌握脱贫户需求，协助申请各类补贴。加大对小微企业，建档立卡脱贫户发放精准扶贫贷款支持力度。2021 年，五指山市支行累计发放扶贫贷款 256 笔，金额 716.9 万元。

【风险管控】 加强邮银协作，完善沟通案件防控协调机制。开展警示教育活动、合规大讲堂等一系列活动，持续推进风险合规文化建设，提升全行内控合规管理水平。推进网点综合化管理工作和服务精细化管理。

（史瑜琪）

五指山市农村信用合作联社

【概况】 2021 年，五指山市农村信用合作联社有 9 个营业网点，7 个一级职能部门，9 个二级职能部门，在职员工 120 人，其中研究生学历 2 人，本科学历 70 人。党委下设 10 个党支部，其中机关党支部 4 个，网点党支部 6 个，党组织实现全面覆盖。正式党员 59 人，其中预备党员 3 人，女党员 29 人，少数民族党员 24 人，入党积极分子 4 人，规范化党支部党员活动室 6 间。

【各项业务发展情况】 2021 年，五指山市农村信用合作联社各项存款余额 34.70 亿元，其中，储蓄存款余额 26.19 亿元，比年初增加 3.41 亿元；对公存款余额 8.5 亿元；存款市场份额 40.70%，同业排名第一。贷款情况。2021 年，五指山市农村信用合作联社各项贷款余额 17.46 亿元，比年初增加 2.31 亿元。其中，剔除票据后一般贷款余额 16.85 亿元，比年初增加 1.71 亿元，完成剔除票据后贷款增量任务 14795 万元的 114.16%，贷款市场份额 29.81%，较年初减少 6.76 个百分点，同业排名第二。不良贷款情况。截至 2021 年末，各项不良贷款余额 5901.94 万元，比年初下降 1282.83 万元，不良率为 3.38%，比年初下降 1.37 个百分点；清收不良贷款本息 2817.08 万元。经营效益情况。截至 2021 年末，各项营业总收入 16113.09 万元，各项营业总支出 13761.06 万元，利润总额 2342.6 万元。电子银行业务情况。截至 2021 年末，手机银行累计开户 38388 户，社保卡已累计发卡 114860 张，社保卡新增发卡量为 9919 张，设立便民服务点（站）58 个（其中村级金融服务站 23 个）。

（周建隆）

中国人民财产保险五指山支公司

【概况】 2021年，中国人民财产保险股份有限公司五指山支公司内设中国人民财产保险股份有限公司五指山支公司通什营销服务部，主要负责机动车辆保险、企业财产保险、家族财产保险、货物运输保险、雇主责任保险、公共场所火灾责任保险、人身意外伤害保险、农业保险。2021年，财产保险五指山支公司实现保费收入1346万元。

【业务管理】 2021年，财产保险五指山支公司在承保方面。严格按照管理要求开展客服工作，为客户提供标准化服务，使用服务用语，杜绝服务禁语。严格执行超权限业务上报海南省总公司审批，并按照批复意见出单。不随意扩大或缩小保险责任，或随意变更总公司统一报批报备的条款费率。不签发阴阳保单，按净费率出单。履行代收车船税义务，严格按照承保车辆实际情况代收车船税。执行"见费出单"制度，控制应收保费。

在理赔管理方面。赔案质量保证，每案均严格按照理赔实务操作流程做赔案。按理赔规章制度，规范理赔案件处理，完善每件赔案的相关资料和必备理赔单证。执行公司"十五条禁令"，无虚假赔付、无责赔付、越权赔付案件等。加强理赔服务水平和提高服务质量，减少理赔纠纷。通过优质的理赔服务，挖掘出更多的承保客户，为公司的业务发展做出贡献。

在团队发展方面。培养和招收城市及周边乡镇兼职个代营销员，扩充团队销售能力，挖掘城镇周边私家车和修理厂业务，使公司车险业务得到更好的发展。

在沟通协调方面。五指山支公司与五指山市政府签署了橡胶价格保险，承保总保费为431.31万元。与五指山市民政局、应急管理局等单位沟通，上报综合治理保险、看护保险等方案，为深入开发其新保险产品奠定合作基础。

【费用管理】 2021年，财产保险五指山支公司强化预算管理，规范财务报销流程，加强费用支出管理，做好开源节流降本增效工作，明确销售费用列支的相关要求，保证费用列支的真实、准确及依法合规性。

【反洗钱工作】 财产保险五指山支公司主动与当地人民银行和银保监进行面对面的沟通、交流，汇报公司情况。2021年支公司加强反洗钱知识培训，培训内容有《中国人民财产保险股份有限公司反洗钱工作办法》及其他有关反洗钱相关文件等，并结合公司日常工作实际，针对工作中容易出现的问题进行强化学习和培训。

【保险市场特点及趋势】 保险主体的数量8家，市场主体的大量增加导致财险市场集中度快速下降，市场竞争日趋激烈，特别是车险业务的市场竞争尤其激烈。2021年9月19日商车费改后，车险市场出现了三种费率，而支公司的费率为最低，无法与费率高的其他保险公司竞争，致使财产保险五指山支公司车险业务发展受到了很大影响，前期部分车辆报价总是比别家保险公司高，造成客户流失很多，同时此次改革对业务人员跑业务的积极性造成了很大的打击。财产保险五指山支公司面临的压力也会越来越大。车险保费收入是财产保险五指山支公司的主要业务收入来源，随着"车改"政策的落地实施，私家车险业务将是各家财险公司争夺的焦点。如何拓展车险业务将是今后财产保险五指山支公司工作的重中之重。

（袁晓华）

中国人寿保险股份有限公司五指山市支公司

【概况】 中国人寿保险五指山市支公司设有经理室、客户服务中心、营销发展部/收展发展部、机构业务部、综合部5个部门；并在毛阳镇设有毛阳营销服务部服务网点。2021年，配备在编员工10名，营销人员70名，为客户提供高效、优质的保险服务工作。2021年，人寿五指山市支公司累计各类保险费收入5233.29万元。

【赔付支出】 2021年，累计各类保险赔付支出7320912.27元。其中死亡给付516361.45元，医疗给付1353710.18元，满期给付2448116.14元，年金给付1552149.07元，赔款支出1450575.43元。

【经营理念】 秉持"诚实守信、客户至上"的服务理念。依托覆盖全市城乡的服务网络，致力于为社会广泛的大众提供优质的保险产品和服务。建立专业化的营销团队和管理团队，增强优化服务实力。坚持"以人为本、德才兼备"的人才理念，着力培养素质优良、专业的人才队伍，以城区为主体，农网为依托，借助网点优势，贴近服务满足客户对保险产品多渠道的购买需求。发扬国有央企的社会责任，致力扶贫工作。贯彻落实中央扶贫工作会议精神，全面开展健康扶贫、金融扶贫工作，加强商业保险补偿与扶贫工作有效衔接，着力解决好贫困人口“因意外事故/因病致贫、返贫”的现实难题，提高建档立卡脱贫户等四类人群的医疗保障水平，实现扶贫保险全覆盖。

（纪明寰）

经济监督管理

宏观经济管理

【概况】 2021年，全市地区生产总值已完成36.67亿元，同比增长4.6%。工业增加值完成2.04亿元，同比增长7.4%。社会消费品零售总额已完成12.28亿元，同比增长15.3%。全市一般公共预算收入累计完成2.24亿元，同比减少0.51亿元，下降18.6%。全市固定资产投资累计完成21.89亿元，同比下降27.9%。其中，房地产开发投资7.3亿元，同比下降25.6%；非房地产开发投资14.59亿元，同比下降29%。按投资领域分，社会投资14.89亿元，同比下降27.6%；政府投资7亿元，同比下降28.5%。

【投资项目推进】 2021年，五指山市发展和改革委员会按照“六个一”（一个项目、一个分管领导、一个工作班子、一个倒排工期计划、一份推进月报、一竿子抓到底）一揽子负责制的要求，细化工作任务，强化责任落实，推动投资扩量升级，重点在特色小镇、“五网”建设等领域包装一批重大项目，深入研究国家重点投向和支持领域，加大中央预算内资金和专项资金争取力度。2021年五指山市重点项目67个，总投资117.08亿元，2021年计划投资11.84亿元。2021年实际完成年投资13.5亿元，完成年计划投资114.08%。

五指山市发展和改革委员会重新梳理原2021—2023年储备项目库，逐一跟进原储备项目库中500万元以上项目，2021年梳理实际可推进项目114个，总投资120.57亿元。其中，政府投资项目83个，总投资28.24亿元，社会投资项目31个，总投资92.34亿元。五指山市政府牵头围绕6个方面谋划项目，谋划生成项目161个，其中：围绕空间规划共生成项目24个，分别是通什水（南圣河）生态修复治理工程和烈士陵园提质改造项目等。围绕产业规划编制生成项目33个，分别是海南省民族博物馆二期项目、红峡谷二期商业综合体项目等。围绕“五网”基础设施建设生成项目16个，分别是山海高速五指山互通出口至畅好乡至畅好水泥厂桫椤旅游公路项目、新五指山客运站建设和旧汽车站改造项目等。围绕为民办实事生成项目14个，分别是五指山中学改造扩建项目、2022年老旧小区38个小区改造项目等。围绕信息化建设生成项目19个，分别是智慧五指山综合运营管理中心、社会管理信息化平台等。围绕“四个一+N”生成项目55个，分别是水满村美丽乡村项目、南圣休闲农庄、南圣村红掌花基地、南圣村蔬菜基地为一体的产业研学基地等。

2018—2021年，全省开展的15批集中开工项目五指山市参加12批35个项目。2021年，已完工17个，2021年续建及新开工项目18个，总投资20.04亿元，年度计划投资3.58亿元，完成投资4.14亿元，完成年计划投资率115.58%。

2020—2021年，五指山市中央预算内投资项目4个，项目总投资2.76亿元。其中，中央预算内投资0.41亿元，地方配套2.35亿元，中央资金完成率50%。

【基础设施扶贫项目论证入库】 2021年，五指山市发展和改革委员会联合五指山市乡村振兴局、五指山市自然资源和规划局、五指山市交通运输局、五指山市农业农村局等部门对各乡镇申报的扶贫项目开展18轮脱贫攻坚项目审查工作，审查项目350个，召开18轮相关的讨论工作会议，将321个项目纳入2021—2022年实施项目库。

【新能源利用、充电桩建设】 2021年，完成60个充电桩建设，任务完成率100%。其中，36个为自用充电桩，16个为乡镇公交站充电桩，8个为酒店专用充电桩。

【营商环境优化】 2021年3月，成立五指山市优化营商环境工作专班，办公室设在五指山市发展和改革委员会。印发《五指山市深化“放管服”改革优化营商环境任务清单》《五指山市2021年优化营商环境工作要点》，全年召开3次专班会议，协调解决难点堵点问题，督促专班下设的9个专项工作小组成员单位加快落实各项任务。印发《进一步完善五指山市优化营商环境工作专班方案》。委托第三方撰写营商环境优化提升研究报告，已完成前期工作。印发《五指山市政务服务体验官实施方案》。

【"菜篮子"稳定价格】 2021 年，市委、市政府召开"菜篮子"专题会议、专班工作会议及视频会议 16 次，制定《五指山市 2021 年"菜篮子"建设实施方案》《五指山市 2021 年平价蔬菜保供惠民行动专班工作实施方案》等，组建五指山市 2021 年平价蔬菜保供惠民行动专班办公室。2021 年，全市有常年蔬菜基地 47 个，保有面积 183.21 公顷，完成率 101.78%；建成蔬菜大棚 25 个，面积 66.95 公顷，完成率 125.54%，均超额完成省下达目标任务。蔬菜价格指数保险正式实施，2021 年计划承保 33.33 公顷，完成 35.27 公顷，完成率 105.8%。在生猪生产方面，2021 年，五指山市生猪累计存栏 2.89 万头，累计生猪出栏 4.34 万头，完成全年总出栏目标 4 万头的任务量，每日屠宰生猪 90 头左右，自给率基本保持在 78.9% 以上。优化流通环节管控方面。设立市菜篮子公司第一家平价专营区"农中超"。该专营区 2021 年 9 月开业，累计销售平价菜 88.42 吨左右，平均每日销量约为 2500 斤，占鸿鑫市场日交易量的 50%。加大平价网点补贴力度，累计发放年度运营补贴 30.48 万元。推行蔬菜零售末端保险，全年累计投入 35.6 万元，为全市 40 个商户购买蔬菜零售末端保险。开展今冬明春平价菜保供惠民行动，投入 569.6 万元开展今冬明春平价菜保供惠民行动，全市平价网点 24 个，基本覆盖主要的居民社区，平价菜 2021 年度累计销售占比达 32.45%。2021 年，五指山市市场监督管理局共出动执法人员 1113 人次，约谈农贸市场商铺 205 家次，打击扰乱市场公平竞争正常经营秩序、哄抬物价、欺行霸市等违法行为。经检查，未发现囤积居奇、操控物价、恶意涨价、缺斤短两、掺杂使假、以次充好、虚假宣传等违法违规行为。深入蔬菜收购点、集散地、批发市场等重点场所和区域，摸排农产品收购、批发、流通、运输等环节是否存在"菜霸""肉霸""渔霸"等线索，营造公平竞争的市场环境和安全放心的消费环境。

【推进光伏扶贫建设】 印发《光伏发电扶贫工作实施细则》《光伏发电扶贫工作实施方案》《五指山市村级光伏扶贫电站收益分配管理实施办法》《五指山市光伏扶贫电站运行维护管理办法》等。投资 7842.65 万元建设光伏电站项目 77 个，建设规模 9804 千瓦，覆盖 55 个行政村，项目已建设完成并网发电。2021 年，发放光伏收益 933.18 万元。其中纳入国家补贴光伏电站已发放收益 823.54 万元，未纳入国家补贴光伏电站已发放收益 109.32 万元，利用光伏收益开发村级公益性岗位 686 个。

【社会信用体系建设】 2021 年组织召开"社会信用体系"建设专题会议 3 次，印发《五指山市 2021 年社会信用体系建设工作要点》《五指山市 2021 年社会信用体系建设各部门职责清单》。1 月 25 日，启用海南自贸港信用信息共享平台，五指山市信用各成员单位录入双公示信息 3418 条。在 2020 年度纳税信用等级评价中，五指山市税务局所辖企业中共有 5369 户符合条件。其中，评出 A 级纳税人 82 户，占 1.53%；B 级纳税人 604 户，占 11.24%；C 级纳税人 77 户，1.43%；D 级纳税人 221 户，占 4.12%；M 级纳税人 4385 户，占 81.67%。2021 年，五指山市法院纳入失信被执行人 215 人次（49 人次为新纳入，166 人次为旧存），纳入限制高消费 142 人次。

【产业发展】 2021 年，制定《五指山市 2021 年十二大重点产业工作要点》。指导仁帝山康养基地（四期）、天山丽田文旅康养中心项目、五指山曜阳养老公寓（二期）、森林湖养生中心等康养项目加快建设进度，做好项目跟踪服务工作，推动康养产业与体育、旅游、医疗、地产等产业融合发展。执行《市场准入负面清单（2020 年版）》，督促各部门落实《五指山市关于开展市场准入负面清单制度工作方案》。

【能源消耗总量和强度"双控"】 印发《五指山市 2019 年度能源消耗总量和强度"双控"目标工作整改方案》《五指山市 2021 年节能工作要点》，2021 年，五指山市完成"十三五"能耗强度降低总体目标、"十三五"能耗总量控制总体目标，考核结果为合格。

【粮食和物资储备】 五指山市 2020 年度海南省粮食安全市县长责任制考核评定结果为 84.30 分，为良好等级。做好市级储备粮轮换和保管工作，2021 年上半年市级储备粮轮换 572 吨，下半年轮换市级储备粮 439 吨。在轮换过程中，遵守各项规章准则、粮食库区安全规定，安全作业，保证安全生产。开展政策性粮食库存数量和质量大清查工作，对库存粮食数量情况、质量情况、轮换管理情况、粮食购销政策执行情况、安全储粮和安全生产情况进行检查，对检查出来的问题建立问题整改台账及时整改，确保五指山市政策性粮食库存安全。

【脱贫攻坚工作推进】 支持产业发展，帮助脱贫户减少疫情带来的影响，利用五指山市发改委精准扶贫资金帮助红运村委会开垦冬种瓜菜土地10.84公顷，3.25万元。扶持红运村黄义养鸡示范点1万元。扶持红运村委会芽苗菜种植项目1万元。扶持毛阳镇什益村委会，为低收入家庭投入资金2.4万元购买种猪，助其扩养增加收入，带动4户脱贫，扶持什益村委会基础设施建设和村集体经济，购买饲料2万元。全年为38户脱贫户申请到560只阉鸡、鸭、鹅苗，84包肥料和90株黄皮苗等帮扶项目。帮助定点帮扶村基础设施建设，帮助红运村委会采购会议桌椅一套8297元，采用消费扶贫、支持产业发展、联系外出就业等多种帮扶方式帮助脱贫户增加收入，2021年五指山市发改委消费扶贫5265元。

（张庆烨）

财政管理

【概况】 2021年，五指山市财政局围绕年初确定的工作思路和既定目标，树立服务意识，落实年度重点工作，实施积极财政政策，强化措施，真抓实干。统筹整合使用八项中央、省级和市级财政涉农资金26766.83万元。从资金来源看，中央资金五项13168.00万元，省级资金两项13207.09万元，市级资金一项391.74万元。从资金投向看，产业发展项目12453.42万元，基础设施项目14192.21万元，雨露计划项目81.2万元，其他项目（培训）40万元。2021年累计支出26198.25万元，支出进度97.88%。加大对应对新冠肺炎疫情防控资金支持力度。2021年安排新冠疫情防控资金1674.93万元。其中，860.56万元主要用于采购新冠疫情防控物资、设备等工作。2021年五指山市财政预算安排债务还本付息资金9279万元，用于偿还地方政府性债务本息。向海南省财政厅争取地债资金6000万元，全部用于促进社会经济发展和民生保障等项目。盘活财政存量资金工作已成为常态化工作，2021年五指山市一般性支出8148万元。

【财政收支】 2021年，全市一般公共预算收入累计完成22430万元，同比减收5137万元，下降18.6%，完成年初预算的79%，比序时进度慢21个百分点。全市一般公共预算支出累计完成254225万元，同比减支17906万元，下降6.6%，完成年度预算的85.1%，比序时进度慢14.9个百分点。全市政府性基金收入累计完成20215万元，同比增收5071万元，增长33.5%，完成年度预算13220万元的152.9%。全市政府性基金支出累计完成11154万元，同比减支13429万元，下降54.6%，完成年度预算16507万元的67.6%。

【财政民生支出】 2021年，全市重点民生支出完成198129万元，同比减支14138万元，下降6.7%，占一般公共预算支出的比重达77.9%。具体表现在公共安全方面完成支出9578万元，在教育方面完成支出35829万元，在科学技术方面完成支出1477万元，在文化旅游体育与传媒方面完成支出5033万元，在社会保障和就业方面完成支出25271万元，在卫生健康方面完成支出23900万元，在节能环保方面完成支出15948万元，农林水方面完成支出75073万元，在住房保障支出方面完成支出6020万元。全年保障基础设施方面资金，农村基础设施建设投入15354万元、热带雨林国家公园投入7365万元、空路村安置点投入4313万元、第三小学搬迁建校投入3906万元、河北东路投入3822万元、疾控中心技术楼投入2614万元、新春水库投入2503万元等，推动相关项目建设的顺利进行。确保教育资金投入，提高贫困寄宿生活补助标准，继续对义务教育阶段学生营养餐实施补助，加强对教师队伍的培训力度。

【财政支持“三农”发展】 贯彻落实各项强农惠农政策，增加胶农收入，创新开展橡胶收入保险工作，保障胶农权益，稳定胶农的收入预期，推动橡胶产业的健康发展，助推全市“精准扶贫”工作。2021年投入橡胶收入价格保险1008.72万元。贯彻落实省、市政府有关小额贷款贴息工作的各项政策，推进农民小额贷款贴息工作。2021年投入905.38万元用于农民小额贷款贴息扶持。推动农民产业发展，为农业生产的发展、增收提供保障。

【城乡建设资金保障】 2021年，五指山市城乡建设资金投入29739万元，其中，社区活动场所投入1679.63万元，市政道路建设投入14004.75万元，城镇污水建设投入9255.87万元，垃圾设施建设投入3421.41万元，公共照明设施投入250万元，城镇绿化投入 1127.34 万元。

【预算管理】 2021 年，五指山市财政局遵循“统筹兼顾、勤俭节约、量力而行、讲求绩效和收支平衡”原则，将“保工资、保运转、保基本民生”作为支出预算安排的第一位，在此基础上，围绕海南自由贸易港建设目标，根据海南省委、省政府决策部署和五指山市年度重点工作任务，结合财力按照轻重缓急原则统筹安排，重点保障巩固脱贫成果与推进乡村振兴、“五网”基础设施、“六园”建设”高质量发展、生态环境保护、新冠肺炎疫情防控、百万人才进海南、教育医疗卫生等关键领域民生支出以及其他海南省委省政府、五指山市委市政府确定的重点支出。印发《2022 年全市财政预算编制工作方案》《2022 年度市本级部门预算编制指南》《中央对地方转移支付手册》。为进一步深化预算制度改革，加快建立现代化制度，根据海南省财政厅工作安排，五指山市财政局启用预算管理一体化系统，编制 2021 年的预算并使用。

【会计管理】 2021 年，五指山市考取会计专业技术资格证书的考生 50 人，其中考取初级会计专业技术资格证书 42 人、考取中级会计专业技术资格证书 8 人。全年完成会计专业人员信息采集工作 55 人。举办五指山市农村财会人员财政支农政策培训，参加培训人员 171 人次。培训内容包含财政支农、涉农政策、初级财务管理、初级会计核算、财经法规与会计职业道德等。

【国库监管】 2021 年，受经济下行和房地产调控政策共同影响，五指山市属于中部核心生态保护区，产业结构单一基础相对薄弱，税收减收影响还在持续。税务部门做好税源监控工作，详细掌握税源的基本状况和发展趋势，对重点行业和新的收入增长点实施有效的跟踪监控，做实做细对重点税源的管理，采取有效的征管措施。开展实地核查纳税人生产经营情况，查找风险点等征收措施防止漏征漏管，密切关注宏观经济形势变化，加大财政收入预测和分析力度。健全非税收入法规，以法规明确收费项目，加强非税收入征管，严格执行“收支两条线”管理。规范非税收入优惠政策，采取有效措施，确保非税收入及时、有效征收入库。五指山市非税收入征缴中存在缴费资金滞留非税专户，未及时将确认收入划转入国库等问题，五指山市财政局认真整改存在的问题，及时对专户以前年度缴费资金进行全面清理，一次性清缴入库。

2021 年，在财政收入下降的情况下，收支矛盾突出，认真贯彻落实中央关于“过紧日子”的要求，精细规划，加强预算管理“有预算才有支出”的原则，严格把控支出管理。按照相关规定进一步压减一般性支出和“三公”经费，重点保障“保工资、保运转、保基本民生”支出，经济发展是税收的基础，加大财政支出，推动重点项目的实施，加快资金拨付，做好民生保障，带动社会消费，促进产业发展，发挥财政资金促进经济发展的作用。做好支出进度一月一通报工作，每月都将各部门支出进度情况通报给市领导和各预算单位，督促各单位抓紧项目实施。对执行不力的单位提出整改意见，强化支出管理的约束和考核。对已经确定的重点项目，抓紧组织实施，及时拨付资金，加强资金监管，尽早形成财政支出，明确财政支出进度管理责任，实行预算执行和预算安排挂钩管理。

做好五指山市直达资金监控工作，成立五指山市财政局直达资金监控工作领导小组，明确职责分工，压实工作责任，形成监管合力，确保做好五指山市的直达资金监控工作。所有的直达资金支出严格执行国库集中支付制度，通过财政零余额账户或预算单位零余额账户拨付到最终收款人。督促各业务岗室收到省级直达资金指标文后，及时下达单位并在预算下达、资金支付等业务发生后及时将预算下达、资金支付、惠企利民补助补贴发放数据导入直达资金监控系统，加强资金使用情况的监管力度，担起直达资金主体责任，确保相关数据同步一致、准确完整。2021 年，五指山市直达资金已下达并分配 22546.62 万元，支出 19458.63 万元，支出进度 86.30%；参照直达资金已下达并分配 1749.87 万元，支出 1223.45 万元，支出进度 69.92%。

深化国库管理改革，启用预算管理一体化 2.0 系统并扩大国库集中支付改革实施范围。2021 年，135 个预算单位已被纳入国库集中支付改革，纳入集中支付的资金范围有预算内资金及政府性基金，累计完成支付资金 234141 万元，占财政支出总额的 80.6%。加大公务卡制度改革力度。完善预算单位公务卡管理办法，推进所有预算单位与代理银行签订协议，督促预算单位为公务人员办理公务卡；督导所有预算单位严格执行公务卡强制结算目录制度，规范公务支出行为，切实减少现金消费；加大预算单位报账审核力度，确保公务卡强制结算目录制度执行到位。2021年，累计发放公务卡1919张，累计刷卡金额1090.84万元。深化“一卡通”改革，扩大“一卡通”发放范围，对新增财政惠民补贴项目和已有补贴项目未纳入“一卡通”发放的一律纳入“一卡通”系统发放；完善“一卡通”补贴对象年审制度，加强对补贴对象动态管理；加大对补贴对象长期未激活账户清查力度，严防虚报冒领行为。2021年，五指山市通过“一卡通”发放，累计发放金额16135万元。

加强对决算的管理，细化部门决算的工作规程，加强决算培训审核力度，夯实会计核算和年度决算工作基础，提高决算的完整性、真实性和有效性。通过决算全面反映预算执行情况，及时发现和揭示预算编制、执行和管理中存在的问题，健全预决算相互反映、相互促进机制，加强决算数据的分析利用。提高决算分析水平，注重预、决算的对比分析，提高决算数据的真实性和准确性。增强考评方法规范性和考评结果的客观性，财政总决算、部门决算年度综合考评上新台阶。

夯实国库基础工作，加强对财政专户的管理和整改力度，规范预算单位银行账户管理，组织开展提高财政资金运行安全性、规范性和有效性工作。做好总预算会计基础工作，完善内部日常监督制约机制，加强预算部门、人民银行、代理银行对账制度，确保财政资金安全。加强资金调度和国库现金管理，保障财政资金支付，保障预算执行和现金管理协调运行，提高国库资金使用效益。开展权责发生制政府综合财务报告工作，提高政府综合财务报告编制的质量和水平。争取省财政厅对五指山市的资金调度支持，抓好国库现金管理，加强国库现金流量预测，建立最优库款现金目标余额制度，有效拓展财政资金收入来源，增强财政资金统筹管理能力，实现财政资金保值增值。

【存量资金盘活】 2021年盘活工作收回资金19286万元。并将全部资金量用于安排存在缺口的项目预算及冲销预拨指标，避免资金“沉睡”无法及时有效发挥效益。

【部门预决算及“三公”经费公开】 印发《五指山市财政局关于做好2020年度五指山市本级部门决算公开工作的通知》，组织全市各预算部门并指导预算单位按时统一公开部门决算信息，各预算部门都按时间节点要求完成了决算公开工作。五指山市财政局组织全市各预算部门并指导预算单位按时统一公开2021年部门预算及“三公”经费预算信息。建立预算公开反馈机制，及时了解和收集舆情，认真做好解释说明和舆论宣传工作。

【国有资产管理】 截至2021年底，五指山市资产总额（账面净值，下同）608865.69万元，较上年增长91.85%。负债总额23428.64万元，较上年减少30.21%。净资产585437.06万元，较上年增长106.29%。五指山市行政单位国有资产512336.03万元，占84.15%；事业单位国有资产96529.67万元，占15.85%，其中执行民间非营利组织会计制度的社会团体国有资产0万元。流动资产31111.31万元，较上年减少33.61%，占资产总额5.11%；固定资产63819.61万元，较上年增长33.57%，占资产总额10.48%；在建工程201509.13万元，较上年增长210.83%，占资产总额33.10%；长期投资0万元；无形资产93.39万元，较上年增长28.48%，占资产总额0.02%；公共基础设施310804.73万元，占资产总额51.05%；政府储备物资219.34万元，占资产总额0.04%；文物文化资产0万元；保障性住房1274.45万元，占资产总额0.21%。土地、房屋及构筑物35124.02万元，占固定资产的55.04%（其中，房屋29297.54万元，占固定资产的45.91%）；通用设备14257.67万元，占22.34%（其中，车辆1831.49万元，占2.87%，单价50万（含）以上（不含车辆）设备1915万元，占3.00%）；专用设备7807.71万元，占12.23%（单价100万（含）以上设备1514.71万元，占2.37%）；文物和陈列品3150.35万元，占4.94%；图书档案667.42万元，占1.05%；家具、用具、装具及动植物2812.45万元，占4.41%。

【政府采购】 2021年，受理政府采购业务18个，项目总金额5307万元，已全部按规定办理。2020年代理机构检查了28家42个政府采购项目中，查出89个问题，平均每个代理机构3.17个问题，平均每个项目约2.11个问题，主要体现在文件编制、委托代理、信息公告、评审委员会组成及评审过程、中标成交、合同管理、保证金及其他环节中。其中，文件编制环节25个，占28%；委托代理5个，占5%；信息公告24个，占26%；保证金14个，占15%；其他21个，占23%。该检查是与省财政厅一起进行，检查结果已报省财政厅。

（陈小娇）

财政国库支付

【概况】五指山市财政国库支付中心隶属五指山市财政局，是副科级事业单位，受其委托负责管理和具体从事全市各单位会计核算、财政国库支付及工资统发工作。

【推进核算工作】2021年，推进公共基础设施入账312427万元，其中交通基础设施251万元、市政基础设施5992万元、水利基础设施51678万元、政府储备物资219万元、保障性住房1951万元、其他公共基础设施848万元。推进历史债权债务清理工作，应收款余额合计0.61亿元，比报告披露的3.9亿元下降84%；应付款余额合计0.42亿元，比报告披露的4.56亿元下降90.7%。

2021年，市本级推行归口设站，解决多年来设站不归口的问题，提高服务效率。优化报账清单，印发五指山市预算单位财务报账资料清单（第二版），上门服务汇报财务管理工作情况，宣传业务政策及规章制度，帮助部门（单位）解决预算管理、财务内控等方面突出问题。配合市委巡察、审计和财政工作，抽调3批约19名业务骨干参加市委巡察、市委专项检查等工作。成立领导小组，组织全市部门决算，承担部门决算编审的基础工作，按照节点完成决算报表编制及2020年政府部门财务报告。组织全市财务业务培训会4次。

内控业务+党建双融发力破堵点，推动全市预算单位内控制度建立率由54%提升至100%，提高预算单位财务管理的规范性。

印发《五指山市财政国库支付中心关于开展2021年上半年规范化管理考评工作的通知》，开展对119家预算单位2021年上半年规范化管理考评检查工作，市财政局印发《关于2020年度预算单位财务管理考评结果的通报》，倒逼预算单位提升并重视财务工作质量。常态化开展会计规范化管理考评，在市直站成立中心规范化管理考评小组，对市直各站进行交叉考核，并将考核结果及考核中发现的问题进行整理汇总，全单位通报，不断提升会计核算质量。

【财政国库集中支付】维护预算单位基本户、零户账号信息数据至预算管理一体化系统，与市财政局及银行确保数据无误推送通畅，按时完成清算及当年封户工作。印发《关于举办2021年全市财政国库集中支付电子对账及工资业务培训的通知》，开展业务培训，其中通过对新上线的“两书两单”做了全面性的讲解，通过凭证电子化传输解决了预算单位各类银行账户的纸质业务回单和对账单格式不统一、传递不及时、篡改漏单等问题，按计划完成电子对账业务推广工作。完成审核预算单位支付申请，处理支付变更业务等，2021年通过一体化系统国库集中支付支出约231900万元，单位基本户支付约6875万元。

【工资网络统发】加强对工资增减变化、人员增减变化进行审核、监督，按照“三核一统”的方式进行每月工资发放并及时向银行跟进工资发放情况，协调处理工资统发过程中的有关问题，工资发放量全部完成。通过微信工作群及内网为全市预算单位解答工资统发系统运用及业务疑难点，保障预算单位基本支出等指标充足、发放对象无误等要素，保质完成工资统发工作，全年发放工资40587万元。

【财政会计集中核算】2021年，通过组织业务骨干研讨及业务会议等方式深挖解决历史债权债务

2021年4月8日，海南省财政国库支付局到五指山市国库支付中心举办会计核算业务专题讨论会（王艳芳　摄）

2021年5月26日，五指山市财政国库支付中心召开全市行政事业单位长期已使用在建工程转固工作动员培训会（陈 冰 摄）

方法，协助主管单位“查破促”活动，推进历史债权债务清理工作，应收款余额合计 0.61 亿元，比报告披露的 3.9 亿元下降 84%；应付款余额合计 0.42 亿元，比报告披露的 4.56 亿元下降 90.7%。

【公务卡结算】 2021 年，五指山市使用公务卡单位 133 家，2021 年度零户公务卡支出总数 1088.29 万元，基本户公务卡支出总数 3.23 万元，全年公务卡支出 1091.52 万元。

【村财代管】 根据《五指山实行农村“三资”委托代理服务工作的意见》《关于农村“三资”委托代理服务试点工作方案》，市国库支付中心负责全市 59 个村委会，329 个村小组财务核算业务管理工作。协助各村委会建立与所属村民小组之间的报账制度，理顺报账规程和资金支付关系；指导报账单据和财务公开报表等工作。组织财务基础业务等专业培训。输送“三资”业务骨干参加省局组织的专业培训，强化财务基础知识，巩固业务水平，提高管理服务质量。

【会计队伍建设】 2021 年，组织全市财务培训会 4 次，内容分别是账务初始化、行政事业单位长期已使用在建工程转固、财务基础业务、部门决算报表编制等。

（陈 冰）

税务管理

【概况】 2021 年，五指山市税务局落实减税降费政策，税收收入 27222 万元，比上年下降 20.7%，减收 7106 万元。

【税收征管】 2021 年，税务部门加强欠税企业管理、发布欠税公告、阻止法定代表人出境等措施，2021 年累计清理陈欠税款 2263.07 万元。加强税种管理，顺利完成 2020 年度企业所得税、个人所得税汇算清缴工作，全年土地增值税清算计划按时完成，加大“十六个税（费）种‘一次填表、一次申报、一次缴款’”推行力度。成立五指山市警税联合大队，增强税收执法刚性；依托“司法＋税务”模式，联合广西柳州中院完成五指山市某小区共同处理被执行房产拍卖缴税事宜。

【社会保险费征管】 落实降低社保费政策，以社保费征管信息系统上线为契机优化缴费服务，超额完成 2021 年城乡居民“两险”征缴预算收入数，顺利征收 2021 年四项非税收入划转项目，全年组织社保费和非税收入 40082 万元，比上年增长 28.7%，增收 8939 万元。

【税收信息化建设】 推行“一站

2021年4月1日，五指山市税务局开展税收宣传月活动（黄 培 摄）

办结、一次不跑、一键解读、一网管控”等非接触式办税模式，217项涉税业务实现“全程网上办”，13项涉税业务实现线上线下“融合”办理。创新预约办理服务，便民利民惠民举措扩充至10类96条。市区15分钟便民办税服务圈基本形成，全市便民办税缴费服务点增至8个，自助办税终端投放数量达22台。

【纳税服务】“初心”咨询辅导工作室运行顺畅，为纳税人提供电话咨询、现场解读、操作辅导等综合性服务，处理“疑难杂症”92件。开展“春雨润苗”专项行动，设立“便民微税厅”服务专区，邀请小微企业代表作为“税务服务体验官”参与“助苗服务优体验”活动，增强纳税人参与感和获得感。

【依法治税】优化执法方式，推进“三项制度”建设，规范重大执法决定法制审核工作，落实税务行政处罚“首违不罚”清单有关要求。推进法治建设，落实党政主要负责人履行推进法治建设第一责任人职责，举办《中华人民共和国民法典》专题讲座1场，聘用法律顾问2名。

【税收宣传】以“税收惠民办实事 深化改革开新局”为主题，开展第30个税收宣传月系列宣传活动，举办“税收宣传月有奖知识问答”活动，向纳税人缴费人讲解税收政策，现场发放知识问答160余道；借助线上平台和公众号链接开展“税收政策、税收违法黑名单和打击虚开骗税”等知识有奖问答，4239人参与，参与率90%以上；开展“以笔宣税，共绘税务蓝”主题征文活动，以“身边税收故事”谈感想、说体会、提建议为内容征集了来自广东、安徽、湖北、山东、海南等全国各地作品140余篇。

2021年8月25日，五指山市税务局举办村级光伏工作培训班

（邢景伟　摄）

【税务队伍建设】加强教育培训，制定全年培训计划，组织各类培训88场次2053人次。推进“学习兴税”平台应用，学习测试覆盖率100%。落实职务与职级并行规定，按程序开展职级晋升工作，优化干部队伍结构，选拔任用一批优秀年轻干部，完成干部岗位交流17名。

开展“党史学习天天测”和线上党史知识测试，编制党史学习教育简报107期，制作“我们的光辉税月”图片展，组织拍摄“向党说句心里话”微视频，开展“我和党旗合个影”活动，其中“传承精神力量，绽放税务荣光”微党课视频获省局“微党课”视频大赛二等奖。

（邢景伟）

审计管理

【概况】2021年，五指山市审计局加强制度建设，创新审计工作方式方法。坚持以制度管权、管人、管财、管物、管事，不断完善审计工作和内部管理制度，推动工作规范化，提升工作质量。印发《五指山市审计局公务用车管理制度》《五指山市审计局审计整改工作管理制度（试行）》，修订《五指山市审计局审计事项复核、审理工作制度（试行）》等规章制度，研究制定《五指山市审计查出问题整改工作规则》相关文件，规范公务用车的使用管理，明确审计整改工作的责任分工和岗位职责以及规范审计报告编审的复核、审理、审定环节工作职责，规范审计程序，防范审计风险，促进审计工作提质增效。2021年，五指山市审计局开展政策跟踪审计、财政预算执行审计、民生审计、领导干部自然资源资产离任（任中）审计、领导干部离任（任中）经济责任审计、政府公共投资审计等审计项目42个，发现问题146个，涉及金额3.61亿元，提出审计建议83条。

【财政审计】2021年，市审计局开展财政审计项目2个。具体为：开展五指山市财政局具体组织2020年度市本级政府预算执行及编制本级决算草案情况审计，重点采取调阅相关文件材料、通过大数据分析、审核会计凭证及延伸调查等方法，对预算的总体情况、预算收入支出的合规性情况、决算草案编制的规范性情况等进行审计，发现问题6个，涉及金额27101.42万元，提出审计建议4条。开展五指山市2020年度本级部门预算执行情况审计，发现问题25个，涉及金额6097.51万元，提出审计建议5条。审计促进了五指山市财政部门规范财政资金管理，加快盘活部门单位存量资金，防止财政资金沉淀闲置，提高财政资金的使用效益，促进有关项目单位切实采取可行的措施推进项目建设，加快资金支出进度。

【政府投资审计】 2021年，五指山市审计局开展政府投资审计项目2个。具体为：五指山市水满乡生态停车场项目竣工决算审计，发现问题7个，涉及金额215.53万元，提出审计建议3条。五指山市新春水库项目竣工决算审计，发现问题3个，涉及金额701.72万元，提出审计建议3条。审计主要关注建设项目履行基本建设程序情况、项目进展情况、资金来源及拨付情况、印花税缴纳及农民工工资保证金制度执行情况等，促进被审计单位规范管理项目，提高政府投资效益，督促施工单位、监理单位认真履行工作职责，提高工程建设质量和安全管理水平，全面落实工程质量主体责任及农民工工资保证金制度，发挥审计机关在推动稳投资、保民生、深化“放管服”的作用，优化五指山市营商环境。

【公共工程跟踪审计】 2021年，五指山市审计局开展公共工程跟踪审计项目15个，发现问题28个，涉及金额151.84万元，提出审计建议20条。促进被审计单位严格执行财务管理规定，规范资金管理，确保财政资金发挥效益；加强项目实施过程的监督管理，严格履行项目建设程序，避免财政资金浪费。

【经济责任审计】 2021年，五指山市审计局开展领导干部离任（任中）经济责任审计项目12个，重点关注各领导干部任职期间贯彻执行重大方针政策和决策部署、重大经济决策、预算执行和财政财务收支管理、国有资产管理及运营、履行党风廉政建设职责以及个人廉洁自律等方面情况，发现被审计单位预算项目执行进度缓慢、部分预算项目完成率不高、固定资产和货币资金账实不符、无预算、超预算支出等违法违规问题32个，涉及金额1815.4万元，提出审计建议22条。促进被审计单位建立健全规章制度5项，促进财政增收节支24.75万元，督促被审计单位规范预算执行和固定资产管理，完善内控制度。

【自然资源资产审计】 2021年，五指山市审计局完成自然资源资产离任审计项目3个。具体为：番阳镇党政主要领导自然资源资产离任（任中）审计和畅好乡党政主要领导自然资源资产离任（任中）审计。重点关注被审计单位主要领导干部任职期间履行自然资源资产管理及生态环境保护目标责任情况，审计发现在贯彻执行上级生态文明建设方针政策和决策部署、遵守自然资源资产管理和生态环境保护法律法规、组织自然资源资产和生态环境保护相关资金征管用和项目建设运行情况等方面存在问题14个，提出审计建议5条；五指山市“十三五”期间生态环境监测能力建设专项审计调查，发现问题8个，提出建议3条。审计促进番阳镇政府、畅好乡政府建立健全工作责任制，落实审计发现问题整改工作，加强对基本农田、林地等生态空间的监管，严格按照相关规定切实履行生态环境保护责任。

【民生审计】 2021年，五指山市审计局聚焦民生热点开展市委、市政府2021年为民办实事事项专项审计调查等3个审计项目，发现问题13个，提出建议11条。

【政策落实跟踪审计】 2021年，五指山市审计局开展政策落实跟踪审计3个。具体为：开展五指山市2020年度“三促进”（促进就业优先、促进财政资金提质增效、促进优化营商环境）审计，发现问题2个，提出审计建议2条。开展五指山市平价蔬菜保供行动落实情况专项审计调查审计，发现问题11个，提出审计建议6条。开展五指山市2020年度地方政府债券资金分配使用绩效情况审计，发现问题4个，提出审计建议2条，涉及金额60.26万元。审计推动市就业中心加强业务管理，核实统计数据的真实性、准确性，确保报送的数据真实有效；管好蔬菜生产端，稳定蔬菜自给率，提高国企主导平价菜占比；提高地债资金的使用绩效，确保地债资金使用合法、规范。

【专项审计】 2021年，五指山市审计局开展了专项审计3个。具体为：开展2020年度五指山市公共场所外语标识标牌建设资金跟踪审计，发现问题4个，提出审计建议2条。开展2021年度五指山市公共场所外语标识标牌建设资金跟踪审计，发现问题2个，提出审计建议2条。开展五指山市乡村振兴资金管理使用绩效和政策落实情况审计，审计发现问题3个，提出审计建议4条。审计促进五指山市外语标识标牌建设工作，脱贫户从政府投入扶贫资金中获得稳定合理的回报。优化五指山市营商环境，促进五指山实现高质量跨越式发展。

【审计公告及整改】 2021年，五指山市审计局主动公开信息数30条，其中政府信息公开年报1条、部门文件4条、财政公开4条、工作动态20条、公示公告1条。五指山市委审计委员会、市政府每月至少召开1次会议研究部署审计整改工作。2021年五指山市召开与审计整改工作有关的会议22次。

（郑佳琪）

国有资产监管

【概况】 2021年，五指山市国有资产服务中心按照“管人、管事、管资产”的工作思路，查改革堵点、破监管难题、促国企发展，全面依法履行出资人职责，以企业党建为抓手，引导企业积极面对复杂严峻的经济形势，适应以国内大循环为主体、国内国际双循环相互促进的新发展格局，不断向改革深水区拓展，逐步理顺监管体制，做大做强国有经济。

【国有企业改制】 2021年，重点推进五指山市食品公司改革工作，探索国有企业与其他专业性、技术性企业创新合作模式，推进五指山市特色拳头产品商业化。11月筹备组建五指山热带雨林旅游文化投资有限公司。

【国有资产监督管理】 推进国企在线监管系统建设工作，加强市属国有企业“三重一大”动态监管。指导5家正常经营市属国有企业按时完成2021年财务国有资产统计报表工作，注册资金共计5232万元，资产总计211956.84万元。做好市属关闭国有企业存量资产租金收缴工作。2021年以来，收缴市属关闭国有企业出租资产租金收入92.42万元，做到应收尽收。解决国有企业历史遗留问题，2021年，解决国有企业历年欠税款680多万元问题，并依法追回通海房地产拖欠税费和土地出让金800多万元。

【国资企业选介】 成立五指山热带雨林旅游文化投资有限公司，公司定位为旅游和文化产业的投资商、开发商和运营商。以旅游投资为载体，以产业发展为目标，服务五指山市旅游基础设施建设及重点旅游项目的运营开发，打造区域性旅游产业投资运营平台。业务涵盖旅游开发、酒店管理、产业投融资、健康养生、会展经济、文化体育、热带雨林国家公园特许经营、城市公共品牌建设及农旅融合等九大板块。

（王 茜）

市场监督管理

【市场主体准入】 五指山市市场监督管理局全面推行企业开办全程网上办，企业开办时间压缩至1个工作日，2021年，五指山市市场主体11360家。其中，企业3258家，个体工商户7712家，农民专业合作社390家。落实简易注销便利化改革，2021年，有213家市场主体办理简易注销。

【食品药品安全监管】 食品安全监管方面：加强校园食品安全监管，联合五指山市教育局、五指山市卫健委开展春秋两季学校食品卫生安全专项检查，检查学校食堂42家，校园周边食品经营单位61家，未发现无证无照经营行为。做好节假日及重大活动食品

2021年6月18日，五指山市场监督管理局在解放路举行全国食品安全宣传周启动仪式 （李二曼 摄）

安全保障工作，部署假日节前检查6次，重大会议食品安全保障监餐5次，省部级领导食品安全保障监餐10次。开展“餐饮安全你我同查”活动。2021年5月起，每月邀请市人大代表、市政协代表、市纪检部门、市检察院、市电视台记者等参与食品安全检查，开展检查活动7次，出动监管人员23人次，参与媒体2家，邀请监督检查9人，检查餐饮单位23家。开展农村食品假冒伪劣专项治理行动，出动执法人员417人次，检查生产经营环节84家次、食品经营主体1059家次，农贸市场135家次。开展婴幼儿配方乳粉质量安全专项整治行动，出动检查人员219人次，检查婴幼儿配方乳粉86家次。全方位立体化开展食品安全宣传工作，发放各类食品安全宣传资料2316余份，宣传品1500余份，接受群众咨询1000余人次。开展你送我检活动，深入到9家超市、酒店、农贸市场，现场开展线下抽检，抽样和检验过程邀请媒体和消费者参加，抽检207批次。

药品安全监管方面：开展药品、医疗器械、化妆品专项整治，出动检查人员548人次，检查药品经营企业和使用单位的药械质量90家次、母婴用品专卖店58家次、化妆品经营者173家次，针对排查出的风险隐患，逐一限期整改，对发现的涉嫌违法线索及时移送办理，移交药品案件线索11宗、医疗器械案件线索1宗。完善药品、化妆品不良反应和医疗器械不良事件报告评价制度，对67例药品不良反应病例、25例医疗器械不良事件进行评价上报。

食品药品抽检方面：完成食品生产、销售和餐饮服务环节抽检488批次，不合格9批次，快检6049批次。完成国家化妆品抽样任务20批次，省药品抽样任务40批次。

【特种设备安全监管】 组织开展特种设备安全使用监督检查，检查特种设备使用单位93家次，发现问题隐患24处，落实整改21处。组织修订《五指山市特种设备事故应急预案》。

【事中事后监管】 推进全市“双随机、一公开”监管全覆盖，建立五指山市市场监管领域“双随机、一公开”监管工作联席会议制度，推动市场监管领域跨部门联合“双随机”抽查工作；制定2021年度双随机抽查事项清单，做好2021年度“双随机、一公开”监管工作。采取多种方式开展年报信息公示工作，2020年度企业年报应报2047家，已报1764家，年报率86.17%。加强执法，不断提高依法行政能力，2021年1月至8月，立案查处违法案件21宗，罚没款18.04万元。2021年7月，完成综合行政执法清单划转工作。2021年，向五指山市综合执法局移交170条涉嫌违法案件线索。加强价格监督检查，开展转供电环节收费专项整治及医疗服务价格专项检查等。开展农贸市场明码标价专项检查，出动执法人员985人次，设立明码标价公示牌1205个，检查蔬菜批发商365家次，检查蔬菜零售商894家次，移交未明码标价案件线索7宗。

【消费维权】 2021年，办理“12345”“12315”互联网工单439件，办结439件，办结率100%，接待来访和接受咨询308人次，为消费者挽回经济损失12.46万余元。

【知识产权保护】 2021年，办结知识产权（商标）案件2宗，扣押侵犯他人注册商标专用权油漆17桶。完成两批次非正常申请专利核查，并要求当事人撤销非正常申请专利7项，上报商标恶意抢注行为20项。做好知识产权保护服务引导工作，围绕五指山市特色产业和优势农产品，深挖地理标志产品资源，加大注册申报引导力度，推动地理标志商标注册和保护。

【标准化工作】 深化外语标识标牌规范化建设工作，由五指山市市场监管局牵头，完成方案印发、预算编制、预算审核、监理聘请等前期工作，中期具体建设由15家单位分工协作，完成五指山市2724块外语标识标牌建设，使用经费442.36万元。

【计量工作】 开展计量器具强检、检查工作，与辖区内10家农贸市场、3家眼镜店、7家加油站签署诚信计量承诺书，出动执法人员31人次，检查计量器具300余台。

【产品质量安全监管】 开展产品质量监督抽查工作，对辖区内成品油、学生文具、口罩、家用电磁灶、农资产品、坐便器、头盔、灭火器、儿童玩具等9类产品开展抽检，抽检11个批次产品，检验结果全部合格。

【疫情防控和疫情物资后勤保障】 做好疫情物资管理工作。定期排查库存物资的存量，及时将近效期的物资分发给全市各相关企事业使用，发挥储备物资使用的有效性。持续抓好进口冷链食品安全监管和“冷链”追溯平台的推广应用工作。2021年，出动检查人员168人次，检查进口冷链食品经营者392家次。会同五指山市卫健委等相关部门，组织和督促进口冷链食品从业人员每周进行一次核酸检测。开展新冠病毒疫苗流通专项监督检查，检查疫苗接种点11家，疫苗配送中心1家，经检查，相关单位在新冠病毒疫苗储存、运输和预防接种中严格落实规范要求。加强零售药店“四类”药品实名登记销售的管理，检查药品经营企业143家次。督促辖区内从事进口冷冻生鲜食品批发经营者、冷冻库、食品经营店、餐饮单位及药店等市场主体落实消杀工作，落实查验“两码”（健康码、行程码），戴口罩，配合测体温等防控措施。推进疫苗接种工作，督促餐饮业，进口冷链的搬运、加工和销售等从业人员接种第三针新冠疫苗。

（李二曼）

物价管理

【价格鉴定评估】 2021年，五指山市价格认证中心受理各类价格调查、价格认定、成本监审等案件463宗，其中涉及刑事案件142件，涉案金额达840万元，涉纪案件5起，涉及金额440万元，为侦查部门、起诉机关、审判机关提供了有力的证据保障；涉农专项资金评估85件，涉及金额4300多万元；涉疫物资价格调查23件，涉及金额390多万元；其他有关价格认证、成本监审涉及金额达48亿元，业务范围包括五指山市杜郎口实验学校收费、红峡谷旅游景区项目门票收费、全市进行“一房一价”价格备案的房地产建设项目等多种项目类型。

【农产品成本调查】 2021年，选择五指山市南圣镇、畅好乡、番阳镇三个具有代表性的乡镇15户农户作为全市农产品调查点。做好五指山市农产品成本的常规、直报、专项成本调查工作，开展农产品专项预测、直报调查（2021早稻产量情况）、常规调查（2020早晚稻产量情况）和蔬菜种植调查工作。2021年，开展农产品调查6个项目品种72份调查材料，完成统计报表和分析材料等工作并按时上报海南省农产品调查队。

【居民重要商品监测】 2021年，加强对农贸市场的巡查和居民重要商品的日常价格监测工作，为市场价格监测工作顺利开展和及时获得第一手商品价格信息。五指山市价格认证中心在春节、“五一”、国庆等重大节假日及台风自然灾害期间，成立主任为组长的市场巡查（检查）应急领导小组和启动市场价格监测日报工作制度，出动137人次，对五指山市辖区内3个农贸市场及超市、平价商店肉、禽、蛋、蔬菜类和粮油居民重要商品的价格进行监测，保障五指山市居民的“菜篮子”“米袋子”充足稳定。协助相关部门对五指山市辖区内农贸市场及超市、平价商店的居民重要商品进行价格联合巡查（检查），并分析价格走势情况，发现价格有异常波动，及时向上级主管部门汇报，为价格管理和宏观调控提供决策依据。

【橡胶价格调研】 2021年，五指山市农村支柱产业橡胶受国内外供需市场的影响，橡胶价格波动剧烈，冲击全市橡胶产业的可持续发展。为扭转局面，五指山市委市政府决定试点橡胶价格保险，五指山市价格认证中心为该次扶贫橡胶保险提供价格参考依据。项目实施前五指山市价格认证中心选派业务骨干，与政府办及相关部门到海南省相关橡胶主产地、橡胶研究机构进行多次调研，开展前期准备工作，为该项目的落地提供基础数据支持。项目实施过程中，五指山市价格认证中心派出3个工作小组到各乡镇进行询价、采价和计价工作等，每月汇总数据，综合分析得出价格指数，并定期在政府网站公布，为橡胶保险提供价格参考依据。

【房地产调控】 2021年，五指山市价格认证中心受理商品房价格备案29宗，价格59.58亿元。开展房产价格备案和明码标价工作。严格按照规定备案，价格不超过当地同路段均价，备案后6个月内不得调高备案价格。与五指山市房管等部门联合检查、联合执法，查处恶意炒作、串通涨价、哄抬房价等不法行为。

【价格争议调解】 2021年，建立行政调解与诉讼调解相互衔接的价格纠纷诉调对接机制，合力化解民商事诉讼类案件价格纠纷，五指山市人民法院与五指山市价格认证中心联合发文《关于五指山市价格纠纷诉调对接工作机制实施意见（试行）的通知》。

（王常、单小芬）

综合行政执法

【概况】 五指山市综合行政执法局是主管全市综合行政执法工作的市政府工作部门，为正科级单位，加挂五指山市城市管理执法局牌子。下设8支副科级执法队伍，局机关核定编制8名，下属8支执法队伍核定编制139名。2021年，五指山市综合行政执法局实有在编在岗人员113人；持有行政执法证件执法人员93人。

【综合行政执法能力建设】 2021年，五指山市综合行政执法局成立法治建设工作领导小组，把法治建设、依法行政工作摆上议事日程。对工作中遇到的各类问题进行分类、梳理、研究、提出解决办法，促进法治政府建设、依法行政工作的推进。

制定《执法文书管理制度》、《行政执法案卷立卷及管理制度》。出台《行政执法全过程记录制度》和《执法记录仪使用管理规定》。建立配备有音像记录设备的询问室1间，加强执法装备建设，配备记录仪92台，实现执法全程留痕、可追溯，促进严格、规范、公正、文明执法。

定期召开工作会议，对重大行政处罚案件决策实行集体讨论决定。对《重大行政决策程序暂行条例》进行学习，制定《五指山市综合行政执法局重大事项会议议事制度》，对重大行政决策实行集体讨论决定。成立法制审核机构，利用现有的法律顾问制度，配齐律师与专职法制审核人员的队伍，现有法制审核人员5名。重大法制审核目录清单，在五指山市政府网站公示，重大执法决定进行严格审查，出具法制审核意见书，切实保障重大执法决定的行政决策的科学性、合法性、合理性。

【“两违”整治】 开展“两违”、建筑工地扬尘整治和卫片执法监管工作，2021年，拆除五指山市“两违”违法建筑物、构筑物8宗，拆除面积为4037平方米。到建筑工地开展扬尘污染执法巡查63次，出动执法人员122人次，下达责令整改通知书10份，对4起不按规定管理工地扬尘行为进行处罚，罚款4万元。推进卫片执法监管处置工作，全年完成卫片图斑测绘210宗，经实地核查梳理后，2020年第四季度的违法行为73宗，立案15宗，查处到位6宗；非立案58宗，整改到位21宗。加大对外宣传力度，印制《关于严肃查处违法建设的通告》100多份，悬挂标语8条，出动宣传车10台次。

【投诉件办理】 2021年，五指山市综合行政执法局受理各类举报投诉问题1597件，办结1597件，受理办结回复率100%。

【生态环境专项整治】 2021年，出动执法人员423人次，检查企业141家次，查处生态环境保护类案件8起，办结2件，罚款24.61万元，立案查处林业行政案件10件，已结案8件，造成林地损失1.33公顷，行政罚款124.35万元。

做好森林图斑专项整治工作，核查市林业局移交的森林疑似违法图斑341个，确认不予立案的图斑274个，属于违法图斑67个。移送公安机关追究刑事责任案件6个，立案查处违法图斑61个，办结案件26个，罚款256.82万元。完成挂牌督办案件3宗。其中，1宗不予立案调查，1宗立案调查，罚款16.62万元，移送公安机关查处1宗。核查五指山市2013—2018年打击毁林专项疑似违法图斑22个，全部完成。其中不予立案处理13个，立案查处9个，罚款14.1万元。

加强污染源日常监管工作，2021年出动423人次加强污染源现场检查，“双随机”检查企业141家次，发现环境违法行为9件，对存在环境违法行为的企业依法进行立案查处。

【市容环境整治】 深化“互联网+执法”思维，探索实践智慧城管执法新路径，推动解决当前群众投诉强烈、问题突出的城市管理难点痛点问题，建设“钉盯执法”系统，破解执法力量不足困局。2021年，完成建设22个视频监控点，试行“钉盯执法”模式。出台《市容市貌执法考核工作实施方案》和《市容市貌考核暂行规定》，规范城市管理执法行为。全年共教育纠正和查处乱摆乱卖流动摊贩1.6万余个摊次、乱堆乱放杂物4500余件、出店经营7200余户次。新增划车辆停车位3796个，教育和处罚在人行道上乱停放车辆行为4160起，市容市貌执法整治罚款金额1.35万元。

【户外广告管理】 开展户外广告管理工作，巩固提升创卫创文市容市貌的整治力度。不定时开展户外设置物安全检查。重点检查户外设置广告、牌匾、店堂招牌、条幅、伸缩遮阳伞等户外设施建设加固等安全问题，对存在加固安全隐患的责令建设单位或设置单位个人立行立改立即加固，对设置违法广告、横幅等设施的，立即组织拆除，消除安全隐患。全年清理广告牌2400余块、强制拆除城区、高速路口与街道交接处破损招牌80

余块、条幅600余条，清理“牛皮癣”小广告2430余处。

（胡珊榕）

城乡建设

城乡规划

【农村住房建设管控】2021年，五指山市住房和城乡建设局对农村危房改造户进行35次质量安全巡查，并对施工现场进行指导监督，记录巡查情况并存入农户危改档案。

【消防验收】五指山市住建局对消防备案的项目进行100%抽查，在海南省住建厅消防专家库里抽取专家到项目现场进行踏勘及备案抽查工作，对不合格的当场提出整改意见，项目整改完后发放备案抽查合格意见书，2021年五指山市住建局完成建设工程消防验收备案11件。

【农村危房改造】2021年，海南省下达1户五指山市危房改造任务。经排查鉴定，全市有7户（4户边缘户，3户脱贫户）农户符合农村危房改造条件并列入年度改造计划，现7户已全部竣工并入住。拨付危房改造补助金24.5万元。

【乡村民宿点建设】推行证明事项告知承诺制，实行市场准入承诺即入制，已办理五指山方诺寨雨林民宿备案1宗。

【招投标管理】2021年五指山市符合公开招投标条件的项目23个，经核查，发现2个项目存在3个问题，五指山市住建局对两家公司记诚信不良行为并扣除诚信分16分。

【建筑新技术应用】2021年装配式建筑施工报建项目6个，总面积23.63万平方米。

【建筑业安全生产】2021年，召开4次全市建筑系统安全生产工作会议，组织做好南圣河沿岸项目建筑工地大检查，出动安全检查人员580人次，在元旦、春节、国庆节、清明节、“五一”劳动节等重要节假日和全国“两会”等重大会议时段，抓好工地安全检查的各项工作，通过安全生产检查，强化各类监督检查。通过微信工作群、现场强调等方式，将中央和地方安全生产文件精神传达给各项目，按照《关于进一步落实“强九条”措施全面加强建筑工地安全文明施工管理的通知》，强化抓好安全文明施工，对五指山市52个在建项目常态化开展检查，2021年下发安全检查文件通知24次，对安全检查存在问题的项目和企业下发整改告知书142份，中止施工监督通知书11份。

【房地产市场与监管】2021年，新批准销售商品住房1483套，面积11.95万平方米；一手商品住房成交383套，成交面积3.18万平方米，成交总价格23262.3万元，较上年同期相比分别下降11.75%、5.34%和增长32.85%；二手商品住房成交352套，成交面积2.76万平方米，成交总价格12049.08万元，较上年同期相比分别增长58.03%、41.87%和97.63%。

开展房地产市场专项整治工作，对2018年3月31日限购政策出台以来五指山市54个商品住宅项目销售行为开展排查。发现通过虚假材料办理人才落户案件1宗，对协助办理虚假落户的海南佳娴置业有限公司负责人刑拘5日，撤销海南佳娴置业有限公司及人员备案资格，5年内禁止在海南省从事房地产中介业务。对8名虚假人才落户人员采取撤销购房合同网签备案、列入严重失信人员范围进行信用惩戒、将户口退回原户口迁出地、作出5年内不得在五指山市购房的处理决定等措施，打击各类市场违规乱象，规范市场行为。

联合五指山市人民法院等七部门印发《关于建立诉调对接机制、设立防范房地产风险巡回法庭的实施方案》，加强各部门的对接协作、形成工作合力，解决影响房地产市场稳定的难题。

（符蕴童）

市政建设

【垃圾处理设施建设】自2021年1月1日起五指山市的所有生活垃圾的处理转运至光大三亚或陵水有限公司。2021年五指山市生活垃圾无害化处理率100%，日均处理垃圾量100吨，全市生活垃圾产生总量35434吨（市区20241吨、乡镇15193吨）。

【公共厕所建设和管理】2021年，全市建成区公厕累计达21座，均达到二类公厕标准以上，并全部纳入城乡环卫一体化项目（主城区）统一进行保洁管理。每座公厕配备专职保洁员1名，每日定时定岗对公厕内外环境进行清扫保洁、消毒2—3次。

【园林绿化建设和管理】2021年，新增绿化面积8500平方米，绿化花苗补种20多万株，有福建茶、小叶龙船、朱蕉、红花风铃、小叶紫薇、红千层、巴西野牡丹、黄心梅、重阳木、麦冬、变叶木、红背桂、大叶龙船、花旗木、红花玉蕊等品种，面积5000多平方米，补种草坪7800多平方米，补种胸径12厘米以上的行道树1650株。清理行道树枯枝4000多株、修剪低矮树枝6000多株，市区行道树头涂白灰6000多株；春节、“三月三”，共摆花3.8万多盆，花种有三角梅、一品红、万寿菊、矮牵牛等7种。2021年，五指山市绿化覆盖率39.11%，绿地率32.89%，人均公园绿地面积6.84平方米。

【公共照明建设和管理】2021年，全市装灯累计总功率1146千瓦。由于海榆路“三月三”大道路面拓宽改造（福安桥至南圣路口，全长约3千米），把原安装的120盏路灯全部拆除，导致全市（含乡镇）道路公共照明总用电量1896184千瓦时，比2020年用电量2132092千瓦时减少235908千瓦时（减少率11%）；2021年经省住房和城乡建设厅组织专家对市城区路灯设施相关指标进行现场核查，道路装灯率100%、亮灯率98%、道路照明设施完好率98%。

【城乡环境卫生管理】2021年，城市道路清扫保洁面积104.86万平方米（含行车道54.17万平方米、人行道36.86万平方米、绿化带13.83万平方米），机械化清扫保洁面积78.75万平方米，道路机扫率92%以上。城市内河保洁面积47.9万平方米，主城区配备环卫工人310人，辖区内道路喷洒率100%，2021年7个乡镇、畅好居配备环卫工人和村级保洁员共1220人，清扫保洁覆盖率100%，对生活垃圾进行无害化处理的行政村达100%，各乡镇建有6个分拣中心，作为再生资源分类回收点。

2021年3月，五指山市市政服务中心在全市7个乡镇、畅好居举办垃圾分类工作指导现场培训会。开展城乡环境综合整治活动，发放垃圾分类宣传画册，动员乡镇、社区、家庭积极参与到垃圾分类工作中，做好垃圾分类的第一关。五指山市建立“户分类、村镇收集、市转运”的垃圾收运模式，逐步推广农村垃圾分类处理和资源化利用试点工作。完成海南省住建厅下达的7个乡镇30个行政村34座垃圾分类屋农村生活垃圾分类和资源化利用项目。每个垃圾分类收集屋配置6个240升垃圾桶（含可回收垃圾、其他垃圾2类垃圾桶，其中可回收垃圾桶3个、其他垃圾桶3个），34个垃圾分类收集屋共配置306个；为3689户农户发放60升垃圾分类桶11067个，每个自然村配置1辆桶装电动车，用于收集农户垃圾桶内垃圾，34个自然村共配置34辆，发放宣传手册5424份。

2021年，试点推行一社区（河北东居委会）、一条路（奥雅路）、三个乡镇（畅好乡、通什镇、水满乡）的垃圾分类示范点工作。

（邢涵潇）

城市供水排水

【财务指标】2021年，完成营业总收入4322.71万元，营业总成本3913.24万元，实现利润总额433.57万元。营业收入4322.71万元，其中供水收入1383.91万元；污水处理收入411.83万元；光伏收入68.26万元，委托运营费收入2077.68万元，其他收入381.03万元。营业成本3409.97万元，其中供水成本939.54万元，污水成本527.84万元，光伏成本17.42万元，委托运营成本1701.72万元，其他成本223.45万元。支付职工薪酬2056.93万元，单位从业人员308人，其中在岗177人，其他从业人员（内退、自谋）44人，劳务派遣79人。

【供水与售水】2021年，供水总量660.1万立方米；售水总量632.9万立方米，其中，居民用水539万立方米，非居民用水60万立方米，特种用水23.3万立方米，五指山市城市居民10万人口用水普及率100%。人均日综合用水量180升，人均日生活用水量140升。

【供水服务】2021年，管网水质综合合格率100%。其中浑浊度合格率100%，色度合格率100%，臭和味合格率100%，游离氯合格率100%，菌落总数合格率100%，总大肠菌数合格率100%，耗氧量合格率100%。管网压力合格率100%，管网水平0.40兆帕。

【五指山市污水处理厂】2021年，五指山市污水处理厂总处理水量514.3003万吨，日均处理水量为1.4207万吨，平均负荷率101.48%。

【乡镇污水处理厂】2021年，毛阳镇污水处理厂总处理水量9.9321万吨，日均处理水量272吨，平均负荷率27.20%。水满乡污水处理厂总处理水量11.4471万吨，日均处理水量313吨，平均负荷率52.67%。畅好乡污水处理厂总处理水量2.4727万吨，日均处理水量68吨，平均负荷率45.33%。毛道乡污水处理厂总处理水量1.5308万吨，日均处理水量42吨，平均负荷率28.00%。番阳镇污水处理厂总处理水量2.5441万吨，日均处理水量73吨，平均负荷率18.25%。

【光伏扶贫发电】 2021年，光伏扶贫发电项目发电量共计95.4838万千瓦时。

【五指山市水满乡供水工程】 五指山市水满乡供水工程供水规模3000立方米/天，管网总长约20千米。项目总投资4164.61万元，2016年5月31日管网部分开工，管网部分已竣工并完成审计结算，2021年厂区部分正在进行审计结算工作。

（吴开雄）

住房保障

【概况】 2021年，五指山市住房保障中心坚持以"六园"建设为统领，以住房保障服务工作为重点，认真做好各项工作，超量完成预期各项工作目标，扎实推进住房保障服务领域工作高质量发展。

【保障房建设与管理】 2021年，五指山市安居型商品住房计划建设任务403套。以筹集房源方式，探索将安居型商品住房建设与房地产去库存相结合的模式，与各房地产开发企业进行沟通协商，在已建未售的商品住宅项目中转型配建安居型商品住房。2021年与6家房地产开发企业签订了转型配建安居型商品住房房源407套。

2021年，完成公共租赁住房入户调查，对存在骗租、转租、长期闲置等问题的承租户256户进行清退。完成教师村金碧花园小区134份经济适用住房申报材料复审。完成保障性住房申请人更换、复审审批40宗。完成公共租赁住房租赁备案48宗。推进住房租赁补贴发放工作，实际发放住房租赁补贴保障户数11户，发放人数32人，发放金额2.87万元。落实限价商品房审核分配工作，为推动五指山市乡村振兴工作，激励脱贫攻坚一线优秀干部，五指山市住房保障中心将金城碧翠园限价商品房房源优先安排39套给2016年以来在编在岗的国家、省和市级脱贫攻坚先进个人（无房家庭）。

【城镇老旧小区改造】 印发《2021年五指山市城镇老旧小区改造工作实施方案》，动工建设老旧小区改造项目12个，涉及12个小区16栋楼272户居民，改造建筑面积2.77万平方米。

【棚户区改造项目】 2021年，完成二轻厂土地房屋测绘和估值、清点青苗、职工意愿调查及制定拆迁安置方案等相关工作，完成签订住房安置合同22户。

【物业管理】 2021年，五指山市住房保障中心批准物业企业备案16件，其中前期物业企业备案5件，年审换证11件。受理并解决有关物业管理类信访件6件，受理解决政府"12345"平台热线221宗。开展物业管理培训3次。

【房屋网签备案登记】 2021年，做好房屋网签备案登记工作，全年累计销售商品房总面积4.52万平方米，同比上涨7.7%；套数510套，同比上涨0%；销售总金额36266.96万元，同比增长48.19%。累计办理房屋网签备案922宗。其中，存量房交易网签备案410宗（含解决历史遗留网签备案难6宗），一手房交易网签备案510宗（含解决历史遗留网签备案难152宗）。

【房屋档案管理】 五指山市住房保障服务中心做好住房保障建档工作，执行档案管理规范，集中时间、人力、物力，分阶段、分批次实现纸质档案电子化，实现档案管理信息化，完成档案数字化2591宗。

（黄雅仙）

文 化

综 述

【文体下乡】 2021年，五指山市开展文艺演出活动47场、展览展示活动4场、讲座培训67场，活动内容涵盖非遗展演展示培训、乡村振兴等，线上线下参与合计13.03万人。

【品牌文体活动】 2021年，五指山市在文化和自然遗产日期间，举办海南省少数民族地区“黎锦苗绣织锦赛”“黎族苗族非遗民歌音乐会”，并在微博上发起“共享海南非遗之美”，阅读量172.5万人次，讨论97条，话题冲上同城热搜榜第二名。在南圣镇新春村、通什镇福关村举办“乡村绿色骑行活动”。发挥南方国家训练基地的优势，结合五指山市气候优势举办海南全国铁人三项赛。扩大五指山市大峡谷、红峡谷、雨林谷三大漂流等品牌运动项目知名度，举办海南（五指山）亲水三项挑战赛等。

社会文化

【农村文化建设】 2021年，五指山市申报通什镇为中国民间文化艺术之乡。五指山市旅游和文化广电体育局为7个乡镇、畅好居及59个行政村综合文化服务中心、4个社区分别配套了1部移动音箱。

【非物质文化遗产普查和保护】 2021年，五指山市旅游和文化广电体育局对全市黎锦技艺人员进行普查，黎锦技艺人数为3544人，年长者95岁，年幼者9岁，其中黎锦项目代表性传承人47人，非遗项目进校园黎锦技艺学生464人。申报4个市级非物质文化遗产名录，分别为民俗类黎族“袍隆扣”信俗、黎族传统服饰，传统技艺类黎族传统山栏酒酿制技艺、黎族传统制茶技艺。2021年，中共五指山市委人才工作委员会印发《五指山市非遗传承人才培养“青蓝工程”实施方案》，五指山市评选出8名“名师传艺扶持”、6名“春苗行动”名师、3家“名师工作室”，投入补助金额55万元。

【广播电视村村通工程】 2021年，五指山市旅游和文化广电体育局为通什镇、毛阳镇35户偏远地区群众配置电视信号接收设备，解决群众看电视难问题。发挥应急广播“打通群众和政府‘最后一公里’”的职能，累计播放16536条信息，在搬迁工作、极端天气、换届选举工作中发挥作用。

【图书流通服务】 2021年，五指山市图书馆入馆24542人次，流通5918册书籍，3679人借阅书籍。举办各类培训讲座50场次，培训5763人次。

【下基层服务宣传活动】 2021年，在7个乡镇及村委会举办以“脱贫文化惠民演出26场。举办以建档立卡脱贫户为主要对象的培训班，培训内容涉及广场舞及苗族民歌、黎族纺染织绣技艺等。开展下基层送书活动13次。

【乡镇综合文化站建设】 2021年，五指山市在原建设有7个乡镇文化站的基础上投入25万元专项资金建设畅好居乡镇文化站，面积为182平方米。

文物申报和保护

【文物申报】 2021年，五指山市的省级文物保护单位番茅大队队部旧址，市级文物保护单位琼崖公学遗址、中共琼崖区委遗址、李振亚烈士墓、刘秋菊烈士墓等被列为海南省第一批不可移动革命文物。

【文物保护】 2021 年，五指山市旅游和文化广电体育局组织专业团队对五指山市省级文物保护单位番茅大队队部旧址进行修缮方案编制，该项目已通过省级文物保护单位专家评审。对位于水满乡境内的省级文物保护单位“仙掌云开”石刻进行周边环境整治及文字描红。

（陈 暖）

文学艺术

【概况】 五指山市文联坚持以人民为中心的创作导向，坚持正确的文艺方向，为加快推进海南自贸港建设提供有力的精神支撑。

【文学】 2021 年 2 月，五指山市作家协会组织 20 名会员到五指山市清能丽景湾进行采风，并举办文学座谈交流会。5 月 17 日，陈健南诗歌系列作品入选 2021 年海南省文学院签约创作项目。6 月 17 日，海南省文联作协党组成员、省作协主席梅国云一行四人到五指山市调研文学创作情况和市作协发展状况。9 月 30 日，五指山市作家协会走进五指山市水云居开展文学采风活动。

【摄影】 2021 年 5 月 29 日，召开五指山市摄影家协会第三次会员代表大会。选举产生以李树林为主席，容炜俊、盘德雄、张成浪为副主席的五指山市摄影家协会第三届理事会。选出理事会理事 16 人，设监事 1 人。2021 年，五指山市摄影家协会制作微信美篇图片组共 31 个。其中，反映五指山市各单位庆祝中国共产党成立 100 周年开展形式多样活动的摄影报道 12 个；反映文化风尚文明和谐的摄影报道 5 个；反映宣传五指山秀美风光、爱护美好环境的摄影报道 4 个；反映宣传五指山经济、文化、教育、旅游、扶贫和乡村振兴以及城市建设等方面工作的摄影报道 10 个。2021 年，五指山市摄影家协会会员向市委宣传部、市旅文局及各乡镇等部门单位提供摄影图片 500 张。10 月 23—24 日，五指山市摄影艺术创作培训班开班。邀请海南高校摄影专业教师、省摄协专家和五指山市摄协会员授课，培训内容包括摄影艺术创作理论、黎族苗族文化特色摄影艺术创作、采风活动拍摄方法、手机拍摄图片软件处理等，200 多人参加。6 月，五指山市摄影家协会增加 6 名新会员。

【书法】 2021 年 10 月 13 日，五指山市书法家协会召开第五次会员大会，全市 30 多名会员参加。选举新一届领导机构。许华涛当选五指山市书法家协会第五届主席。11 月 20 日，五指山市书法家协会、保亭县书法家协会开展书法交流活动。2021 年，五指山市书法家协会新吸纳会员 9 人。

【音乐】 2021 年 6 月，五指山市音乐家协会参加由五指山市委、市政府举办的百年大合唱比赛活动，代表党群口队参加比赛，获得第一名。12 月，应中央电视台《绽放夕阳》栏目的邀请，参加该栏目比赛（投稿，曲目录制），参赛的曲目《捡螺歌》入选。

【民间艺术】 2021 年 4 月 12 日至 14 日，五指山市民间艺术家协会组队参加“三月民族情，奋进颂党恩”2022 年水满乡庆祝三月三节系列活动。4 月 12 日，该协会组队参加由市民族事务局主办“三月民族情 奋进颂党恩”之春天的恋曲主题民歌暨黎族竹木器乐比赛，3 人获得一等奖。4 月 19 日至 28 日，该协会参加五指山市庆祝中国共产党成立 100 周年暨党史学习教育宣讲巡回演出，深入全市 7 个乡镇及畅好居开展 10 场文艺宣讲。5 月 18 日，该协会的黎、苗歌手、传承人

2021年11月19日晚，2021年五指山市首届黎族、苗族舞蹈创作大赛在三月三广场举行

（五指山市文联 供图）

9月23日至26日，五指山市文联组织开展“追寻琼崖革命足迹　感悟红色革命精神”党史学习教育采风活动。图为五指山市各文艺家协会代表在五指山中心革命根据地历史陈列馆前合影　　（陈道雄　摄）

与三亚市的民歌传承人共同开展2021年旅游和文化试点工作文化惠民“山·海之声”传统民歌两地文化交流传唱活动。5月24日，在毛道乡举办2021年五指山市黎族传统竹木器乐培训班。12月3日，参加五指山市党的十九届六中全会精神学习宣讲活动，深入全市7个乡镇和畅好居开展文艺宣讲。

【舞蹈】 2021年5月22日至24日，五指山市文联举办黎族、苗族舞蹈编创培训班。11月，五指山市文学艺术界联合会举办五指山市首届“黎族苗族舞蹈”创作大赛。

【诗词】 2021年，五指山市文联培养4名会员加入海南省诗词学会，4名会员加入中华诗词学会。

（卢艳卿）

融媒体中心建设发展

【建设方面】 五指山市融媒体中心坚持以“媒体+”为重点，完善“策、采、编、审、发”一体化，促进“台、网、端、微、号”深度融合，并融合政务服务、电商、扶贫超市等诸多本地服务事项，推广“两微一端”。2021年，对“我爱五指山”客户端进行软硬件平台优化，着重对团队进行融媒体培训。增加“六园”互动社区和接入五指山本地电商平台等内容，通过策划融媒体互动产品，吸引本地民众关注和参与，增强用户黏性，提高融媒体中心聚合平台暨手机客户端的用户活跃度和品牌影响力。

【宣传方面】 五指山市融媒体中心推出形式新颖、内容扎实、利于传播的短视频、字幕快闪等融媒产品，策划运用H5、短视频、海报等融媒体报道形式，配合中共五指山市委宣传部全程记录100名黎锦苗绣传承人共同创作“黎苗锦绣，百年梦想”巨幅拼布作品、以投票形式推出的“百名娘子军宣讲团成员讲百年党史”短视频宣讲活动和《十张沙画带你了解百年党史》等庆祝中国共产党成立100周年作品，开创新专题专栏21个。重点宣传中国共产党奋斗百年历史。打造“山城党旗红”“山城监督眼”“山城美丽说”三大品牌栏目。

【安全播出】 2021年，五指山市融媒体中心完善各类管理制度，修订完善《五指山市融媒体中心雷击事件应急预案》等预案，加强安全工作日常管理，明确值班员工作职责，签署安全播出责任状。加强技术专业技能培训，提高设备处理能力。加强设备日常巡查巡检工作，完成播控系统等级测评。

【获奖情况】 2021年，报送的建党百年作品《红色讲解员》获得北京广播电视台优秀作品，脱贫攻坚作品《“黄金果”编制致富梦——纪检干部扶贫》Vlog荣获中共海南省委宣传部主办的“我们的小康路”作品征集视频类一等奖。入选海南省唯一一个全国新闻出版深度融合发展创新案例、《全国广电媒体融合实战案例蓝皮书》，并获评2021年全国县级融媒体中心能力建设十佳创新案例、建党百年宣传工作优秀单位。

（胡晓妍）

五指山市文化馆

【概况】 2021年，五指山市文化馆结合“公益为本、情系百姓、免费开放、服务大众”的办馆方向，统筹安排、与时俱进、创新思路，按照既定目标有序推进，圆满完成各项工作任务。

【开展系列文化展演活动】 2021年，五指山市文化馆举办各类文化演出活动62场，线上线下共惠及12万余人次。其中，在敬老院举办“弘扬孝文化·感谢党恩行”

主题演出1场，惠及150人次；举办公祭袍隆扣大典活动1场，线上线下惠及5万人次；举办“三月民族情·奋进颂党恩”五指山市庆祝海南黎族苗族“三月三”节文艺晚会1场，惠及5000人次；举办黎族苗族传统婚俗展示展演1场，惠及2000人次；举办苗族传统婚俗展示展演各1场，惠及4000人次；举办“文化和自然遗产日”海南省非遗系列五指山分会场活动2场，线上线下累计惠及5万人次以上；举办“五一”劳动节5天乐文化展演活动5场，惠及1500人次；举办“丝竹之盛　国乐之美”乐器讲座直播活动1场，惠及1000人次；举办非遗“四进”展演7场，惠及2100人次；举办文化惠民送戏下乡演出27场，惠及8100人次；举办旅游文化融合演出3场，惠及900人次；举办喜迎国庆节惠民演出7场，惠及2100人次；举办“永远跟党走”党的十九届六中全会精神宣讲演出1场，惠及500人次；举办“百年梦想　山城唱响”大合唱1场，惠及5000人次；举办“五指山市宣传党的十九届六中全会精神主题活动”3场，惠及900人次。

【非遗项目传承培训】 2021年，五指山市文化馆持续在各中、小学举办黎锦技艺、黎族竹木器乐、黎族民歌、苗族民歌、民间故事实践课、苗族盘皇舞实践课，2021年，分别进驻五指山市第一小学、五指山市第三小学、五指山市思源实验学校、五指山市红星学校、五指山市特殊教育学校、通什中心校、畅好中心校、南圣中心校、毛阳中心校、番阳中心校10所小学举办为继续开展非遗项目“进校园”实践课程。组织编排黎族共同舞课间操，在五指山市第一小学进行试点教学。举办非遗项目培训班55期，其中黎锦技艺培训班37期，培训7500人次；传统民歌培训班13期，培训1170人次；黎族竹木器乐培训班2期，培训400人次；黎族舂米舞培训班2期，培训240人次；苗族刺绣培训班1期，培训200人次。促进非遗传承和发展。

【人才队伍培养与管理】 组织“南海工匠”“乡土人才”等人才发挥主观能动性，调动周边农户学习传统技艺积极性，通过参加非遗工坊的形式，实现增收。邀请候鸟人才张玉书担任文化馆公益性免费开放培训班俄语课程授课教师。组织开展2021年五指山市非物质文化遗产名师传艺“青蓝工程”。收到推荐申报材料41份，其中名师传艺扶持和阶梯式奖励材料16份，非遗项目“春苗”行动名师材料18份，名师工作室材料7份。经过初审、复审、终审，17个单位及个人获评，其中名师传艺扶持8人、非遗项目“春苗”行动名师6人、名师工作室3个。

【举办“文化和自然遗产日”非遗宣传活动】 6月11日，举办2021年海南省“百年技艺 薪火传承”黎锦技艺、苗族刺绣邀请赛，邀请五指山市、三亚市、东方市、昌江黎族自治县、乐东黎族自治县、保亭黎族苗族自治县、琼中黎族苗族自治县、白沙黎族自治县、陵水黎族自治县等9个市县77名选手参赛，其中黎锦技艺成人组27人，评出一等奖6人、二等奖12人、三等奖18人、优秀奖41人。比赛进行现场图片直播，现场受益900人次，线上受益1.3万人次，展销金额3.5万元。

举办2021年海南省黎族苗族非遗民歌音乐会，全场共17个精彩节目，包含黎族民歌、黎族竹木器乐、黎族舞蹈、苗族民歌、苗族舞蹈等类型，现场受益3000人次，线上受益2.2万人次，展销金额2.5万元。

【非遗保护工作新模式新传承】 完成《黎族传统服饰》《黎族传统酿酒技艺》《黎族传统制茶技艺》《黎族“袍隆扣”信俗》非遗项目申报片的摄制。组织传承人制作“庆祝中国共产党成立100周年——黎锦、苗绣拼布”。加强全市7家非遗工坊的建设，引导各工坊优化升级，在守护传统文化的同时，引导工坊“抱团取暖”，走产业化发展道路，并为工坊进行宣传推广，拓宽销路。组织开展黎锦技艺人员统计调查工作，加强传承人培养，壮大传承人群规模，提升五指山市黎锦技艺保护发展水平。

【文化和旅游融合新模式】 五指山市文化馆到五指山热带雨林风景区、红峡谷漂流景区、五指山革命根据地纪念园等地开展文化惠民演出活动，为游客朋友献上本土特色文化大餐，让他们在游玩的同时感受到五指山市文化魅力，留下深刻印象，达到宣传推广效果。

【文化馆数字化建设】 2021年，五指山市文化馆举办乐器讲座直播、“三月三”节晚会、“文化和自然遗产日”系列等活动，采用线上线下方式进行，浏览量35万人次。拍摄完成《黎族传统纺染织绣技艺慕课》25集，投放于数字文化馆专区平台。

【创新作品和组织参赛获奖】 五指山市文化馆组织非遗代表性传承人、音乐舞蹈专家深入全市各乡镇对民风民俗进行调研采风，创作《黎苗心向党》《不忘初心跟党走》《家乡美如画》等一批优秀音乐、舞蹈类文化作品。参加2021年海南省第十八届东西南北中广场舞文艺展演，其中男、女声小组唱《不忘初心跟党走》获二等奖，舞蹈《黎苗心向党》、乐器伴舞《家乡美如画》获三等奖。甄选优秀群众文艺作品参加第十三届中国艺术节“群星奖”评选。

2021年12月31日，五指山市史志中心编纂的《五指山年鉴（2020）》获得第八届全国地方志优秀成果（年鉴类）县级综合年鉴二等奖

【文化惠民系列活动】 2021年，举办公益性免费开放培训班2期，涉及20门课程，全年累计培训2.6万人次。举办海南原创广场舞培训班9期，培训4320人次。举办美术展览6期，惠及7000人次。

（王宇钊）

史 志

【概况】 2021年，五指山市史志中心发挥“存史、资政、育人”的作用，深挖史志资源，扎实推进史志各项工作。

【党史基本著作编撰】 2021年，五指山市史志中心编辑出版《五指山市党史学习读本》8000本，作为内部资料免费发放，为全市基层党组织开展党史学习教育提供可读性资料。

开展《中国共产党通什市历史（1987—2001）》的修订工作。完成全面建成小康社会大事记前期资料，助推市、乡镇、村三级编撰工作在全省率先100%完成。收集整理五指山市2018—2021年获评全国、海南省脱贫攻坚先进个人名单，指导协助有征集意愿的27名先进个人完成口述材料。

【年鉴编纂】 4月29日，五指山市史志中心举办年鉴编纂培训班，邀请海南省党史办年鉴处处长蓝碧茹等3名专家指导授课。2021年，将收集到的呈报单位主体业务资料、大事记资料、专题资料、人物资料、图片资料等整理后融入年鉴稿件，提升年鉴编撰质量，基本完成《五指山年鉴（2021）》编审工作，进度远超往年同期。12月31日，五指山市史志中心编纂的《五指山年鉴（2020）》获得第八届全国地方志优秀成果（年鉴类）县级综合年鉴二等奖。

【资政育人】 2021年6月6日至7日，利用“海南五指山宣传”微信公众号，以有奖竞答方式开展党史知识线上答题活动，共1.16万人参加，访问2.69万人次。参加五指山市委宣传部举办的五指山市“百名娘子军宣讲员讲百年党史”短视频宣讲活动，五指山市史志中心宣讲内容为1978年党史，以配合录制宣讲视频、开展短视频展示的方式，扩大党史宣讲的覆盖面，荣获短视频宣讲第三名。

【乡村振兴】 2021年，五指山市史志中心帮扶牙排村，帮扶对象中有1户被评为2020年省级脱贫光荣户、1户被评为市级脱贫光荣户。选派1名优秀干部到驻点村牙排村委会担任驻村第一书记，被五指山市评为2021年度优秀驻村第一书记。组织干部职工积极参加爱心消费扶贫活动，线下购买各类农副产品共计1.82万元。举办“学党史、强信念、跟党走”党史线上答题活动，助力2万多元扶贫产品销售。

（卓 珏）

档 案

【概况】 五指山市档案馆隶属五指山市政府，为正科级公益一类事业单位。档案馆职能主要是负责全市档案接收、整理、安全保管、利用和业务指导工作。核定财政预算全额拨款事业编制8名，现有干部职工7人，其中领导职数3名(馆长1名、副馆长2名)，其他管理人员4名。馆内设办公室、综合业务岗、保管利用岗、编研岗4个职能岗位。

【档案保护】 2021年初，市委办公室将中华人民共和国成立以来党和国家领导人，中央军委、国家部委及海南省委省政府领导到五指山视察时的珍贵照片和市领导的工作照片2477张移交市档案馆。

【档案利用】 2021年，五指山市档案馆接待个人、单位查阅利用档案60多次，利用档案材料172件；接收五指山市统计局、五指山市信访局、五指山市毛道乡人民政府等29个部门移交到期档案12712件；整理并入库2020年报纸、期刊、图文资料《中共中央办公厅通讯》《求是》《今日海南月刊》等共计11类；协调督促各单位将到期档案移交进馆。全市各单位已移交到期档案进馆累计7854卷(盒)，文件份数78548件。2021年8月，成立开放档案鉴定工作领导小组，负责开展到期开放档案的鉴定工作，推动五指山市到期开放档案的鉴定工作和档案利用服务工作。

【业务指导】 五指山市档案馆对五指山市农业农村局、五指山市行政审批局等53个单位53人次进行业务指导。2021年5月13日，举办乡村振兴档案和工改项目档案培训班，全市各乡镇分管领导、68个村(居)委会党支部书记、文书共150名档案管理员参加培训。12月，组织全市各单位档案管理员参加国家档案局举办的《全国档案事业发展“十四五”规划》公益大讲堂线上培训班，110人参加培训。

【档案法制】 通过微信公众号、抖音平台、LED屏、电信推送及在“三月三”广场、国兴路、广场路等悬挂宣传横幅开展档案法律法规宣传活动，宣传档案工作的重要性。在“6·9”国际档案日，组织干部职工到五指山市“三月三”广场开展档案宣传，向到场的市民及群众发放500多份各类档案宣传品和环保袋。

【档案信息化建设】 2021年，邀请海南神州希望网络有限公司对五指山市档案馆电子公文归档管理系统安全等级进行测评，确保档案安全。对五指山市档案馆电子管理系统服务器硬盘扩容60GB，安装联想硬盘扩展卡1块。投入17.5万元聘请海南新境界科技有限公司承担电子档案管理系统安全运维工作，派驻技术员驻点负责系统安全运维工作。投入46万元，建设完善电子公文归档管理系统防火墙设备，完善物理隔离，保障电子档案安全，组织开展电子公文归档档案管理系统安全应急技能培训班和应急演练，提高工作人员的安全管理及应急技能。

(王　能)

海南省民族研究所

【概况】 海南省民族研究所位于海南省五指山市，是专门从事海南省少数民族社会历史、经济、文化、宗教、卫生教育、习俗、织锦、民族理论与民族政策等综合性理论研究的公益一类事业单位，核定财政预算管理事业编制34名。2021年，海南省民族研究所各类在职人员24人，其中，高级专业技术人员1人，中级专业技术人员8人，初级专业技术人员13人，其他人员2人。内设6个科级部门，分别为行政办公室、社会经济发展研究室、民族历史文化研究室、信息资料研究室、民族织锦研究室、民族工艺设计研究室。同时悬挂“海南省少数民族古籍整理办公室”牌子，实行“一套人马、两种模式”的办公形式，兼顾负责开展海南少数民族古籍整理研究工作。

【课题研究与科研成果】 2021年，组织开展“海南苗族服饰文化研究”“黎族传统织锦图案内涵研究”“大歧黎历史文化研究”“海南特色建筑文化研究”“五指山与黎族文化打包申报世界自然和文化双遗产研究”“海南苗族道文化研究”“黎族‘档’(龙)文化口述史研究”“以民族团结为抓手，助力乡村振兴”等社会调查；完成《海南省志·民族民俗宗教志(1991—2010)》的审校、补充、出版；完成《海南苗绣》《海南黎族传统织锦图案解读》两部书的编辑，其中，《海南苗绣》一书已经出版发行，协助完成拍摄22集《织锦上的黎族》，组织人员审核《黎族民间童话校本课程》《黎歌乐海》《黎族通史》等。参加黎族苗族“三月三”民族文化论坛，投稿9篇文章；参加省民宗委机关党委党建征文和提高民族工作质量的征文活动，投稿7篇文章。鼓励科研人员投稿3篇文章，参加“海南自由贸易港建设下民族文化发展与乡村振兴学术研讨会”。

【科研业务交流】 2021年，海南省民族研究所与国家民委少数民族语言司、海南师范大学、海南热带海洋学院等单位开展科研业务交流。同时，派员参加全省城市民族工作暨民族团结进步创建工作培训班、海南省民宗委意识形态研判工作会议、少数民族发展资金使用情况调研、海南省民族工作干部能力建设培训班、五指山市“六个一批”文化建设项目研讨会等，促进海南省民族研究所与省内外的科研业务交流合作，拓宽科研业务人员的学术研究视野，推动科研业务工作发展。

【民族文化遗产保护】 海南省民族研究所申报国家级与省部级项目、省哲学社会科学规划课题、海南省财政厅重大支出项目课题等，报送五指山市“六个一批”文化惠民建设项目；申请挂牌“铸牢中华民族共同体意识研究中心”；同时，与海南省热带海洋学院合作申报国家民委民族问题研究课题——“海南黎族大学生群居孤独感研究”；与五指山市国家级、省级黎锦苗绣技艺传承人团队合作创建“黎锦苗绣生产学研基地”，该基地集黎锦苗绣生产、教学、研发、培训、交流、展示于一体，共同做好五指山地区黎锦苗绣及民族文化遗产的保护传承工作。

【信息收集工作】 2021年，海南省民族研究所收集、撰写、发布的海南民族地区各类信息29篇，先后被国家民委门户网站、中国民族宗教网、省民宗委门户网站、学习强国平台等媒体采用。

【乡村振兴】 海南省民族研究所参与五指山市的脱贫攻坚、乡村振兴工作，派员驻村开展乡村振兴工作，帮助脱贫户解决急难愁盼问题。

（邢增烜）

海南省民族博物馆

【概况】 海南省民族博物馆是隶属海南省旅游和文化广电体育厅的正处级事业单位，以考古发掘、征集、收藏、研究和陈列海南民族文物为主，以研究海南岛历史和黎、苗、回等民族的传统文化为宗旨的综合性博物馆。机构设置有馆长办公室、行政办公室、考古征集科、陈列群工科、修复保管科、保卫科。2021年，编制30名，现编内实有人数21人，编外46人。其中，高级职称3人，中级职称4人，初级职称6人。

【展览社教】 举办“纪念中国共产党百年诞辰——尚宇书毛泽东主席诗词作品展”“寻找救星——海南少数民族革命斗争史展”，丰富红色文化展览内容，服务好各单位党史学习教育和“七一”党日活动来馆参观打卡，献礼中国共产党成立100周年。配合海南省旅文厅举办“重走琼崖红军路，追逐红色百年诗和远方”2021年海南红色旅游文化系列推广活动，宣扬红色旅游文化，助力海南自贸港建设。4月24日和5月21日，举办海南民族文化讲坛2期，主题分别为史振卿老师主讲的《习语经典·琼崖红旗谱——海南百年革命、建设和改革的成就与经验》和陈诚老师主讲的《学习党史，讲好党的故事——谈中国共产党的创立及历史启示》。在9月3日中国人民抗日战争胜利纪念日、世界反法西斯战争胜利纪念日、9月18日“九一八”事变纪念日、9月30日全国第八个烈士纪念日，组织五指山市各大、中、小学校师生到馆参观学习，开展党史学习教育、爱国主义教育、民族团结进步教育。举办“欢度海南欢乐节——鼓声阵阵共庆佳节亲子活动”“久久重阳节，浓浓敬老情——亲子手绘油纸伞”等17场主题社教活动，1700多名青少年儿童参与，每场活动均在《海南日报》、南海网、新海南进行报道。开展全民寻宝狂欢活动201场，通过制作文物卡片，以“寻宝”成功可以获得奖励的游戏方式引导游客积极参与，扩大社教影响面。完成馆介及logo形象标识招标设计工作。编印馆介宣传5000册，投放展厅供游客取阅。

【文物征集】 全年征集美孚方言绣字头巾2件、黎族服饰3件、杞方言黎族妇女服饰文物4件，征集费用3.54万元。通过发布本馆文物征集公告，收到乐东县史志办无偿捐赠两本《琼崖公学史稿》书籍。通过发布抗击新冠肺炎疫情代表性实物征集公告，收到李宏斌、柴世德等热心人士捐赠抗疫书法作品6幅，征集到海南省第二人民医院77件（套）新冠肺炎疫情防控代表性实物。

【文物保护】 针对独木舟及其他竹木器藏品出现蛀虫现象，及时委托有资质的单位开展消杀治理保护工作，达到文物预防与保护的预期效果。遴选《中国少数民族文物图谱》民族文物数据共22个类别，710件/套，1050件文物，并将数据和图片、预算方案上报。

【学术研究】 论文《民族博物馆社会实践刍议——以海南省民族博物馆为例》《论海南三亚正堂禁碑的史料价值》《对文物博物馆管理体制创新的思考》《文旅融合背景下海南共享图书岛建设》《如何做好文物档案资料的收集整理和利用》在国家级刊物发表；《手抄课本里的琼崖革命史》《关于新时代民族博物馆信息化建设的思考》《粉枪背后，一段民族斗争史》在省级刊物发表。

（冯祥盛）

社　会

教　育

教育综述

【概况】 2021年，全市市属中小学校62所（含教学点、民办学校）。其中，完全中学1所；九年一贯制3所；特殊学校1所；完全小学10所；教学点47个。在职教师1162人，其中小学教师770人；初中教师304人；高中教师70人；特殊学校教师18人。小学在校生8323人；初中在校生3642人；高中在校生1046人。学前教育三年毛入学率99%，义务教育阶段入学率100%，高中阶段毛入学率94%。

【教育投入】 2021年，全市一般公共预算安排的教育经费42522万元。其中，一般公共预算教育经费35873万元，占整个教育经费投入84.36%；其他一般公共预算安排的经费6649万元，占整个教育经费投入的15.64%。

【教育普及程度】 2021年，义务教育阶段入学率100%，残疾儿童入学率97%，学前三年毛入园率97%，公办园在园幼儿占比75.7%，公办园和普惠性民办园在园幼儿占比90.8%。

【教师招聘】 2021年，全市公开招聘特岗教师44名、思源实验学校聘用制教师13名，校医11名。

【特殊教育】 2021年，适龄残疾学生到市特殊教育学校入学的57名，随班就读70名，办理延缓入学或休学手续3名，送教上门7名，全市适龄“三类”儿童入学率97%。

【教育帮扶】 2021年，完善留守儿童关爱体系，落实监护责任制，妥善解决全市266名农村留守儿童的教育管理问题。落实“一对一或一对多”关爱体系，全市共有982名教师认领帮扶3644名学生。落实家庭经济困难学生资助和农村义务教育学生营养改善计划，发放学生营养改善计划膳食补助1120.52万元，覆盖2.86万名学生；发放全市家庭经济困难学生学前至中职教育特惠性教育补助金2814人次394.6万元。妥善安排1164名进城务工人员随迁子女就近入学，保障其接受义务教育的同等权利。2021年，五指山市教育局荣获“海南省脱

五指山市特殊教育学校　（五指山市教育局　供图）

贫攻坚先进集体”称号。

【生源地信用助学贷款】 2021年，为587名学生生源地信用助学贷款474.29万元。

【教师队伍建设】 推进“县管校聘”试点工作，制定《五指山市中小学教师“县管校聘”管理改革试点工作实施方案》，以思源实验学校为试点，有141名教职工参加竞聘，最终聘任131人，落聘10人，五指山市教育局根据落聘教师申请的去向意愿和工作能力，重新落实工作岗位。落实农村地区教师待遇，给予招聘的省级学科带头人每人每月3000—6000元生活补贴、给予教学点教师每人每月400—600元的生活补贴、给予全市班主任每人每月补助500元。投入17.5万元，表彰一批最美乡村教师、优秀教师、先进班主任等；设立校（园）长基金200万元，调动校（园）长及广大教师的工作积极性和创造性，促进教育教学质量提高。落实“国培”“省培”“市培”计划，组织开展教学管理人员、骨干教师、中小学班主任等各类培训活动，累计培训教师3535人次。

【庆祝第37个教师节】 2021年9月9日，召开第37个教师节暨全市教育系统先进集体先进个人表彰大会。授予五指山市嘉佳幼儿园等5个单位2021年度五指山市“教育教学管理先进单位”称号；授予王美妍等5人2021年度五指山市“先进教育工作者”称号；授予王丽梅等20人2021年度五指山市“优秀教师”称号；授予李伟峰等20人2021年度五指山市“师德标兵”称号；授予黄昌云等5人2021年度五指山市“最美乡村教师”称号；授予周艳虹等20人2021年度五指山市“优秀班主任”称号。

【教师节座谈会】 9月10日，五指山市委书记朱宏凌主持召开教师节座谈会，向全市广大教师和教育工作者致以节日的问候和崇高的敬意，并和各学校校长、教师代表畅聊心声，听取他们的建言，共谋教育发展。

【德育教育】 坚持德育为先，构建中华优秀传统文化和传统美德教育、中小学心理健康教育、典型示范引领三大平台，抓好中华优秀传统文化和社会主义核心价值观宣传教育，落实意识形态工作责任制，把握意识形态工作主导权。结合中国共产党成立100周年，加强“四史”教育，组织全市各学校开展“庆祝建党100周年暨‘献礼建党百年 唱响红色主旋律’主题教职工合唱比赛”，将党史学习教育融入校园文化，组织教职工合唱队参加省教育厅组织的庆祝中国共产党成立100周年“唱响主旋律 奋进自贸港 永远跟党走”主题大合唱，荣获优秀组织奖。参加庆祝中国共产党成立100周年“百年梦想·山城唱响”大合唱比赛荣获二等奖。开展“国旗下演讲”党史宣讲、校园广播“播党史”等活动，推动党史知识进校园。组织中小学校开展庆祝中国共产党成立100周年系列活动之“童心向党，红色传承”军事拓展活动，引导青少年学习革命先烈顽强拼搏的精神。开展“新时代好少年·红心向党”主题读书、开展“学史明理，学史增信，学史崇德，学史力行”主题征文、开展“阳光下成长——庆祝中国共产党成立100周年暨五指山市中小学生艺术展演”等活动。

【中小学教师资格证考试】 10月13日，在五指山中学进行2021年下半年中小学教师资格证考试，1087人报名，共2022科。其中101综合素质（幼儿园）有335人，设12个考场；102保教知识与能力有354人，设12个考场；201综合素质（小学）有634人，设22个考场；202教育教学知识与能力有614人，设21个考场；201A综合素质（小学）（音体美专业）有29人，设1个考场；202A教育教学知识与能力（音体美专业）有29人，设1个考场。

【校园安全治理】 建立和完善安全工作机制，制订突发事件应急预案，增强责任意识，做好学校范围内安全隐患排查工作，开展事故和灾害警示教育和安全宣传活动204场；开展消防、地震等应急疏散演练8场，增强师生安全意识和防范技能；完成校园安保培训工作，培训校园保安30人。开展校园青少年禁毒预防教育活动，增强青少年学生的禁毒意识和自觉抵制毒品的能力，开展中小学游泳教育，提高学生的身体素质、生存技能和急救能力，从源头上遏制学生溺水事件的发生。完成全市初中学校除颤仪安装，组织全市2346名初中生分批分组参加AED使用与操作学习、心肺复苏培训，12名教师参加一对一的急救培训、训练指导、实地操作和考核。对全市15所中小学校开展生命安全教育，配足配齐护学岗，开展学生安全教育实践活动，提高中小学安全防护能力，加强校园

2021年9月23日，各学校通过安全家长会、安全主题教育班会、安全“课后一讲”等措施推动安全“四必讲”落地生根

（五指山市教育局　供图）

“三防”建设，落实“4 个 100%”（安全措施专职保安员配置率达到 100%，视频监控系统和公安机关联网率达到 100%，一键式报警与公安联网率达到 100%，中小学封闭化管理达到 100%）。严格按照“防输入、防输出、防扩散”工作要求，落实落细防控工作的组织管理、监测网络、预警系统、报告制度、应急控制措施和日常预防措施，确保校园一方净土，确保师生平安。打击非法营运车辆搭载学生行为，五指山市教育局与五指山市交通运输局召开“家门—校门”接送学生工作联席会议，开通 7 条定制接送路线，调配 51 辆车，每周五在校门口搭载学生回到各个乡镇，保障学生返家安全。

【疫情防控】 8 月 26 日至 27 日，五指山市教育局联合五指山市卫健委、五指山市场监督管理局等相关部门，组成 6 个验收小组，对全市各中小学校及幼儿园 2021 年秋季学期开学疫情防控工作进行督导验收。验收小组到五指山中学、五指山市幼儿园、五指山市第一小学等学校，通过听取汇报、查阅资料、随机访谈、实地查看等方式，对涉及学校疫情防控工作组织领导责任体系、两案十制、人员防疫、环境和物资防疫、隔离区、安全工作和应急演练六大方面验收内容进行逐条逐项考核验收。重点围绕学校人员摸排、健康状况、行程轨迹、疫情防控宣传、疫苗接种、食品与饮水保障、校园安全、环境消杀等方面对标对表开展检查，在验收过程中对存在问题和薄弱环节当场责令整改，并出具限期整改通知书，确保再次组织验收达标后顺利开学。开展疫情防控，多场景实操性的应急演练，做到学校负责人和教职员工熟悉，掌握应急处置流程和工作要求，做到精准布控，达到良好的应急效果。

【捐资助学活动】 10 月 19 日，兖矿（海南）智慧物流科技有限公司为 31 名经济困难学生爱心捐赠活动在五指山市青少年活动中心会议室举行，爱心企业家给山城孩子们赠送资助金、书包和文具等。

教学科研

【校园文化建设】 在校园净化、绿化、美化上下功夫，利用好校园资源，积极创建富有时代气息的班级文化、墙壁文化、走廊文化和橱窗文化，使一条校训、一枚校徽都反映出学校昂扬向上的精神风貌，让学校的一草一木都会说话，使学校的一墙一壁都能育人，建设和谐宜人的学习生活环境。强化开发校本课程，凸显学校办学特色，注重打造具有本土特色校园文化，开发一班一品、特色第二课堂、科技劳技综合实践活动、手工制作、竹竿舞、黎锦苗绣、黎歌、黎族竹木乐器、剪纸等具有民族特色的校本课程和《欢乐打柴舞》《五指山本土音乐试用教材》《黎族传统体育项目》《黎族童谣》《小学新生入学规范和安全防范教育读本》《创意作文特刊》及《快乐绕口令 轻松小贯口》（小学和初中版）等地方教材，创造性地把相声贯口和趣味绕口令引入普通话和拼音教学，让学生在快乐中学习。抓好特色学校建设，全市有国家体育特色学校 2 所；国家和省级青少年校园足球特色学校 6 所；全国国防教育特色学校 1 所；教育部“中法百校交流计划”项目学校 1 所；黎锦传承培训基地 14 所、黎族苗族童谣培训 13 所；黎族竹木器乐传承培训基地、苗族传统舞蹈传承培训基地、黎族制陶传承培训基地和苗族刺绣传承培训基地各 1 所。

【教研教学】 加强中小学生手机、作业、读物、睡眠、体质、考试等“六项管理”，制订《五指山市中小学生校内课后服务工作实施方案》，优化管理模式，吸纳社会

2021年6月3日，五指山市开展2021年《漫画琼剧》海南戏曲经典原创动画进校园活动　　（五指山市文明办　供图）

力量，在全市中小学校开展“5＋2”校内课后服务，减少作业总量，促进学生健康快乐成长；推进教研教改工作，强化教学教研指导，加大教研帮扶和中小学校教学质量监测力度，开展校本研训活动，发挥名师专业引领作用。以全面落实“四个常规”（《海南省中小学校教学管理常规》《海南省中小学教师教学常规（修订）》《海南省基础教育教研工作常规（修订）》《海南省义务教育学校学生学习常规》）为契机，抓好五指山中学、五指山市第一小学、思源实验学校、五指山市第三小学、红星学校五所教学常规管理样本校的建设，发挥样本校示范辐射作用，助推全市义务教育学校管理水平和教学质量提升，初中学生学习A等成绩以上学生人数逐年增加，控制低分率成效显著。突出督导评估，引领学校内涵发展，聘任18名有教学研究和教育管理经验、有深厚教育情怀的校园长、一线教师担任挂牌责任督学，从事学校经常性督导工作，加强对义务教育学校办学行为的督导，监督、指导各中小学校稳步、有序地推进标准化建设、规范化学校创建工作。

【“推普”工作】　2021年，深入全市7个乡镇开展推普助力乡村送教活动7场；创建22所公办中小学（幼儿园）语言文字工作达标校（园）；建立推普示范村7个。举办全市普通话水平测试1次，有1103名从业人员参加测试；组织全市教师普通话集中培训、全市从业人员普通话集中培训，参训1300人；做好中华经典骨干教师培训工作，组织17名骨干教师参加省级、国家级培训，全部获得合格证书，举办市级培训1期，共120名骨干教师参加培训。以24届推普周活动为契机，在全市党政机关、社会团体、学校开展诵读、读书活动43场次；全市1.3万名中小学学生学会使用普通话交流，在校学生普通话普及率100%。

学前教育

【概况】　全市公办幼儿园共有12所，其中市直属幼儿园4所、乡镇中心幼儿园8所。全市公办幼儿园教职工351人，其中专任教师204人，职工147人；幼儿人数3611人。

基础教育

【教育督导工作】　贯彻落实《中共五指山市委、五指山市人民政府关于加强教育管理工作的意见》《五指山市中小学精细化管理工作的指导意见》等文件。制订《五指山市义务教育阶段学校招生入学工作方案》，规范义务教育招生管理，落实国务院关于进城务工人员子女义务教育阶段随亲入学的“两个为主”要求，坚持就近免试原则，依法保障适龄儿童少年接受义务教育。减轻学生学业负担，加强部门间协调配合，推进全市校外培训机构专项治理和监管工作，杜绝中小学校违规补课和乱收费行为，减轻学生课业负担和经济负担。

【校方责任保险投保】　做好2021—2022学年度校方责任保险工作，全市投保中小学、幼儿园（含民办）32个，投保面达100%，投保学生16553人，投保率100%。

【免费提供教材、作业本】　2021—2022学年度，免费发放中小学生作业本48.87万本。

【教育工程项目建设】　2021年，推进五指山市第三小学搬迁，启动五指山中学改扩建项目建设，推动特殊教育学校教师周转宿舍、水满中心幼儿园教师周转宿舍等前期工作。实施“义务教育薄弱环节与能力提升工程”，补齐办学条件短板，推进2020—2021年改薄提升工程进度，完成8所学校学生宿舍维修改造项目建设，改善乡村小规模学校和乡镇寄宿制学校办学条件。实施畅好居幼儿园配套项目建设，完成五指山思源实验学校中考考场空调安装。

【合作办学】 推进“一市两校一园”工程，引进海南省农垦实验中学托管五指山市思源实验学校；与华南师范大学外国语言文化学院签订“五指山市教育局外语教育精准帮扶基地”和“华南师范大学外国语言文化学院五指山中学实习实践基地”等协议，依托华南师范大学外文学院外语学科优势，开展针对五指山市中学外语教师专业素养、教学水平提升和学生外语学习能力提升等活动，推动五指山市外语教育质量提升。

【网络安全与教育信息化】 2021年，投入薄改与能力提升项目资金124.5万元对14所中小学进行网络改造，全市中小学（含教学点）出口带宽达到100M的学校比例100%。实现学校网络全覆盖，100%的学校实现了百兆带宽。100%的中小学拥有多媒体教室，学校统一配备的教师和学生终端数量分别为1060台和750台。完成乡村小规模学校同步/专递课堂全覆盖建设，推广“三个课堂”模式应用，探索“互联网+”条件下教育发展新模式，提升农村学校教育信息化应用水平。投入薄改与能力提升项目资金520万元，新建3间专递课堂、36间听讲课堂、6间观摩室，为农村学校提供优质教育资源，破解农村教学点开课不齐、师资短缺、教学资源匮乏等突出问题。将各学校宽带网络资费和设备运维经费纳入财政预算。2021年投入340万元，所有学校全部接入互联网，设备得到维护，保障学校信息化通畅和利用。利用薄改与能力提升项目资金388万元，对全市中小学教室的荧光灯管进行灯光改造，改善学校视觉环境，学校教室照明卫生标准达标率100%，为学生提供符合用眼卫生要求的学习环境。发动学校选派优秀学生参与全省中学生理科实验操作竞赛，发动教师参与中小学优秀自制教具评选活动、中小学实验教学说课优秀案例评选活动、全省教师教育教学信息化评比活动、中国移动“和教育”杯教育技术论文活动，推进省教育资源公共服务平台深入应用，提高普及率和使用率。推进“网络学习空间人人通”，督促和指导学校积极利用国家教育资源公共服务平台、海南省教育资源公共服务平台、“好研网”平台等，统筹推进实名制、组织化、可管可控的网络学习空间建设，实现全体教师和80%初中以上的学生拥有网络学习空间。达到学校教师注册海南省教育资源公共服务平台人数达到教师总人数的85%的省定目标。完善教育系统网络安全保障体系，做好重要时期网络安全保障工作。加强教育系统庆祝中国共产党成立100周年网络安全保障工作，加强值班值守，6月20日至7月10日期间，落实7×24小时值班制度，值班领导和网络安全联络员保持通信联络畅通。强化应急保障，制订完善本单位、本地区的网络安全应急预案，备足应急资源力量，充分做好应急响应准备。配合海南省教育厅做好博鳌亚洲论坛年会期间（4月18日至21日）展示海南省5G示范应用成果的工作，通过同步/专递课堂设备实现全省异地多校同上一堂课。按时填报“全国教育信息化工作（业务）管理信息系统”，及时更新数据。

【中小学生艺术展演】 5月29日，“阳光下成长”——庆祝中国共产党成立100周年暨五指山市中小学生艺术展演活动在市青少年活动中心举行。全市15所中小学校师生参与展演。活动分为舞蹈篇、乐器篇和声乐篇三个篇章，每个篇章由小学组和中学组分别进行展演。舞蹈《红星闪耀万泉河》《红领巾 中国梦》《活着1937》等生动演绎了红色故事；乐器表演《放牛谣》《捡螺歌》《诗画黎乡好风光》等极具民族特色；合唱《映山红》《我和我的祖国》《没有共产党就没有新中国》等表达了对祖国的热爱、对党的感恩。展演29个节目，展现新时代青少年学生热爱中国共产党、热爱祖国、热爱人民，树立远大志向、培育美好心灵，勤学上进、志存高远、奋发成长的昂扬风采。

【第五届中小学生校园足球联赛】 12月8日，第五届中小学校园足球联赛在五指山市第一小学举行，12支参赛代表队参加。

【中考工作】 初中毕业生学业考试报考人数1833人。其中，海南热带海洋学院附属中学466人；海南省农垦实验中学294人；五指山中学303人；思源实验学校543人；红星学校196人；五指山市杜郎口实验学校26人；外回考生5人。分别设五指山中学和五指山思源实验学校2个考点，共设62个考场。其中五指山中学考点考生1290人，设43个考场；五指山思源实验学校考点考生543人，设19个考场。

【初中会考】 全市八年级报考人数1818人。其中，海南热带海洋学院附属中学477人；海南省农垦实验中学307人；五指山中学308人；五指山思源实验学校499人；红星学校182人；五指山市杜郎口实验学校40人；外回考生5人。分别设五指山中学和思源实验学校2个考点，设61个考场。其中五指山中学考点考生1319人，设44个考场；五指山思源实验学校考点考生499人，设17个考场。

高中教育

【高中合格性考试】 报考科次9080科/人次，设306个场次。其中思想政治科1152人，设39个考场；物理科1340人，设45个考场；地理科1164人，设39个考场；生物科1279人，设43个考场；化学科1328人，设45个考场；历史科1387人，设47个考场；技术科1430人，设48个考场。分别设五指山中学和五指山思源实验学校2个考点。

【普通高考】 全市普通高校招生报名考生有1295人。其中，海南热带海洋学院附属中学315人；海南省农垦实验中学376人；五指山中学529人；往届生75人；设44个考场，考点设在五指山中学。

【爱心高考】 相关职能部门为考生及考务人员免费提供饮用水、绿豆汤、姜糖水，对五指山中学316名高考学生实行免费就餐，搭建“爱心通道”，为考生营造安全舒适的考试环境。

社会办学

【民办学校简介】 全市民办学校1所：五指山市杜郎口实验学校。在校学生630人，其中小学在校生337人，初中在校生293人；专任教师35人。民办幼儿园9所：小天鹅幼儿园、六一幼儿园、启蒙幼儿园、捷培幼儿园、星苹果幼儿园、金源幼儿园、应示幼儿园、青葵幼儿园、杜郎口幼儿园。教师139人，其中专任教师81人，保育员30人，工勤人员28人。幼儿人数887人。

（陈云飞、王梦瑜）

2021年普通高等学校招生全国统一考试五指山中学考点

（五指山市教育局　供图）

学校选介

海南热带海洋学院附属中学

【概况】 海南热带海洋学院附属中学创办于1957年8月，是由黎族人民领袖王国兴亲手创办的一所学校。其前身为广东省海南黎族苗族自治州中学、海南第二中学、琼州学院附属中学，是海南省“一级学校”。2021年，学校占地面积19.6公顷，教职工181人（少数民族教师32人），高级教师57人，学科带头人1人，省级骨干教师14人。现有42个教学班级（初中18个，高中24个），学生2091人（初中学生938人，高中学生1153人）。学校下设3个党支部，党员66人。2021年，学校荣获“2021全国生态文明教育特色学校”和“海南省民族团结进步示范学校”称号。

【理念目标】 以“团结、奋进、求实、创新”为校风；以“团结、合作、和谐、高效”为班子作风；以“敬业、求精、言传、身教”为教风；以“守纪、勤奋、求是、争优”为学风；以“厚德、博学、慎思、笃行”为校训；以“快乐学习、快乐工作、快乐生活”为和谐校园理念。学校始终坚持“一切有利于学生的健康成长，一切服务于学生的全面发展”的办学理念。全面贯彻党和国家的教育方针，坚持社会主义的办学方向，培养德智体美劳全面发展的社会主义建设者和接班人，培养具有良好思想品德，健康心理品质，具有扎实的文化基础和一定创新能力的初中毕业生，为高一级学校输送更多更好的合格学生，为社会培养高素质公民，培养拥护中国共产党的领导和我国社会主义制度、立志为中国特色社会主义奋斗终身的有用人才。

【教学教研】 开展教育科研和教学研究，贯彻落实中央关于“双减”工作和六项管理工作要求；实行督学听课评课及整改落实制度，探索学科督学管理方式，加强课堂质量监管，推进课堂教学改革，助推教师课堂教学能力的提升。完善相关教研制度，规范教研活动。全面贯彻党的教育方针，提高办学质量。2021 年学校高考取得较好成绩，高考本科率达到 84.8%，其中二本率 60.2%，较 2020 届的 52.8% 高出 8 个百分点，较 2019 年的 44% 高出 16 个百分点，部分学生考入北京外国语大学、中山大学、对外经济贸易大学、天津大学、山东大学、华东政法大学等高校，实现低进高出的办学实效。强化学校各项教学教研工作。2021 年，学校教师参加省级以上调教、教育教学论文评比一等奖 13 人次，二等奖 22 人次，闫慧老师获全省首届中小学班主任基本功技能大赛暨展示交流活动初中组二等奖，王秋菊获高中组三等奖；3 个省级课题经省结题成果鉴定，两个为良好；海南省吴公强、周厚东等多个名师工作室走进学校开展一系列教学教研活动，营造良好教育教学教研氛围。

【德育工作】 贯彻落实“立德树人”根本任务，构建“五育并举”的育人体系。每周组织班主任工作例会；每学期开展“德育工作研讨会”，提升班主任队伍德育业务能力。

实施全体教师参与宿舍管理的措施，落实学生的睡眠管理、手机管理制度，确保学生养成按时就寝的习惯，加强学生宿舍每日内务的检查评比。协调学校学生科、团委对班级常规工作进行细化、量化考评，及时汇总公示，督导各年级、班级的常规管理，促使学生养成勤学守纪、团结互助、尊敬师长、爱护公物、举止文明等良好习惯。开展“百名教师家访工程”。组织中层以上干部、班主任、任课老师深入贫困学生家庭、五指山市内学生家庭，了解贫困学生的家庭经济状况和实际困难，了解学生在家的表现情况，向家长汇报学生在学校的学习情况，宣传国家教育扶贫政策，督促家长在安全教育、校园禁毒教育、普法教育、预防近视教育等方面积极配合学校，指导家长进行科学有效的家庭教育，使学校、家庭和社会形成教育合力。

通过升旗仪式、国旗下的讲话、主题班会、学科教学、班团活动、校园体艺节活动、黑板报评比活动和主题教育活动（内容涵盖时事热点、感恩教育、爱国教育、法制教育、安全教育、环保教育、诚信教育、心理健康教育等）等形式对学生进行社会主义核心价值观的教育，提高学生人文素养、涵养学生文明素质，增强学生核心素养。开展高中学生生涯规划教育，指导学生选学选考，树立学生正确的职业观，丰富学校德育工作的内涵。通过志愿者服务、禁毒知识竞赛、演讲比赛、研学旅行活动、社区服务和社会实践等活动，推进素质教育全面实施，拓展学生学习空间，培养学生创新精神和实践能力，在校园禁毒工作中，学校组织学生参加了海南省教育厅、海南省禁毒委组织的 2021 年海南省青少年禁毒知识竞赛，全校初一至高二 1719 名学生参加，参与率 100%，及格率 99%，满分率 60%，平均分 95.01，在 28 所省直属学校中排第十名。

【安全工作】 抓实疫情防控和安全稳定工作，加强法治教育、消防应急演练、疫情应急演练、心肺复苏急救活动，增强学生自我防护能力；投资 50 万元建成学校综合展馆（安全教育、禁毒宣传教育、校史馆），拓展学校安全教育平台。2021 年，荣获五指山市安全生产优秀单位称号。重视政治安全和意识形态安全，加强师生员工思想动态的管控，规范微信群管理，形成台账，46 个微信群整理为 26 个。探索“法律进校园”新模式，联系五指山市公安局河南派出所到学校进行法律宣讲，宣讲内容涉及到校园欺凌、毒品危害、交通安全、防溺水、防食物中毒、未成年人其他的犯罪及如何自我保护等基础知识，减少安全事故发生。保持与五指山市公安局河南派出所和五指山市交警大队的联络。派出所不定期夜间警车巡逻学校周边。在新生入学、校运会、家长会、节假日学生放假等各项活动和中考、高考期间，河南派出所和五指山市交警大队派人协助指挥疏导车辆及维持秩序，维护校园安全。

【校园文化】 发挥共青团、学生会、社团的作用，开展各种主题教育活动，创建优美的校园环境和清新的文化氛围，培养学生自我教育、自我管理、创新精神和竞争能力。

环境育人。加大对地理园、生物园、荷花池的维护与投入。加强校园绿化工作。合理布置校园绿化带、绿化地，聘请优秀花工，培植护理学校花卉、草坪、树木，并设置宣传标语牌提高校园文明品位。通过张贴名人名言等宣传标语和定期出黑板报、宣传窗等方式营造绿色文化氛围，增强学生环保意识。

文化育人。利用校园LED屏、校园网站、微信公众号、校园广播、宣传橱窗、班级黑板报、手抄报，加大校园文化宣传力度，丰富师生的校园文化生活，营造“我运动、我健康、我快乐”的和谐校园氛围。坚持每天落实“两操两活动”（广播操、眼保健操、大课间活动、课外活动）和周二、周三集体跑操活动，提升师生的运动意识和集体主义观念，促进师生身心健康发展。成立声乐兴趣小组、美术兴趣小组、舞蹈队等艺术团队，利用课余时间开展活动，学生艺术素养全面提高。

活动育人。组织参加省级各项文体活动。组织学生参加省级活动4项，分别为“互联网＋创新创业大赛”“2021全国青少年汽车无限创意大赛”“第十四届海南省青少年科普小先生演讲比赛”“2021年青少年高校科学营”。其中初二6班罗欣然同学和高二8班吴清华同学在“第十四届海南省青少年科普小先生演讲比赛”中荣获省级二等奖和三等奖。升旗仪式更加规范。护旗班统一服装，增强升旗的庄重感。每次国旗下讲话教育主题有针对性和教育性，颁奖表彰穿插其中进行，富有教育意义。校园文体活动丰富多彩。2021年，组织女教职工会员在环南圣河岸徒步健身活动暨纪念“三八”国际妇女节健身趣味活动；举办“健康杯”足球赛，增强学生体质，增强班级凝聚力；开展“科普小先生”演讲比赛，增强学生环保意识；开展“六一”游园活动；举办“2021届初三中考出征壮行仪式”；筹办“校园十大歌手”比赛，丰富校园文化，展示附中学子文艺风采；举办“2021届初高三毕业典礼”晚会；组织学校部分优秀青年学生参加2021年全国青少年高校科学营活动，传承科学家精神；组织初一、高一新生进行“迎新杯”拔河比赛，引导新生快速融入新的集体，增强班级凝聚力；组织部分学生观看了爱国主义影片《长津湖》，增强广大青年同学的爱国情感；筹办“健康杯”篮球赛，丰富校园文化，增强学生体质和班级荣誉感；举办“初心圆梦附中美，扬帆起航再出发”为主题的元旦晚会，丰富校园文化生活，展现学校传递正能量和奋发向上的精神风貌；组织学生参加海南省第七届奥秘万千·海南省青少年科普知识竞赛，促进青少年科学素质和创新意识的全面提升，激发青少年科学兴趣，培养青少年科技后备人才；组织新入职教师进行了题为《青春无悔、生命无憾》的元旦诗歌朗诵及新老教师与部分学生共舞的《加油AMIGO》节目的排练和演出，丰富教工的课余文体生活，增加新教师的归属感；组织开展教职工“迎春徒步健身”活动，丰富学校教职工的课余生活，展现学校教职工昂扬向上的精神风貌，树立强身健体、快乐工作的新理念。

（庄泰川）

海南省农垦实验中学

【概况】 海南省农垦实验中学前身为1979年创建的广东省通什农垦师范学校，现为海南省教育厅直属中学、海南省一级甲等学校。占地面积98665平方米，建筑面积61831平方米，现有教学班54个，在校学生2600多人。各类教学、运动、生活设施齐全，拥有一支师德高、业务精、乐于奉献的师资队伍。学校秉承“让每一个学生更健康、更阳光”的办学理念，实行“教学育人，管理育人，服务育人，环境育人”的全方位育人模式，恪守“诚朴、自信、砺志、拼搏”的校训，努力打造“活力校园、创新校园、和谐

2021年4月16日，海南省教育厅机关党委与海南省农垦实验中学党委共同开展党史学习教育联学联建活动 （苑金铭 摄）

2021年12月9日至10日，海南自由贸易港首届校长论坛暨海南省中小学校长上海跟岗研修项目总结交流活动在海南省农垦实验中学举行。图为参加海南自由贸易港首届校长论坛的全省各市县中小学校、幼儿园130余名校（园）长在海南省农垦实验中学合影留念　（何真妮　摄）

校园、幸福校园"，办学水平不断提升，是海南省尤其是中南部具有影响力和知名度的优质教育资源。

【党建工作】 学校党委深入开展党史学习教育，和海南省教育厅机关党委开展联学联建活动。开展庆祝中国共产党成立100周年系列活动，举办以"花开垦实中，黎苗颂党恩"为主题的文艺会演，在五指山市图书馆举办以"翰墨寄衷情，红心永向党"为主题的师生书画作品展，组织教职工参加海南省教育厅开展的以"唱响主旋律 奋进自贸港 永远跟党走"为主题的大型合唱比赛活动。

【教研教学】 抓好学科建设，以自然学科为重点顺利举办海南省农垦实验中学首届科创节，以英语、政治、生物学科为试点创办学科报。承办海南省首届校长论坛，来自全省各地的中小学幼儿园校（园）长130余人参加论坛。2021年学校有2项省教育科学规划课题、2项小课题顺利立项，3项省规划课题顺利结题。持续研究新高考方案以及"双减"背景下的新变化新问题，探索和构建具有特色的教育教学管理模式。2021年高考和中考成绩稳中有升。高考A批上线率达95.2%，一本上线率达65.9%，刘晋权、杨子璐两人被北京大学录取，25人被国家"双一流"大学录取。中考134人录取到本校，录取率44%。

【德育工作】 继续落实德育工作年级扁平化管理，推行新班主任跟岗培训，实施以年级为单位的德育备课制度，确保"五育并举"落地。成功举办第二届班主任节，选派班主任参加省厅、省班主任工作室举办的"班主任基本功大赛""班级管理专业技能提升""心理健康教育专业研修"等专业培训。促进德育系列化、课程化发展，完成学校德育校本课程《德润人生》（第二册）的组稿。

【艺体工作】 成立钢琴、乒乓球、足球、游泳等15个训练队，成功举办第二十四届田径运动会、第十八届艺术节和"春之光"元旦联欢晚会。在海南省第十届中小学生艺术展演活动中，学校绘画作品获一等奖1个、三等奖2个；书法作品获一等奖1个、二等奖1个；声乐专场合唱荣获二等奖，舞蹈专场黎族群舞荣获二等奖。在2021年海南省青少年田径锦

2021年12月31日，海南省农垦实验中学举行第十八届艺术节闭幕式暨2022年"春之光"元旦联欢晚会　（何真妮　摄）

2021年3月2日，海南省农垦实验中学举办第二届班主任节闭幕式暨班主任节联欢晚会　　（刘浩天　摄）

2021年3月29日，海南省农垦实验中学组织全校学生开展紧急疏散演练　　（何真妮　摄）

2021年3月，图书信息中心完成验收　　（何真妮　摄）

标赛中，学校取得1个亚军、1个季军、1个第四名的优异成绩，并荣获优秀组织奖。

【安全工作】 以安全教育月、世界禁烟禁毒日、预防艾滋病、校园欺凌事件、全国法制宣传日等为契机，通过开展国旗下讲话、安全知识竞赛、主题班会、观看教育视频、张贴宣传图片、举行紧急疏散演练等系列活动，以多样化的形式对学生进行安全教育，强化遵法守法意识。加强校园安全防范，确保校园安全稳定。在疫情防控期间，筑牢门岗防控的第一防线。保持与红星派出所和五指山市交警大队的联络，派出所夜间不定期出动警车在学校周边巡逻，对不法分子起到震慑作用。在学生放假和高考、中考期间，红星派出所和五指山市交警大队派人协助指挥，疏导车辆，维持秩序。

【基建工作】 加强数字化校园建设，推进“人人通空间”App应用，海南省农垦实验中学被评为第一批海南省中小学教育信息化应用示范校。完成图书信息中心、校园文化长廊围墙的验收工作，并投入使用；对高中楼、报告厅、周转房等建筑楼顶进行补漏维护；改造部分周转房卫生间、墙面；及时拆除学校D级危房锅炉房，提高基础设施安全系数。改造怡园小区临街的两层商品房，安置食堂员工；加强怡园小区环境整治，解决车位混乱、树大遮阴等问题。

（何　欣）

小学选介

【五指山市通什中心学校】 五指

山市通什中心学校是一所乡镇完全小学，位于通什镇番茅村。学校创办于1957年，前身是海南黎族苗族自治州红旗公社番茅小学，至今有65年历史，是一所省级规范化学校。学校环境优美，占地面积5873平方米，教学区、运动区、生活区三区分明，校舍建筑面积7510平方米，运动场地4500平方米。现有博学楼、思辨楼、笃行楼、厚德楼、博雅楼和尔雅楼；有学生食堂、运动场各一个。学校配有图书室、阅览室、多媒体教室、音乐室、美术室、舞蹈室、计算机室、科学实验室、实验器材室、体育器材室、录播室、手工室、织锦室、书法室以及心理咨询室、卫生室等。学校成立有美术兴趣班、书法兴趣班、足球班、舞蹈班、织锦班、黎歌班、黎族器乐兴趣班、手工兴趣班、科技劳技兴趣班，每周开设相应的课程，依托乡村少年宫和课后服务常态化长效性开展活动。学校有11个教学班级，下辖4个教学点，在校生383人，教职工64人，专任教师56人，是一支思想敏锐、求真务实、与时俱进，融战斗力与凝聚力一体，锐意进取、不甘落后的团队。学校秉持了"为幸福人生奠基，为全面发展服务"的办学宗旨，以"养正育德、厚植根基、启智润心、善教乐学、强健体魄、文明精神"为办学理念，坚持以"不让一个孩子掉队"的办学目标，一以贯之践行"习惯良好、品行端正、体魄健康、崇德尚善、常怀感恩、乐学善思"的育人目标，凝成了"厚德思辨，博学笃行"的校训；树立起了"说得好，做得好"的校风，形成了"桃李不言，下自成蹊"的教风；"读万卷书，行万里路"的学风。正勠力同心、求真务实地朝着"一年更加规范，两年走出低谷，三四年奋力赶超，五年乡镇一流"的五年（2019—2024）发展目标前行。

【五指山市毛阳中心学校】 五指山市毛阳中心学校创办于1955年，坐落在具有二十三年红旗不倒的革命老区——毛阳镇。占地面积18689.3平方米，其中室外体育活动场地3000平方米；建筑面积11567.39平方米。学校下辖什稿、学周、空联、军民、毛路、毛贵、毛兴、牙合、毛辉、毛旦、毛栈、牙胡和牙力13个教学点。学校有19个教学班，有629名在校学生，适龄儿童入学率100%。有教职员工56人，省级骨干教师1人，市骨干教师10人。学校建有足球场、学生电子阅览室、舞台和教师书吧。有200米塑胶跑道、篮球场和羽毛球场。有实验室、多媒体教室、电脑室、美术室、书法室、心理咨询室、音乐室、舞蹈室、少先大队室等各一间，学校各功能室基本齐全。学校图书室藏书20300册，电脑室电脑75台，办公电脑58台，全部计算机宽带上网，校园实现网络化。学校充分发挥育人主阵地作用，重点培养学生的兴趣，拓宽学生的视野，健全学生的心智和人格。有舞蹈、书法、美术、诵读、象棋、计算机编程、篮球、足球、七巧板等兴趣小组，覆盖全校学生，课程形式多样，满足学生的不同发展需求，丰富学生的课余生活，让老师的特长得到展示。学校以"扬红色英雄，育英雄少年"为教风，开展教育教学课程改革，为学生的德、智、体、美、劳全面发展做出最大的贡献。学校始终坚持"为学校的可持续发展创造条件，为学生的终身发展奠定基础"的办学理念，以"红色精神、英雄肝胆"为校训，"不忘初心，意志坚强"为校风，创建和谐校园。

（王梦瑜　陈云飞）

高等教育

海南热带海洋学院五指山校区

【概况】 海南热带海洋学院（五指山校区）办学历史。1954年，始于广东省海南黎族苗族自治区初级师范学校，次年更名为广东省海南黎族苗族自治州师范学校。1977年学校一分为三，即广东省海南黎族苗族自治州师范学校、广东省海南黎族苗族自治州师范大专班、广东省海南黎族苗族自治州师范函授班。1993年海南省通什师范专科学校（系广东省海南黎族苗族自治州师范大专班几经更名学校）与海南省通什教育学院（系广东省海南黎族苗族自治州师范函授班几经更名学校）合并成立琼州大学（专科）。2006年升格为本科院校并更名为琼州学院，同年海南省民族师范学校（系广东省海南黎族苗族自治州师范学校更名学校）并入。2008年学校总部迁往三亚校区，原五指山学校总部变更为五指山校区。2015年更名为海南热带海洋学院。2021年五指山校区独立设立海南热带海洋学院民族学院进行办学。

【海南热带海洋学院（五指山校区）】 五指山校区由北苑、西苑、南苑和东苑四个区域组成，占地总面积为48.61公顷。其中，北苑区位于五指山市太平溪畔，面积为35.4公顷（其中山地林面积约占15.12公顷）；西苑区位于五指山市解放路东侧，面积4.37公顷；南苑区位于五指山市海榆路上，东面紧邻南圣河，面积6.3公顷；东苑区位于五指山市南圣河东岸，面积2.53公顷。

五指山校区的行政管理工作由五指山校区管理办公室负责管理、监督、协调、落实；教学工作由民族学院负责，学校教务处监督、指导；学生管理工作由民族学院具体负责，学校学生工作处进行监督、协调和管理；校园安全管理由保卫处具体负责。五指山校区管理办公室负责监督、协调。五指山校区常驻在职人员（未含教师系列）185人。

【民族学院（五指山校区）】民族学院分布在五指山和三亚两个校区办学，学院现有教职工93人，专任教师72人，教授8人，副教授27人，双师型教师7人，博士10人，硕士34人，省级高校教学名师1人，校级“教学十佳”2人。五指山校区现有语文教育、数学教育、学前教育、旅游管理、大数据与会计、园林技术、社区管理与服务、中医养生保健、婴幼儿托育服务与管理9个专科专业。

2021年民族学院与海南省农林科技学校合办园林技术“3+2”专业，与海南省民族技工学校合办旅游管理“3+2”专业，大数据与会计“3+2”专业，与海南省工业学校合办学前教育“3+2”专业，与儋州市中等职业技术学校合办婴幼儿托育服务与管理“3+2”专业。

五指山校区民族学院在校生2850人（男761人、女2089人），岛内岛外生源比约为4∶6。2021年五指山校区毕业生人数为902人，初次就业率为91.69%（2021年8月31日统计）。

2021年民族学院（五指山校区）共有4个学生党支部，党员（含教师党员）62人（2021年12月统计），其中女性党员43人。2021年民族学院党委把党建工作与团建、思想政治教育、学生工作等相结合，实施“党建+精准服务”计划，为学生提供精准服务。实施“康乃心”大学生心理健康项目、“七色花”女生素质教育培养项目、“学长计划”帮扶项目、“七色彩虹”学生干部成长计划、“111台阶”党员积极分子成长计划等。

2021年，民族学院教师党员主持省级重点课题1项、校级课题3项、核心论文1篇、省级论文10篇，其中，宁盛卫老师论文荣获省社科联成果三等奖；学生党员1项课题获省级立项，6个创新项目获学校立项，14名研究生参与导师省部级科研课题，发布科研论文累计30余篇，其中，核心论文1篇。1名教师党员被省教育工委评为“优秀党务工作者”，6名党员获评校级“优秀共产党员”，3个校级党建创新项目，校级样板党支部和省级样板党支部各1个。

【民族科研工作】学院教师发表科研论文26篇，其中社科类论文18篇，中文核心3篇；科技类论文8篇，其中中文核心2篇，SCI1篇，EI收录1篇。教改论文16篇。出版专著3部，教材2部。申报获批实用新型专利3项。申请获批纵向课题10项，其中海南省重点研发计划项目1项，省级课题3项，民族基地课题2项，校级课题（含引进人才）4项，申请获批横向课题1项。科研获奖5项，其中省级二等奖1项、三等奖2项，地市级二等奖2项，中国社会工作教育协会科研奖励1项。

学院高度重视“海南民族教育研究基地”建设，基地工作开展扎实，在组建学术团队、主动开展科研、举办学术活动等方面，取得了明显成效。“民族教育重点研究基地”顺利通过验收。

4月12日至14日，五指山市人民政府、海南热带海洋学院主办，民族学院承办的“2021年自由贸易港建设中的民族教育与乡村振兴学术研讨会”在五指山市召开（五指山市人民政府提供会议经费22万元，论文集出版费7.6万由研究基地解决）。

6月12日至13日，民族学院承办“海南首届幼儿园园长暨学前教育高层论坛”在三亚举行。

11月18日，海南省民委、教育厅、学校三方共建铸牢中华民族共同体意识研究中心在五指山校区揭牌。

12月3日至5日，由学校和海南省社会科学界联合会、海南省社科院、海口市旅游和文化广电体育局共同主办，民族学院承办的“丘濬诞辰六百周年学术研讨会”在海口召开（海口市旅游和文化广电体育局提供会议经费10万元；省社科联3万元论文集出版资助）。

（高　凡）

职业教育

海南省民族技工学校

【概况】海南省民族技工学校是一所国家公办省级重点中等职业技术学校。学校创办于1974年，坐落在四季如春的五指山市，原校区和新校区总占地面积7.45公顷。2021年，学校继续加强专业内涵建设、重视专业教师队伍建设，教师队伍108人，其中有中级以上职称的教师及特聘人才51人。招生规模不断扩大，2021年招生3482人，其中，招收录取全日制学生974人、非全日制学生2508人，实现招生人数历史性突破，为建校以来招生最多的一年。学校全面贯彻党的教育方针，坚持社会主义办学方向，认真落实立德树人根本任务。利用好民族特色教学资源，开设民族纺染织绣技艺、民族音乐舞蹈、民族美术等特色专业，参与海南非遗项目的保护与传承，培养民族文化艺术人才，办学成绩突出，被授予“全国非遗特色职业院校”“全国民族团结进步模范单位”“全国中小学中华优秀文化艺术传承学校”“海南省中小学美育示范学校”等荣誉称号，成为海南中部地区传播民族文化艺术的重要阵地。2021年学校培养1490名各类技能型人才，其中民族特色专业学生580人。

【深化教育教学改革】 2021年，省民族技工学校教师指导学生参加全国全省各类技能竞赛获得不同等级奖项25个。推行一体化教学改革、落实每学期2次的学生评教制度、加强实训室6S管理、开展监督检查工作等，规范民族技工学校常规教学和实训室管理工作。组织每位教师准备1次公开课，全校86名授课教师参加比赛，其中17名教师被评为“教学能手”，通过课堂教学比赛并在实践中解决课堂教学中出现的问题，营造好学上进的教学环境。通过开展班主任培训、班主任例会、通报学生管理情况、分析学生动态等，全年定期召开20余次班主任会议，定期召开20余次学生管理工作例会，增强班主任教育管理能力。选派单面织、双面织专业骨干教师到民族技工学校脱贫攻坚帮扶点保亭县奋发村开展教学教育帮扶活动2次，使农民掌握精练的织锦技艺，又能生产销售出精美的黎锦作品，促进农民经济收入。

【创新办学模式】 加大招生宣传力度。组织教师分组前往全省各市县主要学校、乡镇开展招生宣传和咨询，通过传单、招生简章、微信群微信公众号、互联网+等形式扩大招生宣传。2021年度招生3482人，其中全日制学生974人、非全日制学生2508人，实现招生人数历史性突破，为建校以来招生最多的一年。认真做好“3+2分段式”招生录取工作，省民族技工学校主动联系省内部分高校进行合作办学，招收4个“3+2”大专班188人。

拓宽学生实习就业渠道，努力提高毕业生的就业率，邀请省内外30多家大企业、酒店参加学校招聘会，举办校内专场招聘会10余场，提供各类实习岗位800多个，除了小部分自主择业外，为2019级实习生安置实习岗位100%。做好实习生管理服务工作，与企业商定实习生入厂时间和办理实习手续，并安排民族技工学校有关人员、班主任、教师带实习生到各企业实习，做好2021届434名毕业生的就业情况审核上报和2021届毕业生就业派遣手续的办理工作，为在校生提供了更多的实习就业机会。

【荣誉】 2021年2月获评海南省文明校园；10月，群舞《织女初心》荣获海南省第十届中小学艺术展演三等奖；黎族方言小组唱《我敲叮咚赶鸟兽》《小伙歌》荣获海南省第十届中小学艺术展演三等奖；11月，群舞《织女初心》荣获五指山市首届黎族苗族舞蹈创作大赛二等奖。

（曾丽萍）

海南省农林科技学校

【概况】 2021年，海南省农林科技学校结合党史学习教育、师德师风教育和作风大整顿活动，落实立德树人根本任务。校园基础设施建设不断完善，实训实习设施不断健全，“产教融合、校企合作”不断深化，“双六双桥”创业人才培养机制不断推进。创办“职业初中班”“双学历教育班”“旺工淡学班”人才培养模式，办学规模不断壮大，在校生人数实现历史性突破，达到10398人，其中全日制（校内）学生1740人，非全日制（村干部班）学生8658人。学校办学成果突出，荣获2021年度“全国民族团结进步示范单位”称号。学校党总支部被海南省委授予2021年度“海南省先进基层党组织”“教育系统先进基层党组织”荣誉称号。王拓荣获2021年度教育系统“优秀党务工作者”称号，刘贺中荣获2021年度教育系统“优秀共产党员”称号。

【校园建设】 学校占地面积14.64公顷（含校外租用7.63公顷），校舍建筑面积35072.43平方米，建有教学楼、综合办公楼、体艺馆、食堂（礼堂）楼、创业楼各1栋，实训楼2栋，教职工宿舍楼4栋，校园建设的“一廊”（108米文化长廊）、“三园”（百草园、四季园、节气园）、“六道”（农、民、味，茶、花、香）、“九馆”（生态、思政、安全、图书、中医、心理、标本、水族、园景）已初步建成。

【特色学科建设】 开设种植类、养殖类、林业类、服务类、信息类、管理类、农机类、烹饪类等八大专业群、11个专业。设有文化基础教研室、旅游教研室、烹饪教研室、计算机教研室、种植教研室、养殖教研室、农机教研室7个专业教研室。建有南圣农商旅一体化实训基地、保亭六弓鹅养殖实训基地、番阳综合养殖实训基地（五指山五脚猪获国家地理标志产品）。校内建有计算机工作站、艺术插花工作站、动物医院等，有功能完善的植物组织培养实训室、植物及植物生理实验室、畜牧兽医实验室、土壤元素测定实验室、生化实验室、新能源汽车教学实训室、黎苗菜肴烹饪、餐饮服务、客房服务、农业观光经营、计算机系统维护实训室和教学电脑机房、电子图书馆等，实验实训设备先进，图书馆藏书近13万册。

【学校发展】 经过“调整适应、扩大规模、提高效益、评估促进、树立品牌”五年规划（2009—2013）和“四八三十二”全面提升行动计划（2014—2018）的发展，形成了“普通教育与成人教育相结合、中专学历与大专学历相结合、学历教育与技能培训相结合、校内办学与校外办学相结合、教学活动与产业开发相结合”的办学格局，明确“服务三农做精做细做强，面向社会求特求异求新”的办学定位，确定“学生管理军事化、教学活动项目化、后勤服务精细化、校园文化企业化、职业指导个性化、考核评价标准化”的办学目标，办学特色鲜明，办学效益显著。2019年制定并实施《深化“产教融合、校企合作”构建新时代学校科学发展新机制》迈向新时代五年行动计划（“双六”“双桥”），为学校今后五年的发展指明了方向。学校自创办以来，培养了数以万计的懂技术、会经营、善管理的农业技术人才和管理人才，为海南省“三农”事业做出了积极的贡献。

【荣誉】 学校办学成果突出，荣获2021年度“全国民族团结进步示范单位”。学校党总支部被海南省委授予2021年度“海南省先进基层党组织”“教育系统先进基层党组织”荣誉称号。陈晓明荣获“海南省三八红旗手”称号。

（郭教业）

海南省第二卫生学校

【概况】 海南省第二卫生学校创办于1958年，隶属于海南省卫生健康委员会，是海南省办学历史最久的卫生学校。2021年，海南省第二卫生学校内设机构有办公室、党委办公室、财务科、总务科、教务科、学生科、教研室、图书馆、团委、工会等10个职能科室。2021年招生1020人，在校学生3100多人。

【学校规模】 学校面积。学校现占地面积3.32公顷，建筑面积48855平方米。其中，学生宿舍11898平方米；教室13829平方米（大电教室8间、小教室46间）；实验实训教室5532平方米，体育运动场面积5947.11平方米；食堂824.28平方米。师资力量。教职工141人（编内115人，编外聘用26人）。专业技术人员104人，其中副高29人；中级42人；初级33人。现有“双师型”教师47人，省级骨干教师4人。专任教师97人，其中本科89人，硕士研究生7人。聘请28名医院临床专家到校任教。开办专业和就业情况。现开办护理、中医护理、药剂、中药、中医康复技术、中医养生保健、医学检验和医学影像等8个专业。其中护理专业为学校重点建设专业，人数占招生总数的68%。毕业生大多在基层县级以下医疗机构、社区卫生服务站、乡村卫生室、社会和民办医疗等机构就业，平均就业率96%。

【学科设备】 学校教育教学仪器设备总值约3060.22万元。具有带录播系统的多媒体教室54间（大教室8间、小教室46间），各类专业实验室42间，教学计算机229台。配备解剖学、生理学和药理学、基础护理学、内科学、外科和五官科学、妇产科学、儿科学、中医学等12间设备先进齐全的实验室和模拟临床病房、模拟手术室、模拟产房。引进和运用现代化教学手段，建设护理实验室ICU模拟病房、3D虚拟解剖实验室，2017年建成约300平方米的全息技术生命科学馆，是海南省卫生职业教育实训基地建设中的一大亮点。教学实习基地有海南省人民医院、海南医学院附属医院、洋浦经济开发区医院等28家市县级以上医院。

【办学特色】 教学着眼实践，融合现代化职业教育理念。始终把教学质量作为学校的生命线，重视学生职业道德及专业技能的综合素质培养。课程设置、教学计划、教学内容贴近临床实际需要。教学实习基地有海南省人民医院、海南医学院附属医院、洋浦经济开发区医院等28家市县级以上医院。推进“产教融合”“医教协同”,走合作办学道路。立足海南建设自贸港、打造“健康岛”的战略发展方向,学校拓宽办学新思路,打造“订单式、定向型”“复合型”人才培养模式,取得较好效益。推进中高职学历人才培养。与海南医学院、湖南长沙医院联合办学,开设护理、临床两个专业的大专、本科学历教学点。与海南科技职业大学联合开办“3+2”助产专业试点培养项目。加强对外开展交流合作,2017年与韩国釜山科技大学联合开设“韩国留学定向班”,选送学生到该校对口专业留学深造;与西南航空职业学院联合开办“医疗航空定向班”,培养医疗航空复合型人才;2019年与河南省南阳市第二人民医院联合开办“就业定向委培班”,共同培养海南康养事业一线技术人才;谋划推动与日本东京都国际护士育英会和千叶县看护服务友乃家合作办学项目,培养符合海南建设自贸港、发展健康产业所需的康养技术人才。推进校企合作,与仁帝山康养基地、广发证券有限公司、亚龙湾生命泉集团、源安隆药品有限公司等企业联合办学,建立企业人才培养基地,共同培养健康产业医疗卫生技能型人才。

（单宝兰）

科　技

【第十期挂职科技副乡镇长工作】 2021年,五指山市科技和工业信息化局组织第十期挂职科技副乡镇长3人开展实施挂职科技副乡镇长派遣计划项目3项,分别是“津绿175”黄瓜新品种引进与栽培技术示范、“天龙F1”朝天椒新品种引进与栽培技术示范、食用菌丰产栽培技术示范派遣项目,引进新品种2个、新技术5项。开展科技服务助推乡村振兴,毛阳镇挂职科技副乡镇长罗激光发挥自身优势在毛阳镇举办槟榔、瓜菜、水稻等种植培训64期,累计培训指导农户2228人次,推广新品种、新技术38项。番阳镇挂职科技副乡镇长杨天章在番阳镇完成瓜菜、槟榔、水稻及橡胶管理技术培训31场次1375人次。协调三亚热科院、三亚南繁院等单位为番阳镇农户供应优质青瓜嫁接苗526万株,种植面积2106亩。南圣镇挂职科技副乡镇长符生波开展技术咨询和槟榔病虫害防治及管理培训7期共197人次,培训百香果栽培技术52人次,带动2户脱贫户参与务工增收,解决生产难题。

【生态科技特派员队伍建设】 2021年,五指山市科工信局持续深化实施生态科技特派员制度。围绕五指山市特色产业发展的技术需求,以项目为载体,主动对接福建农林大学、海南大学、中国热科院和海南省农科院等省内外高校、科研院所,提高选派队伍的质量,实现人才要素向农村农业的逆向流动。面向全国遴选生态科技特派员,共遴选12名优秀科技人才,并吸纳农业科技“110”服务站技术员、“三区”人才加入队伍,聘为生态科技特派员,2021年,全市有106名生态科技特派员,省内外科研院所专家占比53%以上,实现59个行政村科技服务全覆盖。

【生态科技特派员帮扶典型】 五指山市科工信局建立海南省第一家生态科技特派员之家,生态科技特派员项目涌现出一批科技帮扶的好典型。2021年,《海南日报》、人民网、南海网对五指山市各项科技人才服务工作进行宣传报道16篇,对五指山市科技人才罗激光、王立宏、黄庆文、杨天章、徐雪燕等的服务工作予以肯定。

【生态科技特派员项目】 2020年,五指山市科工信局制定《五指山市生态科技特派员专项资金管理办法(试行)》,安排600万元作为科技特派员专项资金,主要用于科技特派员实施项目和发放工作经费,科技特派员的工作经费得到保障。聚焦脱贫攻坚与乡村振兴有效衔接,带动创新资源和绿色发展技术向农村下沉,印发《关于申报2021年度生态科技特派员项目的通知》,征集到16个生态科技特派员项目,经组织初审、委托专家评审和局会议审议,有12个项目被推荐立项,项目资助经费预算333.08万元。

【科技计划专项】 2021年6月10日,五指山市科工信局印发《五指山市2021年科技计划申报指南》,向社会公开发布,征集高效特色农业、土壤改良、医药和医疗器械研发等方向的科技项目。与中国热带农业科学院、海南省林业科学研究院(海南省红树林研究院)五指山分院、海南省第二人民医院、海南制药厂有限公司等科研院所和高新技术企业合作,2021年持续资助6个项目293.39万元。支持高新技术企业和科技型中小企业加大研发投入,提升五指山市科技创新能力。

【科技创新服务工作】 2021年,

五指山市科工信局与各有关部门联合举办1期科技工作者座谈会，2期生态科技特派员培训班，1期高企申报认定培训班，1期研发费用加计扣除优惠政策落实座谈会，有158人次、14家企业参会。

【高新技术企业培育与认定】 2021年，五指山市科工信局组织1期高新技术企业认定申报培训班，有4家企业参与2021年高企认定申报工作，其中2家企业海南四达云通科技有限公司、五指山润泽勘测设计咨询服务有限公司成功认定高企。1家企业五指山南天蓝莓嘉宝果种植专业合作社已入库海南省高企培育库。2021年，五指山市成功入库海南省科技型中小企业库企业数8家，超额完成2021年入库4家的年度任务，实现零的突破。

【农民实用技术培训】 2021年，五指山市科工信局组织生态科技特派员、农业科技110服务站、三区人才等科技人员，深入田间地头提供种养技术指导，涉及的产业有青瓜、朝天椒、苦瓜、茶叶、槟榔等，培训主要内容为科学种植、防寒防冻、病虫害防控等，帮助村集体合作社和脱贫户解决发展产业过程中遇到的困难，提高脱贫户种养科学管理能力和经济收入，五指山市农民实用技术水平明显提高。2021年举办培训班133期，培训农民3451人次，其中脱贫户及监测对象443人次，下乡指导、服务农户4033人次。

【第十七届科技活动月】 2021年5月19日至30日，五指山市科工信局举办第十七届科技活动月，主题为“百年回望：中国共产党领导科技发展”。中国热带农业科学院、海南省林业科学研究院（海南省红树林研究院）、海南省农科院、三亚市南繁科学技术研究院、市直机关单位、农业科技“110”服务站、五指山市生态科技特派员、三大通信运营商、海南无字教育服务管理有限公司等34家单位和7个乡镇的农户代表参加“科技集市”活动，集中展示海南省科研院所科技成果和五指山市生态科技特派员成果，并展出“5·20”世界蜜蜂日蜂产品，新款新能源汽车和科技教育设备，以多种形式向五指山市市民宣传科技知识。中国热带农业科学院、海南省林业科学研究院（海南省红树林研究院）、海南省农科院、三亚市南繁科学技术研究院和五指山市9家农业科技“110”服务站在五指山市7个乡镇开展科技下乡咨询服务，举办农民实用技术培训，提高广大农民的科技意识，助力乡村振兴。

（冼宏靖）

卫　生

卫生综述

【概况】 2021年，隶属五指山市卫生健康委员会的有12个事业单位，分别为五指山市疾病预防控制中心、五指山市计划生育服务和妇幼保健院、五指山市中医医院、五指山市爱国卫生运动服务中心、五指山市乡镇卫生院财务管理中心、五指山市通什镇卫生院、五指山市南圣镇卫生院、五指山市毛阳中心卫生院、五指山市番阳镇卫生院、五指山市畅好乡卫生院、五指山市水满中心卫生院、五指山市毛道乡卫生院。五指山市计划生育协会被列入群众团体序列管理，五指山市红十字会与五指山市卫生健康委员会合署办公。4个社区卫生服务站（通什镇卫生院加挂“河南西区社区卫生服务站”牌子，五指山市中医医院和五指山市中西医结合医院加挂“河北社区卫生服务站”牌子）。五指山市辖区内的医疗卫生机构还有海南省第二人民医院（隶属海南省卫生健康委员会）、海南省平山医院（隶属海南省卫生健康委员会）等。全市医疗卫生机构有床位数1433张。在岗的卫生专业技术人员有1320人，其中执业（助理）医师397人，注册护士638人，其他卫生专业技术人员285人。

【为民办实事项目】 完成新生儿先天性心脏病免费筛查与诊治及老年人健康体检工作。按照“应筛尽筛”原则，落实省为民办实事新生儿先天性心脏病筛查与诊治工作。五指山市活产数790人，先天性心脏病筛查781人，筛查率98.86%；筛查出阳性新生儿心脏病10人，超声检查10人，筛查阳性新生儿心脏超声检查率达100%，帮助10名先天性心脏病患儿免费复查及治疗。2021年基层医疗机构免费为7311位老年人进行健康体检。

卫生人才工作

【基层卫生人才激励机制】 2021年，五指山市完善基层卫生专业人才激励机制，在乡镇卫生院和所属卫生院门诊部，按照专业技术职称及服务地区远近制定相应的补助标准。地区偏远的乡镇高级专业技术人才正高补贴1万元、副高8500元。2021年落实113名卫生技术人员工作补贴197万元。在落实基本公共卫生服务经费、基本药物补助经费、一般诊疗费的基础上，乡村医生的补助经费每月1000元，并由财政出资为其购买五项保险和医责险。全市符合乡村医生补贴待遇59人，发放乡村医生补助65.2万元，购买五险资金每人每月1006.9元，年度资金65.65万元，购买“医责险”每人每年1000元，年度资金5.9万元。

【引进卫生专业技术人才】 五指山市创新编制管理模式，总量核定卫生系统380个编制由市卫健委统筹管理，五指山市卫健委根据各医疗卫生机构的服务人口、床位数以及需求统筹使用和管理编制。五指山市卫生健康委建立“市属乡用、乡属村用”医疗技术人才使用机制，通过定期轮换的方式，更灵活地使用分配招聘人才，合理配置医疗技术人力资源。2021年，五指山市卫生健康委共引进卫生专业技术人员38人（其中面向社会公开招聘13人，考核招聘18人，引进定向医学生5人，骨科专家1人和妇幼双百人才1人）。结合实际编制3名学科急需紧缺人才引进计划并报人社部门统一招聘。

【注重人才队伍发展壮大】 加大卫生系统结对帮扶力度。借力三级甲等医院，强化区域卫生资源优势，对接中山大学附属肿瘤医院、海南省第二人民医院、南阳市第二人民医院等结成帮扶关系，帮扶专家共36人次。发挥帮扶专家“传、帮、带”作用，开展带教查房、病案讨论、科内讲课、指导手术等活动，提高五指山医疗诊疗技术水平；开展院内大型讲课，邀请对口帮扶专家开展主题学术交流活动，定期召开对口帮扶专家座谈会，听取专家意见和建议；派出业务骨干30人次到上级医院进修学习，提升医疗系统专业技术人才业务水平。加大基层卫生专业技术人才定向培养力度。2021年，派出农村订单定向医学生5人参加住院医师规范化培训，派出1人参加全科医师转岗培训。基层岗先后组织乡镇卫生院业务骨干、乡镇卫生院院长、乡村医生等开展业务培训6次，培训人员351人次，提升基层卫生专业技术人才医疗水平。

医药卫生体制改革

【“三医”综合改革】 建立健全党委领导下的院长负责制。公立医院建立党委主导、院长负责、党务行政工作机构齐抓共管的工作机制，强化党委的全面领导地位，完善并严格执行党委与行政班子议事决策制度。完善现代医院管理制度。按照全省推进公立医院综合改革的目标要求，建立公立医院现代管理制度，促进公立医院规范化、专业化、精细化管理，提高医疗服务质量和工作效率。深化“三医”联动改革。借鉴三明经验，强化部门职责，深入推进药品、医疗、医保的联动改革。取消药品加成，落实药品集中采购，从源头挤掉虚高药价；推行临床路径管理，促进医疗质量管理向科学化、规范化、专业化、精细化发展，规范诊疗行为，控制医疗费用不合理增长；推行按病种付费为主，按人头付费、按床日付费等复合型医保支付方式改革，确保医保基金有效运行。严格规范诊疗服务行为，推进合理检查、合理用药、合理治疗，使“看病难、看病贵”问题得到显著改善。

【推动分级诊疗制度建设】 推进“一市（县）一院”建设。以海南省第二人民医院为“一院”重点建设单位，从重点专科管理与建设、医疗专业人才培训与引进、基础设施与医疗设备建设入手，提升地区医疗服务能力水平，强化区域医疗中心辐射作用。推动分级诊疗制度建设。积极采取综合措施，以强基层为重点完善分级诊疗服务体系，稳步推进医联体建设，优化家庭医生签约服务，“基层首诊、双向转诊、急慢分治、上下联动”的良好就医秩序正在逐步形成。“三医联动一张网项目”推进工作。借助远程会诊等方式，实现优质医疗资源不断下沉，提升基层医疗机构的诊疗能力。实施基于5G物联网的基层医疗机构能力提升工程，完成7家乡镇卫生院及60家村（居）卫生室心电、胎心、眼科、超声等设备的配置安装、培训和使用，实现与辖区二级医院的数据互传，2021年累计使用5G远程医疗设备4873次。

【县域医共体建设】 成立五指山市医疗集团，以海南省第二人民医院为牵头医院，以“1托10模式”的医共体进入实质性运作。整合县域医疗资源要素，全面推动人才、技术、管理、服务等资源要素逐级下沉，提升县域医疗卫生服务能力水平，推动五指山市优质医疗资源均衡布局和向群众身边延伸。实现“五升三降”目标，即医保实际补偿比上升、市域患者下转率上升、居民健康素养提升、乡镇卫生院普通门诊人次上升、家庭医生服务能力提升，居民自付费用下降、患者市域外转诊率下降、急慢性疾病患病率下降。

疾病防控

【疫情控制】 2021年，五指山市报告突发公共卫生事件一起，为五指山市幼儿园诺如病毒G2型引起的其他感染性腹泻病暴发事件，累计发病24例，罹患率3.32%，全部为普通轻症病例，无重症病例和住院病例。经过流行病学调查处置，疫情得到有效控制。

在新冠肺炎疫情防控中，2021年，管控新冠肺炎相关人员1843人。其中，重点人群1387人（血清抗体阳性4人，初筛阳性2人，风险地区人员1281人，候鸟人群100人）；确诊病例密接57人，次密接288人；假阳病例密接61人，次密接27人，境外人员54人。

对全市冷冻食品、外环境和从业人员进行采样送检，累计监测场所次数154次，共3288份，其中冷冻食品标本1894份、外环境标本894份，从业人员呼吸道标本500份，检测结果均为阴性。经过流行病学和卫生学调查及处理，未发现五指山市有确诊病例和无症状感染者。

【建立健全疫情指挥部应急指挥体系】 修订完善《关于调整完善五指山市疫情防控工作指挥部各专项工作组和明确工作职责的通知》和《五指山市新冠肺炎本地疫情应急处置实施方案》，调整充实由五指山市委书记担任组长的市委应对疫情防控工作领导小组和以五指山市政府市长为组长的疫情防控指挥部，下设综合组等9个工作组和疫情现场处置工作专班等8个专班，设立由卫健、公安、等部门合署办公，各乡镇建立“三级包保”和“五保一”制度，不断完善市乡村三级指挥体系和防控机制，确保一旦发生疫情，立即从常态化防控转入到应急处置。

【疫苗接种工作】 在全市各乡镇（社区）设置14个新冠病毒疫苗固定接种点，结合60岁以上人群、3—11岁学生和重点人群疫苗接种的需求，通过组织流动小分队、开设一老一小“绿色通道”和“全天候”接种等方式，为群众疫苗接种提供便民服务。2021年派出医疗保障医护人员4644人次，累计接种疫苗241466剂。其中，第1剂次101861剂，占3岁及以上人群的93.38%，第2剂次99395剂，占3岁及以上人群91.12%，第3剂次累计接种40210人，有力推动五指山市建立群体免疫屏障。

【推进发热门诊（室）规范化改造和核酸检测能力提升】 2021年，海南省第二人民医院完成发热门诊检验、独立CT等规范化改造并投入使用。完成5家乡镇卫生院发热诊室规范化设置并运营。新增市1个PCR实验室和5台PCR设备。2021年，五指山市有11台PCR设备，每日核酸检测单检能力为7920人，混检能力为79200人，满足疫情发生时2天内完成全员核酸检测要求。组织开展市、乡镇和各行业核酸检测实战演练共10场次，出动医护人员和工作人员1057人次，完成核酸检测9288人次，五指山市全员核酸检测实战能力显著提升。

【传染病管理】 2021年发生法定传染病16种856例，无死亡病例报告。无甲类传染病报告，乙类8种600例，丙类5种66例，发病率0.61%。报告病例居前三位的传染病：乙肝、梅毒、肺结核。手足口病报告病例173例，采集样本44份送三亚疾控中心检测，阳性样本34份，均为柯萨奇A16型病毒、其他肠道病毒。

【艾滋病宣传监测】 2021年，五指山市现存HIV感染者28例、艾滋病6例，总计34例，在治30人，均按时进行随访、CD4检测和病毒载量检测。2021年艾滋病自愿咨询、监管场所、暗娼及娱乐场所血样检测未发现HIV感染者。每月对暗娼人群和外来劳务人员进行干预，干预暗娼221人次、外来劳务人员2570人次。公共场所发放艾滋病宣传资料7236册，发放安全套15080只。

【计划免疫】 2021年，五指山市新出生儿童875人，建卡875人，儿童预防接种入册率、建证率100%。全市常规免疫儿童接种疫苗21166剂。各疫苗基础免疫与加强免疫接种率均高于99%，达到国家免疫规划疫苗接种率的指标要求。全市无疫苗针对传染病病例。

【卫生监测】 2021年，五指山市对68所学校（除幼儿园外）开展学生常见病防治工作督导，其中16所中小学校均以视力不良、龋齿、营养不良为高发病，存在乡村学生患病率比城镇学生高的现象。全年采集食品样本155份，其中25份送到省疾控中心检测，结果未反馈；130份由市疾控中心检测，结果均为合格，合格率100%。食源性疾病监测234人。

其中，标本采样 201 人份，检测出致泻大肠埃希氏菌属 2 份、沙门氏菌 7 份、志贺氏菌 1 份、副溶血性弧菌病 9 份。上半年城市供水采样监测 9 份，合格 9 份，合格率 100%；乡镇饮用水采样监测 16 份，合格 16 份，合格率 100%；学校饮用水采样监测 3 份，合格 2 份，合格率 66.6%；农村饮用水采样监测 46 份，合格 42 份，合格率 91.3%。下半年城市供水采样监测 9 份，合格 9 份，合格率 100%；乡镇饮用水采样监测 16 份，合格 16 份，合格率 100%。学校饮用水采样监测 3 份，合格 3 份，合格率 100%；农村饮用水采样监测 46 份，合格 41 份，合格率 89.13%。不合格指标主要为游离余氯、总大肠菌群、耐热大肠菌群、大肠埃希氏菌。全市工作场所职业病危害因素监测任务 15 家，已完成监测 15 家，完成率 100%。全市非医疗机构（汽车总站）放射监测 1 家，已完成监测及上报。医疗机构（海南省第二人民医院）辐射监测 1 家，已完成监测及上报。

【健康宣教】 2021 年，新冠疫情核心信息推送 16 条，对新冠疫情重点人群开展居家教育（350 人）；印发新冠肺炎疫情防控知识、健康素养 66 条、控烟宣传知识、流感疫情防控知识、登革热防控知识等宣传折页（处方）25 万张、宣传海报 600 张，发放健康宣传物品毛巾等 5000 件。举办健康教育技术能力提升专项培训班 6 期（包括“创建全国健康促进市启动仪式暨将健康融入所有政策培训班”），培训 773 人。通过五指山市融媒体中心播放健康知识公益广告 8 种、播放健康知识小课堂 25 期，播放时长 186 个小时。在公众号上推送健康知识 24 条。市级开展大众健康咨询活动 12 期，咨询参加群众 2800 人次，开展健康教育讲座 20 场，惠及群众 2031 人，单位健康教育宣传栏内容更换 13 期，基层单位宣传栏内容更新 468 期，健康讲座 144 期，大众健康咨询活动 108 期。开展对全市健康促进学校、健康促进机关、健康促进医院、健康促进社区和健康促进社区卫生服务站进行督导检查。开展居民健康素养监测活动，居民健康素养水平 19.3%，15 岁以上人群吸烟率 33.8%。开展健康知晓率调查活动，发放学生类问卷、职工类问卷和社区居民类问卷 150 份，调查结果分析显示，人群健康知识知晓率达 85% 以上。开展国家基本公共卫生健康教育服务项目督导考核工作 4 轮。

基层卫生工作

【基本公共卫生服务】 2021 年，五指山市落实人均 79 元的基本公共卫生服务经费。2021 年，五指山市累计建档 107424 份，完成 99.10%。为辖区 0—6 岁儿童建立预防接种证 875 人，并按要求接种各类国家免疫规划疫苗。早孕建册 660 人，产后访视产妇数 783 人，免费为 660 名孕产妇作产前检查，免费为 65 岁以上老年人体检 7311 人。对 6737 名高血压、2950 名糖尿病、98 名结核病患者进行管理。2021 年登记在册的确诊重性精神疾病患者数 560 人，检出率 5.2%。建立传染病疫情报告管理制度，传染病及时报告率 100%。各项目单位协助卫生监督所开展巡查 1202 次。

【家庭医生签约】 2021 年，五指山市组建家庭医生团队数 45 个，居民签约 35787 人，贫困人口签约 22858 人，签约率 100%，重点人群签约 25823 人，重点人群签约率 60.3%。

【国家基本药物制度】 2021 年，五指山市有 8 家基层医疗机构及 59 家村卫生室实行基本药物零差率销售，基层医疗卫生机构和村卫生室覆盖率 100%。2021 年拨补偿资金 131.9746 万元给基层医疗机构及村卫生室。

【中医药工作】 2021 年 3 月，印发《五指山市贯彻落实〈关于促进中医药在海南自由贸易港传承创新发展的实施意见〉的具体措施》。组织开展中药材产业扶贫示范基地申报工作。3 月 17 日，海南省主管部门及相关专家到五指山市开展“中药材产业扶贫示范基地”评定工作。5 月 18 日，《海南省卫生健康委员会 海南省扶贫工作办公室 海南省工业和信息化厅 海南省农业农村厅关于公布 2020—2021 年“中药材产业扶贫示范基地”评审结果的通知》确认五指山盛富农业开发有限公司五指山市忧遁草产业扶贫示范基地、海南制药厂有限公司五指山市胆木产业扶贫示范基地、海南昊通农业旅游发展有限公司五指山市悠然石斛产业扶贫示范基地等 3 个基地为 2020—2021 年“中药材产业扶贫示范基地”。提升中医药服务能力。开展基层中医药服务能力提升工程“十三五”行动计划总结评估工作。2021 年，五指山市 7 家卫生院、4 家社区卫生服务站均设有中医药综合服务区，具备提供 6 类以上的中医药技术方法，此外，全市有 45 家村卫生室具备提供 4 类以上中医药技术方法，占比 79%。加强中医药文化建设，广泛宣传中医药文化。结合中国古代建筑对中医医院综合楼进行环境改造，利用候诊区、诊室等区域来展示中医药的起源、基本知识、特色疗法、养生保健方法等中医药文化，各乡镇卫生院也在国医馆、中医药综合服务区宣传中医药文化。改善针灸科和内科的诊疗服务环境，提高广大市民对中医药文化的认知度，提高五指山市中医医院的中医药文化形象。坚持中西医并重，强化中西医协同，推动中医药积极参与新冠肺炎疫情防控工作。由定点医院海南省第二人民医院与五指山市中医医院委派中医师组成五指山市中医药治疗组，从 2020 年 2 月 20 日起全程参与定点医院疑似患者救治，运用中医理论开展查房、会诊、病例讨论、中医药救治的疗效评估和协助日报告等工作。支持中医医院建设。五指山市中医院医技附属综合楼建设项目于 2021 年 5 月投入使用，五指山市中医院综合楼建设项目内设科室及设备配套基本完成并陆续投入使用。

【卫生基础项目建设】 2021 年，13 个标准化建设项目余下的番阳镇卫生院住院楼、通什镇卫生院综合楼、畅好乡卫生院综合楼、水满中心卫生院业务房等 4 个项目也已竣工，陆续投入使用。6 月 28 日，通什镇卫生院完成整体搬迁工作。配合做好海南省基于全民健康信息平台的分级诊疗平台项目——医疗机构数据采集工作、海南基层医疗机构信息化项目推进工作、海南省“三医联动一张网项目”推进工作。推动海南省“互联网 + 医疗健康”进入全国领先行列，助推健康海南和海南自贸港建设。组织开展海南省基于 5G 物联网的基层医疗卫生机构能力提升工程项目培训、设备分发等工作。实施“基于 5G 物联网的基层医疗机构能力提升工程”，推进优质医疗资源下沉，构建以海南省第二人民医院为龙头，其他医院及各基层医疗卫生机构参与的医疗集团。完成 7 家乡镇卫生院、中西医结合医院及 60 家村卫生室心电、胎心、眼科、超声等设备的配置，并且实现与海南省第二人民医院的数据互传。完成 7 家卫生院远程会诊设备安装使用，完成海南省第二人民医院、海南省平山医院和五指山市中医医院省级全民健康信息平台与医疗机构数据对接上传工作。五指山市卫生健康委加快推进“7+3”项目建设，完成五指山市疾控中心价值 170 多万元 4 部疫情防控应急保障车采购、五指山市中医医院价值 699.6 万元负压车及设备的采购、海南省第二人民医院价值约 200 万元 2 部负压车的采购。海南省第二人民医院内科住院楼医疗环境提升改造工程总工程完成 95%。五指山市中医医院发热门诊建设项目总工程量完成 36%、五指山市疾病预防控制中心业务技术楼建设项目总工程量完成 69%。南圣镇卫生院标准化规范配套设施建设项目于 2021 年 12 月竣工初验收。水满中心卫生院标准化规范配套设施建设项目完成竣工验收并投入使用。以上 6 个项目完成国债资金支出 6160 万元，完成率 100%。认真核对、准确填写、按时报送“7+3”项目周报表、基层医疗机构标准化设备使用情况。乡镇卫生院 5 个发热门诊改建项目已竣工并投入使用，资金支出完成 95%。组织发放中国人口福利基金会无偿提供五指山市医疗机构医疗设备 43 台，总金额约 134 万元。

【建设康复健康小屋】 北京凌锋基金会在毛脑村卫生室、牙排村卫生室和水满乡中心卫生院建设康复健康小屋并设立中国志愿医生专家帮扶工作站，推动优质医疗资源下沉基层。水满中心卫生院康复健康小屋荣获“2021 年度康复健康小屋示范点”称号。

康养和老年人健康工作

【医养结合建设】 2021 年，五指山市二级以上综合医院设置老年医学科或老年病科 60% 以上。所有医疗机构开设为老年人提供挂号、就医等便利服务的绿色通道；养老机构与协议合作的医疗卫生机构 100% 开通转诊绿色服务，所有养老机构以不同形式为入住老年人提供医疗卫生服务。深入开展老年人家庭医生签约工作，家庭医生签约服务的老年人数 5355 人，65 岁及以上老年人健康管理人数 6192 人，65 岁及以上老年人医养结合服务指导人数 6895 人，指导率 63.51%，65 岁以上老年人健康管理率 57.04%，辖区内 65 岁以上老年人每年进行 1 次免费健康体检。抓好国家卫健委授予市中医医院、仁帝山上医时光（海南）康复医疗中心的国家老龄健康医养结合远程协同服务试点机构工作，提升医养结合服务智能化水平。开展医养结合机构医务人员能力提升和服务质量提升行动，选派 6 名医务人员参加 2021 年全国医养结合人才能力提升培训。加强信息技术支撑，推进医养结合管理信息系统的建设，按时保质做好医养结合监测数据填报工作，对进入医养结合监测系统的 7 家医养结合机构开展医疗卫生服务质量检查，查找存在的问题，限期落实整改，逐级提升医养结合机构医疗卫生服务质量水平。开展社区医养结合工作，确定河北东区居委会、河南东区居委会为医养结合进社区试点单位，探索家庭照护床位医养结合一体化。协调落实应对老龄化的政策措施，加快医疗护理员的培训，积极选派海南省第二人民医院、五指山市中医医院的 3 名相关医务人员参加全国医养结合人才能力提升培训。完善全市各基层医疗机构老年人病科室建设，拨付医养结合老年病科建设补助资金 37 万元，指导五指山仁帝山、五指山曜阳康养基地建设，推进五指山市医养结合及老龄事业和产业发展。

【康养基地建设】 2021 年，五指山市委托第三方编制《五指山市气候康养产业发展规划（2021—2025 年）》和《五指山市气候康养产业发展白皮书（2021）》。委托胡大一教授团队编制《基于气候医学的海南省五指山市气候生态环境对人群康养效应研究及应用方案》。督促推动中西医结合医院国际医养中心项目医疗楼土方工程基本完成，完成总工程量的 6%。天山丽田文旅康养中心一期项目完成总工程量的 70%，完成投资 1.8 亿元；二期项目完成总工程量的 40%，完成投资 1.3 亿元。仁帝山康养基地二期建设仁帝山康养服务区建成酒店式公寓 638 套及 3 万平方米的综合配套服务中心，已投入使用。两栋康养公寓楼已经封顶，正在装修。三期在规划中。四期工程建筑面积 12 万平方米，部分高层康养公寓已封顶。四季康养中心室外配套工程完成 90%，完成综合楼设计和报建。指导辖区仁帝山康养基地、五指山森林湖养生中心等健康产业机构加快产业项目推进，鼓励引导房地产业转型健康产业。

【老年友好型社区创建】 开展全国示范性老年友好型社区创建工作，提升社区服务能力和水平。从改善老年人的居住环境、方便老年人的日常出行、提升为老年人服务的质量、扩大老年人的社会参与度、丰富老年人的精神文化生活、提高为老年人服务的科技化水平等六个方面开展创建工作。经国家卫生健康委（全国老龄办）通过组织专家审核、现场抽查等方式进行综合评审，五指山市河北东区社区获全国示范性城乡老年友好型社区称号。

【老年人友善医疗机构创建】 鼓励和支持海南省第二人民医院开展安宁疗护服务。将建设老年友善医疗机构工作纳入卫生健康系统重点工作，加强老年友善医疗机构建设工作的协调和管理，建立督导评价机制并做好专业培训和技术指导，及时组织检查评估，确保老年友善医疗机构建设工作质量和进度。全市 80% 以上综合性医院、基层医疗机构按照提高自身服务能力和水平、改善老年患者的就医流程、改善老年患者就医环境、提升老年患者看病就医满意度等标准开展创建工作。

【老年人关爱关怀活动】 2021 年，开展老年人关爱关怀活动，全市各乡镇卫生院已完成失能老年人的能力评估和健康服务信息在线报送工作及进行服务任务分配工作，对 60 岁以上老年人的心理健康进行评估，依据评估等级组织进行必要的干预服务活动。鼓励有条件的医疗机构设置关怀病床，开展安宁疗护工作。在全市范围内开展“敬老月”走访慰问活动。结合建党百年，在重阳节到来之际，开展走访慰问和系列公益活动，重点对获得“七一勋章”和“光荣在党 50 年”纪念章的老党员以及贫困、失能、高龄、独居、空巢、计划生育特殊家庭老年人等走访慰问，传递党组织对他们的关心和关怀。走访 93 人，其中 43 名敬老院老年人、10 名退休党员、5 名“光荣在党 50 年”纪念章的老党员、6 名计划生育特殊家庭老年人、29 名重度失能老年人，赠送价值 2.79 万元的慰问品。利用“三月三”广场等公共场所开展现场专家咨询、发放科普资料、展板展示、粘贴海报等各种渠道进行老年健康知识和老龄健康政策的宣传，发放相关资料及宣传品 300 多份，500 多名老年人询诊。2021 年开展宣传《中华人民共和国老年人权益保障法》以及《海南省实施〈中华人民共和国老年人权益保障法〉若干规定》。

【老年人意外伤害综合保险】 2021 年，配合中国人寿保险公司五指山公司做好 2021 年度老年人意外伤害综合保险投保工作，为五指山市 60 岁以上城乡低保、特困老年人落实购买意外伤害综合保险共计 1029 人份，并对 2020 年度老年人意外伤害综合保险理赔情况回访核查，做好漏赔个案的协调理赔。

医政药政工作

【概况】 整理五指山市行政审批

及公共服务事项目录，规范市卫生健康委进驻政务中心事项清单。对省政务服务一体化平台系统办事指南、流程人员登记表等工作进行录入完善，及时在政务网上进行公开，配合“一窗受理”事项授权委托工作的开展，针对市卫生健康委行政审批事项进行梳理，确定授权窗口，最大限度提供便民服务，高质量完成窗口受理事项。2021年受理行政许可、行政确认和公共服务事项275件，办结269件，办结率97.81%。其中即办件182件，提前办结91件，节省群众办事时间944天。

【加强医疗纠纷防范和化解】 2021年，五指山市卫健委接到各平台工单250起，其中求助22起；意见建议9起，咨询123起，投诉95起，其他1起。均按规定引导和配合当事人走合法解决医疗纠纷途径，并结合具体投诉事项（院方有过错）要求相关医院进行整改。

【医疗质量安全检查】 加强医疗服务和医疗质量安全管理。成立医疗、妇产科、院感、护理、药事、中医、临床检验和病案管理8个医疗质量控制中心。开展医疗机构医院感染预防与控制工作。按照相关文件要求对全市医疗机构的预检分诊、发热门诊、医疗废物、院感等方面进行全面检查，组织五指山市质量控制小组对五指山市医疗机构疫情防控、疫苗接种、医疗救治等方面进行培训。

【扫黑除恶专项工作】 卫生健康系统各单位加强线索收集，细化各医疗机构重点排查内容，抓好盘踞在医疗机构周围的医托、医闹、非法行医、强制消费、倒卖号源、术中加价、欺诈医疗、非法采供血、血头血霸、非法胎儿性别鉴定、黑救护车等行业乱点现象重点方面线索摸排。同时，开展对各乡镇卫生院和市卫生健康委直属单位的督查工作，加强对近年来发生的涉医违法犯罪事件、信访案件、医疗纠纷的梳理分析，防止和处置因医患纠纷引发的群体性事件和恶性事件，全面彻底排查和扫除系统内部，以及影响系统正常运转和卫生健康事业健康持续发展的黑恶势力。深入宣传，营造排查整治工作的良好舆论氛围。广泛接受群众举报，确保全方位、无死角。

人口和家庭发展

【概况】 2021年，五指山市户籍人口103899人，出生人数833人，出生率为8.02‰，死亡率6.50‰，自然增长率1.52‰，符合法定生育率94.47%。

【孕优服务】 2021年，五指山市为待孕对象提供免费孕前优生健康检查服务530对，地贫基因检测536人，检出携带地中海贫血基因416人，地贫高危夫妇14对，参加地贫产前诊断的孕妇8例，阻断8例重型地贫儿出生。全年对地贫高危对象进行随访2131人次，随访率99%。

【生育政策宣传】 2021年，五指山市各乡镇、各单位利用新型宣传媒体，抓住各类节假日、纪念日等时机，结合健康扶贫、健康教育、婚育新风进万家等活动宣传一对夫妻可以生育三个子女政策、婚育文化、生育服务等各项政策。全年全市各级举办各类培训班、宣传活动55期（次），5200多人次参加培训和宣传活动。

【计生家庭扶助】 2021年，五指山市特扶对象24人，发放特扶资金25.795万元。其中，国家省级特扶资金16.26万元，五指山市级特扶资金9.535万元。奖扶对象81人，发放奖扶资金19.255万元。其中，国家省级特扶资金9.72万元，五指山市级奖扶资金9.535万元。全市24名特扶对象全部落实计划生育特殊家庭双岗联系人制度，由各乡镇计生办主任、村计生员、村协会秘书长及乡村医生作为特扶对象联系人，定期上门为特扶对象开展相关服务。各乡镇卫生院及海南省第二人民医院、海南省平山医院开通特扶对象就医“绿色通道”，发放方便就医卡。建立家庭医生签约服务制度，定期负责为特扶对象开展健康体检与心理咨询，建立个人健康档案。全市12家医疗机构开设特扶家庭就医“绿色通道”，24名特扶对象全部建立家庭医生签约服务，签约率100%。

【生育服务登记】 2021年，五指山市生育服务登记覆盖率95%以上。全年生育服务证登记532人。

【治理出生人口性别比】 2021年，五指山市印发出生人口性别比偏高问题综合治理工作方案，成立五指山市综合治理出生人口性别比偏高工作领导小组及办公室，对出生人口性别比偏高问题综合治理工作进行全面部署。全年组织多个部门，对全市各医疗机构、私人诊所和私人药店进行“两非”专项执法检查。落实“人盯人”办法和“月访季查”制度，严格把关终止妊娠审批程序，强化流动人口的信息核查，最大限度减少选择性别终止妊娠现象的发生。

【流动人口服务管理】 2021 年，五指山市开展流动人口基本公共卫生计生服务均等化工作，建立健全流动人口健康档案。辖区内流动人口接受乡镇卫生院、村卫生室、社区卫生服务站服务。通过医务人员入户服务、疾病筛查、健康体检等多种方式，为流动人口建立统一、规范的居民健康档案，发放国家统一标准的医疗保健卡，及时掌握流动人口的健康状况。开展流动人口关怀关爱宣传服务活动。

【计生员队伍建设】 2021 年，五指山市有 64 名村级计生员（其中，村委会计生员 59 名，畅好居计生员 5 名），其补贴工资由市财政统一发放，每人每月 1800 元。村级计生员按每人每年 200 元的标准为其参加城乡居民养老保险。

妇幼保健

【妇女保健】 2021 年，五指山市辖区活产 791 人，产妇 784 人，其中早孕建册产妇数 691 人，早孕建册率 88.14%，规范产前检查 5 次及以上产妇数 705 人，产妇健康管理率 89.13%，接受产后访视产妇数 780 人，产后访视率 98.61%。五指山市居民健康档案电子建档 107822 人，档案电子建档率 100.67%，档案规范管理率 90%，档案动态管理率 35%。发放避孕套 8.26 万只、凝胶 2070 盒、避孕栓 600 盒、短效口服药 245 盒，领取避孕药具 3364 人次，药具获得率 97%，有效率 98%。增补叶酸预防神经管缺陷项目任务数 500 人，新增服用叶酸人数 514 人，完成率 102.80%，新增叶酸服用依从人数 236 人，叶酸服用依从率 45.91%，增补叶酸知识调查人数 492 人，增补叶酸知识知晓人数 483 人，增补叶酸知识知晓率 98.17%。孕产妇死亡 0 人。孕产妇建档 830 人，妊娠风险评估高危孕产妇 667 人，高危孕产妇专案管理 575 人，高危孕妇管理率 86.21%。孕产妇艾滋病、梅毒及乙肝检测人数为 849 人，检测率 100%。孕期艾滋病检测人数 887 人，检测率 99.76%，无艾滋病感染孕产妇及儿童；孕期梅毒检测人数 889 人，检测率 100%，共发现梅毒感染孕产妇 10 例，给予规范治疗 8 例，治疗率 80%，梅毒阳性孕产妇分娩新生儿 10 例，追踪检测新生儿 10 例，给予预防性治疗 10 例，治疗率 100%；乙肝表面抗原阳性产妇分娩活产 110 人，乙肝阻断率为 98.2%，乙肝感染产妇及其所生新生儿随访人数 69 例。城乡适龄妇女（含流动人口）妇女常见病及宫颈癌筛查任务数 4000 人，筛查 4225 人，完成率 105.63%，HPV 检测阳性人数 291 人，TCT 检测异常人数 141 人，组织病理检查 133 人，确诊宫颈癌 3 人；乳腺癌筛查任务数 3000 人，筛查 3367 人，完成率 112.23%，乳腺彩超检查 BI-RADS 分级 3 级及以上 74 人，乳腺良性疾病 131 人，组织病理检查 18 人，确诊乳腺癌 1 人。其中建档立卡脱贫户参加妇女常见病及“两癌”检查 698 人。免费孕前优生健康检查夫妇 530 对，完成率 106%。地贫基因检测 536 人，检出携带地中海贫血基因 416 人，地贫高危夫妇 14 对，有可能会生出重型地贫患儿 6 对。参加产前诊断的孕妇 8 人，检查结果 3 人是重型均已阻断（南圣、畅好、毛阳各 1 例）。全年对地贫高危对象进行随访 2131 人次，随访率 99%。孕期地贫筛查 701 对，地贫基因检测 657 人，检出携带地中海贫血基因 306 人，双方携带同型地贫基因夫妇 106 对，有可能会生出重型地贫患儿 10 对。参加产前诊断的孕妇 14 人，检查结果 6 人是重型，阻断重型 1 例（南圣、畅好、番阳各 1 例）。民政婚姻登记数 535 对，全市婚检人数为 505 人，婚检率为 47.02%。开展免费技术服务工作共 727 例。全年无医疗事故的发生，并发症控制在允许范围 2‰以内。

【儿童保健工作】 2021 年，五指山市辖区内 7 岁以下儿童 6369 人，健康管理数 5816 人，健康管理率 91.32%；系统管理 5547 人，系统管理率 87.09%；活产数 791 人，接受家庭访视的新生儿人数 780 人，家庭访视率 98.61%。0—6 岁儿童 6369 人，眼保健及视力检查人数 5763 人，保健管理覆盖率 90.49%。学生眼疾病筛查项目任务数 4000 人，完成筛查数 4005 人，完成率 100.13%。筛查发现眼疾病异常人数为 558 人，阳性率占 13.93%。其中，屈光异常为 522 人，占总人数的 13.03%；近视人数为 434 人，占总人数的 10.84%；远视人数 59 人，占总人数的 1.47%；散光人数 258 人，占总人数的 6.44%；斜视人数 18 人，占总人数的 0.45%；弱视人数 12 人，占总人数的 0.30%；阳性随访 558 人，随访率 100%。出生缺陷检测围产儿 748 人，出生缺陷儿 5 人，出生缺陷发生率 66.84/ 万。

全市 5 岁以下儿童死亡 3 人，死亡率 4.02‰，婴儿死亡 1 人，死亡率 1.34‰。儿童营养改善监测任务数 300 人，完成 245 人，完成率 81.66%。助产机构活产数 861 人，筛查 859 人，筛查率 99.76%，筛查出阳性新生儿心脏病 10 人，超声检查 10 人。对新开设的 4 家托幼机构进行卫生评价，还对五指山市 151 名幼儿园职工、1792 名在园儿童和 789 名入园儿童进行了健康体检。新生儿听力筛查 857 人，筛查率 99.53%。新生儿疾病筛查人数 859 人，确诊 G6PD 缺乏症 29 例。新生儿死亡 0 例。

（钟怡怡）

爱国卫生

【概况】 2021 年，五指山市开展卫生（健康）城市、卫生（健康）村镇创建活动。坚持共建共享，普及健康知识，动员群众参与，养成文明健康、绿色环保的生活方式，巩固和发展五指山市城乡环境卫生整洁行动成果。建立长效管理机制，推动从环境卫生治理逐步向社会健康管理转变。2021 年 1 月，五指山市荣获"国家卫生城市"的称号，2021 年 4 月，启动巩固国家卫生城市和全国健康城市建设工作。

【爱国卫生月活动】 爱国卫生月期间，五指山市主要领导带领全市 31 个"双创"责任片区及内含的 129 个网格责任单位、各乡镇及畅好居领导干部在全市范围内统一开展"爱国、爱海南、爱家乡、爱家庭"文明卫生健康大行动 7 次。各级领导干部以志愿者身份带头组织发动群众，以各乡镇辖区、网格责任区、村（居）为单元，重点整治本辖区内城中村、城乡接合部、道路沿线、河道垃圾等区域的环境卫生，全面彻底地清理卫生死角、陈年垃圾，清除各类积水，疏通沟渠，做好病媒孳生地治理等工作；团市委组织和引导机关团体、学校及广大市民志愿者走上街头，深入社区，开展劝导不文明行为、维持交通秩序等各类志愿服务活动，宣传《海南省文明行为促进条例》和"文明健康绿色环保"生活方式；五指山市爱卫服务中心按照全市开展"四爱"卫生健康大行动工作要求，组织病媒生物消杀队伍对建成区开展统一病媒生物防制工作。全市各级各部门、各乡镇（畅好居）领导干部，各人民团体，市属企事业各单位职工，街道环卫工作人员、病媒专业消杀队员、志愿者 2000 余人参加"四爱"卫生健康大行动。

【病媒生物防制】 五指山市印发《五指山市病媒生物防制工作实施方案》《五指山市病媒生物防制技术方案》等，举办五指山市病媒生物防制暨登革热防控培训班。五指山市毛阳镇、畅好乡、毛道乡等 3 个乡镇顺利通过省级病媒生物防制鉴定考核。组织专业病媒防制队伍，按照每月 2—3 次的频次，定期对市建成区和各乡镇开展全面专业消杀工作。2021 年，开展随机抽查和聘请专家评估考核 30 余次，发现问题 100 余处，下发整改通知书 10 余份，覆盖市建成区和各乡镇（畅好居）镇辖区；组织全市统一开展病媒生物防制活动 12 次，清理病媒生物孳生地 9000 余处；出动专业防治人员 4573 人次，累计投放灭鼠药物 8907 千克、灭蚊药物用量约 4109 千克、粘蝇板 3658 张。

【全域卫生（健康）创建】 2021 年 4 月 23 日，召开五指山市巩固国家卫生城市工作推进会暨全国健康城市启动会，制定《2021 年五指山市爱国卫生工作要点》《2021 年五指山市健康城市建设工作实施方案》《五指山市 2021 年卫生（健康）城市卫生（健康）村镇创建工作方案》等文件。通什镇番赛村等 10 个省卫生村和五指山市第一小学等 8 个省卫生先进单位顺利通过复审考核；创建毛阳镇牙胡村等 13 个海南省卫生村、五指山市司法局等 10 个

2021年4月23日，五指山市在市委一楼会议室召开巩固国家卫生城市工作推进会暨全国健康城市启动会　　（张　晶　摄）

省卫生先进单位和畅好乡番贺村省级健康示范村，海南省卫生村占全市行政村比率81%，海南省级健康示范村占全市行政村比率24%；创成市委办等20家市级健康促进场所（健康细胞）。2021年，五指山市财政局下拨五指山市卫生（健康）创建专项资金258.88万元至市爱卫服务中心，用于五指山市巩固国家卫生城市、建设全国健康城市和省级卫生（健康）村镇创建等工作，市爱卫服务中心拨付189万元至各有关乡镇作为创建国家卫生乡镇和创建省级卫生（健康）村镇专项经费。五指山市以“全健康”理念为引领，深入开展爱国卫生运动，组织开展冬春季爱国卫生运动、博鳌亚洲论坛年会活动爱国卫生保障工作、以灭蚊防蚊为重点的夏秋季爱国卫生百日专项行动、“四爱”卫生健康大行动等集中整治活动，改善城乡人居环境，加快形成文明健康、绿色环保的生活方式，保障人民群众健康，提升五指山市爱国卫生运动水平。开展环境卫生整治活动40余次，全市各乡镇各单位干部职工、民兵、志愿者等8万余人次参加集中整治行动，清除垃圾7000余吨。五指山市巩卫工作推进组加强对各乡镇和网格责任单位的督查考核工作，2021年组织开展督查考核170余次，发现问题600余处，下发整改通知书140余份，问题整改率95%。通过手机微信和美篇平台报道全市环境卫生整治工作信息和督查整改信息200多条，全市环境卫生面貌明显提升。

【推进农村改厕】 根据五指山市农厕办印发《五指山市农村户厕问题摸排工作方案》，组织开展各项农村户厕排查、摸底和信息录入工作。完成“农村厕所革命信息系统”升级改造，指导督促各乡镇、市畅好居将排查信息准确录入，五指山市共录入信息17425户；市住建局对各乡镇开展农村户厕问题摸排工作，累计核查农村户厕录入信息7719户，其中问题户11户（不能用问题厕所9户，不好用厕所2户），均已完成整改；五指山市爱卫会印发《关于开展“清洁家园 防蚊灭蚊”夏秋季爱国卫生百日专项行动的通知》《关于深入开展爱国卫生运动 持续做好常态化疫情防控工作的通知》《关于印发〈五指山市开展倡导文明健康绿色环保生活方式活动实施方案〉的通知》等文件，利用爱国卫生月等活动开展现场宣传，发放宣传资料6000余份，进村入户现场指导10余次，受训群众500余人。

2021年7月29日，五指山市政协主席张棉生（右三）带队深入毛阳镇督导检查国家卫生乡镇创建工作推进情况，现场协调解决乡镇农贸市场长期卫生脏乱差、缺乏监管等问题（张 晶 摄）

控烟工作

【概况】 五指山市利用世界无烟日、卫生健康主题日等时机，围绕无烟党政机关建设、无烟学校建设、青少年控烟等重点工作开展宣传活动，传播烟草烟雾危害健康知识及戒烟方法，倡导无烟健康生活方式，提高人民群众对烟草危害的认识；在海南省第二人民医院配备专门诊室、诊疗设备、药品储备等硬件设施和具有提供戒烟服务能力的专兼职医务人员，按照国家要求开展戒烟干预，努力降低15岁以上人群吸烟率，营造良好的戒烟氛围，促进吸烟者戒烟，推动吸烟率的降低，五指山市无烟环境建设取得初步成效。

【“无烟单位”创建与督导】 印发《五指山市控烟行动实施方案》，明确五指山市在持续巩固提升无烟环境创建成果的基础上，将市纪委监委等30家党政机关列入2021年无烟党政机关创建单位，举办五指山市健康促进场所（健康细胞）创建暨无烟单位创建工作培训班。2021年7月19日至28日，五指山市爱卫办组织五指山市爱卫服务中心和五指山市疾控中心业务骨干通过查阅资料和现场检查的方式从组织领导、无烟环境布置及室内全面禁烟、控烟宣传教育、控烟监督巡查、控烟劝阻、为员工提供戒烟帮助、禁止出售烟草产品、禁止烟草广告和赞助等多个方面对中共五指山市纪委等30家申报创建2021年无烟党政机关的单位进行市级督导。2021年，五指山市党政机关共50个，累计创成市级无烟党政机关45家，无烟党政机关占90%。其中，五指山市委宣传部和五指山市市场监督管理局获评“海南省首批无烟党政机关示范单位”。五指山市医疗卫生机构共124个，累计创成无烟医疗卫生机构13家，无烟医疗机构占10.5%；五指山市幼托机构、中小学校和中等职业学校以及普通高等学校共30所，累计创建市级无烟学校15所，无烟学校占50%。

【控烟宣传】 2021年5月31日，五指山市在“三月三”广场举行以“承诺戒烟，共享无烟环境”为主题的2021年五指山市“第34个世界无烟日”活动启动仪式，对五指山市“海南省首批无烟党政机关示范单位”单位进行授牌。通过发放控烟宣传资料和线上戒烟控烟有奖知识竞答等方式，传播吸烟及二手烟暴露危害，普及电子烟危害知识，推广“中国戒烟平台”微信小程序，引导吸烟者主动戒烟、非吸烟者勇于拒绝二手烟，协助戒烟者寻求科学的戒烟帮助，正确采用适合自身的戒烟方法。同时，海南省平山医院、五指山市中西医结合医院等单位医务志愿者在活动现场设置戒烟咨询服务台，为广大市民提供了测量血压、肺部听诊等健康咨询服务；海南省第二人民医院戒烟门诊医生为有戒烟意愿的群众提供戒烟咨询和义诊，宣传海南省第二人民医院的戒烟门诊和“12320”戒烟热线，为吸烟者提供戒烟服务，强化戒烟服务宣传推广。组织开展公共场所控烟执法活动，重点对辖区机关单位、服务窗口、医疗机构、车站、宾馆饭店、歌舞厅、网吧等场所进行检查，推进全社会无烟环境建设。此次活动发放各类宣传资料2000余份；发放袋子、毛巾、扇子等宣传品350余件；线上戒烟控烟有奖知识竞答活动受众达11900余人次；利用LED屏播放控烟标语200多条，更换健康教育宣传栏315个；为市民免费咨询300余人次；组织开展3次控烟联合执法活动，出动执法人员65人次，整治公共场所吸烟乱象6宗。

（郭　燕）

海南省第二人民医院

【概况】 2021年，海南省第二人民医院创新工作机制，加强医院内涵管理，不断深化公立医院改革，推动医院高质量发展。

医院占地面积5.53公顷，建筑面积6万多平方米，编制床位300张、开放床位500张、临床科室17个、医技科室7个、职能科室20个，门诊部设有13个专科诊室。全院在职职工687人，其中高级职称118人，中级职称156人，硕士研究生15名。

2021年，医院有GE1.5T磁共振、64排螺旋CT（2台）、医用血管造影X射线机及DR、超高档四维彩色多普勒超声波诊断仪、自体血液回收机等高端医疗设备100多台，全力打造信息化、数字化、智能化的智慧医院。规范诊疗程序，简化医疗服务流程、实行“一站式”服务，推进医院3期工程落地，优化住院环境，改善患者就医体验。

【疫情防控】 加强新冠肺炎疫情防控的组织领导，及时调整完善疫情防控领导小组，成立疫情防控专班。完善组织管理机制及应急预案，全年组织全院性应急演练3次。加强门急诊和发热门诊标准化和常态化管理，发挥其“哨点”的重要作用。在门急诊及住院大楼入口处设置体温监测岗，做好健康码、行程码检查管理，实行24小时值班。加强发热门诊改造工作，规范设置“三区两通道”，落实“一人一诊一室”等规范化，实现发热患者缴费、取药、标本送检、CT检查均在发热门诊完成的闭环管理。落实医务人员标准防护，杜绝院内感染，根据不同区域、不同岗位人员、诊疗操作特点，制定医务人员分岗分级防护标准及穿脱流程。做好五指山市疫苗接种工作，派出医师446人次、护士810人次参加各疫苗接种驻点医疗救治工作。完成3—11岁及12—17岁人群及成年人新冠疫苗接种工作任务。

【医疗业务】 2021年，医院总收入20975.75万元，其中，医疗收入18930.21万元，同比增长4.30%；门急诊量243846人次，增长27.80%；出院患者14417人次，增长1.02%；手术3240人次，同比下降2.56%，微创手术639例，占总手术例数19.72%，较同期增加6.22个百分点；三级手术1552例，占出院总手术人数的47.90%；四级手术人数514例，占出院总手术人数的15.86%，较同期增长10.09个百分点；治愈好转率97.93%（较同期下降0.02个百分点）；死亡率0.74%

2021年9月17日，海南省第二人民医院开展“服务百姓健康行动”义诊活动
（海南省第二人民医院　供图）

（与同期持平）；平均住院日 8.6 天（较同期增加 0.05 天）；床位使用率 67.77%（较同期增加 1.09 个百分点）；药占比 25.37%，较去年下降 0.74 个百分点，国家基本药物金额比 27.33%，耗材收入占比 16.96%，较上年下降 2.6 个百分点。

开展“我为群众办实事”实践活动，开展主题义诊活动等。在医院微信公众号播发有关为群众办实事情况数量 49 条，点击数达 12 万人次，推进“查堵点、破难题、促发展”活动。

加强人才招聘，招聘 15 人，其中，医师 9 人（高级职称 2 人），医技 2 人，护士 2 人，其他 2 人。提拔 19 名有担当的干部担任职能部门或科室负责人，其中有党员 12 名，援鄂医疗队员 6 名，45 岁以下 17 名（占比 89.47%），副高及以上职称 8 名（占比 42.11%）。加强本院人才培养，2021 年通过正高职称 2 人，副高 9 人。

加强与海南省人民医院战略帮扶合作，在医院管理、学科建设、医疗服务和科教研等方面开展全面帮扶。发挥“胡大一名医工作室”品牌效应，推进“心脏康复中心”建设，据统计，胡大一教授共接诊 500 多人次，健康教育讲座受众 1000 多人次。加强与中国志愿医生协会的合作，利用中国志愿医生“陈劲草神经外科工作站”“黄厚斌眼科工作站”等工作站，推动“康复健康小屋”项目建设，让“康复健康小屋”成为群众身边的“家庭医生”，变成乡村慢性病防治的前哨、科普宣传教育的基层点、残疾人在家门口的康复治疗点，解决乡村“最后一公里”健康问题。落实“京医老专家百人团智力帮扶海南”项目，通过京医老专家“传、帮、带”，海南省第二人民医院受援科室医疗服务能力得到提升。持续提升中山大学附属肿瘤医院帮扶成效，2021 年 3 位专家完成手术指导 117 次、接诊门急诊患者 423 人次、病例讨论 50 次、技能培训 205 人次，开展新技术新项目 7 项等。

推进卒中中心建设，打造卒中中心技术团队，建立脑卒中一站式影像评估平台，开通卒中治疗的绿色通道，2021 年开展静脉溶栓 43 例，脑血管造影 50 例，急性取栓 1 例，脑血管支架植入 2 例，颅底肿瘤切除术 2 例。12 月 18 日，顺利通过卒中防治中心认证，成为海南省首批通过认证的 3 家单位之一。

推进五指山市紧密型市域医共体建设，拟订医共体“六统一”管理实施方案。选派业务骨干作为“第一院长”进驻五指山市七个乡镇卫生院，组织“第一院长”和医共体各乡镇卫生院院长到上海普陀区进行对标培训学习，提高乡镇卫生院医疗服务能力，

2021年11月12日，海南省第二人民医院组织医疗队到番阳镇开展义诊活动
（海南省第二人民医院　供图）

2021年9月15日，海南省第二人民医院、海南省慈善惠民医院组织医疗队开展黎族人群脑卒中筛查义诊活动　（海南省第二人民医院　供图）

满足群众的基本医疗卫生服务需求。

2021 年海南省第二人民医院专业技术人员共发表论文 25 篇。其中，中文核心期刊 1 篇、统计源期刊 8 篇、普通期刊 16 篇。全院开展新技术、新项目 26 项。2021 年海南省基础与应用基础研究计划（省自然科学基金）项目等 2 项通过立项，填补多年来没有“省自然科学基金”科研项目的空白。

2021 年，选派 3 名员工到畅好乡番贺村、什运村、草办村担任乡村振兴工作队队员，助力乡村振兴。结合“下基层，践行群众路线促健康、慈善惠民在行动”与“黎族人群脑卒中筛查”活动，医疗队下乡开展义诊活动 17 次，义诊人数 1569 人，收住院人数 157 人，其中眼科开展光明行动，为 116 名困难患者开展复明手术。

（倪明熹）

海南省平山医院

【概况】 海南省平山医院隶属海南省卫生健康委员会，是一所二级精神病专科医院，肩负着海南省中部市县精神卫生的预防、医疗、康复的工作，与三亚、东方、保亭等市县开展了精神康复医联体建设。医院占地面积 47745 平方米，建筑面积 24500 平方米。核定人员编制 150 名，核定病床数 500 张，实际开放床位 680 张。2021 年入院人数 3852 人，出院人数 3896 人，病床使用率 76.74%，2021 年收入 7883 万元。有职工 279 人，其中卫生专业技术人员 216 人、高级职称 32 人、中级职称 30 人、初级职称 140 人。

【医疗业务开展情况】 2021 年，海南省平山医院业务工作主要围绕“防治、社区康复和科研与教学”三大内容。

在防治工作方面，发挥海南省中部精神卫生中心职能，对中部市县精神疾病患者进行筛查、摸排及诊断，开展残疾类型和级别的鉴定，对中部市县开展免费服药项目；指导中部市县精神卫生预防业务和培训工作，开展各类精神障碍患者的心理危机干预；成立五指山市青少年心理服务站，开展心理进校园、进社区宣讲，并做好干预工作。收治各类严重精神障碍患者，对住院患者主要通过药物、心理、农疗、社区康复等进行治疗。

在社区康复工作方面，成立五指山市首家“五指山市社区精神康复照护中心”，推动患者康复训练；联合五指山市残联共同开展精神病人及“三类”儿童康复的救助。

在科研与教学工作方面，加强医院精防卫生人才的培养，承担基层医疗机构精防人员对精神疾病的进修学习培训等，通过承办学术学会及科研项目、开设科研论坛、撰写科研论文，巩固和提升医院整体医技成果及水平。承担海南省第二卫生学校、海南热带海洋学院科研立项 5 项，其中国家级立项 1 项；继续教育培训项目 7 项。

医疗保障

【概况】 2021 年，五指山市医疗保障局做好巩固拓展医疗保障脱贫攻坚成果同乡村振兴有效衔接工作，开展打击欺诈骗保集中宣传、专项治理等工作，在转变工作作风、提高工作效能上下功夫，推进医保工作有效平稳运行。

【医疗保障助力乡村振兴】 出台《五指山市 2021 年医疗保障脱贫攻坚同乡村振兴有效衔接工作实施方案》，组织落实各项医保助力乡村振兴政策，定额代缴脱贫人口 23611 人参加城乡居民医疗保险个人缴费，确保脱贫人口参加基本医疗保险全覆盖。执行海

2021年4月17日，五指山市医疗保障局在“三月三”广场开展医保基金监管集中宣传月现场咨询活动（刘晓菲 摄）

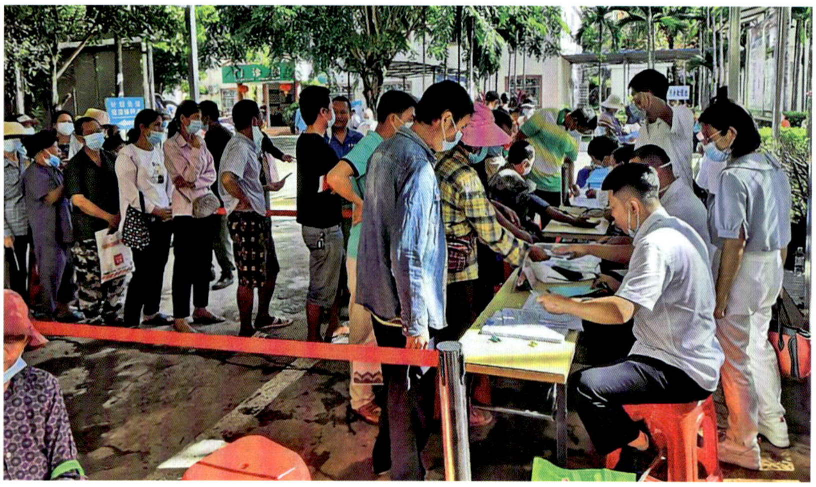

2021年10月21日，五指山市医疗保障局组织海南省第二人民医院、海南省平山医院专家前往毛阳镇为群众开展门诊慢性特殊性疾病认定工作（顾润昊 摄）

2021年4月28日，五指山市医疗保障局在珠江水晶酒店举办《医疗保障基金使用监督管理条例》培训班（刘晓菲 摄）

南省统一的医疗待遇标准，脱贫人口住院医疗费用经基本医疗保险、大病保险、医疗救助、医疗救助兜底实际报销比例90%，门诊慢性病医疗费用报销80%，2021年，五指山市脱贫人口、低保对象、特困人员基本医疗保险报销37908人次，统筹支出3674.33万元。大病保险报销2188人次，支出金额454.36万元。医疗救助共8346人次，支出金额559.95万元。医疗兜底2346人次，支出金额120.69万元。

【门诊慢性病筛查】针对在城乡居民医保系统排查符合纳入门诊慢性特殊性疾病管理却未纳入管理的疑似人员名单问题，2021年10月20日，市医保局联合海南省第二人民医院、海南省平山医院到各乡镇开展门诊慢性特殊性疾病筛查及认定工作，对符合纳入却未纳入人员进行全面排查，动员未纳入管理人员尽快申请办理。海南省第二人民医院、海南省平山医院主动为符合纳入却未纳入门诊慢性特殊性疾病管理的人员申请办理，确保参保人员切实享受医疗保障待遇。通过海南医保系统导出已纳入门诊慢性特殊性疾病管理人员共3783人，组织人员开展新增门诊慢性特殊性疾病却未纳入管理的排查。10月20日至10月29日，组织海南省第二人民医院、海南省平山医院专家和乡村医生等前往7个乡镇对新增门诊慢性特殊性疾病却未纳入管理的人员进行排查，将508名符合条件人员及时纳入管理。

【医保基金监管】聘请第三方对全市7家一级医院（含59家村卫生室）开展规范使用医保资

2021年5月11日，五指山市医疗保障局在国金大酒店召开全市医疗保障工作会议　　（刘晓菲　摄）

金“飞行检查”，实现对全市一级以上医疗机构打击欺诈骗保检查全覆盖。在海南省城乡居民基本医疗保险系统内设置智能审核监管功能，利用《国家医疗保障信息平台医疗保障综合管控系统规则明细》，做好医保基金的事前、事中、事后智能审核监管工作。联合五指山市卫健委、五指山市公安局印发《2021年五指山市打击欺诈骗取医保基金专项整治行动实施方案》，加强五指山市基金监管，打击医疗保障领域“假病人”“假病情”“假票据”等欺诈骗保行为。2021年，五指山市医保局向五指山市纪委移交骗保问题线索1件，向五指山市公安局移交骗保问题线索1件。

【药品耗材采购及贯标】 2021年，五指山市医保局组织开展药品、耗材采购15批次，完成对五指山市11家医疗机构结余留用资金考核2批次，拨付结余留用金额58.67万元。完成“村医通”便民服务工程工作，为全市7个卫生院和66家村卫生室开展操作培训并配备了“村医通”设备。打通了城乡居民就医结算的“最后一公里”。完成对五指山市定点医疗机构15项医保信息业务编码进行贯标，及时对定点医疗机构、医保医师、医保护士进行维护。协助海南省医疗保障局开展各定点医疗机构移动支付等设备接口改造落地应用工作。

2021年7月6日，五指山市医疗保障局到五指山市中医院调研医疗费用报销情况　　（高娄森　摄）

【医保电子凭证激活】 2021年，五指山市医保局到各乡镇、社区开展医保电子凭证培训班8场次，引导群众使用医保电子凭证，发挥电子医保凭证的便民作用。定期通报各个乡镇开展医保电子凭证激活工作进展情况，加快医保电子凭证激活工作。2021年，共激活医保电子凭证57550人。

【国家医疗保障信息平台上线】 与海南省医保局、五指山市医保中心、各定点医疗机构、东软工程师协调医保二期平台建设。2021年1月13日，医保二期平台定点医疗机构接口改造工作正式启动；2021年4月至5月，多次进行医保二期平台实地检查，指导医院查缺补漏；2021年6月，3次召集医保中心和二级定点医疗机构到五指山市医保局培训国家医保平台上线流程及指令。

2021年6月19日，国家医疗保障信息平台在五指山市全市上线应用，标志着国家医保信息平台在五指山市全业务、全流程完整上线并实现全覆盖，国家医疗保障信息平台建设迈入了落地应用的新阶段。该平台覆盖五指山市70家医保定点医药机构，为全市96804名（城镇职工基本医疗保险21328人、城乡居民基本医疗保险75476人）参保人提供更加智能、便捷、高效的医保服务。

（刘晓菲）

社会保障

【概况】 2021年，五指山市社会保险服务中心负责全市用人单位及个人的社会保险登记和管理；参保单位及个人的社会保险缴费申报与核定；参保人员的社会保险关系、个人账户、个人权益记录的建立与管理；计算、核定和支付本市城镇从业人员基本养老保险、基本医疗保险、工伤保险、城乡居民基本养老保险待遇；核算与管理城镇从业人员基本养老保险、职工基本医疗保险、工伤保险、城乡居民基本医疗保险、城乡居民基本养老保险基金，开展本市离退休人员社会化管理服务工作，退休人员（到龄符合领取养老待遇人员）领取养老金资格认证等工作。

【城镇从业人员养老保险】 2021年，五指山市城镇从业人员基本养老保险参保人数为16804人，较2020年增长6.57%，年支付发放城镇职工基本养老保险待遇39410.95万元。

【城乡居民养老保险】 2021年，城乡居民基本养老保险参保人数39296人，年发放养老金1723.16万元。为全市低保对象、特困人员、返贫致贫人口、脱贫不稳定人口、边缘易致贫人口、突发严重困难户、享受定期抚恤补助金的优抚对象等人员代缴2021年城乡居民基本养老保险2543人，代缴金额51.06万元。

【城乡居民医疗保险】 2021年，城乡居民基本医疗保险参保人数75980人，较2020年增长2.24%，年支付医疗费6950.18万元。

【工伤保险】 2021年，工伤保险参保人数为15177人，较2020年增长8.41%，年支付工伤保险费462.86万元。

【生育保险】 2021年，生育保险参保人数为13547人，较2020年增长3.43%，生育医疗费用支出121.67万元，生育津贴支出287.32万元。

【社保基金监管】 2021年，五指山市城镇从业人员基本养老保险基金总收入12498万元，总支出21921万元，累计结余2012万元；城镇职工基本医疗保险基金总收入8772万元，总支出8555万元，累计结余1418万元；城乡居民基本医疗保险基金总收入3512万元，总支出6378万元，累计结余333万元；工伤保险基金总收入299万元，总支出463万元，累计结余1202万元；城乡居民基本养老保险基金总收入4887万元，总支出1898万元，累计结余14170万元。

（莫明壮）

2021年五指山市农村居民人均可支配收支分析

【概况】 据海南省调查总队住户调查数据显示：2021年，五指山市农村居民人均可支配收入（以下简称农村居民收入）为15350元，同比增加1546元，同比增长11.2%。

【农村居民收入增长特点】 从收入水平和增量看，均居全省后位。2021年，五指山市农村居民收入水平低于全省平均水平（18076元）2726元，收入增量低于全省平均增量（1797元）251元，排第18名。

从收入增速看，居全省第八位。2021年五指山市农村居民收入增速高于全省农村平均增速（11.0%）0.2个百分点，在中部六市县中，位列第5，仅高于定安县（9.3%）1.9个百分点，低于增速最快的琼中县（13.0%）1.8个百分点；低于增速排名第二的白沙县（12.8%）1.6个百分点；低于增速排名第七的保亭县（11.5%）0.3个百分点；低于增速排名第四的屯昌县（12.6%）1.4个百分点。

从两年平均增速看，略快于全省。五指山市农村居民收入两年平均增速为10.0%，高于全省（9.4%）0.6个百分点。

从收入来源看，呈“三增一降”态势。五指山市农村居民四大项收入中，人均工资性收入、经营净收入、财产净收入、转移净收入同比分别增长6.9%、20.1%、-6.0%、3.3%。

从收入结构看，经营净收入居主导地位。五指山市农村居民人均工资性收入、经营净收入、财产净收入、转移净收入占可支配收入的比重分别为37.0%、42.5%、0.9%、19.6%，家庭经营净收入占主导地位，其次是工资性收入，二者占比达79.5%。

从贡献率来看，经营净收入是增收主动力。五指山市农村居民人均经营净收入快速增长是农村居民增收的主要动力，对收入增加额的贡献率达70.76%，居四大项收入之首。

2021年五指山市农村常住居民人均可支配收入一览表

表5

指标	2021年(元)	2020年(元)	增量(元)	同比涨跌(%)	对收入贡献率(%)	结构比重(%)
一、期内人均可支配收入	15350	13804	1546	11.2	100.00	100.00
(一)工资性收入	5681	5315	366	6.9	23.7	37.0
(二)家庭经营净收入	6526	5432	1094	20.1	70.7	42.5
(三)财产净收入	142	151	-9	-6.0	-0.5	0.9
(四)转移净收入	3001	2906	95	3.3	6.1	19.6

【影响农村居民收入的主要因素】

(一)有利因素方面

(1)工资性收入平稳增长。人均工资性收入5681元，同比增加366元，同比增长6.9%。主要原因：①市政府高度重视农村居民务工情况，出台多项政策鼓励农村居民务工。②前三季度全市脱贫户外出务工总人数10143人，比2020年底10052人增加了91人，完成全年务工目标(来源市乡村振兴局)。③市财政局发放事业编绩效2140人，人均增加2184元，带动乡村教师的工资收入，一定程度支撑农村居民工资性增长。④在乡镇开工的项目或者企业，须接收一定数量的经济困难户务工，一定程度增加了农村居民的收入。(2)家庭经营净收入大幅增长。人均家庭经营净收入6526元，同比增加1049元，同比增长20.1%，对整个家庭总收入的贡献率为70.7%。主要得益于2021年橡胶和槟榔的收入。2021年橡胶比2020年早开割2个月，橡胶价格上涨约20%，推动胶农生产积极性。五指山市前三季度槟榔产量同比下降40%左右，但第四季度是全市槟榔的高产期，价格稳定在22元左右，比2020年上涨45%以上，总体槟榔种植户收益还是非常可观。橡胶、槟榔、益智等收入给农村居民家庭收入带来有力支撑。经调查数据显示，2021年槟榔收入占家庭收入65%，2020年占比是55%，上升10个百分点，槟榔在家庭经营中占据重要地位。槟榔收入受气候及市场供求因素的影响，冬种瓜菜中朝天椒、豆角的收购价格略低于2020年，但产量较高，增产促收效果明显，冬种瓜菜是增收的主要力量。(3)部分惠农政策对转移净收入产生一定拉动作用。2021年第四季度五指山市农村养老金累计发放1275.9万元，同比增加94万元，同比增长8%，带动全市农村居民人均增加15元；农村低保金发放835万元，同比增加191万元，同比增长29%，带动全市农村居民人均增加29.8元。2021年第四季度，冬种瓜菜补贴累计发放1235.9万元，同比增加45万元，同比增长3.7%，带动全市农村居民人均增加7元；粮食补贴发放161.8万元，2020年没有该补贴，所以带动全市农村居民人均增收25元。2021年第四季度，共发放疫情期间外出务工交通补贴507.5万元，同比增加5.7万元，同比增长1.1%。生态补偿款2400万元在11月及时发放，教育特惠性补贴600多万元也在11月份发放，有效推动转移净收入的增长。

(二)不利因素方面

(1)制约工资性收入较快增长的主要原因：①由于五指山市农村居民文化素质偏低、劳动技能不高、高质量就业能力不足、部分农民只能从事以简单体力劳动为主的工种，技术水平达不到重点项目、企业的用工要求，零散性务工较多，工资收入不稳定且工资标准低，大约3000元，与2020年相比变化不大。②经济下行压力、疫情反复、用工成本增加、用工需求减少。③2020年脱贫攻坚中，加强农村基础设施建设、乡道、河道改建、厕改等项目带动本地农村居民就地务工，而2021年没有这些项目带动，制约农村居民工资性收入较快增长。(2)对经营净收入有下拉影响的不利因素：畜牧业产值11788万元，同比下降7.6%；林业产值14981万元，同比下降14.5%；茶叶产量同比下降12.0%，水果产量同比下降3.9%(来源市统计局数据)。(3)财产净收入增长缺乏动力。财产净收入主要来源于土地出租金、银行利息、集体经济分红等，2021年五指山市人均财产净收入为142元，同比下降6%。主要原因：自疫情以来，农村特种种养及普通养殖合作社数量减少，造成农村居民分红减少。另外，农民缺少理财知识，理财观念较为保守。(4)转移净收入增长的不利因素影响大于有利因素拉动。五指山市农村居民人均转移净收入3001元，同比上升3.3%。农村转移净收入对政策的依赖程度较高。脱贫攻坚期间从惠农惠民政策获得的转移性收入比重较大、基数高，转移净收入很难保持较高的增长率。

【农民持续增收面临的问题】

（一）转移净收入下降是影响农村居民收入较快增长的主要问题。2021 年第四季教育补贴方案改为按学期发放，2020 年是按学年发放，补贴发放总额 600 多万元，同比下降 80%。

（二）因经济下行，农村居民外出务工的主要行业超市、酒店、餐饮等服务业用工需求下降，影响农村居民外出务工。

（三）农产品产量和价格波动较大影响稳定增收。2021 年前三季度五指山市农业生产经营净收入大幅增长，主要受益于低基数和农产品价格快速上涨，但要看到 2021 年一季度番阳、毛阳青瓜价格变动幅度较大，价格在 5 角—8 角之间，影响农村家庭经营净收入的增长。

（四）农业产业化和规模化发展成效不够明显。五指山市农业种植主要以家庭传统经营方式为主，产业化、现代化水平低，农户种植经营主要以传统农作物为主，特色优势水果、蔬菜类的种植经营规模不大、规模户不多，且抗风险能力差，农民持续增收缺乏强劲动力。

【促农增收的几点建议】

（一）加大强农惠农投入力度，增加农村居民转移净收入。落实各项支农惠农政策，稳定和提振农民发展农业生产的信心；将种植业、林业、畜牧业、渔业等各项支农惠农扶持政策落到实处，稳定和提振农民发展农业生产的信心；积极挖掘新的收入增长点，确保农村居民持续稳定增收。

（二）加强培训稳定就业，增加农村居民工资性收入。增加有效劳技培训，不能“一培了之”，提高培训就业率。持续推进企业减负、稳岗扩就业，持续深化就业扶持力度。根据农村家庭适龄劳动人口的不同需求，有针对性地开展转移就业技能的培训，提升就业综合素质并能较快及时地适应当前市场的需求变化。引导农民外出务工，对城市需求较大的服务行业开展有效培训，如建房、装修、水电等工种进行培训。就业部门要加强调查研究，建立好企业用工与工人就业的有效渠道，组织无法长期外出务工人员到本地企业、生产基地等实现本地灵活就业，同时，适当提高村委干部工资标准和护林员等公益岗的工资标准。

（三）加强农业技术培训和指导，弥补产业短板，确保经营净收入持续较快增长。一方面，继续扶持橡胶、槟榔、冬种瓜菜等家庭主营项目扶持力度，增强农作物抗病增产的能力，推动农村家庭经营可持续发展。要及时传递市场信息，加大农业技术培训推广力度，加强农业种植（养殖）技术指导，促进农业生产稳定发展。努力到省外发展订单农业，结合发挥农村合作社作用，带动农户发展规模产业以及特色产业。另一方面，补齐产业短板，推动乡村第三产业的发展。鼓励和奖励农村服务业的发展，推进线上销售，如增加农村物流，农村网店，助推农村产业流通，解决产销矛盾。市供销社要做好乡镇定点定时集市消费和村级集市消费，促进单位团体消费，做好山城好物民俗赶集日集市，通过多领域、多渠道销售农产品，确保农村居民经营净收入持续较快增长。

（四）推进农业结构调优增效，激发农村经济内生动力。继续加大扶持力度，鼓励企业、合作社创建品牌，不断优化农业结构，结合我市“六园”建设，在提供就业岗位方面多向农村居民倾斜，不断提高农民收入水平。

2021年五指山农村居民人均消费支出一览表

表6

项目	2021 年（元）	2020 年（元）	增量（元）	增幅（%）	占比（%）
消费支出	13116	11396	1720	15.1	100.0
一、食品烟酒	6133	5552	581	10.5	46.7
二、衣着	689	613	76	12.4	5.3
三、居住	1955	1595	360	22.6	14.9
四、生活用品及服务	626	534	92	17.2	4.8

续表6

项目	2021年(元)	2020年(元)	增量(元)	增幅(%)	占比(%)
五、交通通信	1311	1062	249	23.4	10.0
六、教育文化娱乐	1039	862	177	20.5	7.9
七、医疗保健	735	615	120	19.5	5.6
八、其他用品和服务	628	563	65	11.5	4.8

【农村居民消费情况】

八大项消费支出连续两年呈全面增长态势。2021年农村居民人均消费支出同比增长15.1%，比上年提高9.3个百分点。八大项支出同比幅度变化较大，比重变化不大。体现农村居民收入大幅提高推动了消费的快速增长。其中，食品烟酒支出同比占消费总支出比例46%，较上年同期下降2个百分点，人民生活水平进一步提高。

从增长的幅度看，八大项支出增长较快，其中，增幅最大的是交通和通信支出，同比增长23.4%，增幅比上年提高15.3个百分点；其次是居住类支出，同比增长22.6%，增幅比上年提高12.3个百分点；第三是教育文化支出，同比增长20.5%，增幅比上年提高10.7个百分点；第四是医疗保健支出，同比增长19.5%，增幅比上年提高10.7个百分点；第五是生活用品及服务支出，同比增长17.2%，增幅比上年提高12.7个百分点；第六是衣着支出，同比增长12.4%，增幅比上年提高6.7个百分点；第七是其他用品和服务支出，同比增长11.5%，增幅比上年提高7.5个百分点；第八是增幅最小的食品烟酒支出，同比增长10.5%，增幅比上年提高7个百分点。

从八项支出比重看，食品烟酒、衣着、其他用品和服务等开支比重分别为46.7%、5.3%、4.8%，同比分别下降2个、1个、0.2个百分点；居住、生活用品及服务、交通通信、教育娱乐、医疗保健分别为14.9%、4.8%、10.0%、7.9%、5.6%，同比分别提高0.9个、0.1个、0.7个、0.4个、0.2个百分点。

2021年全年城镇常住居民人均可支配收入分析

【概况】 根据国家统计局海南调查总队抽样调查数据反馈显示，2021年全年城镇常住居民人均可支配收入34793元，同比增长8.5%，增速较上年同期上升4个百分点，比预期目标10%低1.5个百分点。

【城镇居民收入增长特点】

从收入水平看，居于全省中下水平，排名第16。全年五指山市城镇常住居民人均可支配收入比位居首位的三亚市（44199元）少9406元，比全省平均水平（40213元）少5420元。

从收入增量看，居于全省中位，排名第11。与居首位的三亚市增量（3652元）相比少926元，与全省平均增量（3116元）相比少390元。

从收入速度看，居于全省中上排名，排名第6。与居首位的白沙县9.8%相比，增速低1.3个百分点。比全省高0.1个百分点，与末位的临高县（5.7%）比，高2.8个百分点。在中部六市县中，位居第三，低于全省增速最快的白沙县（9.8%）1.3个百分点；高于全省增速排名第17的定安（5.8%）2.7个百分点；高于全省增速排名第9的保亭县（8.3%）0.2个百分点；高于全省增速排名第10的琼中县（8.1%）0.4个百分点；低于全省增速排名第5的屯昌县（8.6%）0.1个百分点。

从两年平均增速看，略快于全省。五指山市2021年全年城镇常住居民人均可支配收入两年平均增速为6.5%，高于全省平均增速（5.7%）0.8个百分点。

从收入来源看，呈稳步增长态势。人均工资性收入、经营净收入、财产净收入、转移净收入同比分别增长8.8%、7.9%、1.2%、10.6%。

从收入结构看，工资性收入居主导地位。五指山市全年城镇居民人均工资性收入、经营净收入、财产净收入、转移净收入占可支配收入的比重分别为69.6%、10.8%、5.8%、13.8%，工资性收入占主导地位。

从贡献率来看，工资性收入是增收主动力。五指山市城镇居民人均工资性收入快速增长是城镇居民增收的主要动力，对收入增加额的贡献率达72.1%，居四大项收入之首。

2021年全年城镇常住居民可支配收入表

表7

指标名称	2021 年反馈数(元)	2020 年反馈数(元)	比上年 ±(元)	增幅(%)	占比(%)	贡献率(%)
人均可支配收入	34793	32067	2726	8.5	100	100
(一)工资性收入	24202	22236	1966	8.8	69.6	72.1
(二)经营净收入	3766	3489	277	7.9	10.8	10.2
(三)财产净收入	2023	1999	24	1.2	5.8	0.9
(四)转移净收入	4802	4343	459	10.6	13.8	16.8

【影响城镇居民收入的主要因素】

(一)有利因素方面。

(1)工资性收入持续增长。2021 年发放 2020 年在编在岗人员应休未休补贴 1038.08 万元，增加 131.33 万元，同比增长 14.5%，拉动工资性收入增长 0.8 个百分点；五指山市完成全年一次性绩效考核奖励的发放工作，在 2021 年 3 月底和 5 月底分别发放 2021 年 60% 和 40% 一次性绩效考核奖励，发放金额 6610.74 万元，同比增长 4.5%，拉动工资性收入增长 1.8 个百分点；个人所得税纳税总额 2836 万元，同比增长 8.2%（数据由市税务局提供）；11 月全市累计新增就业 1589 人，拉动工资性收入增长。五指山市全年城镇居民工资性收入 24202 元，同比增长 8.8%。

(2)经营净收入增势加快。2021 年，疫情稳定，各行业恢复正常经营状态，3 月份，山海高速公路顺利开通，旅游人员大量流入，五指山市经营情况较上年大幅好转。2021 年全社会消费品零售总额 128378 万元，同比增长 15.3%。2021 年全市接待过夜游客总人数 169.31 万人次，同比增长 60.7%；旅游总收入 11.91 亿元，同比增长 29.9%。根据市税务局提供的数据来看，个体工商户数相比上年增加 1759 户，纳税总额同比下降 96%，企业个数相比上年增加 1761 个，纳税总额同比下降 23%，总体下降是由于惠民纳税政策的实施，为促进民营行业收入提高，将纳税起征点抬高，纳税起征点由每月 10 万元提高至 15 万元，每季度 30 万元提高至 45 万元。从调查数据看，两个新纳入城镇点的城中村主要收入来源为农业、林业、畜牧业等经营净收入，拉动城镇经营净收入增长。从各行业经营状况看，五指山市全年经营净收入 3766 万元，同比增长 7.9%，增速较上年上升 6 个百分点。

(3)财产净收入增长缓慢。2021 年 3 月，山海高速公路顺利开通，以及公务员及事业编人员等外来人才对用房需求的提高，导致五指山市房价租价上涨。五指山市 2021 年财产净收入 2023 元，同比增长 1.2%。

(4)转移净收入稳固增长。市社会保险服务中心在 2021 第三季度发放了一次性补贴 1729 万元，较上年增加 160 万元，同比增长 10.2%，带动转移净收入人均增加 24 元；2021 年城镇居民养老金发放人数同比增加 3264 人，发放总额 36245 万元，同比增加 840 万元，同比增长 2.4%，带动转移净收入人均增加 125 元；城乡居民医疗保险总额 8660 万元，同比增加 1608 万元，同比增长 22.8%，带动转移净收入人均

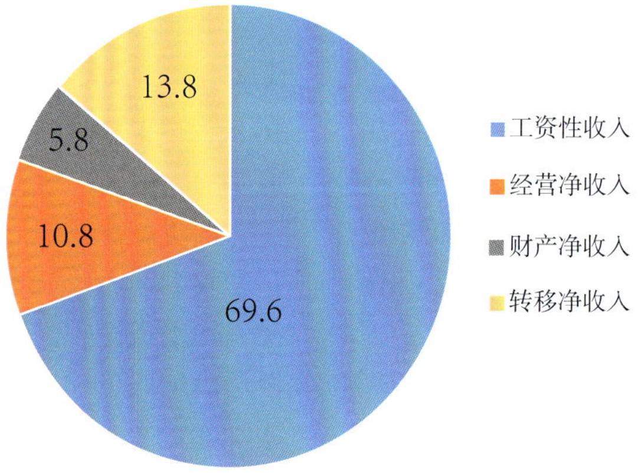

图一　2021年城镇常住居民四大项收入比重图

增加240元(数据由市社会保险服务中心提供);城镇社会救济金发放总额171万元,同比增加33万元,同比增长23.9%,带动转移净收入人均增加5元(数据由市民政局提供)。

(二)不利因素方面

(1)工资性收入增长后劲不足。工资性收入始终是拉动城镇居民收入增长的主要引擎。五指山市虽出台提高最低工资标准、发放绩效奖励等一系列增资措施,但覆盖面有限,增资政策空间较小,抑制工资性收入增长。(2)经营净收入增长遇瓶颈,增长缓慢。主要是受经济下行压力、用工成本提高、店铺租金上涨等因素影响,实体店经营成本较高,压缩经营利润。同时,由于网店经营租金、人力成本较低,优惠力度比实体店大,加上宣传范围较广,吸引大量客户在网店进行消费,在网店经营模式冲击下,实体店经营的客户减少,制约城镇居民经营净收入增长。其次是受疫情影响,客流量减少,居民消费信心不足,导致经营净收入增长缓慢。

【持续增长的建议】

工资性收入是城镇居民收入的主要来源和增长的第一动力,提高工资性收入对城镇居民增收尤为关键。(1)完善工资增长机制,逐步提高工资性收入。工资性收入增长主要依靠政策性增资和经济增长推动,健全科学的工资水平决定机制和增长机制,完善最低工资标准调整机制,保持工资稳步增长,逐步提高工资性收入。(2)加大援企稳岗力度,加强对企业金融政策支持,创造更多就业岗位,同时,加强对高校毕业生、城镇困难人员等重点人群的就业支持,做好就业政策宣传,拓宽居民就业渠道。(3)深入调研各中小型企业的经营状况,制定积极的贷款政策,给予中小型企业支持,帮助经营收入低迷的中小型企业渡过难关。

五指山市2021年人均消费支出一览表

表8

项目	2021年(元)	2020年(元)	增量(元)	增幅(%)	占比(%)
消费支出	23627	19745	3882	19.7	100
一、食品烟酒	9391	8002	1389	17.4	39.7
二、衣着	1009	766	243	31.7	4.3
三、居住	2399	2009	390	19.4	10.1
四、生活用品及服务	1659	1316	343	26.1	7.0
五、交通通信	2083	1435	648	45.2	8.8
六、教育文化娱乐	3178	2469	709	28.7	13.5
七、医疗保健	3206	3246	−40	−1.2	13.6
八、其他用品和服务	702	502	200	39.8	3.0

【居民消费支出情况】

八大项消费支出呈“七增一减”趋势。五指山市人民生活日趋向好,食品烟酒支出占消费总支出比例39.7%,较上年低0.8个百分点;互联网大数据愈发普及,从调查数据看,网购衣鞋数量大幅增加,衣着支出同比增长31.7%;3月份,山海高速公路顺利开通,以及公务员及事业编人员等外来人才对用房需求的提高,导致五指山市房价租价上涨,居住支出同比增长19.4%;2021年疫情稳定,城镇居民外出采购大量生活用品,生活用品及服务同比增长26.1%;上年疫情原因,旅游人数减少,2021年疫情稳定,各大景点正常营业,学校及课外辅导班正常开课,交通通信支出同比增长45.2%,教育文化娱乐支出同比增长28.7%;上年疫情原因导致群众盲目采购药品,因此2021年医疗保健支出同比增长有所回落,同比下降1.2%。

五指山市（县）外部匹配性指标变化情况表（城镇居民）

表 9

序号	指标	单位	2021 年 1—11 月	2020 年 1—11 月	增减额	增减幅	数据来源
1	城镇养老金发放总额	元	362446726	354045834	8400892	2.4	市社会保险服务中心
2	城镇养老金发放人数	人	96432	93168	3264	3.5	
3	城乡居民医疗报销总额	万元	8660	7052	1608	22.8	
4	在职人员十三月工资发放总额	元	0	4123322	−4123322	−100.0	市财政局、市国库支付局
5	在职人员十三月工资发放人数	人	0	1118	−1118	−100.0	
6	在职人员绩效发放总额	元	66329485	66272127	57358	0.1	
7	在职人员绩效发放人数	人	3294	3263	31	1	
8	财政供养人员工资支付总额	元	402695048	403253121	−558073	−0.1	
9	在编人员应休未休总额发放情况	元	10380857	9067490	1313367	14.5	
10	发放至“一卡通”补贴总金额	元	143969919	165992602	−22022684	−13.3	
11	接待过夜游客总人数	人次	777804	579952	197852	18.6	市旅文局（过夜人数和营业收入计算口径不同）
12	全市旅游营业收入	元	1055383225	566928070	488455155	40.9	
13	文化活动举办情况	场次	93	88	5	5.7	
14	文化活动补贴发放金额	元	18600	17600	1000	5.7	
15	城镇低保金发放总额	元	4060000	4335495	−275495	−6.4	市民政局
16	城镇社会救济金发放总额	元	1709710	1380020	329690	23.9	
17	个体工商户数	个	4989	3230	1759	54.5	市税务局
18	个体工商户纳税总额	元	1610000	44060000	−42450000	−96.3	
19	企业个数	个	5372	3611	1761	48.8	
20	企业纳税总额	元	205800000	268300000	−62500000	−23.3	

（曾献忠）

民　政

【城乡低保】 2021 年，五指山市治理漏保问题，纳入符合条件的城乡低保对象 154 户 300 人；治理动态管理不到位清退城乡低保对象 442 户 775 人；治理近亲属备案不到位新增低保近亲属备案 220 户。2021 年，五指山市城乡低保对象 1658 户 3031 人，其中城市低保 354 户 738 人；农村低保 1304 户 2293 人。累计为 35711 人次发放城乡低保金 1032 万元。

【农村特困人员供养】 2021 年，五指山市纳入符合农村低保条件的脱贫户 48 户 97 人，纳入特困供养对象 6 人，纳入低保的监测户 33 户 69 人。2021 年累计为脱贫户发放低保金 725.18 万元，发放特困供养金 35.6 万元。联合贵州茅台酱香酒营销有限公司及相关部门参与寒冬送温暖活动，走访慰问毛道敬老院老人，为五指山市特困供养人员发放慰问物资 92407 元。2021 年，全市享受特困供养对象 145 人，足额为供养对象发放特困供养金 1583 人次 109.23 万元，对自理、失能、半失能的分散供养特困人员实施照料护理，累计发放照料护理补贴 27.97 万元。

【灾害救助】 2021 年，五指山市对遭遇突发事件导致生活困难的 696 户 2435 人次给予一次性发放临时救助金 306.86 万元，其中乡镇小额临时救助 325 户 1099 人，发放救助金额 41.9 万元；为困难群众 7 户 31 人批准一次性

“救急难”救助金23.5万元。

【敬老院管理】 2021年，五指山市有通什镇敬老院、番阳镇敬老院、毛阳镇敬老院和毛道乡敬老院，总床位256个。五指山市河北东社区日间照料中心项目已揭牌开业，设置有6个养老床位，日常用餐人数15人。2021年开展留守老人和分散供养特困老人关爱帮扶812人次，支出48.72万元。成立养老机构非法集资风险专项排查工作领导小组，摸排调查养老机构3家。2021年9月，分批次举办五指山市养老护理员（初级）培训，培训养老护理员（初级）人员104名。抓好疫情防控工作，对各敬老院采取封闭式管理，购买各类防疫物资发放到各敬老院，确保防疫物资充足。每月进行核酸采样，保障养老机构防控安全。

【婚姻收养登记】 2021年，五指山市结婚登记452对，离婚登记124对，补发结婚证登记162对，补发离婚证登记11对；依法办理收养登记7例。

【福利彩票管理】 2021年，五指山市设立电脑型福利彩票13个投注站，销售各类福利彩票441.55万元。其中，“数字3”销售18.61万元；“双色球”销售264.18万元；“七乐彩”销售1.4万元；“即开型彩”销售118.22万元；“快乐8”销售39.10万元。

【社区工作规范场所建设】 2021年，五指山市投入110万元建成毛道乡毛枝村综合服务中心，面积390平方米；投入10万元对河北东、河南西进行大社区标识及功能室提升改造。通过实地调查、问卷调查、对比分析等方法，撰写《海南自贸港建设背景下社区服务与治理创新研究报告》参加海南省民政厅2021年民政政策理论研究成果评比，获三等奖。

【城乡社区管理】 2021年，五指山市对综合服务设施面积偏低的村庄进行摸排，共排查9个，其中通什镇3个，毛阳镇4个，畅好乡1个，水满乡1个。2021年，投入9.88万元在毛贵村委会铺设彩砖、修缮篮球场和村委会会议室。

【老龄工作】 2021年，五指山市发放老年人长寿津贴，核发80周岁以上老年人高龄津贴20419人次233.45万元，核发百岁长寿补助金160人次16万元。2021年，五指山市开展“携手同行，别样夕阳”等多项关爱老年人服务活动，累计服务2020人次。

【殡葬管理】 2021年，共发放惠民殡葬补贴对象12人2.7万元，其中火化5人、发放2万元，集中安葬7人、发放7000元。修订《五指山市公益性公墓管理办法》。五指山市殡仪服务中心项目可研报告已委托五指山市行政审批局经专家评审通过，取得可行性报告批复文件，正在开展初步设计及概算编制工作，待完成后报五指山市行政审批局审批。制订《五指山市2021年清明节祭扫工作方案》，成立五指山市清明节工作协调领导小组。推出线上有奖绿色殡葬知识竞答，参与答题人数超过2万人。通过电信、移动等信息平台编发绿色殡葬改革内容信息10多万条，在五指山市仙归园公墓设置鲜花换纸钱服务站点，免费提供鲜花给祭扫群众。

【扶贫救助】 2021年，五指山市农村低保对象1304户2293人，其中纳入低保的脱贫户853户1579人，占脱贫户总数的7%；脱贫户纳入农村特困人员48人。纳入符合农村低保条件的脱贫户48户97人，纳入特困供养对象6人，纳入低保的监测户33户69人。2021年累计为脱贫户发放低保金725.18万元，发放特困供养金35.6万元。通过购买服

2021年6月7日，海南省乡镇（街道）社会工作服务站五指山市揭牌仪式在南圣镇举行，海南省民政厅党组书记、厅长苗延红（左一）出席揭牌仪式并讲话，五指山市委副书记、市政府代市长陈国梁（右一）参加揭牌仪式并致辞

（五指山市民政局　供图）

务方式开展五指山市农村留守老人和分散供养特困老人关爱帮扶，共开展留守老人和分散供养特困老人关爱帮扶 812 人次，支出 48.72 万元。

【困难儿童关爱工作】 2021 年，五指山市为 7 名孤儿发放生活费 80 人次 10.94 万元；为 30 名事实无人抚养儿童发放生活补贴 264 人次 31.41 万元，为 168 名困境儿童发放基本生活补贴 1674 人次 51.50 万元。2021 年收到收养申请 11 例，经审查符合条件 7 例。成立五指山市未成年人保护工作领导小组，制定《2021 年“六一”儿童节困难家庭儿童关爱服务活动方案》，慰问留守儿童 53 人、困境儿童 70 人、事实无人抚养儿童 21 人、孤儿 6 人，共计 150 人。组织开展“六一”儿童节游园闯关活动，投入 16500 元，发放慰问物品饮料 150 箱，糖果 300 包等物资。举办民政系统“宣贯未保法 助力自贸港”专题培训班，加强对《中华人民共和国未成年人保护法》宣传。

【两项残疾人补贴】 2021 年，五指山市两项残疾人补贴对象 3411 人（其中重度残疾人 1909 人、困难残疾人 1502 人），累计为 40379 人次（重度残疾人 21846 人次、困难残疾人 18511 人次）发放两项残疾人补贴 590.96 万元（重度残疾人补贴 405.58 万元、困难残疾人补贴 185.38 万元）。

【社会组织管理】 2021 年，五指山市需要年检的社会组织 97 家，有 73 家社会组织参加年度检查。2021 年对旅游、茶叶、物业 3 家行业协会进行重点走访、调查，在清查行业协会收费同时，协调解决行业协会问题 1 个。2021 年五指山市劝散一家非法社会组织。2021 年，排查出 12 家“僵尸型”社会组织，要求五指山市综合执法局开展撤销登记工作。制定《五指山市民政局 2021 年社会组织“双随机、一公开”检查工作方案》，通过随机抽取 15 家社会组织开展“双随机、一公开”工作。2021 年通过购买第三方服务，对五指山市社会组织现有档案进行数字化，完成 112 家社会组织的档案数字化工作。

2021年9月29日，五指山市2021年助理社会工作师考前培训班开班，图为学员合影
（五指山市民政局　供图）

【区域界线管理】 2021 年，五指山市共 11 条乡镇界线，共埋设 12 个双面界桩，并形成联检工作报告。完成国家地名信息库更新和道路路牌埋设工作。2021 年完成市县界线巡检工作，界线全长 94 千米，共对 3 个双面界桩周围杂草等遮挡物进行清除。

（翁花玉）

民族事务

【概况】 五指山市民族事务局（部门）为主管全市民族事务工作的市政府工作部门，正科级单位，与五指山市委统战部合署办公。主要工作职责包括：贯彻执行党和国家有关民族工作的方针、政策、法律法规规章；组织实施五指山市少数民族的发展规划；负责组织五指山市少数民族重大文化活动，参与组织五指山市少数民族传统体育运动会；监督实施五指山市民族区域自治制度建设；监督办理少数民族权益保障事宜；协调处理民族关系中的重大事宜等等。在编人数 5 人，局长 1 名，副局长 1 名；内设民族事务岗、文化宣传与教育科技岗。

【民族】 2021 年，五指山市总人口 11.21 万人，其中少数民族人口 76468 人，占 68.21%，境内居住有黎族、苗族、壮族、回族等 27 个少数民族。五指山市入选联合国教科文组织人类急需保护的非物质文化遗产保护名录项目 1 项；现有非物质文化遗产保护名录 23 项，其中国家级 4 项，省级 6 项、市级 23 项；认定各级代表性传承人 156 名，其中国家级代表性传承人 1 名、省级代表性传承人 17 名、市级代表性传承人 138 名，健在的各级代表性传承人146名。

【民族团结进步宣传】 4月8日至9日，五指山市民族事务局联合五指山市市政服务中心、牙合村党支部开展“民族团结进步林”植树活动，讲好民族团结故事；4月13日至15日，开展党史学习教育暨民族团结进步知识线上有奖问答活动，通过有奖问答激发群众参与，发放宣传画报1000张，小礼品100件，让民族团结教育深入人心；4月30日，开展民族政策法制宣讲，通过发放民族团结宣传挂历和宣传海报以及海南党史和民族团结进步知识现场有奖问答，参与1661人次；5月27日，联合五指山市委统战部、团市委和五指山市史志中心开展“民族一家亲·同心跟党走”党史知识暨民族团结进步知识竞赛，同时利用互联网直播，同步收看4.41万人。

【少数民族发展资金管理】 2021年，下达中央少数民族发展及省级配套资金1229万元，全部由市财政整合使用。其中，中央少数民族发展资金750万元，中央第一批少数民族发展资金170.86万元水满建设发展产业项目5个，282.14万元用于支持番阳镇产业发展项目4个，中央第二批少数民族发展资金297万元用于支持市农业农村局5个产业项目，建设地点分别位于毛阳镇、水满乡和畅好乡；海南省级配套资金479万元，支持通什镇实施基础设施项目建设6个。

【少数民族特色村寨建设】 全市特色村寨结合美丽乡村建设、环境卫生整治、基础设施提升建设等项目进行，将村容村貌改造符合村内历史文化及民族风格。全市目前被评为国家级少数民族特色村寨2个（毛阳镇初保村、南圣镇永忠村）；被评为省级少数民族特色村寨2个（水满乡新村、毛阳镇唐干村）。

【传统节日“三月三”暨壬寅年祭祀袍隆扣】 2021年3月15日到4月14日，举行海南黎族苗族传统节日“三月三”五指山主会场暨辛丑年祭祀袍隆扣大典活动。“三月三”五指山主会场以“三月民族情·奋进颂党恩”为主题，举办六项民俗文化活动。4月12日至14日期间，全市共接待游客4.03万人次，同比增长120.41%；旅游总收入1763.92万元，同比增长64.07%。其中，接待过夜游客1.22万人次，同比增长11.93%；客房出租率68.08%，过夜游客旅游收入1029.51万元，同比增长38.9%；接待一日游游客2.81万人次，同比增长280.2%；旅游收入734.41万元，同比增长132.73%；景区（点）接待游客1.75万人次，同比增长15.08%；乡村游点接待游客8766人次，同比下降58.06%。

【打造民族文化产品】 2021年，五指山市结合“六个一批”项目推进民族文化保护和传承，初步确定92个项目。其中，第一类建设一批民族特色村寨有18项，除毛道乡，确保每个乡镇至少有1个建设项目，预估总投资7075万元。第二类出版一批图书文献和文化研究有33项，主要是文化图书出版，还包括海南省民族博物馆、海南省民族研究所和海南省民族技工学校提供的出版图书，包括一些非遗技术的教程、田野调查，以及相关的学术研讨会，预估总投资1080.3万元。第三类推进一批民族文化项目有19项，主要是以拍摄非遗宣传片、歌舞演出，打造城镇文旅演出以及黎族、苗族的歌曲创作，还包括建设研学基地，预估总投资2.94亿元。第四类打造一批民族文化产品有8项，主要是设计编排黎族竹木器乐歌舞剧、举办画展，扶持非遗企业，开展非遗的保护工程及非遗项目的原材料保护项目，预估总投资1130万元。第五类发展一批以黎药苗药为基础的南药康养项目有4项，这4个项目是以企业投资为主，是储备的招商项目。第六类形成一批民族文化生态有10项，主要是举办服饰美食展示及设计，开展民族文化进机关、进校园等，预估总投资1.6亿元，所含大项是规划建设岛屿民族博物馆和岛屿民族研究机构，预估投资是1.5亿元，同时还将海南省民族博物馆和黎峒文化园列入打造国家AAAA级、AAAAA级旅游景区工作计划。

【非遗技艺传承】 2021年，五指山市着力开展非遗宣传展示宣传工作，举办具有民族特色品牌活动，传承和发展民族文化，结合创新职业技能，培养乡土人才队伍。举办黎锦、苗绣、竹木器乐、黎陶、藤编、传统民歌等非遗技艺培训59期，让少数民族技艺进机关、进校园、进农村、进社区、进景区，参与达1.01万人次。举办“我的家乡我代言”乡村民族民俗生态讲解员农民电商文创培训、五指山市民族民俗互联网营销师职业技能培训班，参加学员50名，让群众学会讲、能讲本土文化，介绍家乡风土人情，提升文化自信，助力乡村振兴。此外举办各类文化演出活动 62 场，线上线下共惠及 12 万人次以上。

（王美丽）

气象·地震

气 象

【气象概况】 2021 年，五指山市气象局有国家气象观测站 1 个、土壤监测站 1 个、乡镇区域自动站 10 个、单点雨量站 9 个、负氧离子监测站 3 个、GPS 水汽站 1 个、大气成分站 1 个、电子显示屏 20 块、气象预警大喇叭 20 套。全局在编在岗人员 9 人，其中研究生学历 1 人，本科学历 8 人；高级工程师 1 人，工程师 3 人和助工 5 人。

【2021 年五指山气候特点】 2021 年，五指山市年平均气温 23.9℃，比上年偏低 0.2℃；极端最高气温为 36.3℃，比上年偏低 0.4℃；极端最低气温为 5.6℃，比上年偏低 5.1℃；年降水量为 1589.1 毫米，比上年偏少 3.4%；降水天数为 145 天，与上年相比偏多 18 天；全年出现 4 天暴雨及暴雨以上天气；全年日降水量最大值为 111.9 毫米，出现在 10 月 18 日，该日所在的降水过程处在冷空气和热带辐合带共同影响之下；年总日照时数为 2027.1 小时，比上年偏多 197.8 小时。

降水 2021 年，五指山市年降水量为 1589.1 毫米，比上年偏少 3.4%，比历年平均值偏少 15%。2021 年内五指山市受 8 个热带气旋影响。雨季 4 月上旬开始，属偏早年份，10 月中旬结束，属偏早年份。降雨量时空分布不均匀，降水月份主要集中在 4—10 月，最大降雨月份出现在 10 月，为 462.0 毫米，次大降雨月份出现在 8 月，为 283.4 毫米。

日照、降水天数、雾天 2021 年，日照时数为 2027.1 小时，比上年偏多 197.8 小时。2021 年出现降水天数 145 天，比上年偏多 18 天。2021 年出现雾日数为 87 天，比上年偏少 33 天。

2021 年重大气象事件 五指山市主要受到 9 次重要气象过程影响，分别为第 4 号台风“小熊”、7 月热带低压、第 7 号台风“查帕卡”、第 9 号台风“卢碧”、第 13 号台风“康森”、第 17 号“狮子山”、第 18 号台风“圆规”、10 月中旬暴雨、第 22 号台风“雷伊”。

受第 4 号台风“小熊”影响，6 月 11 日至 13 日，五指山市普降大到暴雨，局地大暴雨。最大风力出现在位于水满乡的五指山水库，为 11.2 米 / 秒（6 级）。

受热带低压影响，7 月 5 日至 8 日，五指山市普降中到大雨，局地暴雨。最大风力出现在市区，为 13.0 米 / 秒（6 级）。

受第 7 号台风“查帕卡”影响，7 月 19 日至 24 日，五指山市普降中到大雨，最大风力出现在番阳镇，为 14.2 米 / 秒（7 级）。

受第 9 号台风“卢碧”影响，8 月 2 日至 4 日，五指山市普降小雨到中雨。最大风力出现在阿陀岭，为 14.3 米 / 秒（7 级）。

受第 13 号台风“康森”影响，9 月 9 日至 12 日，五指山市普降中雨，局地暴雨。最大风力出现在南圣镇新春水库，为 14.1 米 / 秒（7 级）。

受第 17 号“狮子山”和偏东急流共同影响，10 月 4 日至 10 日，五指山市出现暴雨到大暴雨，最大风力出现在阿陀岭，为 25.0 米 / 秒（10 级）。

受第 18 号台风“圆规”和冷空气共同影响，10 月 11 日至 14 日，五指山市出现暴雨到大暴雨。最大风力出现在阿陀岭，为 19.0 米 / 秒（8 级）。

受冷空气和热带辐合带共同影响，10 月 15 日至 21 日，五指山市出现暴雨到大暴雨。

受第 22 号台风“雷伊”和冷空气共同影响，12 月 17 日至 21 日，五指山市普降中雨。最大风力出现在阿陀岭，为 20.1 米 / 秒（8 级）。

2021年7月16日，五指山市委书记朱宏凌（居中）到五指山市气象局调研气象工作 （林 菁 摄）

2021年9月19日，中国气象局党组成员、副局长矫梅燕（左五）到五指山市调研气象工作，海南省气象局党组书记、局长辛吉武（左三）陪同调研　（林　菁　摄）

【气象业务】2021 年，观测工作质量错情率为 0，没有出现重大装备事故，现用和备用的仪器性能良好并均未超检。

【气象保障服务】2021 年 5 月至 10 月，五指山市气象局向五指山市委、市政府、市三防办等报送重要气象快报 47 期，专题预报服务材料 43 期；发布灾害性天气预警信号 75 次；发布预警短信 7 万余条。

在重大气象灾害影响期间，五指山市气象局加强天气会商，密切监视天气变化，做好预报服务工作，按时上报有关材料。向五指山市委、市政府以及相关单位制作发布《重大气象信息快报》《重大气象信息专报》，定时报送五指山市各乡镇风雨情况，并通过预警短信平台、电子显示屏、气象预警大喇叭、气象服务 App、电视台天气预报节目等方式向相关单位领导以及市民提供最新的气象预报服务。

【气象台站建设】五指山市气象局利用世界气象日、全国防灾减灾日等重要主题日开展气象科普宣传活动，共计发放宣传资料约 3000 份，接待公众参观 300 人次，接受咨询 160 人次。科技月活动期间，联合五指山市科协、五指山市中医院先后深入 7 个乡镇开展“我为群众办实事”科普下乡活动。与五指山市科工信局签订党建共建协议，深入合作，扩建五指山市气象科普教育基地，新增与气象密切相关的地震、农业、康养、海洋等科普展区加强与观众的互动性。9 月 19 日，2021 年海南省“全国科普日”启动仪式暨科普主题展在中国热带农业科学院举行。经过海南省科学技术协会复审，五指山市气象科普教育基地继续保留“海南省科普教育基地（2021—2025 年）”称号。

【气象管理】2021 年，五指山市气象局持续关注天气情况，提前谋划，开展人工增雨作业，在五指山市太平水库建设一个人工影响天气地面发生器，提高人工影响天气作业效率。发生器共作业 15 次，燃烧催化烟条 36 根。在五指山市太平水库共计有效开展人工增雨炮车作业 5 次，发射炮弹 18 枚。此外，安装在五指山市毛阳镇人工影响天气地面发生器共计催化烟条 15 次，36 根。有效助力五指山市抗旱、森林防火、农业生产和水库蓄水。根据每周的天气趋势预报和上周天气实况数据，提供专业的农事建议。五指山市气象局配合海南省气候中心完成《五指山市茶叶种植气候适宜性和灾害风险区划报告》，将最新的气象科研成果充分应用于实际的生产中，减少因气象因素造成的农产品品质下降、收成减少等问题，提高农产品的质量和产量。

（曾　婷）

2021年10月13日，五指山市副市长赵文德（居中）到五指山市气象局指导防汛防风工作　（林　菁　摄）

地　震

【概况】 2021年,五指山市有省直属管理地震数字检测台1座和地震形变基准观测台1座;装有无线电台、GPS定位等设备地震应急车1辆;防震减灾助理员8名(各乡镇、畅好居各1名),地震联络员64名(各乡镇村委会、畅好居社区1名),地震宏观观测点7个(每个宏观观测点1名观测员负责)。

【地震监测预报】 依法开展地震监测设施的维护与观测环境保护,加强地震宏观观测点的管理和业务指导,对地震联络员开展培训,提高地震监测预报质量。加强日常值班、节假日和重要时期的震情保障工作,注重提高地震应急响应能力,核实地震前兆观测预报情况并上报省地震局监测预报中心。

【震灾防御体系建设】 2021年10月28日至29日,组织举办2021年度地震群测群防暨农居工程推广和工匠培训班,提高群测群防的业务水平推进防震减灾各项工作;指定专人负责五指山市地震应急指挥技术系统,掌握基本技术操作流程,定期上报省地震局并通过了2021年地震应急指挥技术系统平台运行质量考核;6月,市地震局、市住建局对全市重大在建建设工程、学校、医院和一般建设工程进行抗震设防专项检查,查阅建设工程抗震设防专项审查表等抗震设防有关资料。经检查,建设工程项目抗震设防质量总体情况较好,均达到国家震灾防御标准;11月,省地震局与省教育厅对五指山市杜郎口实验学校申报省级防震减灾科普示范校进行严格审核、现场检查和讨论评议,最终认定五指山市杜郎口实验学校为2021年度省级防震减灾科普示范学校。

【地震应急演练】 2021年9月,五指山市杜郎口实验学校组织开展地震应急演练。10月,开展地震应急疏散演练宣传活动。通过在学校开展应急演练活动,使学校师生们掌握应急避险的正确方法,熟悉学校紧急疏散的程序和路线,增强相关人员的地震应急处置意识。

【防震减灾宣传】 2021年,五指山市开展防震减灾宣传教育活动。5月12日,在全国“防灾减灾日”,联合应急办、民政、交通、消防、安监、团委等部门,在五指山市“三月三”广场营造浓烈宣传氛围,设置宣传展台,发放宣传资料,回答群众提问,宣传防灾减灾知识,共发放防震减灾知识宣传单2000张,城镇、农村防震避震知识手册200本,宣传拉笔1000支,无纺布袋1000个,宣传扇子500个,地震逃生自救光盘20套等。在防震减灾宣传周期间,在“三月三”广场LED大屏开展防震减灾知识宣传,拓宽防震减灾知识宣教渠道,提高广大市民的防震减灾意识。开展防震减灾知识进学校活动,在杜郎口实验学校,五指山市第一小学发放中小学生防震避震常识手册200本,提高师生对地震自救意识。

(李会鑫)

劳动就业服务

【概况】 2021年,五指山市实现城镇新增就业1785人,完成年度目标的106%;失业人员实现再就业212人,完成年度目标的102%;就业困难人员实现再就业101人,完成年度目标的101%;农村劳动力转移就业3768人,完成年度目标的102%;城镇登记失业率0.99%,控制在4%以内。2021年,举办“线上线下”招聘会20场,参与企业731家,提供就业岗位15167个,入场求职2656人,初步达成就业意向1254人,促进实现就业63人。累计完成各类技能提升培训4612人次,其中以工代训244人,安全技能提升培训237人,农村劳动力职业技能和创业培训106期4131人。向省重点项目和海南自贸港建设集中开工项目推荐本地农民工26人上岗就业。扶持22家就业扶贫车间(基地),鼓励吸纳脱贫人口就业292人。发放贷款26笔608万元,扶持26家生产经营主体创业,带动就业54人。为创业者提供创业孵化平台,吸引7家企业进驻创业孵化基地,带动65人就业,其中1家为大学生创业,带动就业8人。挂牌7家企业建立就业见习基地,吸纳大学毕业生实习32人。发放一次性吸纳就业补贴2.6万元,鼓励企业新吸纳就业困难人员13人就业。

【就业再就业扶持政策】 2021年,五指山市脱贫攻坚工作领导小组办公室印发《五指山市2021年巩固拓展就业脱贫攻坚成果同乡村振兴有效衔接工作实施方案》,五指山市人力资源和社会保障局印发《五指山市2021年“春风行动”活动实施方案》,搭建供需平台,促进劳动者就业。印发《五指山市2021年职业培训暨职业技能提升行动工作方案》《五指山市2021年“军训+职业技能培训”方案》《五指山市2021年外出务工奖励和一次性交通补助工作方案》《五指山市2021年评选表彰“劳务输出先进村”“农民工优秀劳务带头人”“农民工创业典型”工作实施方案》等。

【就业再就业服务】 2021年，五指山市就业服务中心以开展“就业援助月”“春风行动”“技能培训”“点对点输送服务”等活动为抓手，引导全市农村劳动力特别是脱贫劳动力就近就地就业和转移就业。利用五指山宣传、微信工作群和乡镇及村委会宣传栏等方式，定期向社会发布企业招聘信息和最新就业政策，开通“五指山就业服务中心网络信息平台”，建立就业岗位信息发布工作机制，方便群众获取就业信息；组织开展“进企业”“进乡村”就业政策宣讲活动16次，发放宣传资料3000多份；发放高校毕业生求职创业补贴173人25.95万元，支持大学生创业就业。发放80家参保单位企业稳岗返还补贴35.7万元，惠及职工728人。安排专人到政务服务中心负责人才“一站式”业务办理工作，发放2021年人才住房租赁补贴68人56.45万元。

【职业技能培训】 结合五指山市产业发展实际和企业用工需求，重点开展植物保护、老人陪护、家务操持、母婴护理、建筑工、茶叶加工与制作和SYB创业等工种培训，针对个别农村群众的酗酒成性、好吃懒做、缺乏纪律观念等问题，创新开展“军训+建筑砌墙”培训班8期，培训320人。通过开展就业对接活动、培训前签订就业意向协议等措施，为培训学员推送介绍就业岗位，促进264名培训学员实现就业。

【失业保险】 2021年，发放失业保险金540人次89.04万元，代缴医疗保险540人次36.67万元，发放失业补助金375人次43.48万元，促进失业人员再就业。发放“4050”等就业困难人员社保补贴50人40.62万元，促进就业困难人员灵活就业。

【创业竞赛与技能竞赛】 2021年7月20日，由五指山市人力资源和社会保障局、五指山市农业农村局、五指山市退役军人事务局、五指山市乡村振兴局联合主办的2021年五指山市创业大赛决赛在福德莱大酒店举行，设退役军人组、综合组和乡村振兴组3个组别，12个创业项目参赛，8个创业项目获奖并代表五指山参加省的决赛，其中3个创业项目获得三等奖，创历届参赛最好成绩；2021年9月23日至24日，由五指山市人力资源和社会保障局、五指山市总工会主办，五指山市就业服务中心承办的“第一届自贸港技能大赛——五指山市行业职业技能竞赛”在五指山仁帝山康养中心举行。此次比赛设立养老护理员、育婴员、餐厅服务员、客房服务员等4个项目，135人报名参赛，评选出53名获奖选手，发放奖金7.28万元。

（陈丁晓）

应急管理

【概况】 2021年，五指山市应急管理局组织对全市危险化学品、烟花爆竹、涉氨制冷、有限空间作业单位进行督查检查，下发整改督办通知12份，督促落实隐患整改事项41项，整改率100%，发生生产安全事故2宗，死亡1人，受伤1人，与2020年同期相比，事故宗数持平，死亡人数下降50%；组织全市排查出森林火灾隐患72项，已落实整改69项，整改率96%，未发生森林火灾；组织对辖区内22座水库、23座水电站、3座水闸以及已开工的工地，20处地质灾害隐患点，16座漫水桥，7个景区开展自然灾害风险隐患排查，对所发现的隐患均已完成整改，未发生自然灾害事故。

【应急监管体系建设】 2021年，五指山市逐步完善安全生产、防灾减灾、森林防火等应急管理监管体系建设，及时调整五指山市安全生产委员会、五指山市防汛防风防旱指挥部、五指山市森林防灭火指挥部等成员单位，办公室均设在五指山市应急管理局，负责落实统筹协调工作，督促各成员单位落实行业主管责任。同时，依托乡镇应急管理中队、灾害信息员、森林消防半专业扑火队，搭建乡镇一级的应急管理监管体系。

【应急预案管理】 2021年，完成《五指山市突发地质灾害应急预案》《五指山市自然灾害救助应急预案》编制工作；印发《五指山市森林火灾应急预案》；加强对全市各应急委成员单位修编行业应急救援预案的指导工作，2021年全市共总体应急预案1个，专项应急预案43个，完成预案修编15个，持续推进五指山市形成完备的应急救援预案体系。

【应急值守】 落实24小时应急值守，实行双岗值班配班制度；处置应急电话37人次，协调处置突发公共事件25宗（次），上报信息 25 条。

【安全生产三级监管网络建设】 2021 年，五指山市政府及时调整充实市安全生产安委会成员，由市长陈国梁任市安委会主任，五指山市委常委、市政府常务副市长贾鹏等 11 名副市长任副主任，全市 7 个乡镇、市畅好居及 27 个部门和省驻五指山的 4 家单位的主要负责人为成员，各乡镇、各部门、各单位均成立安全生产委员会(或安全生产领导小组)，乡镇一级设立 7 个执法中队(应急管理中队)，各村委会也明确安全生产监管员，市、乡镇、村委会三级均建立了安全监管网络，全市 38 名党委、政府其他领导和负责安全生产工作的党政领导干部，按照“党政同责、一岗双责”要求，深入一线实地调研、暗访暗查，督导检查，建立工作台账，构建“党政同责、一岗双责、齐抓共管、失职追责”和“横向到边、纵向到底”的安全生产工作责任体系。

【安全生产专项治理】 2021 年，抓好危险化学品、非煤矿山、消防安全、城市建设、道路交通、邮政快递等重点行业专项整治。2021 年全市登记重大隐患 5 个，发现隐患问题 899 宗，已整改 799 宗，整改率 88.88%；市安委办下发整改隐患督办通知(函)14 份；各执法部门实施安全生产行政处罚 20 次，罚款 28.35 万元；开展道路交通安全专项整治新一轮三年攻坚战工作，实现五指山市道路交通事故死亡人数和经济损失双降，万车死亡率降到 2% 以下。

【应急救援装备与物资保障】 2021 年，五指山市应急管理局注重强化应急救援装备与物资保障。在森林扑火设备方面，全市配备运兵车 2 辆、水罐车 13 辆；全市储备油锯、风力灭火机、二号工具等扑火器 1892 件(各乡镇、畅好居 1160 件)；在“三防”物资储备方面，动员社会力量支持提供灾民安置点和物资保障 8 家；抓好番阳物资储备库日常管理，五指山市物资储备中心存放 400 余万元供全市使用的应急抢险救援物资，其中含棉被 2824 床，帐篷 1011 顶，防汛编织袋 1.97 万条，打桩机 2 台，橡皮艇 4 艘等。

【应急救援队伍建设】 全市组建灾害信息员队伍 96 人，市森林消防扑火专业队 20 人，各乡镇森林消防半专业扑火队 160 人，与驻军武警民兵消防等队伍建立救援联动机制，壮大救援队伍力量。举办各类应急队伍力量培训班 11 期 1056 人次，通过野外实操、设备维护等专业性培训方式，救援队伍在关键时刻拉得出、用得上、效率高。

【安全生产隐患排查治理】 五指山市应急管理局对全市 30 家涉及危化品企业单位和 2 家非煤矿山企业实施分级管控，结合五指山市实际，汇编五指山市危险化学品应急指挥作战图，构建安全风险分级管控和隐患排查治理双重预防机制，提升危险化学品、非煤矿山安全监管能力和水平打下坚实基础。对全市危险化学品、烟花爆竹、涉氨制冷、有限空间作业单位进行督查检查，五指山市安委办共下发整改督办通知 12 份，督促有关乡镇、职能部门和企业落实隐患整改事项 41 项，市综合行政执法局下发整改指令书 20 份。

【安全生产事故调查处理】 2021 年，五指山市发生安全生产责任事故 2 起，死亡 1 人，受伤 1 人(其中，6 月 19 日，发生机械伤害事故 1 起，死亡 1 人；8 月 30 日发生高处坠落事故 1 起，受伤 1 人)，直接经济损失 143 万元，查处事故责任单位 2 家，处理事故责任人 8 人，行政罚款 62.7 万元，五指山市安委会通报单位 2 家，市纪委监委约谈 2 人。五指山市应急管理局落实事故调查挂牌督办制度，依法向社会公开事故调查报告，督促相关责任单位做好整改，责任追究和整改措施落实到位。

【安全生产执法】 2021 年，对 3 家非煤矿山、9 家危险化学品覆盖检查每家 4 次，对 20 家烟花爆竹零售点全覆盖检查每家 2 次。对工贸企业，涉及有限空间以及粉尘涉爆的重点工贸企业 4 家监督执法检查每家 2 次，对综合监督的工矿商贸、建筑工地等企业 10 家企业，全年每家单位至少检查 2 次，确保计划执行完成率 98% 以上，检查、复查率 100%。下发责令整改通知书 20 份，暂扣安全生产许可证 1 家，查处无证上岗 3 起，无证或证照不全从事生产经营 1 起，解决“一键加油”“无证经营危化品”等问题 69 个。依法查处“6·19”“8·30”事故责任单位 2 家，处理事故责任人 8 人，行政罚款 62.7 万元。

【应急知识宣教】 2021 年，五指山市应急管理局组织、协调、参与各种演练演习 8 次。结合森林火险期，开展森林防火宣传活动，印发宣传材料 2 万余份，播放森林防火宣传视频 80 次，出动宣传车

75 辆次，悬挂横幅 450 条；抓住“5·12”防灾减灾宣传周，组织开展防灾减灾宣传活动，采取宣讲、应急演练、播放视频、发放宣传资料等方式深入五指山市 11 所中小学校及 9 个社区，各乡镇及重点企业开展防灾减灾宣传活动 20 余场，参与活动 4000 余人次，发放各类宣传资料 2 万余份。利用“国际减灾日”，开展线上知识竞答活动，参与活动 2380 人次。以“安全生产月”为重点，协调成员单位开展应急演练 9 场，组织线上参与安全生产知识宣传 9000 多人，线下通过“五进”（进企业、进社区、进家庭、进校园、进农村）活动发放各类宣传资料 1.5 万份，营造浓厚的安全生产文化氛围。

【应急演练】 2021 年，五指山市根据应急预案，结合机构改革职能划转和本地区气候和地形等特点，举行模拟真实场景贴近实战演练。4 月，举行森林火灾扑救联合作战应急演练；9 月，举行防汛防风综合救援应急演练；12 月，举行生产安全事故综合应急演练等活动。选调职能部门一线人员参与实战演练，采取“一年一乡镇，一年一重点”的方式选取演练场地，分别在南圣、番阳、通什，开展森林防灭火、防汛防风、生产安全应急演练各 1 场，通过预案演练，锻炼专业救援队伍和基层民兵、森林扑火队及星火救援队等非专业应急救援队伍的联合作战能力，磨合各相关部门的协同配合机制，检验预案的科学性、针对性、实用性和有效性，增强救援队伍对装备使用的熟练程度，提升队伍综合救援能力。

【防汛防风防旱】 2021 年，对辖区内 22 座水库、23 座水电站、3 座水闸，已开工的工地，20 处地质灾害隐患点，16 座漫水桥，7 个景区开展风险隐患排查，对所发现的隐患均完成整改。完成五指山市第一次全国自然灾害综合风险普查清查工作，进入全面调查阶段；完成市畅好居红星社区全国减灾示范社区创建实施工作，并通过省级专家评审合格，进行全国减灾示范社区创建申报工作。

积极预防 2021 年台风气象灾害，共启动防汛防风 II 级应急响应 1 次，III 级应急响应 1 次，IV 级应急响应 8 次，召开三防工作会议 7 次成功预防“狮子山”等台风气象灾害 9 次，防灾减灾工作协调会 4 次，落实台风灾害转移安置 1261 人次。

为减轻旱情影响，协调市气象局适时开展人工增雨作业，在确保水库安全的同时，协调五指山市水务局利用台风天气带来的降雨量开展水库蓄水工作，补充五指山市饮用和农业灌溉用水需要。

为应对寒潮灾害，强化灾害救助及处置，五指山市应急管理局统筹全市发放防寒物资棉被 2120 床、棉衣 1191 件，推动政府系统应急处置能力整体提升。

【森林防火】 2021 年，五指山市应急管理局严格落实森林防灭火责任，强化火情处置。2021 年举办扑火技能培训班 4 期，参训 67 人次；出动巡逻车辆 150 辆次，巡逻人数 2465 人次。通过签订《森林防火工作责任书》、加强宣传教育和重点人群、火源管控，抓好森林防灭火工作。此外，五指山市应急管理局组织各乡镇（畅好居）就重点部位、重点环节、重点时段，对全市森林火灾风险隐患进行严密排查组织排查全市森林火灾风险隐患 72 处，整改 72 处，整改率 100%；五指山市共建设红山、阿陀岭、风门岭公益林防火瞭望塔 3 座，防火通道 2 条 3.1 千米，瞭望塔和防火通道基本建成并投入使用，为应对森林防灭火工作打下良好基础。2021 年，全市无一起森林火灾发生。

（胡 月）

【消防救援概况】 2021 年，五指山消防救援大队在五指山市委市政府和总队党委的坚强领导下，始终把训词精神作为建队的“魂”和“纲”，坚持以总队党委“六大创新”为指引，紧紧围绕五指山“六园”建设需求，全面锻造能打仗、打胜仗的过硬队伍，确保火灾形势和队伍管理“双稳定”，连续 30 年保持无亡人火灾的纪录。大队被应急管理部消防救援局评为执勤训练“先进大队”，被总队评为“先进党委”“先进大队”，在海南省首届消防行业职业技能竞赛中荣获总队“优秀组织奖”，通什站被总队评为“先进消防救援站”“先进党支部”，1 名消防救援人员荣获全国首届消防行业职业技能大赛通信岗位第五名，获“全国消防行业职业岗位能手”称号，2 名消防救援人员被应急管理部消防救援局评为执勤训练“先进个人”，5 名参赛选手分别荣获金奖、优胜奖，6 名个人分别获得总队各类奖励。

【消防队伍管理】 2021 年，五指山市消防救援大队以党史学习教育为抓手，专题学习“七一”重要

2021年5月12日，五指山市消防救援大队在“三月三”广场开展防灾减灾日宣传教育活动　（五指山市消防救援大队　供图）

讲话和党的十九届六中全会精神；聚焦五指山红色文化资源，组织消防救援人员到五指山革命根据地纪念园开展实地教学活动，拍摄特色文化教育微视频《传承红色记忆、发扬红色精神》，拍摄“我身边的党史故事”微电影，以队站双胞胎兄弟为故事人物，拍摄主题微电影《相约火焰蓝》；聚焦群众和基层“急难愁盼”，把好事办实、实事办好，通过深入基层调研、走访服务对象、听取基层建议，研究制定出台14项服务清单，得到群众的认可。

【执勤训练】 2021年，五指山市消防救援大队严格落实每月议训研训制度，创新练兵工作方法，制定《全员岗位大练兵奖惩办法》《训练督察制度》等5项制度，严格执行“周测试、月普考、季竞赛”模式，以考促训，以训促战，探索建立基础体能强弱“一对一”帮扶制，建立个人专门训练档案，打牢作战训练安全基础，强化安全意识，派出消防救援人员参加水域救援、潜水员、冲锋舟驾驶、无人机驾驶、应急通信等各类培训43人次，全面提升队伍专业化水平，“一专多能”得到初步显现。

【灭火救援】 2021年，五指山市消防救援大队接处警237起，出动消防车辆383次，消防救援人员2105人次，抢救被困人员9人，疏散被困人员73人，抢救财产价值70.96万元，保护财产价值122.64万元。2021年，开展专项实战化拉动演练13次。

【社会消防管理】 2021年，五指山市消防救援大队开展电动自行车、仓储物流、出租屋、医疗行业等消防安全专项整治工作。提请五指山市委、市政府召开8次常委会、常务会专题研究消防议题，开展消防安全专项检查13次，推动解决消防安全重大问题9个。印发《五指山市消防便民利企七项措施》，回应企业、群众所关切的消防管理及执法堵点难题；与五指山市行政审批局建立双向信息共享，强化事前审批与事中事后监管衔接，建立问题会商机制，成立企业服务小分队，让企业和群众“少跑路、降成本、解难题”；实行消防安全监管柔性执法，对轻微火灾隐患和违法行为，采取建议、劝告以及约谈、提醒、警示等措施，提高消防安全管理水平，优化消防安全营商环境。

【社会消防宣传】 2021年，五指山市消防救援大队开展消防宣传直播培训2次，上门服务和帮扶指导31次，服务企业和群众约1.5万人。联合五指山市总工会、五指山市应急管理局、物业行业协会开展全市物业企业行业消防技能竞赛活动，提升小区消防自防自救能力水平；利用学校、影院、户外大型宣传屏及沿街29块LED显示屏滚动播放消防安全宣传片和提示语，

2021年11月13日，五指山消防大队开展消防站开放日活动
（五指山市消防救援大队　供图）

组织人员发放宣传资料近6万份，张贴海报1万余张，在重大活动期间滚动播放公益广告、消防提示约3000条次，向市民发送消防安全提示短信11万余条。

（连崇明）

乡村振兴

【概况】 2021年，五指山市坚持把巩固拓展脱贫攻坚成果同乡村振兴有效衔接工作作为新时代“三农”工作首要任务，周密部署、持续推进经济社会发展和改善脱贫群众生活，严格按照“四个不摘”要求，狠抓责任落实、政策落实、工作落实，推动巩固拓展脱贫攻坚成果同乡村振兴有效衔接各项工作取得成效。

【防贫动态监测和帮扶机制】 建立“4+1”防止返贫致贫监测和帮扶机制（定期一次摸排、落实一套政策、出台一项制度、加强一批培训、购买一份保险），防止返贫致贫工作机制不断完善。组织全市驻村工作队、村组干部及帮扶联系人开展防止返贫致贫监测和帮扶两轮集中排查，确保监测对象找准找全。建立市、镇、村三级《监测对象帮扶台账》，对家庭现状、帮扶措施、政策落实等情况持续跟踪和动态管理。采取有针对性的产业、就业、落实综合保障等各项帮扶措施，防止脱贫人口返贫、边缘人口致贫。投入55.45万元为脱贫户、监测对象、低保及特困户以及一般户购买防贫综合保险（除了一般户自费2元外，其余人员政府全额补贴11元），实现监测对象等特殊群体和一般户防贫综合保险购买全覆盖。2021年，全市脱贫户6164户22858人，其中脱贫监测户108户407人；相对稳定脱贫户2491户9291人；稳定脱贫户3565户13160人。全市累计识别监测对象372户1402人（2021年识别190户707人），解除监测113户426人，正在监测259户976人（脱贫不稳户33户123人、边缘易致贫户79户298人和突发严重困难户147户555人），累计识别1402人，占建档立卡规模6.13%。

【巩固拓展脱贫攻坚成果同乡村振兴有效衔接】 继续委托专业公司对全市农村饮水安全工程进行统一运营管理，建立健全农村饮水安全工程运行管理工作制度及相关台账，加大行业监管力度，提升农村供水保障水平。2021年，投入3985万元，完成农村供水保障工程23项。

截至2021年秋季学期，发放全市家庭经济困难学生学前至中职教育特惠性教育补助金3031人次418.02万元，高职高专及中职稳定脱贫人口“雨露计划补贴”946人168.7万元，确保了“全上学、全资助”。在实现建档立卡家庭学生教育补助资金应发尽发的基础上，持续加强控辍保学工作，逐级签订控辍保学目标责任书，压实控辍保学“两条线”责任，确保除身体原因不具备学习条件外脱贫家庭义务教育阶段适龄儿童少年不失学辍学。

全额资助低保对象、特困人员每人280元和定额资助脱贫人口每人252元（90%定额资助）购买城乡居民基本医疗保险，2021年城乡居民基本医疗保险个人缴费补贴合计634.27万元，实现重点人员参保全覆盖。持续开展大病专项救治工作，全市700名罹患30种大病的脱贫人口得到有效治疗。对患高血压、糖尿病、重性精神病、肺结核等4种慢性病的脱贫人口实现家庭医生签约“应签尽签”，严格落实每季度上门随访1次要求。

抓好符合农村危房改造条件的7户农户的危改工作，2021年7户农户全部竣工入住。组织人员对全市7个乡镇59个行政村的“四类重点对象”农村房屋安全等级情况进行全面排查，未发现“四类重点对象”居住C级、D级房屋情况。开展农村户厕渗漏排查和农村户厕防渗漏改造工作，完成防渗漏改造500户。

2021年6月10日，五指山市乡村振兴局荣获“全国乡村振兴（扶贫）系统先进集体”称号（五指山市乡村振兴局 供图）

【社会兜底保障】 对全市脱贫人口、农村低保对象、特困人员和易返贫致贫人口进行全面监测，及时纳入符合农村低保条件的脱贫户66户108人，纳入特困供养对象14人，将112户监测户纳入农村低保对象。2021年，为纳入低保的811户1502人脱贫户发放低保金788.98万元；为纳入特困对象的57名脱贫人口发放特困供养金39.53万元；为210户474名监测户发放低保金85.2万元；为遭遇突发事件导致生活困难的脱贫户340户1267人发放一次性临时救助金117.27万元，保障帮扶对象的基本生活。

【光伏工作推进】 制定《2021年村级光伏使用计划》，规范光伏收益资金使用。2021年结转五指山市各村级电站光伏收益979万元，各行政村利用光伏电站80%以上的收益资金开发村级护林员、环境卫生监督员、饮水及水利管护员等公益性岗位，优先安置"无法离乡、无业可扶"的674名已脱贫家庭劳动力（含监测对象）就近就业，累计开发乡村公益岗3546个。对接国家税务总局五指山市税务局、海南电网有限责任公司五指山供电局、五指山市财政局等单位在五指山市国金大酒店三楼会议室举办五指山市2021年村级光伏工作培训班，各乡镇光伏工作分管领导、各乡镇负责光伏工作的业务人员及各村委会负责光伏业务同志等80人参加培训，通过"课件授课、实际操作演练、面对面解疑"等方式，解决疑难困惑，推进五指山市村级光伏工作良性开展。

【产业帮扶】 2021年，累计安排1.245亿元实施224个产业项目。发放五指山山鸡23万羽、发放鱼苗养殖1009.53亩、毛阳鹅苗5万羽，麻鸭苗2.37万羽等。实施冬季瓜菜奖补政策、复种瓜菜奖补政策，激发农户发展产业的动力，累计为7567户农户发放冬季瓜菜补贴1235.94万元和为3513户农户发放复种瓜菜补贴131.29万元，冬季瓜菜种植达1813.33公顷（含复种），较上年同比增长2.3%。实施产业发展奖补政策，对家庭经营性纯收入达到4000元以上的脱贫户（含监测户），每户奖励1000元用于发展生产，累计发放生产奖补5077户507.7万元。安排1136.97万元实施脱贫家庭人均800元产业扶持到户项目，实现有产业需求的建档立卡脱贫户全覆盖。投入1008.72万元为5565户农户（含脱贫户）6293.33公顷可开割橡胶购买橡胶收入价格保险，已完成理赔，合计理赔11130户次、393.6万公斤干胶、1541.71万元；其中脱贫户理赔了6666户次1072.56万元，一般户理赔了4464户次469.16万元。发挥农村创业致富带头人的示范引领作用，培育193名创业致富带头人。开展农民实用技术培训381期，培训群众1.30万人次，提高农民生产实用技术水平。

【就业帮扶】 对全市所有脱贫户开展务工意愿调查摸底，全面摸清脱贫劳动力的务工状态、务工意向、培训需求等就业底数。根据五指山市重点产业用工需求及脱贫劳动力培训意愿等情况，开展茶叶采摘与制作、老人陪护、家政服务、建筑砌墙和植物保护等职业技能培训，2021年累计培训106期4131人。组织开展"就业援助月""春风行动"等系列"线上线下"专场招聘会活动20场，参与企业731家，提供就业岗位1.52万个，促进农村劳动力转移就业3768人。继续实施务工奖补政策，累计发放2021年外出务工奖补和一次性交通补贴7141人次715.72万元，促进脱贫人口外出务工就业。2021年，全市脱贫人口等帮扶对象外出务工10298人，其中边缘易致贫户106人，突发严重困难户20人，脱贫不稳定户118人，比2020年脱贫人口务工总数9991人增加307

2021年9月15日，五指山市乡村振兴局到毛阳镇空联村发放阉鸡苗
（五指山市乡村振兴局 供图）

人，占 103.07%，实现有劳动力的零就业家庭动态清零。

【严格落实“四不摘”】 五指山市召开市委常委会会议、市政府常务会议、市脱贫攻坚工作领导小组会议等会议专题研究扶贫工作 57 次，先后研究制订 18 个脱贫巩固提升方案，集中调度解决实际问题。严格落实“五级书记抓脱贫攻坚”责任制度，市委书记带头遍访贫困村，乡镇党委书记、村支部书记遍访本乡镇、本村的经济困难户，深入一线帮助贫困群众解决实际困难。继续将组织力量向基层一线倾斜，除对 15 名因工作调整、身体健康、家庭困难等特殊原因无法正常履职的驻村干部进行调整外，其余驻村帮扶队伍保持稳定。结合巡视巡察上下联动，组建专项巡察组，对五指山市包含 7 个乡镇在内的 20 个脱贫攻坚重点责任单位党委（党组）开展脱贫攻坚“回头看”专项巡察，持续压实脱贫攻坚责任。

【国家考核、巡查、巡视反馈问题整改】 落实主体责任，主动认领问题，狠抓问题整改，坚持把问题整改作为全面提升脱贫攻坚质量的重要举措。针对 2020 年考核评估、督查巡查、专项审计、媒体舆情等反映五指山市的两大方面 10 个整改问题。其中，认领国家脱贫攻坚成效考核反馈的问题 6 个，认领本省发现的问题 2 个，自查发现的问题 2 个，制定针对性的措施 28 条。10 个整改问题均全部实现“清零”。针对暗访及本省督查等反馈的问题，深入查摆、举一反三，明确 7 类 13 个问题（其中督查发现问题 8 个，自查发现问题 5 个），制订出台整改方案，细化整改措施 37 条，推进各项整改按时高质量完成。暗访、本省督查反馈及市县自查发现的 13 个问题均全部实现“清零”。

【消费帮扶】 开展“山城好物民俗赶集日”活动，2021 年累计开展 37 场次。结合开通“每日鲜”宅家服务、微信同城配送、电商“直播带货”以及“832 平台”和“邮政助农”等线上线下方式，全面拓宽农产品销售渠道，脱贫户农产品线上线下销售额 1276.36 万元。2021 年，五指山市农村居民人均可支配收入 15350 元，同比增加 1546 元，增长 11.2%。

【定点帮扶】 印发《五指山市实施乡村振兴战略领导小组办公室关于进一步做好定点帮扶工作的通知》，对市派定点帮扶任务进行优化调整，新增机构改革后新成立的五指山市退役军人事务局、五指山市医疗保障局、五指山市行政审批服务局等 3 家单位定点帮扶任务，对 1 家定点帮扶单位调整定点帮扶任务。2021 年，全市定点帮扶单位共投入帮扶资金 1315.0947 万元，引进资金 358.1025 万元。其中，央企投入资金 1000 万元，引进资金 138.06 万元；17 家省级定点帮扶单位投入资金 240.93 万元，引进资金 217.40 万元；99 家市级定点帮扶单位投入资金 74.17 万元，引进资金 2.65 万元。2021 年，各定点帮扶单位线上线下消费帮扶 1276.36 万元。

【帮扶干部培训】 2021 年，先后开展五指山市乡村振兴中队长、帮扶联系人、乡村振兴专干“巩固拓展脱贫攻坚成果同乡村振兴有效衔接”专题轮训 7 期 1743 人次。

【农村基础设施建设】 2021 年，建设农村公路养护工程项目 13 个，完工 10 个；完成农村公路修缮项目 10 个、农村田洋水利建设项目 74 个。继续推行“户分类、村镇收集、市运转”的垃圾收运模式，在 7 个乡镇 30 个行政村配置 34 个垃圾分类收集屋，为 3689 户农户发放垃圾分类桶 11067 个，全市农村垃圾清运处理和无害化处理率 100%，农村人居环境质量持续向好。推进城乡电商物流整合，实现城乡电商物流整合配送站（点）覆盖全市 7 个乡（镇）、36 个行政村，实现包裹快件从市级物流配送中心到乡（镇）级物流中转站 24 小时内完成，物流配送成本明显降低，服务能力显著增强。

【乡村文明】 2021 年，五指山市开展第三届“文明典型”评选活动，共评选出“文明农户”“文明家庭”“文明单位”等 8 类 34 个“文明典型”，并举办大型颁奖晚会进行表彰。积极推选第八届海南省道德模范，2021 年五指山市共有 4 人获第八届海南省道德模范，其中闫文英获评第八届全国道德模范提名奖。实行道德“红黑榜”机制，对移风易俗的先进典型在“红榜”张榜表扬，对违反移风易俗相关规定的列入“黑榜”，通过典型树立、正面激励和反面约束引导群众转变思想观念。2021 年，共征集“红黑榜”事迹 73 个，其中“红榜”56 个、“黑榜”17 个，并制作 264 个展架在全市各乡镇、各村进行宣传教育，推动乡风文明不断向好。开展家风家训宣讲 26 场，培育良好家风，促进民风乡风转变；开展健康讲座 3 场，讲述喝酒危害，引导广大群众积极向上的生活习惯。2021 年，全市 7 个乡镇共有 17 家乡村治理积分超市，兑换商品 309 万元。

【统筹资金绩效和项目库建设】 2021 年安排财政衔接资金及统筹整合资金 28774 万元，2021 年累计支出 28115.06 万元，支出进度 97.71%，超过省里要求目标进度的 2.71 个百分点。持续完善市、乡（镇）、村三级项目库建设，动态调整后目前在库项目 404 个，资金规模达 3.7957 亿元。科学编制扶贫资金预算安排，全市计划统筹整合使用财政涉农资金 26410.22 万元，累计支出 25752.09 万元，支出进度 97.51%。

【扶贫小额信贷】 2021 年，为有贷款需求的 382 户脱贫户发放小额信贷贷款 1501.615 万元，其中为 38 户脱贫户办理续贷 161 万元，为 4 户脱贫户办理展期 4.31 万元，确保有小额信贷需求且符合条件的脱贫户（含监测对象）实现应贷尽贷。

【革命老区建设】 五指山市 2021 年革命老区项目计划投入资金 910 万元（其中第一批计划投入资金 637 万元，第二批计划投入资金 273 万元）用于 7 个老区村庄建设项目，覆盖 3 个乡镇 7 个村委会 9 个自然村。2021 年项目开工率 100%，项目进度完成率 100%，受益群众 858 户 3295 人。

（胡　培）

生态文明

环境环保

生态环境保护

【概况】 2021年，五指山市牢固树立“绿水青山就是金山银山”理念和生态环境保护意识，坚持举生态牌、谋生态策、走生态路、立生态市，进一步凝聚思想共识，聚焦关键环节，以更加务实的举措坚决打好打赢污染防治攻坚战。

【政策规划】 2021年，印发《五指山市水功能区限期达标方案》《五指山“十四五”生态环境保护规划》《五指山市土壤监测报告》《五指山市加强超标排放机动车管控执法的工作方案》《五指山市农贸市场禁塑综合整治方案》《五指山市2021年度污染防治工作计划》《南圣河实现“碧水绕城”水环境治理专项行动工作方案（2021—2022年）》《五指山市城乡扬尘专项整治行动方案》《五指山市国家生态文明建设示范市规划（2021—2025年）》等。

【水环境质量】 2021年，五指山市地表水环境质量断面水质全部达到或优于Ⅲ类，优良比例100%；城镇集中式饮用水水源和农村集中式饮用水水源水质均达到或优于Ⅲ类标准，水源地达标率100%；城镇内河太平溪冲山一桥、阿陀岭溪冲山二桥、通什水福德莱吊桥和通什水防洪大坝4个断面水质均达到“十四五”水质目标Ⅲ类要求。

【大气环境质量】 2021年，五指山市环境空气质量总体优良，优良天数比例100%。有效监测天数为365天，其中优级天数为328天，占比89.9%，良级天数为37天，占比10.1%，无轻度及以上污染天。

【土壤环境质量】 五指山市坚持以保护土壤环境质量为核心，以预防为主、保护优先、风险管控为原则，开展各类土壤污染防治项目，全市土壤环境质量总体情况保持优良。

【空气环境监测】 每周按时开展零漂和项目跨漂校对监测，同时每半年开展一次多点校准工作，确保国家大气背景站监测数据通过VPN网实时传输至中国环境监测总站和省环境监测中心。阿

2021年3月20日，五指山市生态环境局组织技术人员到太平水库进行水质自动监测　（五指山市生态环境局　供图）

2021年7月30日，五指山市监测站技术人员持证上岗考核
（五指山市生态环境局　供图）

陀岭国家大气背景站的环境空气质量监测项目分别为SO_2、NO_X、PM10、PM2.5、CO、O_3、能见度、黑炭和气象五参数（温度、湿度、气压、风向、风速），共获得监测数据87469个。五指山市监测站楼顶和阿陀岭国家大气背景站两个监测点降雨的监测工作，监测项目共12项，分别是pH、电导率、降雨量、硫酸根、硝酸根、氟、氯、铵、钙、镁、钠、钾。共获得监测数据1644个。2021年开展市监测站自然降尘监测工作共获得监测数据10个。

【生态环境保护工程】 2021年，五指山市7个乡镇59个行政村中，建成58个行政村农村生活污水处理设施，因报龙村搬迁未实施，行政村治理率100%，全省行政村治理率排名第一，完成五指山市毛阳镇毛兴村委会8个自然村污水处理设施修缮工程建设，经调试运行后投入使用。

【禁塑宣传与巡查管控】 2021年，五指山市组织相关职能部门开展专项联合检查行动11次，出动监管执法人员共计1517人次，监管巡查机关事企业单位100余家次、经营企业4695家次，2021年，对涉嫌禁塑事项相关单位和人员立案111宗，送达行政处罚决定书109份，办结案件109宗，没收一次性不可降解塑料制品约550公斤，处罚金额11.04万元，现已缴纳10.72万元。举办禁塑宣传教育活动43场，向社区、学校、政府部门等累计发放宣传资料5万余份，印制宣传条幅40余条。

【生态环保督察】 2021年，第一轮中央生态环境保护督察整改方案和任务清单中涉及五指山市的整改事项共有9项。其中，3项立行立改、持续推进工作已整改完成并长期坚持，5项已整改完成并上报省环境保护督察整改工作领导小组办公室销号，1项完成待省资规厅批复后组织销号。第二轮中央生态环境保护督察整改方案和任务清单中涉及五指山市整改事项15项。已完成整改13项，2项达到序时进度。认真办理两轮中央环保督察群众举报件，第一轮涉及五指山市的举报件共29件，已办结29件，办结率100%。第二轮19件，已办结19件，办结率100%。

【环境保护宣传教育】 利用LED屏幕宣传环境保护法律法规，努力提升全民环境意识，建设生态文明的良好风气。教育行政部门和学校将环境保护知识纳入学校教育内容，树立起学生环保意识、公德意识和爱国意识。新闻媒体开展环境保护法律法规和环境保护知识的宣传，对环境违法行为进行舆论监督。

【生态环境监察】 2021年，审查涉生态环境保护各类规范性文件26件，发现涉环境违法行为38件，及时函告相关职能部门及五指山市综合行政执法局办理。

（刘　静）

国土资源管理

【概况】 根据2020年度国土变更与遥感监测成果，五指山市总面积114428.32公顷，其中湿地333.86公顷、耕地3400.72公顷、种植园用地24398.72公顷、林地81420.92公顷、草地288.37公顷、商业服务业用地105.16公顷、工矿用地92.76公顷、住宅用地882.94公顷、公共管理与公共服务用地52.89公顷、特殊用地173.33公顷、交通运输用地595.33公顷、水域及水利设施用地1903.84公顷、其他土地89.09公顷。

【城市规划编制和管理】 城市规划综述：《五指山市总体规划（空间类2015—2030）》及各乡镇总体规划和控制性详细规划是公共事务管理，管理土地使用+项目建设+利益分配+行为伸裁，作为城市规划建设管理的直接依据，主要是五指山市政府用以引导和制约各类社会组织、企业、团体和个人的行为，是各类城市土地利用和开发建设管理的行为准则。

五指山市各乡镇总体规划和控制性详细规划结合五指山市实际情况，系统梳理主城区建设中存在的各种问题，落实上位规划要求，明确并强化政府职能，重视市场的变化和需求，平衡城市近期建设及长远发展的矛盾，制定适合城市可持续发展的土地利用和开发建设管理的行为准则。

规划编制情况：五指山市启动《五指山市国土空间规划》规划编制工作。并严格实施《海南省总体规划（空间类2015—2030）和《五指山市总体规划（空间类2015—2030）》，实现"一张蓝图干到底"。2021年，五指山市组织编制的《南圣镇总体规划及控制性详细规划》《毛阳镇总体规划及控制性详细规划》《畅好乡总体规划及控制性详细规划》《毛道乡总体规划暨控制性详细规划》《番阳镇总体规划及控制性详细规划》《五指山中心城区控制性详细规划》已编制完成并经五指山市人民政府批准实施。

2021年底，启动五指山市村庄规划修编，完成相关审查及指导工作，做到农房建设有规划管理、行政村有村庄整治安排，实现村庄规划建设管理全覆盖。

【土地测绘】2021年，五指山市基础测绘有全市村庄的不动产权登记测绘，五指山市区及各乡镇建成区地籍测量，全市域1：10000数字化地形图，利用基础勘测资料，开展土地利用规划、林业规划、城市控制性规划、土地权属确定、土地现状调查、五指山地图集的编制等工作。

【规范土地登记】2021年，办理各类国有土地登记51宗，办理各类国有土地证书51本，办理土地使用权抵押登记9宗。完成转移登记证书发证2654本；首次证书发证119本；其他登记证书发证436本；变更登记证书发证18本；预告登记证明发证294份；不动产抵押登记证明595份；预告抵押登记证明120份。

【土地征收储备】2021年，补充耕地开垦项目工作涉及南圣、毛阳、番阳、畅好、通什5个乡镇共计13个项目，已完成初步设计及概算的编制、评审、报行政审批局审批等前期工作，正在进行招投标代理选定施工单位及监理单位，进入施工阶段工作。

【耕地保护】贯彻落实耕地保护基本国策，强化耕地保护责任。依据2020年度国土变更调查数据，五指山市耕地面积为3400.72公顷，其中水田3130.88公顷，水浇地22.13公顷，旱地247.71公顷。

贯彻落实国家自然资源督察广州局《国家自然资源督察意见书》，做好耕地保护督察反馈问题的整改工作，依法规范五指山市耕地保护和管理工作。耕地保护督察反馈问题清单中涉及五指山市10个问题，2021年已整改完成7个，正在推进整改3个。

2021年10月28日，印发《五指山市人民政府关于建立耕地保护"田长制"的实施方案》。

利用"4·22"世界地球日、"6·25"全国土地日，进行基本农田、保护耕地工作宣传，增强群众保护基本农田意识，落实最严格耕地保护制度。

【土地权属地籍管理】2021年，调处解决土地权属纠纷案件1宗。

【土地变更与遥感监测】五指山市开展2021年度国土变更调查工作，调查成果已上报自然资源部审核。

【土地用途管制报批】2021年，办理完成五指山市污水处理厂扩建工程、毛阳汽车客运站、疾控中心大楼和畅好乡番通新村宅基地项目等7个项目的农用地转用手续。

【项目土地征收】2021年，五指山市共发出市教育路市政工程项目、五指山市公交停车场项目、五指山市怡景山城市政污水排放项目、五指山市环市西路市政道路工程项目等13宗征地文。

【矿产资源管理】五指山市现有矿山石场6个，分别是南圣石场、福道石场、162石场、十四队石场、毛阳石灰岩石场、毛阳什行坝石场。闭坑石场5个，边采边修复1个，即福道石场。五指山市是全省生态核心区，在"十四五"规划中，全市6个石场要关闭。五指山市自然资源和规划局作为矿产企业监督单位，履行职责，抓好矿产资源的开发和矿山的修复治理工作。2021年，毛阳石灰岩石场修复治理工作已接近尾声。毛阳什行坝石场修复治理完成率60%。南圣石场因不按治理方案修复，要求进行整改。福道石场从东、西两侧开始修复治理，完成率 30%，福道石场年产碎石、石粉 8 万立方米左右。

【地质灾害防治】 2021 年，五指山市上报省自然资源和规划厅报备地质灾害项目 20 个，分别是：畅好居 19 队（红光居委会）、畅好居 26 队（红光居委会）、畅好乡番通村委会番道村崩塌、番阳镇毛组村委会毛组一村崩塌（毛农）、番阳镇番阳村委会番阳七村崩塌（万透）、番阳镇毛组村委会毛组三村（毛域）、番阳镇孔首村委会抱隆村、毛阳镇牙合村委会便文村崩塌、毛阳镇什稿村委会什牙立村崩塌、毛阳镇毛旦村委会什道精二村崩塌、毛阳镇毛兴村委会南乐村崩塌、毛阳镇毛兴村委会毛兴村崩塌、水满乡新村村委会新村一组崩塌、水满乡牙排村委会毛苗村崩塌、畅好农场二区 25 队 2 组崩塌（红卫居委会）、通什镇番赛村委会番赛村不稳定斜坡、通什镇福关村委会毛送村崩塌、通什镇抱龙村委会报龙村崩塌、通什镇福利村委会福利二村崩塌、琼州学院五指山北校区第三宿舍区。至 2021 年共完成治理（验收通过）8 个，分别是：畅好居 19 队（红光居委会）、畅好居 26 队（红光居委会）、畅好乡番通村委会番道村崩塌、番阳镇毛组村委会毛组一村崩塌（毛农）、番阳镇番阳村委会番阳七村崩塌（万透）、番阳镇毛组村委会毛组三村（毛域）、番阳镇孔首村委会抱隆村、毛阳镇毛兴村委会毛兴村崩塌（已建）、畅好农场二区 25 队 2 组崩塌（红卫居委会）。

【法治宣传】 五指山市自然资源和规划局组织开展好法治宣传活动，制定宣传方案，明确职责和宣传内容、宣传方式等，法制宣传工作落到实处。加强全体干部职工法制教育，集中学习宪法、行政法、物权法、民法典等相关法律知识。采取悬挂横幅、张贴标语及在办公区域 LED 屏等多种宣传途径进行法制宣传。通过设点宣传、悬挂横幅、发放宣传材料等多种普法形式增强广大干部职工和社会公众的法制意识。2021 年，发放各类宣传资料 4 万多份，悬挂横幅 660 多幅，海报 2900 多份。

【国土资源信访工作】 2021 年，五指山市自然资源和规划局及时接收和处理信访件，在与信访人充分沟通的前提下，做出相对答复意见，并做好息访罢访工作。2021 年，收到信访件 15 件，受理 11 件，不受理 4 件，办结率 100%。

（冯景瑜）

林业管理与保护

【概况】 2021 年，省下达林地保有量指标面积 97533.33 公顷，实际规划林地面积 104866 公顷，其中公益林面积 78500 公顷、商品林面积 26333.33 公顷，森林覆盖率 86.44%。海南热带雨林国家公园在五指山市行政区域内规划面积约 72000 公顷，约占五指山总面积的 62.92%。

【植树造林】 2021 年，五指山市完成省绿化委员会、省林业局下达的 46.66 公顷造林绿化任务，完成义务植树 10 万株。2021 年组织开展“义务植树月”、老残林、低效林采伐更新、市辖区主要通道两旁林地更新地块和其他边坡土地复绿整改等活动。在五指山市仙归园开展环境绿化提升和修复工作。

【林业重点项目推进】 森林生态效益补偿　2021 年，五指山市林业局制订《五指山市 2021 年森林生态效益补偿实施方案》，发放森林生态效益直补资金 2449.75 万元，全市受益人口 5.81 万人，人均补偿标准金额在 360 元—560 元之间。

国家公园生态搬迁　采取倒排工期、实施生态搬迁包户的方式，明确各阶段的任务时间和责任人，将生态搬迁户分配到全市 58 个部门，每天对生态搬迁工作进展情况进行调度，编辑搬迁工作简报。加大宣传力度，发放宣传折页、宣传册、政策汇编、海报共计 4000 余份，通过流动广播采取普通话和黎话宣传搬迁政策。抽调精干力量组建测量队伍，对生态移民搬迁村涉及的农用地、建筑物、青苗等进行全面核查并登记造册，开展建筑物和青苗补偿、农用地租赁调查评估工作；加快搬迁村安置房项目建设。

林长制工作　建立市级林长—乡镇级林长—村级林长为构架的三级林长制工作体系，实行党政主要负责同志双林长制，安排 8 名市级领导担任市级副林长。建立健全相关工作制度，将林长制工作纳入各级党政领导班子和领导干部年度考核和自然资源离任审计的重要内容，压实各级主体责任。2021 年以来，市乡两级林长累计开展巡林 745 人次，对巡林过程中发现的毁林种槟榔等苗头性问题及时出台相关规定加以管控。聘用公益林专职管护员 75 人、生态护林员 816 人，配合各级林长实行网格责任区管护，对森林生态实施全方位管护。

【森林资源管理】 2021年，市委、市政府与各乡镇及各有关单位签订《五指山市2021年保护发展森林资源目标管理责任书》，明确责任单位、责任人和责任目标。牵头成立由林业、综合执法、森林公安、行政审批、自然资源和规划等部门和各乡镇组成的森林督查违法图斑整改工作专班，做好森林督查图斑和挂牌督办案件整改工作。五指山市被国家林草局广州专员办挂牌督办案件共3宗、2018—2020年森林督查违法图斑共375个，2021年9月全部整改完成，上报销号率100%，回收林地面积约56公顷，率先在全省实现森林违法图斑和挂牌督办案件全面清零。

【森林防火】 2021年，五指山市无重特大森林火灾发生和人员伤亡事故发生。落实森林防火工作责任制，执行值班和领导带班制度，确保护林防火信息畅通。指导、协助市各乡镇、市畅好居森林防火工作。发挥护林员第一线作用，组织开展森林火灾风险普查活动。在“森林防火宣传月”、“安全生产月”、“5·12”防灾减灾日期间，悬挂森林防火宣传横幅，张贴宣传标语，刷新公路墙体宣传标语，发放防火宣传品。

【森林病虫害防治】 2021年，五指山市开展林业植物检疫执法检查，加大对椰心叶甲、椰子织蛾、松材线虫病等检疫性有害生物的监测防控，健全测报网络体系，及时上报成灾情况。2021年完成林业有害生物防治“四率”指标，其中成灾率为零，无公害防治率99.61%，测报准确率97%，产地检疫率100%。释放寄生蜂（姬小蜂）共259万头防治椰心叶甲，防治面积39公顷。

【森林督查】 2021年，五指山市林业局联合五指山市综合执法局、五指山市森林公安组织开展森林督查及打击破坏森林资源专项行动，查处涉林案件39宗，其中综合执法局行政案件38宗，森林公安刑事案件1宗。

（黄佳秋）

乡镇·畅好居

乡 镇

通什镇

【概况】 通什镇位于五指山市中南部，市政府驻地，地理位置优越，东与南圣镇、畅好农场毗邻，南靠畅好乡，西与毛道乡接壤，北临毛阳镇。镇人民政府驻市区河北农垦路，下辖有番茅、番香、牙畜、福安、番慢、应示、什会、什保、福关、牙日、太平、红雅、福利、报龙、番赛、南定16个村委会、4个居委会、1个镇农场，1个农科站，有40个居民小组，72个自然村，90个村民小组。辖区总面积325平方千米，耕地面积890.36公顷。全镇总人口63885人，其中社区城镇人口49151人，农村人口14734人，人口中有黎族、汉族、苗族等民族，其中黎族80%以上。通什镇下属部门有党政综合办公室、社会事务办公室、经济发展办公室、社会事务服务中心、农业服务中心、自然资源和规划建设管理所、综合行政执法中队等，组织机构健全。镇党委下辖48个党支部，共有党员1357人，其中农村党员780人。2016年以来，通什镇先后荣获“五指山市年度脱贫攻坚先进乡镇”“海南省爱国拥军模范单位”“海南省民间文化艺术之乡”等称号。

通什镇地处五指山市区边陲，海拔320米，海拔高，纬度低，森林密布，光、热、水资源丰富，气候类型属热带雨林气候，冬暖夏凉。镇境内多山，林业资源丰富，全镇林地面积12666.67公顷。水资源丰富，境内有南圣河流过，辖区内有8座山塘水库，主要供应居民日常用水和农业用水。因其四面环山，气候宜人，四季如春，素有“翡翠山城”“南国夏宫”之美誉。

【经济发展】 2021年，通什镇在巩固发展好3347.33公顷橡胶、597.66公顷槟榔、852.07公顷益智等传统产业的基础上，发展油茶、茶叶、忧遁草、无花果等特色产业，累计扶持种植油茶416.67公顷、茶叶67.4公顷、忧遁草26.7公顷、无花果20公顷等，均形成一定的规模，实现农户稳定增收。通过土地流转、企业带动和产业融合发展等方式，发展一批瓜菜基地、铁皮石斛、忧遁草、无花果等村集体经济项目；搭建“空中电站”，实现16个村委会光伏电站全覆盖，在增加村集体经济收益的同时，利用光伏扶贫

2021年11月30日，中国共产党通什镇第二次代表大会召开

（通什镇　供图）

2021年12月7日，通什镇第二届人民代表大会第一次会议召开

（通什镇　供图）

电站收益开发村级污水管理员、保洁绿化员、治安巡查员等公益性岗位累计234人，稳步带动当地劳动力就近就业。全镇16个村委会村集体经济年收入合计393.12万元。

【特色产业】2021年，通什镇累计投入2108.7万元建设产业项目46个(含续建项目12个255.36万元，到户项目7个388.14万元)。投入201.36万元在福安村委会新建冷库项目，建设冷冻库260平方米等设施；投入218.48万元建设番慢村兰花项目；投入78.09万元在福安村委会新建福安昌冲常年瓜菜基地项目；投入78.14万元在福安村委会新建福安番道瓜菜基地项目。2021年，新建17个光伏发电项目。

【社会发展】发挥城关镇担当作为，全面分析研判、周密部署，有效落实网格化管理、地毯式摸排、精准监测、疫苗接种等联防联控工作，筑牢安全防线，确保人民群众健康，社会大局稳定。组织脱贫户等群体参与“春风大行动”、消费活动月、消费专区试点和爱心赶集日等消费帮扶活动，消费帮扶销售总额171.5万元，占全市销售总额的52%。关注民生办实事，持续提升人民群众生产生活质量。发放2021年耕地地力保护补贴1181户237.09公顷61.88万元；发放猪苗产仔补贴41.84万元；发放防寒物资806件；发放冬种瓜菜补贴1578户219.92公顷197.92万元；全镇享受农村低保政策444户807人。落实乡村振兴积分兑换、消费扶贫、产业就业奖励、小额信贷等政策，提高群众生产生活条件和质量。推进扫黑除恶、社会综合治理、环境保护等工作，创建平安通什。开展扫黑除恶工作，加大涉黑涉恶治乱问题线索排查，配合政法机关严厉打击涉黑涉恶违法犯罪。配合防范打击邪教组织、“私彩”等违法行为。开展吸毒人员监控、禁毒宣传、回访慰问工作，全镇社区戒毒康复人员执行率100%。继续做好信访和“12345”平台服务工作，确保群众矛盾及时化解，2021年信访件“12345”政府服务热线单件全部办结。开展安全生产宣传教育，稳步推进计生、党管武装等工作。

【精神文明建设】采取集中学习和自主学习的方式，组织全体镇机关干部及村(社区)干部职工认真学习党的十九届五中和六中全会精神、习近平总书记系列重要讲话精神等内容，以中国共产党成立100周年为契机，开展爱国教育主题班会等活动，邀请驻点律师在各村开展法治宣传教育活动16场。建立健全镇规民约、村规民约，引导广大群众崇尚科学、抵制迷信邪教、诚信守法，教育村民以德治家、文明立家、勤俭持家、和谐兴家，营造文明和谐乡村氛围。发放红黑榜，宣传精神文明建设中涌现的新人新事，在农村形成人人参与、户户参与、自我管理的文明创建氛围。丰富群众文体活动，提升群众的生活品位，组织16个村委会开展2021年“三月三”系列活动，以比赛的形式展示弘扬黎族传统文化技艺，激励黎族同胞对传统文化技艺的传承保护和创新；配合开展“三月民族情 奋进颂党恩”之春天的恋曲民歌暨器乐比赛，评选出《颠倒歌》、灼吧独奏《庆丰年》、鼻箫合奏《阳光阿侬》等优秀节目分获民歌、黎族竹木器乐(少儿组)、黎族竹木器乐(成人组)冠军。同时，完善全镇16个农家书屋建设工作，开展亲子阅读、绘画等活动，逐步形成全民读书的良好氛围。

【新农村建设】2021年，通什镇完成20个村(社区)“两委”换届选举工作任务，共选举产生新一届村“两委”成员114名，实现“一肩挑率100%”；选举出

2021年6月25日，通什镇开展庆祝中国共产党成立100周年暨非遗黎锦时装主题展演活动　　（通什镇　供图）

镇党代表105人、人大代表80人；深入推进基层党建“4321”工程，成功创建河北东居委会1个五星级党建示范点、番赛村1个四星级党建示范点；推进“两新”组织“两个覆盖”双提升工程，指导海南妙自然等2个党支部按程序选举产生党支部书记；开展排查整顿农村发展党员违规违纪问题工作，真实还原党员入党全过程，确保党员队伍的纯洁性。

支持国家公园建设，推动太平村委会新平村小组，报龙村委会报龙、小明形、格什等4个村小组的生态搬迁任务；深入开展六大专项整治工作，2021年共拆除两违图斑4宗983平方米；打击毁林开荒违法犯罪行为，完成整改2018—2020年森林督查图斑和各级环保督察反馈问题；推行河长制工作，通过《河长制会议制度》《河长制工作督查制度》等配套制度，抓好河湖水面污染、河岸整治、河道清淤等问题整治，组织清理全镇河流9条，长32千米；推进农村改水改厕和农村污水治理项目建设；结合推进美丽乡村建设，整合资金，不断完善农村“五网”基础设施项目建设。开展“清洁家园”行动，改善、美化农村人居环境，建成福安、番香、福关等美丽乡村，番赛村委会被评为国家森林乡村。加大“双创”网格化管理力度，日常保洁工作形成常态化，助力五指山市成功创建国家卫生城市和省级文明城市。

【社区管理】 通什镇下辖4个社区，分别为河南东社区、河南西社区、河北东社区、河北西社区，有25个居民小组、67个物业小区、党员407人。

实施安民工程，以社区党建促平安社区为龙头，以全民普法教育和重点帮教为抓手，强化社区治安，确保社区稳定，协调解决卓达山水青城、翡翠名苑、翡翠谷等小区物业、业主之间的矛盾纠纷。配合公安民警做好帮教工作，对辖区内吸毒人员进行排查、“四位一体”帮教、使他们懂得如何珍惜生命，重归社会。开展法治宣传教育，在社区组织开展法律进社区活动，发放宣传资料，组织居民学习法律法规，增强居民的法律观念。

做好辖区全员人口登记管理和计划生育工作，配合开展孕前优生健康检查活动，完成下达工作任务的100%。认真受理城市困难居民申请，并进行逐户调查核实，同时将结果张榜公布，做到公平、公开、公正和确保困难居民应保尽保。

开展“双创”工作和爱国卫生运动，抓好社区环境卫生的整治。协助城建、爱卫部门开展除“四害”运动，并协同有关部门对秩序混乱、卫生环境差的营业场所进行整顿，为广大市民提供一

2021年1月22日，通什镇举办村（社区）“两委”换届工作会议暨骨干培训班　　（通什镇　供图）

个干净、整洁的居住环境。

【脱贫攻坚与乡村振兴】 2021年，通什镇严格落实“四个不摘”要求，持续做好巩固脱贫攻坚成果同乡村振兴有效衔接的各项工作，多次组织镇领导班子、镇各部门负责人、脱贫攻坚中队、村“两委”召开专题研讨会，制定《通什镇关于做好巩固拓展脱贫攻坚成果同乡村振兴有效衔接实施方案》，做好过渡期内的各项衔接工作。对全镇脱贫户进行动态管理和分类认定，将脱贫不稳定户、边缘易致贫户、突发严重困难户全部纳入监测范围，及时跟进帮扶，做到“早发现、早干预、早帮扶”，坚决守好不发生规模性返贫这条底线。2021年，全镇有脱贫户1535户5882人，其中相对稳定脱贫户627户、稳定脱贫户908户。累计确定监测对象89户327人，正在监测54户201人（其中：边缘易致贫户3户7人，突发严重困难户51户194人），消除返贫致贫风险35户126人。

强化稳岗就业工作，促群众增收。继续组织帮扶力量做好务工月监测采集工作，及时更新务工信息，2021年通什镇脱贫人口外出务工人员2732人，占2020年贫困劳动力务工总数的101.22%。组织帮扶联系人及村干部等，进村入户宣传招聘信息及奖补政策，发动群众外出务工，发放宣传资料1535份。通什镇外出务工就业奖励申请1306人次，其中发放1181人223.45万元，完成公示待发放125人27.15万元。10月16日，通什镇政府协助五指山市人力资源和社会保障局、五指山市就业服务中心在镇政府大院举办乡村振兴专场招聘会。本次招聘会参会企业26家，提供就业岗位733个，涉及电力、销售、文员、主播艺人及教师等多个领域。根据产业发展规划和群众的就业技能培训需求，及时收集反馈至五指山市就业服务中心、五指山市科工信局等相关单位，并协助其有针对性地开展老人陪护、建筑砌墙及茶叶采摘与制作等各类就业技能培训，做到靶向发力，精准培训，提高全镇劳动力就业率，巩固脱贫成果。2021年，共配合开展就业技能培训19期714人次。

2021年11月9日，副省长沈丹阳（右五）到通什镇应示村委会调研乡村振兴工作，五指山市委书记朱宏凌（左四）陪同调研（通什镇　供图）

2021年，累计投入2108.7万元建设产业项目46个（含续建项目12个255.36万元、到户项目7个388.14万元）。

2021年，通什镇投入2556.2万元实施涵盖路面硬化、排水沟建设、砖砌挡土墙等基础设施项目52个（含2020年续建项目22个533.57万元），项目覆盖番慢、番赛、福安、应示等村委会。

（吴　茵）

毛阳镇

【概况】 毛阳镇位于五指山市北部，东与水满乡毗邻，西和番阳镇、白沙县交界，南靠通什镇，北接琼中县什运乡，行政区域总面积236.5平方千米，距离市区22公里，境内大部分为山地，地势略为西高东低，地面高度为海拔400—500米，最高点海拔800米，最低点海拔200米。是白沙起义遗址、五指山革命根据地琼崖纵队司令部旧址及1949年海南岛第一面五星红旗升起所在地。全镇耕地面积869.33公顷（其中水田714.08公顷，旱地155.25公顷），主要种植水稻、玉米、花生，以及苦瓜、青瓜、朝天椒等冬种瓜菜。主要经济作物有橡胶、槟榔、益智、香蕉等；森林面积1.02万公顷，森林覆盖率86%，是五指山市的农业大镇。毛阳镇现辖毛路、毛兴、毛贵、什益、空联、牙胡、毛栈、什稿、毛阳、牙力、毛旦、毛辉、牙合等13个村委会，71个村民小组（其中黎村70个、苗村1个）。2021年毛阳镇人口16313人，其中少数民族人口占总人口的91.32%。2021年农业总产值

2021年3月25日，毛阳镇第九届人民代表大会第八次会议召开
（汤浪波　摄）

24563.54 万元，农村居民可支配收入 15709.66 元。

【经济发展】 2021 年，毛阳镇农业总产值 2.26 亿元，同比增长 6.6%。有耕地面积 869.3 公顷，设施农业 9.05 公顷，粮食总产量 0.24 万吨。按照“一镇一业、一村一品”的发展原则，毛阳镇大力发展热带高效农业，引导各村各户精耕细作发展好橡胶、槟榔、冬季瓜菜等传统产业。做大做强热带高效农业，形成以朝天椒、苦瓜及青瓜为主的常年瓜菜布局，通过推广“菜—菜—稻”轮作模式，提高土地利用效率。持续推广天然橡胶“价格保险”和“期货＋保险”项目参保模式，“价格保险”投保面积 1866.67 公顷（其中脱贫户参保 784 户 686.67 公顷），政府代缴投保金额 411.32 万元，理赔 20.57 万元；参加“保险＋期货”投保面积 1906.67 公顷，理赔 75.26 万元。通过以商招商、外出招商等形式，引进资金 48500 万元，截至 2021 年底已到位资金 24200 万元。2021 年全镇共引进项目 9 个（含续建项目），其中投资千万元以上的项目有 7 个。

【特色产业】 打造冬季瓜菜、益智、毛阳鹅、五指山五脚猪、阉鸡、食用菌猪肚菇和山兰稻等一批“短、平、快”优势特色产业。橡胶种植面积 3666.67 公顷，开割面积 2666.67 公顷，总产量 2798.74 吨，总产值 1958.12 万元；槟榔种植面积 673.3 公顷，采摘面积 353.33 公顷，总产量 1141.78 吨，总产值 5708.9 万元；益智种植 670.71 公顷，已挂果 510.07 公顷，产值 1174.75 万元；2021 年全镇冬季瓜菜种植突破 731.03 公顷，产量 16789.64 吨，产值 10073.78 万元；落实粮食作物种植 503 公顷、生猪存栏量 2037 头、家禽 8.69 万羽。通过实施“政府＋合作社＋脱贫户”“示范点＋脱贫户”“党支部＋脱贫户”等模式，有效提高脱贫户自身的“造血”功能。

【社会发展】 毛阳镇有镇文化站 1 所，有村级文化活动中心 13 处，各类图书室 13 间，藏书 8 万余册。幼儿园 1 所，为毛阳中心幼儿园，下属有毛路、毛栈、什稿 3 所分园。全年级小学 1 所，为毛阳中心学校，在各村设立分校教学点 13 所。镇级卫生院 1 所，门诊部 1 个，村级卫生室 13 所，均有配备专业医疗人员。累计住院报销 809 人次 1996.40 万元；累计特定病种门诊报销 562 人次 38.73 万元；累计普通门诊报销 5700 人次 9.30 万元。不断加大动员农村合作医疗缴费力度，2021 年缴费人数 13219 人，参合率 97.6%。临时救助共计发放 142 户 538 人 58.88 万元。在镇区、各行政村均有投放健身器材，经

2021年11月30日，中国共产党毛阳镇第十次代表大会召开
（邓　婕　摄）

常参加体育活动人员占常住人口的39%。发挥农村文体骨干作用，组织开展广场舞等简便易行的群众性健身活动及民族、民俗、民间体育活动。安装无线调频广播覆盖率100%，卫星电视“村村通”“户户通”覆盖率超过90%。推动基层法治建设，依法公开政府文件278件，财务公开38件，政务公开143件。处理镇人大代表提出建议30项，解决民计民生问题10件，落实公益检察建议书整改问题2件。持续开展扫黑除恶专项斗争和禁毒三年大会战，依法严打“村霸、菜霸、路霸”等黑恶势力和农村宗族恶势力，2021年无越级上访、闹访事件发生，排查矛盾纠纷38宗，成功调解矛盾纠纷35宗，答复信访案件5宗。开展15次监督检查，未出现农产品质量安全和食品药品等问题，安全生产形势总体稳定。

2021年5月30日，以“目光所致都是你”为主题的“海南第一面五星红旗升起的地方”党史学习教育研学之旅活动在五指山革命根据地纪念园启动
（郑家晨 摄）

【精神文明建设】 2021年，毛阳镇党委依托五指山革命根据纪念园，开展学习26次，上党课10次。成立红色毛阳党史学习教育宣讲团，开展各类宣讲活动11场次，发动各村党组织开展致敬先烈、送教上门等“七一”主题活动23次，在全镇组织开展“光荣在党50年”纪念章颁发仪式、“海南第一面五星红旗升起的地方”党史学习教育研学之旅等活动50余次。开展“我为群众办实事”实践活动60余次，解决群众“急难愁盼”问题157件。依托“党建引领+文明实践”，成立13支党员志愿服务队与1支青少年志愿服务队，打造3个特色志愿服务活动品牌，分别为“红心伴我童行”关爱留守儿童志愿服务项目、“党旗红+志愿蓝”人居环境整治志愿服务项目和毛阳镇交通文明劝导志愿服务项目等，举办各类志愿服务活动700余次。在乡村治理工作中推广运用积分制，2021年开展乡村治理超市评分活动，对每户家庭成员精神文明和实际行动进行打分，全镇共发放爱心积分632815分，已兑换商品33.71万元。文明创建成绩突出，毛阳镇获市“双创”工作先进集体荣誉称号，1人获评五指山市“双创”工作先进个人，3人获评“五指山好人”，2人获评“第三届五指山文明典型”；5个行政村获评“2021年海南省卫生村”，26个村庄获评“第三届文明村庄”；2户家庭获评“五指山市最美家庭”，15户家庭获评“五指山市绿色家庭”；2人获评“海南省国家贫困地区重大专项普查表现突出个人”，1人获评“2021年海南省乡村振兴工作队先进个人”，2人获评“海南省脱贫攻坚先进个人”，7人获评“事业单位工作人员脱贫攻坚专项奖励个人”；9人获评“五指山

2021年4月12日，毛阳镇在牙胡梯田开展“三月民族情 奋进颂党恩”系列活动
（毛阳镇 供图）

市优秀共产党员”，2 人获评“五指山市优秀党务工作者”，3 个党支部获评“五指山市先进基层党组织”。

【新农村建设】 2021 年，完成新建村庄基础设施项目 13 宗，完成挡土墙 3.74 千米、排水沟 4.42 千米、硬化村庄道路 2.3 千米。投入 174 万元，用于农村人居环境整治、完善垃圾处理设施与转运设备，新购置投放 60 升垃圾桶 680 个、240 升垃圾桶 200 个。出动群众 1.7 万余人次，开展环境卫生大整治 124 次。全镇已接通污水管网，共有排污系统净化池一体化处理终端约放置共 64 台，13 个村委会均已覆盖，实现行政村生活污水处理 100% 覆盖。建有供水厂 1 个，已投入使用，可保证全镇正常使用生活饮用水。投入规划建设 100 立方米粪污收集利用池，已完成验收工作，2021 年完成厕所化粪池防渗漏改造 42 户，清掏户厕 79 户 744 立方米。实施公益林管护、低产林改造等重点工程，继续实施生态直补机制，森林督查图斑整改上报销号 2 宗。持续抓好大气污染防治“六个严禁、两个推进”工作，累计出动巡查人员 1127 余人次，制止焚烧秸秆和露天烧烤。积极推广秸秆还田新技术，扎实推进农业污染治理和农村裸露土地整治，回收农业废弃物 161.11 吨，复绿土地面积 3.85 公顷。加快毛贵红色试点村建设，整合专项资金与配套美丽村庄建设资金 500 万元。

【脱贫攻坚与乡村振兴】 2021 年建档立卡脱贫户 1283 户，4610 人，监测对象 36 户 142 人，全镇低保共 166 户 321 人，其中低保脱贫户 108 户 214 人，占全镇低保总户数的 65%；特困户有 30 户 29 人，其中低保特困户 9 户 10 人。2021 年统筹整合乡村振兴有效衔接资金 5190.14 万元，累计支出 4951.23 万元，支出进度 95.4%；其他财政衔接资金（市级资金）257.64 万元，累计支出 256.46 万元，支出进度 99.54%。2021 春季学期各类教育补贴发放 852 人次 183.65 万元。脱贫人口各项医疗报销累计 6563 人次 1987.3 万元。各级财政衔接推进乡村振兴补助资金共 2048.85 万元，用于产业发展。2021 年重点发展阉鸡、毛阳鹅、五脚猪和黄皮等一批“短、平、快”优势特色产业项目，累计发放阉鸡 27122 只、毛阳鹅 11363 只、五脚猪 481 头、鸭苗 3455 只、黄皮苗 2424 株、复合肥 5290 包、生物有机肥 3350 包，提高脱贫户自身的“造血”功能，2021 年累计实现线上线下销售额 377.68 万，落实贴息小额贷款 86 户，贷款金额 353 万元。橡胶保险参保 1810 户，参保面积 1780 公顷，其中脱贫户、监测对象参保 697 户 622.8 公顷，实现脱贫户和监测对象胶农全覆盖。

（王小侬、邓婕）

番阳镇

【概况】 番阳镇位于五指山市西北部，东依毛阳镇，西与乐东县交界，南接毛道乡，北和白沙县毗邻，昌化江和南圣河（昌化江支流）交汇于此。全镇行政区域总面积 123.3 平方千米，共有林地 3402.97 公顷，耕地 533.7 公顷。下辖 5 个村委会，32 个村民小组，1 个镇农场，户籍 2773 户，户籍人口 9864 人，是黎族和苗族聚居地。地势平坦，土地肥沃，雨热同步，光照充足，水资源丰富，气候温和，属山谷盆地，热带季风气候，兼岛屿气候。地势四周高、中间低，台地、平坡约占总面积的 31%，山地占 60%。丘陵占 7%，河流阶地占 2%，森林覆盖率 83%。土地组成以中酸性喷岩为主。主要经济作物有水稻、青瓜、豇豆、橡胶、香蕉等热带农产品。畜牧养殖业主要有五脚猪、黄牛、黑山羊、五指山山鸡等，积极发展山兰酒、忧遁草、雪茄烟叶等新兴产业。番阳镇地处琼乐高速与山海高速连接线起点，半小时可达五指山、琼中、乐东 3 个市县城区，高速可直达三亚、海口市城区，省道 313 线穿过镇区，交通便利，区位优势明显。

【经济发展】 2021 年，番阳镇农业总产值达 12613.65 万元。农民人均可支配收入 15350 元，同比增长 9.2%。各项事业加快发展，经济保持稳定发展。番阳镇发挥瓜菜种植优势，促进主导产业提质增效。种植冬季瓜菜面积达 342.32 公顷，主要种植青瓜、豇豆、毛豆、秋葵、泡椒等，与上年同期冬季瓜菜种植 335.36 公顷相比，种植面积扩大了 6.97 公顷，增幅 2%，实现总产值 4300 万元。其中，种植青瓜 330.02 公顷，占冬季瓜菜总面积的 94.2%，实现销售收入 3174.5 万元。复种豇豆 87.67 公顷，产量达 3024.7 吨，实现收入 1088.89 万元。天然橡胶总产量 1944.5 吨，总收入 1275.28 万元；槟榔总产量 714.3 吨，销售收入 2608.64 万元。林下种植益智总面积 302.2 公顷，其中收获面积

195.15公顷，实现收入299.22万元。建成加艾村委会、毛组村委会、布伦七村等青瓜嫁接苗基地3个，进一步推进冬季瓜菜育苗产业发展。2021年，橡胶期货保险投保农户1651户1971.4公顷；2021年，橡胶价格收入保险投保1336户1461.46公顷，其中脱贫户792户，参保面积894.43公顷，完成理赔脱贫户第一次理赔223.84万元。槟榔实有收获面积175.84公顷，总产值达2456.48万元。

【特色产业】 2021年，抓好常年蔬菜基地及雪茄烟科技产业园建设。番阳镇有8个常年蔬菜基地，总面积5.89公顷，其中已建有大棚设施3个，总面积0.74公顷，在建大棚3个，总面积3.76公顷，全镇常年蔬菜基地已种植1.01公顷，种植茄子、豆角已上市，常年蔬菜基地日渐发展。2020—2021年生产季种植雪茄烟叶33.3公顷，产值1200万元，提供务工341人，累计发放工资139.67万元，流转土地费40多万元。

【社会发展】 番阳镇有1所镇中心小学、1所中心幼儿园和5个教学点，小学和幼儿园硬件设施较为完善。有1所镇卫生院和5个村卫生室，卫生室均配备乡村医生。参加新农合8354人，参合率98.05%。卫生与计划生育工作稳步开展，完成32对孕优检查。镇村文化活动室23个，篮球场21个，农家书屋6间，增加群众文化体育场所。有1所敬老院。参加新农保3792人，参保率94.33%，累计发放养老金额1243361.47元。全镇管理低保户174户287人、特困户12户13人，重度残疾户244人，办理残疾人认证61人；累计发放低保金241万元，发放困难残疾补贴213人23.6万元；发放重度残疾及护理补贴244人50.9万元。开展扫黑除恶专项斗争和政法队伍教育整顿工作，处理信访2件，办结“12345”政府热线62宗，排查出社会矛盾纠纷化解8宗。落实安全生产责任制，组织开展“安全生产月”活动，设森林防灭火检查卡点10个，安排生态护林员和各村民兵进行

① 2021年11月30日，中国共产党番阳镇第十次代表大会召开； ② 2021年7月20日，番阳镇领导班子换届工作动员会召开； ③ 2021年1月22日，番阳镇2021年村级组织换届选举工作会议召开； ④ 2021年6月7日，番阳镇脱贫攻坚评优奖励表彰会召开 （罗绘楠 摄）

蹲守巡逻每月 2220 人次。设置河湖防溺水警示牌 10 个，安全形势持续稳定。2021 年，行政审批受理 1125 件，均已办结。截至 2021 年 11 月，18 岁以上人员第一针本站累计接种 6546 人，第二针本站接种 5740 人。督促各村组织 12—17 岁人群新冠疫苗接种工作，累计接种 962 人，3—12 岁已接种 840 人，逐步构筑保护屏障。

【精神文明建设】 2021 年，番阳镇以“主题党日活动”、社会文明大行动、“四爱”行动为抓手，大力弘扬社会主义核心价值观，在镇区街道、村庄设置宣传文化墙，通过广播、横幅、微信、宣传栏等开展文明劝导，提升镇区文明秩序。番阳镇乡村治理工作中积极推广运用积分制动员部署会，制定《在番阳镇乡村治理中推广运用积分制工作实施方案》，进一步加强番阳镇乡村治理体系和治理能力建设，创新治理模式，助力乡村振兴。持续推进红黑榜，收集并制作 10 个道德红黑榜。举办黎族苗族传统“三月三”系列活动，成立党史学习教育宣讲团进村开展扶贫政策、优秀传统家风家教、爱国主义教育等宣讲，组建以驻村第一书记、致富带头人和脱贫星级户代表组成的宣讲小组，开展扶智扶志宣讲 6 期 58 场。加强禁塑宣传检查，出动检查 40 人次，检查 116 家次，提高广大群众环保意识；开展人居环境整治，结合“四爱”行动发动党员干部群众参与农村人居环境卫生整治，组织各村发动党员群众参与整治活动 8300 余人次，累计清除垃圾死角 174 处，垃圾 190 余吨，收运农田秸秆 200 车次，农村居住环境得到明显改善。2021 年，举办广场舞培训、黎锦培训 2 场，开展惠民下村演出 7 场，选派舞蹈队参加五指山市“舞蹈创作大赛”活动，获优秀奖。2021 年，番阳镇获省级文明城市先进集体称号；2 人获五指山市“文明农户”称号，8 人获事业单位工作人员脱贫攻坚专项奖励，5 人获评优秀共产党员；1 人获评优秀党务工作者；获评先进基层党组织 1 个；番阳镇孔首村乡村振兴工作队获得 2021 年度全省乡村振

①

②

③

④

① 2021年3月15日，番阳镇雪茄烟科技示范基地； ② 2021年3月4日，番阳青瓜地俯瞰图； ③ 2021年3月4日，番阳镇毛组村瓜菜收购现场； ④ 2021年2月8日，布伦六村黑山羊养殖示范点的脱贫户喜分红

（罗绘楠 摄）

2021年3月22日，番阳镇举行庆祝2021年海南黎族苗族传统节日“三月三”活动暨第一届篮球联赛　（罗绘楠　摄）

兴工作表现较好工作队荣誉。

【新农村建设】 2021年，五指山市财政局下达番阳镇资金5005.38万元，累计拨付资金4354.47万元，完成投资87%。其中，2020年尾款项目52个，下达资金827.19万元。2021年开工建设项目56个，其中产业项目39个，下达资金2425.4万元；基础设施项目17个，下达资金1203.82万元。建设类项目开工率100%，26个项目在建，30个项目竣工，竣工率53.57%。加强谋划项目，落实“村申报、镇审核、市审定”制度，2021年新增入库项目72个。2021年，有7户（其中3户建档立卡脱贫户、4户边缘户）经房屋鉴定等级为D级的困难群众申报农村危房改造，7户危改户已全部竣工，累计拨付危改补助资金24.5万元。受理村民的民房报建申请36宗，符合规划建设要求36宗，面积3663平方米。鼓励布伦村危房改造户、新报建农房户配建户内（院内）无害化卫生厕所，申请新建厕所40座，完工投入使用18座，拨付户厕改造资金3.52万元。发展美丽乡村建设，采购三角梅1.17万株、野菊花籽250公斤，以播撒草籽的方式覆盖番阳镇32个村小组及环村道的裸露地块，完成土地种草绿化面积3.6万平方米，完成率112%。

2021年4月11日，番阳镇开展欢庆2021年海南黎苗族传统节日“三月三”活动　（罗绘楠　摄）

【脱贫攻坚与乡村振兴】 落实战斗管理体系，设立乡村振兴战斗队75人，其中大队14人、中队61人；调整配齐乡村振兴工作队队员15名，逐步推进脱贫攻坚政策与乡村振兴政策有效衔接。召开番阳镇2020年国家脱贫攻坚成效考核及自查发现问题整改大会，制定整改方案和针对性措施29条，完成整改9个。抓好2021年中国乡村振兴杂志社暗访反馈问题以及五指山市巩固脱贫成果督查发现问题整改14个，同时举一反三抓好市县交叉检查和省第三方评估问题整改，整改工作取得明显成效。加强防返贫和重点监测，已经消除监测对象致贫返贫风险户16户71人，其中消除脱贫不稳定户10户45人，消除边缘易致贫户6户26人。实施“三鸟”增养项目，累计发放阉鸡苗3.27万羽，发放山鸡苗3.36万羽，鹅苗2588羽，实施罗非鱼养殖项目，发放罗非鱼苗169户62.4万尾。17养殖点分红12.23万元，受益114户。组织发动农户参加扶贫集市33场次，销售总金额27.63万元。持续做好就业“文章”，发布线上招聘信息25次，线下招聘会1场，入场求职应聘180人，达成就业意向16人。举办创业就业培训16期626人。实现脱贫户外出务工1432人，保持稳定外出务工，发放外出就

2021年12月2日，番阳镇布伦村委会举行苗绣新生开班典礼

（罗绘楠　摄）

业奖励和交通补助12.1万元。

（黎小星）

南圣镇

【概况】 南圣镇位于海南岛中南部名山五指山南麓，五指山市东南部，是五指山市的南大门，地处北纬18°44′、东经109°35′，东北部和南部毗邻保亭黎族苗族自治县，北部靠水满乡，西部和西北部接通什镇，镇政府驻地距海榆中线6千米，距市区11千米，距山海高速南圣互通出口2千米。

全镇总面积149.03平方千米，总户数3340户，人口10015人，其中农业人口8447人，城镇人口1568人；黎族5069人，苗族3266人，汉族及其他民族1680人。下辖南圣、什兰、牙南、同甲、毛祥、红合6个村委会，29个自然村、40个村小组和1个农场。现有耕地面积437.48公顷，水田面积330.8公顷。境内花岗岩、大理石等矿物储量较多，矿产资源和森林资源丰富，森林覆盖率达85.29%。主要旅游景点有红峡谷漂流、水云居、六艺王宫、永忠黎族特色村寨等。

【经济发展】 2021年，南圣镇种植早造、晚造水稻面积77.02公顷，橡胶1297.18公顷、槟榔1268.37公顷、椰子20.40公顷，胡椒31.52公顷等；种植蔬菜321.11公顷，其中树仔菜30.5公顷、辣椒36.51公顷；出栏猪5084头、牛199头、羊241只、养殖鸡53789只、鸭9954只、鹅2443只；探索引进特色产业，种植花卉6.13公顷。

【社会发展】 巩固提高九年义务教育水平，全镇小学生春、秋季入学率100%，建立健全“控辍保学”长效机制，动员社会、家庭、学校三位一体力量，相互配合、共同参与、齐抓共管；举办“三月三”黎苗婚庆，加强非物质文化遗产的弘扬与保护，结合“三月三”、文化下乡惠民演出等活动，展示南圣镇苗族“盘皇舞”“苗绣”、黎族“竹竿舞”“黎锦”等民间传统文化，挖掘和培养南圣镇民族文艺演员；2021年城乡居民基本养老保险、基本医疗保险参保率均达90%以上；落实长效节育措施4例，新生人口56人，为62对怀孕夫妇开展免费孕前优生健康检查和地中海贫血筛查诊断服务并按时发放节育奖和生产补助等奖励。2021年城镇最低生活保障2户4人，农村最低生活保障167户272人，落实低保户补助125.77万元、残疾人生活补助16.6万元；发放生态补偿317.07万元、冬季瓜菜种植补助92.6万元、农村厕所改造补助4.8万元。与各村、各企业签订安全生产责任书，发放宣传资料1000余份，悬挂横幅20余条。结合安全月

2021年11月29日，中国共产党南圣镇第十次代表大会胜利召开

（南圣镇　供图）

2021年3月29日至30日，南圣镇顺利完成全镇6个村党支部换届选举工作　（南圣镇　供图）

活动，先后到各村、景点、酒店、商铺等各行业、各领域对安全隐患进行监管排查，及时消除安全隐患，2021年辖区内无重大安全生产事故发生。

【重点项目推进】 2021年，南圣镇优化重点项目投资环境，开通绿色通道，做好对接服务工作，推进重点项目建设工作。新春水库、饮水管道建设、红峡谷玻璃栈道、山海高速南圣段建成并投入使用。南圣风情小镇一、二期已建成，南水公路改造、红峡谷二期项目加快推进。

【脱贫攻坚与乡村振兴】 2021年，南圣镇推进扶贫开发，实施精准扶贫、精准脱贫，全镇5个贫困村全部稳定达标脱贫出列。严格落实“四个不摘”要求，保持现有帮扶政策、资金支持、帮扶力量总体稳定。做好巩固拓展脱贫攻坚成果同乡村振兴有效衔接各项工作，健全防返贫监测帮扶机制，开展动态监测，持续跟踪收入变化和“两不愁三保障”巩固情况。推进镇村基础设施建设，抓住热带雨林国家公园建设、山海高速公路通车的机遇，以红峡谷景区、水云居、六艺王宫等景点为支点吸引游客，加快镇村配套及农村“五网”基础设施建设步伐，推动生态优势向旅游效益转化，带动旅游产业链，创造一批就业岗位，使群众在家门口实现稳定就业。

【风情小镇建设】 2021年，建成40个污水设施项目，行政村污水处理设施实现全覆盖。坚持打好农村“厕所革命”攻坚战，新建农村无害化厕所117座，普及率100%。全镇6个行政村、40个自然村道路硬化率100%，入户路硬化全覆盖。持续推进燃气下乡“气代柴薪”行动；行政村4G、光纤网络实现全覆盖。

【村镇规划建设】 2021年，南圣镇坚持“规划先行，严格规划管理”的理念，开展村庄规划建设管理工作，实施村庄规划建设审批手续，规范建房行为。完善申报审批制度，全镇申请报建农户有37户，审批37份，拆除乱搭乱建建筑物24处。加强源头管理，严格遵守“一户一宅”“符合规划”“权属清晰”三大原则，加强农民建房管理，集约利用土地资源，规划农村宅基地使用和管理秩序。

【文明法治建设】 加大普法宣传教育，加强未成年人思想道德建设。加强和改进信访工作，实行签约律师驻村制度，为每个行政村配备1名签约法律顾问，切实解决群众合理合法诉求，有效预防和化解社会矛盾。推进人民调解、社区矫正和法律援助工作，深入推进“平安南圣”“法治南圣”创建活动，严厉打击多发性刑事犯罪活动，维护社会大局

2021年4月13日，南圣镇举办“三月民族情·奋进颂党恩”文艺汇演　（南圣镇　供图）

2021年12月4日，南圣镇毛祥村举办山兰文化节

（南圣镇　供图）

稳定。

【新农村建设】 2021 年，南圣镇实施基础设施项目 22 个，投入资金 1035.04 万元。项目涉及农村经济路、入户路、排水沟、挡土墙、太阳能路灯、水利渠道、美丽乡村建设等方面。全镇已实现 40 个自然村均通自来水，辖区内农业人口饮水安全得到保障。配备村级保洁员、光伏保洁员 222 人，农村人居环境保洁实现全覆盖。2021 年围绕乡村振兴、社会文明大行动、美丽乡村建设等重点工作，组织开展环境卫生大整治、拆除违建、水利渠道清理等活动，累计组织动员干部群众 1700 余人次，出动车辆 45 辆次，清理农村生活垃圾 140 余吨，发放宣传资料 2000 余册，张贴宣传横幅 50 余条，营造浓厚的爱国卫生运动氛围。

（肖　肖）

水满乡

【概况】 水满乡坐落在五指山主峰脚下，位于五指山市东北部，距市区 34 千米，属热带季风气候，冬无严寒，夏无酷暑，气候宜人。境内遍布热带原始雨林，森林覆盖率 89.13%。年平均气温 21℃，昼夜温差较大，约 10℃。有“一日四季”之说，即晨凉、午热、夕暖、夜寒，获得“天然空调”“南国夏宫”“清凉世界”的美誉。日照充足，年平均日照时间为 2000 小时。雨量充沛，年降水量 2400 毫米左右，相对湿度 84%，海南主要的江河多发源于此。空气洁净，无粉尘，负氧离子含量每立方厘米 1 万个以上。水满乡特色产业有小黄牛、野菜、灵芝、茶叶等；有黎锦、苗绣、蜡染、招龙舞等少数民族风俗。是集避暑避寒、休闲度假、登山观光、科普探奇、感受民族风情于一体的综合性热带雨林山地旅游胜地。水满乡辖区面积 106.3 平方千米，辖有 5 个村委会、23 个自然村、27 个村民小组。2021 年，水满乡总人口 1272 户 4653 人。

【经济发展】 2021 年，全乡农业总产值 4497 万元，同比增长 30%；农民人均可支配收入预计 1.53 万元，同比增长 9%。水稻收获面积 54.9 公顷，年产量 458 吨；蔬菜收获面积 154 公顷，年产量 2178 吨；生猪出栏 705 头；“三鸟”出栏 24.38 万只。

【特色产业】 2021 年，水满茶种植面积 507.7 公顷，年产量 190.9 吨；益智种植面积 296.4 公顷，年产量 444.7 吨；五指山小黄牛出栏 149 头。

【社会发展】 2021 年，依法推进人口和计划生育工作，完成孕前优生检查任务 31 对，落实农村计划生育奖扶、特扶对象 4 人。成立社区教育（老人教育）学校，促进全民终身教育。加大关爱社会弱势群体力度，依程序纳入低保户 9 户，帮助申请救急难 1 户、临时救助 44 户，完成特困申请 9 户、低收入认定 6 户，累计发放低保金、临时救助、残疾人补贴等各类补助救助金额 518.57 万元；开展低保户、残疾人等困难群体走访慰问活动 121 次，发放慰问金、物资价值 3.5 万元；实施希望圆梦工程，发动干部职工、企业等力量为贫困家庭上大学子女捐款 6934 元；落实各项惠民惠农

2021年11月30日，中国共产党水满乡第五次代表大会召开

（水满乡　供图）

补贴，兑付冬种瓜菜种植临时性补贴325户42.79万元；办理水稻保险167户29.65公顷，发放保险金0.62万元；发放地力补贴1493.3亩25.9万元；发放产业性奖补25.7万元。

【水满风情小镇建设】 2021年，开展“查堵点、破难题、促发展”活动，解决一批制约经济社会发展的“阻梗”问题，推动营商环境进一步优化。持续做好黎峒文化园二期等重点项目服务保障和监管工作，推动水满客运站、水满加油站尽早试运营。开展“乱倒垃圾、乱倒土渣”专项整治行动，加大项目工地监督执法力度，督促项目施工规范管理。加强道路两侧沿线村庄风貌管控提升，推进毛水路、南水路美丽村庄项目建设。

【精神文明建设】 2021年，依托新时代文明实践所（站）阵地，开展苗绣技艺培训班3场，举办“三月三”黎族传统婚俗展演暨长桌宴和篝火黎乡非遗专场文艺演出等系列特色民俗活动，弘扬传承少数民族传统文化；设立“道德红黑榜”，评出5名红榜人物及3名黑榜人物，树立鲜明价值导向；开展乡村治理积分评比活动，实施“积分+”等乡村治理新机制，引导群众积极参与乡村治理；组织群众积极参与庆祝中国共产党成立100周年大合唱比赛活动，获团体优秀奖；配合市委宣传部开展文化下乡活动、文化进村、电影放映等活动17场次，丰富群众文化生活。

【新农村建设】 2021年，编制完成全乡控制性详细规划。加强农房报建管控力度，审批符合规划报建5户。扎实推进道路两侧违法建筑物、构筑物整治行动，引导农户自行拆除违法建筑物47宗。编制完成全乡控制性详细规划。加大农房报建管控力度，审批符合规划报建5户。扎实推进道路两侧违法建筑物、构筑物整治行动，引导农户自行拆除违法建筑物47宗。积极推进“两山”实践创新基地创建工作。严格落实“河长制”，开展河湖“四乱”治理行动，组织水利协管员500人次清理河道垃圾100余次，累计清理垃圾20吨。全面推行“林长制”，加大森林管护力度，完成全部37宗森林违法图斑核查，复绿复种21处，高质量做好森林违法图斑整改工作。

【脱贫攻坚与乡村振兴】 2021年，开展防返贫致贫动态监测入户摸排培训，组织力量对全乡985户常住人口开展全面筛查，确保“应纳尽纳”，认真开好“会审会”，新纳入15户监测对象，制定相应精准帮扶措施，并安排帮扶联系人进行结对帮扶，杜绝“体外循环”。投入447.34万元实施扶贫产业项目14个。围绕“4个

2021年12月10日，水满乡五届人民代表大会第一次会议召开

（水满乡　供图）

1+N”谋划产业项目，启动方龙村高标准农田建设项目。发挥水满茶产业优势，鼓励茶企与脱贫户、边缘易致贫户129户591人签订购茶协议。以村集体和致富带头人为主导，全乡6个村集体经济项目带动91户脱贫户，26名致富带头人带动242户脱贫户。举办百香果高产栽培及病虫害防治、茶叶病虫害防治及茶叶管理等培训13期，有效提升农户专业技能。支持发展特色产业，朝天椒、百香果、四季豆累计收益5.83万元。通过联系项目工地、酒店招聘、农业基地雇工等形式，引导外出务工脱贫户、边缘易致贫户693人，精准开发244个公益性岗位，开展职业技能培训2期，开展线下招聘会1场，解决脱贫劳动力和边缘易致贫劳动力稳岗就业问题。发放特惠性资助金140人次17.41万元、“雨露计划”助学补助资金15人次2.63万元；完成全乡341户脱贫户、26户监测对象定额代缴城乡居民基本医疗保险，帮助脱贫户合规住院报销202人次206.66万元；完成936栋房屋安全排查，未发现“四类重点对象”居住C级、D级房屋情况，开展厕所摸排信息录入工作，完成厕所摸排480户，完成率100%；实现集中供水、饮水到户，定期开展水质检测，水质达标率100%。组织农户参加消费扶贫活动37场，销售额11.72万元，动员定点单位参与产品认购，拓宽农产品销售渠道，累计消费17.17万元。认真梳理出涉及工作中需要完善、巩固脱贫成果重点关注等五大方面2类分项6个问题，并制定整改措施14条，均完成整改。2021年，水满乡被评为“海南省脱贫攻坚先进集体”。

（黄德海）

畅好乡

【经济发展】 2021年，畅好乡农林牧渔业总产值1.4亿元，同比增长16.6%；农村常住居民人均可支配收入15500元（评估数），同比增长13%。全乡粮食作物播种面积202.58公顷，其中水稻播种面积163.6公顷，总产量825.77吨，蔬菜642.58公顷（含复种），总产量7683吨，地瓜种植面积39.27公顷，产量103.6吨。橡胶种植面积1600.97公顷，收获面积1068.93公顷，总产量1158吨；槟榔种植面积488.43公顷，收获面积390.93公顷，总产量1235.68吨；益智种植面积644.2公顷，总产量1271.81吨。全年肉类总产量350.16吨，其中生猪出栏3332头，五指山小黄牛出栏133头，家禽出栏64315羽。

【雨林秘境小镇建设】 2021年，畅好乡主动融入市委“六园”建设总体思路，重点谋划建设什奋村、番通村、什哈村、畅好村旅游环线，全面推进“杪椤公路”建设。高标准建设什奋村美丽乡村建设和草办村、番贺村少数民族特色村寨。加快建设通畅路两侧美化、绿化、亮化工程，在旅游公路沿线科学合理布局，谋划草办精品餐馆、什奋乡村民宿、露营营地、番通雨林人家及番通至牙日杪椤公路等一批热带雨林精品项目。稳步推进畅好高山蔬菜、雨林油茶、雨林蜜蜂等特色产业发展，通过宣传造势、包装提质、拓展市场等举措，打响畅好乡“一村一品”品牌的辨识度、知名度。高质量推进草办村特色“农家院”、瓜果蔬菜观光采摘农耕生活现代休闲农业旅游项目，打造农旅融合试点和样板。

【新农村建设】 2021年，畅好乡建设完成村庄挡土墙长0.57千米，排水沟0.53千米，道路硬化3.45千米。全面整改完成森林图斑任务32宗，“两违”违法图斑60宗；累计投入45.3万元完成2.29万平方米的农村裸露土地整治，复绿复种率达90%以上。严格落实河湖长制，统筹乡43名水利协管员常态化开展河道保洁活动126次，清理垃圾49.6吨，水体治理成效明显。认真组织开展农村人居环境整治工作，为各村委会配备垃圾收集手推车400多辆，发放垃圾桶600个，组织开展57次全乡范围的集中清理整治活动，清运垃圾800多吨。草办村垃圾分类试点工作有序推进，村保洁员能做到二次分拣工作，村民对垃圾分类意识逐步提升。

【社会发展】 实行24小时轮流值班，推进形成常态化疫情防控工作机制。推进疫苗接种工作，截至2021年底，全乡接种第一针疫苗4928人，接种第二针疫苗4677人，第三针疫苗接种工作有序进行，对不能接种疫苗的人员进行评估，并对未及时接种第三针人员通过电话核实、入户询问情况等方式，登记备案不能接种原因。严格执行义务教育“两免一补”计划，累计救助贫困学生849人次，发放补助资金85.19万元。继续落实“两项制度”衔接政策，对全乡农村低保、特困对象人口进行动态管理。累计评定低保户110户180人，累计发放低保金102.4万元，按月足额发放一、二级重残“两项补贴”，累计发放救助资金43.9万元，2021年代缴2022年城乡医疗保险297人、8.78

2021年12月17日，五指山市人大常委会副主任邢小丽（左三）参加畅好乡第十届人民代表大会第一次会议　　（畅好乡　供图）

万元，养老保险169人、3.38万元。建立临时救助金制度，统筹临时救助工作。审批临时救助77户267人，审批金额49.4万元，小额临时救助38户135人。扎实推进社会治理。开展“禁毒进机关”“禁毒进校园”“禁毒进乡村”禁毒宣传流动课堂活动，发放禁毒宣传折页1000余份。组织成立乡、村二级人民调解队伍，明确专职调解员，实现全乡10个行政村法律顾问全覆盖。处理矛盾纠纷16起，协调处理“12345”热线25起，办结率、满意率达100%。全年开展安全教育培训和安全教育宣传活动累计10场次，累计培训人数460余人次，发放安全生产宣传资料700余份，常规性开展燃气煤气储存或售卖、防溺水、防火防电、道路交通等检查21次，切实提高群众的安全生产意识。

【精神文明建设】 2021年，畅好乡深入开展了“听党话、感党恩、跟党走”宣讲活动，3名宣讲员为全乡10个村委会的村“两委”干部、振兴工作队、脱贫户、边缘户面对面宣讲，宣传展现了党的十八大以来畅好乡“三农”发展的历史性成就、历史性变革，确保党中央大政方针、惠民政策传达到基层。畅好乡建立健全扶志扶智长效机制，持续开展道德“红黑榜”活动，通过正面激励和反面约束的方法激发群众内生动力，加大宣传力度，营造浓厚氛围，确保“六治”专项活动持续有力推进。本着弘扬民族传统文化，促进民族团结进步的原则，以“三月三”节庆活动为契机，通过开展少数民族传统竞技比赛等文体活动，丰富畅好乡群众的文化生活，同时在群众特别是广大青少年中进行民族优良传统和民族大团结的教育，促进畅好乡经济社会各项事业健康、稳定、协调发展。

【脱贫攻坚与乡村振兴】 2021年畅好乡成立乡委实施乡村振兴战略领导小组，统筹乡村与社会各方力量合力攻坚，建立健全责任体系、政策体系和监督体系。2021年，乡党委政府和乡村振兴大队召开巩固脱贫成果、乡村振兴等会议20余次，专题研究部署巩固脱贫成果、乡村振兴等工作。落实工作例会制度、工作清单制度、积分激励制度、产业就业奖励制度、跟踪问效制度“五项制度”，保障工作落实到位。发挥党委政府的主导力，凝聚帮扶责任人、驻村工作队、定点帮扶单位三支队伍的攻坚力量，形成强大攻坚合力。落实“五级书记”抓乡村振兴要求，建强乡、村两级战斗体系，抓好“三落实一巩固”政策，用干部的“勤奋指数”提升群众的“幸福指数”。不断谋划创新发展“一村一品”“一乡一业”产业，打造畅好、草办、什哈等7个常年蔬菜基地27.5公顷，稳定全市“菜篮子”农产品稳价保供；投入35万元在保国片区开展蜜蜂养殖产业，打造雨林蜂蜜品牌；积极推动什哈村雨林油茶产业发展，打造畅好乡高山产业、雨林经济品牌。加大乡村基础建设和投入，进一步推进村道升级改造、加固挡土墙等基础设施建设力度，累计实施基础设施项目12个，投入资金865.4万元。扎实抓好就业工作，举办招聘会2场，举办建筑砌墙培训班等实用技能、创业培训班10期，400多人参加。2021年引导贫困群众外出务工1091人，同比增长3.4%。

（卢牡丹）

毛道乡

【概况】 毛道乡位于五指山市西南方向，距市区16千米，是典型的山区乡镇。境内生长着青皮、花梨、编制藤器用的红、白藤等许多珍贵的乡土物种。境内有保国河、通什河流经，水资源丰富。2021年，毛道乡下辖4个村委会28个村小组，下属单位有三办两中心一所一中队。辖区总面积114平方千米，耕地面积39.81公顷，森林面积 1450 公顷，森林覆盖率 85%。全乡总人口 1550 户 5248 人。

【经济发展】 2021 年，毛道乡农村居民人均可支配收入 15350 元，同比增长 11.1%。2021 年建成 1 个菜篮子常年瓜菜育苗大棚示范基地，面积 1.42 公顷，2 个 200 千瓦光伏村级电站。2021 年，发放鱼苗 56.2 万尾、阉鸡种苗 1.17 万只；山鸡种苗 1.62 万只；鹅苗 0.38 万只；肥料 112.8 吨；饲料 96.08 吨；地瓜 16.67 公顷。全年生猪、仔猪出栏 3520 头，牛出栏 84 头，鸭出栏 1.11 万只，鸡出栏 2.4 万只。开展粮食、瓜菜种养等技术培训班 14 期 324 人次。2021 年实施产业发展项目 19 个，投入统筹整合资金 733.74 万元。将全乡 1120 户农户纳入“橡胶期货保险”“橡胶价格收入保险”投保范围，投保 2190 公顷，2021 年获得理赔款 485.69 万元。

【特色产业】 毛道乡围绕“建设特色果蔬之乡”的目标，依托当地特色优势资源，推动特色产业融合发展，通过特色产业政策、技术指导，发放惠农补贴等方面给予扶持，重点培育了特色百香果、榴莲、山竹果、高山地瓜、冬季瓜菜、五脚猪、野山鸡等特色产业，带动农户发展优势突出和特色鲜明的主导产业。2021 年，建设完成特色百香果基地 26.67 公顷、榴莲基地 2 公顷、山竹果基地 14 公顷、年种植高山地瓜 20 公顷、冬季瓜菜 53.33 公顷。通过以“特色产业 + 文创设计”的形式创建“毛道乡”农产品品牌，整合现有的特色农产品资源，着力打造“路过毛道湾”主题，围绕“毛道水果王国”和“农产品村委会”两个 IP 故事主线，抓质量、凝特色、创品牌、提效益，推进毛道乡特色产业 + 文化名牌建设，进一步提高特色农产品档次和市场竞争力。

2021年11月30日，中国共产党毛道乡第十次代表大会召开
（毛道乡　供图）

【社会发展】 2021 年，毛道乡帮助生活困难群众申请低保户 18 户 23 人，发放低保金 147 户 262 人，发放补贴 126.81 万元。代缴养老保险 237 人，代缴养老保险 5.62 万元。全乡 60 岁以上领取城乡居民基本养老保险待遇 7408 人次，其中脱贫户领取待遇人员 2485 人次。全乡共计发放养老保险金 154.33 元。落实享受重度护理补贴脱贫户 69 人 13.24 万元，困难生活补贴脱贫户 115 人 12.12 万元，发放临时救助金 76 户 28.17 万元，长寿补助 114 人，优抚补助 19 户 19 人。2021 年毛道乡城乡居民基本医疗保险参保人员 4778 人。2021 年全乡新生儿 30 人，落实农村夫妇孕前优生健康检查及做好地中海贫血筛查 34 例，发放计生政策宣传资料 1500 余份，悬挂横幅 10 余条。2021 年调处各类信

2021年12月10日，毛道乡第十届人民代表大会第一次会议召开
（毛道乡　供图）

访矛盾纠纷3宗，化解率100%，处理“12345”热线来电来信来访79宗。

【精神文明建设】 2021年，毛道乡以建设合亩制文化旅游乡为抓手，组织开展黎族民族传统“三月三”“找寻毛道之美”活动、毛道乡亲子地瓜主题活动、“百年梦想·山城唱响”大合唱比赛、“书香毛道·红心向党”红色主题教育系列等活动。开展陶艺、竹木器乐、传统民歌、黎锦技艺等非物质文化遗产活动，组织各村文化专干参加社会体育指导员培训并考取证书。组织召开非物质文化遗产代表传承人座谈会，开展各类宣传拍摄工作。配合文化下乡惠民演出和电影播放。利用“山城好物”平台，组织脱贫户参加农产品集市。挖掘鼓励支持乡村藤编技艺、合亩制农耕文化入选市非物质文化遗产名录。结合创建健康卫生乡镇，完善集镇区基础设施。通过利用电子商务平台销售农产品百香果、高山地瓜，稳定农产品价格，电商深入田间直接收购，方便农户农产品销售。

【新农村建设】 2021年，精准强抓乡村基础设施建设和公共卫生设施建设，列任务抓环卫管理，并规范卫生管理制度，加强农村移风易俗工作，扎实推进文明餐桌、文明家庭、最美庭院等创建活动，科学制定“六个一”和“八个一”工作机制，坚决实行主干道全天保洁，垃圾及时清运，坚决落实村收集，乡运转，市处理的长效机制，开展美丽庭院评选活动，对评选获奖的农户奖励爱心超市积分，调动村民积极性。实现网格全覆盖，优化4个村网格管理，调

2021年4月10日，毛道乡庆祝2021年海南黎族苗族传统节日“三月三”暨民族团结进步宣传活动月文艺汇演举行（毛道乡 供图）

整完善网格员工作职责及工作机制。成立毛道乡绿色生态可持续服务中心，健全服务功能，改革传统的垃圾处理方式，认真实施推广生活垃圾分类，搭建环保站点，孵化生态示范村，让绿色环保可持续发展理念推广普及全乡，提高群众环保意识。

【脱贫攻坚与乡村振兴】 2021年，毛道乡建档立卡人口624户2278人，全部实现稳定脱贫，贫困发生率降为0，全乡3个建档立卡贫困村全部稳定达标出列。2021年度建档立卡脱贫户家庭人均纯收入为14961.07元，同比增长15.99%。同比人均增长2063元。2021年发放冬季瓜菜补贴63.43公顷57.09万元，瓜菜复种补贴11.26公顷3.38万元，猪仔补贴314头1.57万元；发放产业发展奖励450户45万元，耕地力保护补贴165.48公顷43.19万元。发放粮食补贴14.24万元。开展“三联三帮三送”，拓宽增收路径，采取“五个一批”举措，促脱贫户劳动力稳岗就业。2021年，全乡已返工复

2021年10月16日，毛道乡开展“书香毛道 红心向党”红色主题教育系列活动（毛道乡 供图）

工976人，发放外出务工奖补和交通补贴689人次119.79万元。制定“毛道乡2021年培训计划”，累计举办摩托车检修、母婴护理及粽子制作等就业技能培训9期353人次，其中脱贫户176人次。2021年脱贫监测户纳入兜底保障11户16人。边缘户纳保8户21人。落实全乡建档立卡624户2278人、边缘户17户59人防贫综合保险，每人11元，代缴保险费2.57万。发放生态补偿金624户105.16万元；落实93个生态护林员公益性岗位，每月工资1000元，实现稳定就业增收。制定完善适合村情民情的村规民约4条，开展人居环境整治4860人次，帮助群众防渗漏改造14户，开展主题党日活动78次。开展“爱心扶贫大集市”、线下扶贫展销、帮扶带货、电商消费扶贫等线上线下方式销售活动，助推消费扶贫金额92.97万元。

（刘亚朝）

畅好居

【概况】 畅好居位于北纬18°45′、东经108°33′，地处五指山市南郊，海榆中线贯穿其中，具有优越的地理位置和运输条件。设立于2017年6月26日（前身为2014年5月设立的五指山市畅好农场社会事务管理办事处），隶属五指山市人民政府管理。下辖5个社区37个队组，总户数2556户，人口6848人，在编在岗职工68人。

【农业生产】 2021年，畅好居居民农业总产值5688.7万元，其中水果收获面积81.24公顷，总产量1225.5吨；胡椒收获面积61.75公顷，产量121.6吨；蔬菜收获面积79.19公顷，总产量417.71吨；槟榔总产值4886.25万元，收获面积374.15公顷，干果产量651.5吨。畜牧业总产值1393.66万元，其中出栏生猪4082头、乳猪800头；出售家禽50874羽、出栏牛134头；出售禽蛋43.95吨；出售蜂蜜（腊）6.73吨。渔业总产值480.1万元，养殖面积45.77公顷，产量480吨。

【经济发展】 入户核实并申报冬季瓜菜种植补贴135户16.99公顷，发放15.01万元；耕地地力保护补贴103户18.88公顷，发放4.92万元；瓜菜复种补贴84户10.88公顷，发放3.26万元；粮食生产补贴24户2.59公顷，发放7760元；农膜补贴7户7.26公顷，发放0.76万元；发放秸秆腐熟剂27.4公顷，1238包。开展红火蚁阻截防控工作，为5个社区发放152瓶的杀蚁饵剂。落实2021年撂荒地复垦工作任务，对红卫社区农四队小组2.85公顷长期丢荒的田地进行整治，发动农户进行复种；对农七队的0.67公顷撂荒地，建好防牛围栏，发动户主灭草、整地。邀请五指山市农技中心业务骨干到畅好居红光农五队为农户举办瓜菜病虫害防治技术培训班。开展不使用禁限用农兽药，不使用非法添加物，遵守农药安全间隔期、兽药休药期规定，销售的食用农产品符合农药兽药残留食品安全国家标准等宣传活动2场次。成立农产品质量监管站，开通《海南省农业监管平台站点》。悬挂秸秆禁烧横幅25条，发放宣传手册200册。参加海南省第五届割胶技能大比武（白沙杯）畅好居派5人参赛，1人获优秀奖。

【重点项目建设】

2021年度畅好居民生工程一览表

表10　　　　单位：万元

项目名称	投入资金
农三队田洋机耕路建设项目	336.27
农三队小组排水沟及基础设施建设工程	153.71
十八队排水沟及化粪池改造、基建队公厕新建工程	61.75
农四队小组经济路及防护工程	86.91
红星社区胶厂住宅小区道路改造工程	64.68
畅好居太阳能路灯维修工程	7.97
畅好花园小区物业办公二手活动板房安装	1
胶厂、7队公厕工程	46.15
红星社区胶厂小组检验站道路工程	9.8
五队公路边排水沟工程	7.16
畅好居居民委员会24队钻井工程	3.5
七队小组生产路硬化工程	14.3
畅好花园消防水泵维修	2.2
临时市场改建停车库工程	7.17
11队道路工程	14.14
8队、11队排水沟工程	6.24
8队裸露土地绿化工程	10.61
农七队裸露土地绿化工程	8.85

续表10

项目名称	投入资金
11 队裸露土地绿化工程	11.7
农七队水稻田撂荒地外围防牛铁线网安装	3.1
农四队农田撂荒地附着物清运	8.9
红星社区胶厂住宅小区基础配套工程	17.69
红光社区综合文化服务中心修复工程	22
畅好居 0.4 千伏低压线迁改工程	0.99
红光社区农五队 3 号楼化粪池盖板维修	7000
畅好居机关宿舍区大门外挡土墙维修	600
红光社区摩托车棚建造	0.88
四队、农七队美丽乡村绿化工程	0.83
19 队排水沟工程	2.38
3 队、4 队、7 队裸露土地绿化项目	2.2
12 队、13 队、16 队、24 队裸露土地绿化项目	0.96
山海高速路畅好隧道旁边坡复绿	1.65
13 队居民临时厨房工程(使用群众服务资金)	0.85
24 队住房前道路工程(使用群众服务资金)	3.64

【社会事务】 根据阳光低保的政策,按时进行动态调整,全年新增 5 户 14 人,停保处理 10 户 9 人。2021 年有低保户 58 户 84 人,使低保户按月享受到低保金,基本生活得到保障。办理临时救助申报 19 人,为 18 名困境儿童申请了生活补贴,建立 80 岁以上老年人档案,80 岁以上老人 230 名领取高龄补贴。

为畅好居 144 人申报社保缴费,社保费催缴 100%。社保卡采集单制卡任务 446 人,完成率 100%。医保电子凭证激活 1925 人;完成率 79.12%,全民参保任务人数:1091 人,已录入 1091 人,完成率 100%。做好劳动关系移交及退休养老。为 50 位到龄人员办理退休手续,为 7 位原畅好农场职工办理档案调出手续,为 2 位未到龄退休人员办理死亡丧葬费档案移交手续。做好城乡养老保险征缴,2021 年应缴人数 612 人,已缴人数 619 人,缴费比例 101.42%;城乡养老新参保 28 人,到龄退休 5 人,信息变更 12 人,死亡、退休注销 11 人,暂停缴费 23 人;城乡养老待遇领取资格认证 37 人。配合五指山市社保局完善档案材料、开展社保工作,为 11 人上报农垦社保历史遗留问题,为即将到龄退休人员查找临时工工资表及提供农垦社保历史遗留问题的相关材料合计 32 人次。完成 2017—2021 年生育津贴未享受人员申报共 3 人,同五指山市社保局一起慰问 20 名困难退休职工。通过手机 App 开展退休人员认证工作,认证 907 人。配合五指山市就业局完成 2021 年就业与培训需求人员调查工作,共 29 人报名。每月为畅好居工作人员、环卫司机、保安人员、环卫工人、土地巡查员、内退人员和保洁员公益性岗位人员共计 75 人进行工资核算工作。

全居有残疾人 241 人,2021 年发放重度残疾人护理补贴 17 人次,困难残疾人生活补贴 3 人次,“阳光家园”补贴 2 人次;残疾人家庭无障碍改造 2 户;发放辅助器具 10 件。配合五指山市残联开展残疾人入户鉴定工作,为 5 名疑似肢体残疾人做鉴定服务。做好残疾人的关爱工作,联合五指山市残联康复中心为 5 名行动不便的听力残疾人做助听器验配;在国际残疾人日慰问 25 名困难残疾人;元旦、春节期间走访慰问残疾人 20 户,送去春节慰问金 4000 元和慰问品;在全国肢残日慰问困难肢残人 10 人。

【社会治安综合治理】 2021 年,利用“4·15”国家安全日、“全国安全生产日”、“全民禁毒宣传日”等节日,累计开展综治相关工作宣传活动 10 场次,发放禁毒、打击私彩、防范邪教、反家庭暴力法、防范电信诈骗、安全生产、消防安全等宣传资料 5000 余份、悬挂宣传横幅 20 条、张贴海报和宣传标语 345 张,提高居民参与社区综合治理及扫除黑恶工作的积极性。以社区为基本单元划分网格,按照 300 户为一个网格的原则,全居共划分为 7 个网格,网格员共 103 人,利用网格力量切实把矛盾纠纷化解在基层,解决在萌芽状态。调解化解各类矛盾纠纷 19 宗、处理“12345”综合服务热线投诉工单 80 件、处理信访案件 3 宗。对辖区 12 名重性精神障碍患者家庭进行全面走访,督促监护人做好监护工作,防止发生不稳定因素。联合中西医结合医院和平山医院对辖区 10 名精神障碍患者进行危险性评估,新增 2 名患者精神障碍等级达到三级以上,要求监护人落实监护责任严防肇事肇祸现象的发生。帮助辖区 11 名重性精神障碍患者整理申报“以奖代补”材料。做好禁毒工作，3 次对辖区在册吸毒人员进行家庭走访、回访，建立台账，切实做到底数清、情况明、信息准。帮助两名社戒社康人员找工作。

【应急管理工作】 2021 年，印发《畅好居烟花爆竹燃放管控公告》《畅好居 2021 年清明节期间森林防火巡逻、蹲守工作方案》《五指山市畅好居关于做好全国“两会”、“博鳌论坛年会”、清明节、“五一”国际劳动节等重点时期的安全生产、消防安全暨森林防火工作的通知》等一系列文件，召开应急管理工作会议 20 次，为强化安全生产、消防安全、森林防火等监管责任奠定基础。逐级签订《森林防灭火责任书》74 份。以“元旦”“春节”“全国两会”“清明”等节日为契机，累计 4 次开展森林防火、安全生产和消防安全等宣传活动，悬挂横幅 12 条、张贴海报 40 张，发放《森林防火宣传手册》《社区火灾消防宣传手册》《家庭防火手册》《畅好居烟花爆竹燃放管控通告》等宣传资料 3000 余份，提高辖区居民的安全意识。开展“5・12”防灾减灾日宣传教育活动，向辖区居民讲解应急逃生知识，心肺复苏知识、家庭防火知识、家庭电器使用规范等知识，同时开展应急疏散、灭火实操和心肺复苏抢救等演练；悬挂宣传横幅 10 条、宣传标语 78 张，发放《应急安全知识手册》《应急安全法律法规汇编》《家庭防火手册》《火场逃生宝典》等宣传手册 2600 余份以及宣传围裙、宣传杯子 200 多件，累计参与人数 200 余人。开展“6・16”安全生产咨询日活动，通过安全知识咨询解答、发放宣传资料以及有奖竞答等环节与群众互动，进一步提升居民群众的安全防范意识，增强居民群众安全素质。现场共发放《家庭防火手册》《防灾减灾科普手册》《安全生产月》《珍爱生命预防溺水》《火场逃生宝典手册》《居家安全用电用气》等安全知识宣传材料 2000 余份，发放多功能数据线、马克杯、衣服刷毛器、围裙等小礼品 300 余件。组织各社区对山塘、水库、河流、鱼塘、水坝、蓄水池等易发生溺水区域开展排查工作，发现各类易溺水隐患点 25 处，标识模糊 2 处，已完成安全警示牌安装和更换内容。开展预防中小学生溺水安全教育流动课堂，向花园小区及附近单位的学生和学生家长授课，累计 100 余人参加，组织志愿者发放《珍爱生命预防溺水》《居家安全用电用气》《安全生产月》《防灾减灾科普手册》等 150 余份。在重要时间节点先后对辖区 50 多家单位开展综治、安全生产、消防安全等隐患排查及烟花爆竹经营安全专项综合性检查治理 5 次。安全隐患排查整治工作中，共排查 295 宗隐患，完成整改 36 宗，持续跟踪 255 宗。开展疫情防控工作，累计进行全员核酸检测预登记 3368 人，全居 18 岁以上接种疫苗 6701 人。对中高风险区及涉疫区共排查 587 人，全部进行居家观察 14 天并每天 2 次测量体温，五指山市疫情防控指挥部推送中高风险地区到畅好居辖区居住的应进行管控人员 36 人，核酸检测全部阴性。悬挂疫情防控宣传横幅 30 条、粘贴疫情防控标语 60 张，通过应急广播播放疫情防控预警信息和疫情防控小知识 100 余次、在微信工作群开展疫情防控宣传和利用 LED 显示屏滚动播放疫情防控知识，实现疫情防控宣传工作全覆盖。

【精神文明建设】 开展“我们的节日・元宵”新时代文明实践游园活动；五指山市政协 1 名同志到畅好居宣讲党的十九届六中全会精神；开展“三八”国际妇女节系列活动（女性干部读书会、广场舞比赛、“三八”维权法律宣传活动、暖心慰问、人居环境整治）；联合五指山市检察院开展法治宣传活动；开展“庆祝建党百年，继承红色基因”红色教育活动；开展“多读书，读好书”新时代文明实践活动；开展“弘扬娘子军精神，巾帼不让须眉”“三八”妇女节主题活动；开展“缅怀革命先烈，弘扬爱国主义精神”新时代文明实践活动；开展“弘扬民族文化，传承民族精神”新时代文明实践活动；开展人居环境整治。配备保洁员 48 人，环卫工人 12 人，环卫司机 6 人，清运车辆 6 辆，垃圾桶 480 个。开展人居环境整治活动，实行居、社区、队组三级管理责任制，2021 年投入经费 18 万元，做到卫生有人管、有人扫，垃圾有人清运，清理乱堆乱放 220 处，乱涂乱画 58 处，清理存量垃圾 89 处共 1256 立方米，清理排水沟 137 次。做好病媒生物预防控制工作，发放宣传资料 8123 份，更新宣传栏 92 份，增强居民病媒生物防制工作知识。

（黄彩梅）

人　物

五指山市2021年获省级以上表彰先进个人一览表

表11

姓名	性别	民族	受表彰所在单位及职务	授予机关及时间	荣誉称号
纪明群	男	黎族	毛阳镇人民政府 一级资料员	国家统计局海南调查总队（2021.11）	海南省国家贫困地区重大专项普查个人通报表扬
黄　楠	男	黎族	毛阳镇人民政府九级管理人员	国家统计局海南调查总队（2021.11）	海南省国家贫困地区重大专项普查个人通报表扬
王泽南	男	黎族	五指山市毛阳镇牙力村党支部书记、村委会主任	中共海南省委、海南省人民政府（2021.7）	2021年度海南省脱贫攻坚先进个人
何　欣	男	汉族	海南省农垦实验中学党委办主任	海南省教育厅党委（2021.6）	优秀党务工作者
王育博	男	汉族	海南省农垦实验中学学生科科长	海南省教育厅党委（2021.6）	优秀党务工作者
涂传龙	男	汉族	海南省农垦实验中学学生科副科长	海南省教育厅党委（2021.6）	优秀共产党员
潘　雪	女	汉族	海南省农垦实验中学 教师	海南省教育厅党委（2021.6）	优秀共产党员
蒋　明	男	汉族	海南省农垦实验中学 教师	海南省教育厅党委（2021.6）	党员先锋岗
毕会洁	女	汉族	海南省农垦实验中学 教师	海南省教育厅党委（2021.6）	党员先锋岗
符瑞斌	男	汉族	海南省农垦实验中学 教师	海南省教育厅党委（2021.6）	党员先锋岗
邢根思	男	黎族	五指山市市场监督管理局一级科员	海南省国家脱贫攻坚普查领导小组办公室（2021.11）	海南省国家贫困地区重大专项普查先进个人
王　静	女	汉族	五指山市市场监督管理局一级科员	海南省知识产权协调领导小组办公室（2021.11）	海南省知识产权保护工作优秀个人
林　文	男	苗族	五指山市民政局副局长	民政部（2021）	儿童工作先进个人
董　伶	女	黎族	五指山市总工会党组书记、常务副主席	海南省总工会（2021.8）	海南省城市困难职工解困脱困工作先进个人
王玉勤	男	黎族	五指山市总工会副主席	中共海南省委、海南省人民政府（2021.7）	海南省脱贫攻坚先进个人
王理佳	女	黎族	五指山市总工会社会化工作者	海南省总工会（2021.8）	海南省城市困难职工解困脱困工作先进个人
蒋翠梅	女	苗族	五指山市总工会社会化工作者	海南省妇女联合会（2021.9）	2021年海南省最美家庭

续表11

姓名	性别	民族	受表彰所在单位及职务	授予机关及时间	荣誉称号
赵茂冰	男	汉族	五指山市乡村振兴局局长	中共海南省委、海南省人民政府（2021.7）	海南省脱贫攻坚先进个人
谢亚洲	男	蒙古族	五指山市乡村振兴局副局长	海南省国家脱贫攻坚普查领导小组办公室（2021.11）	国家贫困地区重大专项普查先进个人
周　颖	女	汉族	五指山市乡村振兴局副局长	海南省国家脱贫攻坚普查领导小组办公室（2021.11）	国家贫困地区重大专项普查先进个人
蒋翠梅	女	苗族	五指山市总工会社会化工作者	海南省妇女联合会（2021.9）	海南省城市困难职工解困脱困工作先进个人
颜礼安	男	汉族	中共毛道乡委员会乡党委副书记	中共海南省委（2021.7）	海南省优秀党务工作者
张宗戈	男	黎族	番阳镇人民政府统计助理员	海南省人民政府第七次人口普查领导小组办公室、海南省统计局（2021.12）	海南省第七次全国人口普查先进个人
符宗亲	男	汉族	五指山市统计局局长	海南省人民政府第七次人口普查领导小组办公室、海南省统计局（2021.12）	海南省第七次全国人口普查先进个人
曾　琪	女	汉族	五指山市统计局副局长	海南省人民政府第七次人口普查领导小组办公室、海南省统计局（2021.12）	海南省第七次全国人口普查先进个人
曾献忠	男	苗族	五指山市统计局一级科员	海南省人民政府第七次人口普查领导小组办公室、海南省统计局（2021.12）	海南省第七次全国人口普查先进个人
吴淑林	男	黎族	五指山市南圣镇人民政府统计助理	海南省人民政府第七次人口普查领导小组办公室、海南省统计局（2021.12）	海南省第七次全国人口普查先进个人
王发锦	男	黎族	水满村委会副主任	中共海南省委、海南省人民政府（2021.6）	海南省脱贫攻坚优秀共产党员
王发锦	男	黎族	水满村委会副主任	中共海南省委、海南省人民政府（2021.6）	海南省脱贫攻坚先进个人
王有福	男	黎族	五指山市毛阳人民政府统计助理	海南省人民政府第七次人口普查领导小组办公室、海南省统计局（2021.12）	海南省第七次全国人口普查先进个人
张宗戈	男	黎族	五指山市番阳人民政府统计助理	海南省人民政府第七次人口普查领导小组办公室、海南省统计局（2021.12）	海南省第七次全国人口普查先进个人
陈云仙	女	黎族	五指山市畅好乡人民政府统计助理	海南省人民政府第七次人口普查领导小组办公室、海南省统计局（2021.12）	海南省第七次全国人口普查先进个人
魏　蔚	男	汉族	五指山市毛道乡人民政府统计员	海南省人民政府第七次人口普查领导小组办公室、海南省统计局（2021.12）	海南省第七次全国人口普查先进个人
陈　悟	男	黎族	五指山市普查调查中心主任	海南省国家脱贫攻坚普查领导小组办公室（2021.11）	海南省国家贫困地区重大专项普查先进个人
陈永杰	男	汉族	五指山市统计局二级主任科员	海南省国家脱贫攻坚普查领导小组办公室（2021.11）	海南省国家贫困地区重大专项普查先进个人

续表11

姓名	性别	民族	受表彰所在单位及职务	授予机关及时间	荣誉称号
邱莹莹	女	汉族	五指山市普查调查中心统计调查员	海南省国家脱贫攻坚普查领导小组办公室(2021.11)	海南省国家贫困地区重大专项普查先进个人
陈仲平	男	汉族	五指山市生态环境局局长	生态环境部(2022.1)	“三线一单”工作表现突出个人
米叶华	女	黎族	五指山市生态环境局副局长	生态环境部党风廉政建设领导小组(2021.12)	“生态环境保护铁军的红色故事”征文活动优秀奖
邹慧敏	女	汉族	五指山市生态环境局科员	生态环境部办公厅(2021.12)	重点行业企业用地土壤污染状况调查表现突出个人
李　珠	女	汉族	五指山市生态环境监测站副站长	生态环境部(2021)	生态环境监测“三五”人才
梁丽梅	女	汉族	五指山市人民法院专委	海南省高院(2021.2)	海南省高级人民法院2019—2020年度全省法院办案标兵
李芳芳	女	汉族	五指山市人民法院办公室副主任	海南省高院(2021.2)	海南省高级人民法院2019—2020年度全省法院先进个人
和祥进	男	壮族	五指山市人民法院政治部主任	中共海南省委、海南省人民政府(2021.7)	海南省脱贫攻坚先进个人
胡进冲	男	黎族	五指山市人民法院刑庭庭长	海南省高院(2021.10)	2020年度优秀裁判文书基层法院组刑事类优秀奖
薛蕃超	男	汉族	五指山市人民法院院长	海南省平安建设领导小组办公室(2021.10)	2019—2020年度海南省平安建设先进个人
梁艺兰	女	汉族	五指山市人民法院立案庭庭长	海南省平安建设领导小组办公室(2021.10)	2019—2020年度海南省平安建设先进个人
王兴佳	男	黎族	五指山市水满乡人民政府统计助理员	海南省人民政府第七次人口普查领导小组办公室、海南省统计局(2021.12)	海南省第七次全国人口普查先进个人
邓　慧	女	汉族	五指山市第三小学教导主任	共青团海南省委(2021.4)	海南省优秀共青团干部
王继民	男	汉族	五指山市第一小学校长	中共海南省委(2021.7)	海南省优秀共产党员
王继民	男	汉族	五指山市第一小学校长	中国关心下一代工作委员会、海南省青少年活动中心(2021.7)	优秀校长
王进炳	男	黎族	五指山市第一小学少先队副总指导员	海南省教育厅关心下一代工作委员会(2021.9)	海南省“新时代好少年. 红心向党”先进个人
王丽曼	女	黎族	五指山市红山中心学校工会主席	海南省教育厅关心下一代工作委员会(2021.9)	海南省“新时代好少年. 红心向党”先进个人
胡茂鹏	男	黎族	五指山市教师继续教育中心教研室副主任	海南省教育厅、海南省语言文字工作委员会(2021.11)	第三届中华经典诵写讲大赛(海南赛区)优秀组织奖(个人奖)
苏小艳	女	黎族	五指山市教育局副局长	中共海南省委、海南省人民政府(2021.7)	海南省脱贫攻坚先进个人
王梦瑜	女	黎族	五指山市教育局办公室负责人	海南省妇女联合会(2021.3)	海南省三八红旗手称号
张秀雄	男	汉族	五指山市水务局局长	中国水利工程协会(2021.12)	中国水利工程优质(大禹)奖主要贡献人
张秀雄	男	汉族	五指山市水务局局长	海南省水务厅、省人社厅(2021.1)	海南省水务系统先进个人
陈　靖	男	汉族	五指山市水利水电管理中心主任	中国水利工程协会(2021.12)	中国水利工程优质(大禹)奖主要贡献人

续表11

姓名	性别	民族	受表彰所在单位及职务	授予机关及时间	荣誉称号
张光辉	男	汉族	五指山市水利水电管理中心副主任、正高级工程师	中国水利工程协会（2021.12）	中国水利工程优质（大禹）奖主要贡献人
闫　媛	女	汉族	共青团五指山市委员会副书记	海南省青少年希望基金会（2021.7）	2020年海南希望工程脱贫攻坚先进个人
李　锋	男	汉族	五指山市毛阳镇党委书记、四级调研员	中共海南省委、海南省人民政府（2021.3）	第四届海南省“人民满意的公务员”
李　锋	男	汉族	五指山市毛阳镇党委书记	中共中央、国务院（2021.2）	全国脱贫攻坚先进个人
孙　羽	男	汉族	海南省第二人民医院行政负责人	中共海南省卫生健康委员会直属机关委员会（2021.6）	2019—2021年度“优秀共产党员”
胡颖青	女	汉族	海南省第二人民医院护理部副主任	中共海南省卫生健康委员会直属机关委员会（2021.6）	2019—2021年度“优秀共产党员”
吴贤翔	男	汉族	海南省第二人民医院内科医生	中共海南省卫生健康委员会直属机关委员会（2021.6）	2019—2021年度“优秀共产党员”
陈　圆	男	汉族	海南省第二人民医院基层指导科副科长	中共海南省卫生健康委员会直属机关委员会（2021.6）	2019—2021年度“优秀共产党员”
林如成	男	汉族	海南省第二人民医院麻醉医师	中共海南省卫生健康委员会直属机关委员会（2021.6）	2019—2021年度“优秀共产党员”
吉　萍	女	汉族	海南省第二人民医院发热门诊护士长	中共海南省卫生健康委员会直属机关委员会（2021.6）	2019—2021年度“优秀共产党员”
王菊柳	女	汉族	海南省第二人民医院普外科护士长	中共海南省卫生健康委员会直属机关委员会（2021.6）	2019—2021年度“优秀共产党员”
王小丽	女	汉族	海南省第二人民医院急诊医生	中共海南省卫生健康委员会直属机关委员会（2021.6）	2019—2021年度“优秀共产党员”
邱　堃	男	汉族	海南省第二人民医院普外科主任	中共海南省卫生健康委员会直属机关委员会（2021.6）	2019—2021年度“优秀共产党员”
林瓒初	男	汉族	海南省第二人民医院放射技师	中共海南省卫生健康委员会直属机关委员会（2021.6）	2019—2021年度“优秀共产党员”
郑　好	女	汉族	海南省第二人民医院团委副书记	中共海南省卫生健康委员会直属机关委员会（2021.6）	2019—2021年度“优秀共产党员”
王国卫	男	汉族	海南省第二人民医院三级技工	海南省卫生健康委员会（2021.6）	“喜迎百年华诞 翰墨光影抒党情”书法摄影绘画评选系列活动书法作品二等奖
赖子飞	男	汉族	海南省第二人民医院输血科副主任	海南省卫生健康委员会（2021.6）	“喜迎百年华诞 翰墨光影抒党情”书法摄影绘画评选系列活动硬笔类作品二等奖
黄小海	男	汉族	海南省第二人民医院药学医生	中共海南省卫生健康委员会直属机关委员会（2021.10）	2021年（第三届）省直机关围棋精英赛第三名
孙　羽	男	汉族	海南省第二人民医院行政负责人	中共海南省卫生健康委员会直属机关委员会（2021.6）	2019—2021年度“优秀共产党员”
胡颖青	女	汉族	海南省第二人民医院护理部副主任	中共海南省卫生健康委员会直属机关委员会（2021.6）	2019—2021年度“优秀共产党员”
张秋未	女	侗族	民盟五指山市委会专职副主委	民盟海南省委（2021.2）	“2019—2020年度参政议政先进个人”

续表11

姓名	性别	民族	受表彰所在单位及职务	授予机关及时间	荣誉称号
张秋未	女	侗族	民盟五指山市委会专职副主委	民盟海南省委（2021.02）	“2019—2020 年度社会服务先进个人”
张受强	男	汉族	原民盟五指山市委会专职副主委（已退休）	民盟海南省委（2021.02）	“2019—2020 年度社会服务先进个人”

五指山市2021年获省级以上表彰先进集体一览表

表12

单位	荣誉称号	授予机关	授予时间
中共水满乡委员会	海南省脱贫攻坚先进基层党组织	中共海南省委	2021.6
中共水满乡委员会	海南省脱贫攻坚先进集体	中共海南省委、海南省人民政府	2021.6
海南省五指山市气象局	2020 年度全省气象部门绩效考核特别优秀单位	海南省气象局	2021.1
海南省五指山市气象局	2020 年度海南省气象部门创新工作表彰	海南省气象局	2021.1
海南省五指山市气象局	2020 年度重大气象服务先进集体	海南省气象局	2021.1
海南省农垦实验中学	海南省文明校园	中共海南省委、海南省人民政府	2021.2
海南省农垦实验中学教务党支部	先进基层党组织	海南省教育厅党委	2021.6
海南省农垦实验中学	海南省中小学教育信息化应用示范校	海南省教育厅	2021.7
五指山市总工会	2021 年度全省工会经费审查工作规范化建设二等奖	海南省总工会	2021.7
五指山市总工会	海南省城市困难职工解困脱困工作先进集体	海南省总工会	2021.8
五指山市扶贫工作办公室	全国乡村振兴（扶贫）系统先进集体	人力资源和社会保障部、国家乡村振兴局	2021.6
五指山市毛道乡毛道村驻村工作队	全国脱贫攻坚先进集体	中共中央、国务院	2021.2
共青团毛道乡委员会	海南省五四红旗团委	共青团海南省委	2021.4
九三学社五指山市支社	2021 年优秀基层组织	九三学社海南省委会	2021.12
民革五指山市基层委员会海二医院支部	2021 年度组织建设工作先进支部	民革海南省委会	2021.12
民革五指山市基层委员会	“庆祝中国共产党成立 100 周年网络知识竞赛”组织奖二等奖	民革海南省委会	2021.12
五指山市综合行政执法局	2021 年全省生态环境保护执法大练兵表现突出集体	海南省生态环境厅	2021.11
五指山市综合行政执法局	全省行政执法“三项制度”典型示范单位	海南省司法厅	2021.11
五指山市水务局	2019-2020 年度中国水利工程（大禹）奖	中国水利协会	2021.12
五指山市水务局	全国水利扶贫先进集体	水利部	2021.8
五指山市水务局	海南省水务系统先进集体	海南省水务厅、海南省人力资源和社会保障厅	2021.1
五指山市水务局	海南省脱贫攻坚先进集体	中共海南省委、海南省人民政府	2021.7
共青团五指山市委员会	2020 年海南省希望工程脱贫攻坚先进集体三等奖	共青团海南省委、海南省青少年希望基金会	2021.7

续表12

单位	荣誉称号	授予机关	授予时间
五指山市教育局	海南省脱贫攻坚先进集体	中共海南省委、海南省人民政府	2021.6
五指山市教育局	全国教育系统关心下一代工作先进集体	教育部关心下一代工作委员会	2021.12
五指山市番阳中心学校	海南省文明校园	中共海南省委、海南省人民政府	2021.1
五指山市第三小学	海南省文明校园	中共海南省委、海南省人民政府	2021.2
五指山市通什中心学校	海南省中小学美育赛事组织奖	海南省教育厅	2021.6
五指山市幼儿园	海南省儿童青少年近视防控示范学校	海南省教育厅、海南省卫生健康委员会	2021.9
五指山市第一小学	海南省卫生先进单位	海南省爱国卫生运动委员会	2021.1
五指山市第一小学	全国科技素养实践学校	中国下一代教育基金会	2021.1
五指山市第一小学	最美数学文化校园	海南数学文化节组委会	2021.6
五指山市第一小学	《国兴筑梦 · 青春中国》优秀组织奖	海南省教育厅、中国邮政集团海南省分公司	2021.7
五指山市第一小学	海南省“新时代好少年 · 红心向党”优秀组织奖	海南省教育厅关心下一代工作委员会	2021.9
五指山市第一小学	“奔跑吧 · 少年”优秀组织奖	海南省旅游和文化体育厅、省教育厅	2021.12
五指山市通什镇	中国民间文化艺术之乡	文化和旅游部公共服务司	2021.10
海南省五指山市普查调查中心	第七次全国人口普查先进集体	国务院第七次全国人口普查领导小组	2021.9
五指山通什镇人民政府	海南省第七次全国人口普查先进集体	海南省人民政府第七次人口普查领导小组办公室、海南省统计局	2021.12
五指山市畅好居居民委员会	海南省第七次全国人口普查先进集体	海南省人民政府第七次人口普查领导小组办公室、海南省统计局	2021.12
五指山市统计局	海南省国家贫困地区重大专项普查先进集体	海南省国家脱贫攻坚普查领导小组办公室	2021.11
五指山市残疾人联合会	全省残疾人工作先进单位	海南省人民政府残疾人工作委员会	2021.12
五指山市人民法院	海南省卫生先进单位	海南省爱国卫生运动委员会	2021.6
五指山市人民法院	海南省平安中国“三微”比赛评选结果优秀奖	海南省政法委	2021.2
致公党五指山市支部	2021 年脱贫攻坚（乡村振兴）先进集体	致公党海南省委	2021.12
海南省第二人民医院 / 医技支部	2019—2021 年度先进基层党组织	中共海南省卫生健康委员会直属机关委员会	2021.6
海南省第二人民医院 / 内科一支部	2019—2021 年度先进基层党组织	中共海南省卫生健康委员会直属机关委员会	2021.6
海南省第二人民医院	防治卒中中心	海南省卫生健康委员会卒中中心	2021.12
民盟五指山市委	民盟脱贫攻坚先进集体	中国民主同盟中央委员会	2021.6
民盟五指山市委	2019—2020 年度参政议政工作先进集体	中国民主同盟海南省委员会	2021.2
毛阳镇牙胡村	海南省卫生村	海南省爱国卫生运动委员会	2021.12
毛阳镇空联村	海南省卫生村	海南省爱国卫生运动委员会	2021.12
毛阳镇什益村	海南省卫生村	海南省爱国卫生运动委员会	2021.12
毛阳镇什稿村	海南省卫生村	海南省爱国卫生运动委员会	2021.12
毛阳镇毛兴村	海南省卫生村	海南省爱国卫生运动委员会	2021.12

政策·规章·文献

五指山市引进高层次人才和急需紧缺人才管理办法

第一章　总　则

第一条　为深入贯彻《百万人才进海南行动计划（2018—2025年）》，加快实施人才强市战略，优化人才队伍结构，增强区域人才竞争优势，积极引进我市经济发展所需的各类高层次和急需紧缺人才，根据《海南自由贸易港建设总体方案》《关于支持海南开展人才发展体制机制创新的实施方案》《海南自由贸易港高层次人才认定办法》和《海南省引进高层次人才跟踪考核暂行办法》等相关文件精神，结合我市实际，制定本办法。

第二条　基本原则：

（一）坚持党管人才；

（二）坚持以市场需求为导向，按需引进、以用为本；

（三）坚持任人唯贤、德才兼备，公开竞争、择优引进；

（四）坚持"突出用人单位主体作用"；

（五）坚持"招商引资和招才引智并举"。

第三条　全市各级党政机关、事业单位和国有企业（以下统称用人单位），从五指山市外地区、单位引进高层次人才和急需紧缺人才均适用本办法。

第二章　人才引进对象及条件

第四条　本办法所称的高层次人才，是指符合海南自由贸易港高层次人才分类标准，由相关部门依据《海南自由贸易港高层次人才认定办法》所认定的各类高层次人才。

第五条　本办法所指急需紧缺人才，是指围绕五指山经济社会发展需求，聚焦热带山地高效农业、教育、医疗、康养、文化旅游、生态环保、法律、企业经营管理、项目规划、项目管理、城市建设与管理等重点领域所急需紧缺的人才（含基层教育卫生激励机制引进人才），急需紧缺人才引进以我省、市发布的急需紧缺人才需求目录或急需紧缺人才招录计划为准。

第六条　引才对象包含省内外的各类优秀人才、留学回国人才及获得我省工作许可的外籍人才。引进人才年龄一般在50周岁（含50周岁）以下，身体健康，特别急需紧缺人才提请市委、市政府审议后，可适当放宽年龄限制并享受相应人才政策。引进对象需为全职引进人才，且在我市服务的期限不得少于5年。柔性引进人才参照《五指山市柔性引进人才实施细则》（五办发〔2019〕88号）有关规定执行。

第七条　引进的高层次人才和急需紧缺人才（以下简称引进人才）除应当具备上述条件外，还应当同时具备以下条件：

（一）遵纪守法；

（二）拥有良好的职业道德，严谨的工作作风；

（三）具有岗位所需要的专业或技能；

（四）具有正常履行职责的身体条件；

（五）符合引进岗位所规定的其他条件。

第八条　下列情形之一者,不在引进范围:

(一)曾受过各类刑事处罚的;

(二)曾被开除公职的;

(三)有违法、违纪行为正在接受审查的;

(四)尚在党纪、政纪处分影响期内的;

(五)被列入个人诚信黑名单的;

(六)法律法规规定不符合聘用条件的。

第三章　人才引进激励政策

第九条　引进的高层次人才和急需紧缺人才到市属国有企业工作的,由用人单位与本人协商,从优确定其工资、福利等待遇;到从事公共服务或基础研究的市属事业单位工作的,满编时可经市机构编制管理部门、财政部门同意,采取特设岗位方式引进或核定过渡编制的方式先调入,待单位自然减员时冲销过渡编制;到党政机关或参照公务员管理的事业单位工作的,其职务应根据编制和结构情况,结合所学专业和研究方向进行安排。引进人才也可不占编制,采取年薪制聘用方式聘请,由用人单位与本人签订聘用合同,其待遇原则上可高于同类编制人员。

第十条　落户。引进人才落户按照海南省引进人才落户政策执行。引进人才单独落户或入集体户口,其父母、子女、配偶可随迁落户。

第十一条　职称。对全职引进到企事业单位工作的博士、硕士,可根据技术水平直接申报相应专业技术职务岗位;对市属事业单位引进具有专业技术资格的人才,专业技术职务岗位可不受岗位比例限制给予直接聘用。

第十二条　医疗。市卫生健康委员会要建立引进人才健康服务机制,协调符合条件的医院设立高层次人才服务“绿色通道”。市国有资产服务中心、市人力资源和社会保障局、市卫生健康委员会每年要定期组织国有企事业单位引进人才到指定的医院免费体检一次,落实引进人才医疗服务保障。民营企业引进人才健康体检由用人单位负责组织实施。

第十三条　社保。非本省户籍引进人才的配偶及其子女,可按照有关规定参加城镇职工社会保险和城镇职工(居民)医疗保险,缴纳相应的社会保险费,并享受相应待遇。参保后在国内流动的,按参加城镇企业职工基本养老保险及城镇职工医疗保险关系转移接续有关办法处理;在领取基本养老保险待遇前与用人单位解除劳动关系并离境的,按照我省社保有关办法执行。

第十四条　子女入学。引进人才子女就读义务教育阶段学校的,一般按照“免试就近入学”原则,由市教育局统筹协调落实就读学校;就读高中阶段学校的,由市教育局结合我市实际,按与原就读学校等级相当的原则予以解决。引进高层次人才子女入学按照海南省高层次人才子女入学有关规定执行;引进A、B类(大师级、杰出级)高层次人才的直系亲属就读我市中小学、幼儿园采取“一事一议”的方式给予解决;引进急需紧缺人才或者留学回国的人才子女参加中考、高考的,参照省里有关规定执行。

第十五条　配偶安置。引进人才配偶随同来我市工作的,参照《海南省引进高层次人才配偶就业安置实施办法(试行)》给予安置。配偶为公务员或事业单位人员的,对口安排相应工作;配偶为企业人员的,安排到企业工作;配偶未就业但符合就业条件的,由市人力资源和社会保障局按其学历、资历、工作能力安排到合适的岗位工作,人事档案免费挂靠市就业服务中心或市人才中介服务机构。3年内无法安排引进人才配偶就业的,由市就业服务中心以我市在岗职工上年度社会平均工资为基数,按照第一年100%、第二年75%、第三年50%的比例向其发放生活补助费,并缴纳城乡居民基本养老和医疗保险。3年内实现就业的,从就业的次月起停止发放生活补助费,停止为其缴纳城乡居民基本养老保险和基本医疗保险。

第十六条　对引进后的人才从事科研工作,有关部门应在项目立项、课题研究、经费资助、成果申报、学术交流和培训等方面优先予以支持,科研经费可采用“一事一议”方式给予支持,用人单位应在实验设备、科研资料等方面提供保障。

(一)引进人才经认定为我省高层次人才并从事科研工作的,由用人单位会同科技主管部门根据其科研项目和研究课题情况向市政府进行申报,经市政府同意,由市财政局根据其项目进度分期分批资助,单个项目科研经费资助最高不超1000万元。

(二)急需紧缺人才主持或参与科研项目和课题的,由用人单位会同科技主管部门根据科研项目和研究课题情况向市政府进行申报,经市政府同意,由市财政局根据其项目进度分期分批资助,单个项目科研经费资助最高不超500万元。

(三)对携带科技成果到我市工作并取得显著经济效益的,由受益单位从新增税后利润中提取不低于5%的比例予以奖励。

(四)作为主要科研项目负责人,科研项目获得国家级奖项的给予 30-50 万元的一次性奖励，获得国际奖项的给予 50-100 万元的一次性奖励(税后)。

第十七条　对引进人才到市属事业单位、国有企业工作的，除领取正常工资待遇外，按照以下标准另外发放生活补贴：

（一）引进人才经认定为我省 A 类高层次人才、大师级人才或同等级别高层次人才的，每月发放 10000 元生活补贴；

（二）引进人才经认定为我省 B 类高层次人才、杰出人才或同等级别高层次人才的，每月发放 9000 元生活补贴；

（三）引进人才经认定为我省 C 类高层次人才、领军人才或同等级别高层次人才的，每月发放 8000 元生活补贴；

（四）引进人才经认定为我省 D 类高层次人才、拔尖人才或同等级别的高层次人才、全日制博士研究生、正高级职称的，每月发放 6000 元生活补贴；

（五）引进人才经认定为我省 E 类高层次人才、其他类高层次人才或同等级别的高层次人才、全日制硕士研究生、副高级职称的，每月发放 5000 元生活补贴；

（六）引进人才不属于我省认定高层次人才范围，但属于我市引进的急需紧缺人才的，获得本科学历或中级职称的，每月发放 4000 元生活补贴，获得大专学历的其他急需紧缺人才每月发放 3000 元生活补贴。

生活补贴发放期限为 5 年，每年上半年集中受理上一年度的发放申请。用人单位根据引进人才年度考核结果到市人才服务“一站式”平台（人才服务“单一”窗口）进行申请，由市人才发展服务中心审核后，按年度向人才进行核发。年度考核为优秀等次的，按 100% 发放补贴；考核为称职（合格）等次的，按 80% 发放补贴；考核为基本称职（基本合格）及以下的，不发放补贴。人才生活补贴从市人才资源开发专项资金中列支。

生活补贴发放标准：2021 年 1 月 1 日前引进人才参照《五指山市引进高层次人才和急需紧缺人才管理办法（试行）》（五发〔2018〕23 号）原有标准执行，2021 年 1 月 1 日后引进人才按照新标准执行。市属事业单位引进人才的生活补贴资金，按单位隶属关系由市财政全额承担；市属国有企业引进人才生活补贴资金，由市财政和用人单位按照 1∶1 的比例承担；民营企业引进人才生活补贴可由企业参照以上标准，自行发放补贴；非我市党政机关和企事业单位引进人才按照省引进人才有关规定执行。

第十八条　住房保障及安家费。引进人才住房保障按照海南省、五指山市引进人才住房保障相关政策执行。引进人才安家费可结合高层次人才类别及人才急需紧缺程度给予 20 万—80 万元的补贴，安家费原则上根据考核结果按年度发放，补贴标准可根据我市经济发展情况进行调整，具体标准及发放方式以实际人才引进或人才招录方案为准。已享受省引进人才安家费政策的不可重复申请安家费。

第十九条　其他。特殊情况下，引进人才住房保障、子女入学、配偶就业及安家费等有关人才保障政策难以落实的，可由用人单位、行业主管部门向市委人才工作委员会办公室（以下简称“市委人才办”）提出申请，由市委人才办提请市委或市委人才工作委员会采取“一事一议”方式给予解决。

第四章　引进方式和程序

第二十条　引进人才可简化程序，畅通“绿色通道”，采取直接考察或“一人一策、一事一议、特事特办”的办法予以解决。

第二十一条　采取直接考察方式引进的人才，原则上由组织、人事部门或主管部门、用人单位按照有关规定组织开展考察。引进人才的考察应当突出品德评价，坚持德才兼备，把品德作为人才评价的首要内容。除了对引进对象的政治思想、道德品质、能力素质、学习和工作表现、遵纪守法、廉洁自律情况和身体履职条件等方面进行考察外，还应当突出科学精神、职业道德、从业操守等方面的评价考察。考察方式主要包括到考察对象原单位实地考核、审查档案、征求意见、健康体检等。

第二十二条　引进人才一般引进到企事业单位工作，需安排到党政机关工作的，应当符合干部队伍建设管理的要求。到我市党政机关工作的人才（公务员、参公人员）不享受本办法中第十七条、第十八条、第十九条规定的相关待遇。

第五章　管理和监督

第二十三条　人才引进工作由市委人才工作委员会统一领导，各有关单位按照各自职能，主动抓好落实。日常工作由市委人才办负责督促落实。

第二十四条　引进人才实行用人单位直接管理、主管部门协同管理、组织和人事部门宏观管理。

财政、公安、教育、卫生、医疗、住房保障、人社、就业、科技等部门在各自的职责范围内，配合做好人才引进的相关服务保障和具体事项的办理工作，并探索研究制定更具吸引力的引才制度措施。

第二十五条　建立跟踪服务和沟通反馈机制。引才主管部门要加强对引进人才的跟踪服务，主动了解人才的工作及生活状况；用人单位或行业主管部门要根据有关规定为人才提供必要的工作和生活条件，为其解决工作和生活中的困难及问题。用人单位应当定期向人才主管部门反馈引进人才的工作情况，加强与人才的沟通交流，为引进人才发挥才干、成长进步创造良好的环境。

第二十六条　市财政局要将市人才资源开发专项资金列入年度预算，保障人才工作经费投入。市人才资源开发专项资金主要用于引进人才生活补贴、安家费、培养培训、人才奖励、人才宣传、人才服务保障等。

第二十七条　组织、人事部门及用人单位要严格执行引进人才的有关政策规定，严格把关，杜绝引进人才工作中的弄虚作假现象，确保引进人才工作质量。涉及引才工作的各级党政机关、市属企事业单位要自觉接受纪检监察部门监督。对违反工作纪律的人员和弄虚作假的引进对象，严格按照有关规定处理。

第二十八条　用人单位应当采取有力措施，做好引进人才的管理、服务工作，合理使用人才，充分发挥人才的作用，切实防止和纠正闲置、浪费人才的现象。

第二十九条　组织、人事部门和用人单位需根据《海南省引进高层次人才跟踪考核暂行办法》和我市企事业单位考核管理有关规定对引进人才进行考核。考核合格及以上的，按有关规定可享受相应人才政策。考核连续两年不合格的，解除聘用合同并取消相应人才政策待遇。服务期未满 5 年，由于个人原因提出辞职或调动的，根据相关规定，取消或追回其已享受的安家费或住房保障相关待遇等。

第三十条　引进人才有下列情形之一的，取消或者追回引进人才所享受的相关政策待遇：

（一）未履行劳动合同或者聘用协议的；

（二）违反规定出国（境）逾期不归的；

（三）被列入个人诚信黑名单的；

（四）学术、业绩弄虚作假的；

（五）受纪检监察机关审查调查并给予严重警告以上处分的；

（六）受到刑事处罚的；

（七）其他不符合与我省相关人才文件规定要求的。

第三十一条　引进人才相关待遇凡与我省、市出台的政策有重复、交叉的，按照“从新、从优、从高、不重复”的原则执行。

第六章　附　则

第三十二条　本办法由市委组织部、市人力资源和社会保障局负责解释。

第三十三条　本办法自发布之日起施行。2018 年 12 月 30 日市委印发的《五指山市引进高层次人才和急需紧缺人才管理办法（试行）》（五发〔2018〕23 号）同时废止。

中共五指山市委直属机关工作委员会流动党员管理办法

第一章　总　则

第一条　为进一步规范市直机关流动党员教育、管理和服务工作，根据《中国共产党章程》、中组部《关于加强和改进流动党员管理工作的意见》，结合工委工作实际，制定本办法。

第二条　本办法中所称流动党员，是指离开本单位党组织外出经商或从事其他正当职业，无固定地点或无法转移组织关系的党员；外地或外单位流入本单位未转移组织关系的党员。

第三条　流动党员教育管理服务工作，应按照“有利于党组织教育管理，有利于党员合理流动，有利于党员发挥作用，有利于经济社会发展，有利于和谐社会构建”要求，实现教育好、管理好、服务好的工作目标，构建起“管理有方、流动有序、异地有家、双边互动”的流动党员教育管理服务新格局。

第二章　教　育

第四条　对流动党员的教育要坚持“方便党员参与、教育方法灵活、发挥作用实在”的原则，做到教育不脱节、不断线。党组织要在党员外出前对其进行教育，明确要求党员外出期间严格遵守党的组织纪律，积极参加流入地党组织生活，按期交纳党费，完成党组织交给的任务，发挥党员先锋模范作用。

第五条　教育内容要突出针对性和时效性。要坚持以党章、党的基本知识、党和国家的政策法规及实用技术知识为主，有针对性地组织开展学习教育，不断提高流动党员思想政治素质和综合业务素质。

第六条　教育形式要突出灵活性。要根据党员流动面广、职业分散等特点，结合流动党员的思想、工作和生活实际，充分运用网络、电话教育等手段，采取邮寄学习资料、推送党员教育网站等，进行多元化教育。

第七条　要严格流动党员教育制度。要坚持与流动党员的定期联系，及时了解和掌握思想变化情况；坚持每季度开展一次网上组织活动，活动时间和内容要考虑党员的工作性质和实际需要。

第八条　对离退休流动党员的约束教育，可采取定期电话联系、定期寄发学习资料、通报单位发展情况、征询对党组织工作意见等方式进行。

第三章　管　理

第九条　流动党员管理坚持以流入地为主、流出地和流入地党组织共同管理，区别情况动态管理。

第十条　已经落实工作单位的挂靠党员，应将其组织关系及时转移到所去单位党组织；尚未落实工作单位，可将党组织关系转移到本人或父母居住地党组织，也可随人事档案转移到县级以上政府人社部门所属的人才交流机构党组织。

第十一条　离退休党员原则上由所在单位管理。考虑到大部分离退休党员均返回老家居住，为便于管理，党组织可发动党员将其组织关系转回居住地，在本人同意申请基础上，将其组织关系转到居住地社区（村）党组织。

第十二条　外出学习、进修、借调工作、办理公务、休假探亲超过6个月的党员，需转移正式组织关系。

第十三条　外出党员要向所在党支部报告外出原因、时间、地点及联系方式，到机关党委（总支、支部）备案。党组织根据党员外出时间长短，地点是否固定等情况进行分类管理，按规定登记《流动党员管理台账》并发放《流动党员活动证》。

第十四条　党员外出6个月以内，或长期外出但暂无法转移组织关系，须持有《流动党员活动证》。党员可持证在外出所在地或单位党组织参加党的组织生活，交纳党费，但不享有表决权、选举权和被选举权。

第十五条　持有《流动党员活动证》党员，在原党组织享有表决权、选举权和被选举权，其原党组织召开党员大会进行选举时，如外出党员因情况特殊无法到会，经党员大会同意，可不计算为应到会人数。

第十六条　有外出党员的党组织应做到：

（1）按规定登记发放《流动党员活动证》。

（2）通过适当方式与党员保持联系，了解党员外出后的思想、工作情况，及时向外出党员通报党组织的重要情况。

（3）党员返回后，认真查验《流动党员活动证》内记载的有关内容，详细了解党员外出期间的表现。党员外出后不按规定将《流动党员活动证》交外出所在地或单位党组织，无正当理由连续6个月不参加党的组织生活，不交纳党费，或不做党所分配的工作的，按党章有关规定办理。

第十七条　有流入党员的党组织应做到：

（1）对持有《流动党员活动证》的外来党员，验证后及时接收并将其编入党支部、党小组，同时报上级党组织备案。不得借各种理由拒绝接收。

（2）安排他们参加党的组织生活和其他党内活动，收缴党费，并分配他们做适当工作。

（3）认真填写《流动党员活动证》内有关内容。

第十八条　流动党员应做到：

（1）外出前向所在党支部报告。

（2）外出后及时将《流动党员活动证》交给外出所在地或单位党组织，接受外出所在地或单位党组织的教育管理。

（3）外出期间按照党员标准严格要求自己，积极参加党的组织生活，按规定交纳党费，完成党组织交给的任务，发挥党员的先锋模范作用。

（4）外出返回后，及时将《流动党员活动证》交机关党委（总支、支部）查验，如实向党组织汇报外出期间的情况。

第十九条　《流动党员活动证》由市直机关各基层党组织到中共五指山市委直属机关工作委员会领取，加盖党组织公章、登记、发放。

第二十条　对违法违纪的流动党员，要及时做出处理，纯洁党员队伍；对由于个人原因，长期未接转组织关系的“口袋党员”，按相关规定处理。因单位转制、撤销、破产或其他不属于个人原因造成党组织关系丢失的流动党员，本人应主动向党组织报告，由流入地和流出地党组织共同核实情况，妥善处理。对给予组织处置的流动党员，党组织必须做到事实清楚、理由充分、处理恰当、手续完备。

第二十一条　各基层党组织要加强流动党员基础信息管理，建立流动党员动态管理台账，如有变动，及时更新上报中共五指山市委直属机关工作委员会。

第二十二条　中共五指山市委直属机关工作委员会要加强对流动党员管理工作的督促检查，及时总结推广经验，积极探索加强和改进流动党员管理的有效途径。

第四章　服　务

第二十三条　各基层党组织要高度重视流动党员服务工作，主动适应新形势新要求，强化和完善服务结构，认真探索新时期流动党员服务新途径，将服务流动党员的各项工作措施落到实处。

第二十四条　落实党内关爱机制。要建立流动党员专人联系和结对帮扶制度，帮助解决生产生活中的实际困难。通过召开座谈会、茶话会等形式，了解外出流动党员情况，对 80 岁以上老党员、困难党员、重特大疾病的流动党员开展慰问活动。

第五章　附　则

第二十五条　本办法适用于党的组织关系隶属于中共五指山市委直属机关工作委员会的基层党组织。

第二十六条　本办法由中共五指山市委直属机关工作委员会负责解释。

第二十七条　本办法自发布之日起实施。

五指山市市属企业领导人员管理办法

第一章　总　则

第一条　为了坚持和加强党对市属企业的全面领导，完善适应中国特色现代国有企业制度要求和市场竞争需要的选人用人机制，建设对党忠诚、勇于创新、治企有方、兴企有为、清正廉洁，与海南自由贸易港建设相适应的高素质专业化市属企业领导人员队伍，根据《中国共产党章程》和《中国共产党国有企业基层组织工作条例（试行）》等有关党内政策法规、国家法律法规，参照《海南省省属企业领导人员管理规定》，结合我市实际，制定本办法。

第二条　本办法所称市属企业是指市政府授权市国资监管机构履行出资人职责的企业。

本办法适用于列入市委或者市国资监管机构管理的市属企业下列人员：

（一）党组织书记、副书记、委员，纪委书记（委员、纪检监察组组长）；

（二）董事长、副董事长、董事（不含外部董事、职工董事，下同）；

（三）总经理、副总经理、总会计师；

（四）其他需要列入的市属企业领导人员。

第三条　市属企业领导人员管理，必须坚持党管干部原则，坚持发挥市场机制作用，坚持德才兼备、以德为先、任人唯贤，坚持事业为上、人事相宜、人岗相适，坚持组织认可、出资人认可、市场认可、职工群众认可，坚持严管和厚爱结合、激励与约束并重，坚持依规依纪依法。

第二章　职位设置

第四条　市属企业党组织发挥领导作用，在公司法人治理结构中具有法定地位。党组织、董事会、经理层应当各司其职、各负其责、协调运转、有效制衡，把加强党的全面领导和完善公司治理统一起来。

第五条　合理确定并从严掌握市属企业党组织领导班子成员、董事会成员、经理层成员职数：

（一）党组织领导班子成员一般为 3 人至 9 人，设党组织书记 1 人、纪委书记（委员、纪检监察组组长）1 人，符合条件的可以设置党组织副书记 1 人至 2 人；

（二）董事会成员一般为 3 人至 7 人，设董事长 1 人，可以设副董事长 1 人；

（三）经理层成员一般为 3 人至 6 人，设总经理 1 人。

第六条　市属企业党组织领导班子成员与董事会成员、经理层成员实行双向进入、交叉任职。党组织书记、董事长一般由一人担任，董事长、总经理分设；总经理一般担任党组织副书记并进入董事会；

党组织班子成员中应当至少安排 1 人专职抓好党建工作。

第七条　市属企业领导人员实行任期制（聘期制），任期（聘期）届满，经考核合格的可以连任（续聘）。

党组织领导班子成员任期考核评价周期为 3 年。党组织每届任期为 5 年。

董事会成员、经理层成员每个任期（聘期）为 3 年。

第三章　任职条件

第八条　市属企业领导人员是全市经济领域的骨干力量，是推动国有企业发展的领军人才，肩负着经营管理市属国有资产、实现保值增值的重要责任，应当具备下列基本条件：

（一）自觉坚持以马克思列宁主义、毛泽东思想、邓小平理论、“三个代表”重要思想、科学发展观、习近平新时代中国特色社会主义思想为指导，牢固树立“四个意识”、坚定“四个自信”、做到“两个维护”，坚决执行党和国家的方针政策，严格遵守党的政治纪律和政治规矩，在思想上政治上行动上同以习近平同志为核心的党中央保持高度一致。坚持国有企业的社会主义方向，坚持全心全意依靠工人阶级方针，认真贯彻落实省委、省政府和市委、市政府的决策部署，坚定做强做优做大国有企业的职业追求；

（二）具有强烈的创新意识和创新自信，坚持发扬特区精神，敢闯敢试、敢为人先，勇于变革、开拓进取，市场嗅觉敏锐，善于捕捉商机、防控风险，持续推进企业产品创新、技术创新、商业模式创新、管理创新、制度创新、文化创新，不断提高企业核心竞争力；

（三）具有较强的治企兴企能力，善于把握市场经济规律和企业发展规律，掌握宏观经济形势和国家政策法规，熟悉相关国际规则，有国际视野、战略思维、法治理念，有专业思维、专业素养、专业方法，懂经营、会管理、善决策，注重团结协作，善于组织协调，能够调动各方面积极性；

（四）具有正确的业绩观，坚决贯彻创新、协调、绿色、开放、共享的发展理念，坚持创新驱动、转型升级、提质增效，正确处理当期效益与长远发展的关系，善于解决生产经营困难和防范化解重大风险，勇担当，善作为，勤奋敬业，真抓实干，着眼海南自由贸易港建设和五指山市发展战略，不断推动企业高质量发展，推动企业全面履行经济责任、政治责任、社会责任，工作业绩突出；

（五）具有良好的职业操守和个人品行，严格遵守党章党规党纪，自觉践行“三严三实”，认真贯彻落实中央八项规定精神和省委省政府、市委市政府实施细则，坚决反对形式主义、官僚主义、享乐主义和奢靡之风，坚决反对特权思想和特权现象，谨慎用权，公私分明，诚实可信，依法经营，严守底线，廉洁从业。

党组织领导班子成员还必须具有较强的管党治党能力和较高的思想理论水平，深入贯彻党要管党、全面从严治党方针，严格遵守《关于新形势下党内政治生活的若干准则》和《中国共产党党内监督条例》，严格执行民主集中制原则，善于围绕五指山市国有企业改革发展的中心任务抓好党建工作。党组织书记还应当善于总揽全局、协调各方，善于抓班子带队伍、聚人才强党建。

第九条　担任市属企业领导人员，应当具备下列任职资格：

（一）具有累计 3 年以上企业工作经历或者相关的经济、法律、党群等与企业管理运营相关的工作经历；

（二）提任正职领导人员的，一般应当在同层级副职岗位工作 2 年以上，未满 2 年的一般应当在同层级副职岗位和下一层级正职岗位工作累计 5 年以上；提任副职领导人员的，一般应当在下一层级正职岗位工作 3 年以上，未满 3 年的一般应当在下一层级正职岗位和副职岗位工作累计 5 年以上；

（三）一般应当具有大学专科以上文化程度；

（四）具有正常履行职责的身体条件；

（五）符合有关法律法规规定的资格要求。担任党的领导职务的，应当符合《中国共产党章程》和有关规定的要求。担任总会计师的，一般还应当具有注册会计师职业资格或者中级及以上会计师、审计师等经济管理类职称。

第十条　市属企业领导人员应当逐级提拔。特别优秀或者工作特殊需要的人才，可以破格提拔。

破格提拔的特别优秀领导人员，应当政治过硬、德才素质突出、市场和职工认可度高，并且符合下列条件之一：

（一）在关键时刻或者承担重大专项、重大改革等急难险重任务中经受住考验、表现突出、作出重大贡献的；

（二）在市场开拓前沿、经营困难企业工作业绩突出的；

（三）在其他岗位上尽职尽责、工作业绩特别显著的。

因工作特殊需要破格提拔的领导人员，应当符合下列情形之一：

（一）专业性较强的岗位或者重大专项、重大改革工作急需的；

（二）市场开拓前沿、经营困难企业急需的；

（三）发展新技术、新产业、新业态、新模式急需的。

破格提拔领导人员，不得突破本办法第八条规定的基本条件和第九条第五项规定的资格要求。提拔任职不满 1 年的，不得破格提拔。不得在任职年限上连续破格。不得越两级提拔。

第四章　选拔任用

第十一条　选拔任用市属企业领导人员，必须发挥党组织的领导和把关作用，突出政治标准，重实干实绩和专业素养，精心培养、及时发现、合理使用积极投身海南全面深化改革开放，在自由贸易港建设中敢闯敢试、担当作为，积极为五指山市事业发展和管理出谋划策，工作业绩突出的领导人员，树立正确的选人用人导向。

注重培养和大胆使用各方面比较成熟、适应新时代要求的优秀年轻领导人员，用好各年龄段领导人员。

第十二条　选拔任用市属企业领导人员，主要采取内部推选、外部交流、公开遴选等方式，对经理层成员也可以采取竞聘上岗、公开招聘、委托推荐等方式。

第十三条　选拔任用市属企业领导人员，一般应当经过下列程序：

（一）提出工作方案；

（二）确定考察对象；

（三）考察或者背景调查；

（四）集体讨论决定；

（五）依法依规任职。

第十四条　选拔任用市属企业领导人员，市委组织部或市国资监管机构在市委的领导下，按照干部管理权限，在充分酝酿基础上提出工作方案。具体程序包括：

（一）提出启动领导人员选拔任用工作意见；

（二）综合有关方面建议和平时了解掌握的情况，就选拔任用的职位、条件、范围、方式、程序等提出初步建议；

（三）初步建议向有关领导报告后，在一定范围内进行酝酿，形成工作方案。

纪委书记（委员、纪检监察组组长）选拔任用工作方案的提出和人选考察，按照有关规定执行。

第十五条　选拔任用市属企业领导人员，应当采取适当方式，综合考虑考核评价、一贯表现、人岗相适等情况，确定考察对象：

（一）采取内部推选方式的，应当经过民主推荐。民主推荐包括谈话调研推荐和会议推荐。一般先进行谈话调研推荐，再进行会议推荐，必要时也可以先进行会议推荐，再进行谈话调研推荐。先进行谈话调研推荐的，可以提出会议推荐参考人选，参考人选应当差额提出。单位人数较少、参加会议推荐人员范围与谈话调研推荐人员范围基本相同，且谈话调研推荐意见集中的，根据实际情况，可以不再进行会议推荐。民主推荐结果作为选拔任用的重要参考，在 1 年内有效；

（二）采取外部交流方式的，可以综合有关方面意见提出拟交流人选，也可以通过民主推荐提出拟交流人选；

（三）采取公开遴选方式的，应当对相关企业和单位党组织推荐的人选进行资格审查，开展能力和素质测试；

（四）采取竞聘上岗、公开招聘方式的，应当对报名人选进行资格审查，开展能力和素质测试。竞聘上岗的，也可以通过谈话调研推荐或者会议推荐确定参加测试人选；

（五）采取委托推荐方式的，应当对人才中介机构或者业内专家等推荐的人选进行资格审查，并与人选进行意愿沟通，必要时开展能力和素质测试。

第十六条　选拔任用市属企业领导人员，应当坚持实践标准，注重实绩，精准识人，突出考察政治表现，全面考察人选素质、能力、业绩和廉洁从业等情况，防止“带病提拔”考察应当把握以下方面：

（一）综合运用个别谈话、发放征求意见表、民主测评、实地走访、查阅工作资料、同人选面谈等方式广泛深入了解人选情况，根据工作需要进行实地考察、延伸考察、专项调查；

（二）拟提任或者进一步使用的人选就本人廉洁从业情况作出说明，企业党组织对其廉洁从业情况提出结论性意见，并由党组织书记和纪委书记（委员、纪检监察组组长）签字。对正职领导人员人选，根据工作需要开展廉洁从业结论性评价；

（三）就人选情况听取市纪委监委的意见。根据工作需要，听取行业主管部门、监管部门等相关单位的意见；

（四）严格审核人选的干部人事档案，按照职务层级，应当核查个人有关事项报告的必须核查；

（五）对人选的有关问题反映，线索具体、有可查性的，按照有关规定调查核实；

（六）需要对人选进行经济责任审计的，按照有关规定进行审计。

对通过公开招聘、委托推荐方式产生的人选，不具备考察条件的，应当通过适当方式进行背景调查，认真审核人选出生时间、政治面貌、学历学位、履职经历、个人诚信等基本信息，全面了解其政治素质或者政治倾向、专业能力、工作业绩、职业操守和廉洁从业等情况。

第十七条　选拔任用市属企业领导人员，应当按照干部管理权限由党组织领导班子集体讨论作出任免决定，或者决定提出推荐人选的意见。

市属企业党组织领导班子成员应当由党员代表大会或者党员大会选举产生的，按照《中国共产党章程》和有关规定办理。

董事会成员、经理层成员应当由股东会、董事会履行任免程序的，按照有关法律法规和公司章程办理。

第十八条　任用市属企业领导人员，对党组织领导班子成员、董事会成员实行委任制或者选任制，对经理层成员实行聘任制或者委任制。

第十九条　实行市属企业领导人员任职前公示制度，上级党组织讨论决定人选后，应当将拟任人选在一定范围内公示，公示期不少于5个工作日。公示结果不影响任职的，办理任职手续。

第二十条　实行市属企业领导人员任职试用期制度，提拔担任非选举产生的市属企业领导班子副职职务的，试用期为1年。试用期满后，经考核胜任现职的，正式任职，其试用期计入任职时间；不胜任的，免去试任职务。

第二十一条　实行市属企业领导人员任职承诺制度，新任领导人员应当就忠诚干净担当作出承诺，任职3年内一般不因个人原因提出辞去领导职务。对正职领导人员，根据工作需要开展任职承诺。

第二十二条　市属企业领导人员在同一企业任职，有下列情形之一且还能任满3年以上的，一般应当交流：

（一）董事长、总经理在同一职位任职满9年的；

（二）担任正职领导人员满12年的；

（三）纪委书记（委员、纪检监察组组长）、总会计师在同职位任职满6年的；

（四）其他领导人员在同一层级职位任职满9年的；

（五）其他应当交流的情形。

副职领导人员应当交流但暂不具备交流条件的，应当先进行轮岗或者调整工作分工。

纪委书记（委员、纪检监察组组长）、总会计师一般应当交流任职。

第五章　考核评价

第二十三条　建立健全科学规范的市属企业领导班子和领导人员考核评价体系，强化抓改革、强党建、促发展导向，引导市属企业领导人员树立正确业绩观，做到忠诚干净担当，推动企业持续健康发展。

第二十四条　对市属企业领导班子和领导人员的考核，应当按照干部管理权限对口开展，主要包括平时考核、专项考核、年度考核、任期考核。

第二十五条　平时考核主要考核领导班子的日常运行情况和领导人员的一贯表现，结合日常管理进行，可以根据实际情况形成考核结果。

第二十六条　专项考核主要考核领导班子和领导人员在完成重要专项工作、承担急难险重任务、应对和处置重大突发事件中的工作态度、担当精神、作用发挥、实际成效。一般按照听取考核对象的总结汇报、了解核实、形成考核结果等程序进行。

第二十七条　年度考核主要以年度为周期对领导班子和领导人员进行综合性考核，一般在每年年末或者次年年初组织开展。一般按照总结述职、民主测评、个别谈话、了解核实、形成考核结果等程序进行。

对领导班子重点考核评价政治素质、经营业绩、团结协作、作风形象和党建工作等情况，对领导人员重点考核评价政治表现、能力素质、工作业绩、廉洁从业和履行“一岗双责”等情况。

当年开展党内集中学习教育、换届考察、巡视巡察的，年度考核可以结合实际适当简化程序。

第二十八条　任期考核主要对领导班子和领导人员在一届任期内总体表现进行全方位考核，突出考核完成届期目标或者任期目标情况，一般结合换届考察或者任期届满当年年度考核开展。一般按照总结述职、民主测评、个别谈话、了解核实、实绩分析、形成考核结果等程序进行。

第二十九条　年度考核和任期考核的考核评价，坚持定量考核与定性评价相结合，综合运用平时考核、经营业绩考核、党建工作目标责任制考核以及其他专项考核等情况，作出综合分析研判。

第三十条　市属企业纪委书记（委员、纪检监察组组长）的履职专项考核，按照有关规定执行。

第三十一条　领导班子和领导人员平时考核、专项考核、任期考核的结果，可以采用考核报告、评语、等次或者鉴定等形式确定。

有关考核工作程序和结果评定可参照《党政领导干部考核工作条例》《公务员平时考核办法（试行）》组织实施。

第三十二条　注重考核评价结果运用，将考核评价结果作为市属企业领导班子调整和领导人员选拔任用、薪酬与激励、管理监督、培养锻炼和退出的重要依据。

第六章　薪酬与激励

第三十三条　市国资监管机构应当参照《五指山市干部干事创业鼓励激励办法（试行）》《五指山市市属国有企业负责人薪酬体系方案》等有关规定完善既符合企业一般规律又体现市属企业特点的薪酬分配和激励机制，坚持物质激励与精神激励相结合、短期激励与任期激励相结合，强化正向激励导向，激发企业领导人员创新活力和创业动力。

第三十四条　实行与市属企业领导人员选任方式相匹配、与企业功能性质相适应、与承担的企业经营风险和压力以及市场化程度相对应、与经营业绩相挂钩的差异化薪酬分配办法，严格规范市属企业领导人员薪酬分配。市属企业领导人员的薪酬由市国资监管机构按照国家、省和我市有关规定核定，报有关部门备案。

第三十五条　市属企业领导人员可以按照有关规定享受相应医疗待遇。

市属企业领导人员应当执行带薪休假制度。

第三十六条　有关部门应当按照人才政策规定，保障符合条件的市属企业领导人员享受相关待遇。

第三十七条　在市委的领导下，市委组织部、市国资监管机构对于敢于负责，勇于担当、善于作为、业绩突出的市属企业领导人员，应当及时提拔或者进一步使用，以正确用人导向激励市属企业领导人员讲担当、重担当。

第三十八条　对在企业改革发展、党的建设中作出突出贡献，以及在完成重大专项和重大改革任务、处置突发事件等工作中表现突出的市属企业领导人员，按照有关规定予以表彰。

宣传部门应当宣传优秀市属企业领导人员的先进事迹和突出贡献，展现优秀企业家精神，凝聚崇尚创新创业正能量营造尊重企业家价值、鼓励企业家创新、发挥企业家作用的浓厚氛围。

第七章　管理监督

第三十九条　完善市属企业领导人员管理监督体系，把党内监督、监察监督同出资人监督、审计监督、职工民主监督、舆论监督贯通起来，增强监督合力，提高监督效能。

市属企业领导人员应当依法履职，廉洁从业，切实维护党和国家利益、出资人利益、企业利益和职工群众合法权益。党员领导人员还应当按照党章党规党纪，自省自律，自觉接受监督。

第四十条　在市委的领导下，市纪委监委、市委组织部、市国资监管机构应当按照干部管理权限，通过谈心谈话、考察考核、列席会议、调研督导、个人有关事项报告抽查核实和提醒、函询、诫勉等方式，加强对市属企业领导人员的日常管理和监督，把管思想、管工作、管作风、管纪律统一起来，真正做到真管真严、敢管敢严、长管长严。

有关部门应当与市属企业领导人员开展经常性的谈心谈话，与正职领导人员谈心谈话每年至少1次。

有关部门应当及时稳妥处理涉及市属企业领导人员的巡视反馈情况和来信、来访、举报，加强舆情收集、分析和处置。

第四十一条　市委巡察机构应当对市属企业党组织开展巡察工作，深化政治巡察，聚焦坚持党的领导、加强党的建设、全面从严治党，发现问题、形成震慑。

市纪委监委应当加强对市属企业领导班子和领导人员履行职责、行使权利、担当作为的监督，坚持抓早抓小，有效运用监督执纪“四种形态”，严肃查处违规违纪行为，严肃追责问责，坚决惩治和有效预防腐败。

第四十二条　对市属企业和领导人员的出资人监督、审计监督，按照有关规定执行。

第四十三条　市属企业党组织应当严格落实全面从严治党主体责任和监督责任，严格落实党组织书记第一责任人职责和领导班子成员“一岗双责”。领导人员之间应当强化同级监督，党组织书记、纪委书记（委员、纪检监察组组长）应当及时提醒纠正苗头性、倾向性问题。

市属企业党组织应当以党章为根本遵循，加强和规范党内政治生活。推进“两学一做”学习教育常态化制度化，认真落实民主生活会、组织生活会、“三会一课”、主题党日、党性定期分析、民主评议党员、双重组织生活等制度。

市属企业党组织应当严格落实向市委或市国资监管机构请示报告制度。按照规定向市委或市国资监管机构报备领导人员分工，无正当理由、未向市委报备不得调整。领导人员应当强化组织观念，工作中重大问题和个人有关事项应当按照规定向组织请示报告。

第四十四条　市属企业应当发挥职工代表大会、工会作用，坚持和完善职工代表大会民主评议企业领导人员制度，加强职工民主监督。坚持和完善职工董事制度，保障职工代表有效参与公司治理。

第四十五条　市属企业党组织领导班子、董事会、经理层应当分别依据各自职责、权限和议事规则，集体讨论决定“三重一大”事项。

市属企业党组织领导班子研究讨论是董事会、经理层决策重大问题的前置程序，重大经营管理事项应当经党组织领导班子研究讨论后，再由董事会或者经理层作出决定。进入董事会、经理层的党组织领导班子成员和本企业党员应当落实党组织的意图。

第四十六条　市属企业领导人员兼职应当按照下列要求严格管理：

（一）市属企业领导人员在所任职企业出资的企业（包括全资、控股和参股企业，下同）兼职，根据工作需要掌握在社会团体、基金会兼职合计不得超过3个；在国际组织兼职一般不得超过1个；不得违规在其他企事业单位、营利性组织和社会服务机构兼职；

（二）市属企业领导人员兼职应当按照干部管理权限审批或者任前备案，任期届满连任的，应当重新报批或者备案。在社会团体、基金会兼职不得超过两届；

（三）市属企业领导人员不得违规在兼职单位领取工资奖金、津贴等任何形式的报酬和获取其他额外利益。

纪委书记（委员、纪检监察组组长）不得兼任与纪检监察工作无直接关系的职务，不得分管与纪检监察无直接关系的工作，因特殊情况确需兼任或者分管的，应当按照干部管理权限审批，并报上级纪检监察机关备案。

第四十七条　有关部门应当按照有关规定，严格市属企业领导人员出国管理，严肃外事纪律，不得安排照顾性、任务虚多实少、目的时效不明确或者考察性出国，严禁变相公款出国旅游，严禁安排与公务活动无关的娱乐活动。

市属企业领导人员因公临时出国，应当严格执行有关规定，出访批次数、人数按照因事定人、人事相符原则，根据实际需要安排；正职领导人员执行重要谈判任务和赴偏僻海外投资项目检查工作等，以及其他领导人员因公临时出国，在外时间可以根据实际需要掌握。

第四十八条　市属企业领导人员履职待遇和业务支出应当按照有关规定严格规范，严禁将公款用于个人支出。

第四十九条　市属企业领导人员的配偶、子女及其配偶经商办企业行为应当按照有关规定严格规范，促进廉洁齐家。

市属企业领导人员不得利用职权或者职务上的影响，为本人配偶、子女及其配偶等亲属和其他特定关系人的经营活动提供便利、谋取利益。

第五十条　对市属企业党组织和党员领导人员的问责，以及领导人员违规经营投资责任追究，按照《五指山市市属国有企业违规经营投资责任工作的制度》等有关规定执行。

第五十一条　建立健全容错纠错机制，对市属企业领导人员履职行权过程中出现的失误错误，应当准确把握“三个区分开来”，同时符合下列条件的，经综合分析研判，可以免责或者从轻、减轻处理：

（一）以促进企业改革发展稳定或者履行企业政治责任、经济责任、社会责任为目标的；

（二）党和国家方针政策、党章党规党纪和国家法律法规没有明确限制或者禁止的；

（三）贯彻民主集中制原则和“三重一大”决策制度的；

（四）没有为个人、他人或者单位谋取私利等违规违纪违法行为的；

（五）未造成重大损失或者恶劣影响的。

容错工作在市委的领导下开展，由市纪委监委、市委组织部、市国资监管机构按照职责权限，参照《海南自由贸易港公职人员容错纠错办法（试行）》《五指山市党政干部容错纠错实施办法（试行）》组织实施。

第五十二条　有关部门可以按照市场规律管理市属企业经理层，推进经理层成员契约化管理，签订聘任协议和业绩合同，明确权利、义务、责任，约定绩效目标、奖惩依据、退出条件、竞业禁止、责任追究等条款。

第八章　培养锻炼

第五十三条　建立健全源头培养、跟踪培养、全程培养的素质培养体系，以强化忠诚意识、拓展国际视野、提高战略思维、增强创新精神、提升治企能力、锻造优秀品行为重点，加强对市属企业领导人员的教育培训和实践锻炼，着力培养企业家精神，增强建设一流企业、适应海南自由贸易港建设和五指山市发展战略需要的素质和能力。

培养锻炼情况作为市属企业领导人员考核的内容和任用的重要依据。

第五十四条　市属企业领导人员的教育培训，可以以脱产培训、党组织理论学习中心组学习、集中培训、境外培训、网络培训、在职自学等方式进行。脱产培训以组织调训为主。领导人员年度教育培训应当达到规定的干部教育培训量化指标要求。企业党组织开展理论学习中心组等集体学习研讨每个季度不少于1次。

第五十五条　在市委的领导下，市委组织部、市国资监管机构应当推进市属企业领导人员交流培养，交流可以在企业之间、行业之间、企业与党政机关和事业单位之间进行。

在市委的领导下，市委组织部、市国资监管机构应当加强市属企业领导人员在党务工作岗位与经营管理岗位之间的轮岗交流，把党务工作岗位作为培养复合型领导人员的重要平台。

在市委的领导下，市委组织部、市国资监管机构应当有计划地选派市属企业领导人员到市场开拓前沿、经营困难企业、重大专项攻坚、重大改革推进的关键岗位上锻炼；鼓励市属企业与省属企业、中央企业、外资企业、跨国公司、国际组织（机构）加强交流合作，培养国际化经营管理人才。

第五十六条　在市委的领导下，市委组织部、市国资监管机构应当完善市属企业优秀年轻领导人员管理制度，坚持拓宽来源、优化结构改进方式、提高质量，健全培养锻炼、适时使用、动态调整有进有退的工作机制，建立一支来源广泛、数量充足、结构合理、素质优良的优秀年轻领导人员队伍。

第九章　退　出

第五十七条　市属企业领导人员达到法定退休年龄，应当按照有关规定办理免职和退休手续。

第五十八条　市属企业领导人员因涉及违纪违法、问责和责任追究应当退出的，按照党章党规党纪和有关法律法规办理。

因其他原因被认定为不适宜担任现职的，按照干部能上能下有关规定执行。

第五十九条　市属企业领导人员任期（聘期）届满未连任（续聘）的，自然免职（解聘）。

第六十条　市属企业领导人员因健康原因无法正常履行工作职责超过1年的，应当对其工作岗位进行调整。

第六十一条　市属企业领导人员非组织选派，个人申请离职学习期限超过1年的，应当予以免职（解聘）。

第六十二条　市属企业领导人员存在理想信念动摇、不严格遵守党的政治纪律和政治规矩，违背民主集中制原则、个人凌驾于组织之上，组织观念淡薄、不执行重大事项请示报告规定，不担当不作为、庸懒散拖，未履行或者未正确履行职责、造成企业发展受损，品行不端、造成不良影响等情形，经提醒、教育或者函询、诫勉仍未改正或者问题严重的，应当认定为不适宜担任现职，及时采取调整岗位、免职（解聘）、降职等方式予以调整。

第六十三条　市属企业领导人员自愿辞职的，应当提交书面申请，按照干部管理权限审批。未经批准，不得擅离职守。擅自离职的，视情节轻重给予相应处理；造成严重后果的，依法追究责任。有下列情形之一的，不得辞去公职：

（一）在涉及国家安全、重要机密等特殊岗位任职或者离开上述职位不满解密期限的；

（二）正在接受纪检监察机关、司法机关调查，履行出资人职责的机构专项核查，或者正在接受审计的；

（三）存在其他不得辞去公职情形的。

重要项目或者重要任务尚未完成且必须由本人继续完成的，未满任职承诺年限的，或者有其他特殊原因的，不得辞去领导职务。

第六十四条　市属企业领导人员退出后的兼职（任职）应当按照以下要求严格管理：

（一）领导人员退休后，不得在原任职企业及其出资企业担任各级领导职务；

（二）领导人员退休后，按照干部管理权限，经批准可以兼任市属企业外部董事，兼职数量不得超过2个，由市国资监管机构核发工作补贴，不得在兼职企业违规领取其他任何形式的报酬。任期届满连任的，应当重新报批，在同一企业连任不得超过两届；

（三）领导人员离职或者退休后3年内，不得在与本人原任职企业出资企业有业务关系或者竞争关系的企业兼职（任职）、投资入股或者从事相关的营利性活动；拟在其他企业兼职（任职）的，按照有关规定严格审批；

（四）领导人员退休后，确因工作需要到社会团体、基金会、国际组织兼职，按照本办法第四十六条第二项、第三项执行。兼任社会团体（或者基金会）、国际组织职务均不得超过1个；

（五）领导人员退休后，兼职的任职年龄界限为70周岁。

第十章　职业经理人选聘及管理

第六十五条　积极稳妥推进职业经理人制度建设，逐步扩大职业经理人队伍，努力造就一批政治坚定、善于经营、具有国际视野、充满活力的职业经理人。在市委的领导下，市国资监管机构在市场化选聘职业经理人过程中应当在确定标准、规范程序、实施考察、推荐人选等方面发挥把关作用。

职业经理人由市国资监管机构授权市属企业董事会按照市场规律实行管理，不纳入市委或者市国资监管机构管理的市属企业领导人员范围。

第六十六条　职业经理人的选聘实行内部培养和外部引进相结合，注重引进海南自由贸易港建设和五指山市发展战略急需的国际、国内、省内优秀经营管理人才或者团队。

第六十七条　市场化选聘的职业经理人，除法律法规有明确规定外，根据工作需要，可以结合本办法第八条、第九条规定的任职条件，明确特殊的任职资格条件。

第六十八条　市属企业应当与职业经理人签订聘任协议和业绩合同。聘期届满，经考核合格的，可以续聘；聘期内年度考核或者聘期届满考核不合格的，实行市场化退出。

第六十九条　市属企业董事会应当根据经营业绩考核导向，围绕企业发展战略和中长期发展规划，对职业经理人实施业绩考核，并确定考核结果。

第七十条　市属企业董事会应当按照国家、省和我市有关规定，对职业经理人实行市场化薪酬分配管理机制，可以采取多种方式探索完善中长期激励机制。

第七十一条　畅通市属企业领导人员与职业经理人的身份转换通道。市属企业领导人员和党政机关、事业单位熟悉行业政策法规及发展趋势，适应企业新产业、新业态、新模式、新技术发展需要的领导干部，经批准可以转任职业经理人；对工作业绩突出、表现优秀、符合条件的职业经理人，根据工作需要和本人意愿，经履行组织选拔任用程序，可以转任市委或者市国资监管机构管理的市属企业领导人员职务。

第十一章　附 则

第七十二条　市属金融机构和文化类企业、市政府授权其他机构履行出资人职责的企业领导人员的管理，参照本办法执行。上级有关部门另有规定的，按照上级部门规定执行。

第七十三条　市国资监管机构履行出资人职责的被托管企业的领导人员，由市国资监管机构授权有关托管企业和机构进行管理。

第七十四条　本办法由市委负责解释，具体工作由市委组织部、市国资监管机构承担。

第七十五条　本办法自发布之日起施行。

五指山市综合绩效管理办法（试行）

第一章　总　则

第一条　为深入贯彻落实习近平新时代中国特色社会主义思想以及习近平总书记关于海南工作的系列重要讲话和重要指示批示精神，推动党中央国务院、省委省政府以及市委市政府重大决策部署落地落实，进一步完善体现新发展阶段、新发展理念、新发展格局和正确政绩观要求的考核评价体系，不断提升我市治理体系和治理能力现代化水平，引领高质量发展，推动制度集成创新，营造一流营商环境，加快推进五指山融入海南自由贸易港建设和热带雨林康养度假胜地建设，根据《海南省自由贸易港综合绩效管理办法（试行）》，结合我市实际，制定本办法。

第二条　本办法所称综合绩效管理，是指围绕贯彻落实党中央国务院、省委省政府以及市委市政府重大决策部署，聚焦海南自由贸易港建设和五指山市经济社会发展，遵循全链条绩效管理理念，通过建立科学合理的指标体系和工作机制，加强过程管理，实施绩效考核，强化结果运用，有效推动目标任务落实，促进我市各乡镇、市直机关不断改进工作、提升效能的管理过程。

第三条　本办法适用于对我市各乡镇、市直机关（以下简称绩效责任单位）的综合绩效管理工作。

本办法所称市直机关，包含市直列入公务员法实施范围的机关、市直属参照公务员法管理的单位以及市直属事业单位。

第四条　综合绩效管理工作坚持服务大局、突出重点，注重实绩、鼓励创新，社会参与、群众公认，奖优罚劣、激励担当的原则。

第二章　绩效管理机构

第五条　成立五指山市综合绩效管理工作领导小组（以下简称领导小组），在市委、市政府的领导下开展工作，负责统筹谋划、协调指导全市综合绩效管理工作，审议综合绩效管理工作中的重大事项。

领导小组成员单位由各领域牵头单位组成，包括市纪委监委、市委办公室、市委组织部、市委宣传部、市委政法委、市委编办、市政府办公室、市生态环境局、市司法局、市乡村振兴局、市应急管理局、市统计局、市爱卫服务中心、市文明办等部门。

第六条　领导小组下设办公室（以下简称市绩效办），办公室设在市委组织部，负责综合绩效管理日常工作，对绩效责任单位的绩效管理工作进行指导和监督。

第七条　各领域牵头单位应当按照归口管理和职责分工，牵头组织相关部门做好本领域年度绩效目标的审核、过程管理、年度考核、结果运用等工作。承担领导小组交办的其他工作。

第三章　绩效目标

第八条　市绩效办会同各领域牵头单位每年根据党中央国务院、省委省政府以及市委市政府重大决策部署，紧扣海南自由贸易港建设和五指山市经济社会发展重点工作任务，确定年度综合绩效管理指标体系，一般包括领导班子和领导干部年度考核、满意度评价、重点工作、职能工作、党的建设、党风廉政、平安建设（综治）、意识形态、政务公开、生态环境保护、法治政府建设、乡村振兴、应急管理、巩固国家卫生城市、精神文明建设等内容。

绩效责任单位根据年度综合绩效管理指标体系，结合各自的功能定位、职能职责，制定年度绩效目标。年度绩效目标内容应当包括完成目标的具体任务、工作措施、时间节点和预期效果，以及目标难易程度等与绩效管理有关的其他事项。

绩效责任单位应当将年度绩效目标按归口报本领域牵头单位审核。

第九条　各领域牵头单位按照“上下结合、充分沟通”原则，及时审核绩效责任单位报送的年度绩效目标，重点审核目标的合法性、合理性、精准性以及细化量化程度，审核结果应当及时向绩效责任单位反馈。

第十条　绩效责任单位应当及时将审核通过的年度绩效目标呈分管（联系）市领导审定后实施，并报市绩效办备案。

第十一条　年度绩效目标经审定后，原则上不予调整。因本地区本部门本单位重大政策调整、机构调整或者不可抗力因素的影响，需要调整年度绩效目标的，绩效责任单位应当于当年 9 月底前将需要调整的内容报相关领域牵头单位审核，并将审核通过的调整内容呈分管（联系）市领导审定。

新的重点工作任务需要纳入绩效管理的，各领域牵头单位可以调整绩效责任单位的年度绩效目标。

第四章　过程管理

第十二条　绩效责任单位应当运用公务员平时考核、年度考核等管理手段，加强内部绩效管理，将年度绩效目标任务分解落细落实到岗到人，定期分析影响目标实现的制约因素，加强督办提醒、及时纠偏、持续改进，不断提高管理效能。

绩效责任单位应当按照要求向各领域牵头单位报送年度绩效目标进展情况、存在问题等方面的绩效信息，并对所提供绩效信息的合法性、真实性、有效性和完整性负责。

第十三条　各领域牵头单位应当围绕所负责领域，运用日常考核、专项考核和日常督查督办等方式，依托信息化平台，加强对绩效责任单位绩效目标完成情况的过程跟踪和监督管理，必要时，可以结合督查、调研、监测等了解的情况，分领域开展年中评估，对目标推进不力、进展严重滞后的进行预警，并跟踪督办。

第十四条　领导小组根据工作需要采取书面或者会议的形式，了解绩效责任单位绩效目标完成情况，及时研究解决重点问题，推动实现年度绩效目标。

第五章　绩效考核

第十五条　市绩效办按照统一组织、分类考核、综合评价的原则，于每年年底组织协调各领域牵头单位和相关配合单位，对绩效责任单位集中进行年度综合绩效考核。

第十六条　年度综合绩效考核一般按照绩效责任单位提交年度综合绩效自评报告、各领域牵头单位集中考评、市绩效办汇总考核情况、领导小组提出考核等次建议、市委审定考核结果等程序进行。

绩效责任单位的年度综合绩效自评报告应当包括年度绩效目标完成情况、未完成目标及其原因、改进措施和计划等内容。

第十七条　各领域牵头单位按照归口管理和职责分工，负责制定本领域相关事项的考核办法或者考核方案，并组织实施。

综合绩效考核应当体现差异化原则，坚持定性评价和定量评价、内部评价和外部评价、过程评价和结果评价相结合，根据绩效责任单位承担的工作重要性、难易程度和任务数量，合理设置指标权重和难度系数，进一步提高评分的科学性和准确性。可以根据实际工作需要，委托社会评估机构、高等院校、科研院所等第三方机构辅助开展本领域的绩效考核。

第十八条　领导小组根据绩效责任单位的考核情况，分类别提出综合绩效考核等次建议，报请市委审定。

综合绩效考核结果分为优秀、良好、达标、不达标4个等次。同一考核类别中优秀等次比例一般为30%，良好等次一般为60%，达标等次一般不超过10%，年度绩效考核分数低于及格线的，确定为不达标等次。

综合绩效考核结果“不得评为优秀等次和应当评为不达标等次”的情形，参照《党政领导干部考核工作条例》有关规定予以确定。

第十九条　市绩效办应当及时将年度综合绩效考核结果反馈各绩效责任单位。绩效责任单位对综合绩效考核结果有异议的，可以自收到之日起5个工作日内向市绩效办申请复核。市绩效办在接到复核申请后，应当在10个工作日内反馈复核意见，涉及改变考核结果的，报请市委审定。

第六章　结果运用

第二十条　对综合绩效考核结果为达标及以上等次的绩效责任单位，按照有关规定实行差异化奖励。绩效责任单位根据内部绩效管理和公务员平时考核、年度考核等情况，实施绩效奖励差额化分配，体现奖优罚劣、奖勤罚懒。

综合绩效考核奖励水平应当根据海南自由贸易港建设情况进行正常调整。

第二十一条　对综合绩效考核结果为优秀的单位，在干部选拔任用、评先评优、培养教育等方面予以倾斜，公务员年度考核优秀比例可以按照规定的最高比例确定；对考核结果为达标及以下等次的单位，公务员年度考核优秀等次比例不得超过规定的最低比例，领导班子和单位主要负责同志年度考核一般不得评为好或者优秀等次。

在开展综合绩效管理过程中，对在海南自由贸易港建设、承担重大专项工作和抢险救灾、处置突发事件等急难险重工作中成绩显著、表现优秀的干部及干部集体，可以按照《海南省公务员及时奖励办法（试行）》《五指山市干部干事创业担当作为鼓励激励办法（试行）》等规定及时给予奖励。

第二十二条　综合绩效考核结果为不达标的绩效责任单位，应当向市委、市政府作出书面说明，由分管（联系）市领导对其主要负责同志进行诫勉谈话，该绩效责任单位不能作为省级、市级各类表彰奖励的对象。

对综合绩效考核结果在同一考核类别中排名靠后的绩效责任单位，由分管（联系）市领导对其主要负责同志进行提醒谈话。

第二十三条　绩效责任单位应当对综合绩效考核反映出的问题进行分析，并将整改工作纳入下一年度的绩效目标，研究制定整改措施，抓好整改落实。整改进展情况根据实际工作需要可以向社会公开，接受公众监督。

各领域牵头单位应当对绩效责任单位的整改落实情况进行监督检查，适时开展“回头看”，强化跟踪问效。对无正当理由逾期不整改或者整改不到位的绩效责任单位，由领导小组进行通报批评，对因不整改或者整改不到位造成严重不良影响的，按照有关规定追究责任。

第七章　绩效管理监督

第二十四条　各领域牵头单位在开展工作时，要严格执行有关纪律要求，坚持公平公正、实事求是，坚决防止和克服形式主义、官僚主义，加强工作统筹，提高工作效率。

第二十五条　绩效管理工作应当严格依法依规开展，对在绩效管理工作中不履行或者不正确履行职责的，伪造统计数据或者提供虚假绩效信息的，按照有关规定追究责任。

第八章　附　则

第二十六条　本办法由市委负责解释，具体工作由市委组织部承担。

第二十七条　本办法自发布之日起施行。2019年1月2日五指山市市直机关绩效管理工作领导小组办公室印发的《五指山市市直机关绩效考核目标任务管理办法（试行）》（五人社发〔2019〕1号）同时废止。

五指山市招商引资工作管理办法（试行）

第一章　总　则

第一条　制定依据。为进一步加强五指山市招商引资工作管理的规范化、制度化、科学化，切实提高招商引资的工作质量和水平，根据国家、省有关政策文件，结合我市实际，制定本办法。

第二条　基本定义。本办法所称招商引资活动，是指本着互利共赢、共同发展的原则，引进项目、资金、人才、技术品牌、专利等有形或无形资产在五指山生产经营的经济活动。

第三条　基本原则。全市招商引资活动应遵循的基本原则：

（一）招商引资人人有责，人人都是招商员；

（二）招商引资各部门应切实履行职责，营造诚信重诺、开放透明、公正公平的良好招商环境；

（三）招商引资项目应满足环保、高质、实效要求，并符合海南省及五指山市产业规划；

（四）招商引资应按照推荐洽谈、签约落地、跟踪落实及督查考核的流程稳步有序、分工协作地开展工作；

（五）招商引资活动应按照统一口径进行宣传推介。

第二章　机构职能

第四条　组织机构。成立市招商引资工作专班（以下简称“工作专班”），统筹领导全市招商引资和投资促进工作，研究解决招商引资和签约项目落地过程中存在的重大问题，负责组织研究制定招商引资工作总体方案和年度重点招商引资工作计划，负责全市招商引资项目各要素保障的综合协调；负责督促、检查、推动各项招商引资工作举措的落实；负责优化对招商引资项目的全过程服务质量体系建设。负责全市重点招商引资项目库建设，组织开展全市重点招商引资活动；构建以商务部门牵头、各招商推荐主体推荐、主服务部门跟踪落实及职能部门要素保障的层级分明、协同有力的组织机构。

工作专班由市政府市长任组长，市政府常务副市长和分管招商引资工作的市政府副市长任副组长，成员由市政府办公室、市商务局、市发展和改革委员会、市自然资源和规划局、市科技和工业信息化局、市生态环境局、市农业农村局、市财政局、市教育局、市卫生健康委员会、市司法局、市住房和城乡建设局、市交通运输局、市水务局、市市场监督管理局、市林业局、市行政审批服务局、市金融发展中心、市融媒体中心等单位主要领导组成。

工作专班下设办公室在市商务局，负责承担工作专班日常工作，办公室主任由分管招商引资工作的副市长兼任。专班办公室成员由各成员单位指定一名熟悉业务的工作人员组成。

第五条　工作职责。市直各职能部门、各乡镇政府（含畅好居、下同）、市属各国有企业按工作职责，积极推进招商引资相关工作的落实。

（一）统筹协调部门。市商务局是全市招商引资活动的统筹协调部门，履行市招商引资工作专班办公室的职责；负责招商引资的制度建设、政策执行；负责全市招商引资项目库的建设；牵头组织全市性重大投资促进活动；对重大招商引资项目进展情况等进行定期通报；对全市招商引资项目进行跟踪协调和考核；负责全市招商引资信息化管理系统的建设。

（二）推荐主体。招商引资项目的推荐主体是指市直各职能部门、各乡镇政府及市属各国有企业以及全市所有公职人员，负责引荐符合五指山产业规划的项目。鼓励其他企业及个人担任推荐主体，自荐或推荐招商引资项目。

（三）主服务部门。招商引资活动的主服务部门是指从招商引资项目洽谈、签约到落地提供全流程跟踪服务的部门，一般以市直各职能部门和各乡镇政府为主，必要时可由市属各国有企业担任。

（四）要素保障部门。招商引资活动的要素保障部门是指为全市招商引资项目提供规划、审批、环评、土地、融资、用人等事项的部门，主要包括市直各职能部门及各乡镇政府。

（五）招商团队。由工作专班办公室负责组建专职的招商团队，招商团队原则上以统筹协调部门和要素保障部门抽调的人员为基础，并通过政府购买服务的方式聘任专业人员组成，必要时可根据项目需要增加关联部门人员，主要协助主服务部门开展招商引资活动、项目跟踪服务等工作。

第三章　工作机制

第六条　会议制度。坚持工作专班例会制度常态化、机制化，原则上：工作专班每月至少召开一次专题会议，研究议题由工作专班办公室提出，具体内容为：汇报项目落地基本情况、研究解决项目落地过程中出现的问题以及制定下一步工作计划。每次会议根据研究内容确定参加单位，必要时可邀请工作专班之外的市领导和单位参加会议。工作专班会议以会议纪要形式明确会议议定事项，印发有关部门、各乡镇落实。

工作专班办公室根据工作需要不定期召开办公会议，办公会议由办公室主任主持，会议研究决定以下事项：落实工作专班会议议定事项；研究需要提交工作专班研究的事项；通报相关工作进展；协调有关问题；其他需要会议议定的事项。

第七条　清单管理制度。按照项目、目标、平台、机制、督查等“五个要件”的要求，对招商引资工作进行项目化、目标化、责任化，逐项列出清单，明确任务书、时间表，强化责任落实，形成工作闭环。

第八条　协调会商制度。在与招商引资工作相关的立法建议、制度建立、方案制定、政策落实等重大问题上，各成员单位之间要加强协调和沟通，必要时共同研究推进。对招商引资工作方面意见分歧较大的事项，由工作专班办公室及时协调沟通，必要时提交工作专班研究审议。

第九条　工作通报制度。工作专班各成员单位应及时将相关工作重大进展或变化信息报送工作专班办公室。工作专班办公室应及时将招商引资工作情况报告组长和副组长，编发工作简报，宣传推广典型经验，通报存在的问题。

第十条　督查评价制度。工作专班实行日常督查和定期评价制度，将招商引资工作落实情况纳入责任部门和各乡镇政府的年终绩效考核。对积极主动、工作推进快、落实效果好的进行表扬激励，对消极懈怠、工作推进缓慢、落实效果差的进行批评问责，具体奖惩机制由工作专班办公室牵头另行制定。

第四章　招商引荐

第十一条　信息报送。对符合五指山产业规划及产业目录的项目，由推荐主体收集意向性投资项目信息并及时填写《投资意向表》（附件1）报送至工作专班办公室登记备案。

第十二条　鼓励推荐。工作专班办公室建立健全相应的奖励政策，鼓励以商招商、委托招商等多种投资项目推荐形式，以充实招商信息来源。

第十三条　回复时限。工作专班办公室须在项目信息登记后3个工作日内进行回复及备案并指定主服务部门。主服务部门应在收到工作专班办公室备案回馈单后3个工作日内主动与被推荐主体联系并开展相关服务。工作专班办公室在3个工作日后对主服务部门响应情况进行跟踪回访。

第五章　合作洽谈

第十四条　洽谈主体。项目的合作洽谈原则上由主服务部门牵头负责，对于投资达到1亿元以上（含1亿元）及符合市县规划区域内准入的重点招商引资项目，由主服务部门提请分管市领导召集洽谈。

施行，同时《五指山市招商工作联席会议机制》（五府办〔2020〕12 号）废止。

五指山市基层党建活动经费管理办法

第一章　总　则

第一条　为进一步加强全市基层党组织建设，推进"两学一做"学习教育常态化制度化，规范党建活动经费管理，依据《中华人民共和国预算法》《中国共产党和国家机关基层组织工作条例》《中央和国家机关基层组织党建活动经费管理办法》（财行〔2017〕324 号）、《海南省省直机关基层党组织党建活动经费管理办法》（琼财行〔2018〕196 号）等有关法律法规文件，结合我市实际情况，制定本办法。

第二条　党的关系隶属于五指山市，按照《中国共产党支部工作条例（试行）》《中国共产党农村基层组织工作条例》《中国共产党党和国家机关基层组织工作条例》设置的基层组织（包括党的基层委员会、党的总支部委员会、党的支部委员会），使用财政资金开展的党建活动，均适用本办法。

本办法所称党建活动，是指基层党组织开展的"三会一课"、主题党日活动、党员和入党积极分子教育培训、学习调研等活动。

第三条　各基层党组织开展党建活动，必须坚持厉行节约、反对浪费的原则，统筹使用财政资金和党费，结合党建工作要求和工作实际，按年度编制计划，实行审批备案管理。

第二章　计划管理

第四条　各基层党组织开展党建活动，应当按年度编制党建活动计划（包括活动内容、形式、时间、地点、人数、所需经费及列支渠道等），报上一级党（工）委审核备案。

第五条　各基层党组织编制党建活动计划，应当充分听取党员意见，并经基层党的委员会或支部（总支）委员会讨论。

第六条　各党（工）委负责审核所属基层党组织年度党建活动计划，要严格控制到常驻地外开展的党建活动规模、时间和数量。

第七条　各基层党组织根据党建工作需要，临时增加使用财政资金开展的党建活动，经基层党的委员会或支部（总支）委员会讨论后，书面报上一级党（工）委审批。

第八条　各单位应当于每年 3 月 31 日前将党建活动计划报上一级党（工）委备案。

第三章　开支范围和标准

第九条　本办法所称党建活动经费支出项目包括：租车费、城市间交通费、伙食费、住宿费、场地费、培训费、资料费和其他费用。

（一）租车费是指开展党建活动需集体出行发生的租车费用。

（二）城市间交通费是指到常驻地外开展党建活动发生的城市间交通支出。

（三）伙食费是指开展党建活动期间发生的用餐费用。

（四）住宿费是指开展党建活动期间发生的租住房间的费用。

（五）场地费是指用于党建活动的会议室、活动场地租金。

（六）师资费是指请师资为党员授课所支付的费用。

（七）资料费是指为党员学习教育集中购买或编印的培训资料费用。

第十条　党建活动经费按支出项目，分别执行下列标准：

（一）城市间交通费、住宿费，参照五指山市市直机关单位差旅费管理办法，按标准执行，据实报销，个人不得领取交通补助。

（二）伙食费，参照五指山市市直机关单位差旅费管理办法，在差旅费伙食补助费标准内据实报销，在途期间的伙食补助费按当天最后到达目的地的伙食补助费标准报销，个人不得领取伙食补助。

（三）师资费，参照五指山市机关单位培训费管理办法有关标准执行。

（四）租车费，大巴士（31 座以上）每辆每天不超过 1600 元，中巴士（21—30 座）每辆每天不超过 1200 元，小型中巴车（20 座及以下）每辆每天不超过 900 元。租车到常驻地以外的，经单位主要负责人批准，租车费可以适当增加。

（五）场地费，每半天人均不得超过 50 元。

（六）资料费和其他有关费用经批准后据实

报销。

第四章 活动组织

第十一条 开展党建活动，要突出增强党员的政治意识、大局意识、核心意识、看齐意识，同时注重与中心工作结合，注重质量效果，防止形式主义。

第十二条 开展主题党日活动，应当有详细的活动方案，明确主题，注重活动的政治性、教育性和庄重感。

第十三条 开展党建活动，要充分发挥党员的主体作用，必须自行组织，不得将活动组织委托给旅行社等其他单位。

第十四条 开展党建活动，要因地制宜，充分利用本地条件；每个基层党组织到省内常驻地以外开展党建活动原则上每年不超过两次，到省外开展党建活动需报市委组织部审核后报市委主要领导审批；要严格控制租用场地举办活动，确需租用的，要选择安全、经济、便捷的场地。

第十五条 开展党建活动，要根据实际情况集体出行，赴省外组织党建活动的原则上应集体出行。集体出行确需租用车辆的，应当视人数多少租用大巴车或中巴车，不得租用轿车（5座及以下）。

第十六条 开展党建活动，要严格遵守中央八项规定精神，严格执行廉洁自律各项规定。

严禁借党建活动名义安排公款旅游；严禁到党中央、国务院明令禁止的风景名胜区开展党建活动；严禁借党建活动名义组织会餐或安排宴请；严禁组织高消费娱乐健身活动；严禁购置电脑、复印机、打印机、传真机等固定资产以及开支与党建活动无关的其他费用；严禁套取资金设立“小金库”；严禁发放任何形式的个人补助；严禁转嫁党建活动费用。

第五章 报销结算

第十七条 报销党建活动经费，由各单位财务部门严格按照规定进行审核报销。

第十八条 党建活动的资金支付，应当执行国库集中支付和公务卡管理等有关制度规定。村（社区）党组织和离退休党组织按照其有关规定执行。

第十九条 党建活动所需财政资金，原则上在部门预算的党建工作经费和公用经费中列支，由各单位在年度部门预算中合理保障。

第六章 监督检查

第二十条 各单位应当将党建活动经费开支情况以适当方式公开。

第二十一条 各单位应当于每年3月31日前将上年度党建活动开展情况（包括活动形式、内容、时间、地点、人数、经费开支及列支渠道等），报上一级党（工）委备案。

第二十二条 各党（工）委、市财政局、市审计局等有关部门对各单位党建活动经费管理使用情况进行监督检查。

（一）党建活动计划的编报是否符合规定；

（二）临时增加党建活动是否按规定履行报批程序；

（三）党建活动经费开支范围和开支标准是否符合规定；

（四）党建活动经费报销和支付是否符合规定；

（五）是否存在奢侈浪费现象；

（六）是否存在其他违反本办法的行为。

第二十三条 有违反本办法的行为，由各党（工）委、市财政局等有关部门责令改正，追回资金，并予以通报。相关责任人员按规定予以党纪政纪处分；涉嫌违法的，移交司法机关处理。

第七章 附 则

第二十四条 各单位可以结合本单位业务特点和工作实际，制定本单位党组织党建活动经费管理具体规定。

第二十五条 本办法由市财政局会同市委组织部负责解释。

第二十六条 本办法自印发之日起施行。

海南省12345政务服务便民热线五指山市分平台管理办法（试行）

第一章 总 则

第一条 为规范海南省12345政务服务便民热线五指山市分平台（以下简称海南12345热线五指山市分平台）的运行管理，提高热线服务能力和水平，进一步优化营商环境，转变政府职能，提升政府服务水平和满意度。根据《海南省人民政府办公厅关于印发<海南省进一步优化政务服务便民热线工作方案>的通知》（琼府办函〔2021〕337号）、《海南省人民政府政务服务中心关于印发<海南省12345政务服务便民热线运行管理规则（试行）>的通知》（琼政中心〔2021〕49号）等文件要求，结合我市实际，制定本办法。

第二条　海南12345热线五指山市分平台是我市统一的政府综合服务热线平台，采取“一号对外、集中受理”的服务模式，7*24小时受理公民、法人和其他组织（以下简称来电人）通过电话反映的政务信息、行政效能、民生服务、消费维权、经济建设、社会事业、城市管理等方面的各类咨询、投诉、举报、求助、建议等诉求。

第三条　按照“集中受理、按责转办”的工作机制，由海南12345热线五指山市分平台集中受理后将工单派发至具体处理单位（以下简称承办单位）处理。海南12345热线五指山市分平台按照“限时办结、统一督办”的原则履行监督管理职能，实时掌握工单处理的过程、结果，做好跟踪、督办工作，确保诉求及时得到解决。

第二章　受理范围

第四条　按照“应合必合、应接必接”的原则，以“大热线对接、小热线融合、无热线联通、紧急类热线联动、网络渠道通办”方式整合各类公共服务热线。

海南12345热线五指山市分平台受理以下诉求事项：

（一）咨询类：包括行政职能职责、政策规定、办事流程等政务信息及公共服务信息的咨询；

（二）投诉类：包括对行政管理、社会管理、城市治理、市场监管、公共服务、经济社会发展等方面的投诉；

（三）建议类：包括对行政管理、社会管理、城市治理、市场监管、公共服务、经济社会发展等方面的意见和建议；

（四）求助类：包括对行政职权范围内非紧急类管理、服务方面提出的求助；

（五）举报类：包括对公民、法人和其他组织危害群众生命财产安全、危害公共财产安全、影响经济社会发展的违法违规行为的举报；

（六）表扬类：包括对政府部门及其工作人员在办事效率、行政效能方面的表扬。

第五条　海南12345热线五指山市分平台对下列事项不予受理：

（一）违反宪法和法律法规规定的；

（二）煽动颠覆国家政权、推翻社会主义制度的；

（三）反映问题涉及国家机密、商业秘密、个人隐私和违反社会公序良俗的；

（四）捏造或扭曲事实，散布谣言、扰乱社会秩序的；

（五）侮辱、诽谤、恶意攻击他人的；

（六）反映问题应当通过或已经进入诉讼程序、行政复议、仲裁程序、政府信息公开等法定途径解决的；

（七）反映问题属于人大、政协、纪检监察、信访、检察、司法、军队、警情等职能范畴的；

（八）已经受理或正在办理的事项，同一来电人（姓名、联系电话、手机号码及诉求主要内容相同的均视为同一来电人）仍然以同一事实或理由提出的；

（九）诉求反映问题已由承办单位按照法律法规、职能职责处理并明确答复、出具最终处理意见，来电人仍然反复投诉的；

（十）诉求表述不清、无具体诉求内容的；

（十一）反映问题不属于本市管辖范围内的；

（十二）反映问题属于110、119、120、122等专线业务的；

（十三）维护自身权益的诉求未提供实名和联系方式造成无法核实的；

（十四）其他不符合国家法律法规规定的。

对于不予受理的诉求事项，海南12345热线五指山市分平台要做好解释和引导。

第三章　机构及职责

第六条　海南12345热线五指山市分平台主要职责：

（一）负责本级12345热线平台的日常管理工作，对各热线承办单位业务工作进行指导；

（二）制定海南12345热线五指山市分平台工作规范、服务标准、业务流程和考核办法等相关规定，起草海南12345热线五指山市分平台发展规划报有关部门审批；

（三）受理、派发、反馈、协调和督办办件；

（四）组织开展海南12345热线五指山市分平

台的推广宣传和人员管理培训工作；

（五）跟踪督办疑难办件并报道进展情况；

（六）对热线承办单位申请延期的办件进行审核及批准；

（七）对热线承办单位已办结的办件进行回访；

（八）通过简报、通报、调研报告等形式向市委、市政府相关领导呈报海南12345热线五指山市分平台运行和重要情况；

（九）向市政府上报重点督办件、推诿办件。由市政府下发文件督办或者经市政府授权召开督办会议研究解决问题；

（十）向市政府督查室、市纪委监委等相关部门提供办件并联动督查办件处理存在的问题；

（十一）完成上级主管部门及领导交办的其他工作。

第七条　海南12345热线五指山市分平台承办单位的主要职责：

（一）要确定一名负责12345热线工作的分管领导，并明确具有综合协调职能的联络员具体承办12345热线工作，设立专线电话，工作时间内确保专人接听；

（二）在规定时限内接收、办理12345热线转办办件等事项；

（三）及时向热线分平台答复转办办件等事项的办理结果，答复内容要详细、清楚，要有相关处理依据和证据；

（四）负责对热线前台工作人员进行业务知识培训；

（五）完成热线相关的其他工作。

第四章　办件处理程序

第八条　海南12345热线五指山市分平台对受理的事项，进行分类处置，按责转办。涉及镇域范围的事项，按照“属地管理优先”和“谁主管谁负责”的原则；涉及市区范围的事项，按照“主管部门优先”和“属地管理”的原则。各承办单位依法、及时处理公众提出的诉求。

第九条　为确保工单在业务系统内统一流转，规范办理，工单严格实行“统一登记、分类、处置、回复、反馈、归档”的办件处理程序。

（一）统一登记。受理诉求时应当登记诉求内容，统一形成12345热线办件。

（二）分类。热线前台工作人员按诉求事项的内容、性质和特点，将办件分为即时办件和转办办件。

（三）处置。对于即时办件热线前台工作人员依据12345热线知识库的内容即时答复诉求人。对于转办办件海南12345热线五指山市分平台前台工作人员须将办件根据职责直接转派给各级具体处置单位处理。对职责职能不明确，无法确定办件归属的或办件需多部门协同处理的或多部门处理意见不一致时，本级政府指定牵头部门和配合部门，海南12345热线五指山市分平台进行督办。热线承办单位若收到转办办件不属于本单位的职能范围，应通过热线系统限时向海南12345热线五指山市分平台退回办件，并详细说明退件理由，提供相关法律政策依据和证据。逾期不退，视作接收。海南12345热线五指山市分平台对退回办件经过审核，认为退回办件理由成立同意退件的，根据职责分工，重新转交相关单位。海南12345热线五指山市分平台认为退件理由不成立的，予以第二次将办件转交原承办单位，承办单位可联系海南12345热线五指山市分平台，对其补充说明退件理由。

（四）回复。热线承办单位依据规定的时限处理转办办件并回复。回复内容需认真、谨慎，杜绝虚假答复。涉及多个部门处理的问题，由承办单位根据职责落实管理范围内的相关工作，并提出转办意见，由海南12345热线五指山市分平台转相关部门办理。对于办理时间较长的办件，应告知办理流程、办理时限。因客观原因导致无法按时办结的，需向海南12345热线五指山市分平台申请延期，按批准的期限处理。

（五）反馈。由海南12345热线五指山市分平台坐席人员依据热线承办单位回复的处理结果通过电话反馈给诉求人。

（六）归档。海南12345热线五指山市分平台对已办结的办件进行归档处理，对其中疑难、典型案例进行分析，为领导提供决策参考。

第十条　办理时限要求。办理的计算时限自派单之时起计算：

（一）承办单位应在6个工作时内及时签收工单并联系诉求人。须在规定时限内完成办理，并将办理结果向海南12345热线五指山市分平台反馈，同时回复诉求人。满足下列情形之一，可申请退单：

1. 经了解核实确实不属于本单位职责范围内；

2. 满足热线不予受理事项规定的；

3. 其他可予退单的情形。

退单规范：申请退单应在办件派发至本单位

时起 6 个工作时内（紧急工单 30 分钟内）。申请退单时应说明退单理由和依据，列明相关法律条文或政策法规，注明建议转办的部门或渠道后，向海南 12345 热线五指山市分平台申请退单。退单申请经海南 12345 热线五指山市分平台审核后，认为理由充分、确需退回的，工单退回并重新转派其他单位办理；理由不充分、不应退回的或退单申请未经审核的，工单仍由原承办单位办理。已进行过一次退单操作的工单标记为重派工单，重派工单不得再次退回。

（二）承办单位对诉求事项要限时办结，办结的计算时限自派单之时算起算：

1. 咨询、求助类事项，在 3 个工作日内办结并答复。

2. 投诉、举报类事项，在 7 个工作日内办结并答复。

3. 意见建议及其他类事项，在 5 个工作日内办结并答复。

需立案处理的案件，承办单位按照相关案件处理的法定程序和时限立案处置，同时在工单系统中附上相关规定、领导批示等依据，申请工单办结。承办单位应按期向海南 12345 热线五指山市分平台反馈案件处理进展，并在结案后将结果告知诉求人。

情况复杂、办理难度大或因其他政策性原因限制，难以按规定时限办结的，承办单位向诉求人作出解释说明，在规定办理时限前提出延期申请。延期须说明具体原因、延期时间，延长的时限不得超过原办理时限的 1 倍，仅能申请一次延期，特殊情况的，以法律法规规定的事项处理时限为准。咨询类诉求事项不可以申请延期。

第十一条　协调督办

（一）确定承办单位。承办单位在办理过程中发现不属于职责范围的，提供依据及改派意见，退回海南 12345 热线五指山市分平台。平台视情况组织召开承办单位联席会议，确定承办单位。

（二）协同办理。诉求事项涉及多个部门的，海南 12345 热线五指山市分平台将采取多单位联办的方式，将工单派发至相关单位（最多 3 个单位），并确定一个单位为主办单位，协办单位应积极配合主办单位，及时将工单处理情况报至主办单位账号，由主办单位汇总回复至平台，主办单位在工单办结时应对协办单位配合情况进行评价，评价情况作为考核依据。

（三）动态督办。海南 12345 热线五指山市分平台根据实际情况，采取电话督办、短信督办、书面督办、现场督办等不同方式，督促承办单位按规定时限办理。对逾期未办结的事项，承办单位应提供书面说明情况和理由。

第五章　制度保障

第十二条　首接责任制。海南 12345 热线五指山市分平台指定的承办单位为首接负责单位，负责对公众的诉求事项办理、答复。涉及多个单位共同办理的诉求事项，平台依政府公布的权责清单，按职能就近的方式指定的主办单位为首接负责单位。

第十三条　联席会议制。针对争议较大、难以确定职责所属的工单，市政务服务中心牵头召开承办单位联席会议，包括确定主办单位和协办单位。

第十四条　领导轮值制。由海南 12345 热线五指山市分平台制定计划，每周至少安排一位承办单位分管领导上线接听诉求人来电，倾听公众诉求，解决问题、化解矛盾。

第十五条　排名通报制。海南 12345 热线五指山市分平台每周初对上周市各承办单位办理工单情况进行统计，以“逾期未办结量”进行排名，将周报表通过 OA 系统发至全市各单位和各乡镇（市畅好居），同时发到“五指山市 12345 交流群”和“五指山市党政工作群”里进行督办；海南 12345 热线五指山市分平台每月初对上月市各承办单位办理工单情况进行统计，将月报表通过 OA 系统发至全市各单位和乡镇（市畅好居）。

海南 12345 热线五指山市分平台须梳理公众诉求热点，分析原因，提出建议，每月发布专报，公开海南 12345 热线五指山市分平台运营数据、经典案例、常见问答等内容。每月对承办单位办理诉求事项的及时签收率、退单率、办结率、满意率和平均处理时长，以及对多次督办、久拖不决、办理不及时的典型案例进行通报。

第十六条　工作例会制。市政务服务中心负责召集承办单位工作例会，总结工作，交流经验。原则上每年召开一次。

第十七条　保密工作制。对涉及国家秘密、商业秘密、个人隐私，以及工作秘密、非密敏感问题的，海南 12345 热线五指山市分平台、各承办单位工作人员应按照相关规定予以严格保密。对于不宜公开的办理结果和公众不愿意公开的答复，不得向社会公开；不得向外泄露诉求人信息、经办人员信息。热线分平台工作人员及承办单位工作人员在热线工作中如有不遵守以上保密工作制度情况出现，由上级主管部门或者有关机关责令改正；情节严重的，对直接负责的主管领导和其他直接责任人员依法依规追究责任；构成犯罪的，依法追究刑事责任。

第十八条　监督问责保障

（一）海南 12345 热线五指山市分平台通过短信预警、红黄牌警告等方式，结合日常通报、绩效考评和提交问责建议等渠道，对承办单位事项办理工作进行监督。

（二）邀请人大代表、政协委员、志愿者、社会公众代表、新闻媒体等对海南 12345 热线五指山市分平台运营情况进行监督。

（三）海南 12345 热线五指山市分平台工作人员出现态度恶劣、履职不到位、违反工作纪律等情形的，由市政务服务中心视情予以责任追究。

（四）对承办单位工作人员在事项办理过程中出现弄虚作假、敷衍塞责、推诿扯皮、违反工作纪律等情形，情节轻微的，由市政务服务中心按照干部管理权限向承办单位提出对责任人问责的建议；情节严重的，由市政务服务中心向市纪委监委提出对责任人进行党纪处分、政务处分的建议。

（五）海南 12345 热线五指山市分平台每周初对上周承办单位办理工单情况进行统计，以“逾期未办结量”进行排名，逾期未办结量周排名前三的承办单位，将由市政务服务中心对该单位分管领导进行约谈，连续三周排名前三的承办单位，将由分管副市长对该单位主要领导进行约谈，并由市政务服务中心将约谈情况抄报市纪委监委。

（六）海南 12345 热线五指山市分平台每月初对上月全市各承办单位办理工单情况进行统计，将月报表通过 OA 发送至全市各承办单位。逾期办结量排名前三的承办单位，将由分管副市长对该单位主要领导进行约谈，并进行全市通报批评。对长期存在逾期未办结工单情况，或因未按时办结工单造成不良影响的，由市纪委监委进行问责。

第六章　附 则

第十九条　海南 12345 热线五指山市分平台工作服务全外包方式执行，工作人员的工作经费和热线运营管理经费列入市级财政预算中解决。

第二十条　本办法由海南 12345 热线五指山市分平台负责解释。

第二十一条　本办法自发布之日起施行。

五指山市 2021 年人口变动情况抽样调查

在 2021 年人口变动情况抽样调查的工作中，市人口统计工作在省统计局人口处指导下，认真贯彻落实省统计局各项决策部署，牢固树立科学准确、实事求是的统计工作态度，完成摸底调查、入户登记和主要数据的审核汇总评估工作，为深入总结人口抽样调查工作中的经验和做法，进一步促进今后人口变动情况工作的顺利实施，现将五指山市 2021 年人口变动情况抽样调查工作总结如下：

一、精心组织实施，形成高效合力

市统计局高度重视人口变动情况抽样调查工作，凝心聚力，认真谋划，紧紧围绕各项工作目标和任务，抓好 2021 年人口变动情况抽样调查工作的落实。2021 年 9 月 29 日，印发《五指山市统计局关于开展全市 2021 年度人口变动情况抽样调查工作的通知》，明确各阶段工作任务和要求。同时，为切实加强领导，形成“主要领导亲自抓，分管领导具体抓，业务骨干具体办”的工作方式，按照“全市统一领导、部门分工协作、地方分级负责、各方共同参与”的组织实施原则，精心组织实施，做到人员到位、措施到位、经费到位。参与调查工作的相关部门积极主动履职，充分发挥各自职能，提供多方保障，确保调查的顺利实施。

二、严格落实经费，提供物资保障

经费到位。根据省统计局人口处的工作要求，综合考虑五指山市人口变动抽样的培训、宣传、调查工作量、调查范围和物资配备等各类因素，认真编制 2021 年度五指山市人口变动情况抽样调查工作的经费预算，评估并落实“两员”劳务补助 4 万元、培训费 2.8 万元。

物资保障到位。结合五指山市被抽中的调查小区及 2021 年人口变动情况抽样调查的“两员”配备制度，按每个村级样本配备一台PAD的计划，市统计局为全市各调查员和调查指导员共配备36台PAD，设备均为2020年第七次全国人口普查购置的最新设备。同时，投入0.56万元为77名“两员”购置雨具、口罩、手提袋、笔记本、调查员手册、人口抽样调查制度等工作必需物资。

三、加强宣传动员，营造良好氛围

为加强宣传动员，市统计局通过多角度、全方位开展人口调查宣传。(1)组织协调五指山市融媒体中心、五指山统计、五指山同城等本地媒体、公众号宣传转发人口变动调查公告。(2)采用传统宣传手段开展宣传。通过悬挂32条横幅、张贴人口调查公告80张、发放《致住户的一封信》1500份等方式进行广泛宣传。(3)在广场、酒店、各单位公用LED屏等多处人流密集的场所播放人口调查宣传标语，要求被抽中的村委会广播站要主动播告将要开展人口抽样调查工作，动员全市各地居民支持配合人口抽样调查工作，为正式入户登记营造浓厚氛围，形成“全民支持，人人配合”的大格局。

四、精心选聘两员，抓好培训工作

市统计局严格按照人口抽样调查制度中的“两员”选聘的要求，结合五指山市实际，于2021年9月30日印发《五指山市统计局关于选聘2021年度人口抽样调查工作调查指导员和调查员的通知》，明确“两员”选聘完成时间、选聘条件等。10月，全市共选聘77名普查指导员和普查员，其中：普查指导员14名，普查员63名，确保如期高质量完成人口抽样调查工作。

为抓好“两员”培训工作，保证培训质量，市统计局多措并举积极谋划，于2021年10月11日印发《五指山市统计局关于召开全市2021年人口变动情况抽样调查综合业务培训班的通知》。选派市统计局3名人口工作业务骨干担任培训授课的任务，积极结合培训工作安排开展专题试讲，不断优化培训课程设置和授课内容，在培训中主要围绕统计法律法规知识、调查业务知识、PAD操作、调查技巧等内容进行，通过课堂教学、实景模拟等多种方式巩固培训效果，打造一支业务精、能力强的调查队伍，为提高调查数据质量、确保顺利完成下阶段调查工作打下坚实基础。

五、全面组织登记，坚持依法调查

市统计局严格按照省人口处统一部署，组织各级调查员、调查指导员全面做好入户登记工作。从2021年11月1日至11月15日，全市77名调查人员认真落实常态化疫情防控的各项要求，严格执行《2021年人口变动情况抽样调查制度》，严格履行上门摸底、入户登记的调查方法，坚决杜绝“坐等抄”的调查方式，对全市所抽中的家庭进行全面调查，圆满完成五指山市22个村(居)委会的1576户5471人的入户登记工作。在人口调查过程中各指导员、调查员各司其职、坚守调查要求，不泄露调查数据，切实做好调查保密工作。

六、扎实做好数据验收，确保数据质量

在抽样调查工作中，通过建立“一调查员账号负责一调查小区”的方式，形成调查数据质量追溯和问责机制，狠抓源头数据质量，加大调查违纪违法行为的查处力度，确保调查工作中弄虚作假责任追究到位。同时，对上报数据进行联动审核，及时消除差错，确保入户登记工作高质量完成。为检验各乡镇调查工作成效和调查数据质量，市统计局于2021年11月22日印发《五指山市统计局关于开展2021年度人口变动情况抽样调查质量验收工作的通知》，通过在全市各乡镇随机抽取90户来开展质量验收工作。经抽查结果显示，五指山市入户登记质量均验收合格。

七、存在问题

(1)移动终端采集设备具有局限性。在调查过程中，由于不开放建筑物标绘系统，无法进行准确定位，导致一些乡镇个别村落的建筑物难以核实，降低工作效率。(2)调查员对指标的掌握度不够。由于乡镇调查员大多数是由文书、村长担任，平均文化水平不高，理解指标能力不足，因此在调查过程中容易错填，造成在上报数据过程中联审错误，需要进行多次核对修改，降低了调查工作效率。

(曾献忠)

2021 年五指山市国民经济和社会发展统计公报

2021 年，在市委、市政府的坚强领导下，全市上下坚持以习近平新时代中国特色社会主义思想为指导，全面贯彻省委、省政府各项决策部署，坚持稳中求进工作总基调，科学统筹疫情防控和经济社会发展，不断加大政策引导和助企纾困力度，加速推动生产生活秩序恢复，加快“六园”建设，有效推动经济结构持续优化，增长动能不断转换，经济发展呈现稳中有进的良好态势。

一、综合

（一）经济增长

初步核算，2021 年全市地区生产总值为 367633 万元，按不变价格计算，同比增长 4.6%。其中，第一产业增加值 77333 万元，同比增长 1.2%；第二产业增加值 61789 万元，同比下降 6.5%；第三产业增加值 228511 万元，同比增长 9.1%。三次产业结构比优化为 21.0 : 16.8 : 62.2。

（二）财政收支

2021 年，地方一般公共预算收入 22430 万元，同比下降 18.6%。其中，税收收入 11264 万元，同比下降 10.3%；非税收入 11166 万元，同比下降 25.6%。在税收收入中，增值税 2620 万元，同比下降 37.3%；企业所得税 2223 元，同比下降 12.7%；

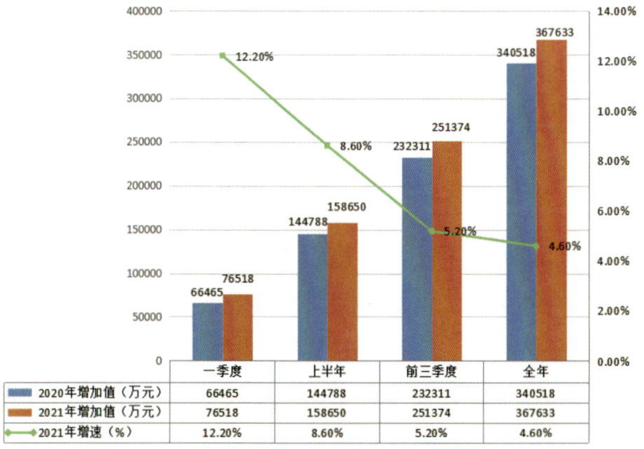

2021年各季度情况图

土地增值税 1043 万元，同比下降 1.9%；个人所得税 866 万元，同比增长 3.8%。地方一般公共预算支出 254225 万元，同比下降 6.6%。其中，一般公共服务支出 24234 万元，同比增长 4.7%；教育支出 35829 万元，同比增长 12.0%；科学技术支出 1477 万元，同比增长 32.6%；社会保障和就业支出 25271 万元，同比下降 11.0%；卫生健康支出 23902 万元，同比下降 15.9%；住房保障支出 6020 万元，同比增长 48.3%。

（三）居民消费价格

全年居民消费价格（CPI）同比上涨 0.3%。分类别看，交通和通信价格上涨 3.7%，居八大类之首；其次是生活用品及服务上涨 1.2%；居住、衣着分别上涨 1.0% 和 0.9%。各行业消费价格情况详见表 1。

2021年居民消费价格比上年涨跌幅度一览表

表 1　　　　单位：%

一、居民消费价格	0.3
1. 食品烟酒	−1.1
2. 衣着	0.9
3. 居住	1.0
4. 生活用品及服务	1.2
5. 交通和通信	3.7
6. 教育文化和娱乐	−0.7
7. 医疗保健	−0.6
8. 其他用品及服务	−1.2

（四）人口

全市年末户籍人口 103899 人。其中，男性 53451 人，女性 50448 人。按民族分，汉族 27421 人，占总人口的 26.4%；黎族 69563 人，占总人口的 67.0%；苗族 5932 人，占总人口的 5.7%；壮族 369 人，占总人口的 0.3%；回族 122 人，占总人口的 0.1%；其他民族 492 人，占总人口的 0.5%。全市年末常住人口 11.21 万人。其中，0—14 岁人口占比 17.48%；15—64 岁人口占比 72.26%；65 岁及以上人口占比 10.26%。出生率 8.02‰，死亡率 6.50‰，自然增长率 1.52‰。年末城镇化率 60.39%。

二、人民生活和民生事业

（一）居民收入和就业

2021 年，五指山市全体常住居民人均可支配收入 26134 元，同比增长 9.2%。其中，城镇常住居民人均可支配收入 34793 元，同比增长 8.5%；农村常住居民人均可支配收入 15350 元，同比增长 11.2%。促进低收入家庭劳动力外出务工累计 10249 人。农村劳动力转移 3768 人。城镇新增就业人数 1785 人。其中，失业人员再就业 208 人，就业困难人员实现再就业 101 人。城镇登记失业率 0.99%。参加失业保险人员 18455 人，应届大学毕业生就业 162 人，就业困难人员实现再就业 101 人。

（二）教育

2021 年，市辖区内省属大中专学校全年共招生 10096 人，毕业 5409 人，在校生 24459 人。其中，海南热带海洋学院招生 1203 人，毕业 1013 人，在校 2854 人；海南省农林科技学校招生 4391 人，毕业 2465 人，在校 10398 人；海南省第二卫生学校招生 1020 人，毕业 441 人，在校 3045 人；海南省民族技工学校招生 3482 人，毕业 1490 人，在校生 8162 人。市辖区内省属中学全年共招生 1499 人，毕业 1519 人，在校 4571 人。其中，海南省农垦实验中学招生 813 人，毕业 835 人，在校 2498 人；海南热带海洋学院附属中学招生 686 人，毕业 684 人，在校生 2037 人。

全市有各级各类市属学校 62 所。其中，中小学校 15 所，教学点 47 所。学校方面，完全中学 1 所，完全小学 10 所，特殊教育学校 1 所，九年一贯制学校 3 所。全市共有幼儿园 19 所，其中公办幼儿园 11 所，民办幼儿园 8 所。学生方面，全市秋季小学在校生 8330 人；秋季初中在校生 3640 人；秋季高中在校生 1050 人。教师方面，小学专任教师数 824 人；普通中学专任教师数 341 人。九年义务教育巩固率 95.3%。高招全市高考报考人数 1297 人。

（三）医疗服务和公共卫生

全市医疗卫生机构 118 家。其中，医院 5 家，社区卫生服务站 2 家，乡镇卫生院 7 家，村卫生室 59 家，个体诊所 24 家，卫生所、医务室 18 家，专业公共卫生机构 3 家。全市卫生技术人员 1320 人，执业医师 347 人，执业助理医师 50 人，注册护士 638 人，药剂人员 54 人，检验人员 57 人，床位数 1433 张。在个体诊所中，个人诊所卫生技术人员 71 人，在乡村卫生室中，乡村医生和卫生员 58 人。城市居民规范化电子健康档案建档 37229 份，农村居民规范化电子健康档案建档 69565 份，共计 106794 份，建档率达 98.51%。

全年完成垃圾转运处理 35435 吨，城乡生活垃圾无害化垃圾处理率达到 100%，日均垃圾转运处理量达 100 吨。城市污水集中处理率 100%。共建成农村生活垃圾分类屋 34 座。清扫保洁一线职工 336 人。全市建成区公厕总数量 22 座。城市道路清扫保洁面积达 111 万平方米。全市现有各类保洁作业车辆 296 辆。道路机扫率达 90% 以上。辖区内主次干道喷洒水率达 100%。

（四）社会保险、救助和社会福利

年末城镇职工基本养老保险人数 25697 人。其中，在职人员 16804 人，离退休人员 8893 人。年末城镇职工基本医疗保险参保人数 21352 人。其中，在职人员 13547 人，退休人员 7805 人。城镇居民养老保险参保人数 39296 人。城镇居民医疗保险参保人数 75980 人。参加工伤保险人数 15177 人。参加生育保险人数 13547 人。年末城镇居民最低生活保障人数 696 人。年末农村居民最低生活保障人数 2212 人。农村五保户供养人数 160 人。全年实施医疗救助 33054 人次。其中，城市医疗救助 810 人次，农村医疗救助 32244 人次。累计发放城乡低保金 1032 万元，累计对遭遇突发事件导致生活困难人员给予一次性发放临时救助金 306.86 万元。累计发放两项残疾人补贴 540.43 万元，有效保障困难群众的基本生活。

（五）乡村振兴

全年乡村振兴驻村干部 191 人，投入乡村振兴资金 28774 万元。全市稳定脱贫户 3565 户；相对稳定脱贫户 2491 户；脱贫不稳定户 33 户；边缘易致贫户 79 户；突发严重困难户 147 户。落实小额信贷政策和"雨露计划"补贴政策，为符合条件的脱贫户发放小额信贷贷款 1429.6 万元和学生助学补贴 168.7 万元；全年发放鸡鸭鹅苗 42.2 万只，发放产业奖励金额 507.7 万元，发放冬季瓜菜补贴 1235.9 万元。全市定点帮扶单位共投入帮扶资金 1315.1 万元，引进资金 358.1 万元。山城好物民俗赶集日活动累计销售金额 1276.4 万元。农村危房改造面积 18.77 万平方米。农村自来水普及率 99.97%，农村饮水安全普及率 100.0%。

（六）安全生产和科技

全年市公安、市应急管理局等部门共组织安全生产执法检查 131 次，检查人员 1889 人次，检查生产经营单位 2077 家（次），限期整改 104 家，发现隐患问题 899 宗，已整改 799 宗，整改率达 88.88%；全年共发生各类安全生产伤亡事故 2 起，死亡 1 人；全年发生交通事故 585 宗，受伤 132 人，死亡 5 人。安全事故造成的直接经济损失 143 万元。

全年全市电信业务总量12308.1万元。年末三大运营商电话用户总数14.8万户，移动电话普及率91.9%。互联网用户14.2万户，其中移动互联网用户8.9万户，固定宽带互联网用户5.4万户。手机上网用户11.8万户。

三、国民经济各行业

（一）农林牧渔业

初步核算，2021年全市农林牧渔业总产值133077万元，按可比价计算，同比增长1.6%。农林牧渔业增加值77582万元，同比增长1.3%。其中，种植业产值89114万元，同比增长23.8%；林业产值21281万元，同比下降6.9%；畜牧业总产值18774万元，同比下降22.9%；渔业总产值3320万元，同比增长5.3%。主要农产品产量详见表2。

2021年农林牧渔业主要产品产量及其增长速度一览表

表2

产品名称	单位	绝对数	比上年增减（%）
粮食	吨	13088	−2.3
蔬菜（含菜用瓜）	吨	58315	15.8
水果	吨	25577	−18.9
其中：香蕉	吨	13923	−28.7
芒果	吨	2958	1.6
荔枝	吨	3104	1.9
龙眼	吨	1811	6.2
橡胶	吨	9925	42.9
椰子	万个	70.81	−25.2
槟榔	吨	6940	−13.5
茶叶	吨	221	−14.4
胡椒	吨	251	12.3
益智	吨	2180	0.3
猪肉	吨	1609	−26. 5
禽肉	吨	1313	−16.4
禽蛋产量	吨	490	19.2
水产品产量	吨	2292	5.9

（二）工业和建筑业

2021年全市工业增加值20365万元，按不变价格计算，同比增长7.4%。从产值看，规模以上工业全年总产值（不含电网公司）为29922.5万元，同比增长8.4%。其中，医药制造业、水泥制品制造业、水利发电业和水的生产和供应业的市场需求稳定，行业销售较去年同期呈现稳中有进的良好态势，其产值增速分别同比增长16.2%、9.2%、23.3%和22.4%；水泥制造业受市场竞争影响，市场需求量减少，产值同比下降26.0%。

全市建筑业增加值41424万元，按不变价格计算，同比下降11.6%。全市具有资质等级的建筑企业单位2个。资质内建筑企业全年房屋建筑施工面积3.32万平方米。

（三）固定资产投资和房地产开发

2021年全市固定资产投资同比下降27.9%。其中，建安工程完成投资同比下降22.4%，占固定资产投资的76.8%。从投资项目看，房地产投资同比下降25.6%，非房项目投资同比下降29.0%；从产业投资看（不含跨境投资），第一产业同比下降70.4%，第二产业同比下降40.5%，第三产业同比下降23.7%。

全市房地产投资同比下降25.6%。全年房地产项目房屋新开工面积18.6万平方米，房地产项目房屋竣工面积6.88万平方米。商品房销售面积1.47万平方米，同比增长42.6%；商品房销售额17074万元，同比增长114.4%。

（四）国内贸易和旅游业

2021年全年实现社会消费品零售总额128378万元，同比增长15.3%。其中，城镇零售额109121万元，同比增长15.3%；乡村零售额19257万元，同比增长11.5%。按消费形态分，商品零售额104802万元，同比增长15.3%；餐饮收入23576万元，增长15.2%。

2021年全市接待游客总数163.31万人次，同比增长60.7%。过夜游客人数86.37万人次，同比增长13.8%。其中，入境过夜游客180人次，同比增长37.4%。实现旅游总收入11.91亿元，同比增长29.9%。

（五）服务业

全市服务业增加值22.85亿元，同比增长9.1%。其中，批发和零售业增加值2.80亿元，同比增长12.6%；交通运输、仓储和邮政业增加值0.74亿元，同比增长22.8%；住宿和餐饮业增加值2.83亿元，同比增长14.2%；金融业增加值1.88亿元，同比增长5.0%；房地产业增加值2.48亿元，同比增长8.0%；其他服务业增加值12.10亿元，同比增长7.4%。全年规模以上服务业企业营业收入同比增长17.4%。

全年全市货运量 21 万吨，同比下降 41.2%；货物周转量 1024 万吨公里，同比下降 46.0%。客运量 91 万人，同比增长 121.4%；旅客周转量 7534 万人公里，同比增长 73.9%。公路里程 592.3 公里，同比下降 0.8%。快递业务收入 1708.93 万元，同比增长 11.7%，快递业务量 42.67 万件，同比下降 6.7%。

（六）金融业和保险业

全年全市金融业增加值 18758 万元，同比增长 5.0%。年末全市辖区金融机构（本外币）各项存款余额 852445.43 万元，同比增长 0.3%。其中，住户存款 599684.79 万元，增长 13.5%。非金融企业存款 127501.69 万元，同比下降 9.3%。各项贷款余额 588266.69 万元，同比增长 15.8%。其中，住户贷款 159356.26 万元，同比增长 20.7%；非金融企业及机关团体贷款 428910.42 万元，增长 14.1%。

全市原保险保费收入 10064.89 万元，同比增长 11.2%。其中，财产保险收入 4161.92 万元，同比增长 31.2%；寿险收入 4768.97 万元，同比增长 1.5%；意外险收入 413.84 万元，同比增长 20.1%；健康险收入 720.16 万元，同比下降 13.7%。

四、文化和体育

年末全市文化馆 1 个，公共图书馆 1 个，博物馆 1 个。广播综合人口覆盖率为 99.6%，电视综合人口覆盖率达 99.7%。成功创建红峡谷文化旅游区国家 4A 级旅游景区，成功举办 2021 年“三月三”五指山会场祭祀袍隆扣大典、“百年技艺 薪火传承”黎苗刺绣等活动，不断巩固强化黎苗文化精神家园。开展文化惠民演出活动共 29 场次，开展“线上图书馆”活动 47 期，开展各类非遗技艺培训 50 期，不断营造全民学习的社会氛围。

成功举办“美丽乡村绿色骑行活动”“亲水三项赛”和“卓越 100 商学院军事定向赛”等体育活动。圆满开展“2021 年海南省社会体育指导员环岛公益健康行（五指山站）培训班”。通过形成“体育 + 旅游”模式，有效带动全民参与体育旅游事业，发挥体育旅游在乡村振兴发展中的关键作用，不断发展建设农旅融合富美田园。举办各类文体培训 6 期。其中，举办 1 期工间操培训班和 5 期原创广场舞培训班，形成全民健身的浓厚氛围。

五、生态环境与保护

全年空气质量有效监测天数 365 天。其中，空气质量优级天数 328 天，良级天数 37 天。可吸入颗粒物浓度均值 20 微克 / 立方米。全年全市公园绿地共补种花木 10 万余株，累计改造绿地 7000 平方米，全市绿地保洁面积达 41.1 万平方米。全市建成区绿化面积 633.65 公顷，绿地率达 35.38%，绿化覆盖率达 40.67%；公园绿地面积 39.17 公顷，人均公园绿地面积达 9.09 平方米。

2021 年现有林地面积 106800 公顷，共发放生态效益补偿金 2447.03 万元，受益群众 5.8 万人。全年绿化造林面积 50.67 公顷，完成异地还林工程建设 2.13 公顷，全市无公害防治率 99.6%，义务植树 10 万多株。

资料来源

本公报中财政数据来自市财政局，金融机构存贷款数据来自中国人民银行五指山支行，户籍人口数据来自市公安局，保险业数据来自中国银保监会海南监管局，价格、居民收入数据来自海南调查总队，电信业务数据来自市科技与信息化局，森林、防害治理数据来自市林业局，货物、旅客运输及周转量数据来自市交通运输局，邮政仓储数据来自海南中部邮政管理局，文化、体育和旅游数据来自市旅游和文化广电体育局，教育数据来自市教育局，卫生数据来自市卫生健康委员会，公共卫生、绿化数据来自市政服务中心，社会救助数据来自市民政局，社会保险数据来自市社会保险服务中心，就业数据来自市就业服务中心，乡村振兴数据来自市农业农业局、市乡村振兴局，危房改造数据来自市住房和城乡建设局，空气质量数据来自市生态环境局，农村用水和生活污水处理数据来自市水务局，安全生产、交通事故数据来自市公安局、市应急管理局，其他数据均来自市统计局。

深入学习贯彻习近平总书记“七一”重要讲话及省委七届十次全会精神奋力推进五指山高质量发展

——在市委四届十五次全会开幕会上的讲话

（2021年8月27日）

朱宏凌

一、深入学习领会习近平总书记“七一”重要讲话精神，积极响应党中央伟大号召，凝心聚力、坚定信心、奋力向前

7月1日，在庆祝中国共产党成立100周年大会上，习近平总书记发表了划时代的重要讲话，系统回顾了中国共产党成立一百年来，团结带领全国各族人民开辟的伟大道路、创造的伟大事业、取得的伟大成就；以豪迈的自信、昂扬的壮志，庄严宣告实现了第一个百年奋斗目标、全面建成了小康社会，郑重宣示坚持和发展新时代中国特色社会主义、向全面建成社会主义现代化强国的第二个百年奋斗目标迈进的坚定决心，深刻阐述以史为鉴、开创未来的根本要求，向全体党员发出了为党和人民争取更大光荣的伟大号召。习近平总书记“七一”重要讲话，是一篇闪耀着马克思主义真理光辉的纲领性文献，是新时代共产党人踏上新的赶考之路的政治宣示，是指引全国人民朝着中华民族伟大复兴中国梦迈进的行动号角，对于我们在新征程上传承红色基因、践行初心使命、创造新的历史伟业具有十分重大的指导意义，要将其作为党史学习教育的核心内容。

7月23日，省委沈晓明书记在海南省学习习近平总书记在庆祝中国共产党成立100周年大会上的重要讲话精神座谈会上强调，学习贯彻习近平总书记“七一”重要讲话精神是当前和今后一个时期的重要政治任务，要学出“铁心跟党走、九死而不悔”的绝对忠诚，学出“胸怀两个大局、心怀国之大者”的站位视野，学出“功成不必在我、功成必定有我”的境界担当，学出“越是艰险越向前、不破楼兰终不还”的斗争精神。我们要切实掌握习近平总书记“七一”重要讲话精神的丰富内涵、核心要义和实践要求，为蹄疾步稳推进海南自由贸易港建设和五指山高质量发展提供强大的精神力量。

我们要积极响应习近平总书记在“七一”重要讲话中向全党发出的伟大号召，深刻领会以人民为中心的发展思想，在这短短85字的伟大号召中就有4次提到了“人民”，这足以凸显“人民”二字在总书记心中的分量。我们要始终坚持把人民的利益作为一切工作的出发点和落脚点，始终保持同人民群众的血肉联系，始终同人民想在一起、干在一起、苦在一起、乐在一起，把人民高兴不高兴、满意不满意作为检验工作的标准，继续为实现人民对美好生活的向往艰苦奋斗，努力为党和人民争取更大光荣。

二、深入学习领会省委七届十次全会精神，深刻认识高质量发展的重要内涵，进一步增强责任感紧迫感

今年6月17日至18日，在《海南自由贸易港建设总体方案》颁布实施一周年之际，在《中华人民共和国海南自由贸易港法》颁布施行伊始，省委召开了七届十次全会。省委沈晓明书记在会上发表了重要讲话，全面总结了海南自由贸易港建设一年来的宝贵经验；深刻阐述了《海南自由贸易港法》颁布的重大意义；精辟概括了“什么是解放思想”，形象描绘了“不解放思想”——唯上是从、故步自封、不思进取、弄虚作假、畏手畏脚、胆大妄为、坐岛观天、教条主义、诿过于人、朝令夕改的十张“画像”；明确指出了推进海南全面深化改革开放和自由贸易港高质量发展的前进方向、任务重点、方法遵循。全市各级党委（党组）要认真学习贯彻落实省委七届十次全会精神，深刻认识推进高质量发展的重要意义，准确把握高质量发展的重要内涵，奋力谱写五指山高质量发展新篇章。

第一，推进高质量发展，是五指山适应新发展阶段的现实选择。新发展阶段之“新”，就“新”在这是以高质量发展为主题，实现从高速增长到高质量发展的大跨越，是实现第二个百年奋斗目标、把民族复兴伟业推向新境界的阶段。我们要把发展质量问题摆在更为突出的位置，努力把促进全体人民共同富裕作为为人民谋幸福的着力点，推动五指山经济社会发展向更高质量更高层次迈进。第二，推进高质

量发展，是五指山贯彻新发展理念的必然要求。当前，五指山实现了从贫穷落后到全面脱贫、全面建成小康社会的巨大转变，但是我们还存在发展质量和效益不高、发展不均衡不充分等方面的突出问题。要完整、准确、全面贯彻创新、协调、绿色、开放、共享的新发展理念，对五指山来说就是实现绿水青山就是金山银山，以“亩产效益论英雄”，落实好一个个规划、一项项任务、一件件实事，确保“十四五”期间开好局、起好步。第三，推进高质量发展，是五指山融入新发展格局的有效路径。以国内大循环为主体、国内国际双循环相互促进的新发展格局，是对全国而言的，不是搞省内、市内的自我小循环。我们要从大局和整体出发，在海南建设国内国际双循环交汇点中找准五指山的定位和优势，紧盯自贸港政策落实，深度融入“大三亚”旅游经济圈，在高质量高标准建设海南自贸港中扛起五指山责任担当。

三、以推进高质量发展为主题，扎实做好各项重点工作

今年以来，我们认真贯彻落实省委、省政府各项决策部署，坚持新发展理念，稳增长、促改革，上半年，全市地区生产总值 15.86 亿元，同比增长 8.6%；全市固定资产完成投资 9.37 亿元，同比下降 18.96%；地方一般公共预算收入 1.44 亿元，同比下降 5.4%；社会消费品零售总额 5.69 亿元，同比增长 14.4%；城镇常住居民人均可支配收入 17669 元，同比增长 10.4%；农村常住居民人均可支配收入 6472 元，同比增长 15.2%。

全体居民人均可支配收入同比增长高于全省平均水平，城镇居民人均可支配收入同比增长排名全省第四，成绩实属来之不易。但更要清醒地认识到，我们还存在一些问题和短板，比如，上半年我市 GDP 离年初制定的 10% 的目标差 1.4 个百分点，低于全省增速 8.9 个百分点，全省排名倒数第五；2015—2020 年期间，我市 GDP 年均增长率还不到 5%，作为经济基数小的欠发达地区，增速仍低于全国和全省，表明我们被越落越远。全市固定资产投资低于全省增速 39.66 个百分点，全市一般公共预算收入低于全省增速 51.2 个百分点，双双排名全省倒数第二，说明缺少项目谋划，就是“躺平”式发展。有些数字虽然增速较快，如近几年的农村常住居民人均可支配收入，但也要客观地看到，今年上半年 6472 元的绝对值仍是全省倒数第一。

看到这些刺眼的数据，我们是否会觉得脸发烫？还是像看到浑浊的南圣河一样，已经熟视无睹？看到周边市县的发展，我们是否会觉得坐不住？还是像阿 Q 一样，用“老子当年比你阔多了”来自我安慰？看到长三角、珠三角“包邮区”的日新月异，我们是否会觉得睡不着？还是用生态保护来作最后的“遮羞布”？我们五指山已被逼到了墙角，再不解放思想，苦干实干，就永远挺不直腰杆。在山窝窝里自娱而不能自乐，吃一辈子“救济粮”的滋味可不好受。1949 年，我们是琼崖革命的中心，升起了海南岛第一面五星红旗；1953 年，我们是黎苗文化和琼岛中南部的中心，参天的行道树显露着州府往日的荣光。我们是否擦亮了“五指山”这块金字招牌？我们是否有愧于“市”的称谓，是否做到了“市”的作为和“市”的担当？

现在 8 月份马上要过去了，发展形势不容乐观，各项工作时间都很紧、任务也很重。接下来，如果不把各项工作抓得更紧更实，不努力干一干、拼一拼，那么高质量完成全年目标将会变成一句空话。全市各级领导干部要进一步认清形势、解放思想、坚定信心、真抓实干，以时不我待、只争朝夕的紧迫感，全力推动今年各项重点工作落地落实。

（一）以常态化从严从快抓实疫情防控为前提，坚决守住我市来之不易的“无疫区”成果。近期，全国多个地区出现疫情扩散，习近平总书记高度关注全国疫情动态并作出了重要指示批示，为我们做好疫情防控工作提供了重要遵循。省委沈晓明书记指出，海南自贸港建设最大的风险点就是疫情防控风险。中秋过后，将有大批“候鸟”来到五指山居住过冬，外来人口的增多将会使疫情传播风险增大。大家务必要提高认识、提高警惕，扎实做好疫情防控工作，坚决杜绝麻痹大意、松劲懈怠思想，全力打好疫情防控保卫战。一是坚持做到“四早”。各乡镇、各有关职能部门要第一时间熟悉全国中高风险区域，坚决守住“外防输入”第一关口。要压实医疗机构、药店“前哨”责任，对发热患者要做好人员登记工作，及时进行核酸检测，严防院内感染，切实做到早发现、早报告、早诊断、早隔离。二是加强疫情防控“四种能力”建设。当前，我市在疫情防控方面还存在一些问题，特别是应对疫情的能力还有待提升。要配齐配强疫情防控所需的人力、财力、物力，全面加强我市核酸检测、集中隔离场所、人员流调、新闻宣传动员等“四种能力”建设，确保疫情防控工作有力有序开展。三是做好疫苗接种工作。要全力抓好各类人群特别是 12—17 岁人群的疫苗接

种工作，积极进村入户宣传动员，引导符合条件的群众及时进行接种，加快构建免疫屏障。

（二）以抓好生态环境保护为底线，全面提升生态环境质量。五指山是海南岛的“滤芯”和“水塔”、是海南的“三江源”，良好的生态环境是海南自贸港建设的命脉，也是五指山发展的根基。我们要像对待生命一样对待生态环境，切实把保护好生态环境作为五指山的“国之大者”，推动五指山生态环境质量持续向好。一是扎实抓好各类问题整改。目前，我们两轮的中央环保督察反馈问题整改完成率为87.5%，省生态环境百日大督察反馈问题整改完成率为82.98%，森林督查图斑整改上报销号申请率为97.6%。整改越到最后，越是难啃的硬骨头，要采取更硬更实举措抓好问题整改，推动未完成整改的问题全部销号，并对已销号问题开展“回头看”，严防整改不彻底和问题反弹。二是突出抓好先导性项目。要严守生态保护红线、环境质量底线、资源利用上线、生态环境准入清单，以落实热带雨林国家公园、清洁能源岛和清洁能源汽车、“禁塑”、装配式建筑等4个先导性项目为抓手，进一步提升我市生态系统碳汇增量，为海南国家生态文明试验区建设打下良好基础。三是强化生态环境治理。要扎实推进“碧水绕城行动”，以水环境治理为抓手，以水土流失、农业面源污染治理和农村裸露土地整治为重点，继续实施化肥和农药减量行动，加强河岸线保护与生态修复，推进“一河两岸”工程，让碧水绕城、青山满目。要持续深入开展生态环境“六大”专项整治，扎实抓好河长制、湖长制、林长制等各项制度落实，切实做到守土有责、守土尽责、守土担责。四是加快生态体制机制创新。今年1月份，省里出台流域上下游横向生态保护补偿实施方案，鼓励流域上下游市县开展排污权交易和水权交易。昌化江源头位于五指山区域内，要按照考核标准做好水源保护，积极向省里争取有关政策，将我市良好的水资源转化为一笔宝贵的财富。要以入选全国生态综合补偿试点市县为契机，加快水满乡“两山”理论实践创新基地建设，加快低碳城市建设，研究谋划建设绿色低碳循环发展示范基地，争当降碳工作“优等生”。

（三）以突出本地优势特色为重点，加快构建现代化生态经济体系。我们要在认真总结历届市委市政府发展思路、目标的基础上，进一步突出本地优势特色，以琼崖革命初心悟园、黎苗文化精神家园、底蕴厚重州府故园、热带雨林国家公园、农旅融合富美田园、四季宜居康养乐园“六园”（为方便记忆可简化为：初心悟园、黎苗家园、州府故园、雨林公园、富美田园、康养乐园）建设为工作主抓手，大力发展旅游业、现代服务业、高新技术产业和热带特色高效农业“3+1”主导产业，把优势特色转化为产业项目、产品市场、产能就业、产值税收，加快构建特色鲜明、与生态核心区相得益彰的现代化生态经济体系。一是大力传承和弘扬红色革命精神，积极打造琼崖革命初心悟园。五指山革命根据地是“二十三年红旗不倒”琼崖革命史的重要组成部分，入选了全国100个重点红色旅游经典景区，是学习和传承琼崖革命精神的重要阵地。要认真按照省委的统一部署要求，依托五指山红色资源优势，加快编制五指山革命根据地纪念园优化升级建设规划，不断补齐基础设施和公共服务短板，丰富红色旅游元素，拓展红色旅游线路，力争把纪念园打造成海南红色旅游的必经打卡地、琼崖革命精神研学基地，争创国家AAAA、AAAAA级旅游景区。要进一步深挖红色旅游资源，讲好红色故事，大力推广红色旅游特色品牌。同时，要完善纪念园周边配套服务功能，在纪念园附近的村庄谋划建设一批有特色的农家乐、乡村民宿等项目，进一步提升红色旅游吸引力，拉动旅游消费和促进农民增收。二是传承和发展优秀民族文化，积极打造黎苗文化精神家园。五指山是海南岛中南部黎族苗族聚居地，黎峒文化园是每年“三月三”袍隆扣祭祀大典的固定场所，是全省黎族同胞祭祖的圣地；黎族传统纺染织绣技艺、黎族竹木器乐等入选了国家级文化遗产保护名录。我们要铸牢中华民族共同体意识，凝聚起共同团结奋斗力量，紧盯全国民族团结进步示范区创建目标，重点围绕黎族苗族优秀文化“六个一批”工作，努力形成融合式、沉浸式、有参与感的文化氛围。要建设一批特色民族村寨。在保护好村寨原生态民族文化的基础上，结合美丽乡村建设，突出少数民族特色，加快建设初保村等一批独具特色的少数民族村寨。要出版一批图书文献和文化研究。要深入挖掘和收集黎族苗族特色文化，出版一批充分展示黎族苗族发展历史、传统习俗、技艺传承、饮食特色等文化成果的文献图书、通俗绘本，让更多人更好地了解作为中华民族分支文化的黎苗文化。在保护和传承本岛黎苗文化的同时，更要放眼中国，甚至从全世界的角度来看黎苗文化对社会进程的影响，规划建设岛屿民族博物馆和岛屿民族研究机构，研究探索海南黎族苗族文化与世界岛屿民族文化的关系，展现五指山在“一带一路”建设略上的担当。要推进一批民族文化项目。要突出少数民族文化特色，精心谋划策划，打造一批嵌入式、沉浸式的实景演出，着力把省民族博物馆、黎峒文化园打造成为国家 AAAA、AAAAA 级景区景点，推动我市一批大型文化项目成为海南少数民族文化的标志性项目。要打造一批民族文化产品。建设众创空间和孵化场所，将黎锦、黎陶、苗绣等非物质文化遗产，转化为少数民族文化产品和商品，带动文化消费，保护和传承民族优秀文化。要做大做强节庆文化、民俗展示、歌舞演艺、民族乐器、黎锦服装等民族文化品牌。要注重民族文化产品宣传与包装，不断提升产品的吸引力和竞争力。要发展一批以黎药苗药为基础的南药康养项目。五指山的热带雨林不仅是植物基因宝库，也是一座发展南药的宝库，可入药的植物有 1000 多种，被《药典》收载常用药有 500 多种，南药有 50 多种。要积极引进医药研发企业，加强黎药苗药传统医药资源的保护和研发，进一步深化医药康养融合，努力培育和发展以黎药苗药为基础的南药康养项目。要形成一批民族文化生态。文化生态主要体现在我们日常生活中，既要移风易俗，共同富裕，又要把民族服饰、民族歌舞、民族饮食等民族文化融入群众生活的方方面面。“六个一批”工作，我们要成立专项工作领导小组，以项目化、清单化的方式推动，把需要建设的项目一项一项列出来，实行“揭榜挂帅”和“奖罚并重”的方式，由各单位主动认领任务，做得好的重奖，落实不力的重罚。三是加强城市风貌管控，积极打造底蕴厚重州府故园。自 1953 年成为海南黎族苗族自治州首府驻地开始，五指山长期是海南中南部的政治、经济、文化交流中心。这些深厚的底蕴是五指山不可多得的一笔宝贵财富，我们要高起点高水平统筹做好各类规划，聚焦老州府历史资源，优化国土空间发展格局，全面提升城市功能、品位形象和综合竞争力。要科学编制五指山城市风貌管控规划、“一河两岸”规划，在规划建设中凸显本地历史文化元素，加快历史文化建筑保护和修复，打造一批富有特色的商业街区，传承历史文脉，留住城市印记，保护水岸线、山脊线和天际线，进一步提升翡翠山城的知名度和影响力。要加快南水、毛水公路两侧“两违”建筑的拆除整治和畅好、南圣高速路口道路改造扩建，展现出五指山的“精气神”。要着手编制“通什—南圣一体化”规划，推进南圣旧城改造，形成组团式、分功能、差异化、协调性的产城融合发展态势。四是充分发挥热带雨林资源优势，积极融入热带雨林国家公园建设。提到海南热带雨林国家公园，五指山应该是全国人民头脑中的第一条件反射，这得益于以前打下的良好宣传基础。要全力支持和配合做好这项工作，坚决在今年年底前完成省里交给我们的 5 个村庄的生态搬迁任务，最大限度保障搬迁群众收入和就学就医就业等权益。大家对热带雨林国家公园建设要有一个正确的认识，在热带雨林国家公园一般控制区内，不是什么产业都不能发展，而是对国家公园生态环境造成破坏的产业不允许发展。要把丰富的热带雨林资源转化为发展优势，吃透政策，在一般控制区内探索开展生态旅游等特许经营活动，积极研究谋划建设特色微小型主题公园、森林人家、雨林婚庆、科普游学等雨林特色旅游产品，将五指山和黎族文化申报为“世界自然与文化双遗产”，实现生态保护、绿色发展、民生改善相统一，践行“绿水青山就是金山银山”理念。五是注重抓好“一二三”产业融合发展，积极打造农旅融合富美田园。五指山素有“九山半水半分田”之称，这样的土地现状决定了我们必须提高土地利用效益，按照以农促旅、以旅兴农的思路，“接二连三”推动产业融合发展。我们要在科技兴农、质量兴农、绿色兴农、品牌强农上下足功夫，继续抓好科技特派员制度，引进高端加工企业，推进特色农产品精深加工，特别是要谋划好景田矿泉水项目向下游的青瓜、益智、红茶、忧遁草等饮料加工项目，延伸农业产业链条，不断提升产业发展质量和效益。要努力把我市独具特色的五指山五脚猪、五指山红茶、忧遁草等优势农产品做精做优做特，特别是要加快编制五指山茶产业规划，严格执行“五指山红茶国家地理标志”标准，突出五指山红茶“低纬度、高海拔”的优质特色，高质量规划建设集种植、科研、加工、文旅、展销为一体的“水满茶叶小镇”。要加快推进高标准农田、农田水利、农产品冷链仓储物流、有机肥发酵、农业滴灌等现代农业基础设施建设，进一步提高农业综合生产能力。要加快推进“一村一品”三年行动，力争打造一批拥有特色产业的村庄。要结合美丽乡村建设和乡村旅游化改造，谋划建设一批乡村民宿、田园综合体等现代休闲农业旅游项目；要走高端精品路线，高水平打造牙胡梯田景区景点，打造五指山旅游新的增长点。要盘活畅好居和顺达公司的土地和资产，打造农旅融合新样板。要依托五色饭、山兰酒、五指山野菜、热带花卉、热带观叶植物等优势产品，实施国企混改，推进一批特色拳头产品商业化，打造“螺蛳粉”式的网红爆款。六是加快发展特色康养产业，积极打造四季宜居康养乐园。五指山发展康养产业具有独特的气候优势和生态优势。省里的康养产业发展规划明确要求要在中部构建以五指山为中心的森林医药康养区。要加快制定出台五指山康养产业发展规划，借助热带雨林国家公园和“中国天然氧吧”的靓丽名片，以气候康养为主线，主打负氧、呼吸、睡眠、释压，大力建设一批热带雨林特色康养工程，力争把五指山培育成为国内首屈一指的康养目的地。要加快推动省二医院与省外高水平医疗机构共建，提升基础医疗能力，高水平建设中部医疗中心；要引进一批有品牌、有技术、有医资、有客源的康养项目，大力发展差异化的特色康养基地和康养品牌，为打造四季宜居康养乐园提供良好的医疗条件和康养体验主体。要大力支持房地产向康养产业转型发展，积极探索把商品住宅改造成康养服务设施，努力创新康养新业态，坚决打击以康养之名行房地产开发之实的项目。要加快运动绿道建设，使长跑、徒步、登高、骑行、漂流、越野成为健康五指山的一张靓丽名片。

（四）以招商引资和项目建设为中心，加快形成有效投资。当前，我市招商引资和项目建设形势不容乐观，今年以来还没有真正完成一家产业招商，2019年以来的9个招商项目，还有6个仍未动工；全市固定资产投资仅完成年度目标的34.6%。“项目为王”不是口号，现在的五指山已经到了“项目为亡”的时候了！今天的谋划就是明天的招商项目，就是后天的开工项目。没有项目何谈发展！市政府各位领导要以“六园”为抓手，吃透产业政策，摸清要素家底，有针对性地面向产业头部企业，扎实推进一批高质量“点对点”靶向招商。一是注重从政策中生成项目。要反复学习研究中央以及省委省政府出台的政策文件，重点研究《关于实施乡村振兴战略的意见》、中央12号文件和8号文件、《国家生态文明试验区（海南）实施方案》等文件，不断从中谋划乡村振兴、生态保护、产业发展、民生保障等方面的项目。二是注重从规划中生成项目。要认真加快做好全市国土空间规划、实用性村庄规划、城市风貌管控规划、“一河两岸”规划、“通什—南圣一体化”规划、茶产业规划、康养产业规划等重点规划编制工作，严把发展方向和节奏，努力从规划编制过程中谋划一批符合绿色、生态、山水、民族等特色的项目。三是注重从招商引资中生成项目。要不断创新招商思路、改进招商方式、拓展对外招商的广度和深度，积极培育专业化招商队伍，实践“五千五万”招商方法——看尽千章万句、说尽千言万语、用尽千丝万缕、吃尽千辛万苦、倾尽千恩万谢，放低身段，以情招商，专班服务。对头部企业要精准招商，对传统产业要严格选商，决不能为了要投资而“捡到篮子里都是菜”。要在招商引资中树立“以亩产效益论英雄”的导向，谁引进的项目质量高、消耗低、落地快、实效大，谁就是五指山高质量发展的英雄！四是注重从问题整改中生成项目。当前，要聚焦各级巡视、巡察、审计、环保督察、森林图斑、“两违”图斑等整改工作，从水土保持、水环境建设等方面积极向上级申报项目，争取列入上级的项目计划“盘子”。要特别强调的是，为了更好的推动项目建设工作，市委决定把项目建设成效和绩效考核挂钩，没有完成项目谋划和建设任务的市领导、单位和部门年底将被扣减绩效。

（五）以制度集成创新为核心，推进营商环境持续优化。制度集成创新是海南自贸港建设的核心任务，也是改善营商环境、实现高质量发展的重要途径。目前，省里已经推出了13批123项制度创新案例，但是五指山一个案例都没有入选。这项工作成绩之所以不够理想，表面上看是我们的制度创新成果质量还不够高、亮点还比较少，背后的主要原因其实是我们的一些领导干部思想不够解放，不研究新问题新情况。各级党员领导干部要深入对标省委沈晓明书记在省委七届十次全会上指出的什么是不解放思想的十张“画像”，根据工作和实际深入思考，以思想破冰引领改革突围，特别是市级领导干部更要凸显解放思想的勇气和水平，进一步发扬“解放思想、敢闯敢试、敢为人先”的特区精神，深刻认识到为了高质量发展没有什么制度是不能打破的，也没有什么条条框框是不能改的。要结合开展作风整顿建设年和“查堵点、破难题、促发展”活动，针对一批阻碍发展的具体性、代表性、系统性堵点问题，推出一批制度创新举措，对症下药、打通堵点、破解难题。要深入推进融媒体中心体制机制改革、社区工作改革和农村志愿服务队伍建设。要以更大力度深化“放管服”改革，着力解决好上级放权后谁来接、怎么管、如何服的问题，打破部门界限、打通层级壁垒。要建立行政审批、行政监管、行政执法闭环工作机制。要着力打造一流政务服务环境，进一步转变政府职能，真正实现“营商环境好不好、市场主体说了算”。

（六）以保障和改善民生为基础，全面提高人民生活质量。习近平总书记强调，要坚持以人民为中心的发展思想，坚持在发展中保障和改善民生，为人民提高受教育程度、增强发展能力创造更加普惠公平的条件，在高质量发展中促进共同富裕。省委沈晓明书记强调，让海南百姓过上更好的日子，是海南自由贸易港建设的出发点和落脚点。上半年我市居民人均可支配收入 12688 元，和全省 15670 元的平均水平相比还有不小差距，但综合食品价格指数涨幅排名全省第二。“低收入、高消费”在五指山显得尤为突出。要深入贯彻以人民为中心的发展思想，持之以恒把民生工作做实做细做好，让老百姓享受更多的发展红利。一是做好巩固拓展脱贫攻坚成果同乡村振兴有效衔接工作。各乡镇各部门要严格落实“四个不摘”要求，保持现有帮扶队伍总体稳定，健全完善防止返贫致贫监测和帮扶机制，及时化解潜在的返贫致贫风险。要坚持投入力度不减，大力推动“扩种增养”，狠抓农民务工就业，千方百计促进农民增收。要大力实施乡村建设行动，继续推进农村人居环境整治提升行动，提升农村污水设施处理能力，着力解决农村生活垃圾、粪污资源化利用问题。这里我强调一下，巩固拓展脱贫攻坚成果同乡村振兴有效衔接评估考核工作，将在 10 月上旬开始启动，下旬到各市县进行实地评估考核，各乡镇、各部门要做足迎考准备，认真对照考核方案要求，把迎考工作一个一个落实好，把存在问题一项一项整改好，确保考出好成绩。二是强化农村和畅好居队组“五网”基础设施建设。要加快全市农村和畅好居队组公路漫水桥改造进度，继续开工建设一批农村和畅好居队组供水管网延伸工程，深入实施乡村和畅好居队组清洁能源建设工程，全面推进“气代柴薪”；加快推进畅好居队组污水处理设施建设，进一步提升场队基础设施和公共服务水平。三是下大气力解决教育、医疗、住房、就业等民生问题。继续推进“一市（县）两校一园”工程，稳妥推进中小学教师“县管校聘”改革，力争“省二中”恢复挂牌，全面开展紧密型医联体和县域医共体建设，稳步实施老旧小区改造，加快推进安居型商品住房项目建设，积极促进就业创业，突出抓好就业困难人员等重点群体就业工作。四是突出抓好稳控菜价工作。上半年全市平价菜占比 5.22%，低于全年目标 4.78 个百分点，“15+2”基本蔬菜价格累计下降 0.38 元，还没有达到全年下降 0.5 元的目标。市平价菜保供惠民行动专班要深入调查研究，加强统筹协调，从产、供、销、储各环节、全过程统筹协同发力，特别是要增加本地蔬菜生产供给、提高蔬菜自给率、减少流通环节，强化“菜篮子”供应保障体系建设，进一步助力保供稳价。五是建设平安五指山。近年来，通过开展扫黑除恶专项斗争、禁毒三年大会战、政法队伍教育整顿等系列行动，我市犯罪率、吸毒率与全省相比呈较低水平，群众安全感、满意度连续 5 年排名全省前五。优良的社会治安环境前所未有，要体现在居民的日常生活行为中，体现在共建共治共享的社会治理格局上，市公安局要带头拆除职工单位住宅区防盗网，同时以房屋防盗保险等财产保险制度为保障，逐步实现全市硬质防盗网全面拆除，消除安全隐患，还城市以清新，还市民以舒心。

（七）以信息化建设推进“三城连创”，全面提升社会治理水平。我们要充分利用技术革新带来的红利，向科技要人力、向科技要生产力，加快实现治理的“弯道超车”。以净化、绿化、彩化、亮化、美化“五化”城乡为抓手，继续巩固国家卫生城市创建成果，争创全国文明城市和国家森林城市。加快推进“智慧五指山”建设，将建筑物、道路、市政、社区、产业，包括古树、垃圾桶等都要数据化，为科学化、精细化管理打下坚实基础。要建设“数据 + 应用”集成管理平台，推动部门间数据共享，打破数据壁垒，探索城市规划、设计、治理以及运营一体化建设。针对执法力量薄弱等问题，要向科技要“编制”，充分利用无人机、“雪亮工程”等现代化科技手段加强监测，进一步打通治理的“最后一公里”。要加快构建“互联网 + 政务”“互联网 + 服务”等智能应用，探索建立“智慧社区”，打造一站式公共服务体系，让社会管理治理变得更加聪明、更加智慧、更加便捷。

四、坚持和加强党的全面领导，为推进五指山高质量发展提供坚强的政治和组织保障

（一）提高政治站位，持续改进作风。全市各级党委（党组）要旗帜鲜明讲政治，做工作都要仔细思考一下，是否对标了“四个意识”？是否弘扬了“四个自信”？是否践行了“两个维护”？要以习近平总书记“七一”重要讲话为根本遵循和指引，结合党史学习教育，扎实开展作风整顿建设年和“查堵点、破难题、促发展”活动，继续深入查摆作风问题，不能蜻蜓点水、不能避重就轻，不能是一阵风，整改工作要见人见事。一分部署，九分落实，各级党员领导干部要坚持以上率下、带头示范，推动形成一级抓一级，层层抓落实的良好局面。要持续推进“我为群众办实事”实践活动，把群众急难愁盼的事情放在心上、抓在手上，不断提高群众的获得感、幸福感。

（二）加强队伍建设，提升履职能力。目前，各乡镇换届工作正在有序开展，要大力选优配强乡镇领导班子，以州府的度量和眼界，在干部选用上坚持“五湖

四海”，以高质量换届凝聚起推进乡村振兴的强大合力。要加强对党员干部特别是领导干部的“智志双扶”，不仅要提高党员干部解决实际问题的工作能力，也要提高党员干部干事创业的积极性、担当作为的责任感。要建立健全人才保障机制，让引进的人才感到安心、放心、舒心，确保人才留得下、发挥好作用。要用好宝贵的“候鸟”人力资源，全面摸清我市“候鸟”专业人才信息，积极引导和鼓励“候鸟”人才为五指山发展做贡献。前不久，省里出台了《关于建立海南自由贸易港公职人员容错纠错、澄清正名和重新使用典型案例通报发布制度的实施办法（试行）》，目的是推动各级党组织大胆容错纠错，激励全省广大干部在海南自贸港建设中解放思想、敢闯敢试、大胆创新。全市广大党员干部要抛开思想包袱，敢想过去没有想过的事情，敢做过去没有做过的事情，只要有利于推动五指山经济社会高质量发展，有利于推动各项政策落地见效，有利于把绿水青山留给子孙后代，有利于打造一流营商环境，有利于增强群众的安全感、幸福感、获得感，我们就应该大胆闯、大胆试、大胆干。

（三）强化反腐力度，优化政治生态。全面从严治党永远在路上，反腐败斗争一刻也不能松。经济越是发展，越要加大反腐败的力度，坚持对腐败问题“零容忍”。要深刻认识到对不法人员利益的维护，为其量身定做政策和行政行为，帮其“解套”“洗地”，就是对党的宗旨最大的亵渎，对社会公平正义最大的践踏，对人民群众合法权益最大的侵犯！在党纪国法和大是大非面前没有任何条件可谈！要充分发挥巡察“探照灯”作用，扎实用好巡察利剑，推动巡察工作高质量发展。要持续整治群众身边腐败和作风问题，紧盯土地利用、工程招投标、国土空间规划等重点领域，深挖细查，露头就打，绝不放过任何违纪违法行为。要优化招标流程，严查转包、分包，从制度上铲除滋生腐败的温床；要加快机器管规划机制建设，依法坚决维护规划的权威性和严肃性；要开展房地产市场秩序整顿，严厉查处房地产项目违规建设、违规销售行为和为其“打招呼”“搞变通”“走后门”的党员领导干部，坚决铲除房地产领域滋生腐败的土壤，多管齐下开创正风肃纪反腐新局面，努力建设“清廉五指山”。

同志们，时代催人奋进、使命激荡人心，推进五指山高质量发展的重任，已落在了全市各级党员领导干部的肩上。让我们更加紧密地团结在以习近平同志为核心的党中央周围，在中共海南省委的坚强领导下，立足五指山发展实际，解放思想、敢闯敢试、大胆创新，抢抓自贸港政策落实机遇，以更加昂扬的斗志和更加务实细致高效的作风，以“六园”建设为工作主抓手，奋力推进五指山高质量发展，在中国特色自由贸易港建设的宏伟大业中扛起属于五指山1867的峰值担当！

解放思想　改进作风
明确任务　齐抓落实

——在市委四届十五次全会闭幕会上的讲话

（2021年8月27日）

朱宏凌

为期一天的市委四届十五次全会就要胜利闭幕了。一天来，大家深入学习贯彻习近平总书记“七一”重要讲话及省委七届十次全会精神，紧紧围绕推动五指山高质量发展主题深入开展了讨论，对习近平总书记“七一”重要讲话精神有了更深入的领悟，对省委七届十次全会的各项决策部署有了更全面的把握，对高质量发展的重要意义和内涵实质有了更深刻的理解，进一步坚定了推动五指山高质量发展的信心和决心，增强了推动五指山高质量发展的政治自觉、思想自觉和行动自觉。在大家的共同努力下，这次会议圆满完成了各项议程，达到了统一思想、凝聚共识、增强信心、坚定决心的预期效果。

今天上午，我们就如何推进五指山高质量发展作出了安排部署，理清了工作思路，明确了工作目标。接下来，最重要的工作任务就是如何抓好落实，高质量发展的关键也在于抓落实。下面，我代表市委常委会，就贯彻落实好这次全会精神，推进五指山高质量发展，再讲几点意见。

第一，要从习近平总书记“七一”重要讲话中汲取智慧力量，以更坚定信心抓落实

习近平总书记在“七一”重要讲话中深刻指出：“我们要用历史映照现实、远观未来。”历史和实践反复证明，我们只有用党的奋斗历程和伟大成就鼓舞斗志、明确方向，用党的光荣传统和优良作风坚定信念、凝聚力量，用党的实践创造和历史经验启迪智慧、砥砺品格，才能从中感受信仰之光、思想之魂、精神之力、经验之要，凝聚磅礴力量，激发奋斗热情。

要坚持把理论武装摆在首要位置，不断用习近平新时代中国特色社会主义思想武装头脑、指导实践、推动工作。要认真学习领会伟大建党精神这个精神之源，传承革命传统，赓续红色血脉，从历史中汲取继续前进的智慧和力量。要积极响应“七一”伟大号召，始终同人民想在一起、干在一起，以更加坚定的信念信心奋力推进五指山高质量发展。

通过党史学习，我们要认识到，我们自己不仅是自贸港历史的见证者，更是自贸港历史的书写者，我们现在的奋力拼搏，日常兢兢业业的工作，就是在书写社会主义建设的历史，就是党史的组成部分。遥想我们在戴上光荣在党 50 年奖章的时候，可以骄傲地跟自己的孙辈们述说，当年我们在五指山的奋斗历程。

第二，要解放思想、敢闯敢试，以更大决心抓落实

省委沈晓明书记反复强调，广大党员领导干部要坚持解放思想、敢闯敢试、大胆创新。海南建省办经济特区 30 多年的发展历程证明，什么时候解放思想、敢闯敢试、大胆创新，发展就又好又快；反之，发展就迟滞缓慢。没有思想的解放，就不会有敢闯敢试、大胆创新的勇气，解放思想的程度决定着工作的力度、改革创新的深度、发展的速度。我们只有下决心、下气力、下功夫去改变，才能在没有任何先例可循的海南自贸港建设中抢抓发展机遇，在改革创新中实现大突破，实现经济社会高质量发展。

当前，我们经济社会发展缓慢，主要指标上不去，很重要的一项原因是我们的干部思想不解放，有的习惯用老眼光、旧思维看待新事物，把“惯例”当金科玉律，有的面对问题绕着走、等政策，不敢闯，不敢试。首先，解放思想要有一股敢闯敢试、动真碰硬的劲头，坚决克服“碰到问题就躲、见到困难就推、遇到矛盾就绕”的不良倾向，敢于正视困难、克服困难。其次，要有改革创新精神，面对棘手问题，要敢于打破常规，敢于从体制机制上、从重点难点上求突破，坚决破除“不想、不敢、不会”三大障碍。最后，要有放开手脚、不怕试错的魄力。前段时间，省委也颁布了《关于建立海南自由贸易港公职人员容错纠错、澄清正名和重新使用典型案例通报发布制度的实施办法（试行）》，各级党员领导干部要消除“想干事怕出事、干得多错得多”的思想包袱，勇于探索，想新招，出硬招，有“突破条条框框、打破坛坛罐罐”的自我革命精神。希望大家在实际工作中，多多立足五指山的资源禀赋、优势特色，敢于探索、敢于实践，以思想再解放推动改革再深入、实践再创新、工作再落实，努力把“盆景”变成“风景”，把“树木”变成“森林”，确保经济社会实现高质量发展。

第三，要改进作风、主动作为，以更高效率抓落实

习近平总书记深刻指出：“党的作风就是党的形象，关系人心向背，关系党的生死存亡。”实践证明，五指山要实现高质量发展，只有转变作风，精准纠治作风顽疾，大力弘扬党的优良传统和作风，才能切实增强迈进新征程、奋进新时代的精气神。

作风好坏决定着事业成败。当前，各部门各单位都不同程度存在一些问题，有的是“依葫芦画瓢”，上下一般粗；有的是表态调门高，抓工作落实少；有的是大水漫灌多，精准滴灌少；有的是只追求考试“及格”，不想争先创优。之所以存在这样的问题，很重要的原因在于失之于“粗”，失之于“虚”，失之于“拖”。良好的工作作风必须坚持实事求是，做到令行禁止。这就要求我们从实际出发，凡是中央、省委及市委作出的决策部署，都要以“拖不得、慢不得”的工作态度，坚决执行、立即行动、上足发条、马上就办，遇事不推诿、办事不拖沓，工作在第一时间落实、问题在第一时间解决。

在生态、民生、招商等五指山安身立命的工作方面，各级党员干部不妨“把手伸得长些”，多管些“闲事”，看到污染现象、违法行为及时告知主管部门，看到民生疾苦要感同身受及时帮助解决问题，看到好的项目要用“如饥似渴”的劲头主动接洽、积极服务，以五指山主人翁姿态呈现在世人面前，我们就是五指山，五指山就是我们；我们努力，五指山就会进步；我们热情，五指山就有温度；我们拼搏，“六园”蓝图就一定能够早日实现！

这里我对全体干部强调一点，面对群众的各种诉求呼声和意见建议，要想方设法帮助解决，不能一上来就说不行，面对不清楚的问题或者暂时不能解决的问题，要深入了解情况，及时调查研究，请示汇报后，再耐心细致给群众答复，切实把人民群众所想所盼所需所急放在心上、落在实处。希望全市各级各部门要结合作风整顿建设年和“查堵点、破难题、促发展”活动，认真对照省委沈晓明书记指出的顶风作案、闭门造车、避重就轻、隔靴搔痒、能拖则拖、各自为政、敷衍应付、头痛医头等八个方面的突出问题，把自身存在的作风突出问题和堵点难点问题找准找实找全，以“小切口”的方式加以整改，争取解决一个问题、锻炼一批干部、建立一套机制，加快形成实事求是、令行禁止的良好作风，为推动高质量发

展保驾护航。

第四，要明确任务、压实责任，以更实举措抓落实

习近平总书记深刻指出："要把抓落实作为开展工作的主要方式。"高质量发展的工作贵在落实，也难在落实。请市"两办"牵头，将全会文件按项目来分解，将任务项目化、清单化，明确责任领导、牵头单位。全市各级党委（党组）要严格履行主体责任，强化组织领导，对这次全会通过的各项决策部署和目标任务，要主动对号入座、主动作为，专班推进、狠抓落实，明确时间表和路线图，"挂图作战"，以等不起的紧迫感、慢不得的危机感、坐不住的责任感，奋力推进五指山高质量发展。

这里还要强调一下，以"六园"建设为工作主抓手，是我们结合五指山优势特色提出的奋斗目标，也是我们实现高质量发展的关键举措，不能仅是喊口号，不仅要会"画饼"更要会"烙饼"，确保每一项工作都转化为产业项目、产品市场、产能就业、产值税收。市委始终把抓工作落实作为考核评价干部和使用干部的落脚点。有为才有位，有位需有为。要将全会确定的各项任务目标、重点项目的推进情况、"作风整顿建设年"和"查堵点、破难题、促发展"活动等重点工作成效与年度绩效考核挂钩，与各单位人员编制职数挂钩，不吃"大锅饭"，不搞"大呼隆"，为担当者担当，为负责者负责，为干事者撑腰！

同志们，蓝图已经绘就，奋进正当其时。让我们高举习近平新时代中国特色社会主义思想伟大旗帜，立足新发展阶段，贯彻新发展理念，融入新发展格局，进一步解放思想、敢闯敢试、大胆创新，以更加昂扬的斗志和更加务实细致高效的作风，以初心悟园、黎苗家园、州府故园、雨林公园、富美田园、康养乐园"六园"建设为工作主抓手，加快推进五指山高质量发展，在中国特色自由贸易港建设的宏伟大业中扛起属于五指山1867的峰值担当！

在市委经济工作会议上的讲话

（2021年12月21日）

朱宏凌

今天我们召开市委经济工作会议，主要任务是深入贯彻党的十九大、十九届历次全会精神、中央经济工作会议精神，全面落实七届省委历次全会精神和省委经济工作会议精神，总结今年经济工作，部署明年经济工作。刚才国梁同志传达了省委经济工作会议精神并对全市明年经济工作做了安排部署，很好地贯彻了省委省政府会议精神和市委"六园"建设的工作主线，我都同意，接下来主要是看大家如何把各项工作落实好。下面，我从怎么样、怎么看、怎么干再讲三点意见。

一、2021年经济工作怎么样

关于五指山市今年的经济情况，刚才国梁同志已经作了通报，有些指标离年初确定的目标相差较大，特别是固定资产投资仅完成20亿元，同比下降34.1%。为什么会下降这么多？一是去年山海高速项目建设造成投资基数较高。二是我们的项目库空空如也，能落地的项目较少，导致今年政府投资下降38.7%，社会投资下降31.9%。三是我们坚决"去房地产化"。如果说全省房地产业转型是"壮士断腕"，那么我们五指山就是"壮士断臂"。现在一些所谓的房地产项目，打着文化地产、康养地产、直播地产的旗号，以"挂羊头卖狗肉"的方式，准备做商品房出售，这些违反政策的做法必将给我们带来房地产风险。从今年9月1日开始，我们深入开展了房地产市场专项整治，组建脱产专班，成立了六个专项核查组，通过抽签交叉检查且终身负责的方式，对2018年3月以来的54个商品房项目房源开展核查，严查假户口、假社保、假工作合同购房等违规购房行为。五指山房地产占全市产业的比重较大，我们对房地产进行大规模的整治，自然会影响全市的税收和投资。目前，全市全年房地产投资同比下降20.5%，其中第四季度同比下降47.6%。

做房地产项目可以较快促进当前的GDP增长，难道市委市政府就没有过一丝心动吗？不用谋划项目，土地自然而然卖出去；不用"五千五万"的方法辛苦招商，开发商自动上门；只要当年立项、模板设计，当年就有固投、GDP，第二年就有税收，并带动旅游、家具、家电一系列社消零数据上升。但我们收了三年房地产税之后，开发商卖完房子就拍拍屁股走人，哪怕之后洪水滔天。天底下还有比这还舒服的事吗？做房地产项目给我们留下来的是什么呢？留下的是夏季90%、冬季70%的住房空置率，留下的是购房各项税收一锤子买卖后的零税收空心产业，留下的是无休止的市政投入，留下的是学校、公园、

广场、会展、影剧院等公共设施无地可用，留下的是资本的傲慢和生态的破坏，留下的是肆无忌惮地圈地、挖山、毁林——超高的建筑刺破州府故园的天际线，大体量的建筑撕裂“翡翠山城”的山际线。面对毫无特色的空置住宅突兀地插在五指山美丽的山水之间，我想我们心里比面对固定资产投资负增长的时候还要痛。这样占用资源和破坏生态环境的项目，就算再多的 GDP 我们也宁可不要！虽然房地产业在某个历史时期发挥了它特定的作用，但如果我们继续做房地产一直卖地，难道要在国家公园的土地上都建满房子吗？我们决不能再走回头路，决不能把传统房地产业作为我们的主导产业来推进。

所以我们必须要统一思想，坚决“去房地产化”，让五指山这座城市得到“休养生息”。但这绝不是“躺平”式发展，我们要加快转型，大力发展省委既定的旅游业、现代服务业、高新技术产业和热带特色高效农业“3+1”主导产业。8 月 27 日，在市委四届十五次全会上，我们提出了要以“六园”建设为工作主抓手，加快推进五指山高质量发展。10 月 11 日，在全市项目投资和财政预算工作会议后，特别是 11 月中旬新一届市四套班子到位后，各位市领导迅速进入角色，展现了全新的工作面貌，各项工作得到有力有序开展。在做好疫情防控和巩固拓展脱贫攻坚成果同乡村振兴有效衔接两项重点工作的基础上，环热带雨林国家公园旅游公路（五指山试验段）、“一河两岸”项目前期工作扎实推进，番阳雨林农产品产业园、水满雨林茶产业园在产业规划和空间规划方面取得实质性进展；各乡镇“4 个 1+N”项目全面实施；在“钉盯执法”加强对工地的管控下，碧水绕城已经初显成效，水环境、裸露土地和森林图斑整治成绩突出，生态环境质量继续领先全省；南水、毛水公路拆违和生态移民搬迁工作积极稳妥推进，积极配合智慧雨林中心建设；以热带雨林国家公园挂牌为契机，成功举办雨林音乐会、雨林服装秀、红叶节等雨林活动，五指山的知名度和美誉度进一步提升，获得了从省领导到游客、群众的一致点赞；红峡谷获评国家 AAAA 级景区；菜价管控成绩“逆袭”，疫情防控能力进一步提升，解决了一批学校急难愁盼问题，基层网格员、村居两委干部工资待遇大幅提升，扫黑、禁毒等平安建设工作取得新进展，群众获得感、幸福感、安全感进一步提升；消除了一批重大安全隐患，严格防范槟榔采摘触电事件，安全生产形势总体良好；全面审计政府协议，终止一批僵尸协议和“不平等条约”；通过房地产整治和消化存量房地产用于安居房建设，获得了省政府主要领导的高度肯定；黎苗文化精神家园“六个一批”工作初见成效，得到了省委有关领导的大力支持，中华民族共同体意识进一步铸牢；毛阳检察室公益诉讼生态长廊得到省检察院主要领导的高度肯定；乡镇党委、人大、政府换届工作圆满完成，党代会和市“两会”前期工作扎实开展；深入开展作风整顿年和“查破促”活动，全市各级领导干部干事创业的精气神显著提升。这些成绩表明，五指山的干部是能干事、会干事、干成事的。

这里我重点讲一下贷后金融服务产业。对于工作如何开展，我的想法是少说多做，不说没有把握的话，所以在 8 月 27 日召开市委四届十五次全会的时候，因为贷后金融服务产业才刚刚起步，有很多工作还需要进一步推进和落实细节，就没有写进全会讲话。现在，这项工作已经取得了一些成绩，省委省政府主要领导先后两次作出重要批示，对五指山发展贷后金融服务产业予以包容性支持；两位省委常委先后到五指山市调研指导贷后金融服务产业，对这项工作也给予了高度肯定；在省高院的大力支持下，五指山市积极稳妥推进贷后金融服务产业，产业模式基本走通，产业框架已初步搭建。我们设立了市金融发展中心，以专班方式推进，建立新征程绿色金融产业园。坚持“二八定律”，以商招商、靶向招商，一批金融企业已确定合作意向，进入入驻前准备阶段。产业链相关联的律师事务所、会计师事务所等中介机构已经完成入驻。优化升级市法院调解平台、审判系统、执行系统，对批量审判进行硬件升级。已与海南大学、海南师范大学、海南政法职业学院等院校合作招聘律师及律师助理方面人才。

“上下同欲者胜”！在大家的共同努力下，在全国“需求收缩、供给冲击、预期转弱”的大背景下，在房地产业被“腰斩”、疫情常态化防控重创旅游业、投资消费需求不足的三重压力下，通过不懈努力，2021 年全市 GDP 增长 4.8%，追上了“十三五”的平均水平；社消零增长 15%，其中第四季度增长 21.0%，批发零售业和住宿餐饮业增加值回暖，增速好于预期，分别同比增长 14.4% 和 12.8%，填补了一些投资不足的缺口，这说明谋划举办好活动是可以拉动消费和经济的。

好的苗头来之不易，大家要格外珍惜。但同时也要看到，我们还存在房地产业投资不足、发展旅游产业土地供给不足、农民收入增长乏力等问题。对这些问题，大家务必要高度重视，坚持问题导向，采取有力措施加以解决。

二、2022年经济工作怎么看

从世界来看，新冠肺炎疫情不会就这样悄无声息地退去，阿尔法、德尔塔、奥密克戎等各种变异毒株让人身心俱疲，国门无法打开，从另一个方面给我们扩大国内消费提供了很好的机会。从全国来看，明年二十大是全国、全世界最大的政治事件，必须“稳”字当头。为了稳经济，中央已开始降低准备金率，资金盘子将适度扩大。同时，明年全国应届大学生的毕业人数将首次突破1000万人，加上中职学生和因疫情回流的海归学生，就业压力的增大反而给我们发展贷后金融服务产业提供了相对充足的人力资源。中央要求有利于经济发展的政策要尽快出台，政策发力要靠前，我们要做好项目各项前期准备工作，通过发展来确保经济社会稳定。从全省来看，自贸港建设进度加快，自贸港投资资金即将设立，势必瞄准“三区一中心”定位加大投资力度。明年是我们抓项目投资的正当之时，必须建设好项目库，加快项目前期谋划和包装。以上这些利好对于我们来说是“天时”。从五指山市来看，“四个1800”的优越地理环境和“六园”的资源禀赋，就是我们实现高质量跨越式发展的“地利”。今年若干项目、规划的谋划包装都到了实施阶段，发展思路已经非常清晰，再加上新班子、新气象，就是我们的“人和”。可以说，“天时地利人和”为我们做好2022年经济工作提供了非常好的基础。全市上下要准确把握当前经济发展形势，把做好明年经济工作当作一项严肃的政治任务，全力以赴、奋勇向前、比学赶超，确保明年经济实现开门红。

三、2022年经济工作怎么干

根据中央及省委经济工作会议精神，明年五指山市经济工作的总体要求是：全面落实中央及省委经济工作会议精神，深入贯彻习近平总书记关于海南工作的系列重要讲话和重要指示批示精神，坚持稳中求进工作总基调，完整、准确、全面贯彻新发展理念，积极融入和服务新发展格局，坚持以推动高质量发展为主题，坚持解放思想、实事求是，始终把保护生态环境作为“国之大者”，抢抓海南自贸港建设历史机遇，大力发展旅游业、现代服务业、高新技术产业和热带特色高效农业“3+1”主导产业，以“六园”建设为工作主抓手，推动五指山奔向高质量跨越式发展新征程，以优异的成绩迎接党的二十大和省第八次党代会胜利召开。

（一）投资油门要踩到底

要积极谋划项目，高质量建设好投资项目库，做到滚动推进“五个一批”工作。

一是开工一批：主要包括“一河两岸”“碧水绕城”“青山满目”、环热带雨林国家公园旅游公路（五指山试验段）等生态环保项目；虾青素、山兰酒、油茶、五脚猪、野菜加工等农产品加工项目，并做好秸秆综合处理、畜禽粪污综合利用；番阳雨林特色农产品产业园、新征程绿色金融产业园、党校改扩建、五指山革命根据地纪念园优化升级改造、第三小学搬迁、“五网”（升级改造一批农村公路、建设新汽车站、加快推动燃气管网入户，推动电网下地、建设新的变电站、增加网络扩容）等基础设施项目。全市明年所有开工项目，至少要按照35亿元的资金盘子来安排落实。

二是谋划一批：积极谋划好水满雨林茶园小镇、旅游天路环线、南圣雨林金融小镇等项目，做好前期工作。其中，要整合南圣镇及周边部队置换和农垦既有土地，规划建设集“司法服务+绿色金融+互联网+大数据+信用管理+资产处置”于一体的绿色金融产业园区，成为银行、担保、小贷、信用卡中心、消费金融、融资租赁公司等现代化金融机构的聚集地；要把会展中心、博物馆等公共建筑建在南圣镇，形成产城融合，推进通什一南圣一体化。同时，要谋划好“十大旅游项目”、美丽乡村建设、森林人家、城郊村改造项目、昌化江河谷高标准农田建设、民族团结展览馆、青蒿素博物馆、茶产业博物馆、急性重症康复中心、省第二人民医院合作办医、智能停车场和换充电设施设备建设、红色研学基地建设等项目。以上项目，投资时间要按2023—2024年来规划，投资额度要按90亿来谋划。

三是复活一批：与首旅集团合作开发五指山观山点，与省旅投公司合作开发牙胡梯田项目，推动草地掷球项目开工建设，加快黎峒文化园项目进度。这里我强调一点，在与企业重新开展合作的过程中，无论遇到什么困难，都要把维护好五指山权益放在首位，决不能对合约不平等的项目将错就错、放任不管。要认真梳理各项“僵尸”协议，积极推动项目复活，确保消除“僵尸”项目。

四是清理一批：一是对闲置土地进行全面清理，

确保明年全部清理归零，把清理出来的建设用地，作为产业项目和民生项目用地。二是对土地出让协议进行全面清理，达不到预期目的的协议一律清理。三是对历史遗留问题进行全面清理。

五是招商一批：要坚持“以亩产效益论英雄”，践行好“五千五万”招商方法，落实各项招商优惠政策，瞄准高端酒店、高端旅游消费吸引物，结合茶叶、烟叶、野菜叶“三片叶”精加工、贷后金融服务产业进行精准招商。对于所有的投资项目，我们都要积极向上级争取资金支持。关于房地产业，我们现在有 380 个月的去存化期，市委已经决定不再出让房地产用地。要充分利用现有房源推进安居房、租赁房、人才房建设，引导房地产转型为写字楼、自持康养公寓等，决不能让房地产企业有任何侥幸心理，打“擦边球”蒙混过关。

（二）消费引流要烧对香

一是向“回”看。现在的城市发展日新月异，我们不缺一个现代化的城市，缺的是一个有温度、情怀的温馨小城。要结合城市风貌管控规划，逐年落实方案并项目化，保护历史风貌，留存历史记忆，让五指山重现上世纪 80 年代的高光时刻。要加快推进畅好居露天电影院、琼大主楼、农垦大院规划设计，规范三月三大道商业业态和店招设计。要参考借鉴贵州苟坝模式，加快推进毛阳红色旅游区建设。

二是向“南”看。我们和三亚的直线距离是多少？仅 526 米！我们到三亚的时间是多少？从南圣互通到海棠互通仅需要 35 分钟，从三亚市委到海棠湾免税店的时间为 55 分钟，从五指山市委到海棠湾免税店的时间也是 55 分钟，大家要对我们的天然优势入脑入心，落实在发展意识上。三亚今年接待游客数量预计接近 2400 万，如果能吸引这些游客量的百分之十来到五指山，我们的旅游业收入将会大幅增长。这样的大腿为什么不抱紧呢？要瞄准三亚景区、酒店，瞄准保亭、陵水的景区景点，加大与中旅、首旅、中青旅、亚特兰蒂斯托马斯库克旅行社等企业的对接力度，积极进行游客引流，做好“山海联动”这篇大文章。

三是向“潮”看。年轻人喜闻乐见的是什么？打开小红书、哔哩哔哩、抖音，这些软件会告诉我们最新的潮流，我们要追赶潮流、向潮流看齐、打造属于五指山的潮流。目前来看，野奢风格比较符合我们五指山的实际。要加快建设露营营地和精品民宿，大力发展骑行、徒步、坐息、岩降、越野等野外活动项目。要积极利用好“雨林 +N”组合和“热带雨林国家公园”这张王牌，充分发挥气候差异和环境优势，吸引长影乐团进驻五指山，打造雨林发布专用 T 台、网红婚纱摄影地等网红打卡点。要积极推进与首旅公司重签合作协议，共同打造主题公园。

四是向“夜”看。现在我们暂时还没有办法在短时间内打造出高端旅游吸引物，但可以做足夜间经济，把人留下来住一晚，进一步拉动消费。要谋划开展好观赏萤火虫、观星、雨林夜间冥想、雨林光影秀、观看老电影、篝火晚会、山城夜市、南圣河水幕演出、“山城好物”集市等活动，把夜间经济做成我们旅游产业和旅游项目招商引资的重要组成部分。

（三）生态环境要举过项

要坚决贯彻“环保十地”要求。第一个是管好禁地。什么是禁地？就是“三线一单”，即生态保护红线、环境质量底线、资源利用上线、生态环境准入清单，这是我们保护生态环境的核心底线，发改、资规、林业等部门要熟悉掌握“三线一单”，发展任何产业都要严格按照“三线一单”要求，这条底线谁都不能触碰。第二个是管好农地。我们现在农业主要面临的问题是农药、化肥超标带来的农业面源污染和秸秆焚烧带来的空气污染，必须要严管严控。第三个是管好林地。管好林地不仅要看森林覆盖率，还要看森林蓄积量。要多管齐下管好槟榔种植，不能只看到槟榔种植的短期利益，忽略了生态保护的长期效益。要分年度退出人工林。第四个是管好工地。通过“钉盯执法”的严格管理和使用严刑峻法，五指山市的工地扬尘问题有了很大改善，以前工地野蛮施工、开工各处尘烟的现象都大大减少了，空气 PM2.5 值也明显下降了。要继续把工地管住，特别是在雨季来临的时候要严防工地违规开挖造成的水土流失。第五个是管好基地。当前，我们一些养殖基地没有任何污水处理设施，氮氧化物排放超标，导致一些农村污水污染严重。明年所有养殖基地都要有污水处理设施，否则一律关停。第六个是管好裸地。裸露土地整治是省委今年反复强调的一项重点工作，我们要提高政治执行力，坚决做好裸露土地复绿工作。第七个是管好要地。对工地、水断面、污水口、垃圾点等监测重点区域，要以最严格的方式开展监测，把重要监测区位管好。第八个是开拓新领地。这些领地是新的“三字经”，一是 GEP（生态产品系统总值），二是 EOD（以生态环境为导向的开发模式），三是 CER（碳排放权），通俗地说就是高标准践行好“两山”理念。第九个是坚守阵地。要做到守土有责、守土尽责、守土担责。在生态环保这件事上,大家的手可以伸得长一点,不能只盯着自己的一亩三分地,要形成保护生态环境的工作合力。第十个是无立锥之地,对破坏生态环境的行为坚决零容忍,如果谁和五指山的生态环境过不去,市委市政府就会让他无任何立锥之地!

（四）营商环境要暖到心

我们全市一年能有多少个投资项目?就算零敲碎打,30个亿的固投,一个项目按1000万元来算,平均下来才300个项目,其实算起来也就50个项目左右。从项目的数量来看,我们的项目基数并不大,没有理由不服务好项目和企业。优化营商环境就要像做好帮扶工作一样,用心用情用力服务好企业,深入践行营商环境登门服务“123”追访机制,对投资超过一千万元的项目都要有科级干部一对一服务,对投资超过一亿元的项目都要有市领导一对一服务。要时时刻刻把“六个不能等”牢记于心,实践于行:不能让群众等,多等一天就损一天党的形象;不能让企业等,多等一天就积一分心火怨气;不能让政策等,多等一天就失一次发展先机;不能让资金等,多等一天就迟一日惠企利民;不能让生态等,多等一天就误一方绿水青山;不能让干部等,多等一天就少一臂发展合力。

这里我强调一下首问负责制的问题,要建立健全投资项目首问责任制,不能说“不知道、不清楚、不可以”。首先,企业来咨询投资,不是在自己的业务范围的事不能用一句“不知道”就把人拒之门外。要对接好受理部门并让企业搭上线才算首问结束,而不是让企业自己跑。其次,业务部门受理后,如果对企业投资内容不清楚,就要尽快学懂弄通,若还是不了解要及时请示上级,不能以一句“不清楚”就敷衍了事。再次,主管部门接待投资诉求后,如果完全不符合“三线一单”的要求,要及时跟企业解释清楚。如果部分不符合“三线一单”的,不能说“不可以”,要尽快请示上级,看有没有新的政策可以适用,想方设法帮助企业解决难题。各级领导干部都要为五指山的发展负责,不能随意拒绝企业投资,特别是上亿元的项目只有经过市委书记和市长决策后才能说不可以,新生事物很多,我们要多学习,只要不触碰底线红线,就要多帮助企业想办法解决问题。

（五）乡村振兴要把准脉

乡村振兴的核心是产业的振兴,发展产业是硬道理,没有发展,一切都是空谈。我算了一笔账,今年我们农村常住居民人均可支配收入同比增长11%,如果明年按同比增长12%来算,一户一年至少要增收5000元,对于城里人来说增加这么多收入是有难度的,对于农民来说就更难了,促进农民增收工作的压力非常大。目前,农民收入主要分为“经营性收入、就业收入、财产性收入、政策性收入”四大块,我们面临的问题是政策性收入越来越少、财产性收入周期长,主要还是要通过增加农户的经营性收入和就业收入来确保农民增收。

围绕“三片叶”做文章。“三片叶”发展要大宗化,力争用三年时间实现种植面积各达到三万亩的目标,并通过产业发展带动农户就近务工。要做足农产品的深加工,大力发展“小而精”的特色山地农业。要按照“十八个大”的思路和“十四五”规划发展茶叶,做好茶叶品牌宣传路线图;烟叶要建设高标准农田,通过大面积种植,实施大机器耕作;野菜要在确保生态种植的前提下,从抽真空粗加工做起,加强营养成分研究,向符合现代健康饮食产品的细颗粒方向发展。

围绕“花果山”做文章。要种养“新奇特”的花果、动植物,扩大热带花卉和观叶植物种植规模,实现有花有果,鸟语花香。要统一设计雨林农产品公用商标,打造雨林葡萄、雨林蓝莓、雨林油茶,进一步提高产品附加价值。要积极探索养殖大蜘蛛、守宫(海南睑虎)等宠物,大力发展潮玩潮宠产业。

围绕“农家院”做文章。要建设一批茶庄、酒庄、雪茄庄园等共享农庄,结合制酒、织锦打造一批精品民宿,加快推进“接二连三”农旅融合住房新模式,增加农民财产性收入。要以编制村庄规划为抓手,大力开展农村人居环境整治,全面清理私搭乱建、乱堆乱放,整治断壁残垣,建设一批“建材银行”(回收农户的石头、沙子,下次用的时候再补发)、“合亩仓库”(一个村建一个仓库,把化肥、种子放入仓库储存)、“巴掌公园”(在农村空地设置健身器材,建设迷你型公园)、“庭院花园”(每家每户种植花草,装饰点缀庭院),进一步扩大公共空间、美化乡村环境。要积极创建农村生活垃圾分类与资源化利用示范市,对自然村人居环境整治建立积分制、清单制和奖罚机制,提高农村人居环境整治的积极性。

围绕“走出去”做文章。针对不愿意出远门务工的农户,要围绕贷后金融服务产业和旅游业上下游产业,有针对性地开展烹饪、驾驶、保安等技能培训。要加快乡村振兴智慧管理系统建设,力争春节前投入使用,通过系统平台来开展乡村振兴工作,不能盲人摸象,干到哪里算哪里。

（六）民生实事要点好菜

要坚持问计于民、问需于民，让群众来点菜，每年扎扎实实做好几项民生实事，积少成多。要坚持尽力而为，量力而行，多做雪中送炭的事，少做锦上添花的事。

人民至上、生命至上，生命安全是最大的民生，因此疫情防控、安全生产、平安建设等三项工作是民生工作的重中之重。要提高疫情防控能力建设，坚决做到"四早"。要加快推动地质灾害点整治项目打包、漫水桥改造、护学路建设，全力防止采摘槟榔触电事故发生。要不断满足人民日益增长的美好生活需要，多管齐下稳菜价，加强流通环节管控；加快推动老旧小区改造，加强食品安全监管，增加幼儿园和小学的学位；加快建设疾控区域医疗中心、提高妇幼保健水平、持续深化医疗卫生体制改革。要加强对房地产的管控，把释放出来的土地用来建设城镇口袋公园等民生项目。

（七）乡镇发展要定好位

各乡镇要千方百计利用好我们的雨林"基因"、民族"名片"、名山"声望"，各有侧重，错位发展，相得益彰。通什镇要建设保留80年代州府故园印记的精美温馨雨林小城，对标的是福建泰宁；毛阳镇要建设红色旅游小镇和建好热带雨林国家公园入口，对标的是江西井冈山；南圣镇要建设雨林金融小镇，对标的是瑞士琉森；番阳镇要建设雨林特色农产品加工小镇，对标的是山东，学好用好寿光蔬菜、泗水地瓜、平邑县地方镇罐头的产业发展经验；水满乡要建设雨林茶园小镇，对标的是福建武夷山；畅好乡要建设雨林秘境，对标的是云南香格里拉、四川稻城亚丁，打造"失落的世界"；毛道乡要建设雨林湖畔人家，对标的是浙江淳安。各乡镇要积极围绕"4个1+N"谋划产业项目，推动一个乡镇打造一个美丽乡村、一片高标准农田、一个研学基地、一个露营营地和"一村一品"。

（八）贷后金融要拔头筹

一是加强风险防控；二是加快企业落地；三是加快系统升级；四是争取理解支持；五是做好产业规划。

我再强调一下，省委沈晓明书记在省委七届十次全会上提出要"敢想过去没有想过的事情，敢想全国全世界的事情，敢想没有答案的事情，敢想那些看似不可能的事情"。五指山地处中部生态核心区，必须借助海南自贸港建设的东风，通过制度集成创新，大力践行"绿水青山就是金山银山"理念，打造高质量发展新样板。

（九）要素保障要铺好路

一是土地保障。要向部队、农垦、水电、林下、闲置用地、停缓建工程、闲置校舍、无效协议、遗留问题、农村"三块地"等十个方面要土地，不能一边土地晒太阳，一边项目无法落地。对工地要坚持产业优先，"以亩产效益论英雄"。要第一时间试行"机器管规划"，解决人情规划和规划腐败问题。

二是资金保障。在谋划项目的同时要充分考虑资金盘子，整合财政资金、地债、专项债、专项资金、自贸港发展基金等，通过PPP、EOD等融资模式筹集资金。要抢抓政策机遇，多向省厅汇报工作，每月最少去一次，尽最大努力争取上级支持，积极把五指山市项目纳入省厅的项目资金盘子。

三是人才保障。无论是金融领域还是司法领域，都是智力密集型产业，我们要尽快将自贸港制度集成创新的制度优势转化为人才优势，建立人才引进的长效机制。市委人才发展局要抓紧落实涉及人才引进的医疗、教育、住房、人才补贴等各项优惠措施。要整合空置存量房资源转化为安居房、公租房，试水长租房市场，为人才提供不同层次的住房保障；要加快健全金融园区功能，引入创客空间理念，打造吸引年轻人的轻快办公环境；要与海南各高校、职校建立定培输血常态机制，加大其他省（市）人才引进力度，加快形成人才吸附效应，鼓励五指山外出人员返乡创业。

四是组织保障。要以"六个不能等"为工作常态，深入践行"五千五万"招商方法、营商环境登门服务"123"追访机制、首问负责制，坚决做到"戒三不"，全心全意服务项目和企业，最大限度帮助项目和企业解决难题。这里我强调一下，各单位"一把手"回去要传达好首问负责制，不能说"不知道、不清楚、不可以"，我们都承担不起耽误五指山发展的责任！园区和重点项目要形成合力，组成专班，全力推进。要探索将工作质量与财政资金返还挂钩的工作机制，调动乡镇工作积极性，不吃大锅饭，确保多劳多得。市顺达、市城投等平台公司要进一步改进作风，靠前服务；市文旅公司组建、市食品公司改制要在春节前完成并开始揭榜挂帅；要着手组建市物业管理公司和市人力资源公司，进行市场化运作，降低各类成本，促进务工就业。

（十）风险防控挺在前

一是疫情防控风险。要把疫情防控工作作为做好一切工作的前提基础，毫不松懈抓好常态化疫情防控。二是新产业风险。要提前发布预案，做好应急准备，特别是做好贷后金融服务产业八个风险点的防控工作。三是房地产风险。要扎实推进房地产市场专项整治，加快建设穿透性审查系统，避免产生“体外循环”。四是信访风险。明年要坚持稳定压倒一切。市领导要继续落实“单月下访、双月接访”制度，把闲置土地等历史遗留问题解决好。五是廉政风险。领导干部经手的项目多，资金多，难免会受到各种各样的诱惑，一定要守住廉洁底线，永远紧绷纪律这根弦。在组织面前动歪心思无异于蚍蜉撼树、螳臂当车，要常念廉政经，常算廉政账，把好廉政关，不能心存侥幸。

最后，我再特别强调一下，国家巩固脱贫成果后评估检查就要到了，请大家务必要保持迎战状态，扎实做好迎考工作，不能有任何松劲懈怠思想。如果国考做不好的话，那乡村振兴这个仗怎么打得好？今年的工作怎么圆满收官？大家务必要提高思想认识，重视起来，行动起来，做足准备，全力以赴迎接国家巩固脱贫成果后评估考核。

明年经济工作的政治性很强，全市上下必须要提高政治站位，进一步提高政治判断力、政治领悟力、政治执行力！让我们更加紧密地团结在以习近平同志为核心的党中央周围，深入贯彻落实党中央及省委决策部署，凝心聚力，不低估困难，不动摇信心，“比学赶超”真抓实干，从今天开始就为明年的工作开足马力，务必实现一季度经济的开门红，以扎实的业绩践行“两个维护”，以优异的成绩迎接党的二十大和省第八次党代会胜利召开！

附 录

2021年度组织机构和领导成员名单

五指山市四套班子领导

中共五指山市委员会

书　记：朱宏凌

副书记：陈国梁

　　　　林方江

常　委：段小申

　　　　贾　鹏

　　　　喻　倩（女）

　　　　孔　铭（女）

　　　　张碧波

　　　　陈有强

　　　　王锡飞

市人大常委会

主　任：万才胜

副主任：邓清辉（女）

　　　　郭宏良

　　　　杨昌立

市政府

市　长：陈国梁

副市长：贾　鹏

　　　　王锡飞

　　　　李　夏

　　　　黄育坚

　　　　高　亮

　　　　游国苓（女）

　　　　郑启荣

　　　　孙　菁（女）

　　　　陈　兵

市政协

主　席：张棉生

副主席：孙子斌

　　　　黄石卿

　　　　黄育坚

　　　　范秋若（女）

市委工作部门

市纪委监委

纪委书记、监委主任：段小申（9月任职）

纪委副书记、监委副主任：陈　育　邢　莉

纪委常委：王　斌

　　　　　芮正云（挂职）

　　　　　向梓武

　　　　　王丽丽

　　　　　李宏伟

监委委员：芮正云（挂职）

　　　　　向梓武

王丽丽

市纪委监委各派驻组

组　长：陈　锋

邢军海

刘宏杰

蔡　翀

周才宇

市委巡察办

主　任：王志高

副主任：高　翔　武书瑾

巡察专员：陈　珊

陈海光

翁敦平

李　斌

市委办公室

主　任：贾海峰

副主任：莫湘湘

周启伟

市委政法委

书　记：林方江

常务副书记：周冯彬

副书记：李　夏

薛蕃超

石秀莲

刘彩霞

李允锋

市委组织部

部　长：孔　铭（12月任职）

常务副部长：王春钊

副部长：云彩虹

曾冬冬

张琼华

部务委员：闫裕臻

庞亚新

市委宣传部

部　长：喻　倩（12月任职）

常务副部长：符厚刚

副部长：李　娟

蔡昌成

市委统战部

部　长：陈有强（11月任职）

常务副部长：李保华

副部长：林忠强

王程东（11月任职）

李攸辰

市委保密和机要局

局　长：符学勤

副局长：管舒婧

市委外办

主　任：贾海峰

市委直属机关工作委员会

书　记：王　锦

副书记：刘文生

陈　苏（6月任职）

市委编办

主　任：黄克诺（5月任职）

副主任：程　征

周文婧

市委党校

校　长：刘　辉（兼）

常务副校长：郑媚月

副校长：吴旭海

薛开渊（9月任职）

市史志中心

主　任：李　刚

副主任：黄　敏（5月任职）

黄文华

市融媒体中心

主　任：丁尚贺

副主任：张　鹏

王会明

市人大、政协机关

市人大常委会办公室

秘书长：陈　德

副秘书长：王俊黎

黎明雯

财经工委

主　任：蔡　翀

民教工委

主　任：王秋兰

法制工委

主　任：王恩山

选举任免联络室

主　任：胡海洋

社会建设委
副主任：王　炬
市政协办公室
秘书长：钟祥科
副秘书长：彭　芬
　　　　　唐兴光
文史委
主　任：李芝蓉
民宗委
主　任：黄廷文
提案委
主　任：张太东
经济委
主　任：陈颖智
农业农村委
主　任：王　兴

市政府工作部门

市政府办公室
主　任：陈海东
副主任：李克茂
　　　　邢福通
　　　　黄实飞
　　　　刘　洋
市发展和改革委员会
主　任：黄　艳（12月任职）
副主任：曾　琪（1月任职）
　　　　蔡亲航
市自然资源和规划局
局　长：温宏华
副局长：周祝年
　　　　陈　芳
　　　　谢　云
市旅游和文化广电体育局
局　长：吴清雷
副局长：王云芳
　　　　王宇仟
市生态环境局
局　长：陈仲平
副局长：米叶华
　　　　彭　森
市农业农村局
局　长：陈怀妍
副局长：符育山
　　　　王魏云
　　　　刘培仕
　　　　梁延坡（挂职）
市科技和工业信息化局
局　长：莫朝伟
副局长：罗庆鹏
　　　　王　辉
市财政局
局　长：李丹文
副局长：唐华成
　　　　蓝　天
　　　　王　发
市人力资源和社会保障局
局　长：吴青松（11月任职）
副局长：李　健
市教育局
局　长：王华旭
副局长：黎　东
　　　　王琼军
　　　　苏小艳（5月任职）
教育总督学：周进海
市卫生健康委员会
主　任：林雪虹
副主任：陈伸正
　　　　冯　杰
市公安局
局　长：李　夏
政　委：杨金衡
副局长：赵日杆
　　　　潘子文
市森林公安分局
局　长：张　海
政　委：王德海
市司法局
局　长：钟祥科
副局长：关　逊
　　　　李　男
　　　　王　熔
市民政局
局　长：王程东（任职至11月）
副局长：尉　香

林　文

市民族事务局

局　长：王程东（11月任职）

副局长：王立坚（任职至11月）

市住房和城乡建设局

局　长：郭　勇（9月任职）

马江源（任职至9月）

副局长：李　谦

温大鹏（2月任职）

刘天才

梁其可

市交通运输局

局　长：

副局长：关万宇

林　晖

市审计局

局　长：周　旋

副局长：张春伟

吴兆玲

陈仁坤

市税务局

局　长：吴海玲

副局长：李　雄

颜绍东

黄腾斌

卓巧灵

闵奋学

纪检组长：蔡文东

市水务局

局　长：张秀雄

副局长：李智壮

谢绍平（挂职）

林　伟

市退役军人事务管理局

局　长：尹秋艳

副局长：李　谦（1月任职）

潘孝涛

市应急管理局

局　长：马　迅

副局长：王德权

耿春雷

娄俊颖

市统计局

局　长：符宗亲

副局长：林　勇

徐晓莹（3月任职）

市场监督管理局

局　长：李　健

副局长：董文魁

陈焕暖

潘兴业

市林业局

局　长：张　圣（11月任职）

李朝学（任职至11月）

副局长：张　圣（任职至11月）

黄燕金

吴先腾（挂职）

市医疗保障局

局　长：陈佳彦

副局长：周　烨

陈智明

市乡村振兴局

局　长：赵茂冰

副局长：周　颖

谢亚洲

市综合行政执法局

局　长：王冬宁

副局长：李天福

洪　涛

市行政审批服务局

局　长：吴南夫

副局长：苏文强

杨家家

市政务服务中心

主　任：黄克诺（任职至5月）

副主任：王国军

云孟婷

市国有资产服务中心

主　任：刘　智

副主任：王天威

市财政国库中心

主　任：邢洪程

副主任：孙惠焜

黄妙博

市农业技术与农机服务中心

主　任：陈贤亚

副主任：张小念

徐晓莹

杨左廷

市住房保障服务中心

主　任：程智伟

副主任：陈月棉

陈远飞（1月任职）

市供销联社

主　任：郭仁欢

副主任：王国平

林明军

市社会保险事务中心

主　任：陈青芸

副主任：顾一鸣

市市政服务中心

主　任：符　斌

副主任：王叶平

唐传聪

梁　嘉

市档案馆

馆　长：王　政

副馆长：陈克锋（任职至5月）

闫丛丛（10月任职）

陈　姬（任职至11月）

市机关事务服务中心

主　任：卓　娜

副主任：陈书祥（任职至9月）

王紫月

市就业服务中心

主　任：颜礼安（10月任职）

副主任：王文健

童　瑶

法院、检察院

市人民法院

院　长：薛蕃超

副院长：蔡　文

黄向荣

市人民检察院

检察长：石秀莲

副检察长：黄　汉

民主党派·工商联

中国国民党革命委员会五指山市基层委员会

主　委：王冬宁

副主委：李桂香

周　烨

黄光星

中国民主同盟五指山市委员会

主　委：唐敏能

专职副主委：张受强

副主委：李甲颖

段　洁

中国民主建国会五指山市委员会

主　委：吴　杰

专职副主委：吉训莹

副主委：张家郡

符　伟

中国民主促进会五指山市委员会

主　委：姜凤云

专职副主委：卓强云（任职至9月）

副主委：文惠玲（9月任职）

副主委：卓强云（9月任职）

盛达声（9月任职）

吴　静（9月任职）

中国农工民主党五指山市支部委员会

主　委：杨昌立

副主委：王铁峰（9月任职）

许梦莹（9月任职）

中国致公党五指山市支部委员会

主　委：许金平（9月任职）

范秋若（任职至9月）

副主委：王　熔

葛俊鑫（9月任职）

九三学社五指山市支社

主　委：王丽娟

副主委：徐雪燕

张　文

五指山市工商业联合会（总商会）

主　席（会长）：李启明

常务副主席（副会长）：林忠强

副主席（副会长）兼秘书长：黎义友

副主席：李　峰

郑丽娟
陈　斌
连炳南
杨国显
李东科

群众团体

市总工会
主　席：邓清辉（兼）
常务副主席：董　伶
副主席：何　开
　　　　王玉勤
市共青团五指山市委员会
书　记：李　阔
副书记：朱　扬（任职至10月）
　　　　闫　媛
　　　　陈业轩（挂职）
　　　　苏小艳（11月兼职）
　　　　杨左廷（兼职）
市妇女联合会
主　席：林　贞
副主席：符雪丽（10月任职）
　　　　黄开燕
市科学技术协会
主　席：谭瑞廷
副主席：贾建胜
　　　　李　娇
市文学艺术界联合会
主　席：吉慧芳
副主席（兼职）：韦全越（挂职）
　　　　　　　　黄荣生
　　　　　　　　朱文燕
　　　　　　　　吴　松
市残疾人联合会
理事长：黄　艳（任职至11月）
副理事长：王　刚
　　　　　王晓强

乡镇（居）

通什镇
书　记：黄育坚
人大主席：黄业就
副书记、镇长：王雄杰
副书记：洪　涛
　　　　栾晓军（6月任职）
党委委员、副镇长：张艺仟（5月任职）
党委委员：黄海丛
　　　　　林道志（2月任职）
　　　　　苏文吭（11月任职）
　　　　　罗杏红（5月任职）
副镇长：符亚娜
　　　　赵星霞
毛阳镇
书　记：陈作挺
人大主席：陈兴利
副书记、镇长：王 琼
副书记：张勇毅（挂职）　王稳田
党委委员、副镇长：许嘉杰
党委委员：汪　洋
　　　　　高立莹
　　　　　吴育花（2月任职）
　　　　　王泽南
副镇长：范乐思
南圣镇
书　记：吴　荣
人大主席：王云芳
副书记、镇长：符国楠
副书记：江　帆
　　　　陈世贤（挂职）
党委委员、副镇长：江　帆
　　　　　　　　　陈海滨
党委委员：姚培炎
　　　　　黄　彪
　　　　　黄雪妮
　　　　　陈书祥
副镇长：王　皓
番阳镇
书　记：郭仁欢
人大主席：邓一日

副书记、镇长：吴敏敏
副书记：王　干
刘国友（挂职）
党委委员、副镇长：林红果
党委委员：王丹霞
孙　亮
李　婧
徐　敬
副镇长：张宗曜

水满乡

书　记：林　豪
人大主席：卢　宁
副书记、乡长：李　辉
副书记：高　力（挂职）
王玉勤
郭教业（挂职）
党委委员、副乡长：赵　琳
党委委员：卢德平
吴英宝
孙鸿慧
李　杰
副乡长：冯斯福

畅好乡

书　记：胡其超
人大主席：陈雅芬
副书记、乡长：王宏鹏
副书记：陈　程
陈小丽（挂职，5月任职）
党委委员、副乡长：黄泽武（12月任职）
党委委员：徐海迅
陈　姬
副乡长：黄　璐（12月任职）

毛道乡

书　记：黄凌凤
人大主席：王海琳
副书记、乡长：王铭涛
副书记：卢姣灵
党委委员、副乡长：王伟全
党委委员：杜　勋
黄海潇
朱　亮
李方远
副乡长：张晓丹

市畅好居

党委书记、主任：黄　涛
党委副书记、副主任：李　春
党委副书记：封　灿
党委委员：赖俊能
黄晓莹
余卓翁
李南权

垂直、双管单位

市气象局

局　长：梁宝龙
副局长：陈成松
陈江恒

海南省中部邮政管理局

局　长：李国总

中国邮政五指山市分公司

总经理：吴仁美
副总经理：陈为国

海南电网有限公司五指山供电局

党委书记：刘　伟
副局长：孙运武
陈　伟
蔡　畅
纪委书记：邢诒雄

五指山公路分局

局　长：林青山（6月任职）
魏海光（任职至6月）
副局长：黄瑞雄（任职至5月）
吉海碧

市烟草专卖局

局　长：郑志明
副局长：符传民
副经理：李林珊

五指山住房公积金管理局

局　长：李先典
副局长：何世英

琼中国家安全局

局　长：陈　明
副局长：陈建勇
符乃华

李海辉

海南省交通规费征稽局五指山分局

局　长：陈健峰

副局长：谢举敏

人民银行五指山市支行

行　长：万学才

副行长：高永伟

纪检组长：郑兴勤

海南银保监局五指山监管组

副组长：房　贤（主持工作）

工商银行五指山支行

行　长：李　云

建设银行五指山支行

行　长：肖　垚

副行长：王　宣

农业银行五指山市支行

行　长：钟圣校

经　理：林　虎

农业发展银行五指山市支行

行　长：林　山

邮政储蓄银行五指山支行

行　长：陈泽捷

副行长：林明学（11月任职）

市农村信用合作联社

理事长：徐清汪

主　任：白　华

监事长：羊德兴

副主任：徐　燕

吉文琼

海南银行五指山支行

行　长：许亚洲

五指山长江村镇银行

董事长：张元平

监事长：付　凌

行　长：赵伟东

财产保险五指山支公司

总经理：陈文哲

副总经理：吴　芳

省驻单位

海南热带海洋学院五指山校区

主　任：林江云

五指山民族学院

副院长：姜凤云

副书记：陈石研

海南省第二卫生学校

校　长：林宏军

党委书记：符致明

副校长：盛广诗

苏　忠

海南省农林科技学校

校　长：李芳伟

副校长：陈晓明

吉高康

海南省民族技工学校

校　长：黄启荣

党委书记：符家豪

副校长：王艳琼

海南热带海洋学院附属中学

党委书记：郑海明

副校长：张忠富

杨　剑

纪委书记：杨　剑

海南省农垦实验中学

校　长：杨立功

党委书记：崔海建

副校长：涂焰升

刘方军

李炳军

海南省第二人民医院

党委书记：黎青山（6月任职）

院　长：陈卫东（任职至6月）

行政负责人：孙　羽（任职至6月）

副院长：文卫东（任职至6月）

农远志

杨昌立

彭　浩（1月挂职）

海南省平山医院

党委书记、院长：欧小凡（1月任职）

副书记：卢业文

副院长：许正雄
杨文岸
陈大球

海南省民族博物馆

馆　长：李　彤
副馆长：罗文雄
王扬能

海南省民族研究所

所　长：黄友贤
副所长：高和曦

企　业

畅好顺达扶贫开发公司

董事长：黄　芳
总经理：吴开帅

海胶集团金江分公司畅好作业区

主　任：谢雄光

海南省农垦总局五指山市招待所

所　长：王长青

电信五指山市分公司

总经理：张达邦
副总经理：李金波

移动五指山市分公司

总经理：龙籍斌
副总经理：罗奕龙

联通五指山市分公司

总经理：赵　圣
副总经理：王红玉

五指山水务有限公司

董事长：谢盛武
总经理：赵　勇

市城市建设投资有限公司

董事长：王焕琼
总经理：詹前锋

中国人民财产保险公司五指山支公司

经　理：陈文哲
副经理：吴　芳

中国人寿保险公司五指山支公司

总经理：陈泰珠
副总经理：陈海娇

索 引

说 明

一、本索引采用主题分析法编制。索引范围包括各类目、分目、条目等。“特载”“大事记”等部类的具体内容未做索引，仅以其部类名称标示。

二、索引名称按汉语拼音音序(同音字按声调)排列。类目、分目用黑体字标示，其余用宋体字标示。索引名称后的数字表示内容所在页码，页码后的 a、b、c 分别表示版面的一、二、三栏。

三、索引空两字位起排的款目为上一主题的“附见”。同一主题的“参见”只标页码。为便于读者检索，内容有交叉的款目，在本索引中重复出现。

四、以数字或字母开头的条目，不按音序排列，集中于“非音序”栏中。

A

B

C

D

G

H

J

K

L

M

N

P

Q

R

S

T

W

X

Y

Z

非音序